胡显章 著

百鸿印雪
大学之道寻踪

清华大学出版社
北京

内 容 简 介

改革开放40多年，中国发生巨变，中国高等教育在认真总结、反思、探索的同时积极向发达国家学习借鉴，在融合中求新，在改革中发展，由跟跑、并跑，正努力走向前列。在此期间有几件事情将列入中国高等教育史册：一件是素质教育，一件是大学文化建设，再一件是学科的调整，特别是人文社会科学的恢复与发展。归结起来都离不开对大学之道的遵循与探索。本书作者是这40多年探索与实践大学之道的亲历者、思考者，也是策划者，本书收入了他相关的系列文字材料，可以帮助读者了解此段不寻常时期中国教育工作者探索大学之道的"飞鸿雪泥"，也可为后来者续航、超越提供参考。

版权所有，侵权必究。举报：010-62782989，beiqinquan@tup.tsinghua.edu.cn。

图书在版编目（CIP）数据

飞鸿印雪：大学之道寻踪/胡显章著.—北京：清华大学出版社，2021.4（2024.4重印）
ISBN 978-7-302-57937-3

Ⅰ.①飞… Ⅱ.①胡… Ⅲ.①高等教育－中国－文集 Ⅳ.①G649.2-53

中国版本图书馆CIP数据核字(2021)第061063号

责任编辑：纪海虹
封面设计：常雪影
责任校对：王荣静
责任印制：杨 艳

出版发行：清华大学出版社
  网　　址：https://www.tup.com.cn，https://www.wqxuetang.com
  地　　址：北京清华大学学研大厦A座　　　邮　编：100084
  社 总 机：010-83470000　　　　　　　　　邮　购：010-62786544
  投稿与读者服务：010-62776969，c-service@tup.tsinghua.edu.cn
  质 量 反 馈：010-62772015，zhiliang@tup.tsinghua.edu.cn
印 装 者：河北鹏润印刷有限公司
经　　销：全国新华书店
开　　本：170mm×240mm　　　印　张：41.75　　　字　数：696千字
版　　次：2021年4月第1版　　　印　次：2024年4月第3次印刷
定　　价：186.00元

产品编号：088954-02

此书获清华大学亚洲研究中心出版资助

谨以此书献给

清华大学110华诞

为探索中国大学之道并肩奋斗的同仁

给予我关爱和支持的亲朋好友

  胡显章，1939年生，温州人。1957年考入清华大学，1963年毕业留校。曾任清华大学党委副书记、校务委员会副主任，主持清华文科恢复建设工作；曾兼任人文社会科学学院院长、新闻与传播学院常务副院长、21世纪发展研究院副院长、软科学研究中心主任、美育委员会主任、国家大学生文化素质教育基地主任、清华关工委主任等；现任"清华会讲"顾问委员会副主席、中俄战略合作研究所学术委员会主席、清华园老龄大学校长等。主要社会兼职先后有：全国教育科学规划领导小组高等教育学科评议组组长、教育部艺术教育委员会委员、教育部高校文化素质教育指导委员会副主任／顾问、中国高等教育学会素质教育研究分会顾问和大学文化研究分会顾问等。主要研究方向为高等教育和大学文化研究。编著相关著作23部，发表文章200余篇，主持或参加多项国家及部委课题，获国家级教学成果一、二等奖各一项，北京市教学成果一等奖一项。2012年获中国高等教育学会大学素质教育研究分会开拓贡献奖，2013年被中国高等教育学会评为"从事高教工作逾30年高教研究有重要贡献学者"，2020年在纪念中国关心下一代工作委员会成立30周年大会上被授予"全国关心下一代工作先进工作者"，2021年在纪念教育系统关工委成立30周年大会上获"突出贡献奖"。

清芬园留念 2016.6.6

■ 曾和谐共事的清华新老领导班子成员考察可进行餐中学术交流的清芬园教工餐厅后合影

前排左起：前副校长余寿文，前纪委书记朱爱菁，前副书记胡显章，前副校长孙继铭，前书记贺美英，前校长王大中，前副校长张思敬，前书记方惠坚，前校长顾秉林，前常务副校长杨家庆，前总会计师、校务委员会副主任陶森

后排左起：现常务副书记姜胜耀，前副校长胡东成、张凤昌、关志成、王明旨、谢维和、郑燕康、前常务副校长何建坤、现任校长邱勇，书记陈旭，前纪委书记孙道祥、叶宏开，前副书记韩景阳、张再兴，前副校长岑章志，前常务副书记庄丽君

■ 2017年纪念"争取至少为祖国健康工作五十年"口号提出六十周年,学校老领导合影,左起为原常务副书记黄圣伦、校长张孝文、书记贺美英、副书记胡显章

■ 2003年胡显章与李强交接人文社会科学学院院长岗位

■ 2009年在新闻与传播学院毕业典礼上与范敬宜院长高歌"祖国在向我们召唤"

■ 2019年邱勇校长家访与胡显章讨论学风建设

陈旭书记（台上右三）应清华园老龄大学校长
胡显章（台上右四）之邀参加工作研讨会

1994年清华大学首届爱国主义演讲比赛组委
会主任胡显章、副主任（后任清华书记）陈希
（左）与评判首席专家张岂之（中）合影

■ 1998年内地与香港"大学文化素质(通识)教育研讨会"在华南师大召开。前排左三为北大常务副校长王义遒、左五为香港城市大学校长张信刚、左六为教育部副部长周远清、左八为华中科技大学前校长杨叔子、左九为西北大学原校长张岂之、左十为湖南师大校长张楚廷、右一为胡显章，二排左六为清华大学国家大学生文化素质教育基地副主任徐葆耕

■ 2001年在香港中文大学胡显章与杨振宁先生、杨叔子院士探讨"人文与科学"

2003年"非典"期间胡显章在阳光课堂讲清华精神

2006年清华文化素质教育基地与香港中文大学通识教育中心交流，左四为张岂之顾问，左二为基地主任胡显章，左五为基地副主任曹莉，后排右一为基地副主任孙明君，右三为基地副主任程钢，右中为彭林教授

2018年胡显章在世界读书日宣讲由他任主编的《清华大学荐读书目》

1996年与王振民赴港与大律师（后为首任香港特区律政司司长）梁爱诗讨论设立法学基金

2000年与学科带头人万俊人（左一）、李伯重（左二）、李强（右一）赴美做李伯重称之为"累死人的文科考察"

2002年清华大学亚洲研究中心成立，与理事长金在烈（韩方，左二）、顾秉林（中方，左三）、中心主任王孙禺（右一）合影

■ 2002年文科工作委员会主任贺美英书记参加人文社会科学学院学位授予典礼,左起王孙禺、胡显章、贺美英、李强、艾四林

■ 2006年陈希书记会见新闻与传播学院第二届顾问委员会顾问,前排左起王晨、赵启正、陈希、邵华泽、范敬宜

2010年与顾秉林校长看望季羡林学长，感谢他捐资设置文化基金

2004年访俄，与俄中友协主席、俄罗斯科学院远东研究所所长季塔连科合影

■ 胡显章携两位博士后参加"大学素质教育高层论坛",右为四川师大特聘教授傅林,左为清华人文学院副院长蔡文鹏

■ 2002年由清华-北大-高等教育出版社联合组建的大学文化研究与发展中心成立,前排左起胡显章、赵存生、刘志鹏、王冀生、张岂之、袁贵仁、陈希、吴志攀、杨叔子、王义遒、于国华

2002年大学文化研究中心工作会议，左二为北大赵存生、右二为高等教育出版社郑惠坚、中为胡显章，三人组成领导核心

2007年在中山大学召开中国大学文化百年研究学术研讨会

2009年《世纪清华 人文日新——清华大学文化研究》评议专家合影，前排左三为专家组长潘懋元、左二为专家李延保、左四为大学文化研究与发展中心顾问王冀生

2009年大学文化研究与发展中心在北大举办"大学文化与思想解放高层论坛"，潘懋元、顾明远、赵沁平与多位校长等出席

2011年"第三届大学校园文化建设论坛"在大连大学召开

2017年为中国高等教育学会大学文化研究分会成立揭牌,左起为顾问王义遒、顾问王冀生、理事长杨河、顾问胡显章

胡显章2019年在题为"大学之道与文明进步"清华会讲上致辞

■ 1963年胡显章的清华大学毕业照

■ 在清华大学光学仪器专业毕业前，时任光32班班长的胡显章与团支书尹志清在"为人民服务"牌匾前合影，共同表示要到祖国最需要的地方去工作

在"为祖国健康工作五十年"口号的影响下,作者在清华养成体育锻炼的习惯,这是1987—1989年在美国研究纳米定位技术时期闲暇时练习打网球

清华百年华诞晚会上领诵教工节目《我们的理想》

序
——《飞鸿印雪——大学之道寻踪》读后

看了胡显章教授编著的《飞鸿印雪——大学之道寻踪》一书，十分振奋！这本书是从显章同志30年来从事清华大学文科领导工作和参与全国高校素质教育与文化建设的200多篇文章中选择出来的学术论著和领导经验。这不仅是他个人工作的记录，也总结了清华大学相关领域探索发展的历程，是学校的重要史料，可以起到存史、资政、育人的作用。改革开放以来，中国高等教育取得重大发展，显章同志参与的素质教育、大学文化建设和文科的恢复与发展，在中国高等教育发展历程中具有里程碑意义，他将自身参与的实践归结为对大学之道的遵循与探索，他与众多教育工作者为此付出了宝贵的年华和心力，作为一个同行者和亲历者，我始终对他们抱有敬意。

显章同志长时间在学校精密仪器与机械学系从事教学科研和党政管理工作，其间，他有一种做好研究型管理工作者的夙愿，曾经担任学校教学改革试点组长，开启了对大学之道的探索；1991年参加学校党委领导班子，当时，我任学校党委书记，分工他的一项工作是联系两课改革，涉及素质教育；1996年他兼任人文社会科学学院院长，开始参与主持学校文科工作。那时正值学校文科恢复和初建，他集中很多精力努力按照文科的内在规律推进文科发展，同时投身到文化素质教育。他认识到：促进美好社会的实现和人的自由全面发展相统一是马克思主义教育观，大学要肩负起促进人的全面发展的任务，同时，大学还要直接参与生产过程和文化传播过程，肩负起直接推动经济发展和社会进步的使命，这无疑对大学师生的素质提出了更全面的要求。科学的办学理念是大学文化的核心，也是文化素质教育持久的推动力和航向标。在学校人文社科学院初建时，他强调要继承发展清华老文科注重会通的优良传统，同时要以开阔的视野、博大的襟怀、兼和的哲学观，吸纳古今中外关于文化素质教育和通识教育的积极因素，努力探索既符合教育规律又具有中国特色的教育体系。深入开展文化素质教育是以文化育人的自觉为前提，以文化育人任务为根本目的。只有达成这样的共识，并给予高度的重视，在人力、物力特别是师资队伍的建设上予以大力的支持，并推进通识教育和专业教育的融合，才能使文化素质教育上升到新的高度，打开新的局面。经过多年的努力，在高校形成了文化素质教育课程及课外文化活动和社会实践三位一体、通识教育与专业教育统筹融合的教育体系，实施提高学生文化素质、教师文化素养、学校文化品位的结合。文化素质教育已经成为具有中国特色高等教育人才培养体系的重要组成部分。

进入21世纪，在教育部高等教育研究中心原主任王冀生同志推动下，清华大学、北京大学和高等教育出版社联合组建了"大学文化研究与发展中心"，显章同志担任了首任轮值主任和学术委员会常务副主任，对于推动"大学文化"的研究和建设发挥了积极作用。中心成立之初承担了国家重点课题"先进文化建设中的大学文化研究"，显章同志是课题组负责人。他认为：以"大学文化"为研究对象是一个理论上的突破。大学文化研究具有跨学科研究性质，是教育学、文化学、社会学等交叉生长出来的一个研究领域，大学文化研究开拓了一个学科新领域或学科新的生长点。大学文化是以大学为载体，经过历届师生的努力和外部环境的影响所传承和创造的物质成果和精神成果的总和，是一种独特的社会文化形态，是大学核心竞争力之所在，是大学赖以生存、发展的基础。大学文化建设的核心是大学理念的创新，要走科学与人文融合、古今中外文化会通之路，树立以人为本的理念，克服在学校整体功能中重物轻人的观念。

他曾协助冀生同志组织"中国大学百年文化研究"，选择了10所有近百年历史的学校，回顾和总结各校文化发展的实际情况和历史经验；继而，他领衔组织了教育部重大委托项目"当代中国大学精神研究"。他提出：大学精神是大学在其成长的过程中，长期积淀而成的大学人共同的理想追求、价值观念、思维习惯和行为准则，展现着大学自身的气质、品位与精神风貌，是大学的生命力、凝聚力和创造力的源泉，是大学文化的支柱和灵魂。在他的著作中，对于大学理念、大学精神、大学文化从不同角度进行反复的阐释，特别是从具有哲学思维的马克思主义教育家、清华大学老校长蒋南翔的办学理念和实践中得到启示，进行了大学哲学文化的思考，指出哲学对人的行为具有价值规范、思维导向和理论升华的功能，欲使文化行为包括教育行为具有高度自觉的意识并沿着理性方向前行，就应该使其上升到哲学的高度，他认为哲学自觉是文化自觉的最高境界。大学校长、书记们不仅要努力成为政治家和教育家，还应该努力以哲学家来对标。这些论述希望能够对大学的领导者、办学者有所启发。

在他最近发表的有关大学文化的论述中，进行了大学之道的哲学思考。在吸纳前人探索成果的基础上，提出了应该兼融认识论、政治论、生命论和文化论高等教育哲学基础，他依据大学是以文化传承创新和文化育人为根本任务的文化机构，首次对高等教育文化论哲学基础进行了探讨。在此基础上他将当今的大学之道归纳为："大学之道，在明德新民，在以人为本，在和谐会通，在止于至善至真至美。"

从显章同志的这本书里，我们可以看到他刻苦学习，积累了深厚的文化底蕴，他博览群书，古今中外涉及诸多学术领域。他引经据典，从马克思、恩格斯的著作到希腊名家的论述；对于中国，从古代学者的论述到近现代大学文化研究者的主张，他旁征博引，融会贯通，力争有所突破，由此形成独到的见解。他突出地强调会通的理念，主张"中西融会，古今贯通，文理渗透，综合创新"。

他注意发扬理论密切联系实际的传统，对于清华大学文化的形成与发展作了深入的研究，并在工作中积极推动。他主编的《世纪清华 人文日新——清华大学文化研究》梳理了清华大学百年来文化发展的脉络和历史成就，其中总结了清华精神的特质是"明耻图强"的爱国奉献精神、"严谨务实"的科学求真精神、"海纳百川"的包容会通精神、"人文日新"的追求卓越精神。现在他已逾杖朝之年，仍然在多种场合宣讲大学文化，传递清华精神。他对清华的文化传承与发展作出了重要贡献。

以上是我对《飞鸿印雪——大学之道寻踪》的读后感，应显章同志的要求以其为序。

祝愿显章同志健康长寿！为大学文化工作作出更大贡献！

方惠坚

2020年6月

前 言

道，为中华独有的哲学思想，道家指万物之源，韩非子称："道者，万物之所然也，万理之所稽也。"现一般认为道意为道路、规律、理念等。大学之道，在中国古代意指大人教育的纲目、途径和境界，当今意指高等教育的理念、宗旨和道路等。

我自1957年入清华大学，即开始以受教育者身份实践大学之道。1963年毕业留校，长时间双肩挑，在肩负教学科研任务的同时，逐步形成要做一个理性的研究型教育工作者的夙求，其核心即为探索大学之道，这是一个教育工作者不断接受教育与自我教育的历程，向先辈学习，向专家学习，向同行学习，向教育的对象学习，向书本学习，向实践学习。今天，在进入杖朝之年时，觉得有必要将这个历程与心得加以梳理，将其作为一种提高自身文化自觉的"活到老、学到老"的行动，同时由于我的岗位和经历所定，希望能够从中反映出清华人乃至中国高等教育工作者对大学之道探索之飞鸿印雪，作为一种史料留存并能够产生一些积极的外溢效应，如能引发一些质疑和讨论则倍感欣慰！

这部著作主要是我所撰写与大学之道求索相关的文章选编，由四个篇章组成。

奠基篇——素质教育求索与认识

中国是唯一未曾中断的文明古国，一贯重视教育特别是重视为人和家国情怀的教育是其带有根源性的特色。

儒家经典《四书》首篇《大学》集中表述了古代中国的教育理念。正如清华老校长梅贻琦发表于 1941 年的《大学一解》所说，它体现了"学问之最后目的，最大精神"。梅贻琦认为："《大学》一书开章明义之数语即曰：'大学之道，在明明德，在新民，在止于至善。'若论其目，则格物、致知、诚意、正心、修身，属'明明德'；而齐家、治国、平天下，属'新民'。""儒家思想之包罗虽广，其于人生哲学与教育理想之重视'明明德'与'新民'二大步骤，则始终如一也。""今日大学教育之种种措施，始终未能超越此二义之范围，所患者，在体认尚有未尽而实践尚有不力耳。"他进而指出，"明明德所指乃一人整个之人格""至少应有知、情、志三个方面"；同时，"大学新民之效，厥有二端：一为大学生新民工作之准备；二为大学校对社会秩序与民族文化所能建树之风气"。为此，"大学期内，通专虽应兼顾，而重心所寄，应在通而不在专"，因为"通识，一般生活之准备也；专识，特种事业之准备也。通识之用，不止润身而已，亦所以自通于人也。信如此论，则通识为本，而专识为末；社会所需要者，通才为大，而专家次之。以无通才为基础之专家临民，其结果不为新民，而为扰民。"在这里梅贻琦强调人的生存形态首先是明明德之人，其次才是能够新民之专门家，故而强调，"明德功夫即为新民功夫之最根本之准备"，故而在谈到工业化之核心问题时，强调"使工科教育于适度的技术之外，要取得充分的社会化与人文化"。由此，梅贻琦要求学生对自然科学、社会科学与人文科学"均有相当之准备"，并"能识其会通之所在"，这样才能"对于所谓人生观，得到一种平衡不偏的观念。对于世界大势文化变迁，亦有一种相当了解"。梅校长的教育理念基于中国固有的传统文化，又吸纳了西方通识教育思想，对两者融会贯通而形成中国化的大学办学宗旨可以为当今素质教育理念提供重要的基础。

1952 年，梅贻琦的学生蒋南翔长校清华，他注重继承老清华厚基础的好传统，同时创造性地贯彻马克思主义关于人的自由全面发展的教育观和党关于培养全面发展人才的教育方针。马克思主义的教育观认为，理想社会的建立是与人的自由全面发展相统一的，两者均为教育的基本目标。强调理想社会是"建立在个人全面发展和他们共同的社会生产能力成为他们的社会财富这一基础上的自由个性"的人类社会的第三阶段（马克思的社会发展三阶段理论即体现人对群体依赖性的人群共同体阶段、物的依赖性阶段和个人自由全面发展阶段）。蒋南翔十分注重创造条件引导学生的自由全面发展，要求全体教师"自觉地担负起对学生进行全面教育和培养的责任"，同时，强调使学生坚持正确的政治方向的同时其个性得以良性发展。他特别强调因材施教。1956年，他在一个团干部报告会上指出："因材施教是服务于一定教育目的的一种教育方法，这种教育方法古已有之。在执行全面发展的教育方针时，因材施教的教育方法仍然有其重要作用。……必须充分注意到学生的个人特点，只有根据学生的不同情况进行教育，才能培养出真正全面发展的人才。"他还创造性地提出："培养学生要抓好三支代表队（政治、业务，文艺、体育），通过多种渠道殊途同归，向着又红又专、全面发展目标前进。"这种教育理念使得学校教育呈现出生动活泼的局面，优秀人才脱颖而出。蒋南翔的教育思想和带领广大师生进行的创造性实践在当今素质教育中得到了继承与发展。

梅贻琦和蒋南翔是清华大学办学道路中两位影响最大的引路人，他们的办学理念和教育思想发挥了奠基作用，为此，我将论述他们的办学理念和教育思想的文章置于篇首，因为素质教育是办学之本，育人之基。在奠基篇主要选辑了我主持、参与清华与高校素质教育工作的文章。

20世纪90年代和21世纪之初，我主持清华两课改革和文化素质教育工作。两课改革，清华有扎实的基础。20世纪60年代初，蒋南翔校长不仅带头讲哲学课，而且抽调了一批品学兼优的学子经过培训担任思想政治课的教学，像林泰、刘美珣、朱育和等长时间成为两课改革的领军者，也是清华文科恢复发展的开拓者。他们继承了蒋南翔重视办学方向、坚持实事求是路线的传统，使得清华两课教学一直能够密切结合社会和学生的实际，敢于并善于回答实际问题，取得了良好的实效。我在抓两课改革时，牢记蒋南翔"基层出政策"的教诲，注意把上级的精神与清华改革实践结合起来，强调以教育教学效果经得起实践的检验作为行动和评估的最终标准。上述几位带头人身体力行，以高度的责任感、理论密切联系实际的作风和宝贵的创新精神，带出了一支能打硬仗的教学队伍，积累了丰富的教育经验，不断改善了教学效果。这支队伍获得相关领域国家首个优秀教学团队称号，我深深为之感到骄傲、敬佩和欣慰！关于两课的模式，清华从实际出发进行了探索。1992年制定的《清华大学文科建设规划》明确提出文科要"为提高学生全面素质服务，为巩固和发展马克思主义思想阵地服务，为社会主义物质文明和精神文明建设服务"，在建设好马克思主义理论课同时，开设好"人生观与伦理道德""历史与文化""文学与艺术""经济与管理""科技、政治与社会"五类限选课，指明这些限选课"不仅是马克思主义理论课必要的补充，而且是拓宽学生知识领域、提高文化素养、陶冶道德情操的重要渠道"。1995年春季学期还推出应读人文书目和相关导读讲座，引导学生提高文化素养。1995年秋开始，在当时的教育部主管周远清领导下，我与杨叔子、张岂之、王义遒等一起参与策划高校文化素质教育工作，所得到的主要心得是"理念是先导，领导是关键，方针政策是保障"。文化素质教育可称之为西方通识教育的中国化，是中国教育工作者在教育理念、教育模式和方法上的创新。它不仅注重在高校基础教育阶段提升学生的素质，而且要求落实到育人全过程；不仅着力提升学生素质，还追求提高教师的文化素养和学校的文化品位。实践使我认识到注重理念的突破与开拓，使之符合教育内在规律，适应时代要求是深化文化素质教育的关键，并总结出：在办学理念上需要突破"功利化"的导向，在培养目标上需要突破"专业化""职业化"束缚，在教育观念上需要突破"工具化"障碍，在教育主体上需要突破教师中心论的传承式教学定势，在理性思维上需要突破追求"工具理性"的片面性；同时，应该坚持植根优秀传统文化，确立文化自觉自信，吸纳先进教育理念与方法；坚持适应创新型国家需求，培养建设性批判思维；坚持将文化素质教育置于大学文化建设的全局中推进；坚持从哲学理念上提升大学文化建设与文化素质教育的自觉。1995年，张岂之先生曾说，在高校深入开展文化素质教育意义很大，是一项后人会铭记的工作。但真正做好、达到理想境界并不容易，需要长时间锲而不舍的努力。我们所付出的努力，仍然是奠基，此篇记录了我们的一些实践和认识。

转型篇——清华文科恢复与发展

在中国高等教育史上，文科的发展曾经走过曲折的道路。清华历史上曾经有很强的文科，在1952年全国院系调整中成为多科性工科大学。"文化大革命"中全国文科受到巨大的冲击与破坏。1980年，清华大学刘达校长和何东昌副校长在《光明日报》发文《重视大学文科，多办大学文科》，吹响了清华大学文科恢复发展的号角。1991年秋，我开始担任学校党委副书记，其中一项任务就是主持两课改革。1993年为加快向综合性大学转型，成立了人文社会科学学院，时任中国社科院副院长的滕滕学长出任院长，我兼任常务工作，1996年学校决定由我兼任院长，并协助王大中校长、贺美英书记主持学校文科恢复发展工作。正如继任书记陈希所说，清华文科建设一是重视方向，二是注重质量。所谓重视方向，就是要坚持正确的指导思想，符合文科发展的规律和教育规律；注重质量就是要建设一流的文科，特别是建设一流的师资力量。这两条成为我主持文科工作的重要宗旨。同时，我认识到清华历史上的文科积淀了宝贵的传统，要自觉地加以继承和发展，这就是自觉的家国情怀、会通的学术范式以及实事求是的态度，这是我在多篇文章中体现的一条主线。我还在多个场合强调"旧邦新命"，清华文科历史上的辉煌与传统为我们今天的发展奠定了宝贵的基础，同时，正如恩格斯所强调的，每一时代的理论思维都是历史的产物，在不同的时代具有不同的形式和内容。当今，时代已经并正在发生巨变，我们的文科须以变革求生存，以创新获发展，这样才能作出与国家地位和清华使命相一致的贡献。此篇除了收录我对清华恢复发展文科的思考与实践文章，还选辑了系列纪念对发展清华文科作出重要贡献的名师学者的文章。

探源篇——大学文化思考与心得

文化是民族的精神家园，大学文化是大学发展的精神思想渊源。在文化素质教育的实践中，我们认识到"大学文化是文化素质教育的必要条件，文化素质教育是建设大学文化的重要路径"，于是开始进行大学文化的探索。2002年春，教育部高等教育研究中心前主任、清华校友王冀生在清华前党委书记方惠坚引领下找到我探讨开展大学文化研究，我们一拍即合。2002年9月1日，由清华、北大、高等教育出版社联合组建的大学文化研究与发展中心在清华成立，教育部领导袁贵仁出席讲话，指出"开展大学文化研究，推进大学文化建设，是一项具有基础性、战略性、前瞻性的工作"，有学者称该中心的成立是"我国大学正在实现的大学文化觉醒的重要标志"。我担任了中心首届与第3届轮值主任和学术委员会常务副主任，在冀生同志带领下与中心的朋友们一起参与大学文化的研究与建设实践，包括主持国家重点课题"先进文化建设中的大学文化研究"、教育部委托重点课题"当代中国大学精神研究"，参与王冀生领衔的"中国大学文化百年研究系列丛书"策划、编审工作，主持其中清华大学文化百年研究，后来又与王冀生等一起参与高职院校"文化育人系列丛书"的组织审定工作。其间还参与以中心成员为主体的系列大学文化高层论坛、大学校园文化建设论坛的组织工作。为了利于大学文化研究工作得以持续发展，2017年4月8日，中国高教学会大学文化研究分会在清华成立，王冀生、王义遒和我担任顾问，大学文化研究的组织工作便交棒给年轻人了。应该说，近20年关于大学文化研究与建设实践探索，在提高文化自觉自信方面，受益匪浅，此篇便是我的心得选编。该篇尾"对大学之道的哲学思考"，可看成我对大学之道研究阶段性总结，强调了大学究其实质而言，应该是哲学性的。努力砥砺哲学品格，是当今大学人文化自觉的重要体现，也是确立科学的办学理念和教育思想，有效推进以文化人、文化育人的重要课题。我试着就高等教育的认识论、政治论、生命论和文化论的哲学基础及其对大学精神文化的影响作了综述，首次尝试对文化论哲学基础进行了探讨。最后，以"兼和日新"哲学观，试着将当今的大学之道表述为：

大学之道，在明德新民，在以人为本，在和谐会通，在止于至善至真至美。

感悟篇——水木思语

2001年在清华大学纪念90周年校庆活动刚结束时，学校领导班子曾经进行了一次反思学习，达成了一个共识：清华大学长于实干，弱在思维。一个时期里，清华培养了众多的实干家，但是，缺少思想家、哲学家，而且创新思维不足。正如恩格斯所说："一个民族要站在世界科学的最高峰，一刻也不能没有理论思维。"在中国实现民族伟大复兴过程中，包括清华自身建设世界一流大学的进程中，特别要强化理论思维，尤其是哲学思维。这次学习给予我深刻的启迪，在我主持的工作中提高了理论思维，特别是哲学思维的自觉。此篇收集了部分我对清华文化系列实证考察和理论思考的文章，其中多篇发表在《水木清华》"水木思语"专栏，而所选的系列序作，也大多具有通过学习而有所感悟的意境，故此篇称为"感悟篇　水木思语"。

目 录

奠基篇——素质教育求索与认识

继承、弘扬梅贻琦的兼容会通办学理念 / 3

学习善于哲学思维的马克思主义教育家蒋南翔 / 9

努力提高学生全面发展的主动精神——对80年代精仪系教育教学改革的回顾 / 17

全面认识教育的性质和功能 / 21

深入学习邓小平教育思想 发展我国高等教育事业 / 23

进一步加强和改进德育工作——清华大学第十九次教学讨论会大会发言 / 30

深化教育改革,开创马克思主义理论教育的新局面 / 36

坚持马克思主义学风 搞好马克思主义理论教学 / 42

不断提高学习科学理论的自觉性——贺"求是学会"成立十周年 / 44

提高认识 转变观念 努力加强大学生的文化素质教育——在1997年暑期全校党政干部会上的发言 / 46

确立民族文化之根 提升大学生文化素质 / 56

努力提高对爱国主义的理性认识 / 64

赋予文化素质教育持久的生命力 / 66

对深入开展文化素质教育的调研与思考 / 73

提升文化自觉,深化素质教育——纪念文化素质教育20年 / 83

提高哲学自觉　深化通识教育——2016年6月27日在第八届全国通识教育核心课程讲习班开幕式上的讲话　/　105

提高哲学自觉自信　深化文化素质教育　/　109

现代化·人的自由全面发展·素质教育　/　117

提升文化自觉、自信与自尊　促进文化育人　/　124

促进工具理性与价值理性的统一　培养有高度社会责任感的人才　/　128

自觉推进科学教育与人文教育的融合　/　132

加强文化素质教育与大学文化建设的结合——在文化素质教育指导委员会全会上的发言　/　142

文化素质教育与创造性培养　/　146

大学文化与杰出创新人才的培养　/　153

谈谈培养批判性思维　/　158

为清华开设"写作与沟通"必修课点赞　/　162

关于加强美育应处理好的几对关系　/　165

和谐向美　全面发展　/　168

清华的话剧史话——2018年4月为人艺"戏剧进校园"致辞　/　178

重视体育　和谐发展　/　180

努力做好"大先生"——在清华大学关工委成立30周年纪念大会的讲话　/　182

学生辅导员是有出息的工作——在2021年清华辅导员大会的讲话　/　185

传播先进文化，提高全民素质——在"国家图书馆文津图书奖座谈会"上的讲话　/　188

搭建好中俄文化交流的桥梁——在奥斯特洛夫斯基铜像捐赠仪式上的讲话　/　190

谈大学和中学教育的衔接——在"塑造行为　培养创新"大学中学校长论坛的发言　/　192

教育评估科学化是推进基础教育改革的牛鼻子——谈清华附中"基于大数据的学生综合素质生成性评价系统"　/　195

转型篇——清华文科恢复与发展

文科教师更要多一点辩证法——在与部分文科教师首次见面会上的讲话　/　201

要重视大学文科建设 / 203

忆清华文科的恢复与发展 / 208

"综合性"不是搭积木,而是水乳交融 / 223

继承优良传统　创造新的辉煌——贺中文系建系 70 周年复系 10 周年 / 229

旧邦新命　传承开新——纪念外文系 90 周年华诞 / 232

纪念清华国学院 80 周年与大学人文精神研讨会总结发言 / 235

素质为本,实践为用,面向主流,培养高手 / 239

在温史中守正求新 / 247

注重网络传播的意识形态问题 / 249

以高度的文化自觉和自信继承传统开拓未来——在"清华社会科学 90 年"纪念大会暨建校 105 周年校友交流会上的讲话 / 252

要重视软科学研究 / 254

发扬优势　明确方向　开拓软科学研究的新局面 / 258

以史为鉴　以文化人——第八届全国技术史学术研讨会致辞 / 264

努力提高文化自觉　成为法律和道德精英——2011 年 6 月在法学院毕业典礼上的讲话 / 266

提高文化自觉自信,强化大学文化研究——贺清华大学教育研究院 40 周年华诞 / 269

促进不同文明平等对话是建设亚洲和人类命运共同体必由之路——首届清华会讲"亚洲价值的重新发现"闭幕词 / 272

清华会讲学术工作坊:总结经验　吸取教训　完善国家治理体系 / 276

在纪念王国维先生诞辰 120 周年学术研讨会开幕式的讲话 / 278

缅怀冯友兰先生,把中国哲学发扬光大——在纪念冯友兰先生诞辰 120 周年暨冯友兰学术思想研讨会上的发言 / 280

研究金岳霖的学术成就　推进哲学和逻辑学的发展 / 282

学习张岱年先生"兼和日新"的思想——纪念张岱年先生百年寿诞 / 284

自我激励　止于至善——纪念朱自清先生 / 287

学习赵元任先生融会贯通的大智慧——在赵元任音乐作品座谈会上的发言 / 289

学习潘光旦先生的教育思想和高尚风范——在纪念潘光旦诞辰 100 周年座谈会上的发言 / 291

"娘家"人永远怀念季羡林先生 / 293

学习王力先生的治学精神，将语言学推向新高度——在北大王力先生百年诞辰纪念会上的讲话 / 296

永伴清华前行的人——追思徐葆耕教授 / 298

学习孙殷望老师　继承他未了的事业 / 302

一个充满大爱之心的清华人——痛悼王耀山同志 / 305

抖起精神继承范敬宜院长未了的事业 / 307

学习英若诚学长学贯中西的治学精神——在英若诚演讲报告会暨赠书仪式上的讲话 / 311

努力开拓中国国际关系学科的新局面——在薛谋洪教书育人研讨会上的讲话 / 313

大力推进中国优秀传统文化的研究与传播——深切怀念钱逊先生 / 315

"面对中国社会现实的真问题"——在李强追思会发言 / 318

融合中西文化之长　建设中华民族新文化——在严复诞辰150周年纪念大会暨学术研讨会上的讲话 / 320

高举中国自立自强的鲜明旗帜——在陈映真作品报告会上的讲话 / 322

在冯钟璞先生80寿辰宗璞文学创作60年座谈会上的致辞 / 324

"芳林新叶催陈叶，流水前波让后波"——在2003年人文社会科学学院换届会上的讲话 / 326

勿忘人文初心，弘扬优良传统——清华大学人文学院成立十周年访谈录 / 328

探源篇——大学文化思考与心得

提高文化自觉自信　促进民族伟大复兴 / 337

以历史唯物主义、辩证唯物主义态度对待中华传统文化的传承创新 / 346

开展大学文化研究，推动大学文化创新 / 349

不忘本来、吸收外来、创造未来　自觉持续推进大学文化建设 / 356

谈谈大学文化的传承创新 / 361

大学文化建设是大学战略规划的重要环节 / 378

大学应成为"第三种文化"的摇篮 / 382

认真开展大学文化与育人为本的研究 / 389

推进大学文化建设的几点思考 / 395

以高度文化自觉加强大学文化建设 / 402

以科学发展观指导大学理念的创新 / 408

以人为本，促进人的全面发展是科学教育发展观的核心 / 413

唤醒文化自觉　培育大学创新文化 / 415

和谐文化与大学理念 / 420

大学要注重发展和谐的大学理念 / 424

谈艺术与科学之"和" / 431

全球化背景下的文化多样性与文化自觉 / 436

大学办学特色与创新 / 445

问诊高等教育 / 449

贯彻落实"三个代表"重要思想，建设世界一流大学 / 451

发展科学的大学理念　蕴育积极的大学精神 / 458

大学精神，守望在民族航行的船头——2008年2月27日人民网专访胡显章教授 / 463

在梳理体认中传承　在选择融合中创新——清华百年文化研究体会 / 467

构建当代中国大学的精神文化 / 472

自觉·自信·自省　做好校史的编辑与传播工作 / 475

努力弘扬大爱精神　建设一流精神家园——纪念清华园老龄大学20周年 / 479

努力发挥文化的桥梁作用 / 481

对大学之道的哲学思考 / 486

感悟篇——水木思语

努力提高理论思维的自觉 / 499

我们的教育需要有更多的理性思维和切实的行动——在清华大学第22次教育工作讨论会上的发言 / 502

世纪清华　人文日新——写在清华百年华诞 / 508

《自强不息　厚德载物　清华精神巡礼》前言 / 511

谈清华精神 / 514

谈清华校训 / 519

谈清华学风 / 524

谈清华校风"行胜于言" / 530

谈清华校箴"人文日新" / 533

谈清华"会通"学术传统 / 536

谈"育人为本"与"课比天大" / 541

光有"行胜于言"是不够的——《京华周刊》专访 / 545

谈"更从容" / 547

谈大学制度文化建设与治理现代化 / 550

大师中的大师——纪念叶企孙教授诞辰120周年 / 556

什么是改革的首要着眼点——学习《邓小平文选》第三卷体会之一 / 561

改革就是要创造一种使拔尖人才脱颖而出的环境——学习《邓小平文选》第三卷体会之二 / 562

要敢于和善于使用有缺点弱点的人才——学习《邓小平文选》体会之三 / 564

《新人文系列讲座》总序 / 566

《通识教育：困境与希望》序 / 569

《华韵清辉——艺术教育在清华》序 / 573

《水木法意：制度·人物·文化》序 / 575

《清华大学近代校园规划与建筑》序 / 579

《好读书》发刊词 / 581

多读书　读好书　善读书——《清华大学荐读书目》序 / 584

《马克思主义新闻观学生读本》序 / 587

《清新时报》发刊词 / 591

《世纪回眸——中国大学文化研究》序 / 593

《水木烙印》序 / 596

《梦萦清华园》序 / 598

《赤子之心法自然》序 / 599

《王步高诗文集》序 / 602

《大学文化哲学》序 / 606

代结束语　满江红　同贺八秩华诞（新声韵） / 610

附录　以人为本，和合会通，文化育人——胡显章大学文化思想研究初探 / 611

重印后记 / 628

素质教育求索与认识

继承、弘扬梅贻琦的兼容会通办学理念

梅贻琦是杰出的教育家,他是清华长校最长的校长,他的办学理念与教育思想深刻影响了清华的办学历程和人才的成长,并且在中国的教育界有着广泛的影响。

办大学要有科学的办学理念,要对大学的功能进行明确的定位。1931年梅贻琦校长在就职演说中指出:"办学校,特别是办大学,应有两种目的:一是研究学术;二是造就人才。"1932年梅校长在毕业典礼讲话中指出:"改办大学部的目的,是想把清华改成一个自己能够造就专门的人才,研究高深的学术的独立机关。"他在出任校长之初就为清华大学确定了高水平研究型大学的定位,并且努力实现学术独立、教育独立。为此,梅贻琦以开阔的视野、博大的胸襟,积极倡导并施行兼容会通的办学理念。

清华国学院开拓了中西融会、古今贯通,乃至文理兼容的学术范式,使其在中国学术思想史上确立了突出的地位,这种兼容会通的范式也是后来被称为"清华学派"的主要特色。梅校长在人才培养中,既植根于中国古代优秀传统文化,又吸纳西方现代大学的教育理念。在他担任清华教务长时,论及清华教育方针,明确提出,"学程之规定:清华大学学程为四年,其第一年专用于文字工具之预备及自然科学与社会科学之普遍训练,其目的在使学生勿囿于一途,而得旁涉他门";在提到工程学科时,强调"不贵乎专技之长,而以普通基本工程训练为最为有用"。1932年在组建工学院时,他又强调"训练不可太专太窄,应使学生有基本技能",同时也提醒"不能样样通样样松""要通不要松"。

还是在1932年,在谈到学校设立科系时,他指出:"本校办这些系的目的,固然是希望学生获得一技一艺之专长,以期立身致用于社会。同时盼大家在注意本系主要课程之外,并于其他学科也要有相当认识。有人认为学文学者,就不必注意理科;习工科者就不必注意文科,所以似乎窄小一点。学问范围务广,不宜过狭,这样才能使吾们对于所谓人生观,得到一种平衡不偏的观念。对于世界大势文化变迁,亦有一种相当了解。如此不但使吾们的生活上增加意趣,就是在服务方面亦可以增加效率。这是对本校全部课程的一种主张,盼望大家特别注意的。"

梅校长的办学理念在他发表于1941年的《大学一解》和成文于1943年的《工业化的前途与人才问题》得到全面论述。这两篇文章都是梅校长拟提纲,潘光旦执笔的。潘光旦1913年至1922年在清华学校学习,1922年至1926年留学美国。回国后担任过清华大学及西南联大教务长、社会系主任以及清华大学图书馆馆长等职。他是梅校长的得力助手,两人有着共同教育理念。潘光旦是著名社会学家和教育家,他"发挥了中国儒家的基本精神,利用现代科学知识力图为人类寻求一条中和位育、遂生乐业之道"(费孝通语)。《中庸》:"致中和,天地位焉,万物育焉。""位"即"安其所","育"即"遂其生",一个人、一个民族,都在求其"安所遂生",教育的目的在于求人生良好的"位育",办法就是追求知识的"中和"。在《大学一解》中,一开始就指出:"文明人类之生活要不外两大方面,曰己,曰群,或曰个人,曰社会。而教育之最大的目的,要不外使群中之己与众己所构成立群各得其安所遂生之道,且进以相位相育。"继而对中外教育所依据的哲学作了比较,认为西方教育所依托的是古希腊的人生哲学,追求"一己之修明"(Know thyself);而中国儒家的人生哲学是"修己以敬",进而"修己以安人",再进而"修己以安百姓"。即"明示修己为始阶,本身不为目的,其归宿,其最大之效用,为众人与社会之福利"。正是基于中国这样的人生哲学,提出了"学问之最后目的,最大精神",在于《大学》的开篇语:"大学之道,在明明德,在新民,在止于至善。"并指明,"若论其目,则格物,致知,诚意,正心,修身,属明明德,而齐家,治国,平天下,属新民。"同时认为:"今日之大学教育,骤视之,若与明明德、新民之义不甚相干,若深察之,则可知今日之大学教育之种种措施,始终未能超越此二义之范围,所患者,在体认尚有未尽而实践尚有不力耳。""体认尚有未尽而实践尚有不力"表现何在?

先从明德看:其一,之所谓明德,乃指"整个之人格,至少应有知、情、志三个方面"。而当今"大学教育所能措意而略有成就者,仅属知之一方面而已";就知而言,"理智生活之基础为好奇心与求益心,故贵在相当之自动,能有自动之功,斯能收自新之效,所谓举一反三者,举一虽在执教之人,而反三总属学生之事。若今日之教学,恐灌输之功十居七八,而启发之功十不得二三"。其二,情与志二方面,则"为寻常教学方法所不及顾"。其三,从学子自身修养看,"今日大学生之生活中最感缺乏之一事即为个人之修养"。这些问题,今天都仍然有现实针对性。

从新民看:大学新民,"一为大学生新民工作之准备;二为大学校对社会秩序与民族文化所能建树之风气"。那么，"体认未尽与实践不力"表现何在？首先，"明德功夫即为新民功夫之最根本之准备，而此则已大有不能尽如人意者在"；其次，"过于重视专科之弊，然未能充量发挥大学应有之功能。"对此，其提出一个重要论断："社会所需要者，通才为大，而专家次之，以无通才为基础之专家临民，其结果不为新民，而为扰民。"故"通识为本，而专识为末"。故此，"须一反目前重视专科之倾向，方足以语于新民之效"。强调"无通识之准备者，不能取得参加社会事业之资格"，进而指出大学不仅要求学生作好通识之准备，而且，大学"自身亦正复有其新民之功用，就其所在地言之，大学俨然为一方教化之重镇""极可以为国家文化之中心，可以为国际思潮交流与朝宗之汇点"。

继而他指出"通识之授受不足，为今日大学教育之一大通病"，那么怎样理解或实施通识教育？他认为"今日而言学问，不能出自然科学，社会科学与人文科学三大部分；曰通识者，亦学子对此三大部门，均有相当准备而已，分而言之，则对每门有充分之了解，合而言之，则于三者之间，能识其会通之所在"。

在这里可以看出，梅校长的教育思想是对西方通识教育与中国传统文化中"明德新民"目的之会通创造。他所强调的"通识""通才"不仅仅是学问上的会通，而且是"为人"与"为学"的共同要求，而"为人"是"为学"的基础。这一教育思想在清华名师中有着普遍的影响。曾经历任清华、西南联大教授，后任清华电机系主任的章名涛就是一个典范。电机系建系60周年之际，1947年至1951年在电机系学习的朱镕基以"为学与为人"为题，写了一篇祝词，其中写道："电机系主任章名涛教授在一次会上对我们讲过这样一段话：你们来到清华，既要学会怎样为学，更要学会怎样为人。青年人首先要学为人，然后才是为学。为人不好，为学再好，也可能成为害群之马。学为人，首先是当一个有骨气的中国人。为学在严，严格认真，严谨求实，严师出高徒；为人要正，正大光明，正直清廉，正己然后正人。"

这充分说明了为人与为学的一致性，并反映出清华对为人优先的重视。正如梅校长在1932年开学典礼上所强调的："教授的责任不尽在指导学生如何读书，如何研究学问。凡能领学生做学问的教授，必能指导学生如何做人，因为求学与做人是两相关联的。"

在《工业化的前途与人才问题》一文中，梅校长的会通教育思想得到进一步发挥。此文一开始就提出"工业化是建国大业中一个最大的节目"，为此要解决资源、资本和人才三大问题。"人才"包括组织人才和技术人才，而"组织人才的重要性至少不在技术人才之下"。继而提到为适应工业化之需，在大学教育中，应有关于"基本科学""工业技术"与"工业组织""三种不同而互相联系的训练"，要注意"理工并重，甚至于理论的注意要在技术之上"；因为"如果我们在工业文明上也准备取得一种独立自主的性格，不甘于永远拾人牙慧，则工程上基本的训练，即自然科学的训练，即大学理学院的充实，至少不应在其他部分之后"。

在谈到大学培养高级技术人才时，强调"应力求切实""切忌的是好高骛远，不着边际""一在理智方面，要避免空泛的理论""二在心理与社会的方面，要使学生始终甘于用手"。继而，他对大学工学院的办学进行了论述："大学工学院的设置，我认为应当和工业组织人才的训练最有关系。大学教育毕竟与其他程度的学校教育不同，它的最大目的原在培植通才；文、理、法、工、农等学院所要培植的是这几个方面的通才，甚至于两个方面以上的综合的通才。它的最大的效用，确乎是不在养成一批一批限于一种专门学术的专家或高等匠人。"

对此爱因斯坦有相似的观点：从大学走出的不应是专家，而是和谐的人。梅校长进一步强调："工学院毕业的人才，对于此一工程与彼一工程之间，对于工的理论与工的技术之间，对于物的道理与人的道理之间，都应当充分了解，虽不能游刃有余，最少在这种错综复杂的情境之中可以有最低限度的周旋能力。唯有这种分子才能有组织工业的力量，才能成为国家目前最迫切需要的工业建设领袖。"为此，"大学工学院必须添设有关通识的课程，而减少专攻技术的课程。"真正工业的组织人才，对于心理学、社会学、伦理学，以至于一切的人文科学、文化背景，都应该有充分的了解。"总之，一种目的在养成组织人才的工业教育，于工学本身与工学所需要的自然科学而外，应该旁及一大部分人文科学与社会科学，旁及的愈多，使受教的人愈博洽，则前途他在物力与人力的组织上，所遭遇的困难愈少。"接着梅校长举了正反两个例子加以佐证。一是在美国工科大学的同班插班同学，由于先进过文科大学，对于历史、社会、经济、心理学都有基本了解，虽然工科学程没有同班同学多，但毕业不到十年，别的同学都还在当技师、工程师时，他已成为电工业界的领袖人物了；二是，工厂负责人对梅校长反映，许多毕业生技术训练大体上都不错，但是他们的毛病在不了解别人、不能与人合作，进厂不久便不能相安，而一再跳槽。由此，梅校长认为"怎样才可以使工科教育于适度的技术化之外，要取得充分的社会化与人文化，我认为是工业化问题中最核心的一个问题"。他强调，大学教育关键在质的提高，所谓："一方面指学生的原料必须良好；一方面指课程的修正与学风的改变，务使所选拔的为有眼光与有见识的青年。""应重通达而不重专精，期渐进而不期速效。"文章结语谈道"学以致用""任何学问有三种用途，一是理论之用，二是技术之用，三是组织之用。没有理论，则技术之为用不深；没有组织，则技术为用不广。过于侧重技术之用，而忽略了理论之用和组织之用，流弊所及，一时代以内工业人才的偏枯是小事，百年建国大业受到不健全的影响却是大事，这便是本篇所由写出的动机了。"

该文虽然谈的是工业化与人才问题，实际上，对大学教育带有普遍意义。从培养目标看，像清华这样的高层次大学，不应该培养一般的专才，而是要培养能够发挥组织作用的领袖人才；这样的人才，选才要好，培养应当重通达，要在适度的技术化同时，取得充分的社会化与人文化，为此，要注重通识教育和良好的学风建设。这种教育思想是老清华造就了众多杰出人才的重要原因，仍然适用于当今的清华。

除了在明德和业务上的通达要求，梅校长还十分重视体育与美育。他在《体育之目标》一文中提出："须知体育之目标，不单是造就几个跑多快，跳多高，臂腿多粗的选手，不单是要得若干的银盾、锦标，除此之外，也许可以说在此之上，还有发展全人格的一个目标，因此生理学、心理学之列为体育的课程中，便不算稀奇了。这一点希望诸位领袖和学员特别注意。"他还曾谈道："本校对于体育向极重视，四年必修，学生每周必须上体育课两小时，课外活动范围甚广，战前体育设备，几应有尽有。"他还提到马约翰先生"始终以训练学生奋斗与合作精神配合于运动之中，此精神者，我校数千之校友在昔亲受熏陶，当能体会意味，则今日在社会服务之同学将已感受其益，此良好之风气，当复员之后，依然蓬勃，积之以久，效果益宏矣"。

对于美育，梅校长曾对《西南联大校歌》曲作者张清常说：办学不但要重视体育，而且也要重视美育。清华有着丰富的课外活动，并设有音乐室开展教学，"音乐室所组织之音乐活动者计五百余人，几占全校同学四分之一"。学校专门聘请外教组织歌乐研究会和声乐班、钢琴班、军乐队、交响乐队，等等。梅校长在学校工作中单独谈到音乐室和艺术活动，他指出："清华自创立以来，音乐界人才辈出，现代音乐之创导人赵元任先生，现代作曲家黄自先生，钢琴家兼作曲家李维宁先生，声学家兼作曲家应尚能先生，钢琴名家姚锦心女士，提琴名家陆以循先生，均系清华校友，抑且求其造就现代音乐界之人才也。"

梅校长给清华留下了宝贵的物质基础和精神财富，当今我们应该努力加以继承和发展。1952年,当年梅校长的学生蒋南翔长校清华后,依据"三阶段、两点论"的观点,强调要"尊重学校原有的传统""老清华早有门槛高(即招生要求高)、底子厚(即基础理论学得好)、后劲大这些好传统,要继承";蒋校长倡导"又红又专,全面发展""两个肩膀挑担子"的教育理念,与梅校长倡导全人格教育,注重组织人才培养等理念是相通的。蒋校长重视体育,提出"至少为祖国健康工作五十年",大力支持学生开展艺术文化活动,也是与老清华的传统一脉相承的。蒋南翔身上突出的唯实求是精神,也是对老清华精神文化基因的继承发展。

在新时期,学校重视继承与发展前两个阶段的办学经验,形成了"厚基础—重实践—求创新"的教育思想。同时,在继承"行胜于言"的校风、严谨的学风基础上,形成了"严谨、勤奋、求实、创新""严谨为学,诚信为人"的学风要求。20世纪90年代开展的文化素质教育和21世纪初明确的"在通识教育基础上的宽口径专业教育"以及当今实施价值塑造、能力培养、知识传授"三位一体"的培养模式等也是对梅校长和蒋校长教育理念的继承和发展。

学习善于哲学思维的马克思主义教育家蒋南翔

在新中国的教育史上,蒋南翔是一位善于进行哲学思维的马克思主义教育家,他的许多教育主张是对马克思主义哲学的灵活运用和生动检验,对于当今的教育实践仍然有着重要的指导借鉴意义。

一、教育本质论:教学、科研与服务社会的辩证统一

教育本质论是教育哲学的基本问题,从高等教育看涉及对大学功能的界定,要回答大学是做什么的、办怎样的大学、怎样办大学等大学理念问题。教育理论和实践的许多问题均与对教育本质的理解和界定有关。

蒋南翔长校清华时,中国的大学正处在重要的转型期:一方面是由旧大学向社会主义新型大学转变;另一方面,由于国家百废待兴,特别是工业化的高潮,对大学人才培养、科学研究和社会服务都提出前所未有的迫切要求。蒋南翔对大学的功能定位有着清晰的理念。1956年他在清华大学第10次教学研究会上指出:"学校中的具体工作很多,但是最核心的问题,是要完成教学任务。因此,在思想认识上,我们是明确把教学工作作为全校工作中最中心的任务,而学校中其他的工作——无论是政治工作、行政工作、财务工作、人事工作等,都直接或间接地围绕和配合教学工作来进行。"同时,他又指出:"我们把教学工作作为全校的中心工作,这在过去,在将来,都是完全必要的。但是这决不是说,在高等学校可以不重视科学研究工作。教学工作最后必须依靠科学研究来提高水平,科学研究也必须依靠教学工作来不断训练和提高后备队伍,这样才能不断夺取新的科学堡垒,保证科学事业永不停滞地向前发展;二者决不是对立而是相辅相成的。"[①]1958年开始贯彻党的"教育与生产劳动相结合"教育方针,他特别肯定了"真刀真枪"的毕业设计,认为这是"毕业设计就成为学

[①] 中国高等教育学会、清华大学编:《蒋南翔文集》,上卷,629～630页,北京,清华大学出版社,1998。

校中教学、生产、科学研究和思想工作的一个重要结合点"。[①] 真刀真枪毕业设计,将"领导与组织能力"放在工程技能之先,不仅是教学方法上的创新,更是清华人对教育文化理念的拓展,是工程教育社会化、人文化的体现。在实践中师生经受了将自己的成长与国家的发展紧密相连的爱国主义教育,经受了切实的团队合作精神的训练,使掌握的知识、能力和素质受到实践的检验与锻炼,有利于历史唯物主义和辩证唯物主义思维的确立。

在蒋南翔的办学理念中,育人为本、教学为主一直是坚定明确的。他后来在《总结十七年办社会主义大学的基本经验》一文中指出:"学校的学生,应当、而且必须完成学习任务,这是最平常的道理。但是过去学校工作中常常发生这样那样偏差,追究根源,恰恰就在于忽视了这个平凡的道理。"[②] 在新时期,清华大学继承发展了蒋南翔的上述教育思想,明确了"一个根本"(以人才培养为根本),"两个中心"(既是国家办教育的中心也是办科研的中心),"五项职能"(教学、科研、社会服务、国际交流合作、文化传承创新),在百年校庆期间,学校进一步强调要把学校各方面的资源优势转化为育人优势。

目前在中国高校,以科研、社会服务以及各种各样的课余活动冲击教学的现象仍然不同程度地存在,比如,南开大学校长龚克说:"功利化的办学思路和对大学文化本质偏颇的理解,使当下中国的大学文化有严重的舍本逐末的倾向。现实中中国大学的中心往往不是学生而是学科。发展学科要为培养学生服务,但是,这个根本的宗旨往往被追求学科的排名和为此的资源分配所湮没了。""审视当下,有多少大学的领导干部能拿出较为充分的时间倾听学生的需求和想法?大学里各式各样、大大小小的会议又有多少在深入研究'学生成长'?有多少大学教师尤其是研究生导师在为自己学生的发展殚精竭虑,而不是让学生帮助自己的发展?"即使在有重视育人传统的清华,集中全校之力研讨教育工作的讨论会,现在已是第24次了,也未能普遍确立"育人为本"的理念,没有将各种优势充分转化为育人优势。蒋南翔的上述教育思想对于我们切实做好坚持"育人为本""教学中心"的办学理念有着现实指导意义。

---

① 中国高等教育学会、清华大学编:《蒋南翔文集》,下卷,717～720页,北京,清华大学出版社,1998。

② 中国高等教育学会、清华大学编:《蒋南翔文集》,下卷,927～928页,北京,清华大学出版社,1998。

二、教育目的论：社会功能与本体功能的辩证统一

"教育目的论"是教育哲学的另一个重要问题，它涉及教育工作的出发点和归宿，要回答"培养什么人、怎样培养"的根本问题。关于这个问题，蒋南翔有许多精辟的创造性的论述，这里仅就怎样处理教育的社会功能与本体功能的关系进行一些分析。

"新型的教育是改造社会的有力手段"，这是"马克思主义教育思想的一个重要论点。"[①] 蒋南翔校长在1956年指出："如果我们长时期内不能依靠本国培养的专家来独立解决工业建设中的重要关键问题，如果中国的科学技术水平长时期内远远落后在世界各个工业先进国家之后，那就将给中国的社会主义的建设事业带来严重的后果。"[②] 这正是他推动清华大学发展新兴专业的出发点。他还指出："我们的高等教育如果不能在本世纪内为国家培养出具有世界先进水平的各方面的专门人才，不能主要依靠自己的力量解决中国'四化'所遇到的最新科学技术问题，那就意味着中国的教育不独立，科学不独立，经济和国防也没有真正独立。"[③] 培养适应国家需求的人才，实现国家科学、经济、国防和教育的独立一直是蒋南翔办学的基本出发点。为此，他提出了"两个拥护，一个服从"即"拥护党，拥护社会主义，服从国家需要"的基本要求，要求学生坚持正确的政治方向，能够为人民服务，为社会主义建设服务。

同时，蒋南翔创造性地贯彻马克思主义关于人的自由全面发展的教育观和党的关于培养全面发展人才的教育方针，注重发展教育的本体功能。马克思主义教育观认为，理想社会的建立是与人的自由全面发展相统一的，两者均为教育的基本目标。强调理想社会是"建立在个人全面发展和他们共同的社会生产能力成为他们的社会财富这一基础上的自由个性"的人类社会第三阶段。[④] "在

---

① 中国高等教育学会、清华大学编：《蒋南翔文集》，上卷，1071页，北京，清华大学出版社，1998。
② 中国高等教育学会、清华大学编：《蒋南翔文集》，上卷，671页，北京，清华大学出版社，1998。
③ 中国高等教育学会、清华大学编：《蒋南翔文集》，上卷，996页，北京，清华大学出版社，1998。
④ 中共中央马克思恩格斯列宁斯大林著作编译局：《马克思恩格斯全集》，第四十六卷（上），104页，北京，人民出版社，1979年。

那里,每个人的自由发展是一切人的自由发展的条件。"① 蒋南翔十分注重创造条件引导学生的自由全面发展。他在 1956 年总结清华大学教学改革的基本经验时指出:为了执行培养学生全面发展的方针,"我们不但重视学生业务上和政治上的训练,而且注意开展学生的体育锻炼、科学研究小组活动以及其他社会文化活动,借以发展学生更多方面的兴趣和才能,锻炼学生更广泛的独立工作能力。对于体育锻炼、义务劳动、文娱活动等各项社会活动的开展,学校行政领导上都给以精神上和物质上的支持。此外,还设立了班主任和政治辅导员制度,给同学的学习和政治思想以经常的具体的帮助。我们全体教师,也日益认识到自己不仅是一个知识的传授者,而且是青年一代的培养者,因此更自觉地担负起对学生进行全面教育和培养的责任"。蒋南翔在强调教师要对学生进行"全面教育"的同时,也十分重视学生自我教育的主动性,指出培养全面发展的人才,还要靠学生本身的工作。"他们在学习和工作中,自觉执行毛主席'三好'的指示,努力培养自己成为全面发展的人才。青年团和学生会的组织,在领导学生进行经常的活动中,起了组织和动员的作用"②。同时,他一再强调对学生要因材施教,注重发展学生的兴趣爱好和特长。1956 年他在一个团干部学习报告会上指出:"因材施教是服务于一定教育目的的一种教育方法,这种教育方法古已有之。在执行全面发展的教育方针时,因材施教的教育方法仍然有其重要作用。……必须充分注意到学生的个人特点,只有根据学生的不同情况进行教育,才能培养出真正全面发展的人才。因此,因材施教的方法,有助于全面发展方针的实现,二者不是矛盾的。"③ 他强调,"不能把学生培养成都像一个模子里铸出来的一样。"④ 同时,他还创造性地提出:"培养学生要抓好三支代表队(政治,业务,文艺,体育),通过多种渠道殊途同归,向着又红又专、全面发展目标前进。"⑤ 这种教育理念使得学校呈现出生动活泼的局面,优秀人才脱颖而出。

蒋南翔这种既注重教育的社会功能,使清华大学坚持为社会主义建设服务

---

① 中共中央马克思恩格斯列宁斯大林著作编译局:《马克思恩格斯选集》,第一卷,273 页,北京,人民出版社,1972。
② 中国高等教育学会、清华大学编:《蒋南翔文集》,上卷,625〜626 页,北京,清华大学出版社,1998。
③ 中国高等教育学会、清华大学编:《蒋南翔文集》,下卷,675〜683 页,北京,清华大学出版社,1998。
④ 方惠坚:《蒋南翔》,见中国高等教育学会组编:《共和国老一辈教育家传略》,606 页,北京,高等教育出版社,2008。
⑤ 方惠坚、张思敬主编:《清华大学志》,上册,13 页,北京,清华大学出版社,2001。

的政治方向，使清华和清华人的命运与国家、民族的命运紧密相连，使得大批毕业生与祖国同进步，共发展，并对学校的科研与社会服务工作注入了强大的推动力；同时又注重教育的本体功能，使得同学们在坚持正确的政治方向的同时其个性得以良性发展，实现了教育社会功能与本体功能的辩证统一。在蒋南翔掌校期间培育的人才中，成长起来众多的杰出英才，以充分的说服力证明了蒋南翔整体教育理念的科学性。蒋南翔的教育思想和实践为当今素质教育提供了有益的经验。

当前，清华正在展开第24次教育工作讨论会，陈吉宁校长给全校师生发出公开信，强调教育是民族振兴和社会进步的基石。在实现国家现代化和中华民族伟大复兴的进程中，清华大学担负着特殊的重要使命。为此，必须深刻反思当前教育教学工作中的突出问题，为国家、为社会更好地培养优秀人才。同时，他还指出：此次讨论会要把激发学生的学术志趣作为改革的着眼点和切入点，要探索价值塑造、能力培养和知识传授"三位一体"的大学学习模式。这一指导思想既体现了教育社会功能与本体功能的统一，又突出了发挥人的主体精神的重要性，相信会给新时期清华人才培养注入新的推动力。正如德国现代哲学家、教育家雅斯贝尔斯所说："教育活动关注的是，人的潜力如何最大限度地调动起来并加以实现，以及人的内部灵性与可能性如何充分生成，简言之，教育是人的灵魂的教育，而非理智知识和认识的堆集。"[①] 亦如清华陈吉宁校长所说："大学不仅是传授知识和技能的场所，更是培养人的思想、情感、意志、品质之所在，是铸造灵魂的地方。办大学要以'学生为本'。"所以，教育所依据的哲学基础，除了以往人们关注的认识论与政治论的哲学基础，还离不开以人为本的生命论哲学基础。教育是人的生命发展的过程，今天的大学教育应当把发展学生精神生命的主动权置于突出地位。人的主体创新，人的精神生命创新，是教育与文化创新的核心和基础，在国家向创新型转型和提高全民族素质中具有根本性意义。

三、领导科学：坚持历史唯物主义与辩证唯物主义的指导

"蒋南翔同志一生唯实求是，献身党的事业"这是陈云同志为蒋南翔题写的悼词，的确，坚持马克思主义的哲学观和忠诚党的教育事业正是蒋南翔留给我

[①] [德]雅斯贝尔斯：《什么是教育》，4页，北京，生活·读书·新知三联书店，1991。

们最为珍贵的财富。蒋南翔是实事求是的典范，在他长校时，实事求是地贯彻党的教育方针，坚持从中国国情和学校的实际出发，创造性地探索中国特色教育体系和办学道路，体现了哲学思想家的风范，他的办学理念和工作作风给予清华大学乃至中国教育界以深远的影响。

1952年11月蒋南翔被任命为清华大学校长，他没有立即到任，而是先到东北考察，了解国家建设对人才培养的需求。通过考察形成了培养人才的方向与轮廓。到校后，为了熟悉教学，他亲自听基础课，做作业，他还系统地听了各个专业的基本知识介绍，到金工车间参加多个工序的劳动，亲自讲哲学课，到物理系蹲点；对于学苏，他强调"学习苏联先进经验，必须严格执行从实际出发，同中国实际相结合的原则。""同时，也要向英美等资本主义国家学习有用的东西"。[①] 他密切联系群众，交了许多教职工朋友。由于深入实际，取得了第一手材料，保证了决策的科学性。他十分尊重群众的创造，他有一句名言"基层出政策"，将基层的创造实践，经过总结上升为指导全局的政策。譬如，水利系学生提出"真刀真枪搞毕业设计"，他认为很好，就向全校推广，成为至今仍被实行的一个教育环节。他还鼓励基层干部眼睛向下，向基层找办法，帮助基层总结经验。他说，"任何重要的政策都是从基层出来的，领导不过是加工，我要做教育部长，就要兼清华校长，希望有具体的基层工作经验"，他把清华作为"试验田"。[②]

对于上级的指示，他不主张不经消化就盲目执行，强调不能当"收发室"。例如，1964年毛主席在春节谈话中批评了教育"办法不对"，提出："学制要缩短""建议从一切活动总量中，砍掉三分之一。"蒋南翔从实际出发，有分析地对待毛主席的批评意见。一方面，在学校教学中贯彻少而精的原则，将清华学制由六年改为五年；同时强调：对毛主席的指示"还要通过'翻译'。要结合实际情况来贯彻，最后结果要提高质量"[③]。在"文革"期间，他被"监护"审查时，逐条批判了由迟群炮制发表在《红旗》杂志上的所谓教育改革文件。有人劝他不要"顶"下去。他说："教育事业是关系党和国家命运、前途的大事，正确的

---

① 中国高等教育学会、清华大学编：《蒋南翔文集》，下卷，660～661页，北京，清华大学出版社，1998。
② 方惠坚：《蒋南翔》，见中国高等教育学会组编：《共和国老一辈教育家传略》，612～613页，北京，高等教育出版社，2008。
③ 方惠坚：《蒋南翔》，见中国高等教育学会组编：《共和国老一辈教育家传略》，621页，北京，高等教育出版社，2008。

我就要坚持,谈自己的看法不是顶,是实事求是。彻底的唯物主义者是无所畏惧的。"①

蒋南翔强调从实际出发,不是因循守旧,他常常强调在继承中创新,强调要辩证地看事物,要用"两点论"来对待学校的历史经验。他说:"第一阶段是老清华,第二阶段是1952年学苏联,第三阶段是1958年以后。每个阶段好的都应保留,有缺点都应想办法克服,肯定成绩,克服缺点,推陈出新……,应该是'三阶段,两点论。'""要在过去经验的基础上,摸索创造新经验""要敢于超越,开创我们自己新的道路。"②这些话充满了辩证法和创新思维。

在新时期,清华把实事求是的作风表述为:不唯书、不唯上、不唯他、不唯洋,只唯实,一切从实际出发,按照客观规律办事。同时,坚持在办学实践中解放思想、锐意改革、不断创新。当前开展的清华教育工作讨论会如陈吉宁校长所强调的,要在开放式的反思基础上实现突破与创新,即针对人才培养优势不够明显、人才培养成效不够明显两个问题进行深刻反思,同时,以国际视野和外部视角看待我们的教育改革和面临的各项挑战,进行广泛而深入的讨论,实现师生认识的统一和观念的转变,进而采取切实的行动和举措解决教育改革中遇到的问题。这是对清华实事求是、尊重群众创造性的优良传统的继承与发展。在这样的文化氛围中,相信有更多的清华人会成为新一代有哲学思维的社会主义事业实干家、开拓者。

四、结语:教育需要更多的理论思维

今天,回顾蒋南翔同志给我们留下的宝贵遗产时,特别感到学习他带有哲学思维的教育家品质的重要性。当前,中国高等教育在取得巨大进步的同时,也存在诸多的问题,特别是面对国家向创新型过渡的需求,高校特别是像清华这样的重点大学面临着巨大的压力。为回答所谓"钱学森之问"这个命题,许多高校做出了一系列技术性的努力,如吸引尖子生、开办尖子班、聘请拔尖人士讲学,等等。这些举措会带来一定的效果,但是,如果忽视科学的教育理念,就难以具有普遍的本质意义。恩格斯在《自然辩证法》中,针对19世纪前半叶

---

① 方惠坚:《蒋南翔》,见中国高等教育学会组编:《共和国老一辈教育家传略》,622页,北京,高等教育出版社,2008。
② 中国高等教育学会、清华大学编:《蒋南翔文集》,下卷,812~813页,北京,清华大学出版社,1998。

德意志民族"热衷于实际"而摈弃了科学的哲学理论发出了警示:"一个民族想站在科学的最高峰,就一刻也不能没有理论思维",因为理论思维可以帮助人们防止沉溺于形而上学和浅薄思想。① 联系到当今中国教育的改革实践,我们同样感到提升普遍的理论思维的重要性。究其本质,最重要的仍是辩证唯物主义和历史唯物主义的思维。比如,克服在办学功能中重物轻人的观念,使教育的社会功能与本体功能协调发展,更加注重人的全面发展;克服学校内部重科研轻教学的观念,使教学科研协调发展,更加注重把人的培养放在学校工作的首位;克服在大学文化建设中重物质轻精神的观念,使物质与精神建设协调发展,在当前应当更加注重加强精神文化建设;克服教育教学过程中重工具理性,轻价值理性的观念,实现工具理性与价值理性的统一,在一个时期内,要切实加强价值理性的教育;克服在人才培养上重科学教育轻人文教育的观念,促进科学教育与人文教育的协调发展,在当前要更注重加强人文教育;克服在学科发展中重理工轻人文的观念,使教育在推动科技经济发展和社会进步两个轮子前进中协调地发挥作用,在一个时期内更要注重人文社会学科的发展;克服教学过程中以教师为中心的观念,使教师的主导作用和学生的主体作用协调发挥,更要注重发挥学生的主体作用,教师的主导作用要在最大限度地发挥学生的主体作用上下功夫,等等。

当今,面临国家向创新型转型和民族复兴的伟大任务,我们肩负着使我们的民族站在世界科学和人文的最高峰的历史使命,我们应当为发展有中国特色的教育思想体系做更多的贡献。此时,认真学习研究蒋南翔的教育思想和哲学思维具有特殊的重要意义。

(发表于《清华大学教育研究》2013年第6期;收入《深切的怀念永恒的记忆——纪念蒋南翔同志诞辰100周年》,清华大学出版社,2014年版)

---

① 中共中央马克思恩格斯列宁斯大林著作编译局:《马克思恩格斯选集》,467页,北京,人民出版社,1972。

努力提高学生全面发展的主动精神

——对 80 年代精仪系教育教学改革的回顾

精密仪器与机械工程系在学校的地位是举足轻重的。这不仅因为机械工业是国家的基础工业，现代制造技术反映了一个国家的总体技术水平，而且，从人才培养看，精密仪器与机械学系肩负着开设量大面广的机械制图、机械原理、机械零件或机械设计基础（现为机械设计基础系列课程、工程图学基础）等技术基础课的任务，对于相关学科学生的业务基础和基本素质培养有着重要影响。

在"文革"结束恢复招生后，重建教学秩序与严谨的学风，并适应新技术革命的挑战培养创新能力，成为一个重大课题。当时我担任教务科长，与李平林一起组织了"精密仪器系学风教育展览"，学校教务处曾组织全校新生与教务人员参观，1982 年 1 月 12 日《新清华》曾以两整版的篇幅做了报道。编者按说："精密仪器系举办了一个很好的'学风教育展览'，展出的内容有课堂笔记、课外作业、工程制图、实验产品、教师的评语、学生的体会等等，从一个侧面反映了我校教学工作的新面貌，前去参观的同学普遍反映深受启发。"这反映了精密仪器系（下称精仪系）重视基础教学和学风建设的一个积极步骤。

重视基础教学是清华，也是精仪系的传统。1983 年学校决定以精仪系为试点开展系统的教学改革。试点涉及高等数学、物理、制图、理论力学、机械原理、机械零件、电子学、中国革命史等一批相关基础课与技术基础课，选择精仪系 83 级学生"进行全面、系统的教改试点"。当时，我是主管教学的副系主任，担任试点组长，由时任教务处副处长的张孟威任副组长，小组成员有教务处宋尽贤、薛克宗等人。

这次改革一个基本出发点是改变传承式教育模式，"把教学改革的重点放在充分调动学生的主动学习精神与培养独立地掌握知识的能力上"；同时，通过多个环节，引导学生进行自我教育，解决好"为谁学习、为谁服务"的问题，为迎接"科学技术和思想意识两个方面的挑战"，使教育教学改革"在红与专统一的高度上进行，以全面提高人才的素质。"试点组明确：针对学生入学时存在的"在生活上缺乏自治能力、学习上缺乏自学自得能力、思想政治上缺乏自觉的要求和自我教育的能力等弱点，"要努力"引导他们上好思想政治素质和发展能力的两个台阶"。

具体在思想政治方面上好以下三个台阶。

1. 结合上好中国革命史课，使学生在感性与理性上，上好热爱社会主义祖国的台阶，同时进行热爱事业的教育，把热爱祖国与热爱事业统一起来；

2. 通过形势教育和政治理论课学习，引导学生正确认识社会主义建设规律，同时支持学生通过社会工作和社会实践活动，使他们在实践中培养为人民服务、为社会主义现代化建设服务的精神；

3. 引导学生钻研马克思主义理论，坚定理想信念，并在实践中提高政治识别能力；通过加强党的建设，使一部分学生成为又红又专的榜样与学生自我教育的骨干。

在业务能力上，结合三个过渡，分阶段有重点地引导学生上好三个台阶。

1. 在基础课学习阶段，实现从中学学习到大学学习的过渡，着重培养独立的学习能力；

2. 在技术基础课和部分专业课学习阶段，实现从自然科学基础理论学习到工程技术学习的过渡，着重培养分析和解决工程实际问题的能力；

3. 在高年级，实现从学校学习到工作岗位的过渡，着重培养综合创新和组织能力。

大学低年级课堂教学占有十分重要的地位。长期以来课堂教学存在安排过死、授课过细、负担过重，课程间自成体系、缺乏协调的问题，致使学生学习被动，影响了能力培养与全面发展。试点组提出要正确处理两个关系：一是教与学的关系，真正承认学生是学习的主体，是掌握知识与发展能力的内在因素，教师的主导作用主要在于启发引导；二是在纵横两方面处理好课程在内容与方法上的衔接与配合关系。为此，必须进行系统的改革，并明确"在低年级，改革的重点是加速培养学生的自学能力"。

在加强学生自学能力方面，试点组着重抓了以下三个环节。

1. 精讲课堂内容，创造自学条件。试点课程讲课由 100 分钟改为 50 分钟一节，增加自学、讨论与总结的比重。数学分析课时间减少约 1/3，制图课第一学期授课减少约 40%，物理课内学时减少约 1/4。教师精心组织授课内容，改革授课方法，启发独立思考，加强自学指导。授课时间减少、内容精简后，为学生培养自学能力创造了有利条件。

2. 加强理性诱导，启发自学自觉。对于开展自学，试点组不是停留在一般号召上。制图教师魏宗仁、高政一、陆瑞新等为大一学生开设了"学习与能力概论"课。针对学生的思想心理障碍，结合大一课程特点，论述了"关于自学能力的培养"，并系统阐述了一般智力的内涵、作用与培养方法。提高了学生对能力包括自学能力培养的自觉性与积极性。

3. 有计划地开展各种自学活动，在实践中发展自学能力。试点组依据科学知识的内在逻辑序列和学生心理活动序列，有计划地引导学生科学组织自学过程，使学生不断取得经验，增强信心，发展能力。如制图课先是有计划地在内容上留出"自学缺口"，由一小节、一个具体方法，扩大为整个章节。在使学生尝到自学甜头，有了初步体验的基础上，根据教育心理学关于学习迁移理论将学习的难点"物体表面相交"一章交学生自学，取得了良好效果。继而，在后续学期他们安排了"投影变换、展开和曲线曲面"三章的自学免修考试，有40名学生（占全体的1/3）参加，试题分量难度均较大，有17人成绩达80分以上，获得免修资格。由于在自学中，开动了脑筋，试题解法多种多样，其中不乏有一定创造性，是教师未能想到的。同时，在制图课教学中，努力以实现一般智力（如观察、想象、思维、记忆力等）与课程涉及的特定能力（读图能力、空间想象能力等）的结合，提高了学生在学习中发展能力的主动精神，培养了自学能力。

这样的自学试验受到多数学生的欢迎。在问卷调查中，认为开展自学试验不好的只有3人，占2.7%，认为很好的79人，达71%（其他为"好""可以"或未表态）。自学活动的开展为有潜力的学生脱颖而出创造了有利条件，也给基础较差、能力较弱的学生带来更多的困难，呈现不及格比重上升问题，说明具体环节有待改进。加强自学有利于因材施教，有利于体现"面向中等，注重优生"原则的贯彻。总的来说，这次试点是有价值的，为后来的改单探索了道路，积累了经验。这次改革得到学校的肯定，精仪系教学试点组连续被评为1983、1984年度校级先进集体，1985年北京市模范集体，并获1984年学校教学改革成果一等奖。

同时，精仪系发扬了老机械系重视体育的好传统，积极引导学生参加体育活动，注意贯彻"在提高带动下的普及，在普及基础上的提高"，学生在体育活动中表现了很高的主动性、积极性，继老机械系一再称雄运动场，精仪系曾多次夺得"马约翰杯"。在文化艺术活动方面，精仪系也十分活跃，曾多次获得文化活动月"水木清华杯"。

令人高兴的是，在我于1991年到学校工作后，精仪系在教育教学改革中不断取得新的业绩。在庆祝其前身机械工程学系成立 75 周年之际,谨贺精仪系发扬"把教学与人才培养的任务放在首位,注重德育,注重基础"的传统,不断创新,为祖国培育出更多高素质的全面和谐发展的人才。

(收入《精仪求精　清华大学精密仪器与机械学系建系 80 周年（1932—2012）纪念》,清华大学出版社,2012 年版)

全面认识教育的性质和功能

教育要适应市场经济是一个很重要的任务，但不是全部的任务。一方面要看到过去在计划经济体制下形成的教育体制与社会主义市场经济有诸多的不适应，因此，在教育改革过程中，有很多观念需要改变；另一方面，在讨论教育任务时，还要明确学校教育的性质。怎样看教育？过去理解教育是上层建筑，要为经济基础服务。目前看，不完全是这样，情况有变化，如学校有校办工厂，有企业。过去学校是纯事业单位，现在是含有企业的事业单位。那么，怎么认识学校的任务、学校的性质呢？我认为，教育从总体上讲是上层建筑，它要适应经济基础的变化，同时对经济基础有反作用。关于这个问题，中国是有教训的。过去在理解经济基础与上层建筑的关系时，曾经一度突出强调了上层建筑的反作用，现在又有些同志持简单的经济基础决定论，忽视教育本身的规律和功能。最近我们在学校对部分教师和学生进行问卷和口头调查，感到对学校如何适应社会主义市场经济这个问题，思想比较混乱。一种比较突出的表现，在教师和学生中对思想政治工作的必要性的认识有较大的滑坡，大概有20%～30%的人对政治课持否定态度，或认为可有可无。对怎么看教育功能，是不是我们现在培养出的人只是要适应市场经济的需要，学会经商，直接参加流通领域，或简单地拿知识当商品到社会上去等价交换，许多人在认识上是模糊的。关于人际关系方面的调查表明，相当部分人认为，现在人与人的关系就是等价交换关系。我认为教育要培养的人是要为社会主义市场经济服务的，但最终要落实到为社会的全面进步和人的全面发展服务。教育除了要有为经济服务的功能外，还要有为政治服务的功能、为文化服务的功能；除了要为物质文明建设服务的功能，还要有为社会主义精神文明建设服务的功能。所以，对教育的性质、功能还需要进一步提高认识。

教育的发展既有外部环境的要求，也有它自身的内在规律。过去在计划经济体制下，有关起门来办教育的毛病，对社会需求考虑不够，但在当前又有一些忽视教育自身的规律。我们要培养社会急需的人才，还要看到教育是一个长的过程，不能单看现在社会需要什么，我们就培养什么。前段时间，在专业设置上，有的非财经院校新设房地产专业、会计专业等，这有没有必要？值得考虑。教育培养人不仅要考虑当前需要，还要考虑长期发展的需求。专业调整，不光要从细的方面着眼，还应该拓宽，要强调基础知识、基础技能、基础素质，这样才能提高适应性。在计划经济体制下几十年不变的模式必须改革，以前，学校必修课的比率很高，选修课比例很低。现在，一方面应该打好基础，以不变应万变；另一方面，要适当增加选修课，为学生走向社会、适应职业的变化创造条件。

关于尖子人才的去向问题也值得研究。如清华大学1958年成立工程物理系时，是把原来班上前几名最好的学生、党支部书记和班长送去组建的。现在由于市场经济的导向，工程物理系招生的分数已经降到后面去了，这主要是由于这方面的专业毕业生工作生活条件差、待遇低，所以报考的人越来越少。过去是最好的学生到核能基地去，现在不少学习好的学生，到国外去了，到赚钱多的三资企业去了。高校应该为国家培养一流的人才，到国家最需要的岗位上去工作。所以，学校还是要加强思想政治工作，进行爱国主义教育、集体主义教育、光荣传统教育，形成一个良好的育人环境。

（发表于《教育研究》1993年第6期；《新华文摘》1993年第9期）

深入学习邓小平教育思想　发展我国高等教育事业

由中共中央、国务院发出的《中国教育改革和发展纲要》指出："教育理论工作者和实际工作者，要以马克思主义为指导，研究和回答建设有中国特色的社会主义教育体系的理论问题和实际问题。"为此，必须认真学习邓小平同志关于教育问题的论述，把握邓小平同志的教育思想。

一

党的十一届三中全会以来，邓小平同志在拨乱反正，破除"两个凡是"、推翻"两个估计"的基础上，对我国的教育工作有过一系列论述。这些论述是解放思想、实事求是的思想路线在教育战线的具体体现，是对党的教育方针和毛泽东教育思想的继承和发展，是中国特色社会主义教育理论的奠基石。邓小平同志关于教育工作的论述，把马克思主义教育理论和毛泽东教育思想与我国改革开放历史时期的具体条件相结合，阐述了在新的历史时期我国教育事业发展的一般特点。

我国新的历史时期最重要的标志是实现了工作重点的转移，从"以阶级斗争为纲"转移到了"以经济建设为中心"。在实现工作重点转移的过程中，邓小平同志站在社会主义建设全局和长远发展战略的高度，十分重视教育和科技，将其同农业、能源和交通一起，作为三大关键的战略重点来抓，并指出："一个地区，一个部门，如果只抓经济，不抓教育，那里的工作重点就是没有转移好，或者说转移得不完全。"

我国新的历史时期的又一个重要标志，是我们正在实现从传统的计划经济体制向社会主义市场经济体制的过渡。经济体制的这一重大转变，决定着教育体制的改革势在必行，而且由于教育的关键战略地位，这个改革是不容滞后的。邓小平同志说："改革是全面的改革，不仅经济、政治，还包括科技、教育等各行各业。"他认为："这些改革的总目标是一致的，都是为了使中国消灭贫穷，走向富强，消灭落后，走向现代化，建设有中国特色的社会主义。"在邓小平建设有中国特色社会主义理论的指引下，我国的教育体制改革正在深入开展，以往那种包得过多、统得过死的旧体制，正在逐步为与社会主义市场经济体制相适应的新体制所取代。

中国新的历史时期的另一个显著标志,是我们已经打破了帝国主义对中国的孤立和封锁,实行了全方位的对外开放政策。在这种形势下,一方面使我们看到了自己的落后,增强了发展教育的紧迫感;另一方面又使我们增强了赶超世界先进水平的意识。邓小平同志在 1977 年重新出来工作自告奋勇抓科技、教育时就指出:"要承认落后,承认落后就有希望了。现在看来,同发达国家相比,我们的科学技术和教育整整落后了二十年。"要弥补这个差距,首先要靠我们自己的发愤努力,发展创造,此外还要学习别国的长处,扩大对外学术交流。"认识落后,才能去改变落后。学习先进,才有可能赶超先进。……我们不仅因为今天科学技术落后,需要努力向外国学习,即使我们的科学技术赶上了世界先进水平,也还要学习人家的长处。"邓小平同志的眼光并不仅仅放在二十年的差距上,而是在对外开放的新条件下要中国的科技、教育走在世界的前列。十七年来,中国的教育事业在对外开放中取得了丰硕的成果。在高教领域,清华大学等一批院校正瞄准世界先进水平,力争在 21 世纪初期跨入世界一流大学的行列,承担起了"赶超"的历史使命。

二

根据历史唯物主义,经济是其他一切社会生活的基础,包括教育在内的各种社会生活都必须与一定的社会经济基础相适应并对经济基础起着能动的反作用。经济的发展必然会带动教育的发展,而教育也要与经济的发展相适应,通过育人乃至在高等院校直接进行科学研究与发展科技产业为经济的发展和社会的全面进步服务,这就是教育的社会功能。在高科技成为经济增长基础的今天,教育越来越表现出它对经济发展具有决定意义的作用。在我国总的战略蓝图中,邓小平同志从各个方面论证了教育处于优先发展的战略地位。

首先,教育是实现四个现代化的基础。邓小平同志指出,四个现代化的关键是科学技术的现代化。而发展科学技术,不抓教育不行。

其次,在实现社会主义现代化强国的"三步走"战略步骤中,教育的发展必须优先。邓小平同志指出,第三步比前两步要困难得多。这是由于要取得这样的发展速度,必须要走靠科技提高劳动生产率的道路,"经济发展得快一点,必须依靠科技和教育",发展经济、发展科技,都离不开人才的培养。邓小平同志说:"改革经济体制,最重要的、我最关心的,是人才。改革科技体制,我最关心的,还是人才。"因此,培养人才的工程——教育,在实现"三步走"的战略步骤中必须摆在优先的地位。

再次,中国特色的社会主义强国要由今天的受教育者去完成。我们搞改革开放,是为了建设中国特色的社会主义,是要把我国建设成优越于资本主义的社会主义现代化强国。邓小平同志说:"要证明社会主义真正优越于资本主义,要看第三步,现在还吹不起这个牛,我们还需要五六十年的艰苦努力。那时,我这样的人就不在了,但相信我们现在的娃娃会完成这个任务。"邓小平同志所讲的"现在的娃娃",正是现在大、中、小学的在校生,要使他们成为有理想、有道德、有文化、有纪律的接班人,成为未来社会主义强国的建设者,正是教育工作的根本任务。

党的十一届三中全会以来的十几年间,邓小平同志不断地强调教育的重要战略地位,党中央、国务院召开了多次会议,作出过一系列关于教育问题的决议,但为什么在一些地方,一些部门相当长的时期内教育摆不到重点的位置上?在有些地方还会出现"经济要上,教育要让"的错误指导思想?为什么在邓小平同志明确指出在教育投入方面"我们要千方百计,在别的方面忍耐一些,甚至牺牲一点速度,把教育问题解决好"之后,我们看到在某些地方为了眼前的速度而牺牲的仍然是教育,甚至出现了长期拖欠民办教师的工资这类令人难以容忍的问题?

之所以会产生这些问题,第一是由小生产而来的传统观念的影响。教育与经济的密切联系是在社会化大生产中表现出来的,尤其是在现代社会中科技越来越表现出"第一生产力"的性质时,人们才越发认识到教育对经济发展的重要作用。由小生产而来的传统观念,则历来把狭义的专门教育作为晋爵升迁的手段而把它与经济分开,把教育过程置于经济过程之外,视教育投资为非生产性的消费投资。在我们这样一个有着几千年封建文化传统的发展中国家,决不可低估这种旧观念的影响。

第二是传统的计划体制后遗症。在我国的旧体制下,搞经济的可以不关心教育,管教育的可以不过问经济;新的历史时期虽然打破了旧体制,但由旧体制遗留下来的教育和经济互不相干的观念却根深蒂固。

第三是经济建设中的急功近利。由于教育的特殊规律,抓教育对经济发展起到明显的促进作用需要较长的周期。在我国目前的经济和教育发展水平上,教育对经济的推动、制约作用不如其他部门表现得明显、直接。所以,尽管一些地区的领导人也明白"教育为本"的道理,但那毕竟是"百年大计",它无助于一个地区提前多少多少年进入"小康"。在他们看来,教育多少牺牲一点没关系，但当前经济发展速度则是万万牺牲不得的。而对那些囿于个人名利的决策者来说，办教育不能像多搞点开发区那样能够表明自己的业绩，更不能像炒地皮、炒股票那样为个人带来经济效益。

第四是陷入了迷信"引进"的误区。对内、对外的开放，可以引进先进的技术、装备，当然也可以引进人才，于是有些地区的领导人不去认真抓教育，而是靠引进来弥补教育的缺憾。在这些同志看来，只要手里有了钱，就可以买来所需要的一切。但他们并没有弄清楚："筑巢引凤"只能是权宜之计，且人的素质、爱国主义精神、社会主义思想等，这些无论如何也是无法用钱买来的；像中国这样一个大国，如果把发展的基点放在依赖引进上，那永远只能仰人鼻息，受制于人，永远也不会走在世界的前列。

第五是缺乏有力的行政、法规措施。在思想认识达不到自觉程度的情况下，贯彻中央精神、有力的行政干预和法律规范就是必要的了。我国现在出台了《义务教育法》《教师法》等法律条文，初步扭转了在教育事业中长期无法可依的状态。但法律还需配套才能起到作用，并且有法必依、执法必严、违法必究等环节还有待加强。

针对上述原因，要真正做到使全党、全社会都来关心教育，把教育作为一件大事来抓，必须转变种种忽视教育的落后观念，同时，要完善法律规范、加强行政措施，扭转对中央部署阳奉阴违，有令不行、有禁不止的状况。邓小平同志语重心长地告诫我们："从长远看，要注意教育和科学技术，否则，我们已经耽误了二十年，影响了发展，还要再耽误二十年，后果不堪设想。"教育的失误比起通货膨胀来要可怕得多，如果我们再不真抓、全力抓，下大决心抓，必将影响中国21世纪的第三步发展，这个时间我们再也耽误不起了。"忽视教育的领导者，是缺乏远见的领导者，就领导不了现代化建设。"如果一个地区或部门的领导者至今仍在忽视教育，这就不再是什么失误，而是最大的失职了。

三

教育通过培养人、提高人的素质为社会主义现代化建设服务。提高人的素质不仅是适应当前社会主义市场经济体制的建立、克服某些社会弊端的需要，更重要的是要使我国在21世纪实现社会主义现代化，成为富强、民主、文明的社会主义强国的需要。为此，要求我们培养的人才应该既有新的观念，又有传统美德；既勇于投入竞争，又善于与人合作；既解放思想、大胆实践，又作风严谨、遵纪守法；既长于提高经济效益，又能注重社会效益；既精于自己所学专业，又具备相关学科的基础知识；既富于抽象思维，又具有动手能力；既胜任一定的领导工作，又能称职地完成各种具体任务，等等。他们提高了全面素质，在投入市场经济大潮或置身于政治风浪时才能经得起考验，才能成为合格的社会主义事业的建设者和接班人。

如何培养满足社会主义现代化需要、德智体全面发展的人才呢？第一，在专业设置上要处理好当前急需与长远发展的要求之间的关系，既要适应社会经济发展的需要，不断对一些传统专业进行调整与完善，从提高适应性出发，拓宽专业内容，又要及时部署面向21世纪的新兴学科及与之相适应的新专业。

第二，要坚持又红又专的培养目标。"红"，第一要把坚定正确的政治方向放在第一位，在当前，就是要坚定社会主义信念，立志为祖国的社会主义现代化贡献出自己的聪明才智。在工作重点转移到经济建设以后，在改革开放和确立社会主义市场经济体制的历史条件下，决不可以放弃人才培养的政治标准。只要我们是在办教育，就有一个培养什么人，为谁培养人的问题。党的十一届三中全会以来，清华大学发扬历史上的优良传统，在搞好业务教育的同时，一直注意抓学生的政治思想工作，这一点得到了邓小平同志的肯定。1980年3月12日他在军委扩大会议上说，学生从到学校第一天起，就要对他们进行政治思想教育，学校的党团组织和所有的教员都要做学生的政治思想工作，并指出："又红又专，那个红是绝对不能丢的。"十多年来，为这个传统永远保持下去，学校一直注意抓好两个环节：一是遵循党的基本路线，围绕学校中心工作开展多种方式的政治思想教育，使"教书育人、管理育人、服务育人"形成制度，年年讨论，检查落实；二是建立一支既懂专业，又擅长做思想政治工作的又红又专的教师队伍和思想政治工作队伍，这种"两个肩膀挑担子"的做法，也曾受到邓小平同志的赞扬。

第三，要像邓小平同志指出的那样，更好地贯彻教育与生产劳动相结合的方针，因为它是"培养理论与实际结合、学用一致、全面发展的新人的根本途径"。在新形势下，"要做到这一点，各级各类学校对学生参加什么样的劳动，怎样下厂下乡，花多少时间，怎样同教学密切结合，都要有恰当的安排。更重要的是整个教育事业必须同国民经济发展的要求相适应"。江泽民同志最近在全国教育工作会议上强调指出："教育与生产劳动相结合是坚持社会主义教育方向的一项基本措施。"中华人民共和国成立以来，除受"四人帮"严重干扰、破坏的时期外，许多高校始终注意正确地实行这一方针，为国家培养出了一大批既具有精湛的专业知识，又具有劳动人民的思想感情，能够理论联系实际，勇于为祖国的社会主义建设献身的优秀人才。以清华大学为例，现在加强实践教学环节已成了我校提高教学水平的基本建设之一，不仅建成了一批现代化的校内实践教学基地，而且与一批大型骨干企业和地区建立起了教学、科研、产业、开发的协作关系。本科高年级学生用三个月到半年时间到企业部门结合生产实践教学的试点已进行了四年，学生的生产实习已由单纯的感性接触发展为参与实际的生产过程和课题研究，为企业解决了许多实际生产中的难题。清华每年有1000多个毕业设计课题，其中90%是面向经济建设的实际课题，多数已取得了成果。教育与生产劳动相结合、与国民经济发展的要求相适应这条路，我们要坚定不移地走下去。

四

学习、领会邓小平同志关于教育工作的论述，全面、正确地贯彻党的教育方针，就要充分发挥教育的社会功能，与社会主义现代化建设的要求相适应，积极推进教育体制的改革。

教育体制改革的核心任务，是要增强学校的办学活力，用有利于提高学校自我发展能力的新体制代替统得过多，包得过死的旧体制。新体制要利用市场机制使教育为社会主义现代化建设服务，因此它应能主动适应市场经济的运行机制，又能自觉抵御市场经济的消极影响。解决好这个主要矛盾是澄清我们在教育体制改革问题上的许多模糊观念，顺利地建立新体制的关键。例如，要扩大高校办学自主权，一个非常重要的措施就是改"两包"为"两自"，但这里如果完全按市场规律去办就会偏离社会主义的办学目的。目前，部分高校试行交费上学的制度，但如果这里的度掌握不好，就可能影响招生中的择优原则，而确定好这个度，仅靠市场机制是不行的。将来学校不包学生的工作分配，但决非对学生的就业不负有责任。学生就业的前提之一是他必须成为对社会的有用之才，这个责任主要由学校来负，而且为保证国民经济与国防建设的许多迫切要求，国家对学校的宏观调控与指导是不能放弃的。完全由市场来决定就业，并不是社会主义教育的特征。

再如，新的教育体制必须确立办学效益的观念。什么是学校工作的效益呢？首先要承认这里也是指的投入和产出之比，但在教育中"产出"的首要含义不是经济方面的。邓小平同志说："教育方面有好多问题，归根到底是要出人才，出成果。"衡量教育体制改革得失的标准，第一位的是培养人才的质量而不是金钱。当然，讲到办学效益，必须要考虑教育的"成本"，为此必须优化教师队伍结构，提高管理效率。

为了搞好教育体制改革，我们认为应该注意以下几个问题：第一，教育体制的改革一定要坚持解放思想、实事求是的思想路线，做到一切从国家社会主义建设全局与学校的实际出发，既积极又稳妥。教育体制改革势在必行，并且要加快速度，但育人工程是百年大计，要防止短期行为，避免大起大落。

第二，高等院校的体制改革是一个复杂的系统工程，要使社会教育体制的改革与校内的教学体制、管理体制改革相配套，学校也要像企业改革一样"苦练内功"，通过教学体制的改革调动"教"和"学"两方面的积极性，通过管理体制的改革提高学校管理机构的工作效率，通过后勤保障体制的改革提高经济效益和服务水平。要在坚持学、研、产三结合和学科化原则，并实行事、企分离的条件下发展好校办科技产业，既发挥学校的科研优势为社会多作贡献，又为学校提供教学、科研基地和经费的支持。

第三，在学校推行各项改革措施时，都会涉及观念的转变与利益关系的调整，必须发挥我们思想政治工作的优势，尤其对一些关系到群众切身利益的改革措施，要进行反复、深入的思想工作。

第四，教育体制改革是社会主义教育制度的完善，它必须在党的领导下进行，改革的结果必须有利于加强而不是削弱党对学校的领导。

学校无论采取何种领导体制，都应有效地体现党对教育事业的思想、政治、组织领导和方针、政策的领导。

第五，教育体制的改革是群众的事业，必须走群众路线，必须发挥广大教师的智慧和积极性。邓小平同志指出，学校的关键在教师。我们也可以说，改革成败的关键也在教师。教师是一支理性的队伍，对于他们，金钱的诱惑力总是有限的。要把教师真正看成学校的主人，增加他们的责任感。离开了广大教师的参与和支持，教育体制改革和学校的各项改革都不会取得成功。

邓小平同志的教育思想，是我们进行教育体制改革、发展我国教育事业、办好我国高等教育的根本指导思想。我们要深入学习，掌握精髓，逐步完善我国特色的社会主义教育理论体系，使我国社会主义的教育事业在新的历史条件下取得进一步的巨大发展。

（胡显章、孙茂新合作，发表于《清华大学学报》（哲学社会科学版）1994年第4期；收入中宣部理论局编辑的《当代中国马克思主义理论研究巡礼》，人民出版社，1994年版）

进一步加强和改进德育工作

——清华大学第十九次教学讨论会大会发言

1992 年 5 月 8 日

今天，就当前形势下加强与改进德育工作需要正确处理的问题及今后德育工作的任务谈几点意见。

一

（一）进一步统一对德育工作重要性的认识

重视德育是我们党和国家一个具有战略意义的重要指导思想。在民主革命时期，毛泽东同志就明确提出："青年要把坚定正确的政治方向放在第一位。"中华人民共和国成立后进入社会主义建设时期，又提出"我们的教育方针，应该使受教育者在德育、智育、体育几方面都得到发展，成为有社会主义觉悟的有文化的劳动者"。"文化大革命"后，邓小平同志重申"学校要永远把坚定正确的政治方向放在第一位"。他在 1980 年的一次讲话中谈道："清华大学提出一个很重要的问题，就是学生到学校第一天起，就要对他们进行政治思想工作。学校党团组织和所有的教员都要做学生的政治思想工作。"并指出："又红又专，那个红是绝对不能丢的。"这说明，坚持又红又专，把坚定正确的政治方向放在第一位是我们党一贯的、长期稳定的重要指导思想。

在当前形势下，德育工作不能放松而应加强。邓小平同志曾告诫我们："在工作重心转移到经济建设以后，全党要研究如何适应新的形势，加强党的思想工作，防止埋头经济工作，忽视思想工作的倾向。"我们不能不看到资产阶级自由化思潮、资产阶级的人生价值观以及民族虚无主义等对青年学生的影响并未完全消除，这同他们即将成为社会主义事业建设者和接班人的地位与作用是不相适应的。邓小平同志多次强调要加强对青年的教育，他在 1987 年的一次谈话中提到要注意防止错误倾向时说："我们既有'左'的干扰，也有'右'的干扰，但最大危险还是'左',习惯了,人们的思想不容易改变。对青年人来说,'右'的东西值得警惕,特别是他们不知道什么是资本主义,什么是社会主义,因此要对他们进行教育。"在最近的谈话中他又告诫我们,在加快改革开放、努力把经济搞上去的同时,要警惕和平演变的危险,要继续反对资产阶级自由化,要重视对人民和青年的教育。这几年的实践表明,这些指示的精神是完全符合学校实际的,而且只要切实加强德育,是可以收到积极效果的。所以,我们在狠抓中心,注意克服改革开放中所遇到的旧习惯、旧观念束缚的同时,必须继续重视并改进德育工作,决不能重复"一手软一手硬"的教训。

(二)认真研究新形势下德育工作的新课题

高等学校德育工作的核心就是要引导学生逐步树立马克思主义的世界观和人生观,确立正确的政治方向。围绕这个核心问题,一个时期以来,我们对学生坚持进行"两个道路"(中国要走社会主义道路,知识分子要走与实践相结合、与工农相结合的道路)的教育,帮助学生树立"四个观点"(阶级观点、群众观点、劳动观点、辩证唯物主义和历史唯物主义观点),使他们努力做到"两个拥护,一个服从"(拥护共产党的领导,拥护社会主义制度,服从国家需要),引导他们分层次地上"三个台阶"(爱国主义—社会主义—共产主义),这些要求和做法在相当长的时期内是稳定不变的。但是,其具体的内容应随形势的变化而有不同的特点。在当前形势下,我们培养的学生将要经受和平演变的考验,受改革开放和发展商品经济的考验,当他们中的一部分人掌握一定权力后则还要经受执政的考验。这些考验可以表现为在改革浪潮中怎样既能解放思想,大胆实践,又能做到作风严谨,遵纪守法;在激烈的竞争面前,怎样既有强烈的竞争意识,又能注意依靠群众,协同工作;在商品经济环境中,怎样既追求经济效益,又注重社会效益;在外贸工作、三资企业中,怎样善于同对方打交道积极合作,又能维护国家及中方职工的权益;在出国留学或工作时,怎样从西方文明中汲取营养,又永远热爱自己的民族文化,热爱自己的祖国,等等。总之,如何使他们全面地理解和坚持党的基本路线成功地经受这种种考验,是德育工作面临的新课题,我们应当认真地加以探讨并有针对性地改进我们的工作。

(三)科学处理教与学的关系,充分发挥学生的主体作用

由于马克思主义是不能自发产生的,需要进行必要的灌输,教师的主导作用是十分重要的。但是在方法上则要力求避免简单生硬的"我灌你受"的做法而应加强引导，努力启发作为学习主体的学生学习马克思主义和培养高尚道德情操的主动性与积极性。美国学校把帮助学生树立资本主义社会的价值观念与道德标准规定为"学校最重要的职责之一"，要求教师在教学中使学生"在思想上形成有价值的目标"。他们的做法主要是在课堂讨论中按照他们的导向，由学生自己作出判断，得出结论，从而比较好地避免了生硬灌输产生的负效应。他们所倡导的政治观与价值观与我们是不同的，但是他们的教学方法确有值得借鉴之处。联系到我们一些学生在自行组织的大辩论中所表现出来的高涨的主动学习精神，以及许多学生在社会实践中那种废寝忘食的高度责任心和主动工作精神，从中可以看到一个共同的特点就是，在这些活动中，主要不是我们求学生去学习、去实践，而是他们自觉地要求去学习和实践。事实说明，学生内部具有巨大的学习的能动性，关键在于我们要充分认识和善于挖掘这种内在的积极因素，尊重他们，相信他们，给他们创造条件，引导他们主动参与，自己去分析与解决问题。这么做不仅可以提高教育效果，而且也有利于形成毛泽东同志曾经倡导的那种生动活泼的"六有"局面。

（四）正确把握管理上的严与宽的度

有人主张要适应改革开放的形势，培养出敢想敢闯的人才，就不应搞那么多的严管理，而应由学生自我发展、自我完善。对这种意见应当具体分析。一方面要看到，我们这几年为加强管理而采取的许多措施，是为了扭转前几年一度放松造成的学风校纪明显滑坡的局面而作的努力，有些措施如考试中的严格管理是有不得已而为之的原因。在学风校纪明显好转的基础上，我们应当更多地强调学生自我教育与自我管理，包括更充分地发挥学生党团组织和学生干部的作用。这不仅仅着眼于当前维护学校的学风校纪，而且也是培养国家高质量的技术人才与管理人才的需要。另一方面也应看到，严格的科学管理永远是需要的，管理也是一种教育，没有严格的科学管理造就不了思想过硬、作风严谨的高质量的人才。而且，在学生学习及集体生活中一些用以维护正常有序的规定，也是与学生的根本利益相一致的，是受到学生欢迎的。我们应当把严格的管理与深入细致的思想工作有机地结合起来，使学生自觉遵守良好的行为规范。当然，对于思想认识问题，不能用简单的"管、卡、压"的办法，只能用民主讨论和说服教育的办法去解决，至于个人的兴趣爱好则只要不妨碍他人就可让其充分发展，这也是造成生动活泼的"六有"局面的需要。

二

关于具体的德育工作,张孝文校长最近在教代会的报告中,以及梁尤能副校长在主题报告中都已进行了回顾与部署,这里仅对下阶段着重要抓好的三方面工作作一说明。

第一,要全面贯彻党的教育方针,认真实施《清华大学本科生德育实施纲要》(这个纲要基本精神也适用于研究生),努力使德育工作科学化、系统化、规范化。

应当看到,尽管我们一直是重视德育工作的,但是对当代青年学生的特点和成长规律以及德育工作自身的规律研究得不够,还存在一定的盲目性,效益还不够高。因而,必须努力在提高德育工作的科学性上下功夫,这不仅是学生工作部门、德育和教育研究部门的任务,也是全校各级干部及师生员工的任务。前不久制定的德育实施纲要,是我们努力在马克思主义指导下,总结多年实践经验和探索新时期德育工作特点和规律的结晶,我们应切实贯彻并不断完善。我们要加强对工作的理论指导,改进工作方法,克服形式主义,以不断提高德育工作的科学性和有效性。

第二,继续改进马克思主义理论课教学,更好地发挥人文社会科学课程的作用。

几年来,我校马克思主义理论课教学改革有了明显的进展,但是发展并不平衡。学校已明确把马克思主义理论课作为重点课程来建设,最近社科系领导班子提出要下决心把马克思主义理论课建设成为受大多数学生欢迎的课程之一,对此应予以积极的支持。让我们共同努力,把作为德育教育主渠道的马克思主义理论课都建设成为高质量的一类课。

提高马克思主义理论课的教学质量的关键:一是要坚持正确的方向;二是要理论联系实际,这两者是密切相关的。坚持方向这几年做得比较好,但是必须防止脱离实际的"非政治化""非意识形态化"的倾向,不解决这个问题就不能很好地体现马克思主义理论的实践性与革命性,也就不能很好地坚持正确的方向。同时,理论联系实际,不是"立竿见影"贴标签式的说教,而是努力用马克思主义的理论来分析当代社会矛盾、社会思潮,有针对性地解决学生的思想实际问题,教给他们观察与分析问题的科学的立场、观点与方法。

要提高马克思主义理论课的教学质量,增强吸引力与说服力,还必须继续在课程内容与教学方法的改革上下功夫。在课程内容上,一是要正确处理思想性与知识性的关系：把马克思主义理论课当成单纯的知识来讲授是片面的，但是又要注意从最新的科学与技术成果中汲取营养，寓马克思主义教育于丰富的科学知识和优秀的文化传统之中。这不仅是增强讲课吸引力的需要，也是造就跨世纪的接班人和建设者的需要，因为"只有用人类创造的全部知识财富来丰富自己的头脑，才能成为共产主义者"。二是要随着形势、科技和社会主义建设的发展和教育对象的变化以及教委有关教学大纲的要求，在努力提高现有课时效益的基础上，充实和更新必要的教学内容。在教学方法上要努力做到启发式，增加课堂讨论与课外辅导，增加实践环节，努力运用电化教学手段。任课教师要深入学生，了解学生，争取成为学生的良师益友，提倡任课教师兼做一些政治辅导员工作，要继续进行和推广依靠党团组织和学生干部改进教学的试点。要通过多种途径与方法最大限度地发挥学生学习的主动性与积极性。

目前已经开设的一批文科限选课，对于完善学生知识结构、提高学生的文化道德素养、掌握科学的思维方法有着重要意义。今后要在调查研究和总结经验的基础上统筹规划、明确重点，制订好限选课程目录和大纲，以便有计划地进行课程与队伍建设，提高教学质量。在当前加速改革开放的形势下，一方面，要引导学生正确认识西方文化，取其精华，去其糟粕，做到洋为中用；另一方面，更要通过学习中国的历史文化，强化爱国主义教育，增强民族的自尊心、自信心和自豪感。同时，努力培养学生健全的人格、高尚的情操和较高的思想文化素养。

第三，努力将德育落实到教学、科研及学校其他工作中去。

学生在校的大量时间是用于学习与科研活动，因而将德育落实到这些环节中去，有着特殊重要的意义。有些课程采取的做法已经取得良好的效果。如"反应堆物理"课制定了明确的课程育人目标，针对课程与学生的特点，对讲课时进行的育人内容及实施办法作了具体规定。如通过介绍我国人民在共产党领导下，发扬社会主义制度的优越性，在短时间内建立了独立完整的核工业体系的历史事实，激发学生民族自豪感和对社会主义祖国的感情，并使学生懂得所学专业对于增强国力、维护国家的独立和尊严所起的作用，从而热爱专业，努力学习，心甘情愿地为祖国核能事业而奋斗。同时，通过原子弹的发明与被利用，引导学生认识科学技术虽无阶级性但掌握在不同阶级手里，就有不同的作用，从而进行具体的阶级观点教育。此外，该课程育人目标还就群众观点、辩证唯物主义世界观和方法论以及优良学风的培养作了明确的规定。实践表明，这不仅对任课教师教书育人有指导意义，而且还有利于对教师的教育质量、学生的学习效果进行全面的评估。这个经验值得我们重视。

制订课程与其他教学环节的育人目标是落实德育实施纲要的重要措施之一。当然,由于课程与环节的具体情况不同,不能要求制定划一的育人要求。各系各教研组应当认真组织,有计划、有步骤地通过试点来进行。此项工作既要持积极态度,又要注意从实际出发,讲究实效。从根本上说,搞好德育还是要依靠广大师生员工的自觉性,只要大家充分认识这项工作的意义,便能在实践中不断总结出各种切实可行的办法来。

关于今后的德育工作,除了以上提到的三个方面内容外,对于原来已明确并行之有效的工作,如形势政策教育、实践教育、积极培养学生骨干、充分发挥党团干部及班集体作用、增强学生自我教育及管理能力、加强校园文明建设、加强对课外活动的指导、改进育人环境等均应继续重视并不断改进。在这里我们还应认识到与德育工作密切相关的是队伍建设,特别是教师队伍建设问题。教育者必先受教育,只有把教师队伍的素质提高到一流水平,才能教育出一流的学生。同时,必须采取切实有效的措施,稳定、充实和提高马克思主义理论课及政治思想工作教师队伍,解决好后继乏人的问题以及某些班主任、辅导员对学生工作投入不够的问题,努力提高工作效益。

江泽民同志在纪念建党七十周年大会讲话中指出:"社会主义事业在中国的前景,很大程度上取决于青年一代的状况,要以对今后十年乃至下个世纪中国社会主义事业的命运高度负责的精神,着眼于培养广大青少年。"邓小平同志在最近的谈话中强调,能不能坚持党的基本路线,使经济快一点发展起来,使国家长治久安,关键在于培养人,在于选德才兼备的人进领导班子。清华大学在培养既坚持社会主义方向又掌握人类共有的丰富知识财富的高质量的跨世纪建设人才和接班人中负有重要责任,让我们协同一致,努力开创德育工作的新局面,为完成历史赋予的重任作出应有的贡献。

(发表于《清华大学教育研究》1992年第2期)

深化教育改革，开创马克思主义理论教育的新局面

清华大学马克思主义理论课教学改革从 1980 年起步以来，从课程设置、教学体系、教学内容到教学方法上，进行了多方面的改革，并取得了明显的效果。马克思主义理论教育作为德育的主渠道，在学校的思想政治工作中，发挥了重要的作用。但是，我们深切地感到，目前马克思主义理论教学的状况仍然很不适应变化了的形势和高校德育的要求。具体表现在：第一，马克思主义理论教育的内容与当代急剧变化着的现实不相适应；第二，传统的教学方式与当代青年思维方式的特点不相适应；第三，教师的知识结构及当代社会的发展与青年的要求不相适应。根据客观形势的发展，我们进一步解放思想、实事求是，加大了改革力度，使马克思主义理论教育走出一条视野更宽、内容更新、针对性更强、形式更新颖的路。

一、深化教学改革的基本原则

（一）改革的出发点和归宿是要加强而不是削弱，更不是取消马克思主义理论课

要加强马克思主义理论课教学，就必须正确处理好坚持与改革的关系。"坚持"就是坚持马克思主义理论课的思想政治教育功能。高校马克思主义理论课的功能就是要引导和帮助青年学生树立正确的世界观、人生观、价值观，打下科学理论的基础；确立为建设有中国特色社会主义而奋斗的政治方向；增强抵制拜金主义、享乐主义和极端个人主义等腐朽思想的能力。"坚持"是马克思主义理论课改革的根本前提，离开了坚持谈改革，改革就失去了意义，为此不能用一般的文化课、知识课取代马克思主义理论课。但是，马克思主义理论教学一定要进行改革。在我国改革开放的条件下，尤其是在经济体制发生重大变化的条件下，不深化改革，谈"坚持"也只能是一句空话。当前，从马克思主义理论教育面临的形势看，要强化改革意识，加大改革力度。

（二）要进一步贯彻"学马列要精、要管用"的方针

"精"，即要突出马克思主义的基本观点，简明扼要地讲授；"管用"，就是要提高马克思主义理论教育的针对性和有效性，真正发挥思想政治教育的功能。理工农林医等高等院校的马克思主义理论教育公共课重点解决的是理想、信念和思维的基本方法问题，不是造就哲学、社会科学的学者。在有限的教学时间内，对内容必须要有取舍。取舍的原则，是要以理论教学所要达到的目的为尺度。在有限的时间内，多反而不得要领，只有"少而精"才可能真正掌握基本理论，才不至于捡了芝麻丢了西瓜。因此在深化教学改革中，我们着力研究了如何进一步贯彻"少而精"的原则，如何提高马克思主义理论教育的针对性和有效性问题。

（三）深化改革的核心仍然是教学内容的改革

摆在第一位的问题是：在教学中，要把落实好邓小平同志建设有中国特色社会主义理论作为学校马克思主义理论教育的中心内容。这是新时期加强和改进学校德育工作的首要任务和根本措施。

二、深化教学改革的主要内容

在总结实践经验的基础上，清华大学马克思主义理论教育就规范课程设置、调整充实教学内容、改进教学方式方法、提高教师思想业务素质四个方面作了进一步改革。

（一）规范课程设置

根据深化马克思主义理论课改革的基本原则，我们对原有课程作了进一步的调整、充实，拟在本科构建"中国革命史通论""当代资本主义""中国特色社会主义建设概论""马克思主义哲学基础"四门马克思主义理论课。研究生开设"社会主义与当代世界""自然辩证法"两门课，课程覆盖了国家教委规定的马克思主义理论课的基本内容，并力图做到有较大的改革和创新。

"中国革命史通论"：该课是继"中共党史"改为"中国革命史"课程后的又一次重大改革。该课以中国近代化（现代化）为历史中轴线，并以它作为阐述历史的出发点和归宿；避免了和中学不必要的重复，建立了小学讲授中国近现代史话（历史故事），中学讲授中国近现代史，大学讲授中国近现代史论的中

国历史教学的新格局。改革后的新课程更有利于进行爱国主义教育和中国走社会主义道路必然性的教育。

"当代资本主义"：该课是在原"政治经济学（资本主义部分）"的基础上针对学生的实际特点进行改革后的一门课程。其内容既覆盖了"马克思主义原理"中有关资本主义的内容，又突出了时代感和针对性。该课从当代资本主义的实际出发，以资本主义基本矛盾为线索，研究这个矛盾的历史和现状、发展及走向，在解剖资本主义世界的新问题、新现象中，揭示资本主义发展的一般规律及社会主义必将代替资本主义的总的历史趋势，把握风云变幻的时代的本质特征。从社会发展规律上进行坚持社会主义道路的教育；研究借鉴当代资本主义国家在发展市场经济方面的成功经验和合理做法，为建立社会主义市场经济体制和实现中国现代化服务。

"中国特色社会主义建设概论"：该课是对"中国社会主义经济建设"课程调整后的一门新课，它以建设有中国特色社会主义理论为主线，以经济建设为主体，以社会主义初级阶段理论、社会主义市场经济理论、社会主义对外开放理论、社会主义经济增长与发展理论、社会主义社会协调发展理论等五大基本理论为核心构建新的教学体系。通过阐述建设有中国特色社会主义的基本理论，提高学生正确认识什么是社会主义、怎样建设社会主义的理论水平，增强他们建设有中国特色社会主义的认同感和历史责任感。

"马克思主义哲学基础"：该课在总结以往教学经验的基础上，从哲学体系中归纳出八个基本观点，又从学生思想实际出发，并以其中有代表性的一些认识问题和重大现实问题为切入点，将理论与实际紧密结合，形成新的教学体系，该体系既突出了重点又加强了针对性。通过本门课的教学，使学生掌握马克思主义哲学的基础知识和基本观点，为他们确立科学的世界观、人生观、价值观奠定基础，并由此提高运用马克思主义立场、观点与方法观察和解决问题的能力。

（二）调整充实教学内容

首先，各门马克思主义理论课都结合各自学科的特点深入研究在教学中如何体现建设有中国特色社会主义理论这一中心内容。有中国特色社会主义理论是当代中国的马克思主义，只有加强中国特色社会主义理论（以下简称"特色论"）的教育，才能使理论教育更贴近现实，更具时代感和针对性。同时，"特色论"是马克思主义、毛泽东思想的继承和发展，只有掌握马克思主义、毛泽东思想的基本观点才能使学生更好地把握"特色论"。为此，我们做了这样的安排：首先，设置了一门新课，即"中国特色社会主义建设概论"，这门课以"特色论"为主线，集中讲授建设有中国特色社会主义理论，使学生对"特色论"有一个比较系统、完整的认识；同时，对其他马克思主义理论课则结合各自学科特点，渗透、联系"特色论"组织教学。

"中国革命史通论"通过揭示具有悠久文化传统的中国怎样根据历史的必然走上中国共产党领导的新民主主义革命和社会主义现代化道路的规律，从历史上为"中国特色社会主义建设概论"课全面阐述"特色论"作铺垫。

"当代资本主义"从两个方面体现、渗透"特色论"。首先，"特色论"的核心回答了什么是社会主义，怎样建设社会主义。而社会主义与资本主义既有对立的一面，又有继承、联系的一面，不了解资本主义，就不可能正确地认识社会主义。该课通过对当代资本主义的剖析，帮助学生从基本理论上认识"特色论"是如何坚持和发展了马克思主义的，为树立科学的社会主义观提供理论前提。其次，通过对当代资本主义新情况、新问题的揭示，阐述"特色论"形成的国际环境，加深对"特色论"形成的时代背景的认识。

"马克思主义哲学基础"主要是从世界观、方法论的高度，帮助学生深刻理解"特色论"。该课结合哲学课的体系在"马克思主义与现时代"一讲中，安排了"矛盾问题的精髓与建设中国特色的社会主义"；在"社会基本矛盾与社会主义体制改革"一讲中，安排了"社会基本矛盾运动及其一般规律，'科学技术是第一生产力'""生产力标准、三个有利于标准与人民利益标准的统一"；在"社会意识形态理论与人类精神生活"一讲中，安排了"社会意识理论：社会主义精神文明建设的重要性"等专题，以从哲学的高度更好地把握"特色论"。

其次，在教学内容的改革上，根据多年的经验，我们认为要注意处理好学科体系与教学体系、理论性与针对性、思想性与知识性、批判与吸收借鉴等四个方面的关系。

每一门马克思主义理论课都有它的理论体系，学科体系是以它研究的对象和内容来确定的。但是，学科体系不完全等同教学体系，教学体系除了要考虑这门学科的科学体系外，还考虑教学对象的特点和需要。"中国革命史"课程改为"中国革命史通论"，就是根据变化了的形势，形成了新的教学体系。

提高马克思主义理论教育的效果，增强课程的吸引力和说服力，关键是有鲜明的针对性。这要求理论教学的内容能够反映时代的特点，符合时代的要求，与火热的现实生活结合起来。"当代资本主义"课程的特点就是立足于当代。以

"当代资本主义"为中心,将历史理论与现实结合起来,这样组织教学就更加贴近现实,有利于教师用马克思主义的基本理论去剖析当代资本主义的一些新问题,容易抓住学生关心的热点,进而增强课程的感染力和说服力。"马克思主义哲学基础"课程力图使哲学从演绎式的教学中走出来,走进时代,走进生活,走进学生的思想中去,形成哲学课新的教学体系,加强哲学对现实生活的穿透力与洞察力。

马克思主义的本质是革命的、批判的,是党性很强的科学,但同时马克思主义又是在人类科学知识进步的基础上发展起来的。马克思主义,包括马克思主义理论课,只有和人类科学知识的最新成果相结合才有生命力。马克思主义理论教育应当善于运用与自己课程相关的最新科学知识充实教学内容,不断汲取科学最新成果的营养,去粗取精,去伪存真,寓马克思主义教育于丰富的科学知识之中,马克思主义理论课才能成为吸引人的课程。舍弃了知识性,抽象地强调课程的思想性不可能收到好的效果。当然,在知识性和教育性的关系上,应当是寓教育于知识之中,知识是手段,教育是目的。把马克思主义理论课看成单纯的知识课,只追求知识的新颖,不注意马克思主义的分析和思想教育效果,甚至在重大是非问题上模棱两可,也是不正确的。

还要帮助学生正确处理批判和借鉴的关系。在马克思主义理论教育中,增加不同学派、不同观点的介绍,使学生在对比中进行学习,在不同观点的争鸣中求得真知,这样所获得的社会主义信仰才能经得住考验。资本主义制度是人类历史发展中的一个阶段,它既有历史的进步性又有历史的局限性。社会主义与资本主义既有对立的一面,又有继承、联系的一面。我们在帮助学生掌握资本主义发展的一般规律,认识社会主义必将取代资本主义总的历史趋势的同时,也要研究和借鉴当代资本主义国家一切利于生产力发展的先进的经营方式和管理方式,包括资产阶级政治文化中一切科学的内容来丰富和发展自己。

(三)改进教学方式方法

教学方式方法改革的实质是调动学生学习的主动性,没有学生的主动参与,马克思主义理论教育不可能收到真正的实效。为此,我们拟从教学模式的创新上进行探索。

第一,把传统的单向"注入"式教学引向教学相长、双向交流的"启发式""讨论式"教学,使理论教学生动活泼。

第二,增加专题讨论课。围绕专题引导学生阅读文献,准备资料,进行讨论。激发学生学习的主动性，掌握运用马克思主义基本理论，提高分析问题的能力。

第三，加强马克思主义理论课的实践环节，结合课程内容，安排多种形式的社会实践。

第四，教学形式力求多样化，尽最大努力创造条件，探索包括电化教学在内的多种现代化教学手段的使用。

第五，改进考试方法，注重考查学生对所学内容的理解程度和实际接受情况。

第六，因材施教，分层次进行教育。力图在对大多数学生完成基本要求的基础上，对少部分学生实行因材施教，主要采用自学与辅导相结合的办法，造就一批有一定马克思主义理论水平的优秀人才。

（四）提高教师队伍素质

师资队伍的建设是深化马克思主义理论课改革工作中的重中之重。没有一支好的师资队伍，再好的改革方案也很难实施。要开创马克思主义理论教育的新局面，必须把师资队伍的建设作为一个战略问题来考虑。今天，对马克思主义理论课教师的要求是很高的。在业务素质上要求一专多能：本专业要专，相关专业要通，还要有较为广博的知识；在思想政治素质上，要信马列，信社会主义，只有自己坚信才能引导、感染学生信，才能做到以理服人，以情动人；在思想工作能力上，要能深入学生，了解学生，掌握学生的思想脉搏。我们已从教学、科研、社会实践、学生工作等多方面规划了教师队伍的建设问题。我们要在教学改革的实践中，培养出更多的马克思主义理论教育的优秀讲员，不愧时代赋予我们的历史重任。

（胡显章、刘美珣合作，发表于《中国高等教育》1994年第12期）

坚持马克思主义学风　搞好马克思主义理论教学

中共中央关于在全党深入学习邓小平理论的通知，向我们指出一条宝贵的历史经验，即每当革命和建设的重大关头，我们党总是结合不断发展的实际，加强理论学习，提高全党的马克思主义水平，以统一全党的认识，凝聚全党的力量，去勇闯历史关头，夺取战略性的胜利。当前，中国改革进入了攻坚阶段，发展处于关键时期，为了把握历史机遇，战胜可以预料和难以预料的困难和风险，实现跨世纪的宏伟目标，必须高举邓小平理论的旗帜。

为了推动邓小平理论的学习，并真正取得实效，除了要抓好提高认识、干部带头和理论研究的引导等环节外，最重要的一环便是认认真真地学习并遵循马克思主义学风，即实事求是、理论联系实际的学风。下面结合清华大学马克思主义理论课改革的实践，谈一点体会。

邓小平同志指出："学马列要精，要管用的。"这是实事求是的精神在马克思主义理论学习中的反映。多年来，我们遵循这一指示，进行马克思主义理论课的改革，应当说是有成效的。但真正领会并加以认真实践，却并非易事。比如，有的哲学教师理论功底不能说浅，教学态度也相当认真，但他们的课堂教学却不太受学生欢迎，一个重要的原因就是未能处理好学科体系与教学体系、理论性与针对性的关系。他们过于钟爱或片面强调学科体系的系统性和理论的抽象性；而另外一些哲学教师由于注意提炼马克思主义哲学的精华，将其与当前的社会实践所提出或面临的重大课题以及学生的主要思想认识问题结合起来，效果有了明显改善。又如，从 1992 年起，我们开设了"中国特色社会主义建设概论"课，该课努力将学校小课堂和社会大课堂结合起来，取得了良好的教学效果。他们的做法是在课前布置学生利用寒假在家乡进行社会调查并撰写调查报告，在此基础上将邓小平理论体系中最基本的观点、当前社会的难点及学生关注的热点问题结合起来，设置若干个专题，开展有针对性的课堂教学。为了引导学生深入思考，教师把学生交来的 2000 多份调查报告整理成《从调查报告看国企》的材料发给学生，并围绕国企改革组织专题讨论。在课程结束时，又与团委联合开展"以振兴中华为己任，为民族经济作贡献"的暑期主题社会实践活动，通过社会实践，学生们既看到改革开放以来所取得的伟大成就，又看到面临的困难与挑战，并努力用邓小平理论分析现实问题。这种两个课堂紧密结合的教学过程，实际上是一个"实践—学习理论—再实践达到理论升华"的符合认识规律的过程，是学习邓小平理论与实际紧密结合的过程。这一过程不仅有利于调动学生学习的主动性，有利于对理论的深入把握，而且使大学生同人民群众的丰富实践活动和祖国的前途命运紧密结合起来，有利于学生确立正确的世界观、人生观和价值观。

实践表明，坚持实事求是、理论联系实际的马克思主义的学风，是搞好马克思主义理论课教学的灵魂。教育者先要受教育，马克思主义理论课教师首先要在认真学习马克思主义的学风上下功夫，才能使教学活动收到良好的效果；作为组织思想政治理论教育的干部，更应该身体力行，认真学习贯彻马克思主义学风，并以此为切入点和着力点，推动邓小平理论学习活动的持续深入开展。

（发表于《高校理论战线》1998年第8期）

不断提高学习科学理论的自觉性

——贺"求是学会"成立十周年

　　清华求是学会已走过十年历程，这十年几乎与我在学校主管思想政治理论教育的时间同步，我目睹了它的诞生与成长，在与会员们交流切磋中，体味了一个园丁的责任与快乐，并使自己在教学相长中得到提高，受到鼓舞。

　　求是学会的诞生与发展证明了一个道理：青年需要科学的理论，而科学理论只有在青年的参与中才能得到延续与发展。

　　令人难忘并感到欣慰的是，在1989年那场政治风波之后，许多青年学生经过冷静的思考，把目光重新投向了马克思主义。一时间，学校图书馆的马列和毛泽东原著供不应求，马克思主义学习小组、党课学习小组吸引着众多的学生。1992年春天，邓小平视察南方谈话发表。针对那场风波和社会主义面临的曲折，邓小平同志说："我坚信，世界上赞成马克思主义的人会多起来的，因为马克思主义是科学。"并告诫全党要教育好青年一代。这一讲话，使青年学生学习马克思主义的热情进一步高涨起来。正是在这样的形势下，求是学会作为清华大学学生学习马克思主义的群众性自我教育组织应运而生了。

　　求是学会在诞生之日起，就以学习马克思主义，追求真理，培养社会主义新人为己任。求是学会不断改进自己的学习方法，努力形成注重学习马克思主义原著，注意密切联系世情、国情和校情，注意以马克思主义的立场、观点和方法认识客观世界与改造主观世界的良好学风。十年里，学会理事、会长换了一届又一届，会员进进出出一拨又一拨，学会一直充满朝气和活力，不仅成为青年学生学习马克思主义的"校中之校"，培养了一批具有较高理论素养的骨干，而且，在组织、引导广大同学学习马克思主义理论中，发挥了重要作用。由于其求实的作风，在同学中扩大了影响，赢得了声誉，在全校学生协会评比中，多次被评为"十佳协会"。

　　现在，求是学会要向第二个十年迈步时，正值一个新的发展机遇。这就是由于党和国家的重视，哲学社会科学的地位被提到了一个新的高度。江泽民同志在同国防科技与社会科学专家座谈时，强调了哲学社会科学的重要性，提出了与自然科学的"四个同样重要";最近,在与中国人民大学师生座谈时,再次强调了哲学社会科学的重要性,指出"掌握必备的哲学社会科学知识,对于人们正确认识纷繁复杂的社会现象,提高道德素养和精神境界是十分重要的",并提出对哲学社会科学的"五个高度重视"和对哲学社会科学工作者的"五点希望"。这不仅是对哲学社会科学工作者的要求,也是对有志于学习哲学社会科学,树立科学的世界观、人生观、价值观,提高理论认识和科学思维能力的青年大学生的要求。我们应当不失时机地从中汲取动力,开拓求是学会的新局面。

最后,作为与学会一起走过初创时期的朋友,向学会会员们提两点建议。一是坚持学习宗旨的教育,从自我完善和社会需求两个方面来认识学习理论的重要性,从而保持旺盛而持续的学习动力,不断提高学习科学理论的自觉性。二是努力以科学的态度对待科学的理论。包括:(1)努力科学、完整、准确地理解马克思主义。当前,马克思主义包括马列主义、毛泽东思想和邓小平理论,无论对其整体还是每个组成部分,都要科学、完整、准确地理解。(2)努力做到理论与实际的统一,坚持与发展的统一。理论与实际的统一是马克思主义的基本特征和要求,我们要防止知与行的脱节,我们参加求是学会不是为了给自己套上理论的光环,而是为了更好地认识与改造主观与客观世界;坚持与发展的统一,不仅体现在正确理解马克思主义三个发展阶段的关系上,而且,正确理解江泽民同志所说的"与时俱进是马克思主义的理论品质",认识马克思主义的价值和意义,不仅在于科学地总结过去,说明世界,更在于继往开来,改造世界,在创新和发展中永葆其生命力。这样看,有利于我们理解马克思主义原著的科学性及某些论述的历史局限性。我们今天主要的任务是学习,但是,也要为理论创新作好思想和理论准备。

祝求是学会越办越好,永葆青春!

提高认识　转变观念
努力加强大学生的文化素质教育

——在 1997 年暑期全校党政干部会上的发言

1995 年 9 月，在全国高校大学生文化素质教育试点院校工作会议上，周远清同志提出要把提高学生的文化素质作为面向 21 世纪高等教育改革的大事来抓，并希望以此来探索并推动人才培养模式和培养过程的改革。在会上成立了以华中理工大学校长杨叔子院士任组长，北大常务副校长王义遒、清华党委副书记胡显章为副组长的试点协作组。在前后一年半里国家教委高教司召开了三次全国大学生文化素质试点院校会议。一时间，加强大学生文化素质教育成为我国高校教育改革一个引人注目的热点问题。

为什么大学生的文化素质教育被提到如此突出的位置？文化素质教育的内涵是什么？如何加强？下面向大家提供一些背景情况并谈几点认识。

一、加强文化素质教育的必要性

为什么现在要加强大学生的文化素质教育？

第一，提高国民素质问题已突出地被提到党和国家特别是作为培养高层次人才的高等院校面前。

从全国的大局看，在此世纪之交，我国面临经济体制和经济增长方式的两大战略性转变，要实施科教兴国和可持续发展的两大战略，以实现物质文明和精神文明的共同进步，经济与社会的协调持续发展，无论从前提或是目的来看，都要求教育致力于提高国民的思想道德和科学文化素质。

从世界的大局看，21 世纪世界各国激烈竞争，将不仅体现在科学技术和经济实力的较量，也体现在国民的文化底蕴、民族精神和精神文明水准的较量。众所周知，西方列强总是用文化侵略为其经济扩张服务。经济和文化的这种关系在清华大学的历史上也得到深刻的反映。清华大学的前身清华学堂作为留美预备部的诞生，正是美国政府"让商业追随精神上的支配"策略的生动案例。

改革开放以来，美国的移民政策与留学生政策，大力吸纳像清华、北大这些学校的高才生，除了用廉价的办法缓解美国高级科学技术人才的缺乏之外，也是世纪之初美国罗斯福政府"让商业追随精神上的支配"政策的延续。一些西方的有识之士也揭露国际垄断资本集团实际上在继续竭力推行殖民文化，借以影响欠发达或不发达国家人民的心理结构，征服其思想意识形态的深层空间，使之向它们顶礼膜拜，甚至成为奴隶而不自觉。

西方文化对我们国民精神包括大学生的价值取向的影响是不容忽视的，某些办教育的人，对此并没有引起足够的警惕。实际上，在观念形态上不加分析地崇尚西方的文明，就会导致民族自信心的失落与国家民族意识的淡漠，甚至走向价值标尺的西化。而这表现在经济、政治上，就会导致发展道路的失误，就可能不顾国情、历史和国际环境的实际，盲目认同西方资本主义的发展道路和社会结构。无论从国际科技、经济的竞争来看，还是从抵御西方的"西化""分化"战略来看，我们培养的人才必须有深厚的优秀的民族文化底蕴，并能了解与吸纳世界一切民族优秀的文化成果，只有这样，才能自立于世界民族之林，在世界范围内各种文化的激荡和科技、经济、意识形态的较量中维护国家与民族的正当权益，推动社会主义祖国经济、政治、文化的健康协调发展并对世界文明的发展作出应有的贡献。

第二，是建设世界一流的中国特色社会主义大学的需要。

反映一所大学水平的根本标志是人才的质量，即它所培养出来的人在解决本国重大社会、科技、经济问题中所起的作用。如果我们的学校培养出来业务上最强的一批学生，长期不在自己的国土上，不在国内的一些关键岗位上，为自己祖国的繁荣富强和人民的共同富裕贡献力量，怎么能被称为世界一流的大学呢？一个校友说得很对：清华首先是中国的，然后才是世界的。加强文化素质教育有利于中国传统文化中国家至上、社会为先的观念，以及社会主义新文化中所体现的以为人民服务为核心，以集体主义为原则的社会主义道德精神深深植根于学生的内心世界，有利于他们把个人的发展融于国家和事业发展之中。同时，作为一所世界一流的社会主义大学，应当成为社会主义精神文明的首善之地，成为中国特色社会主义新文化和新思想的发源地与传播中心。为此，必须下大力气营造好良好的文化环境，提高学校的文化品位，提高广大师生的思想道德和科学文化素质，包括作为其基础的人文素质。

第三，加强文化素质教育体现了德、智、体、美全面发展的教育方针，是实现人的全面发展的需要。

我国社会主义高等教育的总体目标是由党和政府制定的培养德、智、体、美全面发展的社会主义事业建设者和接班人这一教育方针所规定的，这一方针也体现了对所培养的人才在素质上的要求。但是，在贯彻这一方针过程中，人们的认识及着力点并不都是全面的。

我国高等教育，在改革开放以前，突出强调了教育为政治服务；在改革开放之后，又突出了教育的经济功能。这都着眼于教育的社会功能。而素质教育的提出，还强调了教育的本体功能，即人类自身的不断完善，注意到受教育者个性的发展。当然，作为一个社会的人，其完善是不能脱离社会的。正如马克思所说："人的本质并不是单个人所固有的抽象物，在其现实性上，它是一切社会关系的总和。"把人的发展需求与社会发展需求统一起来，把教育的社会功能与本体功能有机地结合起来，是同马克思关于建立理想社会与人的全面发展相统一的观点一致的。马克思将人们能按照自己的天赋、特长、爱好，在科学、文化、艺术的广阔天地里自由驰骋，从而使人具有"丰富个性"，变成全面发展的人，成为共产主义社会的一个基本特征。毕业生调查表明，加强人文社科方面知识的传授和相应能力、素质的提高已成为毕业生和用人单位共同的强烈呼声。实践告诉我们，文化素质教育课程的开设，各种文化艺术活动的开展，都受到学生发自内心的欢迎。这实际上是既反映了社会的需求，也反映了人的全面发展的需求。

现在，一个值得注意的现象是大学生的文明素养并不都随学历的递增而提高。社会上曾有人批评某些大学生"有知识，无文化""高学历，低素养"。这说明，相当一个时期以来，我们在德育上强调政治教育的同时，对学生的基本文明素养的教育、基本品德的教育是重视不够的，或者并没有找到更加有效的教育途径与方法。当然，由于文化素质的基础性特点，应当从基础教育抓起，事实上，目前在全国中小学普遍进行的从"应试教育"向素质教育的转变正是这一努力的表现。但是，加强文化素质教育，提高基础文明素养，使我们的教育对象进一步从一切非文明的、低级情趣的影响中摆脱出来，不断由必然王国向着全面发展的自由王国攀登，仍然是高等教育义不容辞的任务。

第四，加强文化素质教育是适应学科发展的要求。

20世纪科学的发展，一方面，是原有学科分工越来越细，研究越来越专业化，新兴学科不断涌现；另一方面，学科的交叉渗透，特别是自然科学和人文社会科学的综合化趋势越来越明显。列宁曾预言过"自然科学奔向社会科学的强大潮流"，"这种潮流在20世纪会越来越强大"。（见列宁：《又一次消灭社会主义》，《列宁全集》第20卷，第189页）实际上，学科的发展正是从低水平的综合走向分析，现在又走向高水平的综合，这是一个值得教育工作者充分重视的重要趋势。譬如，三峡工程规划及其实施，涉及上百万库区移民和生态、文物保护等广泛的问题；即使是库区设计，也要充分考虑人文环境。近来，被媒体炒得沸沸扬扬的"克隆技术"，它的进一步推广到人类自身，遇到了伦理学的问题。美国国家工程院院长奥古斯丁称，现在工程学已进入了一个社会工程时代，认为21世纪工程师面临的许多巨大的挑战是起因于非工程因素。因而，工程师的关键要素除了体现科学和技术综合的基础知识与实践能力外，还必须了解政治程序，了解社会学，同时还要发展集体技能、人际交流与组织管理的能力。他说，现在的工程里不同学科的综合，要求工程师善于研究跨学科的难题且能取得突破。当前，为适应这种学科交叉、文理渗透的发展趋势，培养文理结合、能够综合创新的复合型人才，已成为国际教育改革新的潮流。英国剑桥大学的专家说："现代世界理科和文科的裂缝必须用科技人文科学来黏合。"1996年春天，一些日本高等教育家提出要创造跨学科教育的新时代，在大学理工科院系的研究中心聘用文科教授、社会科学院系的研究所起用理工科的学者和专家。东京工业大学于1996年4月成立了社会理工学研究生院，以适应所谓"超产业化社会"，解决科学技术与人类社会之间的接口问题，该研究生院设置了社会工学、社会系统、工业工程、人类系统等四个专业方向，以培养具有高深的价值判断能力和决策能力的各种政策制定者、计划设计者和高级管理人才。

以上各种看法及做法是值得我们思考、借鉴的。一个时期以来，为了增加学生的适应性，我们采取了一系列措施来拓宽专业面，如在培养科技传播以及复合型、宽口径的法学专业人才等方面进行了有益的尝试，但基本上还停留在自然科学和工程技术领域本身。现在我们应当进一步解放思想，拓宽我们的视角，进一步在教育上实现自然科学、工程技术同人文社会科学的融合，自觉而有效地帮助理工学生开拓人文社会知识领域和文科学生开拓自然科学和工程技术知识领域，并提高其相应的素质。所谓大学的综合性，不仅体现在设置了多方面的学科，更应体现学科及人的素质的交叉综合。

第五，重视学科交叉、提高文化素质，也是培养富有创造力的优秀人才的需要。

与国际一流学校相比，我们一些学生创造性不足，究其原因，恐怕与我们过去从基础教育开始，过重的负担、划一的要求、注入式被动的教学方法有关，也与对成才的非智力因素的关注不够，对学生个性发展的需求关注不够有关。首先，爱国情、事业心和责任感是创造力的动力源，而作为文化素质的重要组成——哲学思维,则是创造力腾飞的翅膀和创造实践的航标。马克思说,哲学是文明的活的灵魂;恩格斯说,一个民族要想站在科学的最高峰,就一刻也不能没有理论思维,这里理论思维指的是辩证思维。古希腊、古埃及、巴比伦、中国、印度等文明古国,都有在当时高度发达的哲学作为其文明的重要内容和支柱。在中国传统文化中,文、史、哲是融为一体的,一些千古流传的历史故事、文学作品中都有深刻的哲理。学生文化素质的提高,对丰富他们的哲学思维、形象思维,从而提高创造力有着重要影响。

在当代学科交叉融合过程中,经常产生新兴的学科及新的思维方式。MIT特别强调人文科学、社会科学与管理科学同工程技术的交叉研究与教学,形成了适应新科学、新工业和文化发展的新观念与新思维方式,使学院永葆青春的活力,不断推出新的研究成果,更重要的是还培养出能领导新潮流的富于创造力的带头人。正如著名科学家钱学森所说,创造性思维往往在不同学科知识和思维方式的交叉渗透中产生。他自己是搞科学技术的,但是在哲学领域中,在系统科学与决策科学的新兴交叉学科领域中颇有造诣,对艺术也很爱好。他在获得"国家杰出贡献科学家"称号的授奖仪式上,特别提到他夫人从事的音乐事业对他的影响,他说:"正是她给我介绍了这些音乐艺术,这些艺术中所包括的诗情画意和对于人生的深刻理解,使得我丰富了对世界的认识,学会了艺术的广阔的思维方法。或者说,正因为我受到了些艺术的熏陶,所以我才能够避免死心眼,避免机械唯物论,想问题能够更宽一些、活一点。"无独有偶,爱因斯坦是杰出的物理学家,但同时也是一位十分出色的小提琴手,他对古典音乐有很浓的兴趣和很高的造诣。他曾说过:"如果没有我早年的音乐教育,无论哪一方面我都将一事无成。"他甚至认为艺术使他"比从物理学那里获得更多的东西""从艺术中获得的想象力比知识更重要,因为知识是有限的,而想象力概括着世界上的一切,推动着进步,并且是知识进化的源泉"。据统计,世界上各个领域的一千位有杰出贡献的人物中,百分之七八十都受过良好的音乐教育,这说明音乐艺术对一个人精神境界的升华,思维方式的拓宽,想象力、创造性的开发有着不可低估的作用。李政道博士去年参加中央工艺美院的学术研讨会,作了《科学与艺术》的学术报告,指出科学与艺术是一枚硬币的两面,是不可分割的。杨振宁博士在另一场合作了《美与物理学》的报告,指出物理学原理有其结构美的特点,并以高适的"性灵出万象,风骨超常伦"的诗句描述了狄拉克方程和反粒子理论。钱学森在不久前提出了建立现代科学技术体系的整体构想,其中文艺创作、文艺活动占有相当重要的位置,它包括通向马克思哲学的桥梁——美学。他认为："从思维科学角度看，科学工作总是从一个猜想开始的，然后才是科学论证，换言之，科学工作源于形象思维，终于逻辑思维。形象思维源于艺术，所以科学工作是先艺术，后才是科学。"这些著名科学家的言论与实践，对于我们从单纯传授科学知识的约束中解放出来，从系统论的角度去形成一种符合事物本来面目的教育思想、教育观念以及教育方法与途径，应当是有启迪作用的。

重视素质教育，重视人文社会科学教育，是当前世界高等工程教育改革的趋势。联合国教科文组织1989年在北京召开"面向21世纪教育国际研讨会"，把"学会关心"作为主题，要求培养青年一代面对挑战应具有责任感、信心、意志和能力。从20世纪70年代该组织提出的"学会生存"，到80年代末提出的"学会关心"，反映出人类教育观念从适应自然与社会到关心自然与社会的转变。在这里，人的精神建设、人文教育被提升到十分重要的地位，它表明了当代国际教育中科学主义与人文主义走向融合的趋势。许多著名高等学校，如美国 MIT、加州理工学院、日本东京工业大学、德国柏林工业大学，都纷纷增设人文社科专业与课程，实行文理渗透，引导学校向综合性发展，提高学生的文化素质。在课程体系方面，出现综合化、基础化和素质化的趋势，人文社科教育被置于基础教育的位置。在国内，以华中理工大学为代表的一批高校，围绕强化文化素质教育采取了多种改革措施。华中理工提出，学校正在实现从注重理工到理工与人文社会科学并重的新阶段转变，在开展广泛调研的基础上，建立了一套文化素质教育模式，并选择机械工程学院作为系统改革试点，其人文社科课时比例增至17.7%，今后准备作进一步提高。学校还以校长牵头成立了文化素质教育基地，第一年就投入百万元以加速基地建设。我校从80年代以来，在加强人文社会科学教育、提高学生全面素质方面，在继承过去已有经验与传统的基础上又作了许多努力，在校内外产生了积极的影响。但是，素质教育的观念不够明确，人文社会科学教育在量上增加的力度也不够，在质上还有许多问题有待解决，学生全面素质与学校的地位、作用不相称的问题仍然存在。我们要站在新的历史高度，以强烈的责任感与时代意识，进一步提高认识，转变观念，加强领导，深化改革，使我校的素质教育上一个新的台阶。

二、文化素质教育的内涵

所谓文化素质，是指由知识、能力、观念、情感、意志等多种因素综合而成的一个人的内在品质，表现为一个人的人格、气质、修养。文化素质教育，就是将人类优秀的文化成果通过知识传授、环境熏陶以及自身实践使其内化为人格、气质、修养，成为人相对稳定的内在品质。文化素质教育的目的，主要是引导学生如何做人，包括如何处理人与自然、人与社会、人与人的关系以及自身的理性、情感、意志等方面的问题。

必须指出的是，我们的文化素质教育既有同历史上、同国外各种通识教育相通的东西，但又有不同，其最根本之点是我们要以现当代最优秀的文化成果马克思主义作为指导思想，把坚定不移地弘扬爱国主义、集体主义和社会主义和反对极端个人主义、拜金主义、享乐主义等一切腐朽没落的低级情趣作为文化素质教育的主旋律，其根本的任务，说到底还是为了有利于受教育者形成科学的世界观、人生观和价值观。在这方面，它同思想政治教育是一致的，是相互依存、相互补充的。

文化素质教育又与一般含义上的思想政治教育有所不同，它主要是引导学生有选择地汲取一切优秀文化成果，从而为自己在政治思想方向的选择和价值取向上打下文化基础和审美基础。因而，它较之一般思想政治教育更带有基础性质。文化素质可以由人文素质和科学素质组成，当前，我们工作的重心在人文素质。人文素质教育可以概括为人文社会科学和艺术教育两大类，而在人文社会科学中又以文、史、哲为主。我们不能要求人文课程与活动直接解决政治方向和思想上的具体问题而收"立竿见影"之效，但可以帮助学生打下文化和审美根基，再经过比较系统的马克思主义理论和思想品德课程教学及德育实践活动使爱国主义、集体主义、社会主义成为他们自然的选择。这种教育往往带有寓教于美、寓教于乐的特点，可收潜移默化之效。所以比较易于被学生所接受，而且一旦形成便比较稳定，它可以成为一般思想政治教育的基础与补充，甚至能收到一般思想政治教育难以收到的效果。因此，文化素质教育这种潜在的作用应当进一步得到开发。

三、文化素质教育的主要途径和方法

20世纪80年代以来，我校逐步向着综合性前进，恢复建立了文科院系，并逐步形成了以下五个可以相互配合的途径，发展文化素质教育。

第一，在努力加强马克思主义理论课和思想品德课（简称"两课"）改革与建设的同时，开设文化素质课程，并将其纳入教学计划。目前，我们要求每个学生在认真学好"两课"的同时，在校期间至少选学五门不同类型的文化素质课程。这在全国理工高校中是首开先河的，其中文学选修系列课程成为学校选修课中第一批一类课。目前的任务是加强领导，严格管理，提高课程质量，使知识性与思想性有机结合起来，突出育人功能，并真正使"两课"和文化素质教育课程在教学计划中取得基础性地位。

第二，开展"三应"教育。规定清华大学学生中外文化与文学优秀作品的应读书目和艺术方面的应知应会。经过一年多的试点，积累了一些经验，如以课带读，把学生课外阅读的应读书目同选修课的指导结合起来，这在校内外产生了积极的影响。

第三，大力开展以培养文化素质为中心的校园文化活动，有领导地举办各种人文讲座、沙龙活动、人文学术节，建设学生文艺社团等，营造生动而健康的文化氛围。

第四，引导学生积极参加了解国情、了解社会、服务集体、服务社会、献身祖国的实践，使作为内在品质的良好素质在不断外现中得到检验，得到巩固与提高。

第五，通过其他渠道，特别是学生经常的、大量参加的业务学习渠道，把引导学生做学问与做人结合起来。这样做往往更加自然，更能起到潜移默化的作用。业务教师、研究生导师在基本做人道理方面的言传身教，是应当大力提倡的。思想政治素质和文化素质教育，决不仅仅是人文社科教师的事，只有树立起全员素质教育意识，把真、善、美的追求融入渗透于育人的全过程，我们的工作才能有真正坚实的基础。

从全国的院校，包括我校近两年加强文化素质教育试点的情况看，在当前要推动素质教育，要抓好以下五个环节。

第一，要在教育思想、教育观念上有新的突破。一是在教育功能上，从注重教育的社会功能转变为同时注重教育的本体功能；二是在教育的目的上从重知识传授到同时关注能力、全面素质的提高，树立起全员素质教育意识。

第二，要在培养目标、培养模式、培养过程的整体优化上下功夫，努力探索与确立更加完善的教育体系。

现在既要拓宽基础，也要强化能力，还要提高全面素质，如果大家都搞简单的加法，那么学生更会不堪重负，到头来便会事与愿违。所以，必须在转变教育观念的基础上，在整体优化上下功夫，如教务处最近明确要着力打好本科学习的三个基础，即数学、自然科学基础，人文社会科学基础，工程技术基础，体现了工程教育的基础化。那末这些基础在数量上应该如何考虑？

据调查，美国著名工科大学人文社会科学占时间实际比例在 13.3% ～ 25% 之间，其中 MIT 为 20%，加州伯克利分校为 15%，日本名古屋大学为 15%，韩国高校教养课约占总学分 30%，在我国，华中理工大学机械工程学院占 17.7%。教委周远清同志提出明年要选一批学校试验较大比例的人文社科环节，我校的比例数约为 10.2%，恐怕还要适度加大比例数。当然，素质的提高不能全靠课堂教育，从课堂教育来看，目前应首先着力于提高现有课程环节的质量，并使这些课程环节放在基础性的位置上得到重视与认可。据调查，有的系并不认可如"大学音乐知识赏析""大学舞蹈艺术与实践"这些课程，认为是唱唱跳跳的，不应列入正册。所以，要做到把文化素质教育课放到基础教育的位置上，既要作观念上的转变，又要提高课程的质量。

另外，从总体优化的思路看，应当把文化素质教育与思想政治素质教育联系起来落实。我们要继续把思想政治教育放在首位，把文化素质教育放到基础性位置来落实。我们提出在统筹领导下，建设好两个基地，即"两课"教育改革建设基地及文化素质教育改革与文化建设基地，以此来推动思想道德和文化素质在相互促进、配合中得以提高。

第三，在具体操作上，既要解放思想、敢于突破，又要实事求是，重大改革步骤要通过试验，防止大起大落，防止形式主义、徒具虚名。当然，试验要有一定的范围与力度。像应读书目，开始只找两个班。现在课程环节要整体优化，至少要从一个系或一个学院的试点入手。为此，学校的教务部门应加强统筹规划和领导。

第四，努力加强文科建设，包括学科建设，教师队伍建设，课程体系、教学内容、方法的改革与建设，其中最重要的是加强教师队伍的建设。有了一支高素质、高水平的教师队伍，就可为素质教育提供良好的学术基础、指导力量以及一种经久不衰的潜移默化的育人氛围。学校的人事部门近几年给了文科队伍建设以很大的支持，今后除了采取特殊的政策加速引进与培养，恐怕还应有更为宽松的退休政策，因为文科更需要积累。

关于文科的建设已引起校领导班子的进一步重视。在近两年学校通过申报"211"，努力抓了工科的学科群建设以利于发挥综合优势，继而通过成立高等研究中心等把理科推向世界前沿，这学期校领导要相对集中力量抓文科建设。由于文科的基础薄弱，需要加强与支持的方面很多。我认为在当前，学校对文科最迫切的也是最重要的支持应当首先体现在对文科的"三个认识一致上"，即对文科在国家建设和清华实现总体目标中的地位与作用的认识；对清华文科的历史、现状与未来发展目标包括文科的结构、规模和侧重点的认识；对文科区别于理工的特点和对文科发展方针政策的认识的一致。

清华文科近几年有了一定的发展，在中国文科普遍未受到应有重视的情况下，清华文科还有自身特殊的困难，这表现为：

1. 从全国看，中国的人文社会科学如何发展仍在摸索之中，人文社会科学没有受到应有重视是一个普遍现象。

2. 人文社会科学对西方的东西不能搞简单的接轨，更不能照搬，比如像国际会计那样可以用西方教材，请洋人来教。中国的文科，更要切合中国国情，要走一条自己的发展道路。

3. 清华的文科中断了近三四十年，与其他未中断甚至集中了我校出去的优秀师资的院校相比有较大差距，当我们力图入主流时，往往还会遇到一些阻力。

4. 我们基本上是理工科出身的在领导文科。尽管从学校的整体思想政治工作及大学科交叉上看有优势，但总归对文科自身的规律缺乏认识，因而产生认识上的不一致，容易用工科的模式来要求文科，是难以避免的。

1997年6月国务院学位委员会、国家教委颁布了新的学科目录，总共有12个学科门类，清华覆盖了9个（缺农、医、军），而文科覆盖了7个。文科中不同学科门类的差别，如法学与文学的差别，远比汽车与机械的差别大。我们怎么去规划、去领导文科的发展，难度是很大的。所以对上述"三个一致"达成共识是十分重要的，如果不在战略上搞得比较清楚，很难在战术上下决心。当然，这件事恐怕不是短时间内就可以搞清楚，认识一致也是要有个过程的，我相信在精力、关注点、兴奋点上加大投入的前提下，路总是可以闯出来的。

第五，在文化素质教育上也必须加强领导，领导重视是搞好素质教育的关键，这是全国高校试点院校的共识。

相信这次会议将成为一个契机，在统一认识、转变观念的基础上，全校上下通力合作，进一步加强对学生的思想道德与文化素质的教育，以培养出更多更好的社会主义事业靠得住、用得上的高水平、高素质的人才。

（收入王大中主编：《世纪的呼唤——清华大学教育思想讨论启示》，清华大学出版社，1999年，111～124页；周远清 闫志坚编：《论文化素质教育》，高等教育出版社，2004年，46～55页）

确立民族文化之根　提升大学生文化素质

中国人民经过一个世纪前仆后继的奋斗，完成了推翻帝国主义、封建主义和官僚资本主义这"三座大山"的历史任务，新中国成立后，中国人民又开始了攀登发展先进生产力和先进文化这"两座大山"新的百年征程，期望在21世纪中叶实现中华民族的伟大复兴，现在的大学生正是实现这一历史使命的重要生力军。

作为面向未来的教育工作者，一方面，我们为这支生力军队伍的迅速壮大而感到振奋；另一方面，我们又为这支生力军在文化上没有做好应有的准备而感到忧虑。帮助这支生力军确立文化之根，振奋以爱国主义为核心的民族精神和以改革创新为核心的时代精神，是广大教育工作者的光荣职责，也是关注祖国未来的社会各界的共同使命。

一、对中国和平崛起和复兴之路的思考

中国是一个有五千年文明历史的13亿人口的大国，中国的崛起和复兴是人类文明史上的重大事件，是21世纪的重大事件。

中国中央电视台曾播放电视片《大国崛起》，反映了9个国家的强国之路。这个电视片解说词谈到大国崛起之路时指出：

> 上百位接受采访的国内外专家在谈论这个话题时，都十分看重思想文化的影响力在大国崛起中的作用。
>
> 英国首相丘吉尔有这样一句名言：我宁愿失去一个印度，也不肯失去一个莎士比亚。在成为大国的过程中，戏剧家莎士比亚的作品提升了英国的人文精神，科学家牛顿的力学定律开启了英国工业革命的大门，经济学家亚当·斯密的《国富论》为英国提供了一个新的经济秩序。他们的名字十分醒目地写在英国走过的大国之路上。
>
> 同样是担任过英国首相的撒切尔夫人说，中国成不了世界性强国，"因为中

国没有那种可以用来推进自己的权力，进而削弱我们西方国家的具有'传染性'的学说。今天中国出口的是电视机，而不是思想观念"①。这既反映了撒切尔夫人对中国思想文化的蔑视，也反映了中国在文化上严重入超的现实。例如，反映文化影响力的图书进出口版权比例：美国对中国，2004年为4068∶14，相差290倍；2005年是3932∶16，相差246倍。②

无论是中国的盛唐，或是欧洲国家的文艺复兴和一些大国整体国力的崛起，我们都能看到一个共同的规律，就是社会生产力的重大突破是在一个合适的文化氛围中实现的。同时，中国要在世界确立良好的形象和影响力，离不开优秀文化的吸引力和感染力——通常称之为"软实力"。而且，就中国广大民众来说，所追求的目标也绝非只有物质的富裕，应当还有精神上的高尚和富足。

所以，中国的崛起或中华民族的伟大复兴，决不仅仅是经济的振兴或科技的创新，而是要靠经济、科技、政治、文化的相互支撑和促进，要依靠国家的有效治理、民众的凝聚与奉献，依靠中华民族提高自身的科学文化素质来实现的。

但是，中国自身特别是肩负振兴中华民族历史使命的大学，在文化发展上并未做好相应的准备，作为民族复兴生力军的当代大学生未能牢固确立自身的文化之根，这将影响他们自觉肩负起民族全面复兴的重任。

二、中国大学需要提升文化自觉

在2005年首届中国文化论坛上，杨振宁先生说：当今全世界最重要的事情就是中华民族的崛起。但是，很多大学生对世界发展的这种整体趋势认识不够，这将长远而广泛地影响其未来。为此，大学的教育必须培养大学生的文化自觉。③

关于文化自觉是著名社会学家、社会活动家费孝通先生于1997年提出的一个命题，他指出："生活在一定文化中的人对其文化有'自知之明'，明白它的来历、形成的过程，所具有的特色和它发展的趋向，……自知之明是为了加强对文化转型的自主能力，取得决定适应新环境、新时代时文化选择的自主地位。"④

---

① 见《凤凰周刊》2006年第16期，黎鸣文章
② 崔保国主编：《中国传媒产业发展报告（2007～2008）》，63页，北京，社会科学文献出版社，2008。
③ 杨振宁：《大学教育与文化自觉》，见甘阳等主编：《中国大学的人文教育》序一，北京，生活·读书·新知三联书店，2006。
④ 费孝通：《费孝通论文化与文化自觉》，190页，北京，群言出版社，2007。

那么，当前我们应当具有怎样的文化自觉呢？我们知道，在过去的一个多世纪里，中国的知识分子为寻求中华民族复兴之路，在"中学"与"西学"，"新学"与"旧学"的比较、冲突和选择中，经历了文化求索的苦旅。作为交锋的两个极端，便是此起彼伏的"全盘西化"与"文化孤立主义"的思潮。在20世纪，我们的国家经历了多次对传统文化的批判，其间出现如列宁批评费尔巴哈时说的"泼洗澡水时，连同小孩子也一起倒掉了"，结果使整个民族几度呈现文化失根现象，表现出对自身优秀文化缺乏起码的自尊与自信。

当前，随着经济的全球化和数字技术的迅猛发展，一方面，美国依据其经济与高科技上的优势和无处无时不在的传媒，保持和扩大其对发展中国家信息输出的不对称，强化其文化霸权；另一方面，在经济利益驱动与市场机制的操纵下，缺乏品位的娱乐文化正以"大众文化"的名义成为一种霸权文化；同时，鱼龙混杂的网络文化充斥着虚拟世界。而对社会思潮具有高度敏感性，自身的兴趣爱好具明显可塑性的大学生群体便成为霸权文化和网络文化影响与争取的重要受众。同时，正如金冲及先生所指出的："一百多年的半殖民地地位，曾经在不少中国人中造成了一种很不好的畸形心理，那就是民族自卑感，以为中国处处不如人，好像对外国的一切都要仰着头看，只有处处跟外国人学才算是适应现代潮流。"[①] 这种心态在许多青年大学生中仍然存在，而产生这种心态的缘由在于他们对中国优秀的历史文化传统缺乏基本的了解。因而，正如对当前全球化背景下文化霸权有着客观认识的美国著名学者所指出的："今天我们面临的主要威胁是全球资本和它的世界主义文化市场，而非'民族的片面性和狭窄性。'"[②] 我们应当引导学生充分认识中国传统文化是维系数千年中国社会延续发展的精神支柱，是中华民族的重要基因，是爱国情怀的根基，优秀的传统文化是我们建设中国特色社会主义文化，实现中华民族伟大振兴的宝贵资源。大力弘扬优秀的民族文化，抵御霸权主义文化，并以优秀的传统文化消解低俗文化的影响，是中华民族文化复兴的重要任务，也是大学"文化育人"的重大课题，是高等教育文化自觉的重要内涵。

重温钱穆先生《国史大纲》的弁言，可以给我们新的启迪。钱先生谈了以下四点：（1）"当信任何一国之国民，尤其是自称知识在水平线以上之国民，对其本国以往历史，应该略有所知"；（2）"尤必附随一种对其本国以往历史之温

---

① 金冲及：《民族复兴与不同文化和谐相处》，载《人民日报》，2005-08-16。
② [美] 弗雷德里克·杰姆逊、三好将夫主编：《全球化的文化》，马丁译，172页，南京，南京大学出版社，2002。

情与敬意";(3)"至少不会对其本国以往历史抱一种偏激的虚无主义";(4)"当信每一国家必待其国民备具上列诸条件者比较渐多,其国家乃再有向前发展之希望"[①]。帮助广大国民尤其是关系国家未来的年青一代了解本国以往的历史,并使之对本国以往历史抱有温情与敬意,从而能确立自身的文化根基,自觉而有力地肩负起民族振兴的伟大使命,是整个政界和教育界不可忽视的责任。

当然,文化自觉不仅仅体现在对祖国历史文化的尊重,也体现在全球化背景下对于中国文化选择自主性的关切。文化自觉体现在重视文化的作用并在对自身文化清醒认识基础上进行正确、自主的文化选择,包括对优秀传统文化的继承和对人类一切优秀文明成果的吸纳,并在此基础上实现综合创新,努力发挥先进文化的引领作用,而这正是实现中华民族伟大复兴的重要前提和内涵。为此,对于大学来讲,应当在更宽的层面上开展文化素质教育,推进大学文化建设。

三、深入开展文化素质教育,认真进行大学文化建设

自20世纪90年代中期以来,在我国高校普遍开展了文化素质教育的探索,这是一场在教育部指导与支持下开展的面向21世纪人才培养模式、教育观念和教育思想的深刻变革。1995年在加强高校文化素质教育试点工作研讨会上,当时的教育部主管周远清教授指出,这一工作是切中我们国家多年来重理轻文的时弊,是世界高等教育探索的热点,是符合党的教育方针对德育内涵的拓宽与加强。在周远清教授,还有张岂之教授、杨叔子院士等一批有识之士的奔走呼号、大力推动下,经过广大教育工作者的共同努力,十余年来高校的文化素质教育取得了很大的成绩。在高校形成了文化素质教育课程、课外文化活动和社会实践"三位一体"的教育体系,文化素质教育已经成为我国高等教育人才培养的重要组成部分,为在高校实施全面素质教育,构建中国特色的高等教育人才培养体系,积累了宝贵的经验。

目前,高校的文化素质教育发展并不平衡,还存在一系列必须认真对待和解决的问题。

首先是认识有待进一步提高。台湾新竹清华大学前校长沈君山说,在台湾实践通识教育十分困难,表现在:"(1)没有人愿意去管;(2)没有教授愿意去教;(3)没有学生肯花精神去听。"这里所称的通识教育与我们所提的文化素质

---

① 钱穆:《国史大纲》弁言,北京,商务印书馆,1994。

教育相似，而所反映的现象在大陆高校里也有一定的普遍性。实际上，在较大范围内，对文化素质教育课程存在误解，认为文化素质教育课程仅仅是扩大知识面、补充学生特别是理工科学生的人文和艺术知识不足的点缀课程，在一些教师或教学管理者心目中是低层次的，不需要由高造诣的教师来承担；而在学生中也存在凑学分的现象。认识不到位，制约了文化素质教育向纵深发展。

联想到美国通识教育已经进行了近两个世纪，但仍缺乏公认、规范的表述和共识。美国高等院校协会在2005年开始推动一场为期十年的"何谓通识教育"的大讨论和"弘扬通识教育价值"的运动；哈佛大学在19世纪以来先后进行过4次有关通识教育的改革，近几年又在对通识教育进行新的反思与调整。中国对文化素质教育的探索只进行了十多年，虽然取得了重大突破，应当说仅仅是有了一个良好的开端，要真正使文化素质教育成为广大干部师生的一项自觉行动，并且走上一条科学健康的可持续的发展道路，还要下很大功夫。1995年，张岂之先生说，在高校深入开展文化素质教育意义很大，是一项后人会感谢的工作。但真正做好，达到理想境界，并不容易。

所以，既要充分看到取得的进展，又要作长期艰苦奋斗的准备。要坚持在实践取得进展的基础上，不断提高认识。现在十七大提出了社会主义文化大繁荣、大发展的战略任务，为加强大学文化建设，深入开展文化素质教育创造了难得的外部条件，我们要抓住机遇，使文化素质教育在认识上再上一个新的台阶。

怎样上新的台阶？我们在实践中认识到应当抓住两个基本环节：一是从历史与现实、国际与国内结合的视角，深刻认识通识教育与文化素质教育的本质功能；二是加强文化素质教育与大学文化建设相结合，特别是从大学理念着手，着重从大学的本质、功能和怎样培养高素质创新人才来思考。

（一）深入认识通识教育与文化素质教育的本质功能

"通识教育"的概念，最早由美国博德学院的帕卡德教授于1829年在《北美评论》中撰文提出并对其功能作了如下注解："我们学院预计给青年一种古典的、文学的和科学的，一种尽可能综合的教育，它是学生进行任何专业学习的准备，为学生提供所有知识分支的教学，这将使得学生在致力于学习一种特殊的、专门的知识之前对知识的总体状况有一个综合的、全面的了解。"[①] 这种为学生专业学习做综合、全面知识准备的教育，是中国高等教育界以往通常对通

---

① A. S. Packard. The Substance of Two Reports of the Faculty of Amherst College to Board of Trustees with the Doing there on [J]. North American Review, 1829（28）：300.

识教育的理解，而实际上，后来在美国通识教育的宗旨已有很大的变化。具有代表意义的是芝加哥大学的哈钦斯校长与哈佛大学的科南特校长对通识教育理念作出的重大发展。哈钦斯于1936年发表《高等教育在美国》，对美国高等教育的功利主义、实用主义、专业主义、唯科学技术主义和唯市场取向展开了抨击，主张不同院系专业之间必须通过通识教育为学生提供共同的精神文化基础。强调大学不仅仅是创新之所，而首先是文明传承之所，为此，必须让学生在进入专业学习之前研读"西方经典"或"伟大著作"，以此为学生奠定共同文化根基，这使得芝加哥大学成为本科通识教育的典范。值得指出的是，强化本科通识教育丝毫未损其研究性大学的地位，相反，芝加哥大学获得诺贝尔奖名列前茅，而且以众多活跃的学派闻名于世。在1934—1954年出任哈佛大学校长的科南特则以1945年发表《自由社会的通识教育》（亦称"哈佛红皮书"）对美国高等教育产生深刻的影响而载入美国高等教育史册。这份200页的报告是在1943年1月"二战"正酣时开始邀一流学者经过两年多的共同讨论起草的。事实上，科南特本人是美国制定原子弹发展计划的重要人物，但是，他认为大学的通识教育比原子弹更为重要，因为大学通识教育关系美国的根本，关系美国的未来。《哈佛红皮书》指出"通识教育作为一种使人成为社会中见多识广、负责任的人的教育，""只有它能指引我们的年青人为我们国家未来作贡献"。[①]

我国的文化素质教育带有明显的中国特色，在内涵及覆盖面上对所谓通识教育都有所发展，如不仅仅涉及专业教育前的培养模式，而且要求在专业教育、课外活动和社会实践中得到融合与渗透，这不仅是对学生的要求，也是对教师文化素养和学校整体品位格调的要求。在我国开展文化素质教育的主旨应当是明确的，就是要促进科学与人文的融合，体现为人与为学的共同要求，成为开展全面素质教育、提高人才整体素质的切入点和突破口。但是，在具体的实践中，却常常呈现停留在一般通用知识教育的认识阶段，未能充分提升到为大学生乃至全民族确立文化之根的高度上来，未能提升到关系国家与民族未来的高度来认识。而这正是文化素质教育未能得到更加广泛而深入地推进的本质因素。为此，必须进一步提升大学的文化自觉，使文化素质教育成为大学文化建设的重要途径，成为文化植根的重要手段，并在强化大学文化建设的进程中得以加强。

（二）大力推进文化素质教育与大学文化建设的结合

在开展文化素质教育的基础上，21世纪之初，我国逐步形成了研究大学文

---

① 哈佛委员会：《哈佛通识教育红皮书》，李曼丽译，2页，3页，北京：北京大学出版社，2010。

化的学术潮流。具有代表意义的是，2002年9月由北大、清华、教育部高等教育出版社联合组建了大学文化研究与发展中心（下称中心），教育部袁贵仁副部长在"中心"成立大会上致辞指出："在一定意义上可以说，大学即文化。大学的教育教学过程，实质上是一个有目的、有计划的文化过程。所谓教书育人、管理育人、服务育人、环境育人，说到底都是文化育人。""我们要根据不断变化的社会实际和师生思想实际，深入探索大学文化的内涵，以及对师生的导向功能、教育功能、熏陶功能实现的途径。"

实践表明，教育工作者对大学文化建设的重要性尚需加深认识。正如袁贵仁副部长指出的："由于种种原因，我们对大学文化的研究还不够，对大学文化建设的重视还不够，客观上使我们的一些工作常常流于表面，流于肤浅。我们的教育重视学科专业的系统性，相对忽视人的完整性，对人的健全人格、个性的培养重视不够；我们的教学侧重'教书'，突出知识、技能的传授，相对忽视'育人'，对人的思想品德、素质能力的培育重视不够；学校的建设，重视硬件、设施，相对忽视观念、制度，对教学观念、办学理念的研讨、宣传重视不够；学校的管理环境，多一些社会机构共性，相对少一点文化自觉、文化蕴涵，对学校整体文化形象、文化气质的设计、培育重视不够。"为此，"开展大学文化研究，推进大学文化建设，是一项具有基础性、战略性、前瞻性的工作。"[1]袁部长的讲话表明，在高校推进文化素质教育存在的障碍，正是反映了教育工作者对大学文化育人的本质功能缺乏清醒的认识。

近年来，一些高校领导开始在多种场合强调大学文化建设的重要性，有的高校还专门制定了学校文化建设规划。与此同时，有关文化素质教育受到更多的关注与支持。上学期清华大学领导核心扩大会听取了文化素质教育基地的专题汇报，并达成新的共识：一流大学的主要功能是文化的传承与创新，没有一流的人文教育，就难以蕴育一流的人才，就难以建成一流的大学。加强文化素质教育和大学文化建设是建设一流大学的内在要求，也是落实"在通识教育基础上的宽口径专业教育"的人才培养模式的重要举措，要把加强文化素质教育的要求、目标和举措纳入学校建设世界一流大学的总体规划和学校教育振兴行动计划并认真落实。清华大学自2006年开始，通过优化文化素质教育课程体系，支持一批核心课程建设，下决心改变过去因人设课、粗放经营的状态，走规范化、精致化建设之路。北大、复旦、浙大等综合性重点大学还力图通过专

---

[1] 袁贵仁：《加强大学文化研究　推进大学文化建设》，载《中国大学教学》，2002（10）。

门的学院建制来强化通识教育。

教师的文化自觉和文化素养是影响文化素质教育质量的关键性因素。时任教育部副部长的周远清教授在2003年曾著文指出：由于不全面的基础教育、过窄的专业教育、过弱的人文教育使得我们培养出的学生包括而今成为大学教师的群体带有先天的不足，使之难以适应素质教育的要求，所以，提高大学教师的素养特别是文化素养就成为关键，成为深化素质教育的瓶颈。现在，在我国高校出现一批热心投身于文化素质教育的国家级教学名师或国家级精品课程，如清华大学历史系彭林教授开设的"文物精品与文化中国"课程被评为首批国家精品课程。在这门课程的教学大纲里开宗明义地表明："中国是举世闻名的四大文明古国之一，在五千年的发展过程中，创造了灿烂的物质文明和精神文明。帮助学生深入透彻地了解中华古代文明，培养他们的民族自尊、民族自信和文化自觉，激励他们为中华腾飞而奋斗终身，是本教程的教学宗旨之所在。"该课程的教育体现了人文与科技的融合，并注意充分调动学生的学习自主性，取得了很好的教学效果，产生了广泛的社会影响。而这种课程建设的突破，首先是教师文化自觉的体现。正如彭林教授自己所说："过去我只知道上课要尽可能给学生以丰富的知识。到清华后，由于多次参加文化素质教育课程建设研讨会和其他的相关活动，对素质教育的作用有了新的认识。素质教育不是单纯的知识教育，不能把文科的课程搬到理工科学生面前就成了文化素质课；它以提升学生的人文素养为己任，但又不同于政治课。它是通过人文知识教育把人文理念渗透到认知者的本体之中去的课程，属于'文化育人'。"正是有了文化育人的自觉，才使他教授的多门文化素质教育课程因良好的人文化成效果，而受到学生们发自内心的欢迎。

以上这些都是中国大学文化自觉的重要表征，是可喜的现象。但是，解决大学文化植根的问题，仅仅靠少数人的觉悟是远远不够的，而且，也绝非一蹴而就的，需要大学教育工作者持续的努力，同时也需要关注国家未来的社会各界的支持，包括形成全社会的注重文化、特别是注重优秀的民族文化传播的有效途径和氛围，以及有更多的有识之士直接走上大学的讲坛，以自身深厚的文化底蕴和学术造诣，弥补普遍存在的大学人文教育资源的不足。

（收录《学术研讨会论文选集——纪念人文初祖皇帝建设民族精神家园》，陕西人民出版社，2008年，318～328页）

努力提高对爱国主义的理性认识

当前，对于大学生的德育应当注重基本的思想道德素养，包括行为规范与养成教育，以弥补中小学教育的不足。同时，大学生是有理性思维的群体，因而必须注重德育中的理性教育。只有既重视教育的基础性、实践性，又注重提高其理性认识，才能使青年学生的思想文化素质得以提高，适应国家对培养跨世纪人才的需要。就以爱国主义教育来看，一个时期以来，我们是注意对青年学生进行爱国主义教育的，并收到了一定的效果。如申办奥运活动，虽然失败了，但增强了民族的凝聚力、自尊心与自信心。清华大学的学生在宣布投票结果的那天晚上，当得知中国以两票之差落选时，唱起了《义勇军进行曲》，喊出了振奋民族精神的口号，充分表明了青年大学生的爱国激情。

但是，相当一部分大学生对爱国主义仍然存在一些模糊认识，个别学生还有十分错误的观念。如对侵略有功还是有罪的问题，有的学生说，北美的发展有赖于哥伦布当年受命开辟新疆土，香港的繁荣有赖于英国轰开了我们的国门，要是日本一直占领满洲国，那么东三省便像日本那样走在世界经济发展的前列了；在有关爱国主义的讨论中，有的学生问，当前整个世界处于和平与发展的时代，跨国、跨地区合作是国际关系的特点，为什么还要强调爱国主义？还有的问，爱国主义既然是我们民族的传统，当前为什么要强调爱社会主义的祖国？……再联系到青年学生在择业、出国学习问题上表现出来的重个人实惠，轻国家需求的倾向，都表明，在爱国主义这个关系国家前途、民族命运的根本问题上，我们新的将决定历史走向的一代不都是清醒的，更不都是自觉、坚定的。对此，应当积极引导他们在多方面的教育与实践中，把爱国主义提到理性的高度来认识。

首先，要加强理论教育。爱国主义是毛泽东思想与有中国特色社会主义理论的重要内容。毛泽东与邓小平不仅本人是爱国主义的典范，而且在不同历史时期有许多关于爱国主义的论述。例如，邓小平同志把现阶段的爱国主义概括为："中国人民有自己的民族自尊心和自豪感，以热爱祖国、贡献全部力量建设社会主义祖国为最大光荣，以损害社会主义祖国利益、尊严和荣誉为最大耻辱。"建设有中国特色的社会主义是新时期爱国主义的主题。我们要引导广大青年学生在深入学习有中国特色社会主义理论的过程中,加深对爱国主义的理解和认识。

其次,要引导学生学习中华民族悠久的历史和优秀的传统文化。我国人民的爱国主义精神和强大的凝聚力是在漫长的历史进程中发展起来的,是有着深远的文化渊源与内涵的。正如著名历史学家司马迁所说,只有能够"述往事",才能科学地"思来者",只有当我们的青年学生深刻了解了中华民族的光辉历程、对人类文明的巨大贡献、为反对外来侵略所进行的可歌可泣的斗争以及众多的仁人志士的爱国事迹,他们的爱国主义才能有坚实的根基。为此,我们在近几年的马克思主义理论课的教学改革中,着力抓了中国革命史课程的改革,针对大学生的特点,采取史论结合的办法,促进其对爱国主义的理性思考。以近现代史为历史的中轴线,突出了"救亡"与"振兴"这两个主题,沟通了中国的过去与未来和中外历史发展的密切关系,帮助学生看清历史走向、发展规律,认识革命救国与社会主义的振兴之路,并理解自身的历史重任,从而实现了爱国主义与社会主义的自然结合,把握住当代爱国主义的时代特征。实践表明,效果是好的。同时,我们还通过开设一系列历史文化选修课程,组织优秀传统文化讲座,倡导与支持以爱国主义为主题的演讲比赛、作文大赛等,为广大学生更多地了解我国历史文化创造条件。目前我们正同中科院自然科技史研究所合编《中华科技五千年》,以帮助大、中学生了解我国灿烂的文明史。

最后,把爱国主义教育同培养学生的事业心结合起来,这既是对大学生进行爱国主义教育的重要特点,也是使这一教育得以落实的重要切入点。如最近我们通过组织与学生所学专业密切相关的中国核爆炸成功30周年、我校自行设计建成原子能反应堆30周年、水利工程建设成就回顾、我是中华汽车人、三峡工程建设前瞻,以及寻找本行业、本专业之最等活动,激发学生把爱国主义精神落实到今日为祖国现代化建设而发奋学习,明日为祖国富强多作贡献的实际行动上来。现在我们正在普遍发动各系开展爱国、爱校、爱系、爱专业的活动,并努力把爱国主义教育分解、贯穿到各学科、各门课程的教学中去。

此外,我们还引导广大学生积极参加社会实践,在社会调查与为社会服务中了解国情,培养同劳动人民的感情,增加对强国富民的自信心与责任感。

爱国主义教育是一项伟大的系统工程,需要从小抓起。需要多方面、多渠道协同配合,只要我们按《爱国主义教育实施纲要》的要求坚持做下去,就一定会收到好的成效。

(发表于《中国高等教育》1995年第2期)

赋予文化素质教育持久的生命力

20世纪90年代中期以来,在教育部的大力推动和指导下,我国高校对文化素质教育的理论探讨和实践不断深入,取得了可喜的成绩。但是,对文化素质教育的内涵、重要性和规律性的认识以及实施的途径与方法尚未从必然王国进入到自由王国。

一、明确办学理念,赋予文化素质教育以持久的推动力

回顾文化素质教育的实践,所取得的进展和存在的问题都与办学理念有关。办学理念涉及教育本质论、目的论等教育哲学问题。它要回答好教育是什么、教育干什么、教师为何而教、学生为何而学等问题。由于长期以来科学主义占据了主导地位,工具理性和功利观念的结合,导致科学办学理念的缺失。"重才干,轻德行;重为学,轻为人;重理工,轻人文"成为一种社会现象,在高校也有普遍影响。尽管有培养德、智、体、美全面发展人才的教育方针,在大学"教书育人"已提倡多年了,也有许多教师在努力实践,但自觉研究素质教育的规律并以提高学生的全面素质为己任尚不普遍。解决这一问题的途径,就是要在全体师生中长期锲而不舍地进行办学理念的探讨和教育。

我们在认识大学的功能时,不能离开对社会经济、政治、科技与文化的需求和制约的分析。当前,民族伟大复兴的事业,要求大学不仅要培养能适应先进生产力发展的要求和能代表先进文化前进方向的人才,而且,大学要直接参与生产过程和文化传播过程,肩负起直接推动经济发展和社会进步的任务,这无疑对大学师生的素质提出了更全面的要求。一所成功的大学,应当在实现教育的推动社会全面发展的社会功能和促进人的全面发展的本体功能两个方面都有所贡献。尽管对不同大学要求的程度会有不同,但是,在办学理念上,应有共通的理解。而科学的办学理念正是文化素质教育持久的推动力。

正确的办学理念有赖于科学的哲学思想指导。在人类科学发展的初始阶段,人们更多地从综合的角度看问题。如古希腊哲学家柏拉图认为知识和价值是密

不可分的，人们通过得到真知，不仅可以理解自然界，而且理解善和美，学习如何在生活中正确行动，做一个合格的公民。而苏格拉底则说得更彻底：德性就是知识。这里的知识主要指道德和生活的准则。在西方这种观念一直延续到18世纪所谓"启蒙时代"，其代表人物便是法国的孔多塞。他认为知识的进步必然导致道德的进步，真、善、美是统一于理性的。在中国，综合的哲学观念长期占有主导地位，而且，指导为人是其要义。随着近代科学的兴起，科学技术的作用日益突出，社会分工越来越细，分析的思维占了主导。正如米兰·昆德拉所说，"科学的兴起把人推入一条专门化训练的隧道，人越在知识方面有所进展，就越看不清作为一个整体的世界，看不清他自己"。近代机械唯物论把精神世界彻底从物质世界分离出去。在当代，科学技术被视为"第一生产力"，像西方哲学大师哈贝马斯在著名的论著《作为"意识形态"的技术与科学》中，还把科学技术放在意识形态中至高无上的地位。在21世纪伊始，知识实际上已成为生产力的重要组成部分并参与分配。"知识就是力量"加上"知识就是金钱"，进一步促使德性和知识的分离。知识和科技在给人类带来巨大财富时，却使地球面临越来越大的生态压力，并未能帮助人们解决越来越严重的社会问题。面对这一发展态势，大学和大学教师都应当有所作为。只有广大的教育工作者都从科学主义的、工具理性的片面性中，从功利主义的诱惑中摆脱出来，确立科学和人文相统一的哲学观，并为自己找到一个肩负崇高使命的位置，在自身为人治学中体现科学精神和人文精神的融合，才能使文化素质的教育得以深入持久地进行下去。

二、转变教育思想，赋予文化素质教育内在的生命力

教育思想涉及教育过程论，即教师如何教、学生如何学，以及在教育过程中，教师和学生的关系等问题。长期以来，以教师为中心的传承式、灌输式教学过程，约束了学生的学习主动性和积极性。这在文化素质教育中也是普遍现象。因此，深入转变教育思想是深化文化素质教育的重要条件。

从本质上看，教育是培养人的一种社会活动，是依据社会的要求和人的身心发展规律，使受教育者不断获得新知、增长才干、提高素质的过程，或者说是帮助受教育者为人、治学、做事的过程。在以往的大学教育中，我们习惯于从社会的需求出发来施教，忽视了受教育者的需求和身心发展规律，忽视了受教育者的主观能动性，这是素质教育的实效受到局限的一个重要因素。前不久，

我看到了华东师范大学前副校长叶澜教授的一篇文章，颇受启发，文章的题目是《把个体精神生命发展的主动权还给学生》。这篇文章指出，21世纪，在教育思想上最终需要实现的核心转变是在对学生精神生命主动性发展的认识上。过去忽视乃至剥夺学生精神生命的需求和发展的可能，21世纪新型教育要自觉地追求把精神生命发展的主动权还给学生，要培养具有主动发展需求、意识和能力的新人。这种人具有一种主动的生存方式，这种方式与人所特有的发展、创造的需要联系在一起，与生命活力的激发和潜在可能的实际联系在一起。以这样的态度去对待周围的世界、对待自己的人生，人的生命过程就会积极，会出现创造，不仅创造出新的事物、新的方法、新的技术、新的思路、新的外部世界，而且还会不断丰富自己的内在精神世界，创造新的生命历程。为此，必须改变师生在校的生存方式。从注重面向过去、面向人类的已知领域转变为注重面向未来、面向需要发现和创造、探索的领域。这就要求教师转变自己的教育观念乃至教育角色，把自己的职业本质定位为创造人的精神生命。我认为，这应当是文化素质教育的重要内涵和取得实效的关键之一。从2000年春天开始的清华大学教育工作讨论会，以教育思想的转变为先导，以实现从传统的以教师为中心的传承式教学转变为以学生为中心的研究型教学为目的，既对文化素质教育提出了更高的要求，也为它的深入开展提供了机遇。当然，长期形成的教育思想观念的深入转变不是一蹴而就的事情。正如埃德加·富尔在《学会生存》一书中提到的："未来的学校必须把教育的对象变成自己教育自己的主体，受教育的人必须成为教育他自己的人，别人的教育必须成为这个人自己的教育，这种个人同他自己关系的根本转变是今后几十年内科学与技术革命中教育所面临的最困难的一个问题。"在文化素质教育中，我们要不断克服这一困难，开拓新的局面，以取得更大的实效。

三、营造良好氛围，提高文化素质教育的吸引力和感染力

文化素质教育是一个"润物细无声"的内化过程，需要一个良好的氛围，要渗透到教育的全过程。清华大学在实施文化素质教育过程中，本着"以全面提高大学生综合素质为中心，以提高大学生人文与科学素养为切入点"的指导思想，逐步建立和完善包括文化素质教育课程、经典阅读、校园文化建设与社会实践以及网络教育在内的"四位一体"的文化素质教育体系，并通过树立典型、加强沟通的办法，推动广大业务课教师参与文化素质教育，从而形成多方面多

渠道相互配合相互渗透的"系统工程"。这里介绍其中几个环节。

（一）加强通识课程建设

清华大学从1987年开始将选修人文课程列入必修学分。2000年学校开展教育工作大讨论，其中一个重要内容是关于21世纪的课程体系应如何设置。为了了解国际教育发展的潮流，学校组织考察团访问了美国一流大学。了解到它们的必修课程门数少、内容新，可供选择的课程多；而且，都相当重视通识教育，相关课程约占1/4的比例，甚至更高。如哈佛为本科生设置了11个课组的通识教育课程，包括外国文化、历史研究（A、B）、文学艺术（A、B、C）、道德推理、数量推理、自然科学（A、B）、社会分析等，每组10余门课，要求学生每年选2门。MIT要求本科生4年修完32门课，其中人文社科占8门，分5个课组，包括文学与原著研究、语言、思想与价值、视觉与表演艺术、文化研究和社会研究、历史研究等，此外，每年还必修一门写作课。MIT人文艺术和社会科学学院一共开出了800多门课程，给出了充分的选择余地。经过深入讨论，清华大学不同院系在加强通识教育上，基本达成共识。现在，正在构建新的课程体系：必修课从70～80门降至约40门，文化素质课、马克思主义理论和思想品德课、外语课加体育课约占总课时的1/4。文化素质课程学分从5增至13，设置了10个课组（包括文学、历史与文化、哲学与社会思潮、写作、艺术欣赏与实践、当代中国与世界、环境保护与可持续发展、经济、管理和法律、科学与技术、国防知识与学生工作），要求至少从中选修6个课组各一门课；目前可开出100余门课程，学校要求建设一批精品通识课程，并列入课程改革资助项目以支持。为了加强课程建设，特别是保证新开课的质量，学校成立了张岂之先生任主任的由各课程组负责人、少数教学经验丰富的教授以及学校教务处课程评估组负责人组成的文化素质课程评审委员会。

（二）提倡阅读经典，实施以课带读

人类在不断演进过程中，创造了灿烂的文化，其中一批文化、文学名著凝聚着深刻的为人、治学、做事的哲理，成为人类宝贵的历史遗产。历代的教育家、思想家都推崇阅读优秀的经典。我们自从1995年春天开始向学生提倡阅读经典，推荐了80部优秀中外文学、文化名著，逐步摸索出以"导读课程"和周六高水平经典讲座、出版《清华人文修养丛书》来指导阅读，有效地克服了辅导力量不足的困难；并将这80部书全部在校园上网解决了纸质读物数量有限的问题，使"大学生应读书目"活动得以持续开展下去。同学们将其称为"与大师攀谈"，深感"开卷有益"。

（三）提高文化活动的思想文化内涵和吸引力

丰富多彩的校园课外文化活动是文化素质教育的重要载体。但是，同样的唱唱跳跳，往往有不同的效果。关键在于它的内涵和吸引力。在中华人民共和国成立50周年前夕，国家表彰了23位"两弹一星"的功臣，由于其中有14位曾在清华学习、工作过，校内还有一些当年参加过相关工作的教授，我们支持学生话剧队把校内的故事搬上了舞台。学生们表演得有声有色，观众一再被感动得热泪盈眶，同学们在话剧的编写和演出过程中，也深受教育。清华大学90周年校庆的系列活动，以"自强不息，厚德载物""求真务实，行胜于言""爱国奉献，追求卓越"的清华精神为主线，也很教育人、鼓舞人。前不久，在全国大学生舞蹈、歌咏竞赛中，清华大学都名列前茅。艺术界资深评委说："清华的表演有文化。"这一点，的确与学校长期以来重视文化活动的内容和影响有关。尽管课外活动基本上是由学生自己组织的，但是，学校的学生工作指导委员会、学生课外阅读指导中心、美育委员会和艺术教育中心等发挥了重要的指导作用。

同时，活动的吸引力也很重要。要做到这一点，一要支持学生的主动参与，把活动当作自己的事情来做；二要邀请高水平、有影响力的人来参加或给予及时的指导。如2000年我们支持学生开展"文化素质知识竞赛"，从班级开始，预赛、复赛参与面相当大。决赛时，张岂之先生等一批名教授指导出题并到场当评委，大家喜爱的名主持人到会主持，吸引了很多学生参与，学生们表现出相当高的功底和热情，收到良好效果。2001年，为了对新生进行文化素质和写作的教育，我们在新生中开展了以"当我走进清华园时"为题的写作竞赛，结合全校性的"计算机文化基础"课，先在网上运作，再进行现场决赛，然后加以表彰并就深入开展文化素质教育作动员。同时，学校还拨款支持学生开展实践性和研究性相结合的"素质拓展计划"，该计划以课题立项的方式，由学生系统来统筹，使文化素质教育和其他素质教育成为一个整体，相互渗透、相互促进，学生表现出了很高的参与积极性。

（四）运用网络技术，为素质教育提供新舞台

迎着扑面而来的信息化浪潮，让互联网成为新时期高校文化素质教育的有效载体，是当前不容回避的重要课题。

创办德育与文化素质教育网站是一个重要的教育途径。同时，考虑到素质教育的整体性和各种素质的相互渗透性，以及学生对网络内容乃至名称的选择性，我们着力建设综合性教育网站。2001年2月，学校设立了面向清华学生的"学生清华"门户网站。该网站包括新闻热点、焦点追踪、校园直播、关注生活、心理健康、人文日新、未来之路、影视长廊、音乐之声等栏目，由于由学生主办并主持，贴近学生生活，受到普遍关注。我们注意从学生的实际出发，把那些与学生综合素质的提高密切相关的信息渗透到门户网站的多个栏目中。各种重要的文化活动通过网络及时播报和现场转播，丰富的文化典籍和文化时评可以迅速在网站中传递出来。

我们还鼓励文化素质课教师制作网络课件，使用网络资源进行课堂教学，并通过网络组织教学活动。目前，许多教师在学校政策的鼓励下，将原本平面的书面表达制作成生动丰富的多媒体演示课件，改善了课堂教学的效果，并努力把网络教学活动延伸到课堂外，提高了教学效率。网络课件与传统的教科书相比，它的优势在于资源的丰富性和学习的个性化上。网络课件的内容非常丰富，包括课本、讲义、练习、自测、参考书籍、相关案例等，就像一个小型图书馆，给学生的学习带来了极大的便利。学生由此可以自己把握学习进度，制订最适合自己的学习计划，推动了个性化学习。

现在，清华已初步建成网络校园，各种网络学堂、网络教室、网络课件以及网络讨论等栏目为使德育和文化素质教育贯穿在育人的全过程提供了更加广阔的舞台。

（五）提高教师文化素养，营建校园文化环境

提高教师自身的文化素养及进行文化素质教育的自觉性和积极性是深化文化素质教育的重要保证，也是当前的难点所在。

清华大学在如下方面作了一些尝试：一是通过教育思想大讨论，引导教师从办学理念高度认识自己的职责，努力提高自身的全面素质，把为人和为学统一起来，把科学精神和人文精神融合在为人为学的过程中，做到学高为师，德高为范；二是提倡教师特别是年轻的理工教师加强自身的人文功底，文科教师加强自然科学的基础。我们肯定了电子系由老主任带头开展教师人文讲座的做法，在全校作了宣传，还由文化素质教育基地和人事处共同组织了全校性的青年教师学术沙龙，由这位老主任做了以"理工教师谈中国传统文化"为题的讲座，与会的人文和理工教师展开了热烈的讨论，引起了强烈的反响；三是加速

学校综合性的学科布局，支持理工和人文跨学科的学术研究和人才培养，营造良好的学术氛围；四是进行校园人文景点的建设；五是进行校训、校风、学风的学习和教育，等等。这些都有利于形成良好的文化环境，提升学校的文化品位，提高教师的文化素养，最终在潜移默化中提高学生的文化素质。

（发表于《中国大学教学》2002年第2期、第3期）

对深入开展文化素质教育的调研与思考

文化素质教育开展到现在，积累了丰富的经验，取得了显著的成绩。正如张岂之先生所预言的，开展文化素质教育的意义怎样估计都不会过高，作为这个历程的参与者，感到欣慰。同时，我与许多这一历程的参与者一样，清醒地认识到，当前无论在认识上或实践上，都存在许多需要继续解决的问题，深入开展文化素质教育仍然任重道远。

一、清醒认识高等教育面临的挑战和根本任务

一个时期以来，中国高等教育在取得巨大进步的同时，也面临着重大的挑战。第一，正如联合国教科文组织1998年发表《21世纪的高等教育：展望与行动》所指出的："高等教育本身正面临着巨大的挑战""必须进行从未要求它实行过的最彻底的变革和革新，以使我们目前这个正在经历一场深刻价值危机的社会可以超越一味的经济考虑，而注重深层次道德和精神问题。"这说明，这种挑战是世界性的，中国概莫能外。中国高等教育肩负着艰巨的提高国民，特别是高校师生人文素质的任务；第二，信息社会科学技术的迅猛发展和剧烈的竞争，要求高等教育站在科学技术的最前沿。中国为了实现向创新型国家转型，对人才的科学素养特别是创新素质提出了迫切的要求。像清华这样一批国家寄予厚望的大学，受到了加速培养杰出创新人才的巨大压力；第三，随着经济全球化趋势的加剧和中国的崛起，要求我们培养的人才，在植根自身民族文化沃土的同时，具有跨文化的胸襟和能力。总之，中华民族的伟大复兴要求即将成为生力军的当代大学生在文化上做好充分的准备。

2005年杨振宁先生在首届中国文化论坛的讲话中指出："目前世界上一个最重要的事情就是中华民族的崛起。""可是我在清华待了一年半以后，感觉到很多大学生对于这一点似乎不够认识。"杨先生呼吁："大学教育必须培养大学生的文化自觉""今天的大学教育，应该把文化自觉灌注到每一个大学生身上"。

实际上，这首先是对高等教育工作者提升自身文化自觉的呼吁。①

"文化自觉"是指重视文化的作用，对生活在其中的文化有清醒的认识，能够进行主动的文化选择、发展和传播，主动肩负起文化建设的任务。大学教育应当自觉地肩负起以先进文化孕育人才、引领社会的任务，而前提是正确认识大学的本质特征和根本任务。袁贵仁部长曾指出："在一定意义上可以说，大学即文化。大学的教育教学过程，实质上是一个有目的、有计划的文化过程。所谓教书育人、管理育人、服务育人、环境育人，说到底都是文化育人。"深入开展文化素质教育正是以文化育人的自觉为前提，以文化育人任务为根本的。当今在文化素质教育中存在的诸多问题，都与缺乏这种自觉有关。现在的教育教学包括许多文化素质教育课程或通识教育课程，往往还停留在知识的传授上，离文化育人的功能仍有较大距离。我们面临着普遍提高文化育人的自觉性和实效性的任务，其中，推进科学与人文的融合、工具理性与价值理性的统一仍然是一项关键性的任务。

二、调查研究的情况和当前的工作

正确认识高等教育面临的挑战可以帮助我们从宏观上来认识教育包括文化素质教育的任务，而全面了解文化素质教育的实际情况和工作规律是我们把工作推向深入的基础。近几年里，清华大学文化素质教育基地承担了清华课题"通识教育发展道路和清华深化文化素质教育的途径研究"以及北京市课题"建设创新型国家背景下的文化素质教育研究"，课题组成员对国内外以及本校的通识教育与文化素质教育做了比较全面深入的调研。在国外，到美国加州大学伯克利分校、斯坦福大学、芝加哥大学、哈佛大学、麻省理工学院、哥伦比亚大学、帕森设计学院等美国顶尖大学以及韩国首尔大学、延世大学，了解通识教育的最新动态和进展；在国内，对华中科技大学、武汉大学、湖南大学、中南大学、浙江大学、南京大学、东南大学、复旦大学、上海交通大学、西安交通大学、南开大学、天津大学、哈尔滨工程大学、哈尔滨工业大学和北京大学等全国15所重点大学进行了学习考察；在校内，与19个院系的领导、教师代表进行了访谈、交流，就为什么要和怎样开展文化素质教育形成较多的共识，取得了院系的支持；继而对校内11个院系的学生以座谈、问卷调查等方式进行调研，掌握

---

① 杨振宁：《大学教育与文化自觉》，见甘阳等主编：《中国大学的人文教育》，序一，北京，生活·读书·新知三联书店，2006。

了许多一手资料，尤其是听取同学们关于文化素质教育课的数量和质量、选课的方式、授课时间以及考核办法等的意见和建议。同时，与本校主要领导多次就文化素质教育进行汇报、研讨，以形成共识和争取支持。

（一）国外调研概况

美国通识教育已经进行了近两个世纪，但仍缺乏公认规范的表述和共识，美国高等院校协会在2005年开始推动一场为期10年的"何谓通识教育"的大讨论和"弘扬通识教育价值"的运动；哈佛大学在19世纪以来先后进行过4次有关通识教育的改革，近几年又在对通识教育进行新的反思与调整。我国对文化素质教育的探索时间要短得多，虽然取得了重大突破，但只是有了一个良好的开端，真正使文化素质教育成为广大干部师生的一项自觉行动，并且走上一条科学健康的可持续的发展道路，还要下很大功夫。这是一个基本估计，由此既不为所取的成绩而沾沾自喜，又不为所遇到的困难而沮丧。同时，我们应当从国外的理论探索和教育实践中汲取营养。

（二）兄弟院校的情况与基本经验

开展得好的院校有如下共性。

1. 领导重视，理念先行

做得好的学校共同特点是主要领导十分重视文化素质教育工作，把这项工作作为最重要的教育理念之一来坚持。如复旦大学、华中科技大学、东南大学、天津大学、南开大学等，由校党委书记或校长担任学校文化素质教育指导委员会主任或领导小组组长。所有学校都有1名副校长或副书记具体负责这项工作，都把转变教育观念作为最重要的环节来抓。普遍组织了教育思想的讨论，努力提高干部和教师的思想认识。如复旦大学在2007年就组织了400多场次讨论会；东南大学1997年组织全校教育思想大讨论并制定了《东南大学素质教育实施纲要》。

2. 重视领导管理体制和运行机制的探索

比较普遍的做法是，各校都设立了由校领导担任主要负责人的文化素质教育指导委员会或领导小组，进行全局部署，协调各方、自上而下地进行这项工作。华中科大提出这是一项"校长工作"，而不仅仅是某个部门和院系的工作，要列入学校的经常议事日程并有专门的校级负责人具体领导和落实这项工作；复旦大学由校党委书记推动、教学副校长负责，在发动全校师生进行教育思想大讨论的基础上单独成立了一年级本科生学院——复旦学院；其他如浙大的求是学院、北大的元培学院等。这种体制和机制的优点是，文化素质教育课程教学工作比较落实，同时形成人文小环境。但由于体制变动大，面临与相关院系和部门的一系列矛盾，解决起来有较大难度。

从各校文化素质教育的具体运行机制来看，各有特色。凡是基地设在教务处，或由教务处主要负责人抓运行的基地，往往工作容易落实，协调能力也强一些。有的学校总结说："教务处管、抓课程""学生处管、抓活动。"课程教学毕竟是主渠道，所以教务处抓就抓住了最重要的环节。

3. 各校对课程教学是加强文化素质教育的主渠道有共识

大多数学校专设文化素质教育课程10年以上，目前正朝精致化、规范化方向发展。研究型大学文化素质教育课程所占学分一般在12～15学分左右，已经建设了一批国家级精品课。

在实施课程教学过程中，有的学校进行了严格的教学管理。如浙江大学，对开设什么课程由课程专家组投票决定，鼓励高水平的教师开课，每年由专家对课程进行评估，决定哪些课程继续开，哪些课要停开，哪些课程要增开；湖南大学采取文化素质课程"准入制"，教学指导委员会每个学期都要对下个学期要开的课程进行审定，决定取舍。

加强课程建设，最重要的是建设一支高素质、高水平、热心文化素质教育的师资队伍。各校都给予相当重视，但由于条件等方面限制，发展不平衡。

4. 科学教育与人文教育的结合、专业教学中渗透人文精神是各校重点探索的问题

杨叔子院士说："有了知识，不等于有人文精神，过去我们的教育是以专业为核心，现在是以素质为核心。在教育理念上形成了这样的共识是一个很大的突破，一定要坚持科学教育与人文教育的结合。"南开大学顾沛教授说："文化素质教育不仅是人文教育，而是全面的科学与人文教育的融合。"同时，他带领团队开"数学文化"课，使学生从哲学的高度反观数学的发展、感悟数学思想、开阔视野，收到很好的效果并被评为国家精品课。天津大学"物理学与人类文明"效果也很好，被评为国家精品课。清华数学系主任白峰杉开设"数理科学与人文"课，引导学生对科学和人文的关系有所思考，水利系教授、环境系教授开设面向全校的"水与文化""环境保护与可持续发展"等都受到学生欢迎。各校都认为，开设体现人文与科学融合的课程很不容易，主要是对开课教师要求高，难点在多数理工科的教授"不理解、不想讲、不会讲"。但无论如何，这个方向要坚持下去。

另外，一些高校如华中科技大学、东南大学组织讲座的经验也十分宝贵。

（三）清华学生调研情况

1. 对文化素质教育的评价

大多数同学表示文化素质教育课程覆盖面较广，选择余地大，课程内容新颖，能够引人入胜。有超过60%的人认为我校文化素质教育课程设置是成功和比较成功的，而认为差的只有1.4%，但是认为很成功的比例也不高，只有近7%。

而对于文化素质教育课程教师的总体印象，大多数同学认为授课老师有思想、知识内容丰富、风格轻松、论点新颖，有22.4%的同学表示"很满意"；61.8%表示"比较满意"；认为"一般"的为15.8%，没有同学认为"差"。

2. 开展文化素质教育的效果

调查中，同学们普遍反映，通过选修文化素质课程有利于自身素质的提高。有85.5%的同学认为"扩大了知识面，开拓了视野"；56.6的同学认为"提高了综合素质"；31.6%的同学认为"学会了其他学科的思维方法"。还有的同学表示，增加了对中国文化的了解，培养了对中国文化的热爱；拓展了视野，提高了思维广度，增强了文字功底；有利于修身养性，提高了对社会的认知程度，等等。

关于文化素质教育核心课程课组，同学们认为受益最大的分别是"历史与文化"（57.1%）、"艺术与审美"（49.4%）、"哲学与人生"（48.1%）、"当代中国与世界"（41.6%）；其他依次为"语言与文学"（23.4%）、"科技与社会"（9.1%）、"基础社会科学"（7.8%）、"数学与自然科学基础"（1.3%）。

3. 问题：同学们也反映了一些问题，具体归纳如下

（1）相当一部分课程的设置比较"水"，反映在内容与要求两个方面；

（2）学习负担过重，常使学生们在学习各门课程时蜻蜓点水、学而不化，学生在课余，往往"不读书""不思考"，难以真正巩固和消化课堂之所学和所想，更难自觉拓展；

（3）核心课程供不应求。

学生建议：（1）改进课程设置，扩大课程数量和容量；

（2）加强选课指导和课程教师指导；
（3）加强图书资料建设；
（4）加强学风建设和教学管理；
（5）建立科学的教与学评价方法；
（6）积极引导学生的文化素质教育观。

这些意见有利于我们改进工作。

（四）通过调查促使清华着力开展如下工作

一是持续进行理念提升、形成共识的工作。继 2001 年第 21 次全校教育工作大讨论，确定"在通识教育基础上的宽口径专业教育"培养模式之后，在 2009—2010 年的第 23 次教育工作大讨论，以深入开展文化素质教育为专题，组织全校性讨论会，以提高共识并推进具体工作；继而，在 2014—2015 年第 24 次教育工作讨论会进一步对"培养什么人、怎样培养人"的根本性问题进行思考和研讨，对转变育人理念，实施价值塑造、能力培养、知识传授"三位一体"的教育，培养具有健全人格、创新思维、宽厚基础、全球视野和社会责任感的高素质、高层次、多样化、创造性人才达成广泛共识。

二是下大力气抓好文化素质教育课程建设，认真将全校本科生 13 个学分的文化素质课开好。着重抓好共同核心课程的建设，切实将课程建设向规范化、精致化方向推进；加强政策引导，充分调动校内教师资源，并继续引进一批高水平的教师，着力建设一支高素质的、热心文化素质教育的师资队伍；尽量用好社会上和兄弟院校的优秀资源，制订有力的政策措施，吸引名师来清华授课，有两门国家精品课程的东南大学王步高教授退休后被请到清华教学，每学期讲三门课，得到很高评价。

三是进一步增加文化素质讲座的数量和规模，提高质量、扩大受益面。

四是在专业教学中，着力促进科学教育与人文教育的结合。要求我们的教师在专业教学中要讲出哲学、历史、社会，讲出思想、精神，体现科学理性与价值理性的结合，使学生既学到专业知识又有更深刻的文化感悟，从抓试点做起，逐步总结经验加以推广。

五是努力推进大学文化的研究与建设实践。

"大学文化，特别是大学精神文化是文化素质教育的重要资源，大学文化素质教育是进行大学文化建设的重要方式和途径。"正是基于这样的认识，清华大学与北京大学、高等教育出版社一起，于 2002 年 9 月组建了大学文化研究与发展中心。清华以文化素质教育基地的成员为主体,文化素质教育基地主任兼任"中心"主任;多年来参与了教育部课题"先进文化建设中的大学文化研究""中国大学文化百年研究"和"当代中国大学精神研究",其个案成果包括《自强不息 厚德载物 清华精神巡礼》《世纪清华 人文日新 清华文化百年研究》等均为清华百年校庆出版物,作为师生学习、弘扬、发展清华精神文化的重要读本,在清华百年校庆年期间,组织全校师生开展清华文化传统的学习与讨论。基地还连续举办清华大学新人文讲座,该讲座系列按照"文化素质教育讲座"课程要求举办。积极开展人文活动与人文实践活动。举办一年一次的清华大学人文知识竞赛(现已扩展至北京市与华北五省市大学生人文知识竞赛)、举办"齐鲁文化进清华""好读书""读清华"等系列读书活动。目前已成功举办了"朱自清文化节""闻一多周""梅汝璈周""梁启超周""陈寅恪周""赵元任周"等活动。利用暑期和节日长假带领学生到有丰富文化底蕴和人文景观的省市开展文化考察和人文实践活动。

三、提升理论思维意识与能力,下大力气确立理性的教育理念

当今,培养大批高素质的拔尖创新人才是国家人才强国的战略需求,是高等教育尤其是重点大学的根本任务。恩格斯在《自然辩证法》中,针对19世纪前半叶德国民族"热衷于实际"而摈弃了哲学理论发出警示:"一个民族想站在科学的最高峰,就一刻也不能没有理论思维",因为理论思维可以帮助人们防止沉溺于形而上学。恩格斯还指出:"每一时代的理论思维,都是历史的产物,在不同的时代具有非常不同的形式和内容。认识这一点对理论思维应用于经验领域是非常重要的。"[①] 那么,当今我们需要怎样的理论思维并以其来推动教育改革的实践?

首先是以辩证的哲理提升理性精神的问题。纵观世界近现代文明史,18世纪发端于欧洲的启蒙运动,高举理性主义的旗帜推进了西方科学技术的发展与现代化的进程。在中国全面实现现代化的进程中,弘扬以追求真理、崇尚科学、讲求实际、重视效率、注重诚信、遵守法纪、自主进取为特征的理性精神是重大课题。当今,整个社会存在着以经验代替甚至对抗理性、以人情代替甚至对抗法治和契约这些传统文化中的非理性因素,其对现代化起着文化阻滞作用,

---

① 恩格斯:《自然辩证法》,见中共中央马克思恩格斯列宁斯大林著作编译局:《马克思恩格斯选集》,第三卷,465~467页,北京,人民出版社,1972。

为此必须大力弘扬理性精神，这是被称为"国家理性的神殿"的大学的历史使命，也是培养杰出创新人才的需求。古典社会学理论奠基人之一马克斯·韦伯把理性分为工具理性和价值理性，并指出，西方的启蒙运动是工具理性的胜利。工具理性关注过程的可操作性和高效率，追求效果的最大化，而漠视人文关怀和精神价值。在资本主义发展进程中，这种工具理性常常发挥主导作用。实际上呈现了"工具理性而价值非理性"或"形式理性而实质非理性"的局面。这一方面，为资本主义世界创造了空前的财富；另一方面，由于人文关怀和精神价值的缺失，不断引发巨大的危机，包括金融危机和生态危机。在2008年爆发的金融危机面前，有人指出哈佛等名校应该反省。因为对这次危机负有责任的华尔街的高管们大多出身于哈佛等名校，他们在校期间接受的专业教育只专注于教学生如何取得更大的经济利益，而忽视了社会责任。这一点在哈佛大学哈佛学院前院长哈瑞·刘易斯的专著《失去灵魂的卓越 哈佛是如何忘记教育宗旨的》中得到了某种程度上的佐证：刘易斯批评说，"哈佛的领导人听任学校的办学方向偏离教育的宗旨，只一味地迎合消费者的需求"。大学应当肩负探索未知世界、发展科学技术并适应国际化和社会需求的任务，正如刘易斯所强调的："责任感和公民意识的培养，是大学教育的核心问题。"他认为哈佛领导在种种诱惑面前，忽视了这个核心问题，是在追求"失去灵魂的卓越"。[①] 而"责任感和公民意识的培养"更是文化素质教育的核心问题。

正是资本主义逐利原则加剧了科学与人文对立。资本主义的生产方式是功利主义科学观的社会根源。资本主义世界的发展，既为我们提供了经验，也给出了深刻的教训：我们应当努力提升理性精神，同时，必须端正重工具理性，轻价值理性的偏向，防止"失去灵魂的卓越"。这一点无论对国家强盛、民族复兴，或是高素质创造性人才的成长，都有至关重要的意义。为此，我们应当更加自觉地继承老清华梅贻琦校长"通识为本，而专识为末""以无通才之专家临民，其结果不为新民，而为扰民"之说，以及蒋南翔"又红又专，全面发展"和新时期"教书育人""文化育人"的教育理念。而现在的问题在于偏重工具理性的哲学观阻碍了这样的教育理念有效地确立。

在中国高校，偏重工具理性倾向的重要表征是重视物化和技术化的目标，轻视精神因素。在教育教学中人文教育被职业教育所屏蔽，偏重知识的灌输和技能的训练，忽视科学技术的精神价值，忽视知识转递和能力培育过程中心灵

---

① [美]哈瑞·刘易斯：《失去灵魂的卓越 哈佛是如何忘记教育宗旨的》，侯定凯译，47页、219页，上海，华东师范大学出版社，2007。

的教化、人格的培养和科学思维的养成。在中小学应试教育的基础上,这种偏颇又强化了科学与人文的分离,不利于具有理性精神和人文关怀全面发展人才的培养,使得我们的学生既存在中华优秀文化的失根现象,又缺乏科学的理性精神,影响了具有高度社会责任感创造性杰出人才的脱颖而出,也不利于人与自然、人与人和谐相处的和谐社会建设。

我们也应看到,学术活动是大学存在的基础,在学术创新的过程中,价值理性解决的是动机和动力机制问题,对创新起导向作用,价值理性为工具理性提供精神动力;同时,创新还有赖于工具理性的作用。价值理性的实现,必须以工具理性为条件和提供智力支持。价值理性引导主体解决"做什么""为何做",而"如何做",则要靠工具理性解决,人们在实践中必须依靠工具理性来实现人的本质力量对象化。现在的问题是,我们的教育教学不仅常常忽视价值理性的培养,而且在工具理性的培养中呈现忽视受教育者能动性的"工具化"倾向,那种作为理性精神重要体现的为追求真理和人类福祉所需要的"独立之精神,自由之思想"未能得到有力的支撑和传扬。

长期以来从基础教育到高等教育,以知识的存储量和提取知识的准确性作为检验学习标准的现象普遍存在。在教育思想与方法上,以教师为中心的传承式、灌输式教学过程,约束了学生的学习主动性和积极性,制约了学生的创造性。实际上,21世纪,在教育思想上最终需要实现的核心转变是在对学生精神生命主动性发展的认识上,应当"把个体精神生命发展的主动权还给学生"。这就要求教师转变自己的教育观念以至教育角色,把自己的职业本质定位为创造人的精神生命。[①] 这种教育理念对于培养创造性人才的重要性已经在一批世界顶尖大学的实践中得到证明。譬如哈佛大学,曾于1869—1909年长校40年的艾略特,强调要给予学生三个"法宝",即给学生学习上的选择自由;使学生在所擅长的学科上有施展才华的机会;使学生的学习从被动的行为转化为自主的行为,使学生从对教师的依赖和从属中解放出来。认为学生只有变成学习的主体,其主观能动性和无限的潜力才会被充分激活,教师的教学才能最终提高效率。当今面临培养大批创新人才的巨大压力,教师们有效革除"工具化"教育的模式,激发学生的精神生命发展主动权的任务显得更加紧迫和珍贵。多年来,清华一些教师积极引导学生阅读经典和课外读物,开展课堂或网络讨论,吸引学生参加到教师的研究活动中来,包括由顾秉林校长率先开通、许多学术带头

---

① 郝克明主编:《面向21世纪 我的教育观》,综合卷,331~340页,广州,广东教育出版社,1999。

人积极参与的新生研讨课，就是很有意义的教育改革实践。在这类课上，教师不再从头讲到尾，而是布置、把握讨论题目的主持者。有教授说，这里教师和学生间不再是"喂鱼者"和"鱼"的关系，而是在知识海洋中共同游泳的"鱼"，教师发挥着在前面导游的作用。2007年学校又开设出跨学科的实验室研究探究课，由于活跃、自主的研习氛围和跨学科的特点，受到普遍欢迎。但是，总体看，这些都还是局部的试验，要完成从传承式到研究式教育的根本转变，还需要广大教师在教育观念和教育思想上达成新的突破。我们应当在深入研讨教育思想，进一步明确教学目标的同时，通过对教与学评估体系的改革，充分发挥好教师的主导作用和学生的主体作用，推进教育思想与教育实践的变革。这也是我们为什么努力推进"名师主导，助教辅导，研习经典，小班讨论"教学模式的初衷。但是，实现这样的局面还要做长期艰巨的努力，包括在提升教育理念的同时，重新审视和调整培养计划，切实使学生从被动负担中解放出来。

我们正面对国家向创新型转型的重大课题，其内涵不仅仅指理论创新、科学技术创新、制度创新等客体的创新，还应当包括人的主体创新、精神生命创新，后者带有更加根本的意义，是文化创新的核心和基础。所以，我们应当把文化育人提升到一个新的境界来认识，来实践。

文化素质教育课程是文化素质教育的主要渠道，但是，真正实现科学与人文的融合，必须将文化素质教育的理念落实在包括专业课程和环节的教育教学全过程，不然就会事倍功半。同时，在进行文化素质教育时，应当重视实践环节的作用。这有两层意思：一层是既要重视理念上的教育、哲学思维的引导，又要重视实践案例的说服作用；再一层是经过自身实践的教育与内化作用。

总之，当前教育工作者一个重要的历史任务就是，在马克思主义辩证唯物主义哲学思想指引下，从精神与物质的一致性出发，克服教育观念的片面性，体现工具理性与价值理性的辩证统一，切实地把人文文化与科学文化放在同样位置上来认识、来落实，使人文和科学的融合贯穿到素质教育的全过程中。

（发表于《中国高教研究》2015年第5期；
收入周远清、闫志坚主编：《论素质教育思想》，
高等教育出版社，2015年版）

提升文化自觉，深化素质教育
——纪念文化素质教育 20 年

1995 年 9 月，在华中理工大学即现华中科技大学召开的全国高校文化素质教育试点工作研讨会上，教育部主管领导周远清同志提出："提高大学生文化素质是我们这几年面向 21 世纪教学改革的重要思考，也是一个重要的探索。""探索一下我们的人才培养模式、教育理念和教育思想的改革。"[①] 是时，张岂之先生说，再过十多年，人们会感谢中国教育家和教育工作者为后代做了一件好事，使他们受益匪浅。现在过去了 20 年，怎样看待文化素质教育的由来、成效和走向？怎样使之继续前行而不断深化？本文着重联系清华大学的实际谈一些看法。

一、文化素质教育的缘起、成效与不足

在中国，文化素质教育的内涵早就有之，从国家领导层明确提出这个名词的是邓小平同志，他在 1986 年 6 月 28 日中共中央政治局常委会上指出："法治观念与人们的文化素质有关。"在此前 1985 年的全国教育工作会议上，他强调："我们的国家，国力的强弱，经济发展后劲的大小，越来越取决于劳动者的素质，取决于知识分子的数量和质量。"这表明了国家建设重心转移到经济建设后，劳动者、特别是知识分子的素质包括文化素质受到高度关注。

从清华看，改革开放之初，为了提高学生人文艺术素质，1978 年恢复音乐室，成立马列主义教研组，1979 年建立文史教研组，为全校开设人文艺术、社会科学选修课。1980 年时任清华大学校长的刘达和副校长何东昌在《光明日报》发表文章《重视大学文科，多办大学文科》。在清华逐步恢复发展文科，以适应学科综合与人才全面发展的需要。1984 年学校成立文科领导小组，在调研基础上提出了关于文科建设的报告，明确清华文科"首先应面向全校本科生和研究生，提高学生的思想、文化、理论素养"；1985 年时任清华教务处处长的周

---

① 周远清、阎志坚：《论文化素质教育》，第 2 页，第 5 页，北京，高等教育出版社，2004。

远清在《清华大学教育改革的理论与实践》一文中,明确提出"我们确定的改革方向是提高学生的全面素质,注意能力培养"①;1986年清华教代会上,高景德校长报告中提出要增设人文社科选修课,以提高学生思想、理论和文化素养;1988年时任教务长的周远清在清华大学外语课程工作会议讲话中提到,从社会用人单位反映看,清华毕业生在素质上还存在一些问题,包括"不少学生的思想素质不能适应工作,文化素质也不高",明确提出了"文化素质"的要求。②继而,在清华文科工作会议上讨论了"当代大学生应具有什么样的思想文化素质,以及人文社会科学如何为提高学生思想文化素质作出贡献",推动了文科思想文化素质教育课程建设。

在推进文化素质教育过程中,清华一直重视美育环节。1992年时任清华副校长的周远清同志著文指出:"美育是培养学生认识美、爱好美和创造美的能力的教育。没有美育的教育是不完全的教育。"从老清华开始到蒋南翔长校期间,清华就有重视学生丰富多彩的课外文化活动和文艺社团活动的传统,在1981年后就开设了音乐、舞蹈、美术、文学等系列选修课,1989年又将文学艺术课作为"一类"(优秀课程)限选课纳入教学计划。1989年,对环82班舞蹈课试点促进班集体建设和学生全面成长进行了总结表彰,在面上产生积极影响,被称为"环82现象"。③1993年学校在音乐室基础上建立了艺术教育中心,面向全校开设艺术教育课程和组织文化艺术活动。

将课程教学作为素质教育的主渠道来统筹建设,是清华大学20世纪80年代以来教育教学工作的一个重要指导思想,是文化素质教育的主要着力点。在开设系列选修课基础上,1986年开始试行并经1987年教代会通过,将人文社科选修课以指定性选修的方式纳入课程体系。同时,素质教育的理念与要求逐步扩展到非文科课程和专业课程教学中。1988年周远清同志在清华大学第18次教学工作讨论会总结会上指出:"由于学生在校期间主要是教学活动,这些教学活动对学生素质的培养应该是全面的,要给学生以科学的世界观和方法论,要使学生热爱社会主义祖国,了解国情,要有优良的职业道德。"他提到具体的课程还要根据本门课程的特点使学生受到特有的训练与培养。他特别举了数学系主任肖树铁的例子,肖树铁认为:"数学的训练不仅是知识或业务的训练,它还是

---

① 高等教育出版社编:《周远清教育文集》(一),4页,北京,高等教育出版社,2001。
② 高等教育出版社编:《周远清教育文集》(一),15页,北京,高等教育出版社,2001。
③ 高等教育出版社编:《周远清教育文集》(一),68~69页,北京,高等教育出版社,2001。

一种素质的训练。"①1989年肖树铁教授在《清华大学教育研究》上发表《数学与人才素质的培养》，系统地对创造性人才所需要的数学素质以及训练的途径进行了论述。他不仅在清华首开"文科数学"，还推动了体现中外文化、科学人文融合的儒学公理化诠释研究。中文系主任徐葆耕教授开设的"西方文学思潮与作品"课，不仅是中文专业主干课程，也是面向全校学生十分叫座的文化素质教育选修课，1989年成为清华首批一类选修课，1994年获北京市优秀教学成果一等奖，徐葆耕本人也成为后来成立的清华大学国家大学生文化素质教育基地副主任，对推进清华文化素质教育作出了重要贡献。

清华注意弘扬蒋南翔长校时就倡导的教书育人传统。从1984年开始，清华大学坚持每年召开教书育人研讨会，引导教工将素质教育的要求体现在教育教学的全过程，不仅做好教书育人，还要做好管理育人、服务育人。同时，清华支持院系与学生系统组织多种多样的讲座及校园文化活动，成为素质教育的"第二课堂"。

在20世纪90年代中期，清华文化素质教育的基本架构初步形成。由清华的个案看到，1995年教育部开始在全国高校推进文化素质教育是有基础的。

1992年5月，在清华大学第十九次教学讨论会上我作"进一步加强和改进德育工作"大会发言，提出："在当前加速改革开放的形势下，一方面，要引导学生正确认识西方文化，取其精华，去其糟粕，做到洋为中用；另一方面，更要通过学习中国的历史文化，强化爱国主义教育，增强民族的自尊心、自信心和自豪感。同时，努力培养健全的人格、高尚的情操和较高的思想文化素养。"当年学校形成了哲学与人生、文学与艺术、历史与文化、经济法律与管理等4个指定性选修课组，与马克思主义理论课组一起，形成了广义的"两课"课程体系。继而向学生推出80本"应读书目"和相关的以中国文化名著导读、中国古代小说赏析与研究、中国古代诗词赏析与研究、西方文学思潮与作品等为代表的一批主干课程以及周六名著讲座，指导大家研读经典。本人当时在清华任党委副书记，主管"两课"改革，又担任清华美育委员会主任，这是我参与全国文化素质教育试点协作组组织工作的直接原因。

1995年，针对当时社会出现的重物质、轻精神，重功利、轻德行的倾向和高校呈现文辅相先生所称的"过弱的文化陶冶，过窄的专业教育，过重的功利导向，过强的共性制约"问题，②教育部在华中科技大学召开文化素质教育试点

---

① 高等教育出版社编：《周远清教育文集》（一），34~35页，北京，高等教育出版社，2001。
② 文辅相：《我国本科教育目标应当作战略性调整》，载《高等教育研究》，1996。

工作研讨会，周远清同志代表教育部作了《加强文化素质教育提高高等教育质量》的报告，52所高校参与试点工作，文化素质教育的概念开始在较大范围进入人们的视野，由此，由教育部倡导并组织开展的高校文化素质教育正式拉开序幕。经过试点，1998年成立了高校文化素质教育指导委员会，1999年教育部又批准设立了第一批32个国家大学生文化素质教育基地，文化素质教育在全国正式铺开，并由此引发了一场全国性的教育思想大讨论，促进了教育观念的转变。所以，文化素质教育是一项有着广泛工作基础、切中时弊、顺应改革潮流、符合党的教育方针、适应国家发展和人的全面发展需求的教育教学改革。

在2010年前后，文化素质教育指导委员会秘书处单位华中科技大学的余东生博士等结合高教司专题项目"高等学校文化素质教育研究"课题对文化素质教育成效进行了调查，有接近80%的被调查学生表示满意，对相关课程的满意度为66%；清华大学文化素质教育基地在承担本校"通识教育发展道路和清华深化文化素质教育的途径研究"和北京市课题"建设创新型国家背景下的文化素质教育研究"时，对国内外以及本校的通识教育与文化素质教育做了广泛调研。从调研结果看，学生对作为文化素质教育主渠道的课程表示满意的为64%。同学们反映，通过选修文化素质课程有利于自身素质的提高：有85.5%的同学认为"扩大了知识面，开拓了视野"；56.6%的同学认为"提高了综合素质"；31.6%的同学认为"学会了其他学科的思维方法"等，总体上给予了基本肯定的评价，两个调研结果有较高的一致性。前一研究对教师关于文化素质教育的必要性调查，得到100%的肯定意见。

文化素质教育在推进周远清同志于1995年所提的探索人才培养模式、教育理念和教育思想的改革方面，发挥了重要作用。实际上，随着文化素质教育的推进，在全国其主要形式开始由注重校园文化活动发展到重视课程建设，许多学校纷纷将文化素质教育课程纳入教学计划，并规定了必修学分。如清华大学在2000—2001年举行的第21次教育工作讨论会上，明确了"在通识教育基础上的宽口径通识教育"人才培养模式，规定文化素质教育课程必修13学分，加上思想政治课14学分以及外语、体育等，达到总课程学分的25%，理工科教学计划中加上数理化等基础课，可属于"通识教育课程"的比例更高。经过实践，清华大学文化素质教育课程体系形成了哲学与伦理、历史与文化、语言与文学、艺术与审美、环境/科技与社会、当代中国与世界、人生与发展、数学与自然科学8大课组，并确定了百门核心课程，强调文理基础、文化内涵、方法论意义、跨学科视野和全球意识，重点在文化植根和认知挑战；提出在课程体系、师资配备、授课内容和授课方法上高标准、严要求,以加速改变课程存在的粗放经营、凑足学分的现象,走核心化、精致化和规范化之路。尽管现实离这样的目标尚有较大差距,但是,文化素质教育的理论探讨和实践探索,确实推进了人才培养模式的改革。而这种变革是以教育理念和教育思想的突破为先导的,正如潘懋元先生所说,"大学素质教育和文化素质教育,是改革开放以来中国高等教育思想的一次重大飞跃和升华,是中国高等教育思想发生深刻转变的一个特征。"[1] 这种飞跃和升华,一个突出表现就是突破过分专业化、职业化的束缚和科学文化与人文文化的分离,促使人走出"半人世界",促进人的全面发展。

2005年,在纪念文化素质教育开展10周年的会议上,时任教育部部长周济指出:素质教育就是促进人的全面发展,文化素质教育对于人的全面发展起到深层次的奠基性作用,提出要"把文化素质教育作为我们整个教育改革、全面贯彻党的教育方针、切实推进素质教育的切入点和突破口""在高校里,素质教育在全面推进,其中文化素质教育是重要的组成部分,它起到了突击队的作用""将来我们要形成中国特色社会主义现代化教育体系,其中文化素质教育有非常重要的位置"。[2] 现在,文化素质教育已经开展20周年,尽管仍存在许多困难与不足,但其功效已经得到广泛的认可。

同时,我们必须看到,20年对于教育历程来说,仍然是短暂的,文化素质教育虽然成为素质教育的切入点、突破口,发挥了突击队作用,但是,要达到理想境界还有相当大的距离,而且教育改革本身充满艰难和变数,教育理念和教育思想的变革需要"薪火相传"不断深化,期间由于领导者和参与者的变更、流动,难免还会出现中断甚至反复。当今,由于文化素质教育在理念先导、领导重视、模式改革、课程建设、师资力量、组织保障、政策支持等方面都存在不足,而且发展很不平衡,因此常常会听到对它的质疑声音。有学者认为中国的文化素质教育由于自身的不足,正在向西方通识教育靠拢,从中寻找解决问题的答案。由于中国高等教育在模式上曾经是西方现代大学的舶来品,在中国高等教育的历史上,也进行过通识教育的试验,在世纪之交,部分高校没有参与文化素质教育试点而直接以通识教育为切入点进行教育教学改革。所以,今天有必要对文化素质教育与通识教育的关系作进一步的探讨。

---

[1] 潘懋元　肖海涛:《高等教育发展篇》,北京,47页,北京,教育科学出版社,2008。
[2] 胡显章主编:《十年探索　十年发展——纪念文化素质教育开展十周年》,北京,7-9页,12页,北京,高等教育出版社,2006。

二、文化素质教育与通识教育的联系和比较

　　现代大学的通识教育在美国发端、发展，它所依据的教育理念是自由教育，或者博雅教育。在美国有着长时间学习和教学经历的台湾东吴大学教授袁鹤翔先生新近在清华新人文讲座中谈道：自由教育在大学中应是一种理念传承，是对人格的塑造和思想的释放。他指出：大学的自由教育是一个过程，通过此过程，大学生学会掌握独特的思考方式和表达方式；自由意味着思维的解放和人格的提升，意味着自我约束和社会责任。开阔的视野、反思的能力和自由的思想是大学通识教育的目标；一个真正的自由人知道哪些可以做，为什么可以做，哪些不能做，为什么不能做，他不但需要知道 how（方法），而且还要知道 why（为什么）。[①] 袁先生不仅对通识教育的目标作出了一种界定，而且对它所依据的自由教育理念作出了令人耳目一新的诠释。自由教育不仅关乎基础教育，也关乎专业教育，而通识教育则是实现自由教育理念的重要途径和方法，通常置于基础性位置，其核心构成是现代大学的文理教育。

　　实际上，美国高校对通识教育的解读也是多元的、变化的。通识教育的源头在古希腊的自由教育，即为所谓"自由人"脱离愚昧、获得智慧的教育；而"通识教育（General Education）"的概念，最早由美国博德学院的帕卡德（A. S. Packard）教授于 1829 年在《北美评论》中撰文提出，并对其功能界定为"为学生专业学习做综合、全面知识准备"，后来美国通识教育的宗旨已有很大的变化。在 19 世纪末到 20 世纪初叶在哈佛大学担任了 40 年校长的艾略特（Charles Eliot），主张美国的大学必须植根于美国的文化土壤，开始对学生进行西方文化特别是美国文化教育；后来具有代表意义的是芝加哥大学的赫钦斯（Robert M. Hutchins）校长与哈佛大学的科南特（James B. Conant）校长对通识教育理念作出的重大发展。赫钦斯于 1936 年发表《高等教育在美国》，对美国高等教育的功利主义、实用主义、专业主义、唯科学技术主义和唯市场取向展开了抨击，主张不同院系专业之间必须通过通识教育为学生提供共同的精神文化基础。强调大学不仅仅是创新之所，而首先是文明传承之所，为此，必须让学生研读"西方经典"或"伟大著作"，以此为学生奠定共同文化根基，这使得芝加哥大学成为本科通识教育的一个典范；在 1933—1953 年出任哈佛大学校长的科南特则以 1945 年主持发表《自由社会的通识教育》（亦称"哈佛红皮书"）对美国

---

① 袁鹤翔：《什么是自由教育？清华大学新人文讲座系列之（十四）：文明与价值》，2014-11-27，http://news.tsinghua.edu.cn

高等教育产生深刻的影响而载入史册,这份报告是在1943年1月"二战"正酣时邀一流学者经过两年多的讨论起草的。事实上,科南特本人是美国制定原子弹发展计划的重要人物,但是,他认为大学的通识教育比原子弹更重要,因为大学通识教育关系美国的根本,关系美国的未来。科南特提出,美国通识教育的核心问题是继承西方古典的人文教育传统,促进学生对西方文明传统和美国历史的共同体认,奠定的不仅是大学的共同文化基础,而且要奠定美国现代社会的共同文化基础。哈佛红皮书明确,通识教育的目的在于培养富有责任感的人和合格的公民。他们应该具备有效的思考能力、清晰的沟通能力、作出适切判断的能力和对多种价值观的识别选择能力。继而,在70年代开始,哈佛大学发起新一轮通识教育改革,其标志是哈佛大学文理学院院长罗索夫斯基(Henry Rosovsky)提出的核心课程计划,要求学生以1/4的课时学习6类课程,其包括文学和艺术、科学、历史研究、社会分析、外国文化、道德推理。核心课程设置打破了传统的按学科设课,更强调综合性、系统性,对教师水平和资金保障提出了很高要求。面对经济全球化和科学技术的迅猛发展,2002年10月哈佛大学启动了新的通识教育改革,于2007年2月公布了《通识教育研究小组报告》,全面阐述了实施通识教育的理由、课程体系的目标、内容、实施方案等。尽管褒贬不一,但引起了普遍的关注。此次改革的主要思路有:重视国际化和跨文化的了解与选择(增加了世界社会、世界中的美国、文化和信仰等,帮助学生了解美国之外的文化、政治、经济、价值观、社会制度与习俗等)、适应新兴学科发展,鼓励学科交叉和融合(增加了生命系统科学和宇宙物理科学,提倡与历史、哲学、环境等问题的交叉)。同时,针对核心课程实施中的困难,促使各院系更好地肩负起通识教育的责任和给予学生从兴趣出发有更多的选课自主权,以各院系开设分布必修课程(Distribution Requirement Courses)和通识教育课程(Courses in General Education)。其中,分布必修由艺术与人文、社会科学、科学与技术三大领域组成,学生至少选修其中一门课程。为了保证各院系开好面向非专业学生的通识课程,哈佛成立了通识教育常设委员会,成员由文理学院和各院系代表联合组成。对用分布必修和通识教育课程代替核心课程的做法,不少学者持保留态度,其是非得失尚待实践检验。哈佛大学通识教育的演变,说明哈佛大学十分重视通识教育,同时也说明,通识教育是在实践中发展变化的,没有一成不变的模式。美国不同的研究型高校,普遍重视通识教育,但做法不甚相同。

  清华大学在历史上,曾经想移植美国的通识教育理念,同时又关注文化植根。以梅贻琦校长为代表,在发表于 1941 年的教育文献《大学一解》中,他提出大学学问之最后目的,最大精神见于中国古代经典《大学》开篇语:"大学之道,在明明德,在新民,在止于至善。"强调今日大学教育之种种措施始终未能超越之。指出,大学应该成为国家文化之中心,国际思潮交流之汇点,大学学习应该以通识为本,专识为末,学子应该对自然科学、社会科学与人文科学均有相当准备,尽力做到会通。同时,强调致力于知、情、志之陶冶,强调自由探讨,"无所不思,无所不言",但又不是"假自由之名,而行荡放之实"。他还特别指出:工科教育于适度技术化之外,要取得充分的社会化与人文化,此为工业化最核心的一个问题。①可以发现,清华学人追求的通识教育,带有中西古今文化、科学与人文会通的蕴涵,这与清华国学院开通以来在文学院得以发展的"中西融会,古今贯通"范式有着内在的一致性。由于历史原因,梅贻琦中国化的通识教育理念未能在本科教育中得以充分实施,直到 1948 年,清华还在争论要不要实施和怎样实施通识教育。冯友兰先生回忆说:"当时教授会经常讨论而始终没有完全解决的问题,是大学教育的目的问题。大学教育培养出来的是哪一种人才呢?是通才?还是专业人才呢?如果是通才,那就在课程设置方面要求学生们都学一点关于政治、文化、历史、社会,总名之曰人文科学。如果是专业人才,那就不必要有这样的要求了。这个分歧,用一种比较尖锐的提法,就是说,大学教育应该是培养'人',还是制造'机器'。这两种主张,屡次会议都未能解决。后来,折中为大学一、二年级,以'通才'为主,三、四年级以专业为主。"②可见,"通"与"专","育人"与"制器"的争论,早就有之。

由上可知,通识教育与文化素质教育在理念与目标上有共通之处。由于美国的通识教育已经开展了近两个世纪,积累了许多有益的经验,一些措施可以被当今中国高校所借鉴。比如,其课组和核心课程的设置、核心课程的教学要求及其方式方法,包括"名师讲授、小班教学、经典阅读、助教辅导"值得借鉴和参考。但是,如上所述,美国的通识教育并非铁板一块、一成不变,而且在实施过程中也有其局限性,比如,其理念基本局限在通识教育课程中,在专业教育时容易凸显职业化取向和功利化的色彩。

美国哈佛学院前院长哈瑞·刘易斯在专著《失去灵魂的卓越——哈佛是如何忘记教育宗旨的》中批评:"哈佛的领导人听任学校的办学方向偏离教育的宗

---

① 刘述礼、黄延复编:《梅贻琦教育论著选》,99 页、109 页、186 页,北京,人民教育出版社,1993。
② 冯友兰:《三松堂全集》,第一卷,318~319 页,郑州,河南人民出版社,1985。

旨，只一味地迎合消费者的需求。"刘易斯强调"责任感和公民意识的培养，是大学教育的核心问题。"①2008年发端于华尔街的金融危机，有人要哈佛大学负责，认为在华尔街从事金融行当的高管们大都出身于哈佛大学，他们在学校所受的专业教育，只教他们如何赚钱，而没有教他们要肩负社会责任。尽管这些哈佛毕业生很可能接受过良好的通识教育，但是，如果在专业教育中职业化与功利化仍然占据主导地位，背离了自由教育注重孕育有责任感公民的理念，将会使通识教育事倍功半。中国的文化素质教育除了要求在文化素质教育课程也可称为通识教育课程中体现素质要求，而且，还要求体现在教育教学的全过程，体现在整个大学的文化建设之中，不仅以提高学生素质为目标，还致力于提高教师的文化素养和学校的文化品位。文化素质教育是素质教育的重要组成部分，是整体素质的重要基础，在方式方法上呈现了丰富的多样性。以清华大学为例，它体现在开设文化素质教育通识课程和核心课程、系列讲座、为学生提供"荐读书目"与图书专架、组织人文知识竞赛、引导网络文化、开展社会文化实践、工程文化素质教育等，一些院系，正在使包括文化素质教育在内的素质教育体现在专业教育之中。

就这些意义上，正如清华文化素质教育基地副主任，新雅书院项目主任曹莉所说：1995年启动的文化素质教育既是一个教育理念，又是一场教育实践；是"德智体美全面发展"教育方针在新时期的继承和发展，是新时代中国教育家对中国大学育人理念的理论创新和伟大实践，无论在理论层面还是在实践层面，文化素质教育都应该成为中国高等教育发展史上的一个里程碑。而相对于国外和中国港台地区的"通识教育"概念，"文化素质教育"在特定的语境和意义上可以被看作中国高等教育在新的历史发展时期的创新之举和"通识教育"在当代中国高等教育中的民族化与本土化。②

文化素质教育对于通识教育的关系应该是借鉴与超越，而不是简单地靠拢。总体来说，由于其目标的相通性，应该在方式方法上能够相互启迪与促进。当今，正如曹莉所指出的，通识教育和文化素质教育遇到的是共同的难题和阻力，而最大的难题正是课程的科学规划和有效组织，这就更加要求文化素质教育工作者除了坚定信念外，还应该有高远的眼光和海纳百川的胸怀，高瞻远瞩、积极开明地借鉴其他一切先进、合理、有益、有用的思想和做法，这里包括国内、

---

① 哈瑞·刘易斯：《失去灵魂的卓越：哈佛是如何忘记教育宗旨的》，47页，219页，上海，华东师范大学出版社，2007。
② 曹莉：《关于文化素质教育与通识教育的辩证思考》，载《清华大学教育研究》，2007，28（2）。

国外通识教育和素质教育的成功经验与合理内核，将文化素质教育有重心、有内容地推向一个新高度，使它成为更加广为接受的中国特色的大学育人理念和实施策略。①假以时日，坚持下去，不断积累完善，使之成为中国特色高等教育体系的重要组成，对丰富世界高等教育思想宝库有所贡献，对此，我们应该有充分的自信。

2015年，清华大学在第24次教育工作大讨论基础上，发布了《清华大学关于全面深化教育教学改革的若干意见》，提出"面向国家长远发展战略和世界变革的未来趋势，围绕立德树人的根本任务，深化人才培养体制机制改革，建立价值塑造、能力培养和知识传授'三位一体'的教育模式，坚持和完善世界一流、中国特色、清华风格教育教学体系，努力培养学生具有健全人格、创新思维、宽厚基础、全球视野和社会责任感"。为此，明确提出"建立以通识教育为基础，通识教育与专业教育相融合的本科教育体系。坚持全面发展和个性发展相结合，统筹通识教育和专业教育，加强通识教育顶层设计，全面提高课程质量；发扬专业教育的特色，优化专业核心课程，增强课程挑战度。提高培养方案的弹性、灵活性和学生学习的自主性、选择性，切实推动学生价值观塑造和升华，增强对传统文化的共识和对人类文明的理解，养成高尚而独立的完整人格，培育科学的批判精神和创新精神，强化实践能力和创新创业能力培养"。这里一个重要指导思想是，以素质教育为战略主题，统筹融合通识教育与专业教育。同时，通过设立新雅书院（通识教育实验区）探索路径，积累经验。新雅书院推行住宿学院制度，按学科交叉和大类融合原则住宿，通过共同通识核心课程学习和以学术为导向的书院活动，形成跨学科、跨专业学习和交流的学术共同体与文化共同体，探索通识课程与养成教育协同的综合改革。书院实行导师制，设学生顾问团和学生工作助理以及以自我教育、自我管理、自我服务为宗旨的新雅学社等兴趣活动小组，努力体现学生是书院建设和书院活动的主体。书院加强名师讲授，期望通过深度学习、有效研讨、交叉融合、师生互动等环节，较大幅度地提升通识教育的课程水准和育人实效；同时，开展"新雅讲座"和"我与导师面对面"特色活动，探索新型师生关系、生生关系、班级关系和院系关系。

---

① 曹莉：《关于文化素质教育与通识教育的辩证思考》，载《清华大学教育研究》，2007，28（2）。

三、对深化文化素质教育理路的思考

文化素质教育涉及办学理念、教育思想的变革，20年中国高校开展文化素质教育的一条基本经验就是理念为先导，做得成功的是因为在理念上有所突破和开拓，符合教育内在的规律，适应时代的需求，而做得缺乏推动力并且缺乏有效性的，常常与缺乏科学的理念指导有关。教育部职业院校文化素质教育指导委员会主任委员、深圳职业技术学院刘洪一校长认为，当前我国职业院校开展文化素质教育有两个基础性的问题值得重视：一是缺乏对于职业院校核心文化的锻造。文化实践平俗化、简单化，以为有了几门课、开展了一些活动就行了，而对全方位、系统性地锻造院校核心价值、院校精神重视不够，措施不力。二是缺乏开展文化素质教育的顶层规划、特质研究和实施举措。"盲人摸象"的自发性现象还比较突出。此外，由于职业院校在师资队伍、环境文化条件上有较大的局限性，制约了文化素质教育的效果，因而，实效性未尽如人意。[①] 刘洪一校长所指的现象在高校带有普遍性，这里涉及办学理念、教育思想以及以其为指导的统筹规划、顶层设计和必要的投入与制度保障。下面围绕这一问题，谈几点思考意见，归纳起来就是"四个持续突破，四个自觉坚持"。

（一）在办学理念上，突破"功利化"的导向

哈佛学院前院长哈瑞·刘易斯在《失去灵魂的卓越：哈佛是如何忘记教育宗旨的》中文版序言中表明："我希望通过这本书提醒美国人民：我们在教育中放弃了自己的根本任务——大学原本应该为社会培养原则性强、受人敬重的领导人；应该培养学生重要的价值观、性格、道德，让他们愿意为全世界人民的福祉而学习。"他又谈到他的书"对于中国大学可能带来的启示：中国大学应该培养学生的人文精神、人格和对自己的社会责任的理解力吗？中国大学应该解放学生的心灵以便让他们决定如何更好地服务社会吗？如果中国大学课程强调了通识教育，大学生将变得更有创造性、更富想象力吗？"他对于美国教育因"功利化"而忽视教育宗旨问题的警示和他的书可能带来对中国大学教育的启示，以及他书中对哈佛大学领导缺乏"富有远见的教育理想"和"正确教育观念和目标的指引"提出的批评，强化了我们先前对科学办学理念重要性的认识，深化了我们对党和国家强调立德树人的根本任务的理解。

当今中国高校"功利化"束缚的影响不容小觑。正如南开大学校长龚克所

---

① 刘洪一：《立德树人是职业院校人才培养的根本任务》，载《文化育人》，2013（2）：17。

说："功利化的办学思路和对大学文化本质偏颇的理解，使当下中国的大学文化有严重的舍本逐末的倾向。现实中我国大学的中心往往不是学生而是学科。发展学科要为培养学生服务的，但是，这个根本的宗旨往往被追求学科的排名和为此的资源分配所淹没了。这就是当前大学的校长和教师们忙得不亦乐乎，而学生和民众对大学不甚满意的重要原因之一。'师者，所以传道、授业、解惑也'。审视当下，有多少大学的领导干部能拿出较为充分的时间倾听学生的需求和想法？大学里各式各样、大大小小的会议又有多少在深入研究'学生成长'？有多少大学教师尤其是研究生导师在为自己学生的发展殚精竭虑，而不是让学生帮助自己的发展？"[1]北大前校长许智宏院士指出，"盲目追求名利让高校学术道德失范，丢失了自我的历史、特色及传统"。[2]当前，体现在学生身上的某些功利化的倾向，与学校的办学理念和教师素养存在的问题相关。所以，周远清同志为文化素质教育确定的"三提高"即提高学生文化素质、提高教师文化素养、提高学校文化品位，是很有必要的，带有中国素质教育的特色，而起着根本性、全局性、战略性影响的是办学理念。无论是深化文化素质教育或是通识教育，在办学理念上，都必须持续有效地突破"功利化"的导向，坚持育人为本，特别是做好文化育人。这首先是办学者的任务，也应该是全体师生的任务，还应该有社会和家长的共识。清华大学在百年校庆时提出要将学校一切优势转化为育人优势是十分适时和必要的。

（二）在培养目标上，突破"专业化""职业化"束缚

中共中央、国务院《国家中长期教育改革和发展规划纲要（2010—2020年）》（下称《纲要》）指明："坚持以人为本、全面实施素质教育是教育改革发展的战略主题，是贯彻党的教育方针的时代要求，其核心是解决好培养什么人、怎样培养人的重大问题，重点是面向全体学生、促进学生全面发展，着力提高学生服务国家服务人民的社会责任感、勇于探索的创新精神和善于解决问题的实践能力。"《纲要》将"战略主题"和"核心任务"做了明确规定，为中国教育包括高等学校的素质教育指明了方向和要求。但是，在高等教育的实践中，二者未能成为一个普遍遵循的指导思想，一个重要的干扰就来自于对"专业化"或"职业化"的过分追求，使得我们的高等教育依然呈现"过弱的文化陶冶、过窄的专业教育、过重的功利导向、过强的共性制约"等现象。

---

[1] 龚克，2009年8月在北京大学举办的"大学文化与思想解放高层论坛"上的讲话。
[2] 《北大前校长批大学排行榜误导学生：追名利失道德》，重庆商报，2013-04-09。

联系到文化素质教育或者通识教育课程目前无法推进深度学习，一个重要的制约就是在"专业化""职业化"目标的导引下，专业课程和专业基础教学环节安排过满，总课程门数过多，就业导向过强，使得文化素质教育或通识教育课程缺乏必要的空间、时间和精力、财力的保障，不同程度上呈现"没有人愿意去管；没有教授愿意去教；没有学生肯花精神去听"的局面。[①] 如果不突破对培养目标和教师责任"专业化""职业化"的束缚，文化素质教育或通识教育的局面就很难有效打开。这就要求学校领导在科学的办学理念和教育思想指导下，做好对培养目标和培养计划的顶层设计，减少课程总门数，特别是控制专业课程门数。清华大学正在探索减少课程总量，以增加教师深度教学，学生深度学习、主动学习的可能性。新雅书院采取小班上课、授课与讨论相结合、阅读与写作相结合的教学模式，要求学生课上和课下比例逐步达到1∶3，切实使得文化素质教育课程或者通识教育课程置于与专业课程同等要求、同等水准的重要位置上。

持续突破"专业化""职业化"束缚有两个关键性环节：一是校长与教务部门在理念上有充分共识，并有推动工作的魄力和顶层设计。这次清华大学的本科教育改革是在经过2013—2014年的全校第24次教育工作讨论会，在理念上增加共识的基础上，由校长与教务部门在听取各方意见后直接推动的。二是，院系负责人和学科带头人对于过分专业化、职业化的弊端有充分的认识，能够从战略角度思考、调整培养目标，并具体推动对培养计划的修订和推进通识教育与专业教育的融合。例如，经管学院院长钱颖一，有在清华与美国受教育的经历，对中国本科教育的优良传统与弊端有深刻的认识，他认为中国高等教育有"为人"先于"为学"的传统，但是，由于学校内外的原因，目前学生整体素质存在多方面的不足，而且专业教育过于强势且偏窄，让人的思维方式更加狭隘，这些必须通过加大通识教育的力度加以纠正。他提出：通识教育不是为了学生眼前的就业，而是为了学生一生的获益；不是为了为专业打基础作补充，而是为学生成人的目的服务；通识教育应该形成价值塑造—能力培养—人类核心知识获取"三位一体"的教育体系，以实现本科培养目标：培养每一位学生成为有良好素养的现代文明人，同时创造一种环境使得杰出人才能够脱颖而出。在院长的大力推动下，使得学院的素质教育得以大步前行。由钱颖一牵头的"通识教育与个性发展相结合——经济管理本科教育改革的理念与实践"获2014国

[①] 沈君山：《"国立"清华大学通识教育的展望》，载金耀基：《大学之理念》，146页，北京：生活·读书·新知三联书店，2001。

家教学优秀成果一等奖。同时，令人欣慰的是，一批具有重要影响力的学科带头人也成为通识教育和专业教育融合改革的积极分子。如清华教改实验班"钱学森力学实验班"负责人、航天航空学院学术委员会主任郑泉水教授一直与文化素质教育基地保持密切的合作，这次成为新雅书院的积极发起者和参与者之一。他为钱学森力学班确定的使命是："构建一个开放性的创新教育模式，以培养学生成为工程技术领域具有社会责任感、专业伦理、人文关怀、领导力和国际视野以及突出的创新研究和发明能力的人才。"同时，生命科学学院院长施一公院士、建筑学院院长庄惟敏教授和法学院院长王振民教授都是创建新雅书院，推进通识教育与专业教育融合的积极推手。

可以认为，院系负责人和学科带头人带有一种高度的文化自觉走上通识教育与专业教育融合改革的第一线，推动教育由"专业"为核心转变为以"素质"为核心，正是文化素质教育走向深化的一个重要标志，也是我们今后工作的一个重要着力点。

（三）在教育观念上，突破"工具化"障碍

长期以来，从基础教育到高等教育，以"制器"而非"育人"为教育目标，以知识的存储量和提取知识的准确性作为检验学习标准的现象普遍存在。在教育思想与方法上，"以教为主"的"行为主义"教育观念发挥着主导作用。该观念认为，学习过程与学生意识和心理过程无关，学习过程是学生被动地接受外界刺激的过程，教师的任务只是向学生传授知识，学生的任务则是接受和消化；这种以教师为中心的传承式、灌输式教学过程，约束了学生的学习主动性和积极性，制约了学习过程的挑战性和学生的创造性。

高等教育不应该只是传承知识，培养专门人才。正如爱因斯坦所强调的："学校的目标始终应当是：青年人在离开学校时，是作为一个和谐的人，而不是作为一个专家。照我的见解，在某种意义上，即使对技术学校来说，这也是正确的，尽管技术学校的学生将要从事的是一种完全确定的专门职业。发展独立思考和独立判断的一般能力，应当始终放在首位，而不应当把获得专业知识放在首位。"[①] 中国一些大学校长对大学首先培养"人"，而不是"才"，有深刻的认识。如南开大学前校长龚克说："需要树立'以人为本'的素质教育理念。有人试图以深化专业教学和训练培养创新人才，其实工具化教育与创新人才培养是南辕北辙的。创新人才首先应该是高素质的'人'，然后才是'才'。世界上一

---

① ［美］阿尔伯特·爱因斯坦：《爱因斯坦晚年文集》，方在庆等译，37页，海口，海南出版社，2000。

流大学实行的博雅教育等,其实就是着眼于人的素质提升,贯彻的是'以人为本'的教育思想。要开辟创新人才培养的生动局面,首先要修正'以知识和技术为本'的观念。"①

因此,在教育观念上,应该持续突破"工具化"的障碍,努力实现从"行为主义"向"建构主义"为主导转变,使学习由学生被动地接受知识的过程,转变为在教师指导下主动探索、主动发现和对所学知识意义、能力结构以及价值体系的主动建构的过程。在教学思想与方法上,应该突破"以教为主"定势,有效地向"以学为主"过渡。为此,教师首先需要学习与提高教育学、心理学以及文化学的基本思维意识和实践能力,包括建设性的批判思维能力。

(四)在理性思维上,突破追求"工具理性"的片面性

理性被称为现代化的精神支柱,文艺复兴、宗教改革和启蒙运动开启了人类新的理性时代,而资本主义的逐利行为和科学技术显示的巨大生产力,逐步呈现了工具理性和价值理性的分野与嬗变,工具理性逐渐摆脱了价值理性的制约,人类社会呈现工具理性恶性膨胀、价值理性日渐衰微的现象。工具理性在使劳动效率大大提高、为人们积累了巨大财富的同时,如同法兰克福学派社会批判理论的主要代表人物之一马尔库塞所称:现代工业社会只关注带来高效率的科技,忽略了对人的价值关怀,科技占据并削弱了私人空间的内心向度,物质的满足遮蔽了精神的需求,使得理性屈从于现实生活,人丧失了对社会的鉴别批判能力,逐渐被异化为只追求工具理性和物质利益的"单向度的人"。与其相应的,在高等教育领域,科学文化以压倒性的优势挤压了人文文化的空间,重物质、轻精神,重科技、轻人文,重物化训练、轻人性陶冶,制约了人的全面发展和人与人、人与自然的和谐。

1948年,梁思成先生批评了文理隔阂对立,主张大学文理交融,走出"半人"时代;1959年C.P.斯诺在剑桥大学所作的"两种文化"演讲,指出科学与人文两种文化的分裂是危险的,分裂的一个重要原因就是"对教育专业化的狂热信仰"。他认为,"解决问题的办法只有一个:那当然就是重新审视我们的教育"。在中国先秦经典《尚书·大禹谟》有"正德,利用,厚生惟和"之说,主张明德利器,以厚民生,实质上是倡导价值理性与工具理性的惟和合一以达厚生为民的目的。当今,无论从为国利民出发,或是从促进人的全面发展出发,我们都应该着力在理性思维上持续突破追求"工具理性"的片面性,实现工

---

① 龚克:《创新的根本是培养创新型人才》,载《光明日报》,2013-03-04。

理性与价值理性的均衡和融合，并将这一理念贯彻在文化素质教育或通识教育课程设置、教学内容以至大学教育教学的全过程之中。

（五）坚持植根传统文化，确立文化自觉自信

大学作为国家的文化高地，肩负对国家民族文化的继承、发展和传播的重任，对于文化素质教育，首要的要求是植根于本民族的文化沃土之中，这是爱国主义教育的应有内涵，也是世界高校的一个共有理念。一个世纪前哈佛大学校长艾略特提出美国的大学必须"从自己深厚的文化土壤中成长起来"，在此后的一个世纪里，包括哈佛在内的美国著名高校力图通过加强通识教育使大学植根于美国的文化土壤。

习近平同志在"五四"北大师生座谈会讲话中指出："中华优秀传统文化已经成为中华民族的基因，植根在中国人内心，潜移默化影响着中国人的思想方式和行为方式。今天，我们提倡和弘扬社会主义核心价值观，必须从中汲取丰富营养，否则就不会有生命力和影响力。"在实现民族复兴的进程中，为了建设文化强国，我们应当倡导文化自信，特别是对社会主义核心价值观的自信，价值观自信是保持民族精神独立文化自立的重要支柱，自信是执着坚守和自觉践行的前提。提高文化自觉、确立文化自信，正在成为高校文化素质教育和通识教育的重要目标。新近出任清华大学新雅书院总监的甘阳教授强调："一个真正的中国精英首先必然具有文化自信，这种自信从根本上来自于对中国文明的充分自信。'打造中国的精英'，就是要打造对中国文明具有充分文化自觉，从而对自己作为一个中国人具有高度自信的有教养的中国人。"[①]

应该看到，中国正在经历近代以来前所未有的机遇和挑战，在可预见的时间里，中国将改变世界基本格局，而中国文化的传承创新和影响力的提升，正是内在于这一过程的历史性要求。中国必须置身国际文化交流竞争前沿，获得把握跨国对话与中国叙述的主动权，进而确立跨国文化话语权和影响国际文化交流的议程设置，这是中国为实现两个"中国梦"的民族理想应有之义。为贯彻落实党的十八届三中全会关于完善中华优秀传统文化教育的精神，落实立德树人根本任务，进一步加强新形势下中华优秀传统文化教育，教育部制定了《完善中华优秀传统文化教育指导纲要》（下称《纲要》）。《纲要》明确提出，以爱国、处世、修身为主题，弘扬中国传统文化的核心精神。这为文化素质教育明确了

---

① 甘阳：《大学之道与文化自觉》，见胡显章、曹莉主编：《大学理念与人文精神》，216页，北京，清华大学出版社，2006。

重要的方向并提出了具体要求，我们应该坚持将文化植根、提高文化自觉自信作为文化素质教育的一个重要宗旨，锲而不舍地加以贯彻落实。

最近，清华派往哈佛大学的一个交换生谈交换体会时，谈到比之哈佛的同龄学生，我们的胸怀、视野有所不足，其表现在他们对于自己城市、祖国之外的地区的关心和兴趣，表现在能跨越自己的国籍和文化背景，站在世界全局去找自己的位置的心态。这位同学认为，我们教育的"国际化"关键要素是一个人的视野、理想和心态。最近，习近平同志强调要努力塑造为人类作出贡献的负责任的大国形象。因此，我们进一步认识到，引导学生关注天下大势，增强对不同国度的了解，提升对不同文化的尊重与交融能力，能够以开阔的视野、博大的襟怀吸纳人类文化的精华，面对新形势、新时代做好理性的文化选择，进而对人类文明进步作出更大贡献，也是文化自觉自信的一个重要表现，强化这方面的教育同样是文化素质教育一个不容忽视的宗旨。

（六）坚持适应创新型国家需求，培养建设性批判思维

我们正面对国家向创新型转型的重大课题，其内涵不仅仅指理论创新、科学技术创新、制度创新等客体创新，还应当包括人的主体创新，人的精神生命创新，后者带有更加根本的意义，是文化创新的核心和基础。人的精神生命的创新基础在教育。所以，我们应当把文化素质教育提升到一个新的境界来认识、来实践。除了普遍重视教育思想的突破、教育教学方法的改革，同时，还要着力营建使"独立之精神，自由之思想"得以弘扬的文化氛围和倡导建设性的批判思维。这应该成为文化素质教育的重要目标。现在，批判性思维教育教学正逐步成为中国高校素质教育的一个重要关注点，中国高校批判性思维与创新教育指导委员会的筹建和批判性思维教学研讨会的持续召开，以及许多高校有关批判性思维课程的开设，正是这种关注的反映。当前，在高校对批判性思维的关注和理解，表明了一种文化自觉，体现了一种教育理念。令人感到高兴的是，批判性思维教育受到国家领导人的关注。习近平同志在北大"五四"座谈会上指出：培养社会主义核心价值观要在勤学、修德、明辨、笃实四个方面下功夫。强调要明辨，会宽容、会自省、会自律、会思考、善于分析、正确抉择。这些都是批判性思维所倡扬的基本原则。

儒家典籍所倡导的"博学之，审问之，慎思之，明辨之，笃行之"体现了中国古代学人对批判性思维和力行的追求。但是，从历史长河来看，在中国封建集权的境遇下，统治者推崇的是被曲解了的"民可使由之，不可使知之"的治国之术，批判性思维未能得到普遍的倡扬，加上中国传统文化缺乏科学实证与逻辑推理以及过于强调师道尊严，不利于批判性思维的养成。西方在古希腊理性精神的传统上形成了逻辑思维，进而发展了批判性思维。20世纪70年代开始，在西方一流大学中，普遍倡扬批判性思维教育。1991年，美国《国家教育目标报告》中明确提出"应培养大量具有较高批判性思维能力、能有效交流、会解决问题的学生"，将批判性思维能力当作重要的教育目标。1998年联合国教科文组织发表《面向21世纪高等教育宣言：观念与行动》，第一条明确指出："教育与培训的使命是培养学生批判性和独立的态度。"由此，北美高校通识教育设置了许多批判性思维的课程，并努力将批判性思维体现在教育全过程。相比之下，中国高校缺乏必要的自觉和实践。

在开展批判性思维教学时，应该注意把握正确的导向。清华大学顾秉林校长在2004级研究生开学典礼上以"批判性思维与谦和为人"为题发表的演讲值得参考。顾秉林强调在清华治学与为人方面需要注意的一个问题就是重视并正确对待批判性思维。他指出，所谓批判性思维，是面对认识的对象，做出肯定什么，否定什么，或要有些什么新见解、新举措的一个系列的思考过程。批判性思考不仅要发现错误、查找弱点，还要关注优点和肯定长处。进行批判性思维，首先，要充分了解你的研究对象；其次，不迷信已有的结论；最后，要不断反思自己的思维模式。批判性思维不仅是处事的一种方法，更是做人的一个准则。我们通常讲的"吾日三省吾身"，就是批判性思维的体现。批判性思维应该具有责任感，要有谦和的态度，要反省自我，要遵循明明德、新民和止于至善的大学之道。由此可见，我们所倡扬、所追寻的是一种理性的、建设性的批判性思维，而不是情绪性的、非理性的批判性思维。

（七）坚持将文化素质教育置于大学文化建设的全局中推进

大学是最高的文化殿堂。在整个社会文化建设受到越来越多关注的背景下，大学文化建设开始被置于高校重要的不可或缺的核心位置。大学文化建设涵盖精神、制度、行为、物质等多个方面。大学精神文化是大学文化的核心与灵魂，它是在大学长期发展中积淀而成的、为大学人所认同的大学理念、精神气质、价值追求与行为方式。大学精神文化凝聚、激励大学人，并激发他们的创造力和潜力来担当共同的使命，完成其引导社会文化前进的任务。大学文化素质教育重要的目的在于提高师生的文化素质，引导他们形成共有的价值理念和良好的为人治学做事的态度，最终使大学的文化品位和格调得到提高，并由此影响整个社会。大学文化，特别是大学精神文化是文化素质教育的重要资源与保障，大学文化素质教育是进行大学文化建设的重要方式和途径。为了使文化素质教育得以持续推进并不断深化，必须将其置于大学文化建设的全局中加以推进。

首先，大学文化素质教育需要科学的大学理念和由其规定的教育观念所引导。如上所述，综观文化素质教育20年历程，一条最基本的经验就是"理念是先导"，文化素质教育的理念内含于大学理念之中。正如教育部高等学校文化素质教育指导委员会主任、华中理工大学原校长杨叔子院士在全国文化素质教育试点起步时所说："加强素质教育的关键在于领导，观念的转变是根本。没有领导的观念转变就不可能有真正的突破，从而也就不可能有基于高瞻远瞩之上的坚强决心，就不可能有切中时弊的措施，就不可能有实行措施的可靠保证。"[1] 他的这番话，在华中科技大学的实践中得到了很好的印证。大学理念是对大学的本质、办什么样的大学和怎样办大学的理性思考，是大学文化的核心。大学是功能独特的文化机构，文化育人是大学最根本的任务。正如教育部原部长袁贵仁2002年9月在北京大学、清华大学、高等教育出版社联合组建的大学文化研究与发展中心成立大会上的讲话中所指出的："在一定意义上可以说，大学即文化。大学的教育教学过程，实质上是一个有目的、有计划的文化过程。所谓教书育人、管理育人、服务育人、环境育人，说到底都是文化育人。"文化育人正是文化素质教育的本质所在。只有坚持"育人为本"和"文化育人"的理念，才能高度重视文化素质教育；只有如同杨叔子院士强调的科学教育与人文教育同等重要的"身需彩凤双飞翼"的教育观念，才能把握好文化素质教育的内在规律。

同时，大学精神文化的另一重要内涵是大学精神，大学精神是大学在其成长的过程中，长期积淀而成的大学人共同的理想追求、价值观念、思维习惯和行为准则，展现着大学自身的气质、品位与精神风貌，是大学的生命力、凝聚力和创造力的源泉，是大学文化的支柱和灵魂。它影响着每个大学人的成长过程和人生轨迹，决定着大学的发展与影响力。而且，由于大学文化对社会文化的辐射作用，大学精神影响着一个国家、民族的精神面貌和文明进程。大学精神的传承、传播、发展，是文化素质教育的重要组成，与当年周远清同志所倡导的文化素质教育要遵循的"提高大学生的文化素质，提高大学教师的文化素养，提高大学的文化品位"宗旨具有高度的一致性。清华大学多次开展的"什

---

[1] 杨叔子：《身需彩凤双飞翼——谈高校加强文化素质教育》，1995年9月在全国加强大学生文化素质教育试点工作研讨会上的报告，见杨叔子：《杨叔子教育雏论》，9页，上海，华中科技大学出版社，2010。

么是清华精神？怎样弘扬清华精神？"的大讨论，对于"自强不息、厚德载物"的校训，"行胜于言"的校风，"严谨、勤奋、求实、创新"的学风以及"人文日新"的校箴等文化符号的诠释与体认，实际上都是文化素质教育的重要途径，对"三提高"发挥了有效作用。

此外，大学文化研究与建设，涉及教育思想和教育教学方法。更进一步，涉及高等教育哲学和文化哲学。大学文化研究与建设对于提升文化素质教育的文化自觉、确立文化自信，继而对形成中国特色的教育体系，建设教育强国、文化强国都有积极意义。注重文化素质教育与大学文化研究的结合，是清华大学文化素质教育基地多年坚持的有效做法。

（八）坚持从哲学理念上提升大学文化建设与文化素质教育的自觉

1842年，马克思在《科隆日报》社论中指出，哲学"是自己时代的精神上的精华""哲学正变成文化的活的灵魂"[①]。当今，当我们研讨、建设当代中国的大学文化和推进文化素质教育时，需要一种大学文化与大学教育的哲学自觉。因为哲学对人的行为具有价值规范和思维导向的功能，欲使文化行为与教育实践具有高度自觉的意识并沿着理性方向前进，应使之上升到哲学的高度。哲学的意义对于中国大学具有突出的重要性。冯友兰先生说："根据中国哲学的传统，哲学的功能不是为了增进正面的知识，而是为了提高人的心灵，超越现实世界，体验高于道德的价值""在中国，哲学是每一个受过教育的人都关切的领域。"[②]

教育与哲学有着天然的联系，哲学家、教育家杜威认为，"哲学的探讨可能应该集中在人类最高利益的教育上，而且，很多其他宇宙的、道德和逻辑方面的问题都在教育中达到了极点。""我们能给哲学下的最深刻的定义就是，哲学就是教育的最一般方面的理论。"[③]21世纪伊始，文化受到越来越多的关注，与之相适应的便是文化哲学思潮的进一步兴起。文化哲学是对于文化现象和文化实践的理性思考，是对文化现象的哲学理解和历史阐释，是一种文化理论研究的范式。这种哲学理解和历史阐释，对于提升人们的文化自觉，包括文化素质教育的认识具有重要意义。文化哲学将人对真、善、美的综合追求和人的全面

---

① 中共中央马克思恩格斯列宁斯大林著作编译局：《马克思恩格斯全集》，第一卷，第2版，228页，北京，人民出版社1995。
② 冯友兰：《中国哲学简史》，3页、5页，北京，新世界出版社，2004。
③ [美]杜威：《民主主义与教育》，王承绪译，380页、350页，北京，人民教育出版社，2001。

自由的发展作为其最高目标的价值追求,而马克思主义创始人正是将理想社会的实现与人的自由全面发展统一在一起,并将其作为教育的根本目标的。所以,文化哲学在教育上有着特殊重要的现实需求和突出的针对性。开展大学文化哲学的研究,对大学文化理论研究和建设实践具有重要的指导意义,对于大学文化建设的重要途径文化素质教育也有导向作用。

当代文化哲学的一个重要特征是突出人的主体地位,并从人的生命存在方式高度界定文化,把握文化的意义与价值。当前在我国高校不同程度上呈现的大学精神衰微现象,其本质是人作为社会主体的地位的缺失。人生活在物质丰富、心灵贫乏之中,成为某种意义上的"单向度的人"。大学在实现文化传承创新的历史使命过程中,应当努力把握两个基本点:一是极力体现价值理性与工具理性的统一;二是将发展人的精神生命的主动权作为人自由全面发展的重要价值诉求,作为转变教育思想的重要目标,也作为国家向创新型转型的一个带有根本意义的前提与内涵。其核心都要最大限度地体现人在社会进步和自身发展中的主体性和主动精神。张岂之先生在比较文化素质教育与通识教育时,曾经赞赏学者关于主体性的论见——认为通识教育是"对大学生进行共同内容的教育,将受教育者作为一个具有主体性的、完整的人而施以全面教育,使受教育者在人格与学问、理智与感情、身与心各方面都得到自由、和谐的发展",他还指出,"马克思将人的主体与人的全面发展联系起来,这是很大的贡献。我国倡导的素质教育与此有直接的联系"。[1] 关注人的主体性,使之得到自由、和谐的全面发展,应该成为深化文化素质教育和通识教育的重要途径与标志。

同时,关注文化所具有的整体性特点是文化哲学的另一个特征。因为"文化哲学作为技术与人文、理性与价值的对接,它不是通过文化的某一层面来表达人类的理想与进步,而是通过人类文化创造的整体性价值来表达人类的理想与进步"[2]。人类社会初期,文化具有初级的整体性,工业革命以降,社会分工的强化、科学技术的发展,加上资本主义对功利化的追求,出现了工具理性脱离价值理性的导引和科学文化与人文文化的分野以至对立,制约了人的全面发展和社会的和谐。历史的经验、特别是深刻的教训,正在促使新的文化整体性时代的到来。人们越来越清醒地认识到,文化和价值具有不可分割性,特别是文化哲学作为人类文化追求整体性时代的哲学表现形式,对于文化整体性消解现

---

[1] 张岂之:《论我国大学文化素质教育的特色》,载张岂之:《大学的人文教育》,66页,北京,商务印书馆,2014。

[2] 邹广文:《当代文化哲学》,215页,北京,人民出版社,2007。

象具有抵制和导引作用。当今文化人特别是大学人正在深入开展的精神与物质、科学与人文、教育的认识论哲学与政治论哲学、育人为本与科学为根、探索未知与达致修养、科学理性与人文目标、大学文化的民族性与现代性、中国特色与时代特征等的探讨,均是对文化整体性的一种辩证思考与追求。在这一进程中,我们应该以一种"和而不同"的哲学观,或者当代哲学家张岱年倡导的"兼和"[①]哲学观,努力做好文化的选择、兼容和创新,使之体现在教育教学的全过程之中,同时,以会通的理念、开阔的视野、博大的襟怀,吸纳古今中外关于文化素质教育和通识教育的积极因素,努力探索既符合教育规律又具中国特色的教育体系。

(收入周远清、闫志坚主编:《论素质教育思想》,高等教育出版社,2015年版)

[①] 张岱年先生指出:"最高的价值准则曰兼赅众异而得其平衡,简云兼和,古代谓之曰和,亦曰富有日新而一以贯之。"见张岱年:《张岱年文集》(第三卷),213页,北京,清华大学出版社,1992。

提高哲学自觉　深化通识教育

——2016年6月27日在第八届全国通识教育核心课程讲习班开幕式上的讲话

记得2005年中国文化论坛组织全国许多著名的教授学者开展了对通识教育的讨论，提出了文化自觉的命题。今天，我还是想就对通识教育的文化自觉主要是哲学自觉谈一点认识，参加讨论。

自2002年由北大、清华和高等教育出版社联合组建大学文化研究与发展中心以来，我一直在参与大学文化的研究和实践，在这一过程中，对高等教育哲学有了一些认识。美国高等教育哲学理论的重要奠基人布鲁贝克在《高等教育哲学》中提出了高等教育的认识论、政治论哲学基础，继而湖南师范大学原校长张楚廷提出了生命论哲学基础，我依据大学在本质上是功能独特的文化机构出发，通过研究文化哲学，提出了高等教育文化论的哲学基础。

（1）由认识论哲学基础决定，大学肩负探索真理、发展真知的使命。因此，大学人应该实事求是，崇尚真理，倡扬学术自由与建设性批判思维。

（2）由政治论哲学基础决定，大学肩负造福社会、服务国家利益、促进人类进步的使命。大学人应该具有国际视野、全局意识、社会责任感和家国情怀。

（3）由生命论哲学基础决定，大学肩负促进人自由全面发展，开拓人精神生命的使命。大学人应该向往真、善、美，崇尚自强不息、独立自主和个性发展。

（4）由文化论哲学基础决定，大学肩负文化传承创新与文化育人的历史使命。大学人应具文化自觉，植根优秀传统文化，包容会通人类文化精华，崇尚厚德载物，兼和和谐。

正如马克思指出的，哲学"是自己时代的精神上的精华"，"哲学正变成文化的活的灵魂"。大学作为功能独特的文化机构，大学的教育教学，包括通识教育，其根本使命就是文化育人。由于哲学对人的行为具有价值规范、思维导向和理论升华的功能，欲使文化行为具有高度自觉的意识并沿着理性的方向前进，就应该使其上升到哲学的高度。今天我们在探讨怎样深化高等教育包括通识教育时，需要一种哲学自觉。应该从高等教育的认识论、政治论、生命论和文化论哲学基础来思考和推进通识教育。不然我们的课程建设包括核心课程建设就会因为失却灵魂而事倍功半，甚至成为所谓的"水课"。

在清华大学谈到通识教育时，常常要提到梅贻琦校长和原教务长潘光旦先生合作发表于1941年的教育论文《大学一解》，这是一篇深入探讨大学办学理念和教育思想的文章，该文章的中心议题就是大学之道与通识教育，深入了解这篇文章的内涵在今天仍然有现实意义。这篇文章所依托的实际上是潘光旦先生在融通中国儒家传统和现代生物学、优生学及社会生态学而形成的"中和位育"的哲学基础。

"位育之道"是潘先生最重要的教育理念。他引用《中庸》"致中和，天地位焉，万物育焉"之意，指明："位"是指安其所，"育"是指遂其生。"中和位育"其中的"中、和、位、育"4个字，是中庸之道里的4个关键词。潘先生说："一切生命的目的在求所谓'位育'，这是百年来演化论的哲学新发现的一个最基本最综合的概念。"潘先生指明，"位育"是个新名词，却是个古老的观念。"一切生命的目的在求位育……安所遂生，是一切生命的大欲。"他认为一个人、一个民族，都在求其"安所遂生"，即求其"位育"，教育的目的也在于求人生良好的"位育"。他认为，教育如不能使人安其所，遂其生，只能称为办学，而不能称之为教育。在谈及通识教育时，潘先生指出：教育的理想是发展整个的人格，培养健全的、完整的人，主张"一个人应当受的教育是一个通、专并重的教育，以至于'通'稍重于'专'的教育，因为归根结蒂我们必须承认，做人之道重于做事之道；生命的范围大于事业的范围。……这一层理论我相信是中外所同的"。正是基于此，他批判热衷于专业化、技术化，急功近利的教育，提醒不能培养发育不全的"技术人""工具人"。联系到当今文化素质教育或者通识教育课程，难以推进深度学习，重要的制约就是在过分的"专业化""职业化"导引下，专业课程和专业基础教学环节过满，总课程门数过多，就业导向过强，使得文化素质教育或通识教育课程缺乏必要的空间、时间和精力、财力的保障。如果不突破"专业化""职业化"的束缚，文化素质教育或通识教育的局面很难真正有效打开。

同时，潘光旦先生强调，儒家哲学始终以人为主体，承认人是生而各异的，教育要因人制宜，各安其所，这才能达至"天地位焉，万物育焉"的和谐发展。通识教育既要面对全体学生，又要因人而异，关注人的个性发展，这无疑对通识教育提出更高的要求。

"位育"的哲学理念在本质上与生命论的哲学理念是相一致的。我们应该看到，人是教育的主体，教育是发展人的生命的实践，离开了人的生命，教育就失去本源。马克思在《关于费尔巴哈的提纲》中提出：应当"把人的活动本身理解为对象性的活动"，与所有生物不同，只有人"使自己的生命活动本身变成自己的意志和自己意识的对象"。张楚廷教授认为："只有当人更充分地意识到了自己的生命活动，更充分地运用自己的意志于自己的生命活动时，才能达到更高程度的对象化。因而，教育应当是提高学生这种对象化程度，引导学生将自己的意识和意志更加充分地作用于自己。高等教育则是在更高程度上引导学生'创造对象世界'。"他肯定"大学是为真理而生，是为探索宇宙与人世间的奥秘而生的"，而且，大学要肩负学术责任、道德责任和社会良知，要肩负民族复兴和振兴的使命；同时强调"大学为超越而生，为解放而生，为精神生命的活力而生，为人而生"。联系到潘光旦先生所说的"一切生命的目的在求位育……安所遂生，是一切生命的大欲"，我们对高等教育的生命论哲学基础会有更加深入的体会。我们应该将通识教育提升到发展人的生命的高度，帮助教师把自己的职业定位为发展人的精神生命，从而为创新型国家奠定核心基础；同时，无论是办学者、教师或是学生都要关注受教育者的主体地位，使教育教学过程成为《大学一解》中倡导的学生与教师之间小鱼随大鱼从游的过程，达至"其濡染观摩之效，自不求而至，不为而成"。同时，又如《大学一解》所述，"个人修养之功，有恃于一己之努力者固半，有赖于友朋之督励者亦半"，为推进小班教学和营建良好的学习环境提供更强的动力。

最后，还需要进一步开阔眼界，在"人类命运共同体"视野下来审视通识教育。2013年4月，习近平在清华大学苏世民学者项目启动贺信中指出："今天的世界是各国共同组成的命运共同体。战胜人类发展面临的各种挑战，需要各国人民同舟共济、携手努力。教育应该顺此大势，通过更加密切的互动交流，促进对人类各种知识和文化的认知，对各民族现实奋斗和未来愿景的体认，以促进各国学生增进相互了解、树立世界眼光、激发创新灵感，确立为人类和平与发展贡献智慧和力量的远大志向。"这是对大学人提出的新的时代命题，也为通识教育提出了新的、更高的要求。

从潘光旦先生的"位育论"来看，需要引导受教育者在"人类命运共同体"的视野下找准自己的位置，并自觉做好文化的准备，在新的高度上"安所遂生"，这是中华民族伟大复兴的需要，也是人类文明进步的需要。这对通识教育的指导思想、课程设置、教学方式方法以至整体学习生活环境的营造无疑提出新的要求。

在 2005 年中国文化论坛上，杨振宁先生曾经指出，在 21 世纪一件最重要的事情就是中国的崛起，但是他发现，当时清华大学的学生对这一点却缺乏认识，于是提出当今的教育要把文化自觉灌注到每个学生身上。我想，这仍然是今后一个时期我们将共同面对的任务，而且，首要的是广大的教育工作者要努力提高自身的文化自觉，特别是作为灵魂的哲学自觉。

提高哲学自觉自信　深化文化素质教育

文化自觉自信是深化素质教育的重要前提与内涵，而哲学自觉自信是文化自觉自信的灵魂与最高境界。现谨就提高哲学自觉自信，深化文化素质教育谈几点认识。

一、从提高批判性思维能力谈起

自新世纪始，提高批判性思维能力已成为我国文化素质教育的一个重要命题。不可否认，从批判性思维教育实践看，在现代高等教育，西方特别是美国是走在前面的。

古希腊哲学家教育家苏格拉底继承发展了爱利亚学派的论证方法，提出了探索知识的问答法，主张并践行通过思辨、讨论发现真理。这被视为批判性思维教学法的最初发端。中世纪被称为"现代哲学之父"和"近代科学始祖"的笛卡儿为促使人成为自然界和自身的主人，提出"系统怀疑方法"，批判经院哲学和神学，对欧洲哲学、科学和社会的进步产生了重大影响。继而哲学家康德在其《纯粹理性批判》《实践理性批判》和《判断力批判》等系列论著中提出了系统的批判哲学观，他强调"教育之目的就在于使人成为人"，突出人的主体性和人本主义精神，倡扬理性的自我批判，推进逻辑理性与思辨理性的结合，将仰望星空追求真理和心中的道德律统一起来，他的哲学观教育观产生了广泛而久远的影响。20世纪初叶在工业革命的持续推动之下，人类社会发生了广泛而深刻的变化，促进了科学和哲学的发展。美国实用主义哲学家、民主主义教育家杜威为适应美国社会的历史转型，提出教育的价值在于通过人的生长来促进社会的进步，他批判了传统的教育思想使受教育者以"知识旁观者"实现认知过程的理论，提出了"发现问题—分析问题—提出假设—确定假设—验证假设"五步思维法。确立问题意识、运用反思性思维、强调实践在认识中的作用和受教育者的中心地位是这种教学模式的主要特点。他的教育思想奠定了美国现代教育的重要基础，杜威被称为近代倡导"批判性思维"的鼻祖。1919年，蔡元培、胡适、陶行知等邀请杜威来华讲学两年两个月，为推行杜威的哲学与教育思想提供了讲台，特别是促成杜威的五步思维模式引入中国学校，这可以说是西方批判性思维教育对我国的最初而且比较广泛的影响。在 20 世纪特殊的历史境遇下，杜威的教育思想未能在中国得以持续推行，一度还成为被批判的对象，批判性思维并未成为中国教育明确追求的目标。20 世纪 40 年代，在美国批判性思维成为教育改革的主题；自 70 年代始，批判性思维教育得以进一步发展。1991 年，美国《国家教育目标报告》明确："应培养大量具有较高批判性思维能力、能有效交流、会解决问题的学生。"这里将批判性思维能力当作重要的教育目标。美国加州大学批判性思维与道德批评中心保尔教授断言："批判性思维应当成为构成 21 世纪教育的本质性基础。"1998 年联合国教科文组织发表《面向 21 世纪高等教育宣言：观念与行动》，第一条明确指出："教育与培训的使命是培养学生批判性和独立的态度。"北美高校普遍设置了批判性思维课程，并努力将批判性思维体现在教育过程。相比之下，在一个相当长的时间里，中国高校缺乏必要的自觉和实践，批判性思维教育没有列入教育研究与教学实践的整体规划与目标之中。

21 世纪之初，在向创新型国家转型的背景下，批判性思维教育开始在中国兴起，成为素质教育的一个重要关注点和深化文化素质教育的一个切入点。这一过程常看成对美国教育思想乃至哲学理念的借鉴和对中国教育思想乃至哲学理念的批判。从教育实践上看，美国批判性思维教育的确有值得我们学习借鉴之处；但是，对自身全盘否定，对他人完全照搬，并不是符合建设性批判思维原则，也是缺乏文化自觉自信的体现。

深究中国历史文化，可以探寻到批判性思维的根源和表现形式。在白鹿洞书院，我们可以看到宋代大儒朱熹为书院制定的《白鹿洞书院揭示》即《白鹿洞书院学规》所阐扬的为学之序：博学之，审问之，慎思之，明辨之，笃行之，它源起于古代经典《礼记·中庸》。这可以看成中国古代士人追求批判性思维的最初记录。我们还可以发现《论语》提出的："君子有九思：视思明，听思聪，色思温，貌思恭，言思忠，事思敬，疑思问，忿思难，见得思义"，概括了人言行举止包括求学问道的各个方面，既体现批判性思维的基本特征，又为建设性的批判规定了有效途径。归纳起来就是，无论做什么，都要看得明白，听得清楚，以能判断是非，辨明真伪，同时要抱恭敬谦和、诚信忠厚的态度待人处事，要保有敬业精神，要有问题意识，严谨审问，还要善于防止自己的情绪影响对事物的判断，要防止见利忘义。还有《墨经》，又称《墨辩》，有着丰富的论辩内涵。如《小取》开篇语:"夫辩者,将以明是非之分,审治乱之纪,明同异之处,察名实之理,处利害,决嫌疑。"强调了论辩察疑明理的重要性,同时,要求:"有诸己不非诸人,无诸己不求诸人。"表示对论辩者的尊重。在中国古代思想文化发展史上有许多倡导批判与论辩的事例,如先秦的稷下学宫,"朝廷搭台,学者唱戏","不治而议论",孟子、荀子等百家争鸣,十分活跃,期间形成《荀子》的"非十二子"篇,就是批判包括孟子的12位学者的思想。学者士人们继承了老子、孔子、法家商鞅等人的思想,在相互辩论过程中,形成了新的综合,推动了学术的发展和社会的进步。南宋时期岳麓书院的"朱张会讲",大儒朱熹与书院山长张栻论辩《中庸》"三日夜而不能合","鹅湖之会"朱熹的客观唯心主义和陆九渊的主观唯心主义的论争,都推动了思想文化的发展。

事实表明,中国古代就有宝贵的对批判性思维的追求,而且,比起当代某些对批判性思维偏颇的理解,如将批判性思维与"否定"画等号,或批判矛头所指只有他人而不反思自身,将批判性思维局限于方法和技巧而忽视精神和态度等,古代士人在"九思"中体现的批判性思维有许多值得弘扬之处。我们过去对于传统文化中批判性思维的认知是不够的,这需要文化自觉和自信。我们应该自觉认识到中华优秀传统文化中蕴含着朴素唯物主义、朴素辩证法、朴素进步历史观等,是发展当代建设性批判性思维的基础,是中国特色社会主义先进文化植根的沃土。

二、文化自觉自信是素质教育的重要前提与内涵

多年来,我们对提高文化素质采取了多方面的措施,如开设文化素质或通识课程、开展丰富多彩的课外文化活动、加强网络文化建设、进行文化社会考察等,这些努力都取得积极的效果。但是,对于文化素质教育,特别是强化相关的自我教育来说,提高文化自觉自信是带有普遍而根本意义的。

顾名思义,文化素质教育离不开文化氛围的营建和文化的给养。要在不忘本来,吸收外来和面向未来中提高文化品质,这离不开文化自觉与自信。云杉在《红旗文稿》撰文指出:做好文化自信,"需要我们以理性、科学的态度进行文化的反思、比较、展望,正确看待自己的文化,正确对待别人的文化,充分认识中国文化的独特优势和发展前景,进一步坚定我们的文化信念和文化追求。做到文化自信,关键是不忘本来、吸收外来、着眼将来。"指出:"不忘本来"就是勿忘"深厚的民族传统文化、科学的马克思主义指导思想、丰富的革

命文化，就是我们文化安身立命的根基"；"吸收外来"是指"越是自信，就越能够以积极的态度对待外来文化，越能够在同外来文化的互动交流中得到丰富发展"；"着眼将来"是指"我们的文化自信，不仅来自于历史的辉煌，更来自于当今中国的蓬勃生机，来自于未来发展的光明前景。"① 做好上述文化自信的前提是需要文化自觉，就是对生活在其中的文化的由来、特色包括优长与不足以及走向有清楚的认识，并如历史学家钱穆先生所述，对自己国家的历史文化抱有温情与敬意，继而对其价值与生命力充满信心，自觉植根优秀传统文化，吸纳优秀外来文化，弘扬适应现实需求和未来发展的先进文化。只有这样，文化素质教育才能充分收到实效。

就以培育批判性思维来说，以往常常认为中国人缺乏批判性思维，或者如几位美国哲学教授所指的，"中国的思想家看重做事的正确方式（道），而西方的哲学家更注重事物之真"，中国人"被告知要尊重长者，在等级规定范围内行动，那么挑战假设和质疑指定的观点也许对中国人来说就成问题了"；也是这几位哲学教授指出：经过反思，发现以上现象具有普遍性，并非中国所独有。而且"中国式思维和西方思维之间在技能的和心智习性上的任何差异，都并不必然是敌对的观点"。"这些差异反而可以成为两种思维系统综合发展的出发点。"② 比如，在孔子倡导的"九思"中，我们可以发现，中国古代士人在强调质疑的同时，还规定了系列人文要求，以今天的术语讲，体现了科学精神和人文精神的综合追求，体现了为学与为人的统一，而这正是建设性的批判思维所要求的特征，也正是多年来文化素质教育所追求的理念。中国式的思维方式长于综合并注重内在的修为，而西方的思维长于分析和求真，我们应该在理性会通中西思维特征中做好文化自觉、自信、自省，不断实现持续的自我超越，不断攀升至真、至善、至美的境界。

三、哲学自觉自信是文化自觉自信的灵魂与最高境界

文化自觉的概念是费孝通先生在1997年于北京大学提出的。他还谈到，文化自觉是一个反思的过程。他说在生命的最后阶段，自己不断进行学术反思，

---

① 云杉：《文化自觉 文化自信 文化自强——对繁荣发展中国特色社会主义文化的思考》，载《红旗文稿》，2010（15）。
② 彼得·费希万等：《作为普遍人类现象的批判性思维——中国和美国的视角》，载《北京大学学报（哲学社会科学版）》，2009（1）。

思想的再思考，这可以说是个人的"文化自觉"，实际上就是批判性思维活动。他一再呼吁中国知识分子对中国社会和文化进行理性的实事求是的反思。这种通过反思来提高对主体思想的主动认识就是一种哲学自觉。因为"哲学是一种'反思'的思维活动，或者说，是一种'反思'的思维方式"。"人类思想的反思维度，在人类的理论思维的发展过程中，构成了反思的思维方式，这就是哲学的思维方式。"[1] 目前，中华民族正在加速实现伟大复兴，文化的反思和振兴是其重要的前提和内涵。中国大学在本质上是功能独特的文化机构，是优秀文化传承的重要载体和思想文化创新的重要源泉，对于民族伟大复兴肩负重大的责任。为此，大学人首先应该通过整体性的反思，认识在人类文明进程和中国历史文化的演变中，中国文化包括大学文化的由来、形成的过程，所具有的特色、有益的经验、存在的问题和发展趋向，以取得适应新环境、新时代的文化选择的自主地位，发挥好先进文化对自身、对社会的引领作用。

"按照哲学家黑格尔的观点，一个民族的主体意识自觉是一个民族现代复兴的基本标志，因此，这种社会自觉或文化自觉的呼唤，是奠基于哲学思维自觉的基础之上的。"[2] 由于哲学对人的行为具有价值规范、思维导向和理论升华的功能，欲使文化行为具有高度自觉的意识并沿着理性方向前进，就应该使其上升到哲学的高度。正如马克思1842年在《科隆日报》社论中所指出，哲学"是自己时代的精神上的精华"，"哲学正变成文化的活的灵魂"。大学人必须努力提升自身的文化自觉自信，特别是哲学自觉自信，哲学自觉自信是文化自觉自信的灵魂和最高境界，提高哲学自觉自信是文化素质教育的重要使命。

四、自觉砥砺哲学性格，深化文化素质教育

哲学家黑格尔说，一个有文化的民族，如果没有哲学，"就像一座庙，其他方面都装饰得富丽堂皇，却没有至圣的神那样。"[3] 大学是社会的文化高地，哲学应该成为大学存在与运行的基础，哲学生活理应成为大学人不可或缺的精神生活。正如哲学家、教育家冯友兰先生所说："根据中国哲学的传统，哲学的功能不是为了增进正面的知识，而是为了提高人的心灵，超越现实世界，体验高于

---

[1] 孙正聿：《哲学通论》，146，150页，沈阳，辽宁人民出版社，1998。
[2] 邹广文：什么是文化哲学，载《光明日报》，2017-06-19。
[3] 黑格尔：《逻辑学》上卷，杨一之译，2页，北京，商务印书馆，1986。

道德的价值。""在中国,哲学是每一个受过教育的人都关切的领域。"① 没有哲学的导引,大学就会像一个没有"神灵"的庙堂。在1999年中国科协首届年会上,科协主席周光召指出:为什么20世纪初德国成为世界科学中心?因为德国"发挥哲学的突破和指导作用","德国在哲学上率先脱离机械论和绝对论的束缚,发展了辩证法和唯物论。德国的科学家都有很高的哲学素养"。实际上,德国一度成为世界教育和科学中心,正是由于有以柏林大学为代表的德国高校所实施的哲学与教育的融合,或者说正是由于有康德、费希特、洪堡等哲学家兼教育家所奠定的哲学文化基础,还有马克思、恩格斯所发展的唯物辩证法的影响。

从中国来看,在有了现代大学后,蔡元培时期的北大、梅贻琦时期的清华以及以其为背景的西南联大都是哲学家荟萃的,学校领导自身既植根于中国传统文化,受到中国古代哲学的熏陶,同时,又吸纳了德国、美国的哲学思想与教育理念,形成了中国高等教育的一个高峰期。其间,梅贻琦的教育论文《大学一解》就是基于中国古代经典《大学》核心内涵的"大学之道",吸纳了美国通识教育理念的教育哲学成果。梅贻琦提出了学问之最后目的,最大精神即在于《大学》之开篇语:"大学之道,在明明德,在新民,在止于至善。"指出当今大学教育之种种措施,始终未能超越"明明德"与"新民"之二义。并强调"以无通才为基础之专家临民,其结果不为新民,而为扰民"。故大学教育应该"通识为本,而专识为末"。从中可以看出,正是中国哲学理念形成了梅贻琦教育思想的核心与基础。

在新中国,以蒋南翔为代表的教育家,十分重视马克思主义哲学教育,蒋南翔校长亲自任哲学教研室主任,领导开设哲学课,并且自身是力行马克思主义哲学的典范。问及清华五六十年代的老校友:什么是学校给予的最重要的教育?许多校友认为是辩证唯物主义和历史唯物主义的教育,比如从实际出发、实事求是、讲求实干、注意抓主要矛盾、防止片面性、以发展变化的观点看问题、要有大局观念、整体意识、群众观点,等等,就是哲学思维的历练。

以上事实,对当今的师生砥砺自身的哲学性格应该有启迪意义。

实践表明,努力砥砺自身的哲学性格,是当今大学人文化自觉的重要体现,也是以文化人、文化育人的重要课题,应当予以充分重视。正如恩格斯所说,"一个民族要站在世界科学的最高峰,一刻也不能没有理论思维。"在中国实现向创新型国家转型,促进民族伟大复兴过程中,特别要强化理论思维,特别是

---

① 冯友兰:《中国哲学简史》3,5页,北京,新世界出版社,2004。

哲学思维。习近平同志在 2019 年第 1 期《求是》杂志发表"辩证唯物主义是中国共产党人的世界观和方法论"一文,指出:"今天,我们党要团结带领人民实现'两个一百年'奋斗目标、实现中华民族伟大复兴的中国梦,必须不断接受马克思主义哲学智慧的滋养,更加自觉地坚持和运用辩证唯物主义世界观和方法论,更好在实际工作中把握现象和本质、形式和内容、原因和结果、偶然和必然、可能和现实、内因和外因、共性和个性的关系,增强辩证思维、战略思维能力,把各项工作做得更好。"辩证唯物主义是我们党坚持实事求是路线的哲学基础,也是高等教育认识论的哲学基础,是我们认识世界、追求真理、改造世界、完善自我的思想武器,学习运用辩证唯物主义世界观和方法论,是我们提高理论思维能力的基本途径。2020 年第 1 期《求是》杂志又发表习近平同志"坚持历史唯物主义不断开辟当代中国马克思主义发展新境界"一文,习近平同志指出历史唯物主义"是关于人类社会发展一般规律的科学","是认识和研究社会历史发展的科学世界观和方法论",应该通过学习历史唯物主义,"不断增强工作的原则性、系统性、预见性、创造性";强调群众路线是党的生命线和根本工作路线,要坚持以人为本,"以百姓心为心",尊重人民主体地位,发挥群众首创精神等。历史唯物主义也是高等教育政治论与生命论的哲学基础。我们应该引导广大师生学习运用好历史唯物主义基本原理和方法论,更好认识历史发展规律,回答好中国共产党为什么"能"、马克思主义为什么"行"、中国特色社会主义为什么"好"等重大问题。自觉加强家国情怀和天下责任,确立社会主义核心价值观,贯彻好以人民为中心,全心全意为人民服务的根本宗旨和群众路线,最大限度地调动人的创造力,大力促进人的精神生命的创新,将人的自由全面发展置于大学的中心位置。这些都应该成为深化文化素质教育,砥砺师生哲学性格的重要任务。同时,在现实生活中,文化越来越成为人们生活的基本环境,文化哲学也越发显示出其重要性。文化哲学是对文化现象和文化实践的理性思考,是对文化现象的哲学理解和历史阐释。当代文化哲学自身将人对真善美的综合追求和人的自由全面发展作为最高的价值目标,它对高校素质教育具有重要的指导意义;同时,文化哲学作为人类追求文化整体性时代的哲学表现形式,对于科学与人文、精神与物质、价值理性与工具理性的割裂等文化整体性消解现象具有抵制和导引作用。我们应该提高文化论哲学自觉,以"兼和"哲学观为导引,以博大的襟怀、宽广的视野,运用会通的学术范式,推进不同文化、不同学科的综合创新。当代文化哲学还有一个重要特征是突出人的主体地位,并从人的生命存在方式的高度界定文化,把握文化的意义与价值,这对于开展研究型教育，调动受教育者的自我教育的主动性积极性，具有导引作用，应该引起更多的关注。

最后，我们再回到批判性思维这个命题上。如上所述，哲学在本质上是一种反思的思维活动。"哲学智慧是反思的智慧、批判的智慧、变革的智慧。它启迪、激发和引导人们在社会生活的一切领域永远敞开自我反思和自我批判的空间，促进社会的观念更新、科学发现、技术发明、工艺改进和艺术创新，从而实现人类的自我超越和自我发展。"[①] 提高哲学自觉，砥砺哲学性格，不仅与批判性思维教育有着高度的一致性，而且，必定有利于批判性思维沿着建设性的方向前行，并在更加广泛的维度上为人的自由全面发展提供理性的精神文化保障。

引导哲学自觉自信，砥砺哲学性格，应该成为深化文化素质教育永恒的命题。

（收入李和章、庞海芍主编：《论大学素质教育》，北京理工大学出版社，2022年版）

---

① 周光迅等：《哲学视野中的高等教育》5页，青岛，中国海洋大学出版社，2006。

现代化·人的自由全面发展·素质教育

党的二十大提出了中国式现代化道路的宗旨，习近平同志指出："现代化最终目标是实现人的自由而全面的发展。"[1] 马克思主义创始人明示，人的自由全面发展是人类理想社会的重要特征和目标，显然，这也应该是教育真谛之所在。自20世纪90年代在我国兴起的素质教育，归根结蒂，人的自由全面发展是其追求的终极目标和当今深化的方向，我们需要从高等教育哲学上进行深入思考与认识，不断开拓马克思主义中国化的素质教育的新篇章。

一、人的本质与人的现代化

马克思、恩格斯指出"全部人类历史的第一个前提无疑是有生命的个人的存在。"[2] 马克思主义认为，社会发展的核心是人的发展，人类现代化的基础和本质是人生命的现代化，教育是发展人生命的活动，离不开对人本质的认识，而这种认识是随着人类文明进步而不断趋于全面与深化的。对于人的本质的认识，应该是素质教育的重要基点。

古希腊哲学家亚里士多德（公元前384—前322）首先提出，人是理性的动物，人的本质是理性。他说："对于人，符合理性的生活就是最好最愉快的，因为理性比其他任何东西更加是人。"[3] 两千多年来，亚里士多德关于人的本质在于理性的观点在西方得到众多思想家的认可。著名哲学家康德（1724—1804）说："人自身实在有个使他与万物有别，并且与他受外物影响那方面的自我有别的能力，这个能力就是理性。"[4] 黑格尔（1770—1831）也认为："人类自身是有目的的，就是因为他自身中具有'神圣'的东西——那便是称作理性的东西。"[5]

---

[1] 习近平：2023年3月15日，在北京出席中国共产党与世界政党高层对话会发表主旨讲话。
[2] 《马克思恩格斯选集》第1卷，67页，北京，人民出版社，1995。
[3] 北京大学哲学系编译：《古希腊哲学手稿》328页，北京，人民出版社，1982。
[4] 康德：《道德形而上学探本》，唐钺译，65页，北京，商务印书馆，1957。
[5] 黑格尔：《小逻辑》，贺麟译，38页，北京，商务印书馆，1980。

思想家在认识理性的过程中，发展了对人的自主性及自由与自律的理性思考。法国思想家卢梭（1712—1778）指出："在一切动物中，区别人的主要特征的与其说是人的特性，不如说是人的自由主动者的资格。自然支配着一切动物，禽兽总是服从；人虽然也受到同样的支配，却认为自己有服从或反抗的自由。而人特别是因为他能意识到这种自由，因而才显示出他的精神的灵性。"[1]他认为体现这种精神自主性的自由是人与动物的根本区别。同时，他还在《社会契约论》中强调：人生来自由，却又无处不在枷锁之中，并提出，真正的自由不是你想做什么就做什么，而是你不想做什么就不做什么。康德（1724—1804）在《实践理性批判》中指出："真正的自由不是随心所欲，而是自我主宰。自律即自由。"他本质上肯定了人的自由，但认为自由是与责任相关联的，人通过自律而获得自尊。康德一大洞见是将自由、自律和自尊连成一体，倡导具有道德价值的自主行为。著名哲学家、"现代经济学之父"亚当·斯密（1723—1790）通过他的传世名著《道德情操论》和《国富论》为资本主义经济发展奠定了重要的理论基础。亚当·斯密追求的既是一个财富丰盈的社会，也是一个仁慈正义的社会，一个追求有限自由的社会。但是，在资本主义世界里，在资本的诱导下，《道德情操论》旁落了，人们只追求《国富论》提出的那只"看不见的手"主导的资本主义自由经济。结果，正如著名哲学家、社会学家马克斯·韦伯（1864—1920）所认为的，西方的理性主义引导西方走上资本主义道路，给社会带来巨大的能量，但是那只是工具理性的胜利，尊重道德的价值理性却堕落了，使人类丧失自由和价值的统一，使人无法成为具有真正自由人格的人。从而导致人与自然生态关系的破坏、人的劳动和交往的异化，不断引发巨大的经济与生态危机。

古希腊的理性思想引导了古希腊精神世界的发展，为西方哲学与社会发展奠定了重要的基础，而近代理性主义对打破中世纪封建教会和经院哲学的束缚，突出人的主体地位和人格独立与尊严，对适应资本主义生产关系发展的需求发挥了积极作用。但是，"理性的社会和国家所带来的不是理想主义思想家所预言的人的普遍幸福和人性的充分发挥，而是种种痛苦以及人性的异化。""理性在资本主义上升和革命时期所表现的灿烂光环变得越来越黯淡，人们对启蒙思想家所讴歌的理想主义精神也越来越失去信念。"[2]马克思从资本主义社会物质生产的实践出发，剖析了生产力与生产关系、经济基础与上层建筑的矛盾运动以及

---

[1] 卢梭：《论人类不平等的起源和基础》，83页，北京，商务印书馆，1962。
[2] 《马克思恩格斯选集》第一卷，81页，北京，人民出版社，1995。

工具理性与价值理性的关系，形成了新的具有政治经济学内涵的理性观。他批判了近代理性主义所取的应然与实然分离方法，指出，社会是划分阶级的，人有阶级属性和相应的阶级理性，只有通过无产阶级的理性来消灭阶级，实现人的解放，在自由人的联合体中实现个人与人类自由联合体理性的统一，才能达至真正的理性社会。同时，马克思也肯定黑格尔关于"劳动创造了人"的论点，他认为，自由自觉的创造性劳动是人与动物的根本区别。马克思在《1844年经济学哲学手稿》中指出："一个种的全部特性，种的类特性就在于生命活动的性质，而人的类特性恰恰就是自由的有意识的活动。"马克思对资本主义在资本控制下形成的异化劳动及相应的人的畸形发展进行了批判，形成了追求人类解放的重要宗旨——人的自由而全面发展，而这应该成为人类现代化的终极目标。

综上所述，一个健全人的本质应该是理性的，具有行为的自主性又具有遵守法规的自律，能够进行自由自觉的创造性劳动，由此，能够具有自由全面发展前景。而人类社会现代化便是逐步使人具有理性自觉自律，通过自由自觉的创造性劳动，为个人与人类自由联合体的自由全面发展创造不断完善的生态环境。

二、人自由全面发展理论的形成与发展

马克思关于人的本质的认识首先基于生产方式和生产能力，他在《1844年经济学—哲学手稿》中提出："动物的生产是片面的而人的生产是全面的"，"人以一种全面的方式，也就是说，作为一个完整的人，占有自己的全面的本质。"1845年恩格斯在《在爱北斐特演说》中提到："每一个人都无可争辩地有权全面发展自己的才能。"他们指出了人及社会的发展要经历人的依赖关系、物的依赖性、个人全面发展三个阶段。1948年在《共产党宣言》中，他们预言："只有在未来的共产主义社会里，人的全面发展才会在真正意义上实现，根据共产主义的原则组织起来的社会，将使自己的成员能够全面地发挥他们各方面的才能，代替那存在着阶级和阶级对立的资产阶级旧社会的，将是这样一个联合体，在那里，每个人的自由发展是一切人的自由发展的条件。"继而，在《政治经济学批判大纲》中指出，这个理想社会是"建立在个人全面发展和他们共同的社会生产能力成为他们的社会财富这一基础上的自由个性"。马克思在《资本论》中明示，共产主义是"以每个人的全面而自由的发展为基本原则的社会形式"。

马克思主义认为社会发展的核心是人的发展，人的发展既是社会发展的前

提，也是社会发展的目的，人的自由全面发展是衡量社会发展的最高标准。实现人的自由全面发展，务必大力发展社会生产力，使社会财富极大丰富。为此，必须实现价值理性与工具理性的统一。同时，发展社会生产力必须尊重人的个性，充分发挥人的自主性和首创精神。为此，应该体现人类进步的社会性与人发展的本体性的统一。

在主要矛盾转化中的当代中国社会，明确人的发展理论宗旨和价值取向是十分重要的命题。由于发展的不平衡和不充分制约着人们满足美好生活需要的程度，人的自由全面发展状态是评判社会制度和政策良莠，包括教育效能的根本尺度。

三、促进人的自由全面发展是深化素质教育的必由之路

恩格斯在《反杜林论》中指出"自由是对必然的认识和对客观世界的改造"，此处必然是指自然规律、社会历史规律以及人们自身的发展规律。而"人的全面发展"指人依据规律实现道德水准、智力、体力、审美等各种能力全方位的发展，当今人的全面素质可以理解为包括德智体美劳的全面发展。实现人的自由全面发展的重要前提是社会生产力的充分发展，人们能够充分克服对人和物的依赖性，成为社会发展的主体，成为自然、社会、历史进步和自身发展的主人，也应该成为发展自身全面素质的主体和主人。

依据人类的文明探索与教育实践，不难明确教育的真谛在于推进人的自由全面发展，促进人的自由全面发展是深化素质教育的必由之路。而人的全面发展必须把握人的本质，依托人的理性，注重人的主体性。

推进素质教育有两个重要前提，一是教育者教育观念的现代化、科学化。2021年4月习近平同志考察清华大学时强调："教师是教育工作的中坚力量，大学教师对学生承担着传授知识、培养能力、塑造正确人生观的职责。教师要成为大先生，做学生为学、为事、为人的示范，促进学生成长为全面发展的人。"这表明，教师不仅是传授给学生知识和能力的"经师"，更应该成为促进学生全面发展的"人师"。我们的教育不仅关注受教育者由自然人到社会人的转化，适应国家、社会现实的需求，更要关注受教育者作为一个完整的人的存在和成长，关注他们对于真善美境界的追求和自由个性的全面成长；二是学生应该是理性的、自觉自律的，能够进行自主性的教育教学活动，成为全面素质教育的主体。教育工作者应该尊重受教育者这种主体性，最大限度地依靠和调动这种主体性。

未来学家埃德加·富尔指出:"未来的学校必须把教育的对象变成自己教育自己的主体,受教育的人必须成为教育他自己的人,别人的教育必须成为这个人自己的教育,这种个人同他自己关系的根本转变是今后几十年内科学与技术革命中教育所面临的最困难的一个问题。"华东师大前副校长叶澜认为这个"困难"就在于学校必须改变以往的基本活动方式,改变教师的职业本质,教师不再只是关注过去、面向人类已知的领域,而是面向学生生命发展的未来,与学生一起在教育活动中创造学生的精神生命,它关涉的是人的生命的基本存在方式。[①]我们国家已经进入创新型国家行列,人的精神生命的创新是一切创新的基础,努力激发学生发展精神生命的主动性是素质教育的重要出发点和落脚点。

教育是一个促进自然人向社会人转化的过程,我们的教育对象正是自然人和社会人的统一体。在我们注重教育的社会功能时,还应注意教育的本体功能,即教育在满足作为教育主体的人自身的要求和促进人自身的发展中的作用。马克思主义认为,人的本质是社会关系的总和,因此,人的发展是不能脱离社会的;同时马克思主义在强调人的社会性时,决不排斥人的个性,相反,认为无产阶级革命的根本任务就是为了人的解放和发展,与人的社会性相统一的个性的发展正是社会进步的重要因素。我们党的教育方针正体现了教育的社会功能和本体功能的统一。但是,从实践过程看,人们的认识和着力点并不都是全面的。我国的高等教育在相当长的时期里,突出了教育的社会功能,在不同程度上忽视了教育的本体功能。强调共性,忽视个性,便是带有普遍性的表现。素质教育的提出,正是注意了全体受教育者个性的发展,注意了教育的社会功能和本体功能的统一,这是符合马克思主义教育观的。我们应当克服在教育观念上忽视教育的本体功能的片面性。

四、提高素质教育的哲学自觉与思维境界

正如马克思 1842 年在《科隆日报》社论中所指出的,哲学"是自己时代的精神上的精华","哲学正变成文化的活的灵魂"。恩格斯在《自然辩证法》中对 19 世纪前半叶德国民族热衷于形而上学的实际行动而忽视哲学思维的现象提出了批评,指出:"一个民族想要站在科学的最高峰,就一刻也不能没有理论思维。"他强调的理论思维就是哲学思维。哲学影响着一个国家、民族能否站在科

---

① 郝克明主编:《面向 21 世纪 我的教育观》综合卷,331~340 页,广州,广东教育出版社,1999。

学和文明的最高峰。因为哲学对人的行为具有价值规范、思维导向和理论升华的功能，欲使文化行为包括教育行为具有高度自觉的意识并沿着理性的方向前进，应该使其上升到哲学的高度。今天我们在探讨怎样深化高等教育，包括素质教育时，不应满足于开展形式上的活动，而是需要哲学思维引导的自觉，哲学自觉是文化自觉的最高境界。

美国高等教育哲学理论的重要奠基人约翰·S.布鲁贝克在《高等教育哲学》中提出了高等教育的认识论、政治论哲学基础，继而原湖南师大校长张楚廷提出了生命论哲学基础，我从大学在本质上是功能独特的文化机构，其根本使命是文化育人和文化的传承创新出发，通过对素质教育与文化哲学的研究，论述了高等教育文化论的哲学基础。

由认识论哲学基础决定，大学肩负探索真理，发展真知的使命，由此大学人应该崇尚真理，倡扬实事求是、办学自主、学术自由与建设性批判思维。既要有"朝闻道，夕死可矣"崇尚真理的追求，又要摆脱"三年不改父之道"的盲从；同时，科学技术的突飞猛进给予人们不断更新的认识和改造世界，包括认识与发展自我的武器，要求素质教育加速发展人们适应高科技时代宽厚的基础和迅变的能力。

由政治论哲学基础决定，大学肩负造福社会，服务国家利益、促进人类进步的使命。大学人应该具有国际视野、全局意识、法治观念、社会责任感和家国情怀，将个人发展与国家、民族、人类的命运联系在一起。按照布鲁贝克的观点，"学术自由的合理性至少基于三个支点：认识的、政治的、道德的。"[1] 教育和学术活动应该实现真理标准、国家利益和公众利益的统一，本质上要求自由与自律的统一。

由生命论哲学基础决定，大学肩负促进人德智体美劳全面发展，开拓人的精神生命的使命。大学人应该向往真善美，崇尚自强不息、独立自主和个性发展；素质教育应该最大限度地开拓受教育者自我教育的主体性，引导其尊重生命、热爱生命、发展生命。学校和社会要为创造性人才健康成长脱颖而出创造良好的生态环境。

由文化论哲学基础决定，大学肩负文化传承创新与文化育人的历史使命。大学人应具有文化自觉，植根优秀传统文化，包容会通人类文化精华，崇尚厚德载物，兼和和谐。学校和社会应该营造公正、公平、宽松、包容、民主、自

---

[1] 布鲁贝克：《高等教育哲学》，郑继伟等译，42页，杭州，杭州大学出版社，1987。

由的文化氛围。

我们应该弘扬中国传统文化"和而不同"的哲学观，或者当代哲学家张岱年倡导的"兼和"哲学观，即"最高的价值准则曰兼赅众异而得其平衡。简云兼和，古代谓之曰和，亦曰富有日新而一以贯之。"在融合会通中实现创新。教育部原哲学学科教学指导委员会主任孙正聿教授在论述哲学主要问题时指出："人对世界的关系，主要的是在人的实践活动中形成的认知关系（真与假）、评价关系（善与恶）和审美关系（美与丑）"；"哲学对人与世界之间关系的反思，集中地表现为对真善美的寻求和阐扬。""哲学对真善美的寻求，总是试图获得某种终极之真、至上之善和最高之美。"[①] 人对真善美的认识和提升是一个在实践中无限的历史性展开的过程，在不同的历史阶段，它是历史进步性与历史局限性的辩证统一。而教育的根本功能就是不断消解这种历史的局限性，不断引导人们向着至真至善至美的境界前行。根据马克思主义关于人的发展理论、中国传统文化以人为本的宗旨和中国高等教育发展的实践以及高等教育认识论、政治论、生命论和文化论哲学基础，试着将当今的大学之道表述为：

"大学之道，在明德新民，在以人为本，在和谐会通，在止于至善至真至美。"

这应该是素质教育的哲学追求。我们要努力体现德育为先，五育融合，教育本体功能与社会功能的统一，以促进人的自由全面发展为根本任务，实现不同文化，包括人文文化与科学文化、工具理性与价值理性的和谐融合，通过教化、修养、陶冶，使个人与人类共同体不断达到至善至真至美的境界。

（此文收入中国素质教育研究会2023年年会论文集）

---

① 孙正聿：《哲学通论》，225页，沈阳，辽宁人民出版社，1998。

提升文化自觉、自信与自尊　促进文化育人

一、文化素质教育的真谛是文化育人

世纪之交，在高校普遍开展文化素质教育的基础上，关于大学文化的研究悄然兴起。一方面，是针对"大学文化衰微现象"的；另一方面，是教育界对"三个代表"重要思想的积极回应。2002 年 9 月在由清华、北大、高等教育出版社联合组建的"大学文化研究与发展中心"成立大会上，教育部袁贵仁同志指出：大学与文化具有天然的联系，大学在先进文化研究和建设中负有重任。大学的根本任务是培养优秀人才，大学是通过文化培养人才的。"大学的教育教学过程，实质上是一个有目的、有计划的文化过程。所谓教书育人、管理育人、服务育人、环境育人，说到底都是文化育人。"

"文化育人"道出了教育的本质特征，更是文化素质教育的真谛。但是，多年的实践表明，教育工作者并不都能自觉地把握这个真谛。实际上，许多教师包括开设文化素质教育课程的教师，只是在进行知识的传授，而许多学生也停留在获取知识，甚至只是为了获取学分或者为了消遣。

文化素质教育课程是文化素质教育的主渠道，明确文化素质教育课程的目的对于提高课程的实效性具有关键性作用。世纪之交来到清华大学任教的历史系彭林教授主讲的"文物精品与文化中国"课成为 2003 年首批国家级精品课之一，他开设的"中国古代礼仪文明""甲骨文与中国古代文明"等课程均受到学生由衷的欢迎。对此，他很有感触地说：过去我只知道上课要尽可能给学生以丰富的知识。到清华后，由于多次参加文化素质教育课程建设研讨会和其他的相关活动，对素质教育的作用有了新的认识。素质教育不是单纯的知识教育，不是把文科的课程搬到理工科学生面前就成了文化素质课；它应以提升学生的人文素养为己任，但又不同于政治课。它是通过人文知识教育把人文理念渗透到认知者的本体之中去的课程，属于"文化育人"。

当前，充分利用中华传统文化的丰厚资源，提升学生的文化自觉、自信、自尊，是文化素质教育的一项重要而紧迫的任务。

二、提升文化自觉、自信、自尊是文化育人的重要课题

在 21 世纪之初，中国共产党提出了实现中华民族伟大复兴的历史任务，这一任务在很大程度上将由当前的青年一代来承担。面对世界激烈的经济竞争和文化冲突，青年一代能否承担起这一光荣而艰巨的任务，在很大程度上取决于青年一代是否有民族自尊与自信。民族自尊与自信的主要内涵和重要基础是文化的自尊与自信，而在经济、科技迅猛发展，西方强势文化依托其经济与科技优势不断加强其影响力的背景下，提升民族文化自信与自尊的重要前提是文化的自觉。

文化复兴是民族复兴的重要内涵与基础。在过去的一个多世纪里，中国的知识分子为寻求中华民族复兴之路，在"中学"与"西学"、"新学"与"旧学"的比较、冲突和选择中，踏上了文化求索的苦旅。作为交锋的两个极端，便是此起彼伏的"全盘西化"与"文化孤立主义"的思潮。大学作为文化的高地，自然成为上述两种思潮交锋的要冲。当前，随着经济的全球化和数字技术的迅猛发展，一方面，美国依据其经济与高科技上的优势和无处无时不在的传媒，保持和扩大其对发展中国家信息输出的不对称，强化其文化霸权；另一方面，在经济利益的驱动与市场机制的操纵下，缺乏品位的娱乐文化正以"大众文化"的名义成为一种霸权文化。而对社会思潮具有高度敏感性、自身的兴趣爱好具有明显可塑性的大学生群体便成为霸权主义文化影响与争取的重要受众。同时，正如金冲及先生所指出的："一百多年的半殖民地地位，曾经在不少中国人中造成了一种很不好的畸形心理，那就是民族自卑感，以为中国处处不如人，好像对外国的一切都要仰着头看，只有处处跟外国人学才算是适应现代潮流。"[①] 这种心态在青年大学生中仍然存在，而产生这种心态的缘由在于他们对中国优秀的传统文化缺乏基本的了解。因而，"今天我们面临的主要威胁是全球资本和它的世界主义文化市场，而非'民族的片面性和狭窄性'"[②]。我们应当引导学生充分认识中国传统文化是维系数千年中国社会延续发展的精神支柱，是中华民族之所以成为中华民族的重要基因，是爱国主义精神的重要根基，优秀传统文化是我们建设中国特色社会主义文化的宝贵资源。大力弘扬优秀的民族文化，反对文化霸权主义，并以优秀的文化传统消解低俗文化的影响，是中华民族文化复

---

① 金冲及：《民族复兴与不同文化和谐相处》，载《人民日报》，2005-08-16。
② [美] 弗雷德里克·杰姆逊、三好将夫主编：《全球化德文化》，马丁译，172 页，南京，南京大学出版社，2002。

兴的重要任务，也是大学"文化育人"的重要课题。正是基于这样的认识，清华大学在设置文化素质教育课程体系和支持精品课程建设时，将引导学生深入了解中华民族优秀传统文化的课程放在突出的位置上。

彭林教授在他开设的"文物精品与文化中国"课程的教学大纲里开宗明义地说："中国是举世闻名的四大文明古国之一，在五千年的发展过程中，创造了灿烂的物质文明和精神文明。帮助学生深入透彻地了解中华古代文明，培养他们的民族自尊、民族自信和文化自觉，激励他们为中华腾飞而奋斗终身，是本教程的教学宗旨之所在。"这也是彭林教授所开设的其他两门文化素质教育课程的宗旨。我们大力支持彭林教授进行精品课程建设，并在多个场合请彭林教授介绍课程建设的理念与心得，其目的就在于使这种理念为更多教师所接受，在更多的课程中得以体现。

当然，文化自觉不仅仅体现于对祖国历史文化的尊重。所谓文化自觉如费孝通先生所指出的，是指"生活在一定文化中的人对其文化有'自知之明'，明白它的来历、形成的过程，所具有的特色和它发展的趋向，自知之明是为了加强文化转型的自主能力，取得决定适应新环境、新时代文化选择的自主地位"，并进而树立"各美其美，美人之美，美美与共，天下大同"的理想。[①] 也就是说，文化自觉体现在重视文化的作用，并在对自身文化清醒认识基础上，进行正确、自主的文化选择，包括对优秀的传统文化的继承和对人类一切优秀文明成果的吸纳，实现综合创新，努力发挥先进文化的引领作用，而这正是实现中华民族伟大复兴的重要前提和内涵。因此，我们力图为学生提供一个相对合理完整的文化素质教育课程体系，将原有的文化素质教育课程重新整合为8大课组，即历史与文化；语言与文学；哲学与人生；科技与社会；当代中国与世界；艺术与审美；法学、经济与管理；科学与技术。同时，为了突出基本要求，鼓励名师上讲台，引导学生首选，确定了首批24门核心课程。此外，还举办以促进中西文化、科学与人文、艺术与科学的融合为主题的新人文讲座，以利于学生以科学的态度深入了解中国传统文化和世界文化的优秀成果，并有效地从中获得有益于自己全面成才的知识和养分。

---

① 费孝通：《关于"文化自觉"的一些自白》，见费孝通：《费孝通九十新语》，210～211页，重庆，重庆出版社，2005。

三、文化素质教育的深化关键在教师的文化自觉

教育部前副部长周远清是高校文化素质教育的倡导者和大力推动者,他曾著文指出:文化素质教育要深入进行,提高大学教师的素养特别是文化素养就成为关键,成为瓶颈,只有全体教师的素养特别是文化素养整体上提高了,才能对学生进行更加持久、有效的素质教育,特别是文化素质教育。① 我认为,文化的自觉、自信、自尊应当成为教师素养的重要组成部分,一个教师应当努力提高文化育人的觉悟和文化素养。

最近,我与彭林教授共同探讨他的教学,问他有什么体会。他向我推荐了钱穆先生《国史大纲》的弁言,钱先生认为,只有国民,特别是知识在水平线之上的国民对国家的历史文化抱有温情与敬意,其国家乃再有向前发展之希望。② 彭林教授说,自己正是带着一种对中华历史文化的温情和敬意来从事教学,并以发自肺腑的真诚情感来打动学生的。而学生也正是因此喜欢上他的课,并受到老师这种真切感情的感染。这使我记起清华老校长梅贻琦在《大学一解》里说的一段话:"学校如游水也,师生犹鱼也,其行动犹游泳也,大鱼前导,小鱼尾随,是从游也,从游既久,其濡染观摩之效,自不求而至,不为而成。"③ 说明教师自身的文化素养和执教方法对学生可收到潜移默化之效。

在中国高校,系统深入探讨大学文化素质教育已有11年了,在总结经验的基础上,文化素质教育进入了一个新的发展阶段,在认识上应当有新的提高,在实践上应有新的发展,我们应当从大学的历史文化使命和大学文化,特别是大学精神文化建设的高度来看待和实施文化素质教育。

---

① 周远清、阎志坚编:《论文化素质教育》,313 页,北京,高等教育出版社,2004。
② 钱穆:《国史大纲》弁言,北京,商务印书馆,1994。
③ 刘述礼、黄延复编:《梅贻琦教育论著选》,102 页,北京,人民教育出版社,1993。

促进工具理性与价值理性的统一　培养有高度社会责任感的人才

从世界视角来看,当今的金融危机正在对高等教育产生普遍而深刻的影响,给予高等教育工作者一次难得的反思和深化改革的机会。

金融危机对高等教育的影响是多方面的,因此,各国高等教育界作出的反响也是多种多样的。首当其冲的是大学生就业的难度增大了,因而,依据市场导向,一些高校对学科布局、专业设置作出了调整,并加强大学与业界的联系。曾在英国出任科技部部长的伊恩·泰勒在英国《自然》杂志以"经济衰退"为题的对策分析论坛上提出,应当把应用科学提高到与基础科学一样的地位,并且鼓励大学进一步加强与企业的合作,将创新成果推广到符合国家利益的各个领域,包括交通运输技术的革命性转变、应对气候变化和能源供应的多样化等。同时,利用金融危机扭转以往理科学生转向金融行业的倾向,促使他们回归本专业。[①] 在美国,为了缓解金融危机对办学经费的影响,一些大学通过扩大国际合作、加大招收国际学生的规模来增加学校的财政收入;为了提高学生就业的竞争力,一些大学正在加强学生的实习环节,以提高学生的适应性和改善就业环境。

对于中国,学校的专业结构和课程设置以及就业指导,也正在对金融危机的影响作出反应。比如,更加自觉地按照国家和地方的需求进行科学定位,克服盲目攀比,千校一面的倾向;构建多样化的人才培养模式,拓展学生的知识结构,给学生以更多的自由选择空间,加强学生的实践环节和实践能力,提高学生的适应性;依据国家战略需求,主动适应加强交通运输、气候、健康、新能源、新材料以及创意产业的改革发展,特别是依据国家关注农业、农村与农民的方针和面对金融危机一系列拉动内需的应对措施,主动服务"三农"与西部地区,这对中国农村现代化建设、经济的科学协调发展和高等教育的变革来说都具有重要意义。

---

① [英]伊恩·泰勒:《英国经济危机时期的科技发展与人才培养》,方陵生编译,载《世界科学》,2009(4)。

更加重要的是从这次金融危机的根源上找到高等教育的责任和改革发展的动力。10年前,联合国教科文组织前总干事长费德里克·马约尔认为,"全世界几乎所有国家的高等教育都处于危机之中"①。联合国教科文组织1998年发表《21世纪的高等教育:展望与行动》指出:"高等教育本身正面临着巨大的挑战",为此大学"必须进行从未要求它实行过的最彻底的变革和革新,以使我们目前这个正在经历一场深刻价值危机的社会可以超越一味的经济考虑,而注重深层次道德和精神问题。"现在,这场金融危机使得高等教育面临更加严重的挑战。在这场金融危机面前,有人提出哈佛等名校应该反省。因为对这次危机负有责任的华尔街的主管们许多出身于哈佛等名校,他们在校期间接受的专业教育只专注于教学生如何取得更大的经济利益,而忽视了社会责任。

20世纪30年代曾发生世界范围的经济危机,在这一背景下,1938年10月,在即将举办的世博会前,人们把一些具有时代特征的物品封装在容器中埋入地下,规定五千年后的子孙才能开启,其中有爱因斯坦的《给五千年后子孙的信》,这封信描述了科学技术给人类带来了生活舒适的条件,但是由于商品的生产和分配的完全无组织和人们才智与品格的低下,却使人类生活在危机与痛苦之中。高等教育的有识之士以加强通识教育对这场危机作出了反应。处于美国工业重镇的芝加哥大学的赫钦斯校长于1936年发表了《美国高等教育》,对美国高等教育的功利主义、实用主义、专业主义、唯科学技术主义和唯市场取向展开了抨击,主张不同院系专业必须通过通识教育为学生提供共同的精神文化基础。他强调,大学首先是文明传承之所,为此,必须让学生在进入专业学习之前,研读"西方经典"或"伟大著作",以此为学生奠定共同文化根基。继而,在第二次世界大战中,哈佛大学校长科南特邀集专家教授进行了3年的研讨,于1945年发表了《自由社会的通识教育》(小称"哈佛红皮书"),指明通识教育的目的"是培养最大量的未来公民理解自己的责任和利益""指引我们的年轻人为我们国家的未来作贡献",使他们成为"对自身、对于自身在社会和宇宙中的位置都有着全面理解的完整的人"。② 同时奠定美国社会共同的文化基础。上述两所名校重视价值理性的办学理念推动了通识教育在美国的发展,并产生了世界性影响;在50年代末、60年代初,英国 C.P. 斯诺指出"两种文化"的割裂带来的问题,呼吁科学文化与人文文化融合的"第三种文化"的到来,同时,

---

① 联合国教科文组织:《关于高等教育的变革与发展的政策性文件》,1995。
② 哈佛委员会:《哈佛通知教育红皮书》,李曼丽译,第2~3页,40页,北京,北京大学出版社,2010。

对教育的过分专业化提出了批评；20世纪60—80年代，针对趋利原则导致严重的环境污染和生态危机，西方有识之士再次作出推动科学文化与人文文化相融合的努力。但是20世纪90年代发端于美国的"索卡尔事件"和"科学大战"，表明斯诺所期望的两种文化的融合局面远未形成，正如索卡尔所说："这'两种文化'在心态上可能比过去五十年任何时候还要分隔。"[①] 就高等学校来说，通识教育所倡导的重视科学与人文融合的理念，经常受到市场化和功利化的冲击。2007年8月，美国哈佛大学哈佛学院原院长哈瑞·刘易斯在专著《失去灵魂的卓越——哈佛是如何忘记教育宗旨的》中批评："哈佛的领导人听任学校的办学方向，偏离教育的宗旨，只一味地迎合消费者的需求。"刘易斯强调，"责任感和公民意识的培养，是大学教育的核心问题。"认为哈佛领导在种种诱惑面前，忽视这个核心问题，是在追求"失去灵魂的卓越。"[②] 芝加哥大学教授艾伦·布鲁姆在教育哲学著作《走向封闭的美国精神》一书中提出"大学是一个以理智为基础的国家的神殿"的观点，他力主大学应当"求真理甚于求生存求怜悯，能够抗拒强硬的要求和种种诱惑，能够免受势利熏染而坚持自己的标准"[③]。他在呼吁大学张扬理性精神的同时，批判了美国社会包括大学缺乏共同的价值标准，人们在现代性的基石上被赋予了自然权利，但道德要求被忽视了。为此，大学必须改变过分专业化和对科学的过分推崇，认真推行通识教育，以使学生能够进行正确的价值决断。

科学与人文的分离常常是同工具理性与价值理性的分离相伴的。著名经典社会学家马克斯·韦伯认为西方启蒙运动是工具理性的胜利。工具理性讲究效益，追求利润最大化；价值理性则强调道德义务。在资本主义发展进程中，这种工具理性常常发挥着主导作用。它一方面为资本主义世界创造了空前的财富；另一方面，由于道德义务和精神价值的缺失，导致人与自然生态关系的破坏和人际交往的异化，不断引发巨大的危机，包括生态危机和当前的金融危机。

以往由于西方的经济强势，西方经济学一直在主导着世界经济学领域，在社会主义中国也有重大影响。由于工具理性对于经济学的主导影响，极大地屏

[①] [美]索卡尔：《跨越界线：后语》，见索卡尔：《知识的骗局》，蔡佩君译，262页，台湾，时报文化出版企业有限公司，2001。
[②] [美]哈瑞·刘易斯著：《失去灵魂的卓越 哈佛是如何忘记教育宗旨的》，侯定凯译，47页，219页，上海，华东师范大学出版社，2007。
[③] [美]艾伦·布鲁姆：《走向封闭的美国精神》，缪青等译，263～271页，北京，中国社会科学出版社，1994。

蔽了经济学中道德伦理因素,而道德伦理正是经济学本身应有的人文属性。"如果追溯经济学的'根',显然,道德哲学是经济学的母体。亚当·斯密在《道德情操论》中强调道德体系的建立之后,又在《国富论》中强调了"看不见的手"。尤其是在晚年,他不再将社会秩序的希望寄托于"看不见的手",而是呼吁伦理道德这只"看得见的手",通过民众、特别是有权势的人物来创造有利于社会发展的人文条件。然而在他死后的200多年里,道德伦理作为经济学本身的人文属性,逐渐地被一代又一代的主流经济学家们当作影响其'科学'性的绊脚石。"[1]而对完全自由化市场的盲目崇拜,由资本的贪婪性诱发的对利润无节制的追求和社会责任感的缺失,正是这场金融危机的根本性诱因。

当今中国处于经济转型期,传统的道德体系受到了冲击,而适应市场经济的道德体系尚未确立,缺乏工具理性和忽视价值理性的倾向并行存在。在经济领域的学科体系和教育体系中,西方经济学的影响使得实现工具理性与价值理性的同步提升的任务显得更加艰巨。同时,在办学过程中,存在着过分功利化的倾向,弥漫着急功近利的浮躁情绪,加上教育教学过程中重工具理性、轻价值理性,重"制器"、轻"育人"的"工具化"教育思想影响普遍存在,都制约了人才培养质量的提高,影响了大学正确的办学方向。

这场金融危机可以给中国的高等教育注入一服清醒剂,无论从科学健康地运行经济发展,或是从社会主义物质文明、精神文明和政治文明的协调发展来看,大力推进文化素质教育,注重教育中工具理性与价值理性的统一,人文教育与科学教育的融合,在提升人才科学技能和科学素养的同时,着力提高人才的人文素质,培养具有高度社会责任感的人才,是一项十分重要而急迫的任务。高等教育工作者应当以高度的文化自觉,坚守大学的历史使命和核心价值观,以先进的文化孕育人才并引领社会前进。

(北京论坛2009圆桌会议"金融危机背景下的高等教育:
对策与发展"论文)

---

[1] 任小军、朱成全:《经济学中的科学与人文》,载《光明日报》,2006-02-14。

自觉推进科学教育与人文教育的融合

科学教育与人文教育的融合是近几年在中国高等学校讨论的热点问题，这个问题带有普遍意义。今天，它已成为一个公共话题，其不仅是深刻的教育理念问题，还涉及现代化建设道路、社会文明发展模式等全局性问题。

一、科学与人文的关系是一个有历史渊源的现代话题

在人类文明演进过程中，人对外部世界的认识和对自身的认识在相当长的时期里曾出现分离或是偏重的现象。

在史前，人类的知识基于对自身的体验与猜测并以此来说明外部世界，产生了原始宗教和巫术；而作为人类原始形态的科学则是古希腊爱奥尼亚学派代表人物、被称为科学之祖的泰勒斯的数学、天文学和自然哲学，泰勒斯不仅是当时自发唯物主义的代表，同时也是较早的科学启蒙者。

古希腊的科学发展是多方向的，主要是早期对万物本原探索的科学思想萌芽，如几何学、天文学、医学和物理学，其对希腊的经济发展、文化普及和科学思想活跃起了重要的促进作用。

后来，人们意识到专注于自然的不足，于是采取了极端的做法：撇开自然专注于人。其代表人物便是苏格拉底和柏拉图。

苏格拉底把哲学认识的目的归结为追求真正的善；而柏拉图认为德性就是知识，这突出了他们对人文文化的偏爱。W. C. 丹皮尔在《科学史》中指出："在苏格拉底和柏拉图的雅典学派兴起以后，形而上学就代替了爱奥尼亚的自然哲学。希腊人对于自己心灵作用入了迷，于是就不再去研究自然，而把目光转向自身。"

这一转向，虽然深化了人对自身的认识，却限制了对自然的认识。这可说是科学与人文最初分离所带来的局限。

丹皮尔说："后来几个世代竟让各种形式的柏拉图主义代表希腊思想，这件事实实在在是科学精神从地球上绝迹一千年之久的原因之一。柏拉图是一个伟

大的哲学家，但在实验科学史上，我们不能不把他算作一个祸害。"

柏拉图作为苏格拉底开创的哲学重心从自然到人的转向的继承人，把人的哲学提到中心地位，并使他的理论拟人化，影响了科学对象的客观性，妨碍了科学获得"世界本来面目"的认识。

在中国，虽然综合的哲学观念长期占有主导地位，在兵法、中医等多方面发挥了重要作用，但是，几千年以人文文化为主的传统，中国哲学以指导为人为其要义的特点，加上后期封建主义的腐朽统治，妨碍了近代科学文化的发展。

人文与科学的黄金联姻期是在文艺复兴时期。文艺复兴由人文主义运动、宗教改革运动、新科学运动构成，它们基于共同的时代精神：理性主义。文艺复兴解放了被神学禁锢的思想，通过理性主义恢复了人的尊严，从而为人文文化也为科学文化的发展开拓了道路。

作为文艺复兴的旗手，像达·芬奇这样的思想、学术与艺术的巨擘，以他们跨文化的创造，生动地反映出科学文化与人文文化联姻的威力。

文艺复兴时期为人类文明发展道路树立了珍贵的典范。

当时在学科上没有"科学"与"人文"的分野，"有关对自然的解释始终被普遍地认为只是那无所不包的事业，即'哲学'的一个成分"。

自15世纪下半叶起，近代自然科学开始发展起来。哥白尼的"日心说"使自然科学摆脱了依附中世纪神学的地位，走上独立发展的道路；"近代科学之父"培根推崇理性和实验归纳法，进一步突出了科学对人文的独立性。这既为近代科学文化的兴起开辟了道路，也为科学和人文的二元分离与对立埋下根基。培根对科学文化表现出极大的偏重，认为只有自然科学才是真正的科学，以感性经验为基础的物理学是科学最为重要的组成部分。

到了近代，由于科学技术的加速发展所带来的巨大经济与社会效益，科学技术越来越成为人们关注的焦点。19世纪中叶，在英国与德、法等欧洲国家，科学文化被推向片面化的科学主义。科学主义把自然科学看成为人类知识的典范，看成真理的唯一合理形式，认为科学方法是万能的；同时，还表现出对人文文化的排他性，力图用自然科学的观念和方法否定并进而取代非自然科学的知识和文化形式，特别是否定人文文化的地位与作用。

1880年，著名生物学家赫胥黎在英国工业中心伯明翰发表了题为"科学与文化"的演说，呼吁要为人们提供系统的科学教育，并预示"文学将不可避免地被科学所取代"；而人文主义思想家阿诺德则于1882年在剑桥作了题为"文学与科学"的演讲，回应此种对人文教育的指责，宣称："为了'教育'的目的，文学，特别是古代的文学，将永远是不可缺少的。"这可以被看成人文文化与科学文化代表人物的最初论争。

美国社会学教授华勒斯坦在《开放社会科学》中指出："从那时起，大学就成了文科（人文科学）和理科（自然科学）之间持续紧张的主要场所；人文科学和自然科学现在被界定为两种完全不同、对有些人来说甚至是截然对立的认识方式。"

在哲学上，出于对科学主义的对抗，产生了另一种片面性"人本主义"。

现代西方人本主义关注人的本质、价值、地位的研究，强调人非理性的意志、情感与欲望；攻击、贬斥科学与理性。如尼采认为，工业社会的弊端来自于科学和理性，正是科学与理性扼杀了生命意志和精神生活。又如，胡塞尔极力反对实证主义，反对沿用自然科学的方法来研究社会问题，认为学校重要的科目不是自然科学，而应是文、史、哲和艺术。

事实上，近代科学的兴起，使科学技术的作用日益突出，社会分工越来越细，分析的思维占了主导。一个统一的世界被分解为人类社会和自然界，形成了独立的学科：人文社会科学——研究人与社会，自然科学——研究自然与生命。

同时，形成了两种不同的知识体系、研究方法和思维方式，形成了英国剑桥大学物理学博士、曾当过英国科技部部长、后来成为小说家的 C. P. 斯诺所说的互不相容的"两种文化"，即由文学家代表的文学文化（传统文化、人文文化）与物理学家代表的科学文化。

斯诺指出：由于对教育专业化的狂热信仰，19 世纪末期，在英国甚至整个西方世界出现了两种文化的分裂，而"存在两种不能交流或不交流的文化是件危险的事情。在这样一个科学能决定我们大多数人生死命运的时代，从实际角度来看也是危险的"。他呼吁体现两种文化融合的第三种文化，并"确信它将到来"。

两种文化的出现，从积极意义说，是分工的需要，正如大学有理工、文科之分，而专业就分得更细了。但是，客观世界——包括人—社会—自然是一个整体，这种分离的学科以及相应的互不相容文化常常是背离真实世界的。这种文化的分离在大学教育中的表现便是人文教育被职业教育所取代。只看重知识的灌输和技能的训练，而忽视心灵的教化和人格的培养；学生被当作是要加工的毛坯，经过职业训练，成为社会化大生产中的一个器件，这容易导致人格的缺失，会给社会带来负面影响。

在英国，C. P. 斯诺在剑桥大学的演讲中提出两种文化的问题是在1959年，而在中国，著名建筑学家梁思成在1948年已对文理分家的"半个人时代"进行了批判。

自从斯诺在20世纪中期做了著名的关于两种文化的里德演讲以来，有关这两种文化的关系，成为一个一直延续至今的世界性话题。

罗伯特·卢普瑞特在《四十年后：回顾C.P.斯诺的"两种文化"》一文中指出，尽管斯诺的观点是对的，但是，由于"科学和技术进步如此惊人，以致将人文世界完全置于阴影之中，而且这一势头越来越强劲，越发使人文处于守势""情形往斯诺所不希望的方向发展"。

20世纪90年代发生的"索卡尔事件"和"科学大战"，实际上是"两种文化"冲突的白热化现象。有学者认为，"索卡尔事件"产生的背景是"后现代主义中的反科学思潮"。这种思潮引起一些自然科学家的忧虑。1994年，在美国，两位自然科学家——生物学家格罗斯（Paul R. Gross）、物理学教授莱维特（Norman Levitt），合写了一本书，叫《高级迷信：学术界的左派及其对科学的责难》。在此书的1998年版序言中，这两位科学家说："之所以撰写《高级迷信》一书，是因为我们俩人虽然工作在不同的大学里，却都从各自独立而又极为相似的经验中感觉到：某种令人不安的新东西已悄然渗进学院管道，进而在大学讲坛、专业期刊、学术著作以及教员间的闲谈中扩散开来，这就是对现代科学的蓄意诋毁。"此书就是他们对这种"诋毁"的公开回应。什么是他们所指的对现代科学的诋毁呢？这主要表现在人文社会科学学者常常从自然科学家那里"借用"或者被称为"偷用"的方法来研究人类社会，进行所谓的"科学社会研究"，莱维特和格罗斯认为，把科学与人类社会活动放在一起进行考察研究，是降低了科学的身份，是给科学抹黑。特别是，他们认为一些对自然科学本身都缺乏了解的学者，是没有资格运用自然科学的方法、术语来解析社会问题的，他们要求人文社会科学学界务必尊重理性、证据和逻辑。进而，他们责问：在过去的世纪里，社会理论有过什么真正的进展吗？或者对今后的发展作出过任何可靠的预测吗？显然，《高级迷信》有其合理的逻辑，但是，也反映出科学家对人文社会学家的隔阂与傲慢。特别是他们声称除了自然科学方法之外，所有其他方法都是胡说八道（nonsense）。这种傲慢和偏见，自然引起人文社会学者的愤怒与反驳。于是，一场"科学大战"爆发了。而"索卡尔事件"的发生，则把这场"战争"推向了高潮。索卡尔（Alan Sokal）这位纽约大学的数学物理学教授本来就对当时流行的以某些自然科学方法进行的"文化研究"很不以为然，在

《高级迷信》问世后的次年，以一种玩笑的方式写了一篇文章，题为《跨越界线：走向量子引力的超形式的解释学》，此文充满科学错误和逻辑错误，但长达20多页并附有109条详细注释和217篇出处无误的参考文献，表面上看去是一篇认真、严谨的学术文章，他将此文投寄给颇有名气的文化研究刊物《社会文本》（Social Text），想看看会不会被编辑识破。而这个刊物正在准备出一期题为《科学大战》的专辑，以反驳《高级迷信》一书，正约了许多名人为这个专辑写稿。索卡尔的文章在编辑部大受欢迎，此文发表后，一些"后现代"的大家还加以引用。紧接着，索卡尔在《通用语》（Lingua Franca）杂志上自我曝光，披露了写《跨越界线》的真相。这样一个带有闹剧色彩的事情，不但引起学术界大哗与纷争，还蔓延到新闻界，甚至上了《纽约时报》的头版，后来，著名的《自然》（Nature）杂志用了5页的篇幅来评价这场"战争"及其影响。由于索卡尔因此成名而接受媒体采访中多次提到颇受尊敬的一些法国"后现代"学者，如哲学家福柯（Foucault）等，这场"科学大战"一直波及欧洲。法国的《世界报》（La Monde）、德国的《时代周刊》（Die Zeit）、英国的《经济学家》（The Economist）都纷纷发表评论文章。可见这场"科学大战"的影响有多么广泛。

这场论争表明，斯诺所期望的两种文化的融合局面远未形成，正如索卡尔所说："与一些乐观的言论相反，这'两种文化'在心态上可能比过去五十年任何时候还要分隔。"

在中国近现代，科学与人文两种文化的关系有自己特殊的历史社会背景。近代科学，是西方的产物，虽然它的历史可以追溯到东西方古代。西方近代科学传入中国以后，同中国传统文化发生了激烈的冲突和长期的摩擦。五四时期曾发生中西文化论战，也称"科玄之战"，即1923年由新儒家代表人物张君劢在清华大学的一篇演说《人生观》和著名地质学家、地理学家丁文江在《努力周报》上的一篇文章《科学与玄学——评张君劢的"人生观"》而引起的论战。论战的中心问题是科学与人生观有没有关系，科学对人生观有没有意义。挑起论战的玄学派批评"科学万能"，认为科学对于人生问题无能，要把科学排除在人生问题的探讨之外。起而应战的科学派，则针锋相对，认为科学方法也可以用于研究人生，并且探讨了如何建立科学的人生观。这次论争持续了一年多时间，最后出了论争文集，科学派的核心人物、新文化运动的主将陈独秀、胡适为文集作序，宣告了科学派的胜利。在中国近现代，在西方现代化浪潮的冲击下，科学文化很快占据了主导地位。

20世纪90年代以来，在经济高速发展而社会道德水准滑坡的强烈反差中，人文文化的地位才逐渐得以提升，融合两种文化的努力才受到较多的关注，但是，离开斯诺所期望的两种文化由分裂走向融合并形成"第三种文化"还有相当大的距离。

今天，人文社会科学与自然科学的融合趋势越来越明显了。列宁曾预言过"自然科学奔向社会科学的强大潮流""这种潮流在20世纪会越来越强大"正在成为现实。实际上，学科发展正是从低水平的综合走向分析，现在又走向高水平的综合，这是一个值得高校师生充分重视的重要趋势。但是，人文与科学的隔阂、人文教育与科学教育的分离现象依然存在，这也是值得我们正视并需加以解决的问题。

二、当代人文与科学的分离及教育的任务

（一）科学与人文的基本特征

《大英百科全书》归纳了两种不同的观点：一种认为科学与人文是两个有明显区别的概念；一种否认两者的根本区别。

前者认为科学与人文在探究和解释世界的方式上有根本区别，科学是理性的产物，使用事实、规律、原因等概念，并通过客观语言进行沟通；人文（学）则是想象的产物，使用现象与实在、命运与自由意志等概念，并用情感语言表达。

后一种观点认为，科学与人文的区别仅仅在于分析与解释的方向不同，科学从多样性和特殊性走向统一性、一致性、简单性和必然性；而人文（学）则突出独特性、意外性、复杂性和独创性。

显然，两种观点都对科学与人文进行了区分。

实际上，在现代文化的大学科分类中有着科学（sciences）和人文（humanities）的区分，或者通常在高校有理科和文科的分类。更加严格地说，是按照自然科学、社会科学和人文学科来分类。从学科的性质来说，可以把科学看作关于对象的理性研究及其规律性的知识成果；人文（学）则是对人自身的认识与感受。

科学作为一种文化，主要体现人对自然的认识与改造和所积累的知识与方法；人文文化主要体现在人们认识与发展人类自身价值和所创造的精神成果。

与两种文化相对应，便有了科技知识分子与人文知识分子的区分；有了这两类人在思维、情感、性格、气质上的差别。如果不加以调整、补充，将造成

素养的偏颇与缺失，就会加深斯诺所说的"沟壑"，甚至冲突，妨碍人的全面发展和人类文明的和谐健康发展

（二）现实世界中两种文化的偏向

虽然我们已看到学科交融的趋势，两种文化的融合已成为人们关注的公共话题，但是，关于两种文化的隔阂、争论和偏向仍在继续。

当人类进入所谓后工业时代或信息时代，科学技术不仅体现了培根所说"知识就是力量"的价值，而且，更加直接地体现了"知识就是金钱"，计算机、网络技术的迅猛发展，还促进了人们思维形态和社会形态的变化。

当代著名哲学家哈贝马斯称，在科学技术已成为第一生产力的情况下，科学技术的进步变成独立的剩余价值来源，科学技术已起着意识形态的作用，为资本主义国家的合法性提供了意识形态论证。实际上，科学技术已被进一步置于至高无上的位置。德国哲学家恩斯特·卡西尔说："在我们的现代世界中，再也没有第二种力量可以与科学思想的力量相匹敌。它被看成我们全部人类活动的顶点和极致，被看成人类历史的最后篇章和人的哲学的最重要主题。"由人类理性所创造的科学技术被异化为人类理性的主宰。

同时，在被挤压的境地下，人文学者对科学的误解与偏见也有增无减；而且，科学技术越是发展，人文学者对了解科学潜在的恐惧心理越是增长，与科学文化的隔阂越发加深。

在两种文化观的较量中，科学主义显然仍占有优势。

在这样的大背景下，东西方普遍存在着重理轻文的片面价值判断和思维定式，在现当代中国表现得尤为明显，社会的教育观念和风尚以及教育理念、政策和实践都呈现失衡状态，这对中国社会和文化以及国民素质的健康发展是十分不利的。

重理轻文反映出我们的教育价值取向带有实用主义、功利主义和职业主义的色彩。我们虽然避免不了时代特征对教育产生的这些影响，但是我们应该努力寻求一种均衡，一种在教育价值取向上的均衡：重视科学教育的同时，不偏废人文教育，并努力实现两者的融合。

三、努力实现科学教育和人文教育的均衡与融合

在当代学科分工精细的情况下，很难要求培育大批像达·芬奇和爱因斯坦

这样科学与人文艺术全面发展的奇才。但是，两种文化的相互沟通和补充是必要的。因为只具备片面的科学素养或人文素养的"单面人"或"半人"是很难适应社会的。正如彼得·科斯洛夫斯基在《后现代文化：技术发展的社会文化后果》一书中所说："技术越大量地决定我们的生活世界，文化与精神生活中对技术异议者就越活跃，将社会成员联系在一起的精神纽带就越是要加强。"

这种科学文化与人文文化的互补，也体现着西方科学传统与东方人文传统的高层次融合。我们要推动西方文化重视和汲取东方文化的人文观念与和谐思想；同时，东方世界要努力借鉴西方的科技文明来加速自身的现代化。正如诺贝尔化学奖得主普里戈金（I. ll Prigogine）所说："也许我们最终能够把西方的传统（带着它对试验和定量的强调）与中国的传统（带着它那自发的、自组织的世界观）结合起来。"这种东西方的纽带将使我们对世界的认识更全面。1988年，诺贝尔奖得主集会巴黎，在会议的新闻发布会上物理学诺贝尔奖获得者，来自瑞典的汉内斯·阿尔文博士的发言引人注目，面对科技发展所引发的社会问题，他呼吁：人类要生存下去，就必须回到25个世纪以前，去汲取孔子的智慧。这种智慧就包括中国的人本文化传统，那种源远流长的天人之说、会通之说。

这种科学与人文、西方文化与东方文化的融会，在杨振宁博士身上的体现是一个突出的案例。杨振宁在获得诺贝尔物理奖的致辞中说："我深深察觉到一桩事实，这就是：在广义上说，我是中华文化和西方文化的产物，既是双方和谐的产物，又是双方冲突的产物，我愿意说我既以我的中国传统为骄傲，同样的，我又专心致志于现代科学。"去年，杨振宁博士在中科院组织的"中国科学与人文论坛"主题报告会的演讲中指出：20世纪里最重要、对人类历史有最长远影响的史实是：（1）人类利用科技大大增加了生产力；（2）中华民族"站起来了"。并强调说，这是因为中国文化是人本文化。人本文化会发生兼容并蓄、有教无类的观念；人本文化是融合凝聚的文化。他认为这种文化与中国共产党的组织能力加起来，就造成了中国今天崛起的奇迹。

高等学校作为重要的文化中心，无论从对社会文化走向的影响和责任来看，还是培养高素质人才的需要来看，都要推动科学与人文的融合，为此，应当实施文理兼容的教育。文理兼容的理念早为一些有战略眼光的教育家和著名学府所确立。

MIT在50年代的校长报告中就明确指出："我们需要在科学与人文学之间创造更好的联系，其目的就在于：把二者融合成一种以科学和人文学科为基础又不削弱任何一方的广泛的人文主义，从而能从现代社会的各种问题所形成的障碍中找出一条道路来。"正是基于这样的理念，MIT 设立了人文、艺术与社会科学学院，为理工科学生开设了一系列人文社会科学课程，要求每个学生修满 8 门课 32 学分；同时，理科教师也为文科学生开课，如在耶鲁、普林斯顿、加州大学，世界级的科学家为非理科学生授课。现在，为大学生开设文理兼容的通识课程已成为普遍现象。

在中国，自 1995 年起，在教育部的领导下，开展了全国性的大学生文化素质教育。形成了文化素质教育课程（也称通识课程）—校园文化活动—社会实践"三位一体"的文化素质教育体系。

清华大学在对世界一流大学开展调研的基础上，开展了全校师生教育思想大讨论，进一步明确了文理兼容的办学理念，将通识课程的比例提升到 25%。

当然，开设文理兼容的课程体系只是实现人文教育与科学教育融合的第一步。

事实表明，无论是科技教育，还是人文教育，如果单独实施，仍然有产生文化鸿沟的危险。怎样才能避免这种文化鸿沟的产生呢？英国著名教育思想家阿什比认为：科技社会中人类面临的最大问题不是来自科技本身，而是来自掌握科技的人以及科技知识和其他各种知识结合的情况。因此，他提出了"把科学织入文化"的观点。

著名物理学家怀德海也精辟地指出："博雅教育的本质是一种培养思想和美感的教育。""把技术教育和自由教育相对立是一种谬误。任何货真价实的技术教育都是一种自由教育，而任何自由教育也都是一种技术教育，也就是说，任何教育既传授技术和方法，又培养思想和见识。"

如何使人文与科学教育真正相融，只靠分门别类地开设通识课程是不够的，要在相互"织入"上下功夫。

要做到这一点，要求我们对社会的需求、学科发展的走向，以及相应的培养目标与教育思想有清醒的认识。

美国国家工程院院长奥古斯丁称，现在工程学已进入了一个社会工程时代，并认为 21 世纪工程师面临的许多巨大挑战是起因于非工程因素。因而，工程师的关键要素除了体现科学和技术综合的基础知识和实践能力外，还必须了解政治程序、了解社会学，还要发展集体的技能、人际交流与组织管理的能力。他说，现在的工程里不同学科的综合，要求工程师善于研究跨学科的难题且能取得突破。

当前，为适应这种学科交叉、文理渗透的发展趋势，培养文理融合、能够综合创新的复合型人才，已成为国际教育改革新的潮流。比利时根特大学认为，它所培养的人才应该是能看到最不同的科学领域间相互联系的人，而这种人应是普通人文科学（包括哲学、文学、法律、经济社会和教育心理等）和自然科学（包括基础科学、应用科学、医学等）的内行。

英国剑桥大学的专家说："现代世界理科和文科的裂缝必须用科技人文科学来黏合。"1996年春天，一些日本高等教育家提出要创造跨学科教育的新时代，在大学理工科院系的研究中心聘用文科教授，在大学的社会科学院系研究所起用理工科的学者和专家。

越来越多的教育工作者认识到，人文与科学的融合应当体现在全体教师的教育理念之中，落实到各个教学环节，这要求全体教师努力提高素质教育的自觉性，努力提高自身的全面素质。

前不久，中国共产党十六届三中全会提出了："坚持以人为本，树立全面、协调、可持续的发展观，促进经济社会和人的全面发展。"的科学发展观，对于高校推动人文与科学的均衡协调发展是十分有利的。

清华大学正与其他高校一起，按照以上的指导思想，认真学习世界各国高等教育经验，发挥中华文化的积极因素，汲取世界各国的先进文化，在促进科学与人文融合、培养全面发展的人才上进行积极的探索，我们很愿意与各国高校开展合作。

参考文献：

1. 龚育之：《科学与人文——从分隔走向交融》，载《自然辩证法研究》，2004（1）。

2. 方在庆：《科技发展与文化背景》，199～211页，武汉，湖北教育出版社，1999。

3. 肖峰：《论科学与人文的当代融通》，南京，江苏人民出版社，2001。

（2004年5月在日本中央大学的讲座整理稿）

加强文化素质教育与大学文化建设的结合
——在文化素质教育指导委员会全会上的发言
2007 年 12 月 17 日

2005 年 10 月在清华召开文化素质教育十周年大会后，我们就思考第二个十年的路怎么走，怎样使文化素质教育能够持续、深入、健康地发展。

加强素质教育是 20 世纪 90 年代以来，中国教育思想观念具有时代特征的突破，我同意岂之先生所说的，文化素质教育已成为整个教育链条上不可缺少的部分，大学文化素质教育正在有序开展中，但进展不平衡。

就清华来讲，虽然起步较早，但我深感离理想境界还相差甚远，无论在思想认识或是在实践方面，还有许多困难要克服，还要下大力气来推进。

首先是对于文化素质教育的认识在广度和深度上都有待进一步推进。举一个例子：清华大学领导核心为加强对文化素质教育基地的领导工作，派了原来当过校长助理、教务处副处长、人文学院和法学院党委书记的李树勤出任基地常务副主任。李树勤很努力，找周远清同志、张岂之先生还有我深入访谈，远清同志还送了他一箱有关文化素质教育的书，他认真阅读了。后来，他对新上任的基地主任、主管教学的汪劲松副校长说："这项工作我干不了。""为什么？""因为太难了，像我这样在文科已经滚了十年的人，在此前都没有什么认识，更谈不上其他理工干部和教师了。"当然，他后来还是接受了这项工作。这件事情反映了一种基本状况：尽管清华在世纪之交通过整整一年的教育工作讨论会，确立了"在通识教育基础上的宽口径专业教育"的培养模式，文化素质教育课程的学分也有了显著提高；2005 年又在清华召开高校开展文化素质教育十周年的大会，大会期间校刊出了专刊，学校电视台进行了报道，但是，广大干部教师对文化素质教育的认识仍然是不够的。联想到美国通识教育已经进行了两个世纪，但仍缺乏公认规范的表述和共识，美国高等院校协会在 2005 年开始，推动一场为期十年的"何谓通识教育"的大讨论和"弘扬通识教育价值"的运动；哈佛大学在 19 世纪以来先后进行过 4 次有关通识教育的改革，近几年又在对通识教育进行新的反思。我们对文化素质教育的探索只进行了十多年，虽然取得了重大突破，应当说还仅仅是有了一个良好的开端，但要真正使文化素质教育成为广大干部师生的一项自觉行动，并且走上一条科学健康的可持续的发展道路，还要下很大功夫。1995年，岂之先生说，在高校深入开展文化素质教育意义很大，是一项后人会感谢的工作，但真正做好、达到理想境界，并不容易。

所以，我们既要充分看到取得的进展，又要做长期艰苦奋斗的准备。要坚持在实践不断取得进展的基础上，不断提高认识。现在十七大提出了社会主义文化大繁荣、大发展的战略任务，为加强大学文化建设，深入开展文化素质教育创造了难得的外部条件，我们要抓住机遇，使文化素质教育在认识与实践上再上一个新的台阶。

怎样使认识上新的台阶？我们在实践中认识到，应当从加强文化素质教育与大学文化建设相结合，特别是从大学理念着手，着重从大学的本质、功能和怎样培养高素质创新人才来思考。

在开展文化素质教育的基础上，2002年9月由北大、清华、高等教育出版社联合组建了大学文化研究与发展中心，袁贵仁部长在会上致辞指出："在一定意义上可以说，大学即文化。大学的教育教学过程，实质上是一个有目的、有计划的文化过程。所谓教书育人、管理育人、服务育人、环境育人，说到底都是文化育人。""我们要根据不断变化的社会实际和师生思想实际，深入探索大学文化的内涵，以及对师生的导向功能、教育功能、熏陶功能实现的途径。"我们认识到大学文化，特别是大学精神文化是文化素质教育的重要资源，大学文化素质教育是进行大学文化建设的重要方式和途径。所以，我们要推进大学文化素质教育和大学文化研究与建设的紧密结合。

上学期清华大学领导核心扩大会听取了文化素质教育基地的专题汇报，并达成新的共识：一流大学的主要功能是文化的传承与创新，没有一流的人文教育，就难以蕴育一流的人才，就没有一流的大学。加强文化素质教育和大学文化建设是建设一流大学的内在要求，也是落实"在通识教育基础上的宽口径专业教育"人才培养模式的重要举措。要把加强文化素质教育的要求、目标和举措纳入学校建设世界一流大学的总体规划和学校教育振兴行动计划并认真落实。陈希书记会后又专门找基地负责人讨论，明确以加强文化素质教育课程建设为主渠道，要像理工科重视数学、物理等基础课一样重视文化素质教育核心课程建设。他表示："学校要自上而下地大力推动，如果基地有困难，尽管来找我。"在学校主要领导达成新的共识基础上，强化了文化素质教育基地的组织领导，按照"半实体、双下标"的方式加强组织建设,按照争取教育部支持、学校加大投入和基地自身筹款方式,加大对文化素质教育的财政投入,把这方面的工作做实做好。我们正在推进在2009年清华第24次4年一度的教育工作讨论会以加强大学文化建设和文化素质教育为主题,在充分准备的基础上,发动全校师生大讨论,以此来唤起新的文化自觉,提高教师干部文化育人的自觉性,提高提升自身文化素养的紧迫感,提高文化素质教育课程的地位。

基地成员经过认真研究,要在全校教育大讨论之前,做好以下几件事。

(1) 学校投入20万元,以重点课题方式立项支持开展有关文化素质教育的理论与实践对策研究,包括:对中外通识教育和文化素质教育历史的考察分析;对清华大学通识教育与文化素质教育的历史回顾与总结;清华大学深入开展大学文化建设与文化素质教育的思考与对策;文化素质教育课程建设研究等。

(2) 作为上述课题的组成部分,走出去,请进来,对国内外大学文化素质教育和通识教育的历史、现状及发展态势、基本经验作深入的考察。

(3) 集中精力进行文化素质教育主渠道课程体系和核心课程建设,改变因人设课、粗放经营的状态,走规范化、精致化建设之路。课程建设是一件难度相当大的工作。前新竹清华大学校长沈君山曾经对推进通识教育课程建设的困难发出感慨:通识教育是"没有人愿意去管""没有教授愿意去教"和"没有学生肯花精神去听"的事情。这种状况在内地包括在清华也不同程度地存在。今年我本想借助本科教学评估大力推动一把清华的文化素质教育课程建设,有"一万年太久,只争朝夕"的冲动。但是,经过冷静地分析,包括听了陈希书记说的:"你们不仅要以理论说服人,还要以实践说服人。"体会到这是一件需要长期努力持续推进的工作。所以,我们明确了要用两年的调查、实践与研究,为全校的教育工作讨论会做好精心的准备。包括向全校讨论会提及上述研究成果以及课程建设的实践进展与具有说服力的典型。争取届时在认识上有新的高度,并提出比较科学的文化素质教育课程体系和建设好一批核心课程;再经过十年的努力,在全校形成比较好的科学与人文、通识教育与专业教育相融合,在文化素质教育上全过程、全方位、全员育人的局面,同时,营造浓厚的一流大学的文化氛围,为培养知识、能力、素质具优的创新型人才探索比较有效的途径。

所以,我很同意杨司长提出的四结合,包括将文化素质教育与大学文化相结合的意见。

当前,我们要紧紧抓住学习贯彻党的十七大精神的机遇,按照推进社会主义文化大发展、大繁荣的要求，推进学校的文化建设，包括文化素质教育。特别是要认识民族复兴对文化复兴的要求、创新型国家对创新文化的要求，将社会主义核心价值体系融入文化建设和文化素质教育中去，确立师生员工的文化之根。按照十年前著名社会学家、社会活动家费孝通先生有关文化自觉的说法，真正做到对生活其中的文化有"自知之明"，明白它的来历、形成的过程，所具有的特色和它发展的趋向，以"加强文化转型的自主能力，取得决定适应新环境、新时代文化选择的自主地位。"所以，将文化素质教育置身于大学文化建设的大背景、大氛围中来认识、来推进，这是使文化素质教育得以持续健康发展的有效途径。

最后，我还想提一个建议：就是教指委应当给予高职、高专院校文化素质教育以更多的关注。中国的高职、高专院校已占高等教育的半壁江山，近年来，这些院校的文化素质教育也有了很大的发展，积累了许多新的经验，如在专业教育中开展文化素质教育的经验、大学文化素质教育与企业文化建设相结合的经验，还有诗教的经验等，这些经验不仅仅对同类学校有推广价值，而且对普通高校也有借鉴意义。我同意杨司长提出的加强分层分类指导的意见，以适应高等教育多样化，特别是职业教育迅速发展的局面，此外，也要加强对医学等不同类型院校的指导等。

（发表于《高等学校文化素质教育通讯》2008 年第 1 期）

文化素质教育与创造性培养

21世纪世界各国的竞争，说到底是国民创造力的竞争。中华人民共和国成立以来，我国的科学技术事业有了巨大的发展，综合国力有了很大的提高，但是在日趋激烈的竞争中，在许多方面还处于被动地位，特别是在国民创造力上与发达国家相比还有较大的差距。国民创造力的落后，不仅在经济竞争上要吃亏，而且，一旦发生军事较量便会挨打。针对这种情况，党和政府作出了"关于深化教育改革全面推进素质教育的决定"，强调素质教育要以培养学生创新精神和实践能力为重点。因此，深入探讨文化素质教育能否促进以及如何促进人的创造性问题便摆到广大教育工作者面前。

一、文化素质教育以培养全面发展的"自由人"为目的，而"全面发展"是个体进行创造活动的基础

亚里士多德生活在公元前4世纪，而亨利·纽曼则生活在公元19世纪，但在这漫长的历史跨度期间，有一种教育思想却是一脉相承的，这就是自由教育哲学。它认为教育的目标应立足于追求个人全面完善的发展，它以"自由学科"（Liberal Arts）为核心课程。自由教育的目的是通过这种教育训练以形成使人终身受益的良好品质。如纽曼所言，在这种教育方式下培养出来的人将能更好地完成生活赋予他们的责任，会成为更有理智感、责任感，更明智、活跃的社会成员。在西方，自由教育还被表述为文雅教育、博雅教育、文科教育、人文教育等。自由教育实际上是西方教育的基础与核心。1945年哈佛大学通识教育委员会在《自由社会中的通识教育》（General Education in a Free Society）的报告中提出，"今日美国教育的首要问题是把博雅和人文的传统注入我们整个教育体制"。1998年，哈佛大学校长陆登庭在纪念北大100周年校庆的演讲中说："首先，请允许我说明我称之为'人文学习'的重要性，最佳教育不仅应有助于我们在专业领域内更具创造性，它还应该使我们变得更善于深思熟虑，更有追求的理想和洞察力，成为更完善、更成功的人。"因此，当我们思考如何在激烈的竞争

中赶上西方国家的时候，我们诚然要在具体的科技、学术领域中学习西方先进的创造性成果，但是，更带有根本意义的是要在教育思想上、理念上吸取他们成功的经验。从教育理论传承的观点看，我国提出的文化素质教育，是同具有时代意义的自由教育观相通的。表面看来，文化素质教育与人的创新能力似乎没有关系，人的创新行为在多数情况下也的确是与专业教育有关，并在专业活动中表现出来的，然而我们应该看到，如果没有坚实的文化素质教育，人的创造性就会缺乏基础。

（一）文化素质教育是一种面向全体学生的个性化教育，而个性化是创造性培养的基石

教育是培养人的活动，因此必须遵循人的身心发展规律，从人自身需要来培养，受教育者的基本天赋、兴趣爱好、志向、知识、能力等是不同的，有些方面差别很大。加强大学文化素质教育就是通过提供丰富、多元化的知识和训练内容，突破统一、刻板的培养模式，从而发掘学生的专长和潜力，把每个学生培养成有个性、有专长的人才，使创造性人才脱颖而出。大凡有创造性成就的人，都有鲜明的个性，没有个性就没有创造性。因此，美国学者阿兰·布鲁姆指出："如果学生选择的不仅仅限于那些当时流行的或者是职业发展所提供的内容，而是那些关注能够使自身全面发展的选择，那么大学生活是令人神往迷醉的，他可以成为他所期望成为的一切，去关照和思索自己的种种选择。"[1]实际上，关于建立理想社会与人的全面发展相统一的观点，关于个人独创的和自由的发展与人的实践活动、创造活动的全面性相统一的观点，正是马克思主义教育理论的重要基础，也应当是当前开展文化素质教育的重要出发点与归宿。

（二）学生从文化素质教育中可获得日后工作或进行创造性活动所依赖的知识、能力和基本态度

纽曼曾经热情地赞誉过自由教育的"普适性"，他说："受过自由教育的人可以做很多事情，因为受过自由教育的人已经学会了思考、推理、比较、辨别和分析，他的品位雅致，判断力准确，洞察力敏锐。"[2]"他能够通览所有的知识，从更高的高度看待自身学科，他不会以其他学科的对手的姿态说过分的话，并

---

[1] [美]阿兰·布鲁姆：《走向封闭的美国精神》，缪青等译，357页，北京，中国社会科学出版社，1994。

[2] Henry, Newman. *The Idea of a University*. p.XIX. Routledge/Theommes Press, 1994.

从中获得一种明晰,一种思想的广袤、自由和自足,从而以一种哲学方式对待本身从事的学科。"[1]科学发展史印证了这点,许多学术大师、科学巨匠的成就都与其宽厚的知识、扎实的功底有直接的关系。

二、严密的思维方法训练有助于形成创造性活动的动力机制

1997年诺贝尔物理学奖获得者朱棣文在谈到一个成功者的经验时说:"科学的最高目标是要不断发现新的东西。因此,要想在科学上取得成功,最重要的一点就是要学会用别人不同的思维方式、别人忽略的思维方式来思考问题,也就是说要有一定的创造性。"这就是我们常说的创造性思维。多年来,有为数众多的专家学者们纷纷致力于探研天才人物所作的丰功伟绩和构思问题时采用的思维策略。研究者们在对1904名天才大师人物详尽分析研究后注意到,他们的智商总分往往并不是很高,重要的是在创造性思维上的差异。文化素质教育致力于给予学生一定的世界观和方法论训练,这是学生创造性迸发的动力机制和创造实验的航标。

恩格斯说,一个民族要想站在科学的最高峰,就一刻也不能没有理论思维。这里的理论思维就是辩证唯物主义的思维。这一论断无论对一个民族,还是对每个人,都是真理。哲学是人类文明活动的灵魂,也是一个科学工作者创造性的灵魂。马克思、列宁、毛泽东、邓小平等是中外社会科学领域创造性的大师,牛顿、爱迪生、爱因斯坦、李四光等是中外自然科学创造性的大师,他们身上的一个共同点就是努力遵循和发现客观规律,大胆突破传统的认知与观念,做到有重大的发现、发明与创造。他们的世界观、方法论的核心便是"解放思想、实事求是"。没有解放思想,便不可能从旧有成见、习惯的束缚中摆脱出来;如不是从实际出发,依靠科学的实践与科学的思维去探求客观世界,便永远不能求得真知,实现科学的突破。而帮助学生形成科学的哲学思维正是文化素质教育的重要任务。我们应当通过多种渠道给学生以辩证唯物主义世界观和方法论的训练,帮助他们学会全面地、动态地、发展地看问题,使他们在今后的科学实践中能够超越日常经验的狭隘界限和原有的理论、观点和方法的框架,突破原有知识与观念的限制和束缚,推动创造性思维的形成和创造力的发展。同时,帮助他们牢固地树立起实践是检验一切真理的唯一标准的观念,敢于实践、善

---

[1] Henry, Newman. *The Idea of the University*.p.165. Routledge/Theommes Press, 1994.p.165.

于实践，在实践中有所发现，有所创造。

此外，发散思维和逻辑思维的有效结合也是形成创造性思维的重要基础。给予学生一定的逻辑思维训练，使学生学会运用科学的思维方式分析、解决问题是文化素质教育的一个不可忽视的环节。研究表明，发明创造往往是先发散后会聚的思维过程，而在发明创造者聚合思维的过程中，必须广泛地运用归纳、演绎、类比、外推乃至以推出悖论为结果的逻辑推理形式，才能深入地认识事物的本质和规律。这一点是不言而喻的。发散思维要以逻辑思维为中介和调节器，发散思维具有独特性和新颖性，美国心理学家 S. 阿瑞提说过："独特性如果没有自我批评来加以修正就可能使我们误入歧途。发散思维如果不与逻辑思维过程相匹配，就甚至可能使我们得精神病。"[1] 许多大学生思维活跃、敏捷、具有很强的独立性和独特性，可是，他们的思想往往脱离实际，理论背离实践的倾向有时还比较严重，从直接的意义上说，这是缺乏逻辑思维的表现。因为，他们不善于运用逻辑思维对已有的知识和经验进行鉴别、筛选、联结和组合，这样就可能只获得"消极的思维独创性"。因此，文化素质教育应重视对学生进行逻辑思维训练。另外，大学生在实际智力训练中形成的逻辑思维的某些稳定特征，可以直接转化为性格的理智特征。例如，逻辑思维的严密性、批判性和辩证性等稳定的基本特征，同时也是许多大学生性格的内在因素。

发展大学生的辩证思维和逻辑思维，必须加强唯物辩证法的教育和逻辑知识的传授。然而是不是有了哲学、逻辑学知识，大学生就自然而然地发展了辩证思维，掌握了逻辑思维方法呢？应该肯定，有关辩证思维和逻辑思维的知识，对大学生的创造思维培养具有指导意义，但真正能内化为一种稳定的素质，还要靠他们创造性的实践。

三、良好的人文道德修养是创造性活动的内驱动因

文化素质教育的一个很重要的目的在于帮助学生形成良好的道德修养和人文素质。如培养学生确立辩证唯物主义和历史唯物主义的世界观与方法论，形成法制意识，提高社会交往能力，在传播人类优秀文化遗产的同时，帮助学生领会和掌握人文精神，培养学生强烈的爱国主义精神和民族自豪感，学会运用唯物史观来认识人类社会的发展进程。需要提出，当前我们开展的人文素质教

---

[1] [美] S. 阿瑞提：《创造的秘密》，钱岗译，460 页，沈阳，辽宁人民出版社，1987。

育同历史上、同国外各种自由教育既有相通的东西,又有很大的不同,其根本点是,我们把坚定不移地弘扬爱国主义、集体主义、社会主义与坚决反对利己主义和腐朽低级的资本主义情趣作为文化素质教育的主旋律。而这正是一切有益于国家和民族的创造性实践最重要的动力基础和价值标准。

良好的人文道德素质是创造性活动的潜在动因。文化素质教育对于人才的培养,不局限于单纯的专业知识、技能的掌握与运用,还在于它能帮助人形成全面的知识结构,促使人在情感和意志等方面健康地发展,强调人才随着社会的发展而不断地获得一种新的观念,一种主体能动性的感召力、创造力。培养诺贝尔奖获得者最多的美国加州理工学院认为,超一流的科学家身上蕴聚着超一流的人才素质,他们是科学家,同时也是具有良好的人文道德素养的思想家、哲学家。他们常常能够自觉地把科学研究活动同整个人类的命运、前途和未来结合起来,把所从事的科学研究深深地置于一种哲学探索之中,因而使他们突破了"纯专家"的限制,成了具有非凡成就的大师。例如,现代物理学巨擘爱因斯坦,他在致力于"物质秩序"研究的同时,没有回避对人类"行为秩序"的思考,为此进一步赢得了人们的尊敬。爱因斯坦特别推崇居里夫人,认为居里夫人的贡献不仅是发现了镭,还在于她的精神力量和人品,而后者正是前者得以实现的条件。他从切身的体验出发,主张科学教育和人文教育的统一,"专门知识和技术虽然使人成为有用的机器,但不能给人一种和谐的人格。最重要的是要人借着教育得到对于事业及人生价值的了解和感觉,对于人类各种动机、各种期望、各种痛苦有了解,才能和别的个人和社会有合适的关系。"[①]因此,文化素质教育能给予学生从事任何工作、承担任何社会角色的一个重要基础——为人的基础,帮助学生认明自己的社会责任和时代使命,树立崇高的追求和理想,最终才有可能成为具有非凡创造性的大家。最近,中共中央、国务院、中央军委隆重表彰了为研制"两弹一星"作出突出贡献的科技功臣,并以"热爱祖国、无私奉献、自力更生、艰苦奋斗、大力协同、勇于登攀"来概括"两弹一星"精神,这种精神便是科技专家们攻克难关所表现出来的伟大创造力的基础。

相反,人文道德素养的欠缺有可能使创造才能非凡的人功亏一篑。例如,德国著名物理学家斯塔克(1874—1957),在1919年获诺贝尔奖之后,便开始做起"财主梦",公然违背诺贝尔基金委员会的规定,开厂赚钱,牟取暴利,最

---

① 引自扈中平等:《挑战与应答——20世纪的教育目的观》,509页,济南,山东教育出版社,1995。

后变成一个唯利是图的商贾，被匹兹堡大学开除。在一些颇有才华的青年学者中，由于急功近利，不惜采取剽窃他人学术成果等不正当手段，而使学术生命夭折的事例更不罕见。

马克思曾经有一个特殊的比喻：进入科学大门有如踏上地狱入口一样。这说明为科学奋斗要克服许许多多的艰难险阻。像居里夫人、李四光、竺可桢、茅以升、华罗庚等科学家以及"两弹一星"的科技专家们，如果没有坚定不移的爱国主义精神，没有对社会、国家、民族的责任感，没有求实、献身、创新、勤奋、艰苦奋斗、锲而不舍的精神，他们的成就必定没有如此辉煌。

四、艺术修养有助于学生创造灵感的诱发

艺术教育是文化素质教育中非常重要的组成部分。诸如绘画、舞蹈、音乐及文学作品欣赏等艺术活动，不仅能提高人的审美能力，而且对人的智力开发，尤其是人的创造力的开发有着重要的意义。艺术活动通过其形象性、感染性和愉悦性，既能有效地激发人的热情，也能有效地诱发人的创造性。

首先，艺术活动开发人的形象思维能力。大凡受过良好的艺术教育或具有艺术修养的人，皆具有发达的形象思维能力。法国数学家阿达玛尔和心理学家黑堡曾经作过一个调查，在100个数学家中有98个认为他们的创造性探索是以形象为基础的。为什么呢？因为艺术作品有着丰富的潜在内涵，是一个复杂的多层次的动态结构，它具有激发和调动欣赏主体心理活动的召唤功能。诺贝尔物理学奖获得者李政道博士认为："艺术和科学是相通的，艺术和科学的共同基础是人类的创造力，它们追求的目标都是真理的普遍性，科学和艺术是一个硬币的两面，这枚硬币就代表了文化。"他认为，越是大科学家，越深深地热爱艺术，从艺术宝库中汲取的养分越多。艺术是科学创造的亲密伙伴，优秀的艺术作品最能充分地调动欣赏者依照自己的心理结构和心理定式进行再创造的积极想象力，经常从事艺术活动十分有助于培养和提高人的想象力与形象思维能力。

其次，艺术活动诱发了人的灵感思维。艺术活动能够积累美感经验和提高艺术修养，而美感经验与艺术修养能够以其独特的魅力和潜意识诱发、激活人们的灵感思维，它们常常成为人们创造的"契机"。实践证明，艺术熏陶能活跃人们的思想，启迪创造的灵感，扩展视野，帮助发现解决各种疑难问题的途径。灵感的产生有其相应的"契机"和适宜的心理状态，而艺术活动所积淀于人们心中的艺术修养和正在进行的艺术活动，则能在一定程度和范围内为人们灵感

的产生提供契机和准备良好的心理状态。众所周知，达·芬奇是欧洲文艺复兴时期造就的"巨人"。他不仅是闻名于世界的艺术家，而且是一位科学巨匠。丰厚的艺术修养在他的科学创造中起了很大的作用，常常成为他各种创造性灵感思维的诱发因素。由于对解剖学、建筑学、机械学、矿物学，以及当时尚未和炼金术分家的化学等各门科学的深入研究，他提出过许多大胆的设计，做出过许多重大发明。爱因斯坦、钱学森、李四光等都是在艺术上有很高造诣的科学家。爱因斯坦甚至认为艺术使他"比从物理学那里获得更多的东西""从艺术中获得的想象力比知识更重要，因为知识是有限的，而想象力概括着世界上的一切，推动着进步，并且是知识进化的源泉"。

此外，从生理学的角度看，艺术活动有利于开发大脑的潜能，使主管逻辑思维的左半脑与主管形象思维的右半脑得以充分开发、协同发展，从而充分调动创造灵感。

因此，在当代世界各国的教育中，人们越来越重视艺术教育及艺术活动在促进人的创造力中的重要作用。比如，美国国会通过的《2000年目标：美国教育法》在美国历史上第一次将艺术与数学、历史、语文、自然科学并列为基础学科。最近，我国对教育方针的表述中，也把德、智、体、美的全面发展作为培养目标的基本要求。

江泽民同志在第三次全国教育工作会议上强调指出："教育在培育民族创新精神和培养创造性人才方面，肩负着特殊的使命。每一个学校都要爱护和培养学生的好奇心、求知欲，帮助学生自主学习、独立思考，保护学生的探索精神、创新思维，营造崇尚真知、追求真理的氛围，为学生的禀赋和潜能的充分开发创造一种宽松的环境。"这为我们深入开展文化素质教育指明了方向。由于创造性的活动需要科学精神与人文精神的有机结合，因而，使人文素养和科学素质的教育有机融合，将之贯彻到教育的全过程中，并努力营造一个高品位的文化氛围，应成为我们今后一个时期教育教学改革的重要任务，也应是进一步开展文化素质教育的重要课题。

（此文由胡显章、李曼丽合作，发表于《高等教育研究》2000年第1期）

大学文化与杰出创新人才的培养

培养大批高素质的拔尖创新人才，是高等教育尤其是重点大学的根本任务。正如温家宝总理2008年在国家科教领导小组会议讲话中指出的："高等学校改革和发展归根到底是多出拔尖人才、一流人才、创新人才。"同时，温总理提出了"要认真思考我们为什么培养不出更多的杰出人才"的命题。怎样加速培养拔尖、创新人才？这是一个复杂的系统工程。从高等学校来看，必须从整体教育理念的变革和创新文化建设上找到出路。下面仅结合清华大学的情况谈一些想法。

清华大学曾经培养了许多杰出人才，为国家为民族作出了重大贡献，但同时我们也看到，在一个时期里鲜有世界级科学大师与思想家出现。当前，像清华这样的重点高校面临加速培养杰出创新人才的巨大压力。我们应当认真总结经验，针对存在的问题作出更加切实有效的努力。

一、切实坚持育人为本的办学理念

办学理念，是指人们对大学的本质、功能和办怎样的大学、如何办大学的哲学思考。办学理念的形成与发展，既取决于当时社会经济、政治、文化的发展情况和对大学的影响与需求，又与大学校长、教育家们的教育主张密切相关。

清华大学的历史上，一直重视育人为本。改革开放以来继承并发展了这一办学理念。"学校特别强调，人才培养是学校的核心使命，教学和科研都要为培养人才服务，而社会服务首先也是要为社会提供高水平的教育、输送高质量的人才。"并且特别强调，"在适应社会多方面需求的同时，我们一定不能忘记大学的核心使命就是培养人。事实上，清华大学在新百年是否能继续保持自己的地位和影响，是否能真正实现世界一流大学的目标，归根到底取决于我们能否在人才培养上保持自己的优势，能否不断地培养出社会需要的优秀人才。"应当说，学校层面育人为本的理念是清晰的，但是，由于面临来自社会的多种诱惑，教育整体环境对短期目标的追求往往影响对立校之本的追求，加上缺乏科学的学术评估体系，一些教师对自身的科研成就和名利的关注超过了对人才的培养，对"用人"的考虑超过了"育人"的责任的现象仍然屡见不鲜。所以，学校一再强调"育人是教师的第一责任"，而真正落实"育人为本"，还需要进一步强化精神文化和制度文化的建设。

二、在育人中坚持以先进文化为魂

当前在高等教育中开始注重文化的作用，坚持"以文化为魂"的提法得到越来越多的赞同，这无疑是一个进步。同时，我们应当看到，过去在缺乏文化自觉的情况下，人们并非没有进行文化选择，只不过缺乏理性思考和以批判性思维在清醒的比较中进行选择，做到以先进的文化作为办学之魂。

杨振宁先生曾经对中美的教育哲学做了这样的比较："一般说来，对于多数学生，90分以下的学生，中国的教育哲学比较好，能够训导他们成才，少走弯路，增加他们的自信心和安全感。而这些成才的大学毕业生正是今天中国社会急需的人才。至于90分以上的学生，他们常常不大需要训导。对于这些学生，美国的教育哲学一般比较好，能够让他们有更多的空间发展他们的才能。"[①] 中华民族和犹太民族都有尊师重教的悠久传统。而中国常常把教师作为知识的源泉，甚至真理的化身，尊重现成的知识、尊重权威成为中国文化的特征。以知识的存量和提取知识的准确性成为检验学习标准的现象普遍存在，传授知识和把握知识成为教与学的基本目标。这种传承式教学过程，约束了学生的学习主动性和创造性。相比之下，被称为犹太教法典的《塔木德》在强调知识是最可靠的财富的同时，还追问"你是否探讨智慧的哲理？""你是否深入探求事物的本质？"孩子放学回来家长常问："今天你提了什么问题？"据统计1901—2008年，730位诺贝尔奖得主中，犹太人有164位，占22%，占美国获奖人的一半，犹太人还占名牌大学教授近1/3，律师的1/4，犹太人还创办了《纽约时报》《华盛顿邮报》等大媒体，一大批著名记者、编辑和专栏作家是犹太人。犹太文化深深影响了美国社会和美国教育。我们应当对我们的教育理念取一分为二的态度，从培养杰出创新人才出发，应当认真分析借鉴美国，特别是犹太教育理念。

清华大学在新时期继承了以往的教育理念，依据国家向创新性转型的需要，将其发展为"厚基础，重实践，求创新"，实施了"在通识教育基础上宽口径专

---

① 杨振宁：《曙光集》，翁帆编译，390页，北京，生活·读书·新知三联书店，2008。

业教育"的人才培养模式,进行了基于高水平学科建设的创新人才培养之路的"创新性实践教育"等。

清华大学关于创新性实践教育的内涵有:(1)完善综合性学科布局,为创新人才的孕育和成长提供丰沃的学术土壤。宽厚的基础,综合交叉的学科背景是产生创新思维孕育创新成果的重要条件。(2)凝练前沿及交叉学科方向,建设优势学科平台,为创新人才成长提供充足的创新空间。(3)以引进与培养并举的原则,在国际范围内建设一流师资队伍,把学生带到学术前沿,为学生创新性学习与实践提供高水平"教练"。(4)实施研究型教育思想,努力将传承式教学转变为研究型教学。在积极推进面上教育教学改革的同时,通过开办"新清华学堂班",为少数优秀学生创造更好的学习研究条件和良好的文化小环境。以取中美教育哲学之长,创造自身新的教育理念。(5)搭建坚实先进的研究平台,为学生提供优良的创新实践条件。(6)开展多样化学术交流,为激发学生的探究兴趣和创新思维营造活跃的学术氛围。包括争取使30%的学生有国外学术交流的经历,将优秀学生派往国外诺贝尔奖得主门下参加研究工作等。总体上,在培养方案中,采取三个系列举措——研究型学习、高水平科研、多样化交流,构成创新性实践教育模式。此外,在教学管理与评估机制以及资源配给机制方面进行改革,支持创新性实践教育。

这些努力虽是初步的,但是成效已经显现。清华70%以上的博士生在学期间参研两项以上863、973、自然科学基金等重大课题,以学生为第一作者发表的SCI论文占全校SCI论文的60%(约1700篇/年);在1999—2009年全国优秀博士学位论文评选中,清华获奖88篇,约占全国的1/12,平均每50名博士毕业生获奖1篇,获奖总数和产出比例均居全国高校首位。本科数理基础科学班,软件科学实验班学生表现优异。数理基科班学生在物理学和天文学领域发表SCI论文60余篇,20多人次在国际会议上作学术报告。基础科学班毕业生获第四届世界华人数学家大会"新世界数学奖"金奖与银奖。清华本科培养质量得到国际公认。

这里仅以生命科学学科为例作一剖析。自2009年5月至2010年1月,清华大学生命科学学科有6篇重要学术文章在 Cell、Nature、Science 三大国际顶尖学术刊物发表或被接收,论文的第一作者均为清华大学学生。为什么能够取得这样的成绩?

一是有一支站在国际学术前沿的优秀师资队伍。2008年在结构生物学研究领域成就卓著的施一公放弃普林斯顿大学终身教职和霍华德休斯研究员的聘任,全职回到母校清华工作。施一公是一个十分优秀的青年科学家，美国国立健康研究院研究室主任鲁白这样评价施一公：他在国际学术界的水平和地位可以和当年的华罗庚、张香桐相提并论，是一个领军人物。领军人物除了具有相当的学术成就和国际地位之外，还有几个非常重要的素质：第一，能够高瞻远瞩，并在学术领域和科学文化、教育的发展方向上具有远见卓识；第二，有相当的胆识和勇气敢做一些开创性的工作；第三，他必须要有强烈的个人魅力，在一个群体和社团里面，要相当有号召力。施一公具有这三方面的条件。鲁白称赞施一公"是海外华人归国的典范和榜样"。面对这样的美誉，施一公说："在美国，我的学习、工作顺利，生活富足，但我内心始终缺少归属感和认同感。我接受和崇尚的是传统教育，家事国事天下事，事事关心。国家兴亡，匹夫有责。我希望能够通过自己的努力，为改善和改进国家的教育体制与科技体制作些努力，能培养一批人才，为国家的发展和社会的进步作出一些贡献。"施一公的回归，使得清华生命科学学科在原有基础上凝聚了一支优秀的、充满活力的师资队伍，为开展创造性研究，培养创新性人才提供了重要的条件。

二是有一支同样充满活力的、优秀的学生队伍。正如生命科学学院也是清华最年轻的教授颜宁所说："与海外相比，国内的最大优势在于能招到很多非常优秀的学生。"杨振宁先生曾说，清华大学的学生是世界上最好的。

三是有国家与学校在财政上的大力支持。搞基础研究没有充足的经费是不行的。现在我们的国力已经允许我们对基础研究有较大的投入，我们能够为之提供最先进的科学研究条件。

四是有良好的学术环境。一流的教师、一流的学生、一流的研究条件，加上良好的学术文化环境，就能出一流的成果。正如颜宁教授所说：学生的良好素质、充裕的研究经费以及自由、安静的科研空间，让她得以专心从事研究，并"取得了同样时间内在美国肯定实现不了的成绩"。颜宁坦言："我对目前的工作环境相当满意。"施一公表示："清华大学生命科学学科已进入一个稳定、成熟、快速发展的新时期。就我个人的研究组来说，发表出来的文章只代表了过去两年我们研究成果的一小部分。我在清华所进行的研究，无论质与量均超过了此前在普林斯顿最鼎盛时期的水平，未来两三年，我们一定会有更多更重要的成果脱颖而出。"

清华生命科学学科的情况是令人鼓舞的，我们从中看到了希望，增强了信心。同时，我们没有理由盲目乐观。因为从总体看，无论从物质上，精神上或是制度上，对于培育杰出创造性人才，出原创性成果还存在诸多的制约条件。

我们国家对整体教育的投入比例仍在世界平均水平之下，基础研究仍然缺乏一流的条件；特别是尚未形成整体创新文化氛围。正如清华大学校长顾秉林所说："我们必须清醒地看到，中国当前的大学文化，虽然从文字表述上看大都有求实、创新等词汇，但从学校师生的精神面貌、学校风气、体制与校园环境氛围看与真正的创新文化还有不小的差距。特别是在精神理念与价值判断上的重物质轻精神、重共性轻个性；在教育理念上重教育的社会功能，轻教育本体功能，即重视教育为短期的社会政治、经济需求服务，忽视教育促进人的身心和谐发展与个性特长充分发展的功能，重教育教学过程中教师对学生的知识传授，轻学生精神生命的主动发展；在大学评价体系上重物化指标，轻精神文化因素；加上官本位的思想残余、平均主义、急功近利、因循守旧、'但求无过'的平庸思想等，以及这些观念意识在大学管理体制、运行机制方面的种种反映，像一张无形的网，制约着广大师生员工内在创造性的发挥，阻碍着教育教学、科学技术和思想文化研究、社会服务和学校管理的进一步创新，影响着学生的创造性培养和创造潜能的充分滋长。"

显然，这些问题的解决不是大学自身就能完成的，需要集全社会的力量来共同营建理性的创新文化氛围。同时，对于创造性人才，尤其是领军人才的要求，不仅在学术上应当是突出的，而且，应当具有人格魅力和组织才干，所以，必须注意提高他们的全面素质。在教育教学和科学研究过程中，应当规避重工具理性轻价值理性的倾向，警惕"失去灵魂的卓越"。在教育思想上，要力求加速实现对"工具化"的突破。

同时，我们不能将关注点仅仅放在少数尖子生的培养上。正如《国家中长期教育改革与发展规划纲要（2010—2020年）》所指出的："要把育人为本作为教育工作的根本要求。"要"关心每个学生，促进每个学生主动地、生动活泼地发展；尊重教育规律和学生身心发展规律，为每个学生提供适合的教育，培养造就数以亿计的高素质劳动者、数以千万计的专门人才和一大批拔尖创新人才。"素质教育的基本点就在于面向全体学生，为每个学生的成长营造良好的文化氛围，提供广阔的空间。在哈佛大学350年校庆上，有人问校长，哈佛最值得自豪的是什么？校长回答说，最值得哈佛自豪的，不是培养了6位总统和36位诺贝尔奖获得者，而是给予每位学生充分的选择机会和发展空间，让每一块金子都闪闪发光。

大学应当以高度的文化自觉，坚持育人为本和以先进文化为魂的办学理念，更好地肩负起营建创新文化和引领社会文化的任务。

谈谈培养批判性思维

随着中国向创新型国家转型和民族复兴步伐的加快,人们对批判性思维重要性的认识不断加深,批判性思维教育逐步成为中国高校素质教育的一个重要关注点。而且,令人感到高兴的是,批判性思维教育受到了国家领导人的关注。习近平同志在北大"五四"座谈会上指出:培养社会主义核心价值观要在勤学、修德、明辨、笃实四个方面下功夫。强调要明辨,会宽容,会自省,会自律,会思考,善于分析,正确抉择。这些都是批判性思维所倡导的基本原则。

十分感谢一批有识之士为推进中国批判性思维教育教学所进行的开拓性努力,正如20年前开始在中国高校推进文化素质教育一样,新近几年批判性思维教育的兴起,也将对中国高等教育产生历史性的影响。实际上,批判性思维教育的兴起正是文化素质教育向纵深发展的实际步骤和重要标志,下面就批判性思维教育谈一点认识。

批判性思维是人类进步的思维武器,在人类进步史上一些重要发展阶段,都可以找到倡导批判性思维的印迹。一般认为,批判性思维直接来源于西方文化,批判性思维的发展是西方哲学思想和教育思想发展的组成部分。古希腊哲学家及教育家苏格拉底继承发展了爱利亚学派的论证方法,提出了探索知识的问答法,主张通过思辨、讨论发现真理,这被视为批判性思维教学法的最初发端;中世纪被称为"现代哲学之父"和"近代科学始祖"的笛卡儿为促使人成为自然界和自身的主人,提出"系统怀疑方法",批判经院哲学和神学,对欧洲哲学、科学和社会的进步产生了重大影响;德国思想家、哲学家康德在其《纯粹理性批判》《实践理性批判》和《判断力批判》系列论著中提出了系统的批判哲学观,他强调"教育之目的就在于使人成为人",突出人的主体性和人本主义精神,他批判把受教育者当成知识容器的观念,批判把人当成工具的观点,倡扬理性和人的自我批判,在批判过程中将逻辑理性与思辨理性结合起来,将仰望星空追求真理和心中的道德法律统一起来,他的哲学观、教育观产生了广泛而久远的影响;20世纪初,美国实用主义哲学家、民主主义教育家杜威为适应美国社会的历史转型,提出教育的价值在于通过人的成长促进社会的进步,主张激发人的智慧，发展人的精神生命，将人的解放和社会的民主进步、科学技术的发展连接在一起。杜威认为，认识论所关心的不只是知识问题，更重要的是认知问题，他批判了传统的教育思想使受教育者以"知识旁观者"实现认知过程的理论，提出了"发现问题—分析问题—提出假设—确定假设和验证假设"思维五步法，他的教育思想奠定了美国现代教育的基础。这些都成为当今推进批判性思维教育的重要精神财富。

恩格斯在《自然辩证法》中提出："一个民族想要站在科学的最高峰，就一刻也不能没有理论思维。"这个理论思维就是哲学思维。"哲学是一种'反思'的思维活动，或者说，是一种'反思'的思维方式。因此，只有在'反思'的意义上，才能够理解作为哲学基本问题的'思维和存在的关系问题'。"从认识论视角看，哲学是以反思的方式思考哲学自身和人类的现实生活，这种"反思"的方式就是批判性思维。马克思认为，唯物辩证法"对现存事物的肯定理解中同时包含对现存事物的否定理解""辩证法不崇拜任何东西，按其本质来说，它是批判的和革命的""在哲学的反思中，所有的思想都是反思的批判对象。哲学批判所要实现的，是整个思想逻辑层次的跃迁，也就是实现人类的思维方式、价值观念、审美意识和终极关怀的变革"（见孙正聿《哲学通论》）。所以，以哲学的批判思维思考高等教育带有整体性的战略意义，不仅影响教育的认识论哲学基础，还影响政治论哲学基础和生命论哲学基础。

当今创新思维得到越来越多的关注，因为创新思维是创新实践的基础和前提，而创新思维是建立在哲学的批判性思维基础上的。西方在古希腊理性精神的传统上形成了逻辑思维，进而发展了批判思维。20世纪70年代开始，在西方一流大学中，普遍倡导批判性思维教育。1991年，美国《国家教育目标报告》明确"应培养大量具有较高批判性思维能力、能有效交流、会解决问题的学生"，将批判性思维能力当作重要的教育目标。美国加州大学索诺玛分校批判性思维与道德批评中心保尔教授断言："批判性思维应当成为构成21世纪教育的本质性基础。"1998年联合国教科文组织发表《面向21世纪高等教育宣言：观念与行动》，第一条明确指出："教育与培训的使命是培养学生批判性和独立的态度。"由此，北美高校设置了许多批判性思维的课程，并努力将批判性思维体现在教育全过程。相比之下，中国高校缺乏必要的自觉和实践。

我们在考虑中国批判性思维的历史发展和现状时，不能采取虚无主义和一概否定的态度。实际上，儒家典籍所倡导的"博学之，审问之，慎思之，明辨之，笃行之"体现了中国古代学人对批判性思维的追求，对中国教育历史乃至当今中国高等教育都有积极影响。从战国时期齐国稷下学宫所体现的学术自由、相互兼容的风范,到岳麓书院"朱张会讲"自由讲学、互相讨论、求同存异,体现了"疑误定要力争"的追求真理的精神,一直到2005年开启的湖南大学"明伦堂讲会",以"承朱张之绪,弘湖湘学统,沐书院清风,谈天下学术",通过学术交流与自由辩论,拓展学术视野,活跃学术气氛,促进理论创新,我们不难看到中国学人身上宝贵的批判性思维表征。从历史长河来看,在中国封建集权的境遇下,统治者推崇的是"民可使由之,不可使知之"的治国之术,批判性思维未能得到普遍的发扬。加上中国传统文化缺乏科学实证与逻辑推理以及过于强调师道尊严,不利于批判性思维的传播和养成。同时,从中国高校学生的批判性思维现状看,整体上是存在不足的,但是,也有不容忽视的特色。加拿大的国际比较教育著名学者许美德教授对中国教育有着深入系统的研究,2013年5月在接受《中国教育报》采访时谈道:"西方社会有一部分人宣称中国人缺乏创意、思维僵化,我却不以为然。中国学生的创新更多地体现为更深入的观察、更审慎的思考和一种三思而后行的理念,在综合考量各方之后独立作出抉择,在他人的观点和自己的个性之间巧妙地寻求平衡正是中国人的大智慧,这是一种不同价值观影响下的选择。"她说,"哈佛大学的教授霍华德·加德纳初来中国研究教育时,对于'中国学生习惯模仿'这一观点深信不疑。但随着实践的深入和教学观察,他发现在所谓的模仿中,中国孩子在细节上作出了自己喜欢的调整。虽然不那么张扬,却昭示着柔性的力量和不输西方学生的个性。因此,简单地认为中国传统文化压制创新的观点稍显粗暴,不够理性。我认为,小组合作、课堂展示、角色扮演等方法都有利于创新人才的培养,但最关键的还是如何界定'创造力',发现中国学生自己的创新形式和表现方式,再根据这些特点提供创新支持条件,才能够事半功倍。"我引用许美德教授的话,并非否定中国高等教育存在批判性思维薄弱的问题,而是认为我们在运用批判性思维来剖析中国教育的时候,应该持辩证的一分为二、实事求是的态度,善于从我们的实际出发,扬长避短、学习他人,探索具有自身特色的路径,而这正是理性的批判性思维的应有之义。实际上,我们的文化素质教育一直努力提倡工具理性与价值理性相结合,科学教育与人文教育相结合,为学与为人相结合,相信坚持从中国实际出发,实现综合创新,我们可以发挥好批判性思维教育的后发效应,而且可以做得更好,我们应该有这样的文化自觉和自信。

现今中国高校开始注意到倡导批判性思维的重要性。华中科技大学率先将批判性思维的教学方法与教学内容引入校级平台课,并大力向全国高校辐射批判性思维教育理念，推进中国高校批判性思维教育的研讨。在清华大学，这个主题也引起了校长和师生们的关注。2001年清华大学90周年校庆后，领导班子在反思找差距时，明确了清华大学理论思维不足的问题，指出在这方面应该向北京大学学习。继而，又认识到只强调"行胜于言"是不够的，应该给予"人文日新"以更多的关注。这是对自身办学实践的批判性反思；顾秉林校长在2004级研究生开学典礼上以"批判性思维与谦和为人"为题发表了演讲，强调在清华大学治学与为人方面需要注意的一个问题就是重视并正确对待批判性思维。指出所谓批判性思维，是面对认识的对象做出肯定什么、否定什么，或要有些什么新见解、新举措的系列思考过程。批判性思维不仅要发现错误、查找弱点，还要关注优点和肯定长处。为此，首先，要充分了解你的研究对象；其次，不迷信已有的结论；最后，要不断反思自己的思维模式。批判性思维不仅是处事的一种方法，更是做人的一个准则。我们通常讲的"吾日三省吾身"，就是批判性思维的体现。持批判性思维者应该具有责任感，要有谦和的态度，要反省自我，要遵循明明德、亲民和止于至善的大学之道。由此可见，我们所倡导、所追寻的是一种理性的、建设性的批判思维，而不是情绪性的、非理性的批判思维。顾秉林校长对批判性思维的关注和理解，表明了一种文化自觉，体现了一种办学理念。这对广大师生无疑具有导引作用。当前，清华大学开设了多门有关批判性思维的课程，面向全校的通识教育课程有"批判性思维""媒体创意与思维陷阱"等。经管学院开设了通识教育基础课程"批判思维与道德推理"，新闻传播学院开设了专业课程"媒介文化与批评"等，今后还将开设面向全校的"批判性思维基础"等课程。目前所开的课程都带有探索性，只能满足少数学生选课需要，质量和实效都有待提高。而若要使批判性思维融入教育教学全过程，还需要在理念、课程建设和师资队伍建设上作出持续性努力。而且，批判性思维需要依托创新文化的蕴育，这不是单凭学校自身内在体系就能完成的，需要教育生态系统为之提供外部环境，需要社会经济、政治、文化和科技等生态因子提供外部政策和能量，或者说，需要学校内部因子与外部因子协同共振来推进。

我们将认真向兄弟院校学习，不断提升文化自觉，以高度责任感积极参与理论和实践的探索，共同将批判性思维教育和创新教育推上一个新台阶，并且肩负起引领社会的使命。

（2014年7月22日"全国第四届批判性思维教学研讨会"发言稿，
《工业与信息化教育》2015年7月刊出）

为清华开设"写作与沟通"必修课点赞

在 2018 年举行的清华大学第 25 次教育工作讨论会期间，邱勇校长宣布自 2018 年秋季学期起，要为本科生开设"写作与沟通"必修课。此事引起强烈反响，得到众多点赞。

记得 2000 年，我与清华文科的几位领军者到美国名校考察文科和通识教育，MIT 的一件事给我印象深刻：该校在梳理校友意见时，发现最为集中的是希望学校加强写作能力的培养，为此，MIT 为本科生开设了两个学期的写作训练课。联想到清华学生写作功力欠佳的情况，觉得 MIT 的做法值得借鉴。我在 MIT 校园书店特意购买了写作课教材，回校后送给了外文系，希望对外文写作教学有所助益，还可适时译成中文，促进面上中文写作教学；同时，推动中文系开设面向全校的写作选修课。中文系孙殷望教授率先开设了"应用文写作"课，以二十四字要诀要求：端正态度、了解特点、认识规律、明确要求、理清思路、掌握要领。他的课受到欢迎，但供不应求。孙殷望教授离世后，我支持文化素质教育基地副主任蔡文鹏继承孙殷望开拓的写作教学工作，为本科生开设"中文应用文写作"课，但依然不能满足广泛需求。由于中文系师资力量不足以承担更多的写作教学任务，写作课难以在面上推广。像经管学院钱颖一院长十分重视通识教育，在 2009 年把"中文写作""中文沟通"两门课作为大一学生的必修课，但是只能外聘老师来开课，教学效果并不理想。

现在，学校决定为全体本科生开设"写作与沟通"课，在教育理念上有了新的拓展，在组织与经费上都提供充分的保障。决定由中国文学三大奖（老舍文学奖、鲁迅文学奖、茅盾文学奖）得主刘勇（笔名格非）和历史系教授、教务处处长彭刚主持这项工作，成立写作与沟通教学中心，建设一支高素质的、专兼结合的教师队伍。这些信息令我十分欣慰！

当然，要求全体本科生必修"写作与沟通"课并非一开始就有充分的共识，有学生说：我在中小学学了那么多年的语文，写了那么多的作文，怎么到了大学还要学写作呀？过去也曾有过中文教师认为教非专业学生写作是低端的工作而不愿意上手。看来，使"写作与沟通"课取得实效并持续发展，首先要回答好为什么要开这门课的问题。

前面说过，MIT 的校友普遍对在学期间写作能力未能得到必要的训练提出了意见。后来不仅 MIT，美国 96% 的四年制高校都设置了学生写作训练项目，一些文科生被要求连上三个学期写作课。实际上，要求加强在学期间的写作训练也是包括清华大学在内的毕业生的普遍意见。一项对中文专业学生写作能力的调查表明，多数学生的写作处于中学应试作文思维模式，对于客观事物缺乏深刻的观察与理解，反映出观察能力、感受能力、想象能力和语言表达能力的不足，更少有创新的视角和思考，导致写作成果立意不深、空洞单一，甚至逻辑混乱。知名编辑刘霞认为，即便是国内名校新闻专业出身的实习生，"采写的稿件经常逻辑不清、层次不分，甚至还经常出现语病、错字，一看就是基本功训练没有到位"。某高校一项调查表明，只有 10% 的学生认为自己具备大学生应有的应用写作能力。有半数学生在书写应用文时感到困惑。实践告诉我们，加强大学生写作与沟通训练有非常重要的现实需求。

或许有人认为，在信息时代，有大量的网络模板可以借鉴，无需对写作表达提过高的要求。实际上，如《大趋势》作者约翰·奈斯比特所说："在工业社会向信息社会过渡中，在这个文字密集的社会里，我们比以往任何时候都要具备最基本的读写技能。"美国教育家韦斯特说："在信息社会，写作包围着你。"时刻要求简明地表达和沟通想法。据许多教师反映，学生在写作应用文时，大量存在框架结构不规范、语言表达不妥当、逻辑思维不清晰、思想内容表达不充分的问题。甚至有学生认为，对于应用写作存在"一听就会，一写就错"的尴尬情况。清华文化素质教育基地今年 6 月的调查表明，有 79.53% 的同学对开设应用写作选修课表示赞成，但是，只有 13.95% 的学生赞成开相关的必修课，担心会增加负担。

在这里，还需要对清华开设"写作与沟通"课的宗旨达成更加充分的共识。首先，正如孙殷望教授在开设"应用写作"课时强调的：练好中文写作基本功是"经国之业，立言之要，交际之需，文明之魂"。同时注重构思逻辑训练，会提出问题—分析问题—解决问题。这体现了"价值塑造—能力培养—知识传授""三位一体"的要求；在现代社会，特别是作为高素质的组织者、未来的领导者，需要对民族语言文字所体现的传统文化的热爱及其规律的把握，具有必备的写作、表达、沟通能力。著名教育家叶圣陶认为："大学毕业生不一定能写小说、诗歌，但一定要能写工作和生活中实用的文章，而且非写得既通顺又扎实不可。"而作为对 2017 年年底教育部本科教学评估专家提出清华"学生思辨与交流表达能力需要提升"的回应，开设"写作与沟通"课，不只是一般地提高写作能力，其实质更在于提升思辨与交流表达能力。正如经管学院前院长钱颖一所说："为什么写作重要？因为它是通过逻辑思维构思布局、组织思想，通过搜集证据取舍素材，通过准确的语言加以表达，并通过提炼观点展示结论。这不是一般意义上的写作过程，而是一种思想和论据的组织过程。"

那么，应该怎样开好"写作与沟通"课呢？以往许多高校开设过大学语文或写作课程，但一般都是大班教学，停留在教师对语文知识的拓展和作文的批改上，少有进行思维训练。而且，学生的主体性未能得到充分尊重和确立。清华教务处处长彭刚指明了这次课程改革的定位要求："'写作与沟通'课程定位为非文学写作，偏向于逻辑性写作或说理写作，以期通过高挑战度的小班训练，显著提升学生的写作表达能力，提高沟通交流能力，培养逻辑思维和批判性思维的能力。"依据这样的指导思想，该课程将通过约15个学生的小班教学，创造老师与学生、学生与学生充分交流的环境，使得教师的教学主导作用与学生学习主体性得以充分发挥。

当然，要达到以上要求，必须有一支足够数量的十分敬业、业务精良的专职教师队伍。学校决定成立专门的校级教学机构，组建不少于25名教学系列专职教师的教学队伍，并鼓励各院系不同专业背景的教师共同参与授课。同时，按照"以通识教育为基础，实施通识教育与专业教育相融合"的教育模式，使得写作与沟通的训练贯穿到低年级的通识教育读写课程、高年级专业课程和综合论文训练中去。

"写作与沟通"课程建设和相关教育思想的落实，如改革家王安石所言："看似寻常最崎岖，成如容易却艰辛。"教务处处长彭刚认为这门课"挑战度高、训练量大""虽然很难，但既然要做就一定要做好。'在所有本科学生的成长过程中留下深刻印迹的一门课'不是一句空话。"相信经过全校师生的持续努力，一定能够逐步实现如清华写作教学的开拓者孙殷望教授所期望的"使思想的灵魂乘着文采的翅膀飞得更高更远"！

（发表于《水木清华》2018年第10期）

关于加强美育应处理好的几对关系

1994年6月中旬,中央领导同志在全国教育工作会议上再次强调要把提高全民族的素质作为一项紧迫任务来落实,并且阐明美育在整体教育中的重要地位。6月下旬,国家教委召开了艺术教育委员会会议,研讨了加强艺术教育的途径。这说明随着经济发展与社会进步,重视与加强美育被进一步突出出来了。根据我们的体会,为使普通高校的美育上升到一个新的水平,应当处理好以下几方面的关系。

一、发展美育的客观条件与主观努力的关系

当前,社会主义物质文明的迅速发展,推动着人民群众对社会主义精神文明的需求不断提高,加上中央对美育的重视,美育的发展面临着难得的机遇。但是,美育的发展又受到教育事业整体投入不足的制约,同时,对外开放与市场经济的负面影响,使社会主义文化艺术遇到严峻的挑战,给美育健康、迅速地发展带来困难。

面对上述形势,我们既不能脱离国情、校情去追求高水平的物质条件,又要不失时机地打通各种渠道,引起各方面更多的重视和投入;既要看到文化市场上两种力量、两种思想较量的严重性、长期性及其对学校的影响,又要看到近年来文化市场导向的可喜变化,从而增强信心,发挥好上层建筑对经济基础的保护与促进作用,不断开拓美育的新局面。

二、在教育方针上,美育与德、智、体的关系

"乐者,德之华也""而可以善民心,其感人深,其移风易俗"。中国古代就把美育视为德育的重要组成部分和高层次教育的体现。美育可以陶冶情操,把道德规范通过情感的桥梁成为内在的道德要求;"美能益智",美育可以促进形象思维,提高想象力、洞察力和创造力;"美可促体",审美意识可以推动人们

追求形体美、气质美，有利身心健康。美育不仅与德、智、体有密切联系，而且有其自身的内涵与规律。随着物质文明和精神文明的不断发展，人们对美的要求必将日益突出。因而，美育应作为培养跨世纪全面发展人才的基本素质在教育方针中加以表述，并在培养环节上落实。

三、在育人环节上，美育与一般教育的关系

美育是整体教育的重要组成部分，没有美育的教育是不完全的教育。正如教育家蔡元培先生所说"凡是学校所有的课程，都没有与美育无关的"。"美"不仅是文学、艺术所特有的属性，而且是教育的重要属性。教育工作者应当使真、善、美贯穿于育人的全过程之中，从育人环境、教育内容与手段，到教育工作者自身的仪表、语言、板书、情感、心灵以及其知识的博大精深与表达的哲理分明都要使受教育者受到潜移默化的影响。为此，教育工作者应努力提高自身的科学理性思维与美的形象思维水平，并身体力行之。应当说，不少同志目前对此尚缺乏自觉性与主动性。

四、在艺术教育层次上普及与提高的关系

艺术教育是实施美育的主要途径。对于普通高校，艺术教育的目的首先是提高全体学生的素质，因而其任务主要是普及。近期内，从总体看，中小学艺术教育的基础是薄弱的。几年前，我们对大学生的抽样调查表明，约有87%基本不识简谱，多数学生只在初二前上过音乐、美术课，有的只是小学唱过几首歌。尽管他们数理基础相当好，但普遍患有"艺术贫血症"。据此，我们艺术教育的重点是"雪中送炭"，即给学生以最基本的艺术知识，并培养他们基本的欣赏能力。如为大学一年级学生开设"音乐基础知识及欣赏""舞蹈基础知识及实践"两门限选课，在高年级开设"中国名曲赏析""中外名歌学唱""素描"等系列选修课，并组织编印《大学生文艺知识必备》等。

同时，普及与提高又是相辅相成的。一方面，中小学艺术教育在逐步改善，有的学生入大学时，已经受过良好的艺术教育。另一方面，学校艺术教育得到普及后，也不断提出新的要求。为此，我们采取校内外结合的办法，开出不同层次的艺术类课程，并组织艺术类辅修课组，使少数艺术基础较好的学生毕业时可获得辅修课证书，我们还将力争开设艺术类第二学位。提高的另一途径是

建设好学生艺术团这支文艺代表队。要求他们努力全面发展并充分发挥自己的特长，引导全校艺术活动坚持正确的方向，不断提高水平。近两年来，这支队伍在全国或首都大学生的军乐、民乐、合唱、独唱、重唱、话剧、国标舞等会演中都名列前茅，这些成绩反过来又推动了全校文艺活动向着更加广泛和提高的方向前进。

和普及与提高有一定关联的是通俗艺术与高雅艺术的关系。正如我校学生艺术团去年在北京音乐厅与中央乐团联袂演出时向全国大学生以及全社会发出的倡议："严肃音乐的发展代表着一个民族的文化水平，作为文化层次较高的社会主义大学生，不应该仅仅停留在欣赏通俗音乐的水平上，而应当有更高境界、更深内涵的精神追求，有责任为发展严肃音乐、弘扬高尚文化做出自己的贡献。"长期以来，我们注意向广大学生推荐优秀的传统民族艺术，使之在欣赏中国文化瑰宝时受到爱国主义教育，同时把优秀的外国文化艺术介绍给他们，帮助他们了解优秀艺术家及其创作艺术作品的时代背景和丰富的内涵，受到了广泛的认同与欢迎。

另外，我们从通俗音乐在青年人中有着广泛影响的实际出发，要求不是简单地排斥通俗音乐，而是对其取分析态度，凡是内容与情调健康的，允许在舞台上占有一席之地，并鼓励与支持创作健康的、反映当代社会主义大学生精神风貌的校园歌曲。

五、在教育环境上，学校教育与社会教育的关系

一个时期以来，有人以"6+1≤0"（6天学校教育抵不上1天社会影响）来表述学校美育同社会影响的关系，即社会上粗俗低劣艺术作品的负面影响完全抵消甚至超过了学校的教育效果。这一比喻虽不十分恰当，但却反映了一个事实，即一个人的成长是学校、社会、家庭综合作用的结果。我们赞同大德育、大美育的观点，即不仅把从幼儿教育到大学教育作为一个系统工程来考虑，而且把学校教育与社会教育加以通盘规划与配合。从学校教育来说，一定要密切关注社会文化市场的变化，及时采取必要的对策。同时，希望中宣部、文化部、广电部、国家教委以及各级党政机关、艺术团体和新闻出版系统一起配合，共同营造有利于陶冶情操、促人上进的文化艺术氛围。

（发表于《中国高等教育》1994年第9期）

和谐向美　全面发展

在迎接清华110华诞，开启向世界一流大学前列进程的时刻，邱勇校长委托开展"向美而行——清华大学美育之路"的研究，得到跨学科同仁的积极响应，表明清华提高文化自觉的又一可贵努力。笔者曾是清华美育传统的受益者，同时在领衔清华美育委员会时，有过美育理论研究与实践探讨的经历，在此仅就"向美而行"谈点感悟。

一、关于美育的宗旨与定位

什么是美育？美育的功能是什么？这是推进美育首先应该明确的问题。以往，美育常常被等同于艺术教育，其宗旨常常被定位为帮助学生提高艺术情趣和审美能力，因而，美育只被看作艺术教师的任务。经过教育实践，人们渐渐认识到这种看法的局限性。2020年10月由中共中央办公厅、国务院办公厅印发的《关于全面加强和改进新时代学校美育工作的意见》明确："美是纯洁道德、丰富精神的重要源泉。美育是审美教育、情操教育、心灵教育，也是丰富想象力和培养创新意识的教育，能提升审美素养、陶冶情操、温润心灵、激发创新创造活力。"强调各级各类学校都要做好"以美育人、以美化人、以美培元，把美育纳入各级各类学校人才培养全过程，贯穿学校教育各学段，培养德智体美劳全面发展的社会主义建设者和接班人。"联系到党的十九大报告指出的："中国特色社会主义进入新时代，我国社会主要矛盾已经转化为人民日益增长的美好生活需要和不平衡不充分的发展之间的矛盾。"上述《意见》可以看成对党的十九大确立的新时代"不断创造美好生活"的战略目标在教育领域的积极回应。由此可见，美育有着丰富的功能，最终要促进人的全面发展，满足人们对美好生活的追求。艺术教育诚然承担着美育的重要任务，但是，美育应该体现在教育的全过程，是所有教育工作者的使命。当前，广大教育工作者仍然需要全面深入地理解美的实质和美育的任务，由而明确自身实施美育的责任。

什么是美？按照上海辞书出版社《辞海》的定义，"美"指味、色、声、态的好，才德品质好，善事、好事，喜欢、称心，是存在于自然、社会、物质、精神中的被人发现、创造、体现人的本质力量，令人愉悦或爱慕的形象；马克思主义美学认为美是人的社会实践、能动创造的产物，是自然的人化，人的本质力量的对象化和形象显现，确证了人的思想、情感、智慧、价值和人与自然、社会的和谐等。梁启超在《美术与生活》中说："我确信'美'是人类生活一要素，或者是各种要素中之最重要者，倘若在生活全内容中把'美'的成分抽出，恐怕便活得不自在，甚至活不成。"《艺术：让人成为人 人文学通识》的作者理查德·加纳罗和特尔玛·阿特休勒认为："自从哲学发端，自从思想家开始追问是什么要素造就了好的人生，这问题的回答就经常与美相关联。""美和快乐的紧密关联从来都是显而易见的"，"美的事物引发一种幸福感，而这恰恰是美之所以为美的理由。"席勒在《美育书简》中说得更加简明："唯有美才会使全人类幸福。"可见人离不开美，美不仅是艺术、娱乐所带来的愉悦感，学校里深受学子欢迎的"最美老师"、此次疫情中受到国民崇敬的"最美逆行者"所蕴含的"美"首先是灵魂和价值的追求。审美在本质上是人高尚生活的情感，是人类文明进步中不断追求真善美境界的重要组成部分。

《辞海》将美育定义为："关于审美与创造美的教育。通过对艺术美、自然美、社会美的审美活动和理性的美学教育，使人树立正确的审美观念，培养健康的审美趣味，提高对于美的欣赏力与创造力。"简言之，美育是"以美育人、以美化人、以美培元"的教育行为。事实上，在教育过程中时时处处都离不开美育。正如时任北京大学校长的蔡元培先生在《美育实施的方法》一文中指出："凡是学校所有的课程，都没有与美育无关的。"因为，老师的形象美、语言美、板书美，表达的简洁美、逻辑美，教学内容体现的工具理性与价值理性的和谐美，以及自身的德行美，无不以美的形态潜移默化地影响着学生。当然，又如蔡元培在任民国政府教育总长时特别强调的："美育是最重要、最基础的人生观教育。"因而，他后来在北京大学亲自开设、讲授"美育"课程，他的"以美育代宗教说"成为闻名于世的教育理念。蔡元培毕生不遗余力地倡导美育，他临终嘱托："科学救国，美育救国。"因为美育不仅影响着学生的全人格，也必将影响国民的全面素养，此将决定国家的前途命运。由此可见，美育贯穿在教育的全过程，应该是每个教育工作者的天职。

二、清华重视美育的传统

清华自成立以来，就重视全人教育，而注重美育是其不可或缺的内涵。

1911 年 2 月颁布的《清华学堂章程》总则明确"以培植全材，增进国力为宗旨"，"以进德修业，自强不息为教育之方针"。清华学堂教务长、清华学校第二任校长周贻春强调"清华学校，素以养成完全人格为宗旨"，倡导"自强不息，厚德载物"之校训精神，实行严格管理，要求学生"砥砺自治，敦厚德行，尚清洁，崇节俭"，推行"强迫运动"，提倡体魄与人格并重，培养积极进取精神，注意设置艺术类课程和支持校园文化艺术活动。在《清华学校简章》中规定：中等科一、二、三年级每周必修音乐、绘画各 2 学时，四年级各修 1 学时；高等科文科一、二年级各必修音乐 1 学时，实科也有相应的艺术课程学习之规定。同时，学校支持学生成立歌唱团、戏剧社、摄影社、铜乐队等学生艺术社团，使得学生在丰富多彩的课外艺术活动中提高艺术表演欣赏能力，陶冶情操。在清华学校期间对办学影响较大的另一位校长是曹云祥（1922—1928 年长校），他强调以培养"高尚完全之人格"之领袖人才为办学宗旨，特别重视营造校园美育环境。他认为"所谓教育，并非专事通读记忆而已，是欲养成高尚完全之人格，为立足社会之准备"，"欲求为人之道，大都在课外作业中养成之，如运动、军操、组织团体之会社"。为此学校专门成立课外作业指导部、俱乐委员会、游艺委员会、音乐委员会、戏剧委员会等，指导学生"谋学业及课外作业之并进"。曹校长还聘请了戏剧教育家张彭春出任教务长，统筹指导学生课内外艺术教育，聘请了一批艺术高手担任教师。

正是建校之初在全人教育的理念指导下，清华营建了丰富多彩的美育生态。清华国学院主任吴宓曾赋诗颂扬人文日新的清华园："红瓦高楼翠柏里，歌声未绝书声起。名园旧被白云封，翻借管弦除荆杞。近邻荒园过人稀，瓦砾荆棘磷火飞。此中独有欲仙境，俯仰苍茫夕阳照。"就在清华学校生动活泼的美育"仙境"里，孕育出闻一多、梁思成、顾毓琇、黄自、洪森、曹禺等有高超艺术造诣而又全面发展的"完全之人物"。

到了清华学校向完全大学过渡，在梅贻琦长校期间，倡导"通才教育"，主张"通识为本，而专识为末"，以"明明德，新民，止于至善"的大学之道为"最大精神"，以培养"为国家社会服务之健全品格"的人才为教育目标，使"大学俨然为一方教化之重镇"，要求学生对自然科学、社会科学与人文科学"均有相当准备"并"能识其会通之所在"，其"整个之人格"至少在"知、情、志""三方面者皆有修明",提出"办学不单要重视体育,而且也要重视美育"。虽然清华没有艺术院系,但设置了中乐部、西乐部,继而建立了音乐室。梅贻琦在1947年《复员后之清华》报告中,单列了音乐室一项,回顾了清华音乐活动的历史,乐见"复员以来,音乐室已恢复旧观,而活动范围更见扩大",参加音乐活动者"几占全校同学四分之一",为满足学生递增的对音乐的兴趣,延聘了多位中外导师,购置了多项音乐设备与书籍,以使得清华注重音乐传统能够"蓬勃猛进"。他指出"清华自创立以来,音乐界人才辈出,现代音乐之创导人赵元任先生,现代作曲家黄自先生,钢琴家兼作曲家李维宁先生,声乐家兼作曲家应尚能先生,钢琴名家姚锦心女士,提琴名家陆以循先生,均系清华校友。音乐室同仁之希望,不仅在提高同学之音乐兴趣,抑且求造就现代音乐界之人才也。"这一期望的确在清华得以实现。

  1952年,在全国工业化建设高潮中,清华大学由一所综合性大学调整为多科性工业大学,是年年底蒋南翔出任清华大学校长,在任14年间大力推行"又红又专,全面发展"的育人理念,在所有文科院系调离的背景下,保留了音乐室,并增设过文艺教研组,他特别关注学生的课外文化艺术活动。他说:"这些活动丰富了学生的精神生活,对于提高学生的文化修养,发展学生社会活动的兴趣和能力,培养学生乐观主义和集体主义,都有很大意义。"他指出,促进学生又红又专,全面发展,清华"是通过两个方面来进行的。一方面是学校的行政领导自上而下地提倡和领导。比如,每个学年之初,在全校范围内订出教学工作、政治工作、健康工作以及文娱社会活动等计划,并组织课外运动委员会来指导学生的劳卫制的锻炼,组织课外文娱活动委员会来领导学生的各种课外文娱活动……,学校行政领导上都尽量给以精神或物质的支持;另一方面是同学本身的工作。他们在学习和生活中,自觉执行毛主席'三好'的指示,努力培养自己成为全面发展的人才。青年团和学生会的组织,在领导学生多种多样的课外活动中,起着重要的组织和动员作用"。同时使古已有之的因材施教教育思想得到现代传承转化,创造性地提出:"培养学生要抓好三支代表队(政治,业务,文艺,体育),通过多种渠道殊途同归,向着又红又专、全面发展目标前进。"通过持续的努力,"我们全体教师,也日益认识到自己不仅是一个知识的传授者,而且是青年一代的培养者,因此更自觉地担负起对学生进行全面教育和培养的责任",使得学校形成了生动活泼的教育局面,不仅课外艺术活动丰富多彩,广大学子性情受到陶冶,而且,一些有艺术兴趣和特长的学生得到特殊的培养,成为文化艺术领域的高手。学生艺术团在孕育全面发展人才中发挥过重要的作用，清华舞蹈队队员、后来出任过国家经贸委副主任兼任清华大学公共管理学院首任院长的陈清泰称文艺社团是培养又红又专人才的第二课堂，促进了学生的政治素养、思想方法、共事能力和道德养成。在舞蹈队还走出了国家主席胡锦涛、北京市副市长胡昭广，还有著名核能专家、清华大学校长王大中院士等。对于一些有艺术专长的学生，蒋南翔校长会尊重学生的意愿为其个性发展创造条件。例如，1956年考入工物系的胡芝凤，入学前有京剧基础，曾经得到周信芳先生的指导，入学后坚持学戏，参加"清华京剧社"的业余演出，1959年年底学校让她肄业拜梅兰芳大师为师，走上了艺术表演之路，成为中国戏曲表演学会会长，国家一级演员。

在新时期，重视全人格教育，重视全面发展的传统得到继承与发展。1980年，刘达校长和何东昌副校长在《光明日报》发表"重视大学文科，多办大学文科"的文章，吹响了清华复建文科的号角。文科的恢复和发展，为人的全面成长创造了更好的学术文化环境。1986年，时任国家教委副主任的何东昌在中国高等教育学会音乐教育委员会成立大会上提出"没有美育的教育是不完全的教育"，指出："大学里的音乐教育普遍开展起来，其影响是很大的，大学生人数虽少，但他们将来在我国的社会、政治生活各方面都要起骨干作用。我们希望尽快改变目前这种对美育认识不足、教育不完全的状态……，希望我们的教育能够担当起提高民族素质的历史任务。如果搞得不好，我们是对不起后代的。"他的讲话为改变一度不重视或不能科学对待美育的局面带来了推动力，"没有美育的教育是不完全的教育"也成为清华大学新时期重视美育的一条重要的教育理念，在保持活跃的文化艺术课外活动的特色传统的同时，学校逐步加大了加强美育的步伐。学校专门成立了美育委员会，1992年，在常务副校长梁尤能主持下，学校召开了美育工作会议，与会的有方惠坚书记、主管学生工作的贺美英副书记、主管教学工作的余寿文副校长，我是副书记兼任美育委员会主任，并负责"两课"建设，也参加了会议。会议就美育应该纳入人才培养的总体计划，应该开设相关课程达成共识，同时要为艺术教育提供组织和物质保障，成立美育教研室（1993年定名艺术教育中心），修建学生文化活动中心，将艺术教育作为独立项目纳入学校建设规划等。在此后，我们注意贯彻"全员美育"的思想，推动将美育落实到学校教育的全过程。在推进"两课"建设时，设置了"艺术与审美"课组。同时，为了促进艺术课程建设，我曾将主管书记费的一年费用的4/5，投入到面向全校的艺术教育精品课程和核心课程建设。在清华百年校庆时，作为清华新世纪地标性建筑物"新清华学堂"与"蒙民伟音乐厅"

的建成,为清华美育提供了现代物质保障。1998年寒假学校领导班子务虚会就建设一流文科达成高度共识,在确定文科发展规划指导思想时,明确在学科设置上要创造条件加大发展艺术学科的力度。1999年与中央工艺美术学院合并成立清华大学美术学院使学校强化美育上了一个历史性的大台阶。

三、兼和会通　和谐向美

从清华学校周诒春注重完全人格之教育,到清华大学梅贻琦主张"通识为本",以造就知、情、志皆有修明的"周见洽闻,本末兼赅,博而能约之通士",再到蒋南翔倡导"又红又专,全面发展""至少为祖国健康工作50年"、因材施教建设"三支代表队",直至当今在"没有美育的教育是不完全的教育""无体育,不清华""有美育,更清华"理念指导下,贯彻"培养德智体美劳全面发展的社会主义建设者和接班人"的教育方针,清华重视全人教育的传统得到了继承和发展。欲在新时代新形势下,使之持续进入更高的境界,则需要更高的文化自觉和哲学自觉。

所谓文化自觉,正如著名社会学家、老学长费孝通先生所言:"生活在一定文化中的人对其文化有'自知之明',明白它的来历、形成的过程,所具有的特色和它发展的趋向,自知之明是为了加强文化转型的自主能力,取得决定适应新环境、新时代文化选择的自主地位。"相信通过开展"向美而行——清华大学美育之路"的研究,一定能够使得清华人进一步了解作为清华文化支柱的办学理念,包括重视美育的传统,以在提高新时代新形势下文化选择的自觉性和自主性背景下,使向美而行之路走得更加理性。

同时,正如马克思1842年在《科隆日报》社论中所指,哲学"是自己时代的精神上的精华","哲学正变成文化的活的灵魂"。由于哲学对人的行为具有价值规范、思维导向和理论升华的功能,欲使文化行为包括教育行为具有高度自觉的意识并沿着理性方向前行,就应该使其上升到哲学的高度。怎样从哲学高度认识美育呢?

教育部原哲学学科教学指导委员会主任、吉林大学文科资深教授孙正聿在《哲学通论》中论述哲学的主要问题时指出:"人对世界的关系,主要地是在人的实践活动中形成的认知关系(真与假)、评价关系(善与恶)和审美关系(美与丑);因此,哲学对人与世界之间关系的反思,集中地表现为对真善美的寻求和阐扬。"而且,"哲学对真善美的寻求,总是试图获得某种终极之真、至上之善和最高之美。"马克思主义创始人将美好社会的实现和推进人的自由全面发展定为奋斗目标，也当作教育的目的，因而，至真至善至美实际上也是教育的终极追求。人对真善美的认识和提升是一个在实践中无限的历史性展开的过程，在不同的历史阶段，它是历史进步性与历史局限性的辩证统一。而教育的根本功能就是不断消解这种历史的局限性，不断引导人们向着至真至善至美的境界前行。依据这样的哲学理念，我曾经将当今应该努力遵循的大学之道表述为"大学之道，在明德新民，在以人为本，在和谐会通，在止于至善至真至美。"由而使得教育实践体现教育认识论、政治论、生命论和文化论的哲学基础。

为了提高教育工作者关于教育的文化自觉与哲学自觉，需要进一步确立中国传统文化"和而不同"的哲学理念和会通的范式。著名的思想文化史学家何兆武先生论清华学人的学术特色时说："他们都具有会通古今、会通中西和会通文理的倾向。""会通"是老清华重要的学术特色，当今在人类文明进入文化整体性时代时，会通成为越来越受到重视的学术和思想文化特色。20世纪90年代初，人文社科学院将"中西融会、古今贯通、文理渗透、综合创新"作为自身的学术范式和境界追求，这得到以综合创新中国文化著称的现代哲学家张岱年先生的肯定。张岱年先生1933年到清华大学哲学系任教，不久他便以马克思主义辩证唯物论为基础，吸收西方逻辑分析方法，并结合中国哲学的优良传统特别是人生理想，于1936年发表了论文《哲学上一个可能的综合》，其中提出了一个创新观点，"今后哲学之一个新路，当是将唯物、理想、解析，综合于一"，主张"兼综东西两方之长，发扬中国固有的卓越的文化遗产，同时采纳西方的有价值的精良的贡献，融合为一，而创成一种新的文化，但不要平庸的调和，而要做一种创造的综合"。在此基础上，岱年先生在20世纪80年代，发表了《综合创新，建立社会主义新文化》，明确提出了"文化综合创新论"文化观，指出"建设社会主义新文化，一定要继承和发扬本民族优秀的传统文化，同时汲取西方有价值的文化，逐步形成一个以马克思列宁主义思想为指导，以社会主义价值观来综合中西优秀文化而创造出一种新型的文化体系"，为中国文化的发展提供了一个明晰的哲学模式。而所依据的就是他的"兼和"哲学观，即"最高的价值准则曰兼赅众异而得其平衡。简云兼和，古代谓之曰和，亦曰富有日新而一以贯之"，亦即通过综合融会各种不同的观点或事物而达至创新。"兼和"哲学观是对中国古代"和而不同"哲学的继承与发展，是张岱年先生在哲学原理上的重大创见；同时，我们还需要了解的是钱学森先生的哲学观和方法论，他经过长期的实践与探索，提出了解决复杂系统问题的"大成智慧工程"，主张跳出几个世纪前开始的那种将复杂系统不断简化的研究方法——还原论方法。他说必须集哲学与科学、科学与人文艺术，集人类知识之大成，才能得智慧。他还指出：大成智慧的核心就是要打通各行业、各学科的界限，相互渗透，相互促进，创造性成果往往出现在这些交叉点上，学科跨度越大，创新程度也越大。他特别强调："一个科学家，他首先必须有一个科学的人生观、宇宙观。""必集大成，才能得智慧！""大成智慧学"实际是在当今这个知识爆炸、信息如潮的时代里，发展了马克思主义辩证唯物主义的世界观、方法论，一种新型的思维方式和人—机结合的思维体系。依据上述具有创见的哲学观，可以提高我们追求真善美融合境界的自觉，也能够提高科学技术与人文艺术融合的教育理念和学科综合的自觉，最终可以有效地促进人的全面发展。

在这里着重就清华大学向美而行进程中不可回避的人文艺术与科学技术融合问题作一剖析。由于人类对物质生活和精神生活的追求是生而俱来的，古希腊神话里的缪斯是主管科学与艺术之神，中国2300年前的思想家庄子在《天下篇》中提出"判天地之美，析万物之理"，也是把"判美"与"析理"看成人们认识世界的相连的两个方面。在工业革命后，科学技术有了巨大的发展，出现了学科的分门别类。学科的分门别类是人类文明发展到一定阶段的必然产物，在今后的发展道路上，我们仍然要按照艺术与科学自身的特点进行分门别类的管理、规划与人才的培养。同时，人们对物质生活与精神生活的追求是密切相关的，在人类文明进程中，真善美常常是融合一体的。现在正进入一个文化整体性时代，更需要我们以综合的视角来观察世界，以融合的理念和交叉学科的方法来改造世界。人文艺术与科学技术应该做好观念上的互启、方法上的互用、学科上的互构和精神上的互融，做好和而创新，和而育人。

观念上的互启应该是同人类文明同步发生的。人文艺术是人类创造活动的形象体现，其目的主要在于满足人们的审美情感需要；科学技术是人类探索自然、社会与精神的奥秘，把握对世界规律性的认识，实现思维与存在不断的统一，用以保护自然、改造世界、造福人类的活动。而人类的这种活动常常是与对"美"的追求联系在一起的，这构成了人与动物的本质区别。正如马克思所说："动物只是按照它所属的那个物种的尺度和需要来进行塑造，而人懂得按照任何物种的尺度来进行生产，并且随时随地都能用内在固有的尺度来衡量对象；所以，人也按照美的规律来塑造。"艺术作为人类审美追求，是按照美的规律塑造世界的直接的体现；科学是按照美的规律来塑造世界的蕴含体现。人们的思维世界在本体上是统一的，因此，人们在认识客观世界不同领域时所形成的观念常常可以互相启迪。观念上的相互启迪，也推动着观念本身的发展，将科学的理念和成果以艺术的形式来表现，可以帮助人们更加直观、简明、愉悦地理解科学的内涵；而用科学的方法展示艺术的形式与成果，将更加深刻、普遍地改变人们的艺术观念，提升人们的生存质量，而两个方面都体现了人的创造性思维并利于创造力的发展。在当前大数据、数字化、人工智能时代，科学技术在日新月异地改变世界的同时，也改变着人们的思维方式和工作、生活方式，同时"技术至上、效率优先"使得工具理性常常屏蔽了价值理性，在这样的背景下，正如蔡元培所认为的，美育可以具有宗教那样的社会转化能力，从现象直达本体的理解，在规避情感与理智的对立，推动工具理性与价值理性的统一上可以发挥特殊的作用。

方法上的互用更是显然了。科学不断创造新色彩、新材质、新工具、新方法以及新的理念，给艺术家的想象力与表现力以更广阔的空间。特别是计算机和互联网技术为艺术家展示了崭新的视觉、听觉与感觉的天地。反过来，艺术给予科学以想象力和创造力，帮助人们实现以美的规律塑造世界，引导科学家关注科学技术的精神文化内涵。这种观念与方法上的互启、互用，将推动彼此发展话语体系、符号形式与思维方式，促进艺术和科学的创新与进步，也推动了人的自由全面发展。

学科的互构是科学与艺术在观念、方法上相互靠拢和融合在组织方式上的体现，形成一种富于创造力的新型学术共同体，为两者合乎规律的发展提供了制度上的保障。这些新型综合学科，开始形成新的话语体系与评估标准，为艺术与科学的紧密结合与融合提供了新的平台，必将为创新型文化形态作出贡献。

精神上的互融是艺术与科学交融的最高境界。科学是人们探求未知、追求真理的活动，要求人们崇尚真理、实事求是、敢于质疑、民主宽容。科学的直接目的是求真，其结果通常呈现唯一性；艺术是人们审美的追求，直接的目的是求美。反对雷同、体现个性，其结果通常呈现多样化。科学与艺术都讲求创新，科学与艺术在精神上的交融必定有利于达至真善美和谐统一的境界。

在这里需要强调的是，应该使不同学科、不同文化的融合在大学学术共同体建设中得到保障。正如曾任康奈尔大学校长17年的弗兰克·H. T. 罗德斯指出的：发展学术共同体，"最有效的共同事业就是教学——跨学科教学，从大学一年级就开始进行，直到毕业。这种教学对于学术共同体的建立可以起到革命性的作用"。在这里可以认识到中国高校有效推行"以通识教育为基础，实现通识教育与专业教育的融合"的教学模式的重要意义。

作为近代美学理论的开拓者席勒在被称为"美育宣言书"的《美育书简》中指出，现代人性的分裂，感性与理性的对抗，违背了自然法则，阻碍人类文明上升至更高的境界，而对美的感受和追求是人类最基本的嗜好，体现了人最纯正的天性，人们只有通过美，才能到达自由的彼岸。在这一进程中，"理性的明确和感性的鲜活应当相得益彰"。人文艺术与科学技术在观念、方法、学科和精神上的和谐向美，利于消解人性的分裂和感性与理性的对抗，利于营造和谐的生态环境，利于科学和艺术的发展，利于全面发展人才的成长。

我们应该认真贯彻落实习近平同志2019年9月在全国教育大会上提出的："要全面加强和改进学校美育，坚持以美育人、以文化人，提高学生审美和人文素养"的指示精神，不断拓展向美而行的美育之路。

（收入刘巨德主编：《向美而行　清华大学美育之路》，清华大学出版社，2021年版）

清华的话剧史话

——2018 年 4 月为人艺"戏剧进校园"致辞

在清华建校初期,就重视学生全人格培养,支持学生戏剧创作演出。据统计,从 1913 年到 1918 年,清华共演出新剧 68 台。清华剧坛的先驱人物是洪深,1912 年秋,洪深考入清华学校,他虽然读"实科",却对文艺与戏剧有广泛的兴趣,是一位编剧能手,在清华的四年,学校中所演的戏,十有八九出于他的手。1916 年留学于美国俄亥俄大学,学习烧瓷工程,1919 年改学戏剧,就读于哈佛大学并获硕士学位,是中国第一位专攻戏剧的留学生,归国后为中国话剧的发展作出许多重要贡献。在清华学校期间,1923 年张彭春进校主持教务开始,清华园的戏剧活动更加蓬勃发展,几十年间培养了一代又一代的话剧大家。最突出的就是曹禺,原名万家宝,中国杰出的现代话剧剧作家,他 1929 年由南开大学转入清华大学西洋文学系二年级,潜心钻研戏剧,广泛阅读从古希腊悲剧到莎士比亚戏剧及契诃夫、易卜生、奥尼尔的剧作,1933 年完成剧作《雷雨》,继而创作《日出》《原野》《蜕变》《北京人》等名剧,1951 年,北京人民艺术剧院成立,任首届院长,表明清华与人艺的最初缘分。

值得特别指出的是,由于清华有着宝贵的会通传统,在清华钟情话剧艺术的不仅是文科领域的清华人。体现中西古今、科学与人文艺术会通的突出典范顾毓琇,在清华求学时,与闻一多、梁实秋、朱湘等成立文学社,是清华剧社首任社长。他留美归来后曾担任清华电机系主任、无线电研究所所长、航空研究所所长、工学院院长。他"业精于理,学博于文",一生创作诗词 7000 多首,出版诗歌词曲集达 34 部之巨,是中国历史上仅次于陆游的多产诗人,也是世界诗人大会加冕的"国际桂冠诗人",作为戏剧家,他是中国现代话剧的发轫人、"国剧运动"的发起者和推动者之一,一生共创作话剧 12 部。

新清华继承了老清华的传统。蒋南翔主校时,支持三支代表队,因材施教,殊途同归,又红又专,全面发展。戏剧创作演出仍是许多同学的爱好。蒋校长为学生请来名家指导自创话剧《清华园的早晨》等,他对话剧队的同学说,你们要向人民艺术剧院的著名演员学习,男生要学刁光覃,女生要学朱琳。他们两人都是人艺的"台词权威"。新时期,学校按照"没有美育的教育是不完全的教育"的理念,重视学生的艺术活动,戏剧仍然受到师生们的欢迎,在近几年,以"两弹一星"功臣邓稼先为原型的话剧《马兰花开》已经在校内外演出 70 多场,反响热烈。

清华话剧艺术的发展一直得到人艺的关注和支持。我本人也是人艺忠实的观众。北京人民艺术剧院在建院之初就突出体现了它的人民性,当年《龙须沟》的创作与演出就体现了人民性,老舍因创作《龙须沟》而被授予"人民艺术家"称号。北京市教委和北京人艺联合发起成立"北京校园戏剧教育联盟"后,联盟"戏剧进校园"的首场活动就是话剧《老爸开门》在清华大学上演。这个剧本仍然体现了人艺的人民性,反映了民众关注的亲情、婚姻、生老病死问题。这个剧本体现了中国传统文化的精髓。《论语》所确立的仁者爱人、和而不同以及忠恕理念得到生动体现,应该说这个话剧比较自然地体现了习近平同志倡导的对中国优秀传统文化要做好"创造性转化,创新性发展",使得传统文化在回答现实问题中得以传承和发展。

祝"戏剧进校园"活动取得成功!祝人艺艺术之树常青!清华与人艺友谊长存!

重视体育　和谐发展

今年是我进清华的第 50 个年头。我在清华所受到的教育是多方面的，重视体育、坚持锻炼是一大收获，是一条已成为理念与习惯的收获。

1957 年我刚入清华时，一米七三的个儿只有 50 公斤体重，是一个肩不能挑，手不能提的文弱书生，经常闹感冒。首先使我感到必须改变这种状况的是马约翰先生"生命在于运动""体育是培养健全人格的最好工具"的教导，而清华浓郁的体育锻炼风气则使我有了重视体育的实际行动：无论功课怎么紧张，每到下午 4 点半学校号召去运动场的广播一响，我就放下手头功课加入龙腾虎跃的锻炼行列。求学时我所在的机械系有多位运动健将，如长跑的蓬铁权、跳高的姜天兴，还有女子跳远纪录创造者丁志胜等，每到校运动会，机械系的观众席锣鼓声、加油声最为响亮，运动员创造的成绩最激动人心。这些成为一种无形的力量，推动着各个班级的体育活动。后来蒋南翔校长关于"争取至少为祖国健康工作 50 年"的口号，使我们有了更加明确的目标与持续参加体育锻炼的动力。现在，体育锻炼已成为我生活不可分割的一部分，成为一种习惯和爱好。体育活动使我工作精力依然充沛，而且，基本保持了大学毕业时的体型，行动还相当敏捷。

毛泽东主席年轻时所著的《体育之研究》曾使我在理性上提高了对体育锻炼的认识。文中说："体者，载知识之车而寓道德之舍也。""体育之效，至于强筋骨，因而增知识，因而调感情，因而强意志。筋骨者，吾人之身；知识、感情、意志者，吾人之心。身心皆适，是谓俱泰。故夫体育非他，养乎吾生，乐乎吾心而已。"体育是培养全面和谐发展人才不可或缺的活动，同时，体育竞赛也是提升大至国家，小到班级荣誉感与凝聚力的重要途径。

在我于 20 世纪 80 年代初主管精仪系教学，后来又担任过系党委书记，依据党的培养全面发展人才的教育方针与清华的传统以及自身的体会，都把促进体育工作当作分内必须抓好的事情，并注意普及与提高的结合。我几乎参加了每届招生工作，注意动员有科技、文体特长的学生报考清华，报考精仪系。当年，自动化系也特别重视体育活动，系主任王森同志担任过学校教务处处长，学生时是校排球队员，对培养全面发展人才的教育方针有深刻的理解与体会，在他的推动下，自动化系的体育活动走在了全校前列，争夺"马约翰杯"与精仪系形成了伯仲之势。有时为争取特长生，王森与我是前后脚踏进考生家中做动员工作。由于自动化系对考生的吸引力高于精仪系，所以，在北京，我往往就成了王森的"手下败将"。于是，我们就采取"走出去"战略，把工作做到外地去，当时主管学生工作的都兴武、陈田养等常常在外地发现苗子并做工作。精仪系党政班子都比较关注特长生入学后的健康成长，在系主任周兆英办公桌玻璃板底下常压着特长生的名单，对于学习有困难的特长生系里要制订个别培养计划，落实辅导教师。同时，在全系形成注重体育锻炼的风气。当时，担任副系主任兼任系工会主席的范荫乔同志不仅自身重视体育活动，还影响儿子成了清华体育尖子，而且把教工体育活动搞得生动活泼。当年，精仪系系馆前是一个封闭的院子，每到下班时，篮球、排球活动热火朝天，每年还在楼前组织各种竞赛。同时，还积极组织教工参加全校运动会。记得我的体育技能并不强，除了勉强达到万米竞走三级运动员的标准，实际上完全是"业余"的。但我常常参加校运会。记得在我49岁时参加40～50岁年龄组，曾拿了智力跑的冠军与跳远的第3名。教工重视体育活动，一方面有助于增强教工的体质，同时也形成了重视体育活动的氛围，对学生也可收潜移默化之效。

毛泽东同志在《体育之研究》开篇说："欲图体育之有效，非动其主观，促其对于体育之自觉不可。苟自觉矣，则体育之条目可不言而自知，命中致远之效亦当不求而自至矣。"体育需要自觉，整个教育都需要自觉。实际上，教育的根本任务在于不断提高受教育者的主体意识，成为能够进行自我教育和主动发展的社会主体。正如未来学家埃德加·富尔在《学会生存》一书中提道："未来的学校必须把教育的对象变成自己教育自己的主体，受教育的人必须成为教育他自己的人，别人的教育必须成为这个人自己的教育"，无论是体育，或是德育、智育、美育，都要提升学生的自觉，使之成为自己教育自己的自觉的行动，我们应当对此作出持续的努力。

（发表于《水木清华》2014年第10期）

努力做好"大先生"

——在清华大学关工委成立30周年纪念大会的讲话

清华关工委成立30年，我参加关工委工作也快20年了，感到这是一项很有意义的工作。在我的人生道路上，长时间与下一代的健康成长联系在一起：我是新中国第一代少先队员，在小学时担任大队委员；到了中学，我是新中国第一代共青团员，从入团的那一天起就担任少先队辅导员，当时我们的口号是："让我们的青春，为祖国的花朵发挥光芒"；当我在清华毕业走上教师岗位不久，又参加学生政治辅导员工作。后来在系里负责教学工作，曾经担任学校教学改革试点组组长，试点工作围绕学生的全面发展，提高全面素质展开，试点组荣获1985年北京市先进集体称号；90年代走上学校工作岗位，主持过"两课"改革、美育和文化素质教育，也是围绕学生的全面成长开展工作；直至2002年从党委副书记岗位退下，担任关工委主任，2007年以来担任副主任，包括2002年组建大学文化研究与发展中心，依然没有离开文化育人，为下一代的全面健康成长服务。

今年习近平同志考察清华时提出："教师要成为大先生，做学生为学、为事、为人的示范，促进学生成为全面发展的人。"在实践中，越来越深入地认识到作为一个教育工作者，无论在什么具体的岗位上，都要努力成为"大先生"，为学生的全面发展服务，这是学校的根本任务，是教师的天职，也是我们关工委成员的使命。

习近平同志十分关心关工委工作，在关工委成立30周年时，他再次做出重要指示，对关工委工作给予了充分肯定，强调广大"五老"是党和国家的宝贵财富，是加强青少年思想政治工作的重要力量，要支持老同志为青少年健康成长作出更大贡献。作为一个党员老教师，特别是从事关工委这一关系青年一代健康成长的"国之大者"的事业，一定要勿忘初心，提高政治站位和政治自觉。我们在入党时，都表示过要为人类解放事业而奋斗终生。我们在年轻时，都喜爱《钢铁是怎样炼成的》这本书，特别为保尔·柯察金要将整个生命和全部精力为人类的解放而奋斗的名言和事迹所打动。马克思主义把美好社会的建立和人的自由全面发展作为奋斗目标，实际上，这也是教育的终极目标。当年南翔同志提出、现在清华仍在实施的"又红又专，全面发展"的培养目标正是反映了马克思主义奋斗目标对人才的本质要求。我们努力成为大先生，做好关工委的工作，就是为这个目标而奋斗。我还记得保尔·柯察金说过："人生最美好的，就是在你停止生存时，也还能以你所创造的一切为人们服务。"关工委的同志大都年事已高，我们能够发挥余热，为青年一代的全面发展服务，是一件很有意义的事情。今天送给大家的一本书《飞鸿印雪 大学之道寻踪》，是我对近40年从事素质教育、大学文化研究与建设以及文科恢复与建设工作的回顾和研究成果，我在年过八十时做这项工作，就是想为后来者探索大学之道的续航和超越服务。这本书不仅收录了我个人研究成果，也反映了清华大学乃至中国高等教育工作者对怎样办大学、怎样培养人才的探索历程，也包括对清华大学精神文化的梳理和分析，出版后产生了积极反响，《全国新书目》和"长安街读书会"作了推荐，出版社通过搜狐播出"人文之夜读书会：飞鸿印雪"对该书作了全面介绍，教育研究院召开了研讨会，给予积极的评价。希望此书对关工委同志开展工作有所帮助。

习近平同志说："我将无我，不负人民。我愿意做到一个'无我'的状态，为中国的发展奉献自己。"这是我们应该努力达到的高境界、高政治站位和政治自觉。

在提高政治站位、政治自觉的同时，还应该努力提高文化自信、文化自觉。习近平同志强调："文化是一个国家、一个民族的灵魂。文化兴国运兴，文化强民族强。没有高度的文化自信，没有文化的繁荣兴盛，就没有中华民族伟大复兴。"大学是一个以文化传承创新和文化育人为根本任务的文化机构，文化是大学和大学师生的精神思想渊源。正如习近平同志2014年5月4日与北大师生座谈时说的："无论哪一个国家，哪一个民族，如果不珍惜自己的思想文化，丢掉了思想文化这个灵魂，这个国家、这个民族是立不起来的。"对于一个学校，如果丢掉国家、民族、学校的优秀文化，也是立不起来的，而从学校走出的新一代也无法肩负起民族复兴的伟大使命。这正是2002年我参与大学文化研究与发展中心的建设，在关工委推动大学精神文化讲师团工作的出发点和落脚点。

我们的关工委，在抓好政治引领，抓好党建带关键的同时，应该在文化立校、文化育人上发挥积极作用。为了进一步提高文化自觉，我们应当深入感悟习近平同志在建党100周年纪念大会上指出的："坚持马克思主义基本原理同中国具体实际相结合、同中国优秀传统文化相结合"，表明马克思主义中国化、时代化、大众化包括两方面结合的逻辑。特别是认识马克思主义关于人的自由全面发展与传统文化以人为本、注重明德新民止于至善的追求的内在关联，充分认识和实践马克思主义基本原理与中华优秀文化在根本原理上的统一性。

我们老同志是国家和学校优秀传统文化的受益者、实践者、建设者，有坚定的理想信念和宽厚的文化底蕴。过去在关工委组织下，通过大学精神文化讲师团等形式，在研究、传播学校优秀文化中发挥了积极作用。今后，我们要进一步完善组织制度，吸纳更多的老同志参与，加强与学生系统，如博士生讲师团等的沟通合作，推进老少携手，形成合力，发挥综合优势，使得继承弘扬优秀文化的工作得到可持续发展，使之成为一个更有影响力的品牌。

再一项文化建设，就是引导青年人多读书，读好书，善读书。在90年代组织文化素质教育工作时，我们曾经向同学们推出一个《清华大学应读书目（人文部分）》，大家反映"开卷有益"。2017年，为响应党和国家发出的建设书香社会的号召，我们再次邀集名师编著了《清华大学荐读书目》，此书曾被学生评为最受欢迎的图书之一。今后，可给老同志举办"多读书，读好书，善读书"的讲座，继续向关工委同志们赠送《清华大学荐读书目》，使得更多的老同志在老有所学的同时，引导青年人的读书自觉和实践。

习近平同志指出："一代人有一代人的长征，一代人有一代人的担当。建成社会主义现代化强国，实现中华民族伟大复兴，是一场接力跑。我们有决心为青年跑出一个好成绩，也期待现在的青年一代将来跑出更好的成绩。"

让我们为青年人交好接力棒，激励他们在新长征中跑出更好成绩而共同努力！

学生辅导员是有出息的工作
——在 2021 年清华辅导员大会的讲话

"双肩挑"政治辅导员制度是蒋南翔校长在 1953 年提出并建立的,由于这个制度深刻把握了社会主义大学人才培养的本质要求,遵循了因材施教的教育规律,适应了时代前进和人才成长的需要,呈现着旺盛的生命力,成为学校人才培养中极具特色的一项制度。

我很荣幸,曾经参加过辅导员工作。记得 1965 年秋季学期开学前夕,精仪系党总支书记夏镇英对我说:"有一个重要的任务要交给你。南翔同志说,大一新生工作十分重要,要派优秀青年教师去做学生工作,这对青年教师也是重要的培养和锻炼。所以,是个有出息的工作。你去当级主任和党支部副书记,团结班主任做好行政工作,同时,参加辅导员活动,协助党支书做好党团建设和思想工作,希望你好好干!"我表示一定尽力而为,为了工作更加深入,我还兼了精00班班主任。新生入学后,我就搬了铺盖到 7 号楼精00班入户了,与同学们同吃、同住、同锻炼、同劳动、同谈心,打成了一片。大家有什么心里话愿意同我讲,我交了许多朋友,有的至今仍然保持联系。精00班后来出了学校党委组织部长纪委书记孙道祥、党委常委党办主任白永毅、校工会常务副主席杨晓延等,我和他们一直是能够交心的朋友。当时由于工作比较深入并做得自然,学校党委的意图得到及时的贯彻,一些问题也能够及时反映并得以解决。在工作中,加深了对南翔同志提出的"又红又专,全面发展"培养目标和"因材施教,殊途同归"教育思想的认识,懂得要依靠党的领导,锻炼了以身作则、联系群众的本领,提高了实事求是、辩证地看问题、抓主要矛盾等思维能力。虽然由于"文革",我干了不到一年,但是这段经历对同学们的成长、对自己的提高都挺宝贵的。辅导员制度不仅是加强思想政治工作的重要途径,也是培养干部和高素质人才的重要方式。正如南翔同志所说,"一个人年轻时担任一些政治工作,树立正确的思想方法和工作方法,对今后一生的工作都会有好处。"我切身体会到辅导员是有出息的工作。这个出息不仅体现在工作的重要性,自己也受到锻炼,而且反映在受到学校的重视。当年南翔同志常常给辅导员政治学习开小灶、吃偏饭。有人认为他偏心,他说:我就是偏爱那些又红又专、业务好政治上也好的人，这种偏爱是从党的利益出发的。我在精仪系主持工作时，最先公派出国的青年教师都是品学兼优的辅导员。现在，学校对辅导员的使用和培养依然很重视。譬如为辅导员提供全面发展支持，包括海外实践、海外研修、紫荆学者计划等学术支持以及就业发展支持等。

尽管"文革"后，我不再做辅导员了，但是，做一个清华大学的教师和党的干部，同做辅导员的工作仍然有本质的关联。习近平同志今年在考察清华时说："教师要成为大先生，做学生为学、为事、为人的示范，促进学生成长为全面发展的人。"改革开放以来，我在肩负教学科研工作的同时，先后担任过精仪系教务科长、教学副系主任、系党委书记、学校党委副书记以及现在的关工委副主任等，都离不开"做学生为学、为事、为人的示范，促进学生成长为全面发展的人"。这是学校的根本任务和教师的天职。在实践中我越来越认识到成为一个称职的"大先生"的重要性。我想，这也是在座的每一位老师和辅导员的目标，大家都是在做有出息的事业。辅导员身处学生工作的第一线，是在做立德树人的基础工作，更是一项有出息的事业。具有高度的使命感、责任感是做好这项关系"国之大者"工作的前提和基础。

谈到使命感和责任感，我们一定牢记入党的初心，努力提高政治站位和政治自觉。记得年轻时阅读《钢铁是怎样炼成的》，曾深深地为保尔·柯察金在烈士墓前的一段话所打动："人最宝贵的是生命，生命属于人只有一次。一个人的生命应该这样度过：当他回首往事的时候，不会因为虚度年华而悔恨，也不会因为碌碌无为而羞耻；这样，在临死的时候，他能够说：'我的整个生命和全部精力，都已经献给世界上最壮丽的事业——为人类的解放而斗争。'"这段话我和许多青年人引以为座右铭。马克思主义在推进人类解放的壮丽事业中，把建立美好社会与人的自由全面发展联系在一起，两者都是教育的终极目标。我们做辅导员、成为"大先生"就是为这个目标而奋斗。我还记得保尔说过："人生最美好的，就是在你停止生存时，也还能以你所创造的一切为人们服务。"这句话至今还在激励我，在我退休后仍然尝试着以自己所创造的成果影响后来者，今天送给受表彰者的新著《飞鸿印雪 大学之道寻踪》，就是我希望能够为后来者服务的一个行动。习近平同志说："我将无我，不负人民。我愿意做到一个'无我'的状态，为中国的发展奉献自己。"这是我们应该努力达到的高境界。

总体看，我们的辅导员队伍是优秀的，大家热爱辅导员工作，各院系党委和学生对于辅导员工作给予高度评价。当然，我们的工作仍然有进一步提高的空间。怎样做个称职的辅导员，乃至"大先生"，除了自觉的使命感、责任感，还要深入认识和实践"又红又专，全面发展"。关于"又红又专"以往有人认同于政治和业务双肩挑。我想光是这样还不够，红与专常常是不能分离的，无论是做政治工作还是做业务工作，都要端正方向，把握规律，都要成为内行，追求卓越。1978年6月，邓小平同志在听取清华大学情况汇报时指出："办学校，要按照学校工作的规律办，要按照教育的规律办"，"在学校工作的干部，本身要懂行，最主要的经验是这个。清华过去从高年级学生和青年教师中选出人兼做政治工作，经过若干年的培养形成了一支又红又专的政治工作队伍，这个经验好。"90年代，我这个地地道道的"工科男"要负责清华文科的恢复发展工作，在巨大的挑战面前，我注意做好三点：一是依靠领导集体；二是向能人请教；三是刻苦学习。当时，每天凌晨雷打不动1到1.5小时读书，特别是读文科大师们的书，以提高对文科规律性的认识。基本规避了"外行领导内行"，保障了决策的科学性。所以，要做好辅导员工作，不仅需要处理好政治业务双肩挑，拿得起放得下，还要努力学习，把握规律，成为内行。

还有一个体会是，大学是一个以文化传承创新和文化育人为根本任务的文化机构，我们一定要下功夫了解国家和学校的文化，提高继承和发展国家和学校优秀文化的自觉。同时，要下功夫提高哲学自觉。马克思说，哲学是文化活的灵魂。所以哲学自觉是文化自觉的最高境界。蒋南翔同志特别重视引导师生学哲学，用哲学，五六十年代的校友常说在清华最大的收益是提高了哲学思维能力；习近平同志一再强调"学哲学，用哲学，是我们党的一个好传统"，指出马克思主义在自己的发展历程中，十分重视理论指导，特别是哲学思维的指导，号召全党干部认真学习马克思主义哲学。大学在本质上是哲学性的，大学老师、干部更要提高哲学思维能力。一个时期里，清华培养了众多的实干家，但是，缺少思想家、哲学家，而且创新思维不足。恩格斯说："一个民族要站在世界科学的最高峰，一刻也不能没有理论思维。"他这里强调的主要是哲学思维。在中国实现民族伟大复兴进程中，在清华走在世界一流大学的前列发挥引领作用时，在坚持"行胜于言"校风的同时，特别要强化理论思维，尤其是哲学思维。这可以看作"人文日新"校箴的重要内涵。这一点，对我们自己，对教育对象都应该努力做好。

最后，以唐朝诗人孟浩然带着朋辈登山时写的一首诗和大家共勉：

人事有代谢，往来成古今。江山留胜迹，我辈复登临。

一百年来无数共产党人前赴后继创造了今天的光辉业绩，在清华辅导员工作中，像方惠坚、贺美英等老同志为我们开辟了道路、积累了经验。让我们再接再厉，进一步开拓辅导员工作的新局面，不断为国家、为学校创造新的辉煌！

传播先进文化，提高全民素质
——在"国家图书馆文津图书奖座谈会"上的讲话
2004年12月22日

尊敬的任继愈馆长、詹福瑞主任，各位专家、朋友们：

首先，要感谢对我的信任，使我能成为文津图书奖的评委，因为这是一个很高的荣誉，更是很重要的工作，我自认为我的学识与判断力并不适应这一光荣使命，只能努力而为之。

今天，当我走进国家图书馆时，一种肃然起敬的感觉油然而生。因为，图书馆是知识的海洋，是人类文明的神圣殿堂。有先哲说，当一个国家被毁时，只要它的图书馆还存在，就可以重建这个国家的文明。的确，图书馆，特别是国家图书馆，在传承文明中有着不可替代的作用。因为，书是人类进步的阶梯，是人们了解历史、认识世界和构建精神家园的重要工具。当然，这里指的是好书。

当前，在市场经济功利思想的影响下，中国的图书市场良莠不分，泥沙俱下，读者群读书呈现休闲化，甚至庸俗化的趋势。市场需要引导和规范，读者也需要指导和引导。这次国家图书馆设立"国家图书馆文津图书奖"和举办"文津读书沙龙"，正是为了充分发挥国家图书馆在倡导读书、组织读书、服务读书中的重要作用，通过评选和交流传播活动，引导读者的审美取向、阅读习惯和文化消费，并为藏书提供指导。这体现了国家图书馆为坚持先进文化前进方向而作的可贵努力。

近年来，在"三个代表"重要思想的指引下，党和政府、社会各界都十分重视提高国民的科学文化素质，开展了形式多样的、有益的读书活动。比如，三年前的今天，上海市把12月22日定为读书节；2003年"非典"期间，北京市开展了"读好书，做好人，抗非典"活动；继而，在6月15日，北京市又开展了"健康生活从读书开始"的主题读书活动，包括"青春飞扬——首届北京大学生读书月"活动。作为培养国家栋梁之材的各高校，也纷纷把指导开展读书活动当作提高大学生科学文化素质的重要途径。

以清华大学为例，为了提高学生的文化素质，在 1995 年春天开始推出了《清华大学学生应读书目（人文部分）》，向学生们推荐了中外文化和文学名著 80 部，并使学生的阅读与选修课程、讲座的导读结合起来，以加强对学生读书的引导和指导，收到了良好效果。同学们说通过阅读经典名著，与大师攀谈，的确是"开卷有益"。许多大学也纷纷推出了应读书目，在教育部高教司领导下，全国大学生文化素质教育指导委员会和高等教育出版社一起，还组织了大学生文化素质教育书系的编写和出版。

相信国家图书馆文津图书奖的评选工作，也将对国民包括大学生的读书活动产生积极的引导作用。作为一个评委，一定努力在评选工作中遵循"公开、公平、公正的原则"，为真正评选出"在传播先进文化，提高全民素质，普及科学文化知识方面有突出贡献，能够反映时代面貌和人民大众的审美情趣"的好书，尽微薄之力。

最后，预祝文津图书奖的评选活动和"文津读书沙龙"取得圆满成功！

搭建好中俄文化交流的桥梁

——在奥斯特洛夫斯基铜像捐赠仪式上的讲话
2015 年 9 月 22 日

  首先代表清华大学中俄文化研究与交流中心和中俄战略合作研究所对大使先生向我校捐赠俄罗斯历史名著《编年文献汇编》、莫斯科大学向我校捐赠奥斯特洛夫斯基青铜雕像表示诚挚的谢意！

  编年史是历史研究工作的前提和基础，《编年文献汇编》将有利于清华师生全面了解俄罗斯历史以及对历史研究的立场、观点与方法，这是十分宝贵的史料。

  今天，十分高兴能够看到奥斯特洛夫斯基的铜像耸立在清华大学图书馆。奥斯特洛夫斯基说过，"光明给我们经验，读书给我们知识"，在这知识的海洋里，这个铜像正是给人们带来光明的经验。非常感谢铜像的作者雕塑家格利高里·波多茨基，他栩栩如生地塑造了奥斯特洛夫斯基的光辉形象，看到它可以唤醒老一辈心中保尔·柯察金的高尚人格和顽强的奋斗精神给予的影响，并且能够使之代代相传。

  在 20 世纪 50 年代，当我正在上中学的时候，作为中国"老大哥"苏联的艺术文化成了我们青少年健康成长的营养品，可以说我们是唱着苏联的歌、看着苏联的电影、读着苏联的小说成长的，现在看来，这些影响给予的都是正能量。其中最具影响力的就是奥斯特洛夫斯基的光辉作品《钢铁是怎样炼成的》，在他已经双目失明、全身瘫痪的情况下，以自己为原型塑造了保尔·柯察金的形象，给予像我这样的年轻人以巨大的吸引力，激励我们把自己的学习与理想同国家、民族乃至人类的美好未来联系在一起，并学会积极地面对困难与挫折。许多人都会记住保尔烈士墓前凭吊战友时说的感人至深的一段话："人最宝贵的是生命，生命属于人只有一次。一个人的生命应该这样度过：当他回首往事的时候，不会因为虚度年华而悔恨，也不会因为碌碌无为而羞耻；这样，在临死的时候，他能够说：'我的整个生命和全部精力，都已经献给世界上最壮丽的事业——为人类的解放而斗争。'"这段话曾被千千万万青少年所传颂，引以为座右铭。我还记得他说过:"人生最美好的,就是在你停止生存时,也还能以你所创造的一切为人们服务。"这句话至今还在激励我,在我退休后仍然尝试着以自己所创造的成果影响后来者,为他们的健康成长服务。

中俄两国都有灿烂的文化,彼此有着悠久的文化交流历史,在当今加强中俄两国的文化交流,具有重大的现实和战略意义。习近平主席指出:"国之交在民相亲,民相亲在心相通。"并引用果戈理的名言:"青年之所以幸福,是因为拥有未来。"强调要发展好中俄关系,就要面向未来,培养青年一代的友谊,要让青年人了解对方国家的历史和现在,学习对方国家的语言和文化,进行心灵的沟通。普京总统表示,俄中全面战略协作伙伴关系能否继续深入发展,关键就在于两国年青一代能否相互理解与沟通。俄罗斯政府将全力支持和鼓励两国年轻人之间的交流与合作。正是以此为指导思想,2014年和2015年中俄两国联合举办了"中俄青年友好交流年"(下称"交流年"),"交流年"2014年春天在圣彼得堡播种,2015年秋天在北京收获。此刻举办的奥斯特洛夫斯基铜像捐赠仪式是在清华大学收获的生动一幕。

当前中俄关系处在历史最好时期,中俄合作日益全面和深化。我们清醒地认识到,文化交流、理解与认同是影响中俄关系的重要因素。清华中俄文化研究与交流中心、中俄战略合作研究所以及国际关系学系,都为促进中俄专家学者的共识,推进两国高校和研究部门的交流合作做了一系列卓有成效的工作,今后我们将为促进两国,特别是年青一代的沟通与理解做出持续的努力,搭建好文化交流的桥梁。

相信在大家的共同努力下,中俄的友谊之花将不断结出丰硕果实。

Да здравствует дружба! 友谊万岁!

Спасибо! 谢谢!

(以清华大学中俄文化研究与交流中心主任、
中俄战略合作研究所学术委员会主席身份致辞)

谈大学和中学教育的衔接

——在"塑造行为 培养创新"大学中学校长论坛的发言
2001年10月

这个论坛很有意义,教育是一个系统工程,只有把基础教育和高等教育加以综合考虑,才能从根本上提高教育的质量和效率。首先,要感谢中学教育工作者多年来积极开展素质教育,为大学输送了大批具有良好基本素质的学生,为大学教育奠定了基础。

对于基础教育,我是外行,这次能与从事基础教育研究的专家,与中学校长一起讨论,是一次学习的机会。这里仅就大学、中学教育衔接的问题谈点看法。

过去,在运作大学、中学的衔接时,一般着重考虑知识体系。我认为,带有根本意义的是办学理念、教育思想的衔接和科学化。办学理念涉及教育本质论和目的论这样的教育哲学问题。教育是什么?教育为什么?教师为何而教?学生为何而学?对这些问题的认识与实践并未由必然王国进入到自由王国。长期以来,考大学的指挥棒,实际上在很大程度上左右着中学的教育,无论对中学校长、教师,还是对中学学生、家长,"智育第一"和偏窄的人才观还是有很大的现实影响力和束缚力。实际上,无论是高等教育,还是基础教育,都肩负教育学生为人和为学的任务,两大教育阶段是在人由幼稚的自然人转化为相对成熟的社会人的过程中实现衔接。社会需要什么样的人、人自身最终要成为什么样的人,应当成为教育的导向和驱动力。

实践表明,只重求知,忽视为人,是短视的。无论古时现时,道德文章并重,德艺双馨,是用人的要求,也是人自身的祈求。许多名人的人生历程,许多重大成就的取得,都表明人品和精神力量常常起着决定性作用。朱镕基总理前不久在清华大学的一个报告会上把培育他的清华精神概括为"为人为学,追求完美",他还说过,为人不好,学问也难以做好,甚至有了一些学问,起更坏的作用。从另一方面看,严重的社会道德问题正在障碍社会的进步,影响着人们的精神生活环境,这也呼吁着学校把为人的教育放在首位。这一点,大学和中学应是一致的。同时，素质教育重在基础，中学肩负更为重要的使命。所谓基础教育的内涵，不仅在于给以学生的知识带有基础性，而且，也在于帮学生形成良好的基本素质，打好为人的基础。在为人上，最基本也是最重要的是具有爱国、诚信的品质。现在，不诚实，缺乏信用，已成为严重的社会问题，也是影响学生素质的基本因素。

　　教育思想涉及教与学的基本关系，涉及教师如何教，学生如何学的问题。在世纪之交，清华大学开展了广泛而深入的教育思想大讨论。讨论的一个核心问题是如何使传承式教育转化为研究性教育。在以往的教育中，我们习惯于从社会的需求出发来施教，忽视了受教育者的需求和身心发展规律，忽视了学生在教学过程中的主观能动性。最近，我看到前华东师大副校长叶澜教授的一篇文章，很受启发。文章的题目是："把个体精神生命发展的主动权还给学生"。文章指出，21世纪，在教育思想上最终需要实现的核心转变是在对学生精神生命主动性发展的认识上。过去忽视乃至剥夺学生精神生命的需求和发展的可能，21世纪新型教育要自觉地追求把精神生命发展的主动权还给学生，要培养具有主动发展的需求、意识和能力的新人。为此，必须改变师生在校的生存方式。从注重面向过去、面向人类的已知领域转变为面向未来、面向需要发现和创造、探索的领域。这就要求教师转变自己的教育思想以至教育角色，把自己的职业本质定位为创造人的精神生命。这种教育思想观念的转变不是一蹴而就的事情，正如法国教育思想家埃德加·富尔在《学会生存》一书中提道："未来的学校必须把教育的对象变成自己教育自己的主体，受教育者必须成为教育他自己的人，别人的教育必须成为这个人自己的教育，这种个人同他自己关系的根本转变是今后几十年内科学与技术革命中教育所面临的最困难的一个问题。"我认为，大学教育和中学教育应携起手来解决这个问题。能不能解决好这个问题，关键在于教育工作者转变教育思想，发挥好主导作用。

　　办学理念和教育思想的转变，需要理论的提升，并体现在教育实践中。多年来，许多学校已进行了积极的试验，积累了令人鼓舞的经验。我所了解的便是清华大学—清华附中—清华附小一条龙教育教学改革试验。以大、中学的衔接为例。首先，在体制和机制上提供了保证。清华大学派出优秀干部担任清华附中校长，附中党政主要负责人参加大学的重要会议，附中与大学部同步开展教育思想大讨论。这样就保证了附中及时了解大学教育教学改革的前进方向和动态，使附中教育教学的指导方针与大学实现衔接。同时，清华大学派出主讲教授直接到附中执教，支持附中的"名师工程"；自1996年起，推出大、中、小学"一条龙"创新型人才教育改革实验计划，覆盖英语、语文、数学、计算机、体育等教学，以探索和解决大、中、小学教育教学衔接中的结构性矛盾，优化教育结构和培养过程，努力为受教育者提供高效优化的教育资源。这些，都为推动中学的教育教学改革，为大学、为社会输送好苗子创造了良好条件。这些年，清华附中注重以科研带动和指导教育实践。如开展"环境与个性"的研究，积极提倡"尊重与发展"的思想，推动教育观念的三个转变：学生由消极的学习态度向积极的学习态度转变；学生由被动的学习者向主动学习者地位转变；学生由单一接受式学习方式向自主性活动的学习方式转变。努力提升学生在学习过程中的主体地位，构建创造性的教学模式。从试验结果看，清华附中"育人为中心，学生为主体，教师为主导"的氛围正在形成，学校教育现代化进程正在加速。这次，在成都双流棠湖中学看到了这所学校在推行教育教学改革、提高学生全面素质方面做了大量富有成效的工作，办学仅10年便成为全国示范学校，这一成绩令人鼓舞。

当然，教育作为一个复杂的系统工程，除了学校的努力，还要政府的支持、全社会的参与和家长的理解与配合，包括对高考进行公正有效的改革，使得学生全面素质的评估科学化，改变"一考定终身"的局面。我们相信，通过各方的协同努力，中国一定能不断提高办学的质量和效率，早日实现教育的现代化。

教育评估科学化是推进基础教育改革的牛鼻子
——谈清华附中"基于大数据的学生综合素质生成性评价系统"

2001年10月我曾经在一个中学与大学教育衔接校长论坛上做过一个发言，在开头谈道："过去，在运作大学、中学的衔接时，一般着重考虑知识体系。我认为，带有根本意义的是办学理念、教育思想的衔接和科学化。办学理念涉及教育本质论和目的论这样的教育哲学问题。教育是什么？教育为什么？教师为何而教？学生为何而学？对这些问题的认识与实践并未由必然王国进入到自由王国。长期以来，考大学的指挥棒，实际上在很大程度上左右着中学的教育，无论对中学校长、教师，还是对中学学生、家长，'智育第一'和偏窄的人才观还是有很大的现实影响力和束缚力。……社会需要什么样的人、人自身最终要成为什么样的人，应当成为教育的导向和驱动力。"现在将近20年过去了，人们对教育的目的论和学校的办学理念的共识已明显提高（当然仍不平衡）。但是，如果不改变"一考定终身"的指挥棒，即便有了科学的办学理念，最终也难以落实。在上述发言的结尾，我提到要"对高考进行公正有效的改革，使得学生全面素质的评估科学化，改变'一考定终身'的局面"的愿景。针对这个问题，2014年国务院和教育部颁布文件，明确提出将综合素质评价作为高考招生录取的重要参考，这是打破"一考定终身"定势的重要改革指令。但是，综合素质评什么？怎么评？怎样做到科学公正？这是一个世界性的难题。

我们高兴地看到王殿军校长带领清华附中团队，在明确科学办学理念的基础上，抓住了教育评估科学化这个牛鼻子，创造性地探索构建了一个"基于大数据的学生综合素质生成性评价系统"，取得积极的效果，荣获北京市基础教育教学成果奖特等奖和国家优秀教学成果奖，已在北京全市高中正式使用，并向多个省市推广。为什么这个评价系统能够取得可喜的成功？它可以给予怎样的启迪？

第一，理念是先行。没有科学的办学理念就不会有正确前行的方向和动力。什么是教育的目的？人类文明进程实质上是人们不断追求真善美理想境界的过程，马克思主义创始人将美好社会的建立和人的自由全面发展作为奋斗目标和教育目的，中国的教育方针明确了要培养德智体美劳全面发展的人才。为此，王殿军校长为教育确立了"三维"目标，即评估体系要包含三个方面的考察：包括文化课考试、综合素质评价和能力测试。他认为"当我们能将这三者整合在一起作为招生的依据时，中国教育的改革才能真正到位。"而真正困难的是综合素质评价。

第二，评价要科学。教育部改革方案中提到了学生综合素质应该包括的5个方面：思想品德、学业水平、身心健康、艺术素养、社会实践。比之以往仅仅以知识存量和提取知识的准确性作为考试评价和高考录取依据，有了本质性的突破。但是，王殿军校长认为在实际操作中，这5个方面细化成二级指标乃至三级指标之后，依然难以描述、观察、评判和量化，导致"无法落地"。王殿军深受清华"行胜于言"校风的感染，锲而不舍地在可操作上下功夫。

经过实践探索，他形成了三点评价要旨：其一，要评价的是教育能够发展起来的素养；其二，评价的素养应能够通过学生的行为来体现；其三，要通过行为记录、过程累积和发展变化来进行评价。王殿军认为，通过这种架构建立起来的评价系统，能够直接地检验教育科学性和有效性，还能为改进教育过程提供反馈信息。通过数据能直观看到学生发展是否全面，若在教育过程中出现问题，学校和老师能够及时发现并进行干预。

第三，评价系统能否存活，关键在于公正性。以往"考试定终身"得以公认，就在于它的公正性，而人们对于综合评估的担心就在于是否公正，不公正，就不能存活。清华附中的评价系统一个重要的方法就是以动态的"电子日记"追踪人才培养和发展，类似于微信朋友圈，学生的行为记录提交之后会在设定范围内进行公示。每个人都能判断是否客观真实，如有异议，可以质疑，引发审查程序。若经过专人调查、复议，证实是弄虚作假的行为，就会被记录到不诚信模块；如果是被无端恶意质疑，也会把无端恶意质疑者的行为记录到不诚信模块之中。这样通过科学的设计，在确保公正的同时，也进行诚信教育、诚信习惯的培养。

王殿军希望系统继续完善，可以从孩子上小学一直使用到大学，记录人生发生的事情和成长路径。这对于选拔人才、研究人才培养规律都是有益的，也可以为长期追踪优秀人才的培养发展奠定基础。

在这里值得进行理性思考的是，评价体系一个重要出发点就是让教育引导学生了解自我，发现自我，找到自己的潜力与不足，明了自己应该走向哪里。这实际上是引导学生实践人生哲学的核心问题。教育是发展人的生命的实践，生命论的哲学基础体现了教育的本质特征。华东师大前副校长叶澜指出："21世纪新型教育要自觉地追求把精神生命发展的主动权还给学生，要培养具有主动发展的需求、意识和能力的新人。"法国教育思想家爱德加·富尔在《学会生存》一书中提道："未来的学校必须把教育的对象变成自己教育自己的主体，受教育者必须成为教育他自己的人，别人的教育必须成为这个人自己的教育"。清华附中的评价系统正是把发展受教育者精神生命主动权放在突出位置，体现了注重教育主体自我教育、自我管理的作用，代表了教育前行的方向，注定具有强大的生命。

清华文科恢复与发展

文科教师更要多一点辩证法
——在与部分文科教师首次见面会上的讲话
1991年9月

今天很高兴与大家见面,与大家交流一下对清华恢复发展文科的想法,主要谈三点。

一、关于"有为"与"有位"的关系

清华文科在学校坚持正确政治方向、提高人才培养质量中起着基础性作用。现在有同志认为学校对文科不够重视,没有给予文科应有地位和支持。我认为,在这方面学校上下的确有提高认识、达成共识的空间,我作为文科的联系人,一定会向学校反映文科的合理要求,争取学校更多的理解和支持,为确立文科应有的地位而呼吁;同时,我们一定能够认识到,"有位"与"有为"存在着辩证统一的关系。"有位"是"有为"的基础,"有为"是"有位"的前提。"有位"和"有为"是一对矛盾的两个方面,两者相互依存、相互作用、相互影响。就我们文科自身来看,应当继续努力,完成好学校交予的教学任务,并在学术上不断有所突破,以"有为"促"有位"。

二、关于两个"中心"的关系

清华文科肩负面向全校教学的任务光荣而艰巨,一定要做好。现在,通过全体文科教师的持续努力,已经确立了国内重要教育中心的地位。这符合蒋南翔老校长确立的"育人为本、教学为主"办学理念,我们应该坚持。同时,蒋南翔同志也强调教学工作最后必须依靠科学研究来提高水平,科学研究也必须依靠教学工作来不断训练和提高后备队伍,两者是相辅相成的。而且,按照邓小平提出的"重点大学既是办教育的中心,又是办科研的中心",我们应该向"两个中心"的目标前进。我们的教学和科研都要以相关学科发展为基础，为此务必加强我们的队伍建设。

三、关于局部与整体的关系

清华文科在历史上有过辉煌，现在清华文科正在恢复发展。目前，清华的文科队伍比较精干，可以说是比较"小而精"，比起兄弟学校我们的规模小得多，更应该按照亚里士多德"整体大于部分之和"的观点来整合我们的学科和队伍。我对这一哲学观点的体会，一是要有全局观念，整体意识；二是要形成合力，防止内耗。为什么中国女排能够打败全球精英组合队，就是这个道理。

我们文科老师更要多一点整体意识，多一点辩证法。今后，我要与大家共同努力，把清华文科建设好。

要重视大学文科建设

近几年来，各种类型的高校都在以不同方式加强文科建设，这是一个令人欣慰的走向。正如教育部部长周济所说，当今世界文理兼容的教育成为重要的教育理念，哲学社会科学的发展将成为高校新的增长点，高校领导要抓住机遇，有战略眼光，推动哲学社会科学与自然科学的同步发展。下面着重结合清华的实际谈点体会。

清华历史上有很强的文科，1952年院系调整后文科学科主体不复存在了，只有思想政治教育、外语教育和学生课外艺术教育活动等文科教育。在"文化大革命"期间，全国的文科教育和学科建设都受到严重破坏。

中国共产党十一届三中全会后，在拨乱反正过程中，当时的校领导刘达、何东昌同志基于对中华人民共和国成立以来重大的失误主要发生在哲学社会科学领域以及社会的改革发展和经济建设需要大量文科人才的认识，呼吁要重视高校文科建设，并领导清华迈出向综合化回归的最初步伐。在20世纪80年代，学校尚缺乏对文科发展的总体规划，文科建设主要出于教学的需要，学科建设虽有布局，但很有限，难以受到今天这样的重视和支持。1991年我出任校党委副书记，分工联系文科建设。我出身工科，当时对清华文科的历史、文科建设的地位和发展规律缺乏研究，只提出要使清华文科从教学中心向教学与科研两个中心转变的要求；在工科强势背景下，文科建设要处理好"有为"与"有位"的关系。但是没有形成明确的整体发展目标与思路。

1993年清华暑期干部会明确提出2011年，即建校100周年时跻身世界一流大学的目标。同年秋天，方惠坚书记组团考察美国一流大学的文科，对建设文科的必要性以及建设怎样的文科有了新的认识，直接推动了当年年底人文社会科学学院的建立，这是清华建设综合性大学的重要步骤。建院之初我兼任学院常务工作，1996年兼任院长，在实践中，越来越认识到清华文科发展不适应形势的要求，需要学校上下对文科的发展形成共同而清晰的认识。1997年《科学技术管理》发表的中国大学1995年评估材料表明：清华的整体实力已走在国内大学的前列，而文科排名却为122位，远远落后于华中理工大学、浙江大学，甚至在一些同样是理工为主体的非重点院校之后,尽管这种评估有其不够完善之处,但是这一总体位势使我深感到在清华发展文科任务的重大而艰巨。从当时的状况看,清华文科与建设综合性一流大学总体目标是很不相称的。

1997年暑期干部会上我就文化素质教育作了发言,提出了发展文科要做到三个"认识一致",即对文科在国家建设和清华实现总体目标中的地位与作用的认识要取得一致;对清华文科的历史、现状与未来发展的目标包括文科的结构、规模和侧重点的认识要取得一致;对文科区别于理工科的特点与文科发展的方针政策的认识要取得一致。当年秋季学期,王大中校长、贺美英书记带领学校班子14次下人文社会科学学院等文科院系开座谈会,听取有关文科发展的意见。1998年寒假,学校领导班子务虚会着重讨论文科建设,听取我关于文科发展规划的汇报,并达成重要的共识。认识到作为一流大学要推动国家科技、经济发展和社会进步的两个车轮前进,要适应大学科综合发展的需求,要培育适应形势要求的全面发展的人才,不建设一流的文科是很难实现建设综合性一流大学的目标的,就如同一只木桶,其水容量取决于最短的一块木板,过弱的文科必将制约学校学科的整体水平和人才的质量。在统一认识的基础上,明确了建设一流文科的目标。在当时学校财经状况并不宽余的情况下,明显加大了对文科的投入;并且分析了以往文科发展的经验,明确关键在建设一流教师队伍,决定在政策上大力支持一流人才的引进与培养;继而,在国家建设一流大学的"985"计划支持下,清华文科的发展跨入快车道。

对文科的重要性认识是经历了一个过程的,这不仅仅体现在清华这样以工科为主体的学校,就是在一些综合院校中,也存在文科的地位与作用未被充分认识,文科的发展得不到应有支持的问题。1996年暑期在大连召开综合院校文科校长会,我作为唯一理工科大学的代表与会,这个会议给我一个深刻的印象便是文科的发展未被重视带有普遍性。一位著名综合性大学文科校长在会上忿忿地说,在学校领导班子中有同志称:文科有什么用?不就是读读《红楼梦》吗?当时,一些同志在会上提议给中央政治局写信,要求从中央做起,重视哲学社会科学的发展。现在,情况已有很大的改变。党与国家领导人一再强调哲学社会科学与自然科学的同样重要性,强调对哲学社会科学的发展要予以高度重视。教育部在2003年还制定了《关于进一步发展繁荣高校哲学社会科学的若干意见》。可以预料,在中国,哲学社会科学领域,包括高校文科正在迎接一个繁荣绚丽的春天。

文科在高校的地位不是一个孤立的现象,它的萎缩或繁荣不是个人行为,而是有深刻的社会历史根源。近现代意义的大学自从诞生之日起，就以育人为目的，几乎是文科的一统天下。从英国工业革命后，大学的功能发生了深刻的变化，大学从关注宗教、伦理转向关心普遍的知识，关心科技、经济；特别是德国教育家威廉·冯·洪堡倡导"教学与科研相结合"，使大学成为既是教学中心又是学术研究中心，后来美国威斯康星州立大学提出大学教育应当直接为区域经济和社会发展服务的理念，这样使大学的主要功能发展成三个方面，即人才培养、科学研究、社会服务。这使大学教育与科技进步、经济发展发生越来越紧密的联系，特别在这个被称为知识经济的时代，"知识就是力量"加上"知识就是金钱"，大学所具有的知识优势，不仅使大学从社会边缘走到社会的中心，而且，也成为大学维系持续发展的重要基础。

综观新中国成立以来中国大学功能的演变过程，不难发现一个总的趋势：在以重工业的发展为重点的时期里，与工程技术相关的学科受到充分的关注，得到有力的支持；同时，由于"左"的路线影响，无论在客观或主观上，文科的发展都受到约束。党的十一届三中全会后，在拨乱反正的过程中，检验真理标准的讨论引发了思想的大解放，带来了生产力的大发展，显示了哲学社会科学的巨大威力，改革开放为文科的发展带来了生机。由于一个时期里，强调以经济为中心以及依法治国，与经济、法制相关的应用学科有了比较迅速的发展。而作为文科的基础和关系着社会全面进步、人的全面发展的文、史、哲等基础学科长期未能受到应有的重视与发展。在我国经济获得持续高速发展的情况下，一方面，人们对精神生活的追求日益提高，要求人与社会、自然和谐协调发展的呼声日益高涨；另一方面，许多重大的社会问题，包括大工程建设，都需要综合学科的力量才能解决，加上经济全球化背景下，不同文化的交流冲突和"软力量"的较量有上升的趋势，文化力和国民素质成为综合国力的重要因素。这些都对哲学社会科学的发展提出越来越突出的需求；同时，依据"以人为本"的理念，党和国家领导人明确提出在新的历史条件下，社会主义建设的根本任务是在发展社会主义物质文明和精神文明的基础上，不断推进人的全面发展。在这样的大背景下，对哲学社会科学与自然科学的"四个同样重要"和对哲学社会科学的"五个高度重视"就突出地提到各级党政领导面前了，这为大学文科的发展带来前所未有的机遇。

教育是一个体现社会发展与人自身发展需求的事业，大学理念的发展也应当体现这种需求。而一种适应社会需求的大学理念总是在同已经过时的旧理念相斗争的过程中发展的。在工业经济时代，普遍存在着重理轻文的片面价值判断和思维定式，导致社会的教育观念和风尚以及国家的教育理念、政策和实践都不同程度地呈现失衡状态。

中国近代教育产生以来，重理轻文的现象就一直存在。偏爱科学技术已积淀为一种群体心理，乃至化为一种集体潜意识。所谓"学好数理化，走遍天下都不怕"正是这种心理和意识最直白的表达和反映。中学的文理分班、大学的文理工分校和过分的专业化，又加剧了科学教育与人文教育的分离与割裂。在这种功利化的背后，人文精神与科学精神都缺失了。在这一背景下，教育者和受教育者的教育理念都难免带有片面性。重理工、轻人文，重知识的传授、能力的训练，而忽视素质的提高，特别是忽视起着基础作用的文化素质和灵魂作用的思想道德素质的提高，使得人的潜能难以得到全面的发展，学校的精神文化建设滞后于物质文化建设，并制约了社会精神文明滞后于物质文明现象的有效转变。

这种教育理念的片面性也反映在建设世界一流大学和高水平大学的目标设定与评估指标上。如尽管清华历史上文科有过辉煌，但是近30年文科学科的中断和工科的强势，使得学校对文科的重视程度受到影响。特别是：清华的领导班子几乎都出自理工科，文科不容易成为天然的兴奋点。在确定世界一流的目标时，一个流行的观点就是：成为世界一流不是靠文科。一个典型的说法是：建世界一流如同从高树上打枣，取决于最长的竹竿，这只能靠理工科。此时，也有"水桶"之说，即综合性大学文科过弱必将制约整体发展，如同水桶水位取决于最短的一块板。这就是所谓的"水桶与竹竿之争"；经过交流，基本上统一在"水桶""竹竿"都要，文科也应出"竹竿"的认识上，而且一流大学的建设不能过于功利化，认为有一批学科进入一流的行列就是世界一流大学了，还必须认识到同时建设一流理工科和一流文科，是政治文明、精神文明与物质文明协同发展的需要，是社会的全面进步和人的全面发展的需要，是科学教育与人文教育融合的需要，也是学科综合发展的需要，只有适应这样的要求，才能真正建成一所综合性的一流大学。清华文科自1998年校领导班子务虚会后的加速发展，便是在这些根本问题上提高认识的结果。

在工科强势学校发展文科，会受到重理工轻人文的困惑，工科的强势容易屏蔽文科的发展，但是，理工强势的基础，有利于学科的综合发展和交叉学科的新生长点，有利于人文教育与科学教育的融合以及复合型人才的培养；而且，在工科环境下养成的务实和团队精神以及较高的效率无疑是有利于文科发展的积极因素。我们还以一分为二的观点看待清华文科学科发展的中断：一方面，它削弱了清华文科发展的基础；另一方面，却较少包袱和旧理念的束缚，在几乎一张白纸上可以画出更新、更美的图画。

在恢复发展文科的过程中，我们始终认为，老清华文科的传统与经验是今天清华发展文科的重要精神财富，但是由于时代与清华的实际都发生重大变化，清华文科不可能回到过去的模式；清华文科的发展要认真借鉴国内外一流综合性院校的经验，但也不能按照同样的模式去跟踪发展。以刚刚举行10周年院庆的人文社会科学学院为例：学院建立初期，在总结前辈经验基础上，提出了"古今贯通，中西融会，文理渗透，综合创新"的范式，并比较好地坚持了理论与实际结合的传统；在发展思路上，先是提出"小而精、高水平、有特色"，继而在1998年后，调整为"打好基础，突出应用，注重交叉，进入主流，形成特色"和"有重点，分阶段，上一流；有所为，有所不为"。这些都是在实践中不断探索、明确的发展思路。今天，其他院校发展文科，我认为也应从自身的实际情况出发，防止低水平的重复和攀比，也应当是有所为，有所不为，办出自己的特色，并且，尽可能使教育资源得到合理配置。

（发表于《科学中国人》2004年第3期；《光明日报》2004年8月30日）

忆清华文科的恢复与发展

一、我与清华同转型

回顾清华百年历程,从 1925 年开始实现由留美预备学校向高水平综合性研究型大学的目标转型时,首先是从文科起步的——研究院国学门便是一个重要的标志;当改革开放之初,清华大学决定由多科性的工科大学回归综合性大学时,也是首先从恢复和设置文科系所开始的;1993 年,清华确定在建校 100 周年实现跻身世界一流大学的目标时,人文社会科学学院的建立又是一个重要的里程碑。在清华发展的重要转型阶段,文科的建设处于一个举足轻重的地位。

我是 1991 年到校岗位工作的,担任主管宣传与思想政治教育的党委副书记。当时学校文科是由成立于 1988 年的文科工作委员会负责,原党委副书记张绪潭同志任主任,他和兼任过社科系首任主任的张慕葏副校长参加过初期清华文科的恢复建设,做了许多基础性工作。他们与时任国家社科院副院长的滕藤学长一起参加了人文社会科学学院的筹建,在滕藤同志任院长期间他们还作为顾问参加过院务会。我在接替王凤生同志到学校岗位后,开始阶段没有在文科委员会任职,只联系文科,主要是联系负责全校思想政治教育的社科系,同时兼任美育委员会主任,主持学校的艺术教育工作。自 1993 年学校决定加快建设综合性的世界一流大学时,我才逐步参与文科建设的领导工作,包括 1993 年兼任清华大学软科学研究中心主任、参与筹建人文社会科学学院,并兼任该院常务工作,1996 年兼任人文社会科学学院院长和 21 世纪发展研究院副院长,2000 年兼任传播系主任,2002 年兼任新闻与传播学院常务副院长,还具体负责法律、公共管理学科的筹建工作并主持大学生文化素质教育,2002 年又出任由清华、北大、高等教育出版社联合组建的大学文化研究与发展中心轮值主任,组织开展大学文化研究和建设工作。我于 2005 年退休,由以管理工作为主转向以研究工作为主。这一段工作经历对于工科出身的我是严峻的挑战,同时,也是一个将自己的转型和成长与学校的转型和发展联系在一起的过程。在走上学校领导工作岗位后,为便于"双肩挑",我迅速将自身的学科方向从光学、精密仪器及纳米技术转向曾经涉足过的教育研究，并力争能够比较全面地了解文科。为此，坚持向历史学习，向能人求教，在实践中适应与提高，努力成为一个研究型的管理工作者，在退休后又向具有管理视野的研究工作者转变。正是基于这样的出发点，绝大多数参加文科活动的讲话稿和在刊物上发表的论文，都是自己动手撰写的，我将其当作学习提高的途径。

二、新时期清华文科的定位

1952年，在全国高校院系大调整中，清华大学转变为多科性的工业大学，此后文科仅仅体现在为适应人才培养所需的马克思主义理论教育上，当时蒋南翔等学校领导亲自担负和推进马克思主义课程的教学任务，继而一批品学兼优的青年教师，如林泰、刘美珣、朱育和等服从工作需要，注重理论与实际相结合的学风，敢于直面复杂的现实问题，成为马克思主义基础理论教育的中坚力量，取得良好的教学效果，积累了宝贵的经验。当今清华政治课教学团队成为中国首个思想政治理论课国家级教学团队，就是继承发扬了先前的传统。清华的思想政治教育课程建设一直在发挥积极的探索与引领作用。上述三人都成为创建人文社会科学学院的骨干；同时，外语教学没有中断，不仅为当时的学生汲取世界先进科技文化创造了条件，也为后来师生走出国门和外国语言文学学科的发展提供了基础；此外，以音乐室和学生社团为载体的文化艺术教育，为丰富校园文化生活、提高学生全面素质发挥了重要作用。

在"文革"期间，中国高等教育，尤其是大学文科受到严重的冲击。"文革"后，1978年清华党委决定恢复音乐室的建制和学生文艺社团，提出了"力争尽快达到'文化大革命'前清华大学的文艺水平"的目标；同时，恢复政治课，成立马列主义教研室；1979年，建立经济管理系、教育研究室，1980年建立文史教研室。1980年刘达校长和何东昌副校长在《光明日报》发表"重视大学文科，多办大学文科"的文章，强调重视和多办文科的目的是适应"四化"建设的需要提高干部队伍的管理水平，改变重理轻文的现象。这篇文章作为对"文革"中曲解以至取消文科的指导思想的拨乱反正，吹响了清华复建文科的号角。1982年复旦大学中文系教授、曾在清华国学院师从陈寅恪、王国维的蒋天枢先生致信中共中央陈云副主席，针对当时国内综合性大学只有文理两科不能适应学科交叉发展的情况，建议以具有良好文理传统和工科基础的清华大学建设真正意义的综合性大学。陈云同志将此信转给清华，清华党委经认真研究于1983

年 3 月向教育部党组提交报告,"认为在清华增设文科,逐步把清华办成以工科为主的综合性大学是有利的"。并明确了如下指导思想:清华文科的发展要紧密结合学校的教育工作,培养国家需要的具备生产与管理知识的政工干部与师资;要与理工科教育相互配合、渗透、促进,发展交叉学科;坚持理论联系实际,突出应用;要形成特色;在规模上"应是小而精",以已有的马克思主义理论教研室和文史教研组为基础,逐步扩展,"长远拟设文学、历史、哲学、社会科学、外语五个系"。此后,清华于 1983 年 7 月复建了外语系;1984 年 2 月成立社科系,4 月成立经管学院;1985 年复建中文系,成立思想文化研究所、教育研究所等,在同年中共清华第七次代表大会上,确定了"按照着重提高、在提高中发展的方针,用十年或较长一些的时间,建成高水平的以工科为主的综合大学,使清华大学成为中国培养高级专门人才和发展科学技术文化的重要基地之一"的目标。1987 年 3 月,校长、书记办公会讨论通过了校文科领导小组《关于我校文科建设的几个问题》的报告,该报告明确清华文科建设的基本任务是"巩固发展马列主义思想理论阵地,加强马列主义理论队伍建设""以工科为主体的高等学校办文科,首先应面向全校本科生和研究生,提高学生的思想、文化、理论素养,以适应社会主义现代化建设事业的需要"。可以说,在 20 世纪 80 年代清华文科的恢复发展有两个主要特点:一是适应人才培养的需要,系所的设置和教师队伍以满足教育教学要求为基本出发点;二是体现了注重应用与学科交叉的特色。如中文系科技编辑、外语系科技英语、经管学院管理与信息系统等专业都突出了"应用"与"交叉",初步开展的科研工作和取得的成果也大都带有"应用"的特点。当时恢复发展文科遇到的困难也是两个:一是由于历史条件,对文科的特点和怎样办文科缺乏深入认识,定位带有一定的局限性;二是文科师资力量难以在短时间内得以发展。这两者是有关联的。

1993 年暑期干部会,学校明确了在 2011 年即清华建校 100 周年时跻身世界一流大学的目标。当年秋季,党委书记方惠坚率团考察美国名校,我也考察了日本名校并进行了校友访谈,对文科的必要性和怎样建设文科有了新的认识。张孝文校长强调建设世界一流大学,培养全面发展的高素质人才必须发展文科,在国家政治、经济和法制建设方面,清华都要出人才。1993 年 11 月,在《关于把清华大学建成世界一流的有中国特色社会主义大学的报告》中,明确提出学科建设的奋斗目标:"保持与发展工科的优势,加强理科、经管学科和文法学科建设,为清华大学真正成为一所世界一流的、以理工科为主,兼有经管学科和文法学科的综合大学奠定坚实的基础。"并于同年年底成立了人文社会科学学院。

人文社会科学学院与在该院最先突破的马克思主义理论与思想政治教育博士点，发挥了学校文科学科和文科博士点建设的"母鸡"作用。在人文社会科学学院建院前后，何东昌同志多次关注文科的发展。如他在1995年人文社会科学学院全院大会讲话中提到：清华发展文科很重要，解放以来，我们工作的失误主要是社会科学方向的失误造成的；中国文科建设的路子怎么走，规律还没有完全摸清，办文科要比办理工科难得多；办文科一定要坚持正确的方向，坚持马克思主义，重点是人才培养；同时要有一流意识，要注意理论与实际相结合的学风，要发挥学校各方面的优势。

尽管清华在20世纪80年代初就起步恢复文科，而且，清华多学科的背景给予文科形成学科综合交叉的特色创造了良好条件，但是，基于清华强大的工科背景，在决定学校总体发展规划时，综合性学科建设的优先重点是在发展已有的理工结合优势，加速发展理科。文科一时难以成为兴奋点，而且容易被强势的理工科所屏蔽，甚至以理工的思维定式来要求文科，在一定程度上制约了文科的发展。80年代末，在全国具有优势（有张岱年、何兆武、刘桂生、钱逊等知名教授）的专门史学科申报学位点被本校学位委员会否定，使得史学博士点的突破被推迟了十多年，便是一个案例。1996年我应邀参加了全国文科大学校长会议，了解到文科不受重视是一个普遍现象。正如某综合性大学主管文科副校长所述，文科发展排不上队，有校领导说："你们文科不就是研究研究《红楼梦》是怎么回事吗？"当时会议的一个重要动议就是向国家最高领导层呼吁重视文科。联想起清华虽然确定了综合性的目标，但是，持有实现世界一流的目标靠理工科不靠文科这种看法的人不在个别，一些同志对当时提出的"竹竿论"也仅仅理解为——出一流成果，如同打枣是靠理工科的长竹竿。在学校班子里也出现过"你们文科不就是出几本书吗？搞那么多的系、所、中心干吗？"的说法，还有人认为MIT只有经济学与语言学比较强，清华办文科有少数几个比较强的学科就行了的意见。在文科刚要加快发展时，就不时听到"文科摊子铺大了"的质疑。以我所见，清华文科的确要"有所为，有所不为"，既不能完全恢复到过去，也不能与某些以文理见长的兄弟学校相比较，学科搞得那样完整，队伍建得那样庞大。但是，清华作为一所国家寄予厚望又有宝贵文科传统的综合性大学，应当在哲学、文学、历史学、经济学、法学、教育学、管理学等7个文科学科门类均有所布局，而在下属学科中必须体现"有所不为"，队伍也尽量精干。如2000年社会学系成立之初，我只给了8个编制的指标，发展了10年，也只有12名教师；北大中文系学科完整，当时120余人仍是缺编单位，我们只有20多人，现在也只有28名教师。但是清华MIT情结颇重，文科学科布局与队伍发展，受到的制约比较多。加上长期以来清华文科为提高管理人才素质服务（这一点无疑是十分重要的），只要搞好教学就行的思维定式，一段时间里，文科整体学科发展很难得到应有的支持。我常常感到一种莫名的"孤立感"，但又常以"应当给清华的发展历史以交代"来给自己打气，好在学校的主要领导在关键时候给予了充分的理解和支持。

清华文科该怎样定位？是我接到"联系文科"的指令后一直思考的问题，因此我便开始研究校史，特别是清华文科的历史，从国学院到清华文科的辉煌，从梅贻琦强调"办大学，应有两个目的，一是研究学术，二是造就人才"到蒋南翔强调学校最核心的问题是要完成教学任务。但是，教学工作最后必须依靠科学研究来提高水平，学校还要夺取科学堡垒，教学与科研决不是对立而是相辅相成的。一直到新时期，学校明确以人才培养为根本任务，同时要成为教育和科研的中心。学校既然已确定了建设一流的综合性大学的方向，文科就不能例外。

在文科恢复发展初期，常常遇到所谓"有为"和"有位"的关系问题。开始时，学校对文科并未定位在"一流"，文科总体上也没有形成"两个中心"的态势。1997年《科学技术管理》发表的中国大学1995年评估材料表明：清华的整体实力高居榜首，但文科排名却为122位，不仅远远落后于综合性大学，也明显落后于华中科大、浙大、石油大学等工科大学。在实践中，我越来越认识到，在当时情况下，主要矛盾是"有位"，是学校对清华文科如何定位的问题，是学校上下都要对加速发展文科的必要性和途径形成共识，并提供足够的支持。1997年暑期干部会前我找了王大中校长，说："您上任后抓了工科学科群，还狠抓了理科，深入做了许多调研，明确了理科的发展思路。现在学校是不是该集中力量抓一抓文科了？"他表示赞同。在王大中校长和贺美英书记支持下，我在暑期干部会作了关于文化素质教育的大会发言，在结语部分提出了清华发展文科要做到"三个认识一致"，即对文科在国家建设和清华实现总体目标中的地位作用的认识要取得一致；对清华文科的历史、现状与未来发展的目标，包括文科的结构、规模和侧重点的认识要取得一致；对文科区别于理工科的特点和发展方针政策的认识要取得一致。王大中校长在暑期干部会总结报告中提出要把研究文科建设作为1997年下半年工作的重点。当年秋季学期，王大中、贺美英等校领导先后14次下到文科院系调查研究，听取意见。在此基础上形成清华文科发展的思路与要求，即从学校实现一流大学的战略要求看，文科是最薄弱的环节，亟待加强，应该有较大的发展。要抓住有利时机，打好共同的基础，突出重点、集中力量，使某些领域在不太长的时间内进入学科前沿，在2011年，力争建成与清华发展总体目标和地位相称的一流文科。为此，一要以改革开放和现代化建设中的全局性、战略性、前沿性的重大理论问题和现实问题为研究重点；二要坚持立足中国、放眼世界，发展清华中西融会、古今贯通的治学传统，形成清华文科特色；三要推动人文社会科学的基础理论研究，提倡科学精神，坚持严谨治学，力戒浮躁和急功近利。王大中校长还明确提出：清华的综合性学科布局框架要突破以往主要参照MIT的模式，而应该更广泛一点，因为清华在中国的地位、国家对我们的期望，远比MIT在美国的位置要高。1998年寒假领导班子务虚会着重讨论文科建设，听取了我关于文科发展的意见。我提出文科要建设好"一个基础，四根柱子"的架构："一个基础"，就是文、史、哲基础；"四根柱子"，包括经济管理（经济生活）、公共管理（政治生活）、法律（依法治国）、新闻与传播（舆论与信息）。并且要发挥马克思主义理论与思想政治教育学科已有优势，要支持高等教育学科，为育人和学校发展服务，在条件成熟时还要发展艺术学科。我归纳了领导班子秋季学期调研形成的五个方面的认识：一是重视引进人才，特别是优秀的学术带头人；二是创造宽松的学术环境，提高学术水平；三是要探索符合文科特点的管理模式；四是重视教学和人才培养，既要继续做好面向全校的素质教育，又要适度扩展文科学生规模，提高培养质量；五是加强国际合作，瞄准世界前沿，借鉴国外先进经验，整体上要弘扬清华文科会通的传统，进入主流、形成特色，加快发展步伐。这些都得到班子成员的赞同，并就建设一流的文科达成共识。在当时学校财政并不宽裕的情况下，明显加大了对文科的投入。会上还讨论了艺术学科的发展，议论过与其他艺术院校合并的事情，后来在1999年11月实现了中央工艺美术学院加盟清华，找到了科学技术与艺术融合的一个理想途径。这次会议被梁尤能副校长称为"是一次部署新的学科调整，在清华发展史上带有里程碑意义的会议"。会后，相继成立了由贺美英书记主持的文科建设领导小组和文科建设委员会。继而，在"985"计划支持下，文科的发展跨入了快车道。这一阶段在学校层面，对我说的"木桶论"，即如同水桶的盛水量取决于最短的板块一样，过弱的文科必将制约综合性大学的总体水平有了共识，同时，也认识到中国具有悠久历史文化和现代化过程中要解决重大的课题，决定了中国应当出现有世界性影响的人文社会科学研究成果和孕育世界一流的人才，文科也应当有达至一流的"竹竿"，打下高端的"枣子"。王大中校长在多种场合明确表示："没有一流的人文社会科学,清华大学就不可能建设成世界一流大学。"他在 1999 年 10 月"关于人文社会科学学院学科建设总体规划的批复意见"中指出:"人文社会科学在清华大学建设世界一流大学、完成向综合性大学过渡发展过程中有着十分重要的战略意义。一流的文科不仅是高水平、复合型人才培养的需要,更是孕育创造性思维的土壤,是构成完整的一流大学学科体系的基本要素。"在学校的总体规划中,有关学科建设的指导思想,也由原来的"保持与发挥工科的优势,加速发展理科与经管学科,建设小而精、高水平、有特色的文科"调整为"保持与发挥工科的优势,加速发展理科、经管和人文社会学科,着重在生命科学与医学学科方面有所突破"。贺美英书记在 2000 年文科建设与发展战略研讨会上指出:"要建设综合大学,不是简单地恢复旧日的辉煌——社会历史在发展,也不可能再回到老清华的路子上去,而是要培养适应社会与时代需要的、具有全面素质的、高质量的各类人才,弘扬科学精神和人文精神,更好地为中国的经济建设和社会主义建设服务。"她提出文科要搞好规划,加强管理,要为文科发展创造良好环境,包括良好的政治环境和良好的物质条件;强调要扎扎实实地推进文科工作,指出文科"要出大成果,出传世之作",但"我们不施加压力,没有指标,不急功近利"。后来,出任校长的顾秉林也说:"无论是从人才培养、学术研究、满足社会需求来看,还是从建设一流大学、培育大学精神的自身需求来看,清华大学必须大力发展文科。""文科建设,'木桶论''竹竿论'都要。"陈希书记强调,办文科一要重视方向;二要重视质量。他对文科的发展方向和队伍建设倾注了满腔热情,经常与文科院系负责人和学科带头人促膝谈心,听取意见,增加共识。在我从学校领导岗位退下后,曾找过他,提出应当重视在文科教师队伍中继承发展清华优秀传统的工作,他表示赞同并委以我协助考察和培养文科学术与管理骨干后继队伍的任务。

2001—2002 年,江泽民同志强调哲学社会科学与自然科学"四个同样重要",对哲学社会科学要做到"五个高度重视";强调要充分发挥哲学社会科学认识世界、传承文明、创新理论、咨政育人、服务社会的作用。通过学习,清华领导班子进一步提升了对文科重要性的认识。

在清华领导班子里有一个传统,有不同意见可以争论,但一旦决定了,就会给予有力支持。当时办文科,我的确有一股"只争朝夕"的劲头,有时对可能遇到的困难和可行性思考不够充分。以法律学科为例:1995 年在法律学科力量比较薄弱时,对是否成立法律学系学校领导班子意见不一,后来还是拍板决定成立——我的说法是"强行起飞"了。成立系就要招生,当时,主管教学的余寿文副校长为开通法律专业点花了很大力气。在全国专业设置会上曾有人责问：清华只有几个教师、几间房子就要办系招生？也有人表示同情，说清华只要决定干什么事，就一定会干成的。最后还是如期争取到法律本科专业设置权，开始招收转系生；在没有开通硕士点的情况下，我让当年学生求是学会会长、土木系学生李启迪先期进入法学硕士培养程序，到北大、人大听课。继而借同属大法学门类的马克思主义理论与思想政治教育学位点，启动了民商法方向的硕士培养工作，为了在1998年学生毕业时能够正式拿到民商法硕士学位点，余寿文和1997年初到法律学系兼任书记的前校长助理李树勤，做了大量的补台工作。在法律学系师资队伍建设中，得到了学校人才引进小组和人事、房管部门的大力支持，如1996年夏天引进年轻的崔建远教授时，我只用了一个下午就解决了他的房子、孩子上学、妻子工作等后顾之忧。他回到家里立即给我来了信，说虽然有多所学校让他去，但是清华领导这样重视，有这样高的办事效率，我义无反顾决定到清华了。实际上，这种办事效率没有学校主管领导和各部门的大力支持是很难办到的。后来，为了加强对文科的领导，学校还让胡东成副校长分担文科领导担子，一度由他联系经管与公管学院的工作。形成了有人称为"二胡"共管文科的局面。

学校主要领导重视文科的理念和班子成员的共识与支持，成为推进文科建设的重要条件。

三、推进文科恢复与发展的三件事

在学校明确建设一流文科的定位后，为加快文科发展，我们着力做了三件事。

一是做好规划。一个典型事例就是在学校主要领导十余次下文科调研的基础上，形成文科初步发展规划，为了扩大视野，集思广益，由文科领导小组出面于2000年5月13日至14日召开了"清华大学人文社会科学发展规划座谈会"，邀请了30位全国文科名家和教育部领导前来指导工作、献计献策，与人文社会科学学院的学科带头人、校院领导一起共商发展大计。大会分别由贺美英书记和我主持，科研副校长龚克到会致辞，由我介绍"规划"，学科带头人李学勤、李强、李伯重、曾国屏等向大会介绍相关学科的情况；张岂之、李学勤、万俊人主持分组座谈并作大会交流发言，包括周远清副部长、社科司司长顾海良、高教司司长钟秉林同与会专家一起发表了许多中肯的意见。与会者在充分肯定"规划"的同时，提出"清华办文科不能以 MIT 为范本""不能以工科为太阳，其他围着转"；办文科要打破"马上要用"的观念，要关注"无用之用"，处理好基础与应用的关系；"办文科要有思想，有方法论的创新"；防止"工具理性""技术理性"的片面性，"要体现科学精神与人文精神的融合""办一流大学要有大学精神""要给清华文科的发展营造好的环境""办文科应当成为整个清华的事业，清华各部门的事业""要建立有效的文科管理体系与机制"；领导层要注重"文科发展的特殊规律"，要注意建立学术规范，倡导团队精神和学风建设等，还对相关学科的发展提出了意见。钟司长认为这次会议是清华文科发展史的重要一页，对清华文科建设有深远影响，对全国文科发展也有重要借鉴作用。当年 10 月，我又与李强、李伯重、万俊人一起赴美总共用 10 天时间进行了一个被李伯重称为"累死人"的美国 8 所名校的文科考察。有美方学者认为，清华不应是 MIT 模式，更接近斯坦福大学的模式，我们考察下来认为，很难以美国一所学校的模式来套用，清华有不同的历史文化条件，应当有自己独特的发展模式。这次考察的确给予我们怎样办文科和开展通识教育以许多启发。在这样的基础上，我们进一步明确和调整了清华文科发展的思路。2002 年贺美英书记代表文科领导小组在全校文科科研表彰暨发展研讨会上讲话，提出清华文科要"抓住机遇，加快发展，提高水平，突出特色，有所为有所不为，争取在某些学科领域实现跨越式发展，跻身一流行列。为实现此目标，我校文科建设要以学科建设为核心，通过高水平的科研促进学科发展，力争取得若干具有创新性的重大成果。其具体体现在以下四个方面。

（1）以理论创新为特色，以创新性成果为目标，加强基础学科的建设；

（2）以国家需要为动力，以重大现实问题为中心，深化应用学科的发展；

（3）促进大文科的交叉和文、理、工、医科交叉，促进新兴学科的成长；

（4）重点支持和整体提升若干优势学科的水平，争取某些学科领域实现跨越式发展，达到国内领先水平。

这次会议表明，文科发展指导思想的进一步明晰，整体纳入学校建设世界一流大学的"第二步"即跨越发展、重点突破，力争部分学科跻身世界一流。由于文科、特别是基础文科更具厚积薄发的特点，整体跻身一流尚需作出更多的努力。

二是加快适应一流目标的队伍建设。我曾经在 1999 年 1 月人文社会科学学院换届会上提出：实现一流目标"核心是队伍建设"。队伍建设"一要有一流的意识；二要解放思想；三要认真了解学科的前沿和正在前沿产生重要影响的学者；四要下苦功夫去请能人。"我还提到"李树勤同志曾经总结说在请能人时要有刘备三顾茅庐的精神，有萧何月下追韩信的劲头，要有孔明七擒孟获的胸怀"。李树勤任人文社会科学学院和法学院党委书记期间为队伍建设作出了重要的贡献；同时，我也强调了"队伍建设一靠引进，二靠培养。尽快造就新一代学术带头人和高素质的又红又专的中青年管理骨干是一项极为重要而紧迫的任务"。为此，多次举行中青年教师座谈会，听取意见，提出要求，并加大了派出中青年骨干进行深造的力度。从1998年开始，在学校文科领导小组的统筹规划下，经过文科院系的持续努力和学校人事部门"开绿灯"的支持，建设一流文科师资队伍的工作得到重大发展。

三是按照共同的教育规律和文科的特点加强文科管理。一要使学校班子成员了解文科，支持文科；二要请懂得文科规律的人来管理文科。除了在学校层面复建文科领导小组和文科工作委员会，发挥指导、审议、统筹和咨询作用，2000年还成立了文科的日常管理机构——"文科建设处"，引进全国哲学社会科学规划办规划处处长任清华首任文科建设处处长。文科建设处作为学校文科工作委员会的办事机构，加强与教务处、研究生院、人事处等部处以及国家主管部门的联系，协调文科各院系的发展，特别是对学科建设发挥组织、协调作用。

随着组织机构的健全，推进管理工作的科学化、规范化，相继制定了《清华大学文科科研业绩考核指标体系》《清华大学文科科研岗位设置暂行管理办法》《清华大学文科科研优秀科研成果奖励暂行办法》，以及对科研项目实行配套资助，对核心期刊论文实行奖励等。2004年，又调入了文科出身且有学校管理经验的谢维和出任文科副校长，强化了文科管理的科学性和影响力。这些都为按照文科规律办文科，促进文科出人才、出思想、出成果提供了重要的制度保证。

应当说，当今清华的文科受到了更多的重视，在学校党政班子的共同推动下，清华文科进入了全面提高和重点发展的新阶段。

清华文科是在化解各种矛盾的过程中发展的，除了上述"有为"与"有位"、科研与教学的关系，清华文科一直在处理继承与创新、入主流与有特色、基础与应用、数量与质量、坚持正确的政治方向与形成宽松活跃的学术氛围、厚积薄发与跨越发展、局部与全局、个性与共性、本土化与国际化、通识教育与专业教育等诸多关系中前行的。

四、清华文科的继承与创新

老清华的文科有过辉煌,在清华恢复发展文科时,这种辉煌是宝贵的财富,也是巨大的压力。与理工科相比,文科更讲究厚积薄发。所以,必须认真了解和研究传统,做好继承的工作。担任清华文学院院长长达18年之久的冯友兰先生对清华文科的建设作出了重要的贡献。他常讲"旧邦新命",一方面,他主张研究传统先要"照着讲",读透经典,讲清本意;继而要"接着讲",在传统的基础上发展,要有新意,并期望将清华建成"万物并育而不相害,道并行而不相悖"的"大大学"。贺麟先生强调"旧中求新方为真新""要从检讨这旧的传统观念里,去发现最新的近代精神",以做到"推陈出新"。清华文科在复建和发展过程中,明确了既要继承传统,又不能简单回到过去;既要向兄弟学校学习,又不能照搬,要在继承借鉴中实现创新的思路。与许多学校发展文科不同,清华发展文科是同清华文科传统的重建与发展联系在一起的,其中最突出的就是带有家国情怀的高度责任感和"中西融会,古今贯通"的学术范式、会通的视野与襟怀。

在我将自己的命运与清华文科联系在一起时,第一件事就是了解清华文科的历史,向以往曾经创造了文科辉煌的大师们求教。当年每天凌晨研读与之相关书籍文献的情景还历历在目,读时常有"芳草鲜美,落英缤纷",进而达至"豁然开朗"之感。在研读当时思想文化研究所所长张岱年先生的《文集》时,他的"文化综合创新论"和"兼和"哲理,给予我深刻的启迪,由而,我再依据20世纪80年代以来清华文科的发展态势,为人文社会科学学院确立了"中西融会,古今贯通,文理渗透,综合创新"的学术理念。后来,我在主持清华的文化素质教育时,将科学与人文的融合作为主旨;在21世纪初开始致力于大学文化研究时,再次推崇为马克思主义哲学和西方哲学中国化作出突出贡献的张岱年先生的"兼和"哲学观,主张以博大的襟怀吸纳一切优秀文化适合于自身的内涵,为建设中国特色、清华风格的高等教育思想体系和大学文化营建"兼和"的哲理和氛围。

在清华这样既有优秀的文科传统,又有强势工科的大学,怎样恢复发展文科?经常遇到的一个问题便是如何处理"有特色"和"入主流"的关系。我们知道,办学特色是不同的学校在不同的历史与环境条件下发展起来的特殊性,反映了大学文化多样性的规律。在清华特殊条件下发展文科,必然会提出"有特色"的要求。在人文社会科学学院建院初期的指导思想就是"小而精,有特色,上水平"。后来发现,学科建设要遵循学科的规律,要在主流中取得话语权,不能在"自娱自乐"中确立影响力,于是在1998年后,就将办院方略调整为"打好基础,突出应用,注意交叉,进入主流,形成特色"和"有重点,分阶段,上一流,有所为,有所不为"。比如,中文系复建之初确定了"以文为主,文理结合"的方针,除了设置中国语言文学,还设置了科技编辑专业方向。在确立了建设一流文科的目标时,怎样考虑具体的学科设置?就中文系师资特点,有人主张发展现当代文学、语言学与应用语言学就可以了。我参加了中文系的讨论,提出在清华办文科,应当首先考虑入主流,不然不能遵循学科发展的内在规律,也难以确立自身在学界的地位。为此必须适度发展中国古代文学、比较文学与世界文学,体现中西古今的会通。同时,我又用了古希腊哲学家赫拉克利特的名言"人不能两次进入同一条河流",说明主流也在不断变化之中,我们在入主流的同时,还可以以自己的特色去影响主流,不是被动地跟在别人后面走,这样才能真正取得主动地位。清华中文系注意文理结合的特色,还应该有古今中外文学的结合,才能取得主流学界的话语权,同时以特色上水平,发挥对主流的影响作用。这一理念与曾在学院担任科研副院长和中文系主任的徐葆耕的想法是一致的,后来也得到学校人事部门的理解和支持。徐葆耕教授对于老清华会通理念做了大量研究工作,组织出版了系列有关清华文科学术传统的书籍,还积极探索会通式教育,开展中外文化综合班的试点和积极参与学校文化素质教育工作,同时,以特有的文学艺术才干为清华的精神文化建设作出了影响久远的贡献。以同样的理念,在历史系有人主张着力发挥与中国革命史教学相关的近现代史学科优势时,我提出还要引进古史、西史高手,适度发展古史、西史学科。同时,要通过与思想文化的整合等,实现中西古今的融合和中国学科文、史、哲不截然分割的优势(后来的实践并不充分,与我工作不到位有关;国学院的复建将有利于这方面的实践)。在清华复建法律学科时,有人主张发展与清华优势吻合和急需的应用法学,如知识产权法、国际法以及科技法等。由于清华当时建立法律系时只有两个半人,很难形成清晰的学科理念。我主持召开了两次国内顶尖法学专家和法学校友座谈会,明确了清华法律学科建设必须在法理、宪法、民商法、刑法等基本学科方向进入主流,可以首先在民商法取得突破。当时人文社会科学学院的藤滕院长,也赞同这个思路,并借助他在中国社科院的影响,给予清华法学学科的建设以支持。王大中校长明确表示,清华办法律学学科要有与理工结合的一面,但首先要着眼进入主流。关于新闻与传播学科建设,有人主张:在北京已有人大占据新闻学高地,广播学院占据影视高地，清华就应当主要发展跨学科的新媒体，而新闻学容易与意识形态搞在一起，应当放弃。对此论点，我访问了新华社和凤凰台负责人与校友，他们都认为，发展新媒体是必要的，但它不是本单位的主要着力点。清华要发展新闻与传播学科，必须进入新闻学主流。当时传播系大多数教师主张将已有的新闻学硕士点转成传播学硕士点，而时间已经进入呈送报表的最后一天了。对此，我表示赞成发展新媒体和传播学的综合优势，但是认为在中国现状下，必须发展新闻学，才能进入主流，赢得话语权，不能把好不容易拿到手的新闻学点放掉，传播学学位点今后可以再突破。而且强调，无论是新闻学，或是传播学都离不开意识形态。在学校主要负责人支持下，由于时间紧迫，我进行了可称唯一一次少数对多数的"专权"，否定了转掉新闻学硕士点的动议。后来，在范敬宜院长的带领下，贯彻了"素质为本，实践为用，面向主流，培养高手"的理念，整个新闻与传播学院发展态势良好，继2003年拿到传播学博士点后，2006年得到新闻与传播一级学科博士点，无论是新闻学还是传播学在学界、业界均得到公认的地位。同时我也看到，新媒体方向虽然清华是最先举旗，成立了新媒体传播研究中心，但是由于我的推动力不足、学校的机制体制未能为跨学科的发展提供足够的保障等多方面原因，没有将清华的跨学科优势充分转化为新媒体传播学科的优势，是件憾事。这是带有普遍意义的一个个案，在清华实现综合性学科设置过程中，如何有效地实现学科之间的有效融合，仍是今后需要努力的事情。

在处理"主流"与"特色"的关系时，在人文社会科学学院建院之初曾有同志主张发挥清华的政治优势，将全国观点相近的人集中起来，办成一个马克思主义学院。我的看法是，清华办文科要注意政治方向，这主要指以主流意识形态为指导，但是，必须按照文科学科和教育的规律来办，在注意政治方向的同时，要营建活跃的学术环境，提倡积极的学术交锋和思想碰撞，这样才能有所创新和发展。在队伍建设时，要通盘考察政治态度、道德素养、学术水准和教学能力。这些理念得到学校主要领导的认可和支持。当今，国家向创新型转型，孕育创造性人才必须营建创新型文化。从继承和发展清华文科传统来看，除了弘扬家国情怀和会通的理念，最重要的一点是坚持以历史唯物主义与辩证唯物主义为指导和实事求是的态度，倡扬理性的建设性批判思维，将"独立之精神，自由之思想"与对学术规范和学术道德的尊重、与高度的社会责任感实现和谐的统一。同时，我在多个场合表示：只要不违反宪法，就要允许有悖传统和主流的学术观点的存在，不然就不能有突破和创新。

五、几点思考

清华文科在清华建设世界一流大学的"三步走"战略中,即将走完第二步,基本完成了学科布局的调整,部分学科实现了重点突破和跨越发展,有的已经实现跻身世界一流的目标了。我常听校外同仁说,在中国大学新时期的转型中,清华是最成功的。当然,实际情况怎么样,还要通过历史的检验。

与《科学技术管理》1997年依据2005年数据所列国内文科排位清华在122名的位势相比,2005年依据2003年年底的数据,清华文科已升至第8位;2010年所列排行为第6位。在英国UK-QS国际学科评估中,清华的社会科学2008年排名44位,2009年为43位;艺术与人文科学2008年排名85位,2009年为53位。任何排名均有局限性,特别是文科更难以排名加以全面反映。但是,可以看到清华文科整体实现了跨越式的发展,其教育影响力、学术影响力、社会影响力和国际影响力都有大幅度的提升。我能为此出过一份力,是荣幸的;同时,也要对发展中的问题负责。

在回顾清华文科恢复发展所取得的进步时,我们不能忘记带领大家开辟道路的朋友们:经管学院首任院长朱镕基、人文社会科学学院首任院长滕藤、公管学院首任院长陈清泰、新闻与传播学院首任院长范敬宜、法学院前身法律学系主任王叔文、马克思主义学院首任院长邢贲思以及思想文化研究所首任所长张岱年等所做的开拓性贡献;我们也不能忘记在艰难岁月雪中送炭的和给予最真挚支持的老学长及国内外友人,比如,季羡林、张岂之学长对母校文科的恢复发展倾注了巨大的热情,并直接参与清华文化素质教育和中外文化综合试验班的指导与讲学工作,季老还出资设立了"季羡林文化促进基金",支持文化素质教育和大学文化建设;李学勤学长先后出任国际汉学研究所所长、思想文化所所长、人文学院学术委员会主任以及出土文献研究与保护中心主任;还有在法律学系初创时即出面筹建明理楼并参与学科建设、人才培养的香港特别行政区终审法院前首席法官李国能和被誉为"充满了大爱,爱中国、爱清华、爱学生、爱法学教育事业"的何美欢教授;我们还不能忘记为文科慷慨捐资,使文科能够"筑巢引凤"、改善教学科研条件的爱国人士与清华校友;当然更不能忘记为清华文科恢复发展贡献了宝贵年华以至生命的清华人。

由于篇幅所限,关于清华文科的恢复与发展,只涉及整体以及自己接触较多的学科。今后清华文科怎样持续发展,因为退休后对文科没有全面深入的了解,只能谈几点可能是粗浅、片面的看法。

一是在文科学科大布局基本完成、整体实力有明显提升的情况下，仍然要对文科在国家和学校发展方面的地位作用有新的认识。比如，清华要出对学校发展、国家进步以至人类文明有重要影响的思想家、政治家、哲学家、教育家与社会活动家，学校要进一步成为民族复兴、文明进步的学术圣殿、思想宝库和文化高地，在这些方面文科都要作出更大贡献。同时，在学科建设与体制改革上，要为发挥学科的综合优势作出更加切实的努力。

二是始终坚持"育人为本"，在当今清华文科科研与社会服务任务不断加重、文科自身学生规模明显增大、层次明显提高的情况下，需要适度扩展师资队伍，大力加强师资队伍建设，切实将清华的多方面优势转化为人才培养的优势，不断提高教育教学水平。要发扬清华文科重视人才培养工作的传统，主动适应"通"与"专"两方面的人才培养需求。特别是切实将文化素质教育包括通识教育置于基础性地位，进一步处理好科研与教学、通识教育与专业教育的关系，给予通识教育更大的关注，在通识教育和专业教育中都要注重工具理性与价值理性、人文文化与科学文化的统一，将素质教育作为战略主题来落实。在建设中国特色的高等教育思想体系中清华文科应当有更多的作为。

三是重视中国特色、清华风格的文化传统的继承与创新，进一步提升文化自觉，注重在文化建设上为学校、为民族作出更大贡献。恩格斯指出："文化上的每一进步，都是迈向自由的一步"。历史表明，一个民族的觉醒，首先是文化的觉醒；一个民族的振兴，离不开文化的振兴；一所学校、一个院系、一个学科的凝聚力、创造力也是取决于文化自觉的程度。文科应该努力弘扬清华的精神文化传统，努力克服所称的"自强不息充分，厚德载物不足"的局面，既要为发展个人的潜力创造条件，又要倡扬海纳百川的襟怀，打造活跃凝聚的学术共同体，发挥综合优势，并形成自身的学术传统，使每个成员为国家、社会的进步，为高素质创造性人才的培育，为清华和所在的学术共同体的发展作更多贡献；同时，文科师生来源的多样性，也给发展清华传统带来有利条件，在弘扬"行胜于言"校风的同时，应当给予创新文化提供更加宽阔的空间，清华文科应该为弘扬"人文日新"的校箴精神有更多的贡献。

（收入《清华大学文科的恢复与发展》，清华大学出版社，2011年版）

"综合性"不是搭积木，而是水乳交融

注重"会通"：清华宝贵的文化传统

记者：您怎样理解"清华学派"的内涵和精神？

胡显章：所谓"清华学派"只是部分学者的提法，至今尚未形成普遍共识。但是，清华的治学传统的确有自身的特色，比如，清华国学院"古今贯通，中西融会"的学术范式，引领了一个时期的学术潮流，不仅对清华，而且对整个中国的学术文化都有久远的影响。这是当年虽有多个国学研究院所，但唯有清华国学院得以声名远播的重要原因。国学院的存在虽然只有短短4年，但它的"会通"理念和范式在后来的清华文学院得以继承。实际上，梅贻琦校长所推崇的也是会通型办学理念。他主张"通识为本，专识为末"，要求学生对自然科学、社会科学、人文科学都有所倚重，而且，"能识其会通之所在"。这样的影响就更加普遍了。当然，这种"会通"的理念并非是清华所独有的，只能说清华形成得早一些、影响大一些。应当说，注重会通是清华宝贵的文化传统。

后来，在新时期清华恢复发展文科时，这个传统得到了传承和发展。1985年，复建中国语言文学系时，明确了"以文为主，文理结合"的方针，开办了科技编辑专业，培养以理工学生为主体的双学士学位生。在20世纪90年代初期，我在主持清华文科工作时，在人文社会科学学院提出了"中西融会，古今贯通，文理渗透，综合创新"的学术范式，所依据的仍然是会通的哲理。要做好这一点并非易事，不仅要自觉遵循事物本来的规律，而且还要有广阔的视野和博大的襟怀。

在新时期，特别是学校明确了建设综合性、研究型、开放式的世界一流大学的目标以来，在学科上基本实现了综合性的布局，为实践"会通"的理念创造了比较好的条件，出现了文理学科结合的好趋势。但是，存在两个需要继续解决的问题：一是"综合性"不是多学科搭积木，更要如同钢筋水泥甚至水乳相融，这一点还很不够；二是科学与人文在文化上的融合，也是任重道远。为此，既需要一种"兼和"的哲学观，又要有体制机制的保障。

记者：这种"会通"是否可以理解为现在广为提倡的"通识"教育？现在很多高校都在倡导和施行"通识教育"理念，您觉得施行得成功吗？最大的困难在哪里？

胡显章：促进"会通"是通识教育追求的目的，关键是明确培养目标和教育过程中对"会通"的要求，它不仅仅体现在知识体系的会通上，而是要求科学文化与人文文化的会通；不仅仅体现在基础教育中，在专业教育中也要落实不同知识体系的交叉融合以及科学文化与人文文化、价值理性与工具理性的结合。

我国高校自20世纪90年代中期开始进行文化素质教育的探索，文化素质教育与通识教育在理念上是相通的，但具有中国自身的特色。除了突出强调加强素质教育的切入点和突破口，还明确要求提高学生的文化素质，提高教师的文化素养和提高学校的文化品位，创造了统筹教育全过程的多样化形式。由于只有15年的探索，现在只能说是有了一个良好的开端，要真正使文化素质教育成为广大干部师生的一项自觉行动，并且走上一条科学健康的可持续发展的道路，还要下很大功夫。

当前，在许多学校和许多场合，比较多提的通识教育，常指基础教学阶段的文化素质教育。在清华有"在通识教育基础上的宽口径专业教育"的提法，在通识教育阶段要求学生完成13个文化素质教育课程的学分，同时，还要求在专业教育中有效提高学生的文化素质。与一些高校不同，清华比较早地进行了文化素质教育课程体系建设，并以核心课程作为主渠道。现在已经设置了近百门文化素质教育核心课程。从我们对11个院系学生的调查结果看，有近2/3的学生认为相关课程是成功或比较成功的，对约84%的教师教学效果是满意或比较满意的，而绝大多数人认为是有收获的。但是，对课程和教师很满意的还较低。同时，自觉在专业教育环节有效融入文化素质教育的也是少数。

教育教学中，重工具理性而轻价值理性的现象普遍存在。台湾新竹"清华大学"前校长沈君山曾称，实践通识教育的困难在于：（1）没有人愿意去管；（2）没有教授愿意去教；（3）没有学生肯花精神去听。这种情况，在我们这里也是不同程度地存在。为什么？一个共同原因是缺乏文化自觉。

记者：您说的这种文化自觉具体该怎样理解？

胡显章：我们应当清醒地认识到，当今，我们的教育正面临巨大的挑战：一是面临世界性价值危机的挑战，我们的教育肩负着提高师生人文素质的艰巨任务；二是信息社会科学技术的迅猛发展和剧烈的竞争，要求高等教育站在科学技术的最前沿，对人才的科学素养、特别是创新素质提出了迫切的要求，尤其是像清华这样的重点大学，面临加速培养杰出创新人才的巨大压力；三是随着经济全球化趋势的加剧和中国的崛起，要求我们培养的人才在植根自身民族文化沃土的同时，具有跨文化的胸襟和能力。

中华民族的伟大复兴要求即将成为生力军的当代大学生在文化上做好充分的准备，但是，不少教师和学生对此都缺乏充分的文化自觉。大学教育应当自觉地肩负起以先进文化孕育人才、引领社会的任务，而前提是正确认识大学的本质特征和根本任务。袁贵仁部长曾指出："在一定意义上可以说，大学即文化。大学的教育教学过程，实质上是一个有目的、有计划的文化过程。所谓教书育人、管理育人、服务育人、环境育人，说到底都是文化育人。"深入开展文化素质教育正是以文化育人的自觉为前提，以文化育人任务为根本目的。我们面临着普遍提高文化育人的自觉性和实效性的任务，其中推进科学与人文的融合、工具理性与价值理性的统一仍然是一项关键性的任务。为此，必须在教育思想、培养过程、课程体系和教育教学方法上进行持续有效的重大变革，学校还要在体制机制和政策上予以更加实际的支持。同时，还要努力进行大学文化建设，确立科学的办学理念，弘扬优秀的大学精神，建设好文化校园。

通识教育：人文课程应为重点

记者：在"会通"教育中，人文学科扮演着怎样的角色？清华的文科对学校和学生而言，具有什么样的意义？

胡显章：谈到人文学科的作用，原哈佛大学校长陆登庭认为："一所大学如果不能在各个重要的学科领域都竭尽全力，包括对于探究人文价值、社会结构及其历中发展等多种社会形态，以及人类传统、文化和世界观起核心作用的人文学科领域，它就不可能真正成为一所杰出的大学。"

在王大中任校长时期，清华的文科有了长足的发展。他说过：没有强大的文科，清华永远不可能成为世界一流的大学。顾秉林校长也强调："发展文科对整个学校的学科发展和精神文化塑造都具有极其重要的作用。要建设世界一流大学，就必须加强学科的综合与交叉，就必须让我们的学生接受更好的人文熏陶，具有更好的人文素养，在思想和精神上更为活跃和充实，这都需要积极地发展文科。可以说，没有高水平的人文教育就没有一流大学。"

就人文学科来讲，它涉及的是关于人的精神世界问题，是关乎一所学校，甚至整个社会的精神文化问题，涉及如何处理人与自己、人与社会、人与自然的关系。《易经》有一句话："观乎天文，以察时变；关乎人文，以化成天下。"这可以说是我们的祖先对科学与人文的最早论述。失去了任何一方，这个世界就不完整。对于学校来说，人文学科的主要组成是文、史、哲，不仅是人文社会学科的基础，也是所有学科的基础。而且，人文学科将影响学校的办学理念、大学精神和文化品位，影响师生的价值观、世界观、人生观。所以，在通识教育中，人文课程成为核心课程的重点组成部分。

记者：由于众所周知的原因，清华大学的文科发展曾一度被中断。当初在恢复清华文科时，面临的最大困难是什么？

胡显章：清华文科被中断近30年，恢复起来并非易事。在恢复发展的前期，主要面临着两个方面的困难：一是对恢复发展文科的目的、目标、途径缺乏清晰的共识。在清华有一种可以称作"MIT"的情结，认为清华建一流大学是靠理工，文科更多是考虑教学的需要。学校的闪光点、兴奋点一度都在理工科，强势的理工科背景容易对文科起屏蔽作用，制约了对文科的支持力度。二是师资队伍的建设，这两者是有联系的。一直到1998年寒假校领导班子务虚会上，大家对文科的地位、作用、目标、重点等达成充分的共识，并作出了建设一流文科的决定，明确了首要下大力气支持文科建设好一流的师资队伍，清华的文科恢复发展才真正走上了快车道。

记者：您觉得清华的文科建设今后努力的方向是什么？国内外大学在这方面有何比较成功的经验可资借鉴？

胡显章：我想，从学校层面来说，一定要继续重视文科建设，特别是给予基础的文、史、哲学科以持续的支持；要更好地发挥人文学科的作用，特别是提高全校人文素养和引领社会的作用，并且进入世界学术前沿。对于应用社会科学学科，则应该在解决中国以至人类面临的重大发展问题上，作出更大的贡献。

比起其他学科，文科更需要积累，做到厚积薄发。包括：不同来源的学者，怎样相互尊重，相互学习，在不同观点、学统的交流碰撞中，形成学科的特色和传统；在比兄弟院校队伍更加精干的情况下，怎样更好地形成合力，包括发挥好清华多学科的优势；怎样重视已有的历史传统，又不背上因袭历史的包袱；怎样既面对现实又不趋时媚俗；怎样既植根于民族文化又要有世界眼光，关注国外潮流与学术前沿，借鉴有益的研究方法和成果。要更好地处理好共性要求与个性发展的关系，倡导建设性的批判思维，建设好活跃、和谐的学术共同体，在弘扬家国情怀、天下责任的同时，使"独立之精神，自由之思想"得到有效的传承和发展。

"文理兼长"：不能只看作一种工具性的目标

记者：在"老清华"，许多理工科学者亦有相当的人文素养，那么您怎样看待这种会通精神对老清华理工科的影响？能否请您结合自身的经历谈谈这方面的感受？

胡显章：在老清华，虽然也存在文理分科的情况，有着建筑大师梁思成批判的"半人时代"的现象，但是，由于当时基础教育不存在文理分科的局面，清华又重视通识教育，所以，许多理工学者人文底蕴深厚。如顾毓琇，他曾是清华首任电机系主任，后又任工学院院长，被世人誉为"电机权威、教育专家、文坛耆宿、桂冠诗人、话剧先驱、古乐泰斗、爱国老翁"。当然，像他那样的"业精于理，学博于文"的典范并不多，但是，像华罗庚那样善诗文、杨振宁那样通古籍的理工大家则不是个别的。这种文理相通，不仅在进行教学和研究时，可以防止工具理性和价值理性的分离，甚至对立，而且有利于形成科学的思维和创新。正如钱学森学长所说：正是音乐教授蒋英夫人给自己介绍了音乐艺术，这些艺术里所包含的诗情画意和对人生的深刻理解，丰富了自己对世界的认识，使自己学会了艺术的广阔思维方法，才能够避免死心眼，避免机械唯物论，想问题能够更宽一点、活一点。

就我自己的情况讲，在中学时期文理不分科，课业负担较轻，我的兴趣爱好十分广泛，在美术、舞蹈、文学、制图方面都是积极分子。我的作文几次作为范文被推荐，同时我也酷爱物理、几何等，高中毕业时都难以决定读哪一科。后来，我依据少时做机械工程师的夙愿，以第一志愿进了清华机械制造专业，二年级时被分到新成立的光学仪器专业。学校的课余文化活动十分活跃，我做过学校广播台的记者、展览会的编辑美工、系里"近卫军编辑部"编辑兼出版组长、班长等职务。留校工作后，担任过辅导员，长时间"双肩挑"，在肩负光学仪器、精密机械的教学和研究的同时，还选学了教育学课程。在20世纪80年代初期任精仪系教学副主任期间，我曾经担任过清华教学改革试点组组长，在精仪系开展培养自学和创造能力以及促进全面素质的试点，1985年这个试点组获得北京市模范集体称号。这段经历可算是科学和人文的结合吧。这些为我1991年到学校负责宣传和文科工作打下了一定的基础。当然，我仍然是边工作、边学习——向清华历史学习，向专家能人学习，向书本学习，也向实践学习。我绝非是文理结合的典范，但是，以往对文科知识比较广泛的涉猎和兴趣，加上理工的出身和社会工作，使我对于实现文理兼容，具有一定的文化自觉和基础。

记者： 那么今日清华这种"文理兼长"的情况还多吗？有人认为，现在的学生似乎很难再取得老清华人所达到的高度和成就，对此您怎么看？

胡显章： 由于自蒋南翔任校长以来，学校继承了老清华重视文理会通和文化艺术活动的传统，使得这种影响在不同程度上得以延续。当今清华，也有许多兼通文理的学者，比如，设在精仪系的清华教工荷塘诗社就有许多擅长诗文的理工科教师；许多理工名师是教师合唱团的骨干；在每年举办的文化素质教育知识竞赛上，也可以发现一些理工学生诗文功底相当不错。在中央工艺美院加盟清华后，科学与艺术在学科上的融合有了新的发展，对于校园文化也产生了积极的影响。但是，由于中学文理分科，大学教育专业化和功利化的影响，使得科学与人文的分离以至矛盾的状况难以得到有效的解决。做好文理兼通，推进工具理性与价值理性的统一和学术的综合创新，仍然任重道远。

关于孕育"文理兼长"学生的问题，不能把它只看作一种工具性的目标，更不能使其涂上功利化的色彩。实际上，促进科学、人文、艺术的融合，既是实现人的自由全面发展的需要，也是培养杰出创新人才的重要途径。正如李政道先生所说："追求科学与艺术、科技与人文之间的关联和均衡，是人的创造力的本能。"在教育上，实现科学与艺术、科技与人文的完美结合，是现代大学成功的重要标志，也是培养能够适应21世纪发展需要之人才的希望所在。时代大势是向前发展的，只要持续不断地共同努力，后人总会超越前人的。

（发表于《水木清华》2010年第8、9期合刊，记者：关悦）

继承优良传统　创造新的辉煌
—— 贺中文系建系 70 周年复系 10 周年

　　清华大学中文系建系 70 年来，走过了一条曲折的道路，它的否定之否定，表明了一个反映实际需要的客观规律终归要被人们所认识的。作为一所国家寄予厚望的高校，没有理科，其工科难以持续创新而进入世界前沿；没有文科，也难以适应学科综合交叉趋势和经济社会协调发展的要求，更难以为学生全面发展提供必要的文化氛围。母语语言和文学是文科的根基，语言是须臾离不开的工具，而文学则如鲁迅先生所说是"引导国民精神的前途的灯火"。中国语言文学学科建设在我校实现世界一流有中国特色社会主义大学总体目标中，起着举足轻重的作用。

　　中文系复建 10 年来，经过全系师生团结奋斗，取得了长足的进步。为适应提高学生全面素质的要求，为全校开出了系列选修课，其中 4 门富有特色的文学系列选修课效果甚好，很受欢迎，获得清华大学"一类课"的称号，有一门还获得北京市教学优秀成果一等奖。同时，体现文理工结合的编辑学专业已有 8 届双学位毕业生，受到社会普遍欢迎，目前，正在跟上信息化步伐向传播学方向扩展；汉语言文学专业，中外本科生和研究生的培养也已经上路，由于及时赶上世界"汉语热"的潮头，对外汉语教学开拓了喜人的局面；体现文理工交叉的计算机语言学崭露头角；国际汉学研究在李学勤先生指导下，开始在中外汉学界产生广泛影响。同时，在学术著作建设上也取得了重要成果。这一切都基于一支团结敬业的队伍，这一切都使人感到一股青春的活力和蓬勃的生机。但是，我们清醒地认识到，比之过去曾有过的影响，比之基础雄厚的兄弟院校，特别是面对建设世界一流大学总体目标的要求，我们还有相当大的差距，清华中文系任重而道远。

　　当我们向着远大的目标行进时，要努力继承发扬前人留给我们的宝贵的精神财富——修身治学的优良传统：一是"自强不息，厚德载物"的进取精神、责任意识和对德才兼备品质的追求。只有自己灵魂有火，才能引导他人前进。我们更要注重以科学的理论来武装，为发展共同的事业，为提高学术和教育水平，为追求和捍卫真理而"衣带渐宽终不悔"，甚至达到"朝闻道，夕死可矣"的境界。在中文系的历史上，韦杰三、闻一多，朱自清的高尚情操和广大教职工在复系以后自立自强、开拓进取的精神，都是十分可贵的。二是"会通"的学术传统。"会通"是中国思想文化的一大特色，也是清华宝贵的学术传统。1925年到1928年，在清华实现由一所留美预备学校向立足国内培养人才的大学转变时，国学研究院倡导"以西方学理研究中国固有文化，使中国文化与西方文化相沟通"的学术范式，中国文学系遵循"注重新旧文学的贯通与中外文学的结合"教学方针，以及后来发展起来的"古今贯通，中西融会"的学术传统，对学术研究与人才培养有着深院的影响。1985年中文系复系时，实行的是"以文为主，文理结合"的方针，今天，在我们人文社会科学学院发展成为"中西融会，古今贯通，文理渗透，综合创新"的学术范式。我们中文系在打好基础，融入主流的同时，努力以交叉综合的特色见长。中文系师生要尽力展宽自己的学术基础，开阔自己的视野。三是实事求是的治学态度。实事求是是文科工作的灵魂，我们一定要努力用马克思主义对一切文化成果、对我们的历史进行实事求是的分析。老校长蒋南翔曾经说过，对清华大学的历史要做"三阶段两点论"的分析，这是历史唯物主义、辩证唯物主义的态度。其精神也适用于对清华文科历史的分析。在旧清华，文科名师荟萃，他们良好的治学态度和学术传统以及研究成果，对20世纪学术研究与人才培养有着积极的影响，必须加以充分的肯定与继承。同时，也要看到当时的历史局限性。对1952年的院系调整，既要看到文科学科的调离对学校的消极影响，也不能忽视马克思主义理论教育、外国语言教育、积极向上的文艺作品和丰富多彩的学生课外活动弥补了缺乏人文课程的不足。笼统地说，这期间学生的质量不如老清华是不符合实际的；当然并不是说那样做就够了，特别是改革开放以来，由于应试教育造成了学生人文社科基础的薄弱，加上大学期间学生负担过重，以及社会上低俗文化的冲击和市场经济的负面影响，学生的人文素质与社会主义建设的需求和自身全面发展的目标难以适应，再考虑到学科交叉发展的趋势，恢复和加强文科建设的任务便历史地摆到了我们面前。四是"和而不同"的文化观，这是中国古代优秀思想文化传统的重要特色，是指承认有差异、有矛盾的同一性。孔子在《论语·子路》中说，"君子和而不同，小人同而不和"，他提倡有识之士在大原则一致的情况下允许有不同意见。"和而不同"是与实事求是的治学态度紧密相联的，它有利于形成百家争鸣、百花齐放的生动局面，有利于独立思考和求实创新。我们应当提倡在坚持马克思主义基本原理的前提下，有不同的学术观点的探索。

"天时人事日相催,冬至阳生春又来",让我们在优秀的传统和 10 年复兴的基础上,不断精锐队伍、开拓进取,去迎接汉语言文化的新世纪,创造清华大学中文系的新辉煌!

(发表于《清华大学学报(哲学社会科学版)》1996 年第 1 期)

旧邦新命　传承开新

——纪念外文系 90 周年华诞

2016 年 4 月 5 日

今天与大家共同庆贺外文系 90 周年华诞，看到多位曾经为清华外文学科的发展和人才培养作出重要贡献的老师精神矍铄，依然在关注着外文学科的发展，借此机会向你们致以敬意和问候。同时，还看到年富力强的中青年教师和充满激情的学生代表对我们的事业满怀信心，联想到清华外文学科的新发展，心里十分高兴。我想，团结凝聚、弘扬传统、开拓创新是对系庆的最好庆贺。

有外文系的青年教师和学生问我，外文学科应该继承发扬的是什么传统？我说，最重要的是两个：一是家国情怀；二是会通理念。

在清华文科起步之时，就有着鲜明的家国情怀，这是清华最重要的精神文化基因。在争取民族独立、学术独立和教育独立的背景下，1926 年清华改大迈出了决定性的一步，也有了外文系的前身西语系的诞生。现在，面临民族伟大复兴的使命，必须置身国际文化交融竞争的前沿，获得把握"跨国对话""中国叙述"的主动权，进而确立跨国文化的话语权，使得中华文明在现代世界的大变局中绵延更新，并发挥应有的国际影响力。这是中国为实现"两个一百年"的民族理想、为人类文明进步作贡献的应有之义。清华大学外国语言文学系学科的调整和世界文学与文化研究院（下称世文院）的设立，致力于"在阐释世界中叙述中国"的学科创新，正是适应了这样一个大局，是新形势下清华人家国情怀的体现，是对清华文化传统的继承与发扬，是实践"旧邦新命"的重要步骤。

另一个重要的传统是"会通"理念。随着人类文明进步，文化整体性的特色越来越鲜明，"会通"是适应文化整体性要求的重要理念和学术范式。以学贯古今著称的朱自清的弟子王瑶学长说，"会通"是"清华学派"的特色。尽管对是否有"清华学派"尚无定论，但是学界公认清华有"会通"的传统。从国学院开始，清华文科学者就在当时特殊的环境下，以开阔的视野、博大的襟怀，吸纳多元文化的精华，逐步形成了"中西融会，古今贯通"的学术理路，接着在清华文、史、哲各学系都得到体现，例如，当年外文系的办学宗旨是培养"会通东西"之精神思想的"博雅之士"，注重"会通"是当年清华文科独领风骚的重要因素。新时期清华文科的恢复发展是以继承、弘扬清华文科优秀传统为特色的，在清华大学人文社科学院建立时，我们就以"中西融会，古今贯通，文理渗透，综合创新"为学术范式要求。当今，外文系设立了8个跨国别、跨语种、跨学科的学科群，特别是世界文学文化研究院的建立，就是"会通"理念在新时代的继承与发展。

现在，人类文明正进入文化整体性发展的时代，在清华外文系历史上，十分关注文化的整体性。外文系首任主任王文显1931年谈到办系方针时强调："本系的方针是不分国家、民族，将西方文学从古至今，看作是一个整体""西方国家的文学和语言是紧密相互关联的""中国学生学习西方文学，为的是了解西方精神，而西方精神是一个整体。"而且，"中国学生学习西方文学，主要是得到启发（灵感），其次才为获得知识""重要的是他们受到激励，以便他们有能力创造新的中国文学。"今天我们应该吸取当年办学宗旨中的整体观思路，重视语言与文学的关联，重视西方语言文学与西方精神的关联，重视中西语言文化的关联，由此对外文学科的定位进行思考与调整。今天外文系学科新布局和世文院的建立就是体现了文化整体观思路和"会通"的理念。

面对国家提出建设世界一流学科和世界一流大学的部署，清华文科、包括外文系都面临前所未有的机遇和挑战。把握机遇迎接挑战，关键还是在明确理念的基础上扩大视野，加强队伍凝聚力，不断增强实力。邱勇校长在《人文清华论坛》启动仪式上提出，新百年清华应该"更创新、更国际、更人文"，这对外文师生更有针对性和推动力。在这里，我想结合外文学科对此作出一些解读。

一是不断激发持续创新意识。哲学家贺麟先生说："我们要从检讨这旧的传统观念里，去发现最新的近代精神。从旧的里面去发现新的，这就叫作推陈出新。必定要旧中之新，有历史、有渊源的新，才是真正的新。"今天谈文化创新，也要从传统中找到永恒的基石，同时，将一切文化精华转变成自身的传统，由而推进创新。为此，应该有张岱年先生所提倡的"兼和"哲学观。所谓"兼和"，张先生将其界定为："最高的价值准则曰兼赅众异而得其平衡。简云兼和，古代谓之曰和，亦富有日新而一以贯之。"这种"兼和""日新"的哲学观正是"会通"型学术范式的基础。

二是要有更宽广的世界眼光、国际意识。清华法学院2010级本科生许吉如在哈佛大学进行一年的交流学习后，发现一个令她深思的现象：相比较而言，海外学生能够跨越自己的国籍和文化背景，站在整个世界的视角去观察和思考问题。她谈及清华大学国际化意识时认为："如果说我们有什么不足，那可能主要在于胸怀、视野方面。"我想，这一体会对于外文系或世文院的师生不乏启迪作用。2013年4月，习近平同志在清华大学苏世民学者项目启动贺信中指出："今天的世界是各国共同组成的命运共同体。战胜人类发展面临的各种挑战，需要各国人民同舟共济、携手努力。教育应该顺此大势，通过更加密切的互动交流，促进对人类各种知识和文化的认知，对各民族现实奋斗和未来愿景的体认，以促进各国学生增进相互了解、树立世界眼光、激发创新灵感，确立为人类和平与发展贡献智慧和力量的远大志向。"这席讲话不仅为苏世民学者项目做了明确的定位，而且对清华和中国高等教育均有普适性。我们特别需要增强以天下为己任的"人类命运共同体"意识和世界眼光，这是"厚德载物"清华精神的体现，应该是"更国际"的核心内涵与基础。

　　三是要有更加自觉的人文关怀意识。2015年，习近平在第七十届联合国大会一般性辩论的讲话中指出："'大道之行也，天下为公。'和平、发展、公平、正义、民主、自由，是全人类的共同价值，也是联合国的崇高目标。目标远未完成，我们仍须努力。""全人类共同价值"，是对"人类命运共同体"在思想理念层面的深度提炼，我们应该将其与社会主义核心价值观以及清华精神联系起来实践，这理应是清华人实现"旧邦新命"的价值理念和追求。

　　感谢外文系和世文院师生的高瞻远瞩与团结奋斗，期待外文系百年系庆之时，我们能够再相聚，共祝清华外文学科能够为清华进入世界一流大学的前列，为民族复兴的伟业而回答好"旧邦新命"的历史命题。

纪念清华国学院 80 周年与大学人文精神研讨会总结发言

2005 年 9 月 14 日

这个会议不仅仅是一个例行的逢十纪念活动，会议的主题把纪念国学院的成立与大学精神的研讨联系在一起，表明我们不是只为了对昨天的缅怀，而且，是以往鉴来，是为了明天更好的发展。

一个时期以来，我和大家一样，也在思考：为什么清华国学院时间那么短，但是影响却是历久弥新？我们应当从中汲取些什么？它给我们留下了什么样的精神财富？记得在清华人文社会科学学院成立之初，根据对国学院及清华文科的了解和当时理工科强势的特点，以及张岱年先生的文化综合创新论，提出了"中西融会，古今贯通，文理渗透，综合创新"的学术范式。但是，对国学院包括后来清华文科发展的认识是逐步深入的。今天的研讨，可以帮助我们对我们的历史有更清晰的认识。

我们认为，国学院留给我们一个宝贵的精神财富就是：大学作为高层次的文化殿堂，要十分重视文化、特别是精神文化的建设。

国学院诞生之时，清华学校普遍渗透着西方文化的影响，而且，在中国西学东渐、五四新文化运动，以及随后的"科玄论争"中以科学文化取得明显优势的背景下，清华国学院以研讨中国学术文化，发扬中华文化精神为己任，并取得重要的成果，这是难能可贵的。这并非个别先贤从个人兴趣出发的逆潮流而动，而是基于对中国传统文化的深刻理解和热爱，出于对国际哲人表达的对中国传统文化的期望，更出于一个爱国主义学者的责任感。治学不忘忧国、不忘救国、不忘强国。他们把学术的根子深深地扎在中国文化的沃土中。爱国主义是人文精神的基础和核心，今天，我们缅怀前贤，最重要的就是弘扬这种人文精神。当前，面对世界多元文化新的激荡，西方文化通过经济和现代媒体技术的优势强化其文化霸权，福山等西方学者认为西方自由民主思潮已取得普遍的统治地位，并宣称作为意识形态的历史已经终结。同时，在国内，种种低俗文化在自由市场法则的推动下大行其道。在这样的背景下，一方面，中国的传统文化开始受到高度的评价和关注；另一方面，现行的文化潮流又令世人深感担忧。

20世纪90年代初，美国学者亨廷顿提出了"文明冲突"的论题，受到全世界学人的高度关注。几千年来，中国传统文化遵循"和而不同"的法则，使华夏文化延续不断，历久弥新。在当今的世界上，"和而不同"是世界多元文化的必由之路。即便是同一个国家，也存在地域文化、民族文化、乡土文化与城市文化等不同文化的交融课题。重视并推动不同文化之间的相互尊重、相互理解、相互渗透、相互融会，是人类社会和谐共生的共同要求。对此，中国应当充分发挥自己特有的文化传统优势。杨振宁博士在获得诺贝尔物理奖的致辞中说："我深深察觉到一桩事实，这就是：在广义上说，我是中华文化和西方文化的产物，既是双方和谐的产物，又是双方冲突的产物，我愿意说，我既以我的中国传统为骄傲，同样的，我又专心致志于现代科学。"去年，杨振宁博士在中科院组织的"中国科学与人文论坛"主题报告会上，作了一个以《归根的反思》为主题的演讲，他指出：20世纪里最重要、对人类历史有最长远影响的史实是：(1)人类利用科技大大增加了生产力；(2)中华民族"站起来了"。并强调说，这是因为中国文化是人本文化。人本文化会发生兼容并蓄、有教无类的观念；人本文化是融合凝聚的文化。他认为这种文化与中国共产党的组织能力加起来，就造成了中国今天崛起的奇迹。1988年，诺贝尔奖得主集会巴黎，在会议的新闻发布会上物理学诺贝尔奖获得者，来自瑞典的汉内斯·阿尔文博士面对科技发展所引发的社会问题呼吁：人类要生存下去，就必须回到25个世纪以前，去汲取孔子的智慧（据以色列记者帕特里特写的发表在1988年1月24日澳大利亚《堪培拉时报》的报道）。这种智慧就包括中国的人本文化传统，那种源远流长的天人之说、和合之说和会通之说。

这两位诺贝尔奖得主相近的看法，启示我们应当在建设和谐世界的进程中以自己的传统文化对人类做出较大的贡献。但是，低俗文化大行其道、道德滑坡的社会现实使我们认识到，中国文化建设也面临十分严峻的挑战。正如德国前总理科尔所说，中国的优势是有优秀的文化，而问题也将出在它的文化上。所以，怎样认识我们当前的文化氛围，怎样认识中国文化所面临的机遇和挑战，怎样加以科学有效的扬弃？的确需要一种文化自觉。

在这个背景下实现中华民族的伟大复兴，我们肩负着新的研讨和传播中国学术文化、弘扬和发展中华文化精神的历史使命，我们应当学习先贤，有所作为。这应当成为我们研究和弘扬中国文化的精神动力。

正如许多学者所述，今天弘扬中国文化，决不是不加分析地全盘继承固死不变的文化。国学院在当时研究国学，弘扬中华文化，不是泥古守旧，而是具有世界的眼光、发展的理念，其研究之道，尤注重吸纳西方科学的方法和已取得的成果。国学院的大师们认识到，只有在中西文化的交流融合中才能弘扬、创新中华新文化。正如王国维先生所言："异日发明光大中国学术者，必在兼通世界学术之人。"为此，国学院提倡"中西融会、古今贯通"的学术范式，引领了学术研究之潮流，产生了久远的影响。当年国学大师们的可贵之处，并非简单地站在狭隘民族主义的立场上去反对西学，固守过去的国学，而是在五四新文化运动、科玄之争之后，来重新认识、研究中国文化。按照汪晖教授说的，就是具备一种文化自觉。因而，才能有所创新，才能引领学术的潮流。今天，在21世纪初叶，我们的国家正在向创新型国家转型，我们应当努力在学术研究的范式上做到继承与创新。当前，不同文化的交融、不同学科的交叉已成为越来越明显的发展趋势，大学的教育理念应当建立在对于未来文化走向的清晰判断上。未来的文化，应当是科学与人文融合的文化，是不同文化不断激荡交融的文化；未来的学术大师和栋梁之材，将产生于不同国家、民族、地域和学科的文化交叉融合领域。怎样在学科建设和人才培养中适应这一发展趋势，我们应当从国学院大师那里得到启示。

梁启超先生1925年9月刊发在《清华周刊》上的"学问独立与清华第二期事业"指出，学问之独立是一国政治及社会独立之基础，强调在学习外国的同时要摆脱外国学问的老路。1928年，当时的校长罗家伦也以"学术独立与新清华"为题发表就职演说。他指出："要国家在国际间有独立自由平等的地位，必须中国的学术在国际间也有独立自由平等的地位。"他还说，"我们既是国立大学，自然要研究发扬中国优美的文化，但是我们同时也以充分的热忱，接受西方的科学文化，"不过，"不是站在美国的方面教中国的学生来学。"国学院的学术氛围是宽松自由的，当时，在国难当头的景况下，国学大师们把个人的人格独立自由，上升到国家民族独立自由的高度上，这是一种崇高的境界。今天，在经济与传播全球化的背景下，我们一方面要有世界眼光、国际视野，努力面向国际学术前沿，注意吸纳一切优秀的文化成果；同时，我们还要认识到如何立足的国情，坚守国家的利益、民族的优秀传统，使国际化与本土化有机地结合起来并不是一件容易的事情。但是，只有处理好这个关系，我们才能创建世界一流的、有中国特色和中国气派的学术精神和学术成果。今天有学者提到地球村，实际上，在一个相当长的历史时期里，地球村只能是一个乌托邦，现在文化和信息的传播是十分不对称的，在所谓地球村的中心与边缘，没有真正的文化与信息传播的平等与自由。我们应当一边努力吸纳一切优秀的文化，一边努力建设中国特色的文化。

学者们还谈到，国学院留给我们的精神财富以及办学理念上中国书院的传统和英美自由教育理念的结合，体现了亲密无间、教学相长的师生关系、研讨式的学习方法和给予学生进入广博知识领域自主学习的自由。这对于今天我们实施教师为主导、学生为主体研究式的教学模式，无疑有借鉴意义。此外，国学院治学和做人并重，教师注重言传身教，都是今日所提倡和努力的，我们应当积极弘扬这一传统。

今天，我们基本上是在缅怀、研讨国学院留给我们的历史遗产。更多是带有一种崇敬的心态谈大师们的历史性贡献。但是，历史在前进，时代已发生了重大的变化，今天，我们研究国学院或者研究中国文化，绝不能采取全盘肯定、继承的办法。我同意温儒敏教授的意见，要做批判性的继承，特别是对一些结论性的东西，要放在新的时代背景下进行新的认识与思考，要有批判的眼光、现代的意识和严谨的学风。我们学习国学大师的着力点，应当放在他们植根于中国优秀文化的爱国心和弘扬中国传统文化的责任感、开阔的世界眼光，以及他们执着的学术追求和非功利的人生态度与严谨求实的学风，这是我们需要一起努力的。

国学院的历史是中国学术史、教育史上的一个辉煌，它不仅是属于清华的，也是属于整个中国学术界、教育界的。今天，我们肩负书写中国文化新辉煌的任务，需要各兄弟院所的朋友们、我们的老师和同学携起手来，共同努力。

素质为本，实践为用，面向主流，培养高手

清华大学新闻与传播学院在 2002 年建院以来，从世情、国情和学校的实际情况出发，进行了一系列的教育教学改革，取得了积极的成效。本文谨对有关改革的指导思想与主要的探索作一简述，并谈一点体会。

一、明确改革的针对性

改革需要有明确的针对性。在建院之初调研的基础上，我们认识到，对于我国新闻与传播教育，这个针对性主要有三层意思：一是新闻与传播的从业特点——带有较强的实务性与意识形态性，而过去新闻与传播教育对这一特点存在不同程度的不适应性。表现在某些脱离实际的经院式教育，使许多毕业生到了工作岗位后，需要下大力气再培养，一些业界人士称之为"回炉"；与之并存的现象是相当比例的学生由于不了解媒体的工作实际，由于没有确立正确的新闻观，而不愿意去主流媒体工作。据统计，在清华新闻与传播学院成立之前，在 1999—2001 年，我校传播系毕业的研究生只有大约 20% 到主流媒体和相关国家机关工作。二是由于目标定位、课程体系、教学过程和教师素养的局限性，学生缺乏国际视野和国际交流能力，不能适应迅速发展的传播全球化要求。尽管 1999 年清华大学成立国际传播研究中心时就明确清华的新闻传播学科要在国际性的平台上培养人才，并确立自己的影响与地位，但是，在教师队伍建设与教学内容与过程上，还不能适应这一要求。三是在教育理念上，长期以来习惯于教师为中心、书本为中心、课堂为中心的传承式教学模式，限制了教育资源的充分利用，抑制了学生的主动性和创造性的发挥。

针对这样的问题，新闻与传播学院建院之初，在范敬宜院长的主持下，明确了"素质为本，实践为用，面向主流，培养高手"的办院理念。同时，通过加强教育思想研讨与实践教育，学院在促进单一的教师传承知识向师生共同研讨转变、单一的课堂讲授向多样化的教学方式转变、单一的课内教学向学校小课堂与社会大课堂结合转变，以及单一的固定教师队伍向专兼匹配、理论与实

际结合的师资队伍转变等方面进行了积极的探索；并且，在双语教学、英语授课、中外文化交流传播教学方面进行了积极尝试。这些努力取得了一定的进展，积累了初步的经验，学院的教育教学呈现活跃的态势。学生在校期间学习积极性、主动性有所提高，精神面貌发生可喜变化，专业思想不断明确，专业素质训练比较扎实，国际化的视野比较开阔，国际交流能力也有较大提高。学生学习结束时，对学院的教育教学给予积极评价。由教务处组织的2003届、2004届毕业生教学问卷调查，新闻与传播学院毕业生对教学的满意度名列全校第一。毕业生去主流媒体和相关国家机关工作热情高涨，其比例数逐年上升，2002年上升到40%，2003年为60%，2004年达到72%，多数学生上岗后表现了较强的适应性，受到用人单位的欢迎。

二、积极探索教育教学改革的途径与方法

新闻与传播学院的教育教学改革，归纳起来主要有以下几方面的探索。

（一）课堂教学努力贴近实际、贴近学生，以教育理念的转变推动教学改革

目前，清华大学本科教育所实行的是在通识教育基础上的宽口径专业教育。我们在制定培养计划时，重视学生的人文社会科学和必要的自然科学基础教育，也注意引导学生把握必要的新闻与传播史论的知识及观念，还引导学生认真读书。同时，我们认识到，由于新闻与传播学科具有较强的实务性特点，作为育人主渠道的课堂教学做到理论密切联系实际就显得尤为重要。我们体会，这个实际包括国情、民情、世情，包括中国新闻与传播的实际、全球传播的实际，还要从学生的实际出发。

有长期从业实践经历的范敬宜院长为大家树立了很好的典范。他承担了多门本科生、研究生的课程，利用课堂这个主渠道，向学生传授基本的新闻传播知识、技能，还讲解积极向上的世界观、人生观、新闻观，通过丰富的人生阅历和专业积累，同学生一起探讨中国新闻人的经验与教训、光荣与梦想，使他们对国情、民情以及中国新闻传播事业的发展有了比较全面而深刻的认识。"非典"期间，他在"评论与专栏写作"课上组织学生围绕"奉献"展开讨论，并写出评论，有关内容被《人民日报》专栏刊载；穆青同志逝世消息传来后，他又在课上讲解穆青平凡而又不凡的一生，在学生中引起思想的激荡。后来，学

生们的主题团日活动，即以"人民的好记者穆青"为题展开讨论，体现了思想性与专业性的有机结合，所整理的书面材料得到刘云山、陈至立同志的好评。由于他的课堂给学生展现的是包括国情、世情、自身丰富阅历和同学们的激情与困惑的全景式的画面，贴近社会生活，贴近学生实际，试着讲平易生动的新鲜话，与学生一起讨论，按照他自己的话是"放下架子，先当学生，陪着他们一起成长"。这样的教学很受学生欢迎，他的"评论与专栏写作"课程，在学校教务处组织的本科教学评估中，曾获得新闻与传播学院的最高分。

在这样的氛围下，令人高兴的是一批走上教学岗位不久的青年教师在贴近学生、贴近实际方面，也进行了的积极尝试。如金兼斌副教授"传播学研究方法"课程由于严谨的治学态度和"从实践中来，到实践中去"的深入浅出的社会科学方法训练，使学生受益匪浅，在研究生课程教学评估中获得全院最高分。

教育理念是关于教育教学的哲学观，教育理念的继承与创新，必定会带来教育教学过程的重大变革。李希光教授运用苏格拉底"老师是知识的助产婆"理念，同时，吸纳了中国传统的教育理念，对课堂教学进行了大胆的变革。从"以教师为中心"到"以学生为中心"；从"教师"到"教练"；从"学而知之"到"惑而知之"；变"单调乏味的课堂"为"充满激情的战场"；积极尝试对话式练习、作坊式教学、大篷车课堂、情景模拟教学、案例教学、新闻现场教学、双语教学等多种教学方式。特别是在"新闻采访写作"课中，引进了"学在路上"这个教学理念，他邀请记者一起带领学生下煤矿、登太行、穿罗布泊、走长征路、到内蒙古科尔沁草原贫困地区等进行"大篷车"式的采访实践。这些环节使学生的思想素质和实践能力明显提高。有学生反映，这种特殊的教学方式不仅帮助自己掌握了新闻采访与写作的基本知识，引导自己注重对事物的观察与思考，培养了洞察力，而且激发了学习与实践的激情，培养了团队精神和创新意识。有的毕业生说，正是李老师别具风格的课程改变了自己对新闻事业的态度，影响了自己对人生的态度。李希光的"新闻采访写作"2004年被评为国家级精品课。

（二）着力架设课堂与媒体的桥梁

对于新闻与传播学科来说，理论联系实际的一个重要而有效的途径是架设好大学课堂与媒体现场的桥梁。学院一方面注意聘请既有丰富实践经验又有理论造诣的师资，包括聘请担任过《经济日报》《人民日报》总编的范敬宜出任院长，还允许部分教师在媒体适当兼职，同时，采取"请进来"的办法，通过组织"名记者研究"课和"传媒业界前沿讲座",邀请业界高手前来讲学,形成一支理论与实践紧密结合、专兼结合的师资队伍,使得学院的教学具有新鲜的活力;另一方面,在媒体单位加强实践基地建设,学院在中国新闻社、中央电视台新闻评论部、新华网、中国教育电视台等建立了"教学科研基地",并与一批主流媒体保持紧密合作关系,着力精心安排好本科生四年级第一学期在媒体的专业实习。这一实习大多数学生都安排到主流媒体进行实习,无论是教师、学生,或是媒体有关负责人,都十分重视这一环节。通过这种"准新闻人"的实践,不仅提升了学生的新闻业务水平,而且,通过亲身感受主流媒体的地位、作用、改革的历程和取得的进步,以及广大记者、编辑付出的艰辛,进一步改变了原有对主流媒体的偏见,增强了自身的使命感和责任感。这种精心安排的一个学期的实习,体现了理论与实际相结合、专业训练与全面素质提高相结合、服务媒体献身社会与择业就业相结合,大大拉近了学生与媒体的距离,加速了学生个体社会化的过程,提高了就业的针对性和适应性。

(三)引导深入社会实际,长知识、知国情、增才干、作贡献

了解社会、了解国情,是新闻与传播工作者的基本素养,更是我们所希望培养的高手的基本素养。学院十分重视引导、鼓励和支持学生以多种途径与方式进行社会实践,在感情上关心社会底层生活实际,在方法上学习与提高把握和反映社会实际的能力。

学院将社会实践进行了规范化管理,以努力科学、有效地将第二课堂的实践教育纳入教学体系之中。在大一小学期,安排了两周认识社会的实践活动,帮助学生认识基层社会,了解国情;大二小学期,安排一个月的媒体实习,以帮助学生亲身体验和了解媒体的基本运作,对今后从事的事业获得感性认识;大三小学期,安排写学年论文,采取理论与实际结合的方式,深入研究本专业的一个学术问题;在第7学期,安排3个月的媒体实习,以准专业人员的身份参与媒体运作。在这一阶段,大多数学生表现了很高的热情与主动性,有的还突破了所在单位的发稿纪录,包括发表高质量的头版文章,真正达到了深入社会实际,长知识、知国情、增才干、作贡献的目的。

(四)立足中国国情、应对全球化挑战,积极开拓国际视野,努力提高国际交流能力

在传播全球化的背景下,具有国际视野和国际交流能力,已成为高层次新

闻与传播人才的基本素养,清华新闻与传播学院为提高学生这一素养,进行了多方面的探索,包括:

(1) 着力开设英语和双语课程。目前,学院已经开设 16 门课。为了有步骤地开阔国际视野、提高中外文化交流能力,学院专门聘请了原外语系副系主任范红教授来主持阶梯式英语课程,努力使本科教育英语训练实践不断线,并能逐步提高。同时,聘请外籍教师开设专业课。

(2) 积极编辑出版和选择使用英文原版教材。

(3) 经常组织学生参加各种外事活动,与国家首脑、国际新闻人、外国学者等进行面对面交流,现在已成为清华大学与国外领导人、社会名流对话的重要参与者,并发挥了积极作用。

(4) 鼓励学生参加为有关部门提供国际舆情的收集分析与筹备并参加国际会议以及参与教师的相关研究课题等工作,使他们在"让世界了解中国,促中国走向世界"的活动中提升国家意识,开阔国际视野,增强国际交流能力。

在推进国际化教学过程中,我们注意坚持全球化与本土化的统一,以做到既开拓国际视野,增强国际交流能力,又能坚守国家立场和民族意识。

三、一点体会:要关注学校文化氛围的建设和教育理念、教育思想的提升

2005 年 6 月 16 日,《人民日报》头版发表了温家宝总理就新闻与传播学院学生李强的农村调查报告给范敬宜院长的信函,这件事不仅对清华、对学院的师生是很大的鼓舞,而且,也引起了强烈的社会反响。这件事,促使我们对过去的教育实践进行进一步的思考。

为什么会有李强的《乡村八记》,这是孤立的吗?是偶然的吗?我们认为不是。正如李强本人所说,这是因为"在清华有一种关注国情的传统,无论课上还是课下,甚至 BBS 上、教室的宣传栏上,随处都可以见到有关中国国情的探讨""这使我深刻地体会到清华的氛围对于塑造一个学生有多大的作用。同时,学校积极倡导的社会实践,为我们提供了一个非常好的平台,使我们受益匪浅"。李强这里说的清华氛围或传统,就是学校的文化,而文化的影响是润物细无声的。所以,引导师生关注国情,深入实践,首先不是一个方法或形式问题,而是一种责任,一种精神文化建设问题。最重要的就是蕴育温家宝总理指出的来源于"对国家和人民深切的了解和深深的热爱"的责任心。有了这种责任心,

才能真正做到"用心观察,用心思考,用心讲话,用心作文章",才能真正成为"高手"。

同时,李强的事例还告诉我们,光有关心国情、民情和贴近社会实际的愿望是不够的,学生的这种主动意识,还需要在教学过程中加强理性的启迪和必要的方法论的指导。就以李强为例,除了学校、学院氛围的影响,有两门课程发挥了重要的作用。

一门是李彬教授的"中国新闻传播史"课。李彬教授在课堂上,除了传授专业知识,总是不失时机地引导学生关注社会、关注民生、关注天下,引导学生将自己的理想与成材同祖国和人民的命运紧紧联系起来;同时,还十分注意引导学生学习老报人"读万卷书,行万里路",不仅把范长江的《中国的西北角》和斯诺的《西行漫记》等与专业相关的著作列为必读书,而且将费孝通先生的《乡土中国》、曹锦清教授的《黄河边的中国》等也列入其中,要求学生写出读书笔记,并在课上讲评和讨论。这对学生起了重要的导引作用。正如李强所说:"我很庆幸自己学习生活在清华新闻与传播学院这样的环境中,这里,有很多老师指导我们静下心来读一些真正意义上的大作,实在是难能可贵,我这次实践之所以成行,很大层面上是由于读过了《黄河边的中国》和《乡土中国》这两本书,可以说,如果没有这两本书,我的寒假实践无从谈起,因为即使我去了,我也无法进行科学有效的调查,从而真正受到教育。因此,现在静下心来读一些书,非常重要。"

对同学们包括李强影响较大的另一门课是李希光的"走在路上的叙事艺术",李希光的新闻学教学遵循的是这样一种教学理念:真正有效的学习不仅仅是为了获取更多的信息、概念或理论,真正的学习更意味着让学生能够对国情、民情有新的观察,在学习过程中使学生在认知、思想、行动上有真正的转变。这需要学生的心、脑、体同时参与。为此,教师要通过教学实践,关注学生作为一个完整的人,在思想、感情、行为各方面的全面发展。正是基于这样一种理念,他在新闻学教学中大力提倡深入社会底层真实情景的体验,把课堂延伸到了社会的各个角落。训练学生寻找故事的嗅觉、观察细节的眼睛、聆听语言和各种声音的耳朵、分析问题的大脑和写作的技巧。这种找故事的艺术,给予李强和同学们以新闻人深入实际的激情与方法的启迪。

正是基于以上的启发,最近在学习落实温家宝总理信件精神时,学院强调:为了适应国家和人民的需要,一手抓认真读书,一手抓深入实践。以使得我们的实践不是盲目的实践,使得我们学习的理论是能够用来指导实践,并能经受实践检验的理论。

教育理念是关于教育目的、功能、过程的哲学思考和理性认识，对教育教学具有全局性和前瞻性影响；而教育思想则涉及教师为何而教、怎样教，学生为何而学、怎样学，以及教学过程中教师与学生的关系，理论与实践的关系等问题。我们不应就事论事地进行改革，而应努力以办学理念和教育思想的转变与提升，来指导、推动改革实践。

目前，我们国家制定了向创新型国家转型的战略，一个值得每个教育工作者思考的问题是教育理念的现代转型问题。过去，我们在向发达国家学习时，多在于物质层面，或制度层面，而在教育理念层面却缺乏系统、深入的分析与思考。正如中国教育学会会长顾明远教授所说："中国大学在发展过程中可谓先天不足，后天又历经磨难。虽然改革开放以来，大学教育获得巨大成就，但目前与发达国家的大学教育比，在人才培养和知识创新方面仍然有一定的差距。特别是关于大学发展中的一些基本理念问题迄今仍然没有完全弄清楚。"[①] 所以，认真分析发达国家的大学理念，吸取其先进的、带有共性的内容，同时，认真继承中国传统教育理念中的合理内核，实现中国大学教育理念的现代转化，是中国在人才培养与知识创新方面实现赶超，完成向创新型国家转型，从而加速实现国家现代化的关键因素。中国现代大学教育理念的确立，应该在科学发展观指导下，走古今中西融会之路，在综合中实现创新。如借鉴亚里士多德与纽曼的"自由教育"理念，营造学生自由地参与学习研究的氛围；借鉴苏格拉底"老师是知识的助产婆"理念，转变师生在教学过程中的角色；借鉴近十年在西方加速发展的"合作教育"理念，加速从传承式教育向研究式教育转变；同时，继承中华传统教育思想中关于"教学相长""和而不同"的理念、"因材施教""循序渐进"的理念，"实事求是""知行并进"的理念，以及努力引导学生"从知之、好之到乐之"的理念等，从而实现教育理念的综合创新。这对我们实现教育的现代转化具有重要意义。在这方面，我们有很大的发展空间，我们应当有所作为。

当前，高等教育开始重视实践教育是一个全球性的发展趋势。实践教育教学从认识论哲学内涵看，按照马克思主义的哲学观，强调理论对实践的依赖关系，理论的基础是实践，又转过来为实践服务；同时，从教育学角度看，实践教育与发挥学生的主体作用密切相关，实践教育教学的推进，将有利于教育理

---

① 顾明远：《为施晓光〈美国大学思想论纲〉作序》，北京，北京师范大学出版社，2001。

念的转变和教育教学改革的深入发展。学校党委书记陈希同志与毕业班新闻 1 同学座谈时同学们的发言,给予我们最大的鼓舞就是他们的精神面貌所发生的深刻变化。著名教育学家叶澜教授说:21 世纪,在教育思想上最终需要实现的核心转变是在对学生精神生命主动性发展的认识上。21 世纪新型教育要自觉地追求把精神生命发展的主动权还给学生,要培养具有主动发展需求、意识和能力的新人。为此,必须改变师生在校的生存方式。从注重面向过去、面向人类的已知领域转变为注重面向未来、面向需要发现和创造、探索的领域。这就要求教师转变自己的教育观念以至教育角色,把自己的职业本质定位为创造人的精神生命。[①] 当然,长期形成的教育思想观念深入转变不是一蹴而就的事情。正如未来学家埃德加·富尔在《学会生存》一书中提到的:"未来的学校必须把教育的对象变成自己教育自己的主体,受教育的人必须成为教育他自己的人,别人的教育必须成为这个人自己的教育,这种个人同他自己关系的根本转变是今后几十年内科学与技术革命中教育所面临的最困难的一个问题。"[②] 我们一定要高瞻远瞩地来认识这一课题,同时,也要脚踏实地地实践这一课题。我们前一阶段的探索,只是一个良好的开端,无论从新闻与传播学院来看,还是从清华大学来看,认识与实践都不平衡。我们的教师和干部应当关注教育理论的学习和研究,关注教育理念与教育思想的发展与提升。一流大学的建设,应当有一流的教育理论引导,一流大学应当肩负起学习、总结、创新和传播先进教育理论的任务。

(本文是 2005 年 7 月 1 日在清华大学第 22 次教育工作讨论会上的大会发言,后发表于《新闻战线》2005 年第 9 期)

[①] 叶澜:《把个体精神生命发展的主动权还给学生》,引自郝克明:《面向 21 世纪 我的教育观(综合卷)》,334~336 页,广州,广东教育出版社,1999。
[②] 联合国教科文组织国际教育发展委员会编著:《学会生存》,华东师范大学比较教育研究所译,200 页,北京,教育科学出版社,1996。

在温史中守正求新

清华迎来了110周年华诞,清华新闻与传播学科正努力在温史中守正求新,科学处理坚持与发展、一脉相承和与时俱进的关系,以适应中华民族伟大复兴的战略全局和世界百年未遇的大变局对学科发展和人才培养的需求。

清华在历史上有多位学术大师对新闻传播事业产生过重大影响。如清华国学院导师梁启超先生,一生办过《时务报》《新民丛刊》等17种报刊,成为他作为著名政论家的重要舆论阵地,一度产生过所称的"举国趋之,如饮狂泉"效应。他提出的"宗旨定而高,思想新而正,材料富而当,报事速而确"的办报四原则以及报刊的"耳目喉舌"的社会功能,至今仍受到报人尊重,他的"时务文体"和简捷刚健文风,曾经影响了众多后人。在新时期,曾执掌《经济日报》《人民日报》,后任清华新闻与传播学院院长的范敬宜先生,正如著名报人梁衡所称:"老范继承了报人的正宗一脉,警醒于政治,厚积于文化,薄发于新闻,满腹才学,发为文章,并带出一批高徒。"他为学院确立了"素质为本,实践为用,面向主流,培养高手"的育人宗旨,并身体力行,在马克思主义新闻观指导下推进中国特色的新闻与传播学科建设与教育改革,使年轻的学院呈现蓬勃的生机和活力,其影响广及学界和业界。大师所倡导的宗旨与开拓的事业,成为当今新闻与传播学科守正求新的宝贵财富。

近年来,我们常听到"强基计划",似乎"强基"不是新闻与传播学科的事情,而实际上,新闻与传播学科也有自身的强基任务,清醒认识这一任务,对于开拓守正创新的局面至关重要。新闻与传播学科应该有计划、有目标地强化自身的理论基础和文化基础。

关于强化理论基础,一方面,我们看到以往曾经给予中国新闻学和传播学重大影响的西方新闻与传播理论,正如清华新闻与传播学院柳斌杰院长所指"其学术掩盖下的真面目已经大白于天下"。显然,我们面临的更多是清理其不良影响的任务;另一方面,当今大变局中的激烈较量,突出显示了构建中国特色新闻学与传播学体系的紧迫性,使之体现马克思主义的中国化与时代化。而一个重要的前提就是打好其文化基础,特别是哲学基础。

马克思曾强调哲学是文化的灵魂，我们特别要重视提高哲学自觉。依照教育政治论哲学基础，面对上述两个大局，强化家国情怀与天下责任；依照认识论哲学基础，强化马克思主义哲学指引，坚持以人民为中心的群众观点和实事求是思想路线，传播真理真知。坚持以学生为中心的教育理念，尊重学生在教育教学中的主体地位，蕴育高素质创新型人才；依照生命论哲学基础，坚持将促进人的自由全面发展作为根本使命，关注生命、珍爱生命和发展生命；依照文化论哲学基础，发展"和而不同"的哲学观，继承发展清华会通的学术传统，引导人们通过实践追求真、善、美的理想境界和价值目标，体现工具理性与价值理性的统一，科学与人文的融合，新闻学与传播学的融合以及跨大学科的融合，在综合中持续创新。

（刊发于《全球传媒学刊》2021年第2期，刊首语）

注重网络传播的意识形态问题

计算机与网络技术的迅猛发展，使得网络成为人们在经济、政治与文化活动中传递和获取信息的重要途径。网络技术不仅在物质层面上改变了世界的面貌，而且也深刻地影响着人们的精神生活与思维方式，影响着意识形态的走向，甚至影响着社会形态——引导着人类信息社会的到来。一方面，人们在憧憬与欢呼网络实现"天涯若比邻"的"地球村"带来快捷、高效、自由和平等；另一方面，不同国度、地域、阶层之间日益扩大的数字鸿沟，则使平等自由的"地球村"带上乌托邦色彩，在凸显富国与穷国财富差距的同时，加剧文化与意识形态影响力的失衡。在这种境遇下，"意识形态终结论""全球化意识形态论"或"意识形态消亡论"以及对其进行批判的论点成为人们关注的热点问题。

哲学家黑格尔在《历史哲学》绪论中提出，世界历史的进展是一种理性的发展过程，"自由的观念"是"精神"的本性和历史的、绝对的最后目的。[①]1960年，美国社会学家丹尼尔·贝尔依据美国在"二战"后的稳定发展，在《意识形态的终结》一书中提出自由与民主的观念已成为西方国家尤其是美国社会的政治共识，预示作为意识形态历史的终结。1989年美籍日裔学者弗朗西斯·福山在美国《国家利益》杂志发表了《历史的终结？》一文，认为西方国家的自由民主已是"人类意识形态进步的终点"和"人类统治的最后形态"，因而已"构成历史的终结"。[②]在此后一段时间里，关于意识形态终结的论争成为西方学术界的一个热门话题。一方面，许多西方学者指出了在西方世界的领军者美国以自由主义为核心的意识形态存在的现实。如美国社会批判学家、《社会学的想象力》一书的作者米尔斯指出，"在美国，自由主义一直是几乎所有社会研究政治上的共同尺度，以及几乎所有公共修辞和意识形态的来源"。[③]他认为，美国在实用主义驱使下，需要一种政治上为现存事物辩护的意识形态。同时，学者们又尖锐地对"意识形态终结"论以及与之相伴的"全球化意识形态"论进行了

---

① [德]黑格尔：《历史哲学》，王造时译，25页，上海，上海书店出版社，1999。
② [美]弗朗西斯·福山：《历史的终结》，1页，呼和浩特，远方出版社，1998。
③ [美]C.赖特·米尔斯：《社会学的想象力》，陈强等译，91页，北京，生活·读书·新知三联书店，2001。

论争与批判。法国传播学家马特拉便是代表人物之一，他在《世界传播与文化霸权》一书中宣扬了欧洲学者对"意识形态终结说"的讥讽。他以法国哲学家罗兰·巴特的《神话学》为例，指出欧洲存在着一种不同于美国的对于"意识形态"的解读，揭露了这种认为世界和社会位于意识形态之外的特殊概念是一种科学主义的神话，所谓"意识形态终结论"本身就是一种意识形态；批判了这种"让它的主观性和独特性作为客观性和普遍性""让一些人的法律成为所有人的法律"的"神话"。[①] 马特拉认为在美国渲染"意识形态终结论"，其实质是推行美国意识形态的全球化，特别是美国"所有传播政策在东西方的冲突区域，即第三世界的'西方化'或'美国化'"目的。[②] 他指出，这种意识形态实际上是在宣扬"一个文化中心决定论"，亦即美国文化中心决定论。对于第三世界国家来说，美国式的全球化模式"是一种宿命论，是一种投降，这是一种放弃责任的意识形态的基石"。

在中国，关于意识形态的论争也是客观存在的。历史上，在"阶级斗争天天讲"的极"左"路线影响下，意识形态问题强调过了头，搞得杯弓蛇影，人人自危；改革开放以来，强调以经济建设为中心，特别是在当前，在科学技术迅速发展的背景下，"知识就是力量""知识就是金钱"出现了"远离意识形态"的倾向。不仅看不到或不愿涉足国内的意识形态问题，而且，也忽视了国际的意识形态斗争。意识形态消亡论、淡化论很有市场。

事实上，美国通过媒体以立体方式、多渠道向包括社会主义国家在内的第三世界国家输出其意识形态与文化，顽固地显示其"软力量"，为其称霸世界的政治、经济目的服务的现象是由来已久、无孔不入的。被尼克松称为"铁盒中的大使"，好莱坞影视作品在每年赢得80亿美元外汇的同时，推行了美国的价值观。尼克松说：如果我们在意识形态领域斗争失利，我们所有的武器、条约、外援和文化交流都将毫无意义；他们需要同我们做生意，需要我们的技术，他们无法阻挡我们的广播。卡特称：VOA是美国外交政策的一个关键因素；布什新保守派的外交思想也具有强烈的意识形态色彩，极力推行美国的"自由民主"价值观。未来学家托夫勒在2003年2月12日日本《读卖新闻》发表的《美国标准是万能的吗？》一文指出："现在，很多居住在美国以外的人却愤愤不平地认为，美国不是利用坦克，而是利用本国经济和媒体的巨大力量，使'美国制

---

① [法]阿芒·马特拉：《世界传播与文化霸权》，陈卫星译，137～139页，北京，中央编译出版社，2001。
② [法]阿芒·马特拉：《世界传播与文化霸权》，陈卫星译，289页，北京，中央编译出版社，2001。

造'的意识形态实现商品化。这种意识形态背后的雏形，基本上是以全球主义，自由贸易以及民主这三个以单纯且直线的方式关联在一起的变数构成的。这种关联的方式和重要性的程度千差万别，不过这三个变数是立足于几个已化作一种信仰的共同前提上的。这种信仰没有民主和共和的党派之差，而且，它也被美国的主要媒体所接受。"在美国当权者的政策驱使下，一方面，美国媒体给美国民众以消极的中国形象，误导了他们对有关中国政治、经济、社会问题的判断力；另一方面，极力向中国输出其主导意识形态。这种商品化的意识形态由于网络技术的优势而强化了其影响力。未来学家托夫勒曾断言："谁掌握了信息、控制了网络，谁就将拥有整个世界。"利用网络实现美国主导意识形态的一统天下，已成为美国霸权战略的组成部分。

在这个经济全球化、信息网络化的时代，中国为了推进现代化，是不可能继续闭关锁国的，我们要向其他国家包括美国学习一切先进的东西。中华民族正是在融入一切先进文明的同时，坚持与发展着自己具有鲜明特色的中华文明。同时，美国的文明也正是融合世界文明的结果。那种以自己的文化和意识形态去一统天下的做法注定是不能成功的。问题在于我们自身，特别是对文化与意识形态的传播具有重要影响的媒体以及主管部门对此是否有清醒的认识、历史的警觉和科学的对策。媒体工作者，特别是新闻工作者，是国家利益、最广大人民大众利益的代表者和维护者，应当有敏锐的意识形态警觉、高尚的道德情操、建设性的批判思维和坚定的维护国家与大众利益的立场。

在信息化时代，要对抗西方意识形态的进攻和渗透，必须加强先进文化建设。网络技术是先进生产力的组成部分，只有以先进技术为载体的先进文化，才能与西方的网络文化和意识形态相抗衡，因此要传播我们的先进文化，以取得在全球软实力较量中的主动权和话语权。同时，要发展马克思主义的意识形态理论，建立科学、完善的网络管理与政策法规。在强化网络管理的同时，利用好网络民主的形式，加强政治文明建设，完善民主政治体制。

教育部门要提高广大师生和政府官员的现代媒体素养，努力培养三类专业人才。第一类是高素质、复合型的新闻传播从业人才；第二类是能够成功策划新闻传播议程，帮助国家和政府设计媒体形象、政治文化形象的战略家；第三类是新闻传播学者智囊型人才。

（此文为2005年4月国家社科基金项目
"网络时代与西方意识形态斗争"结题前言部分）

以高度的文化自觉和自信继承传统开拓未来

——在"清华社会科学90年"纪念大会暨建校105周年校友交流会上的讲话

清华大学文科的恢复一直得到兄弟院所的关注和支持，在我们回首昨天的时候，一定不能忘记老朋友，谢谢兄弟院所给予的支持！同时，今天很高兴看到许多曾经为清华文科的恢复发展作出开拓性贡献的老师和同学，感到很亲切，谢谢你们当年所付出的智慧和辛劳！祝贺校友所取得的业绩，谢谢你们为母校赢得的声誉和对母校的关心与促进！祝老同志们身心愉快，幸福安康！

1926年清华改大迈出了关键性的一步，当年成立的社会学系、政治学系、经济学系和教育心理学系就是今天社会科学系所的前身。今天我们庆贺清华社会科学90周年，着重要做的就是更加自觉地继承传统，开拓未来。

我常说，清华文科的恢复一直是与对清华文科优秀传统的继承发展紧密联系在一起的。什么是清华文科的传统？

首先是自觉的家国情怀和社会责任感。清华的改大和文科学系的创建是在民族独立、学术独立和教育独立的背景下进行的，所以当年清华师生在追求科学与民主，倡扬独立之精神、自由之思想的同时，都有浓烈的家国情怀和高度的社会责任感，十分注重对中国传统文化和现实问题的研究，体现了"经世致用"的入世态度，这种情怀和态度，在党的实事求是思想路线指引下，在今天的清华文科院系都得到了传承和发展。

再一个宝贵的传统就是"会通"的理念。在清华文科恢复发展的过程中，有老学长提到了以"会通"为特色的"清华学派"。对于是不是有"清华学派"有不同的看法，但是，对于清华学术发展上具有"会通"的特点则是公认的。由于当时西学东渐的大背景，加上清华留美预备学校的特点，清华师生有着开阔的国际视野，注意学习西方的科学研究方法和国际标准，借鉴西方研究性的教学方法。同时，又注意植根中国传统和面向中国实际。社会学家潘光旦先生在借鉴西方心理学理论的同时，深入研究了中国运用发端于战国时期的以家谱维系宗法的社会习俗，为创建中国特色社会学进行了创造性的探索就是一个例子；而文理渗透更是清华社会科学的特色，社科学系都注重用自然科学的方法研究社会课题和社会现象，包括注意采用科学实证、社会调查和实验研究。这些在新时期都得到了继承和发展，比如，社会学系和建筑学院开展了城市规划社会学研究，经济学研究所开展了网络经济学、大数据经济学等交叉学科的研究，国际关系学系对国际问题的科学分析和定量研究促进了国际问题研究的科学化，等等，而科学与技术研究所本身就是一个文理交融的综合体。实际上，会通是文化整体化时代的必然要求。

2013年3月习近平主席在莫斯科国际关系学院演讲时指出："这个世界，各国相互联系、相互依存的程度空前加深，人类生活在同一个地球村里，生活在历史和现实交汇的同一个时空里，越来越成为你中有我、我中有你的命运共同体。"此后至2015年5月，习近平在不同场合62次谈到并阐述"人类命运共同体"，内容涉及政治新道路、经济新前景、安全新局面、文明新气象、教育新课题等，令世人耳目一新并引发普遍共鸣。同年4月，习近平在清华大学苏世民学者项目启动贺信中指出："今天的世界是各国共同组成的命运共同体。战胜人类发展面临的各种挑战，需要各国人民同舟共济、携手努力。教育应该顺此大势，通过更加密切的互动交流，促进对人类各种知识和文化的认知、对各民族现实奋斗和未来愿景的体认，以促进各国学生增进相互了解、树立世界眼光、激发创新灵感，确立为人类和平与发展贡献智慧和力量的远大志向。"这是对大学人提出的新的时代命题。"人类命运共同体"以及在此基础上提出的"全人类共同价值"，迅速成为国际关系、外交领域等研讨的热点问题。正在改变世界政治经济关系格局的中国，必将置身国际文化交流竞争前沿，获得把握"跨国对话""中国叙述"的主动权，影响国际文化交流的议程设置，进而影响人类发展道路。这是中国为实现"两个一百年"的民族理想、为人类文明进步作贡献的应有之义，也是建设一流大学、一流学科的应有之义。为此，我们要把中西融会提高到一个新的高度来认识、来实践。

让我们以高度的文化自觉和自信，继承优秀传统，保持自身的特色，做好"坚持正确方向，坚持立德树人，坚持服务国家，坚持改革创新"，面向世界，勇于进取，不断创造新的辉煌！

要重视软科学研究

一、什么是软科学？

"软科学"是当代自然科学与社会科学交叉综合形成的新兴学科群，其核心是决策研究。它在大量调查研究的基础上，综合运用多学科的理论和方法，研究复杂的、相互关联的社会问题和自然现象，为各个领域、各个部门、各个单位的战略、规划、决策以及政策的制定提供科学依据和方案。

二、软科学研究的对象、任务和特点

对象："人、事、物"的综合系统。
任务：决策的科学化、民主化。
特点：
（1）相对性。软科学和硬科学的划分是相对的。
（2）综合性。软科学内容是跨学科的、综合的。
（3）应用性。软科学是有理论基础的应用学科。
（4）政策性。软科学研究常供制定政策参考。
软科学课题举例：长江三峡工程可行性研究、中国能源发展战略研究、全球气候变化规律及其对策研究、网络技术对经济形态与社会生活的影响和对策研究，等等。

三、软科学研究应遵循的原则

（1）指导思想上坚持国家与人民利益高于一切。
（2）思想路线上坚持解放思想，实事求是。
（3）工作方法上坚持软科学工作者和决策者相结合。

四、软科学的基础理论——系统科学

"系统科学"指以科学的理论和方法研究系统的性质、系统内部和外部关系及其规律的科学。软科学研究的对象是一个复杂系统,要注重内部和外部的关联,因而,系统科学便成为其依据的基本理论和方法。系统的、综合的观点也应是我们分析和解决其他问题的基本观点,这是中国传统思维的重要特点。

西方系统论学者 I.Prigogine 说:"中国文明对人类、社会和自然之间的关系有着深刻的理解。……中国的思想对那些想扩大西方科学范围和意义的哲学家与科学家来说,始终是个启迪的源泉。"1988 年诺贝尔奖得主发表巴黎宣言说:"如果人类要在 21 世纪生存下去,必须回到二千五百年前,去吸取孔子的智慧。"

系统哲学思想案例

中医:《黄帝内经》体现朴素的系统思想,不仅把人看成一个整体,其"天人相应"的医疗原则,从自然现象、生理现象和神经活动的关联来分析和治病。

《孙子兵法》:不是就打仗论打仗,而是在社会、自然的大系统中来讨论战争,指出打仗要考虑五方面,即道、天、地、将、法。

东风效应:由于新的关键因素作用,使整个系统加速向预期方向发展,使之产生正效应,变被动为主动。

错棋效应:由于新的关键性因素作用,系统的有序性被破坏,系统的整体功能由正功效转为负功效,由主动变为被动以至失败。即"一着不慎,全盘皆输"。

近代管理科学化:美国泰勒、法国法约尔、德国韦伯提出把工厂、企业乃至社会当作相互联系的系统加以管理,奠定了资本主义管理理论的基础。系统工程和系统科学的发展是同管理科学化密切相关的。

结论:软科学作为一门为决策服务的科学,一定要有科学的理论和方法来指导。其中,一切从实际出发,从事物的关联中去分析问题,以变化和发展的观点确定目标、制定计划等唯物、辨证的世界观、方法论是应遵循的基本理论和方法。

五、软科学研究的基本类型

（一）战略研究

"战略"指重大的、带有全局性和影响全局的谋划，在时间上带有中、长期的特点。如科教兴国战略、可持续发展战略、抗日战争中的"持久战"战略等。在研究实践中，常把战略研究同发展研究结合起来，构成发展战略研究。

（二）策略研究

指为实现战略目标应采取的方法、途径研究。战略和策略不是整体和局部的关系，而是目标和手段的关系。如果把战略比作过河，策略就是过河所需的桥或船。《三国演义》中，孔明采取借东风火烧曹营的策略是联吴破魏的战略需要。

策略在企业活动中又常称为策划。策划已成为企业竞争不可缺少的手段。如 IBM 公司策划的"人机大战"（国际象棋大师卡斯帕罗夫与超级计算机"深蓝"对弈），为 IBM 节省了 1 亿美元广告费，表明了策划的巨大潜力。

（三）政策研究

指决策机构或咨询机构为制定某一项政策而进行的前期准备工作。软科学研究工作者在深入调查研究的基础上，经过认真分析，得出政策建议，甚至政策草案，提供决策部门参考。

（四）可行性研究

主要指对项目进行系统的技术、经济论证和社会影响的分析。其任务是通过对技术先进性、经济合理性和条件可能性的分析，论证项目是否可以进行。

六、软科学在中国现代化建设中的作用

当前，激烈的国际竞争在很大程度上表现为决策水平和管理水平的较量。软科学作为为科学决策和管理服务的一门科学受到包括中国在内的世界各国的重视。目前，已形成软科学基础研究、应用研究和咨询产业三个层次的格局。

在发达国家有许多为决策服务的软科学机构，如美国兰德（RAND）公司、英国伦敦国际战略研究所（IIFSS）、日本野村综合研究所、联合国社会开发研究所等。中国 1984 年成立的中国科技促进发展研究中心已成为世界十大著名软科学研究机构之一，还有被西方称为中国政府三大智囊团：国务院经济技术社会发展研究中心、国务院农村发展研究中心、国务院国际问题研究中心。清华大学1992年曾建立软科学研究中心，后来，发展为21世纪发展研究院，在为国家、部门、地区和学校的决策、规划中发挥了积极作用。

软科学研究在中国现代化建设中发挥越来越重要的作用。许多重大宏观决策、重大发展规划、计划的制定，以及重大项目的论证都离不开软科学的贡献。随着改革开放的发展，政府职能的转变、企业经营机制的转换，软科学研究将发挥越来越大的作用。

我们正在开展对大学生有关软科学基本知识和战略决策观念的教育。未来的大学毕业生，不仅应成为本专业的行家，还应当有战略头脑和宏观决策能力，这样才能适应社会的需求，才能在激烈的竞争中立于不败之地。

发扬优势　明确方向　开拓软科学研究的新局面

一、一个正在迅速崛起的新兴综合学科体系——软科学

科学的社会化与社会的科学化两者相互推动、交叉发展是近代科技、经济与社会发展的重要趋势，软科学作为一个综合的学科体系正是这一趋势的必然产物。

"软科学"这一术语始见于 20 世纪 70 年代初日本《昭和四十六年科学技术白皮书》，日本学者将它定义为："软科学是一门新的综合性科学技术。它以阐明现代社会复杂的政策课题为目的，应用信息科学、行为科学、系统工程、社会工程、经营工程等正在急速发展的与决策科学化有关的各个领域的理论与方法，靠自然科学的方法对包括人和社会现象在内的广泛范围的对象进行跨学科的研究工作。"[①] 软科学不仅是一门科学，而且是"自然科学、社会科学、工程技术等诸多门类学科相互交叉、补充、渗透、融合而形成，并不断发展的具有高度综合性的新兴学科群"[②]，或者说是一个综合的学科体系。

软科学研究的对象涉及政治、经济、科技、文教、体育、卫生、军事、社会及自然环境等众多领域的发展规律及其内在联系，包括"人—事—物"广泛而复杂的综合系统；其研究的内容包括以上诸多领域协调发展的战略、策略、评价、预测、规划、体制、政策、法规等诸多方面的理论与实践问题，当然，还包括软科学自身的基础理论和方法研究；而研究的最终目的主要是为科学决策服务。

"二战"以来，软科学研究在发达国家迅速兴起，各种软科学研究机构纷纷面世，软科学研究成果得到了越来越广泛的应用，带来了巨大的经济效益和社会效益。近 10 年来，在改革开放、加速经济发展和社会进步的浪潮中，软科学研究作为一个新兴的学科体系在我国迅速崛起。由于它对大至国家的宏观规划，小至某一部门、地区及单位规划制定的科学性具有关键作用，对于我们在

---

① 张俊心等主编：《软科学手册》，天津，天津科技翻译出版公司，1989。
② 《国家软科学事业中长期发展纲要（征求意见稿）》，载《中国软科学》，1992（6）。

日益激烈的竞争中掌握主动权，占领科技和经济发展的制高点，减少浪费、提高效益具有重要的现实意义与长远影响，它越来越受到人们，尤其是各级领导部门及决策者的重视。近几年来，党中央和国务院一再强调必须加强软科学研究：1987年党的十三大提出要"尽力发展软科学研究"，同年成立了国家软科学研究工作指导委员会，以加强对软科学研究的管理和指导。江泽民总书记在党的十四大报告中提到，要"充分发挥各类专家和研究咨询机构的作用，加速建立一套民主的科学的决策制度"，并指出，"决策的科学化、民主化是实行民主集中制的重要环节，是社会主义民主政治建设的重要任务"。党和国家领导以及各级决策机构的重视大大加速了软科学的发展。现在，软科学已成为我国科技事业中不可缺少的重要组成部分，软科学研究在我国社会主义建设事业中发挥了越来越重要的作用。我国许多重大宏观决策、重大科技发展规划与计划的制定、重大工程项目的论证和评价都是以软科学研究为先行，建立在扎实的软科学研究基础之上的。例如，我国2000年发展战略、预测、规划和科技长远发展规划的制定、"863"计划的出台与部署、三峡工程的论证等，都包含软科学研究的成果。随着改革的进一步深化和经济建设的加速发展，社会主义市场经济体制的建立、政府部门与企业经营机制的转换，将大大增加对软科学研究的需求并推动软科学的快速发展。

与发达国家相比，我国的软科学尚属起步阶段，差距仍然是明显的。由于重视程度的不平衡、投入的有限、相关人才的缺乏以及信息服务手段的薄弱，目前软科学研究还不能适应社会主义事业迅速发展的需要。因缺乏系统、科学的软科学研究，导致决策失误而造成巨大的人力、物力浪费是不乏事例的。我们每年还要拿出大量外汇请外国专家进行可行性分析及提出决策意见。我们在人才培养过程中，更是缺乏软科学意识，如对工科学生的培养仍只停留在掌握某专业的具体科学技术及能力上，而忽视给予必要的战略发展与策略研究知识及能力的培养。我们的大学毕业生包括研究生在本学科、本行业的发展研究上存在明显的局限性，而跨学科的综合规划与决策能力则更显薄弱。大力加强软科学研究与教学，努力在各个层次的科学决策上发挥作用并有计划地提高学生的软科学意识与能力，是高等学府面临的刻不容缓的课题。

二、肯定成绩，认真总结已有经验

多种学科的相互渗透与交叉，软科学和硬科学的紧密结合与支撑，是现代科技发展与社会进步的一种内在动力和趋势。清华大学是以理工科为主,包括经济管理和人文社会科学的综合性大学,专业齐全,学科众多,许多专业和学科与我国科技、经济、社会协调发展的重大战略与决策有着密切的关系,而且拥有一批学术上有成就的学科带头人,他们对我国有关领导部门的决策有着不同程度的影响。我校许多系所都有从事软科学研究和教学的机构与人才队伍。他们受到我国各级政府和企业的信任与支持,积极承担软科学研究课题,在我国各级有关部门的决策中发挥了重要的作用。"六五"以来,清华大学承担了大量软科学研究课题,形成了一支实力较强的软科学研究队伍,特别是在系统工程、技术经济、能源和环境规划与管理等方面已初步确立了学科优势,在软科学应用及软科学理论的方法研究方面取得了可喜的成果。在国家宏观规划、政策及发展战略研究方面,我校承担了许多重要的项目。例如,我校是"2000年中国"这项跨部门大型综合研究项目的参加单位之一。该课题是国家"六五"重点项目,已获国家科技进步一等奖。我校还参加了"中国技术政策研究",该研究项目获国家科技进步一等奖,我校教师对其中的能源和环境研究作出了重要贡献。我校还参加了国家计委组织的研究组,对我国科技成果转化问题进行了全面、深入、系统的调研,提出了建立国家工程研究中心的方案和政策建议,已为国家计委所采纳,有关计划已启动。该项研究获北京市哲学社会科学优秀成果一等奖。在区域或部门发展战略、预测、规划及政策研究方面,我校也取得了一系列重要成果。如"三峡工程经济评价研究"系统地研究了大型工程经济评价理论方法并用于三峡工程项目的评价实践,该项目获国家科委科技进步一等奖。我校承担的新疆大农业规划预计也有上亿元的增益。我校教师用回归、时间序列、嫡极大模型、选择模型、流的平衡等混合模型,进行城市综合交通体系规划研究,在北京、天津和青岛等地都取得了较好的应用效果。我校教育研究所承担的国家哲学社会科学"七五"规划重点项目"中国高等工程科学技术人才培养类型及主要素质的研究与试验"为深化高等工程教育改革提供了有价值的决策参考,该课题中的4个子课题获得了全国教育科学研究成果一等奖等4项奖励。在微观层次的企业管理决策系统研究方面,我校承担了20多个企业的管理调度系统研究,取得了良好效益。我校博士生在导师指导下为宝钢计算机网络提出的优化主干网络方案,明显优于美国电话电报公司(AT&T)和中科院软件所的联合方案,可节省投资45万美元,该方案已被采用。在软科学应用基础理论和方法研究方面,我校也做了大量工作,取得了较好的成绩。例如,在承担国家科委和国家自然科学基金项目"设备更新方针政策和经济决策分析理论与方法的研究"中,我校教师提出并论证了一系列的理论、观点和新的政策主张,扩展改进了现有的经济分析方法,创新了一批具有先进性和实用性的新方法。以中国设备管理协会会长、原国家经委副主任马仪为鉴定委员会主任的专家组在鉴定意见中指出:该项目研究"处于中国设备管理科学研究的前沿,在理论、方法上具有首创性,在实践上有很强的针对性和实用性,研究成果为建立中国新的设备政策奠定了理论基础,促进了有关学科的发展,在理论和实践上作出了突出贡献。"该成果获国家教委科技进步二等奖、国家科技进步三等奖,研究成果已被写入国务院颁发的全国设备管理纲领性文件《设备管理条例》中去。同时我校还进行了一系列决策支持系统及人工智能技术研究。这些成果对于增强软科学研究的实用性,从而提高其质量和效率起了积极的促进作用。

以上列举的是我校在软科学研究中取得的部分成果,实践给我们的基本经验是:

第一,软科学研究必须坚持从社会主义建设的实际需要出发,树立全心全意为决策科学化、民主化服务的思想,真正做到想决策者之所想,急其所急,干其所需。只有这样,软科学研究才有动力,也才能获得决策者足够的信任与支持,使研究工作充满活力。

第二,在软科学研究中,既要针对各级决策机构当前关心的热点与遇到的难点问题展开,又要注意超前性的原则,这不论对选题或是具体研究工作都是重要的。如我校建筑学院完成了长达 15 万字的北京亚运会建设可行性报告,该报告不仅考虑到亚运会的需要,还考虑到奥运会的发展,体现了实用性与超前性的优化结合,该报告的一些基本原则得到了中央领导同志的肯定并付诸实施。1986 年该研究成果获教委科技进步一等奖。此外,由我校教师提出的"水资源也是产业"的思想开拓了国家决策层的思维领域。这种想在决策者之前,让决策者"想我之所想",是软科学研究超前性原则的重要体现,只要是涉及重大国民经济问题并且不脱离国情,就可发挥重要的战略作用。

第三,软科学的研究要以马克思主义科学世界观与方法论为指导,特别要遵循解放思想、实事求是的原则。由于软科学所涉及的课题往往是前人未曾做过的,因而一定要敢于开拓、创新,同时又必须坚持从实际出发,按照客观规律办事。为此必须详细地占有准确可靠的第一手材料,进行扎扎实实的科学分析。只有这样,才不致使研究成为"闭门造车"和"纸上谈兵",才能有真知灼见,为决策者提供切实有用的信息和咨询意见。同时,要敢于在"长官意志"面前坚持根据客观事实和科学方法得出的结果。20 世纪 80 年代初,正值我国领导层的一些同志对能源生产前景的估计盲目乐观,提出要建成十几个大庆时,我校作为核心单位之一参加了由国家科委和中国能源研究会牵头的《中国能源政策纲要研究》,这项研究坚持了实事求是的科学态度,提出了13条政策建议,其中指出,我国的能源形势不容盲目乐观,给出了我国能源隐藏着危机的结论。这个结论震动了领导层,邓小平同志给予肯定,认为"很有见地"。这一事例说明"不唯书、不唯上、只唯实"在软科学研究中具有特别重要的指导意义。

第四,软科学研究在工作全过程应实现软科学工作者与实际工作者及决策机构相结合,在分析方法上要实现定性分析与定量分析相结合,只有这样才能不断提高软科学研究的实用性和学术水平。

三、明确方向,不断开拓新的局面

虽然我们取得了一些成绩,但距社会主义事业飞速发展的要求还有很大差距。从学校内部来看,各部门、各单位之间对软科学研究重视的程度和开展的工作均有明显的不平衡,各级领导在决策科学化、民主化意识及机制方面也都有待加强和改进。为了进一步推动我校的软科学研究,学校成立了清华大学软科学研究中心,其目的和任务是:(1)推动各部门、各单位软科学研究,并促进不同学科的联合,以形成整体优势,争取承担更多的综合性软科学研究项目,更好地为我国各级领导部门的决策科学化、民主化服务,为企业决策的科学化和管理现代化服务;(2)加强校内外各领域软科学的信息交流,促进我校软科学研究水平的提高和软科学学科的发展;(3)促进校内硬科学与软科学结合,组织校内软科学研究力量更好地为清华大学的改革和发展服务;(4)加强对大学生的软科学知识教育,改善大学生的知识结构,帮助他们树立战略观念、政策观点、决策科学化、民主化的意识和组织管理现代化的思想。

当前,我们计划采取的实际步骤是:

(1)健全软科学机构,充分发挥其组织作用,加强对软科学研究工作的统筹规划与指导服务。

(2)加强与各级政府、各部委以及校内外有关部门的联系,争取更多的指导与支持,多渠道、多方式筹集经费,增加对软科学研究工作的人力与物力的投入。

(3)努力开发咨询需求,使软科学研究逐步向咨询产业化方向发展。

(4)加强软科学应用的基础理论与方法研究,加强与软科学相关的硕士点、博士点建设，促进学科的发展。

（5）加强国际合作与交流，认真研究与吸收国外软科学研究的先进思想、理论与方法，并努力从我国实际出发，积极创新；争取更多地承担国际合作项目，使我校软科学研究登上更广阔的国际舞台，扩大在国际上的影响。

（6）推动更多的系所与部门参与软科学的研究，进一步拓宽所涉及的学科领域。如在已往一批教师默默无闻地辛勤耕耘于科技史的教学与研究的基础上，支持与引导更多的教师参加这一领域的工作，以利于从古今贯通、中西融会的角度研究学科的发展与人才的培养。

（7）积极开展大学发展研究。我校软科学的研究要为高等教育，特别是清华大学的发展作贡献。我们已把"2011年：一百周年的清华大学"作为软科学研究中心组织研究的重大课题。我们要通过该课题的研究，进一步明确世界一流的、有中国特色的社会主义大学的科学内涵及其实现的途径与步骤，并把阶段性的目标研究同学校的"九五规划""十五规划"等结合起来，努力为学校的改革、建设与发展提供必要的信息依据与参照系。

（8）通过学术报告会、学术沙龙以及刊物宣传等多种途径普及软科学知识，确立软科学应有的地位。通过承担软科学课题、增加硬科学课题研究中的软科学分量（如要求在毕业论文中应含有相关学科或课题的历史、现状、发展趋势及有关方针政策的分析）及增设软科学的选修课等环节，促进软科学研究与教学的结合，强化学生的软科学意识与能力，并使软科学研究工作建立在更加广泛而坚实的基础上。

当前加速改革开放与经济建设的形势给软科学的发展提出了更重的任务，我们要不断提高对软科学重要性的认识，充分发挥我校多学科交叉的综合优势，使我校的软科学研究工作登上一个新的台阶。

（发表于《清华大学教育研究》1993年第2期）

以史为鉴 以文化人

——第八届全国技术史学术研讨会致辞
2004年4月5日

前两日,在这里刚刚开过"清华大学与中国科学技术史论坛",现在"第八届全国技术史学术研讨会"又在此拉开帷幕,来自各方的旧友新朋会聚一堂,交流研讨,共商发展。过去我曾是科技史领域的一名积极分子,看到先行者精神矍铄、老当益壮,后学们奋发努力、继踵而上,心中甚为振奋。我谨代表清华大学对研讨会的召开表示诚挚的祝贺!向诸位表示热烈的欢迎!

从1979年在武汉举行第一届技术史学术研讨会算起,至今已有25个年头了。在这25年里,中国技术史研究走过了不平坦的道路,取得了许多成绩。例如,据我所知的重要成果有:2000年由吴熙敬、汪广仁、吴坤仪主持编纂、科学出版社出版的《中国近现代技术史》。此书从1990年起开始筹划,有100多位学者参加撰稿,成书230万字,是一部门类齐全的综合性技术史巨著,真是历尽艰辛,"十年磨一剑";1997年由华觉明先生主编、山东教育出版社出版的《中华科技五千年》面世;1998年,由汪广仁主编、清华大学出版社出版的《中国近现代科学先驱徐寿父子研究》,堪称是一部全面系统反映徐寿父子研究成果的总汇;又如2000年由陆敬严、华觉明主编,科学出版社出版的《中国科学技术史·机械卷》,是继刘仙洲先生1962年出版的《中国机械工程发明史》之后第二部相关领域的力作,反映了自60年代以来机械史研究的新成果。同时,在冶金史、水利史、建筑史等方面的成果,我们还可以列出许多。

今天,随着中国改革开放,经济快速增长,科技日新月异,技术史研究迎来了新的发展时期。

众所周知,技术的历史与人类的历史一样久远,开始只是制作简单粗陋的石器,而今天技术活动变得大规模化,制造的器物也越来越复杂。就与人类的生产活动和人们生活的密切关系看,可以说,技术比之科学对人类有着更为直接的影响。我们触目所及的变化,很多就体现为技术的结果。技术不仅带来了巨大的物质财富,也深深影响着人们的精神生活与思维方式,甚至改变着社会形态。因此，技术史研究比之科学史研究有着更为丰富、生动的内容。

就中国的情况看，技术史研究是一个极为丰富的宝藏。一方面，中国五千年的文明，有许多重大的发明创造，反映出古代技术的精细和复杂，很多传统技术流传至今，仍具实际价值，其中有的技术至今还无法破解与重现，古代技术史是仍需我们深耕细作的土地；另一方面，近代西方的科学技术向中国传播，极大地影响了中国社会，从技术的移植、本土化，工程技术教育、各种专业技术学会、专利制度等，有很多值得深入研究、认真开辟的领域。另外，国外的技术与文化，技术与社会、技术人类学研究近年十分活跃，我们可以借"他山之石"，扩大研究的范围和选题。

技术史知识是人文与科技融合的重要体现，中国的技术史是中华民族伟大智慧和伟大民族精神的重要结晶。我们正处在中华民族复兴的伟大时代。技术史的研究与教育，对于"以史为鉴""以文化人"，引导当今和日后科技发展进程，对于弘扬爱国主义、民族精神和科学精神都有重要意义。大学特别是工科比重较大的高校，对于技术史研究和教育负有重要使命。清华大学素有研究科技史的优良传统，老一辈学者梁思成、刘仙洲、张子高等，为中国建筑史、机械史、化学史领域的开拓作出了卓越的贡献。当今，科技与日俱新，事业薪火相传。新一代中青年学者正在继承传统，向研究的广度、深度推进。清华大学在以往工作的基础上，建立了科学技术史硕士点，明确把工程技术史作为主要研究方向之一。我们正努力把教学与研究、实证分析与理论探讨更好地结合起来，以图使科技史的研究得以持续发展。同时，自1985年成立科学技术与社会研究室以来，清华大学着力于交叉学科和文化的研究，希望为学科的会通和复合型人才的培养作出开拓性的努力。

各位学者，各位来宾，清华人学从事科技史研究和教育的师生愿与大家携起手来，加强合作，努力开创中国技术史研究的新局面，以更丰盛的研究成果迎接明年世界科学史大会在北京的召开，为中华民族的伟大复兴多作贡献！

努力提高文化自觉　成为法律和道德精英
——2011年6月在法学院毕业典礼上的讲话

清华刚刚开启了新百年的历程，同学们也开启了向新的目标进发的征程。首先要对同学们表示诚挚的祝贺！对老师们所付出的辛劳表示深切的敬意！对给予清华法学教育事业的发展以宝贵支持的朋友们表示感谢！

在人生道路上，毕业典礼是激动人心、终身难忘的时刻。在这一时刻，同学们要庆贺自己的成长，感恩师长的教诲、母校的润泽，感恩社会的支持、家长的关爱和友人的帮助。同时，要对昨天进行反思，对明天进行展望，所以，毕业对于人生是一个重要的节点。

时光过得很快，16年前清华法学学科复建艰难起步的情景还历历在目。记得在专业设置专家评审会上，有人对清华凭三两个老师、两三间办公用房就起步办法学专业表示质疑，但一位近邻专家说：建议大家相信，清华只要决定办什么事，总是能够办成的。现在，事实已做了最生动的证明：我们的教师队伍已发展到53名，法学院不仅有了1万平方米的法学楼，而且，建筑面积达2万平方米的法律图书馆廖凯原楼也进行了奠基；当年首届研5班毕业生只有9名，今天的毕业生477名济济一堂，6000名毕业学子遍布祖国大江南北、世界各地。清华法学学科确立了令人鼓舞的学术影响力、社会影响力、教育影响力和国际影响力。作为一个清华法学学科复建的参与者，一直为法学院取得的每一个进步感到欣慰；同时，也在关注着法学院毕业生继续成长的足迹。今天，想作为同学们的一个老朋友，在这个重要节点就提升文化自觉，提供一些参考意见。

胡锦涛同志在清华百年庆典讲话中，提出希望青年大学生"努力成为可堪大用、能负重任的栋梁之材"。怎样理解这一希望，怎样才能不辜负这一希望？一个关键点就是要努力提高自身的文化自觉，对国家所期望的"堪大用"和"负重任"有一个清醒的认识。老学长杨振宁先生曾经说过，目前世界上一个最重要的事情就是中华民族的崛起，今天中国正面临着一个历史上少有的大时代。而"中兴业，须人杰"，中国的大学肩负着培养杰出人才，为中华民族创建一个史无前例的中兴业的任务。可是，他感觉到很多清华的学生对于这一点似乎不够认识。杨先生呼吁:"大学教育必须培养大学生的文化自觉。"

我们知道人类社会文明进步有三个要素:政治治国,经济兴国,文化立国。只有优秀的文化,才能使一个国家真正强大,自立于世界国家之林。文化振兴是中华民族伟大复兴的重要前提和内涵。正如以讲授《公正:该如何做是好?》而享誉全球的哈佛大学迈克尔·桑德尔教授所说:一旦人们实现一定程度的物质丰裕之后,大家就会意识到经济成功本身是不够的。人们希望生命有意义,希望思索是非、伦理与道德责任感和怎样面对生活中遇到的道德困境。在当今中国取得经济持续稳定发展的同时,社会问题凸显,文化建设受到前所未有的关注,这是胡锦涛同志在清华百年庆典上作为国家领导人首次提出大学"文化传承创新"任务和"文化育人"的重要历史背景。

中国是一个有着悠久文化传统的国度。当今,我国存在民族文化的失根和随市场产生的物质主义对非物质价值观的挤压现象,一些宝贵的文化传统,如作为进德修业之本、立人之道、执政之基的诚信传统常常被忽视,甚至被败坏;同时,几千年所积淀的消极文化因素,如官本位、等级特权观念、对权力的过分崇尚和追求、经验主义和无所不在的人情文化,对作为现代化特征的理性精神文化形成了巨大的阻滞作用,加上资本主义唯利是图的推动,使得腐败在不同程度上成为一种社会文化现象,这些都严重影响了中国共产党的执政能力和法治进步,削弱了国家的软实力,制约了现代化和民族伟大复兴的进程。中国面临着重大的文化自觉、自信、自强的任务;就清华大学的实际看,百年清华形成了良好的文化传统,特别是历经沧桑积淀而成的清华精神,成为影响清华人成长过程和学校凝聚力、创造力与影响力的源泉,这是清华人宝贵的精神财富。通过百年校庆的反思,我们也清醒地看到一些具有鲜明特色的优良传统没有得到充分的传承,在功利化和品牌效应的影响下,出现了追求"失去灵魂的卓越"的现象,影响了学校更好地肩负起文化传承、创新的使命;同时,为了适应国家向创新型转型,我们还面临加快建设创新文化的任务。所以,当今清华也需要新的文化自觉。

文化是民族之根、社会之本、法治之源。法治所依托的人类正义感、是非感是文化教育的产物。文化指导着人的价值取向和行为准则,只有依靠文化的熏陶、教化和导引,才能使法治的他律作用和人们的自律追求实现内在的统一,社会才能健康、有序、和谐地发展。所以,我们的法律人应该有高度的社会责任感、深刻的理性思考、清晰的价值判断和深切的人文关怀。要有对法治文化重要性认识的高度自觉,要有对法治文化建设规律性把握的高度自觉,要有对法治文化建设责任担当的高度自觉。为此,首要的任务是充分提升自身的文化素质。我十分赞赏王振民院长在去年毕业典礼上讲的一席话,他说:法律人必须有崇高的道德情操和人文关怀。人们所期待的法律人,不仅是法律的化身,而且要是正人君子,是道德精英。道德是法律的生命,法律是道德的底线,只有建立在道德基础上的事业,才具有可持续性和正当性。他要求同学们占领道德高地,树立清华法学的道德品牌,时刻牢记心中的道德律,成为法律和道德双精英。同时,我们应当发扬清华"会通"的学术范式,遵循"不忘本来,吸取外来,创造未来"的理路,继承中国优秀的文化传统,吸取外来的文化精华,包括被称为现代化之魂的理性精神,从实际出发,通过综合创新来建设社会主义的法治文化,以自己的言行履行文化传承创新的光荣职责,以自己的业绩为清华新百年增加光辉的篇章,并能对世界法治理念和实践的进步作出与我们国力相称的贡献。

最后,将南宋诗人四大家之一杨万里的一首诗赠送给大家:

莫言下岭便无难,赚得行人错喜欢。正入万山圈子里,一山放过一山拦。

毕业了,意味着新征途的开始,祝你们在不断的攀登、超越中享受成功的快乐和幸福!

提高文化自觉自信，强化大学文化研究
——贺清华大学教育研究院40周年华诞
2019年10月26日

教育研究对形成与实施科学办学理念、发展科学教育思想、推进文化育人、蕴育高品位的大学文化具有基础性、导引性和前瞻性作用。

清华大学在办学历程中，一直重视教育学科建设。1926年秋，在清华改大进程中，学校决定设立教育心理学系，这是清华最早设立的学系之一；20世纪五六十年代蒋南翔同志长校时，十分重视教育研究，按照教育规律办学。他后来复任教育部部长时曾经对清华负责教育研究的李卓宝同志说："我们办教育要按照规律去办，不能违反规律。你搞教育研究非常好。"他还强调做工作一定要注意总结，能够提高到理论高度，提高到规律性认识上。1979年改革开放起步，党委书记刘达在贯彻党十一届三中全会精神干部会的报告中指出：在全国将重点转移到四个现代化建设的背景下，学校的重点就是"按照学校的规律办事"，就是"以为四个现代化培养又红又专的高质量人才为重点"。同年10月，校长工作会议决定筹建教育研究室；1985年8月，中共清华大学第七次代表大会上校党委书记李传信在工作报告中提出"从现在起的十年，是把清华大学逐步建成为世界第一流的、具有中国特色的社会主义大学的重要发展阶段"，强调"要坚持实事求是，一切从实际出发，尊重教育工作的规律和特点"要"在教育改革上迈出新步伐"。1986年2月，学校决定将教育研究室更名为教育研究所；20世纪50年代以来，清华大学一直重视通过群众性的教育思想大讨论来适应形势发展，完善办学理念，转变教育思想，推进教育改革。正如王大中校长在2000年发表在《清华大学教育研究》的文章中所指出的："教育，特别是高等教育面临着空前的机遇和挑战。"为了适应这种形势，清华大学开展了"转变教育思想，更新教育观念，推动教育改革"的大讨论。王校长指出："实践表明，要创建世界一流大学，不改革不行。要搞教育改革，不转变观念不行。转变教育观念，不仅涉及关于教育的目的、内容、方法等，而且涉及办学的理念和模式。"突出强调了通过教育研究和实践，提高对办学规律认识和把握的重要性。1998

年寒假，校长、书记务虚会讨论加快文科发展，就我提出文科要建设好文、史、哲基础和包括经管、公管、法律、新闻与传播四根柱子，并且要发挥马克思主义理论与思政教育学科已有优势，支持高等教育学科，为育人和学校发展服务，在时机成熟时发展艺术学科的意见达成高度共识，文科包括教育学科此后加快了发展步伐。2009年11月6日，召开纪念清华大学教育研究机构成立30周年暨教育研究院成立大会，学校党委书记胡和平讲话指出："教育研究院的成立标志着我校教育学科及教育研究的发展进入了新阶段，教育研究院的各位教师要充分认识自己肩负的责任，进一步加强教育学科的研究和人才培养，切实对我校建设世界一流大学进程中的重大理论与实践问题进行研究，积极承担教育科学领域国家重大研究课题，为国家教育改革与发展做出更大贡献。"同时要求，"清华大学教育研究的发展要继续坚持'立足清华、面向中国、放眼世界'的基本原则。"

清华大学教育学科一直与国家共命运，与学校同发展，为国家培养了众多人才，为学校的决策提供参考信息、咨询意见，为学校教育教学改革提交了调研分析资料，同时，在相当长时间里发挥学校领导写作班子的作用。近年来，正如邱勇校长所说："教研院发生了一系列可喜的变化，吸引了一批有代表性和影响力的学者以及一批富有潜力的年轻教师，各领域工作有了明显提升，为学校发展作出了实质性贡献。"

中共十八大以来，中国特色社会主义进入新时代。习近平同志指出："当前，中国处于近代以来最好的发展时期，世界处于百年未有之大变局，两者同步交织、相互激荡。"我们要清醒认识这个最好发展时期和百年未有的大变局为中国高等教育，包括清华大学提供的发展机遇和挑战。我们要坚守为党为国为民育才的初心使命，不断有新的作为、新的担当。教研院要为清华大学走出中国特色、清华风格、世界一流的发展道路发挥更加重要的作用。

中共十八大提出："文化是民族的血脉，是人民的精神家园。全面建成小康社会，实现中华民族伟大复兴，必须推动社会主义文化大发展、大繁荣，兴起社会主义文化建设新高潮""我们一定要坚持社会主义先进文化前进方向，树立高度的文化自觉和文化自信，向着建设社会主义文化强国宏伟目标阔步前进。"教育部前部长袁贵仁在大学文化研究与发展中心成立会上说："大学的出现，是为了继承文化、传播文化、创造文化，通过文化的继承、传播和创造，促进受教育者的社会化、个性化、文明化，从而塑造健全的人、完善的人。"又说，"在一定意义上可以说，大学即文化。大学的教育教学过程，实质上是一个有目的、有计划的文化过程。所谓教书育人、管理育人、服务育人、环境育人，说到底都是文化育人。"教育研究院理应成为大学甚至社会的文化高地，应该用先进文化为资政育人、引领社会作出实质性贡献。为此，教育研究院应该不断提高自身的文化自觉自信，持续开展系统深入的大学文化特别是清华大学文化的研究。现在中国高等教育学会大学文化研究分会将秘书处设在清华，教育研究院常务副院长石中英教授出任大学文化研究分会常务副理事长，钟周出任秘书长。我们肩负重任，此前我曾经与谢维和院长和石中英副院长就此交换过意见，彼此对强化清华教研院在大学文化研究与建设中的作用有着共识。同时，我也与学校文化建设主管部门及负责同志通报过相关情况。日前，在向波涛副书记召开的文化建设意见听取会上，我建议学校借实施清华大学"十三五"文化建设规划和设立文化建设办公室之机，进一步整合资源，发挥好教研院在学校文化建设中的重要作用，并予以更多的支持。同时，建议教育研究院将大学文化特别是清华文化研究纳入例行的工作规划，并提供充分的人力资源和体制机制保障，要利用石中英担任中国教育哲学学会会长的条件，发展对大学文化起着灵魂作用的高等教育哲学的研究。

以上意见不一定妥当，供参考。

祝清华大学教研院借庆贺 40 华诞之机，百尺竿头，更上一步！成为与中国、与清华地位相适应的一流高等教育研究机构。

促进不同文明平等对话是建设亚洲和人类命运共同体必由之路

——首届清华会讲"亚洲价值的重新发现"闭幕词

2018 年 12 月 16 日

这次会讲规模不大,但是,是一个高端、活跃而深入的学术对话交流活动。与会的学者嘉宾共约50名,有来自国内北大、清华、南开、人大、复旦、北外、中国传媒大学、中央民族大学、延边大学、中国社会科学院、中央党校、中央党史和文献研究院以及国家发改委、中联部的领导与学者,国外有来自美国伯克利大学、日本东京大学、日本东北福祉大学、韩国首尔大学、韩国产业研究院、柬埔寨皇家科学院的领导与学者,还有来自SK集团、美国、新加坡、中国香港的著名企业家。同时,许多来自各国的清华学子以极大的兴趣参加了听讲。

这次我们首次试行了会讲的学术研讨方式,它既是对中国古代平等、公开、活跃的学术范式的继承,同时,也是对清华"中西融会,古今贯通"会通学术传统和"独立之思想,自由之精神"学术精神的弘扬,其目的不仅有利于高水平学术成果的形成,而且将有利于营建活跃的学术思想氛围,有利于创造性人才的培养和思想家的孕育。

这次会讲的主题"亚洲价值的重新发现",既涉及亚洲价值,也涉及亚洲价值观,主要是东亚尤其是儒学的地位和作用,还有多位学者提及西方哲学对东方的融入。通过会讲我们对以下几点增加了认识。

其一,关于亚洲的历史地位和现代价值在人类文明进步中的重要性。亚洲是占世界总人口60%的大洲,亚洲,尤其是中国、印度的经济总量曾经在世界经济总量中占有主要部分,从16世纪末到20世纪中叶的300多年间,亚洲遭到了西方列强的殖民掠夺和内部的纷争,经历了屈辱和苦难。但是,亚洲各国人民奋起斗争,在第二次世界大战后逐步走上了独立自主的发展道路。亚洲四小龙的腾飞,日本、韩国、中国、印度相继的崛起,目前,亚洲对世界经济增长的贡献率已经超过50%,正使得亚洲价值的重新发现成为人类文明史上的一个重大里程碑。同时,国际霸权势力依然不肯放弃亚洲丰富的资源和战略利益,亚洲内部的纷争也迟滞了经济发展，加剧了社会的不安定，亚洲仍然面临紧迫的政治、经济、文化难题。

关于亚洲多样化的价值及其与世界文明的关系，关于传统与现代之间的关系，汪晖教授与伯克利前校长、历史学家 Nicholas Dirks 的会讲，以印度和中国为案例，做了深入的探讨，他们强调怎样在历史的根源中构建当代核心价值，来帮助我们解决区域与全球最紧迫的需求是我们面临的共同命题。Nicholas Dirks 指出，对亚洲价值的发现是一个不断延伸的动态过程，这个过程目前仍在继续之中，在这方面的研究不仅有益于中国、亚洲，也有益于世界的发展，应该以新的方式，发现核心价值，要跨越地缘政治，为全球找到通向未来的道路，对此大学应该发挥重要作用；汪晖所提出的文化边界与政治边界的关系和"跨体系社会"与"跨社会体系"的概念，给出了一个全新的视角。对于亚洲具有高度文化异质性的特点，他提出应该汲取亚洲内部文化共存的制度经验，发展不同文化、宗教、民族平等相处的新模式；并以区域性的联系为纽带，形成开放式的社会网络和普适价值观，以协调亚洲的发展。他引用费孝通先生提出的"各美其美，美人之美，美美与共，天下大同"的箴言，认为这符合儒家的基本理念，也与习近平提出的人类命运共同体的目标与人类共同价值的内涵有着内在的一致性。

其二，关于亚洲价值观的内在价值及其与世界文明的关系。亚洲是人类文明的重要发祥地，在人类轴心时期，最先产生了著名的西亚两河文明、东亚中华文明、南亚印度文明等几大古文明，而且它们对欧洲古代的希腊文明、罗马文明的形成也产生了重要影响。而这些文明所产生的价值体系正是当今亚洲发展重要的内生动力。清华国学研究院院长陈来教授对中华文明乃至世界文明有着广泛影响力的儒家文明的普适价值以及与西方文明的差异做了深入的分析，并指出了它与西方文明的互补性；同时，正如资深研究员赵汀阳所指出的，西方文明如今已经在一定程度上融入亚洲包括中国文明之中，中国应该提升文化自觉，在传承自身文化价值的同时，将西方文明的精华有效地转化为自身的协调成分；为了解决好人类社会的普遍问题，既要处理好自身传统价值观的当代创造性转化和创新性发展，又要为世界的普遍合作与共同发展，找到跨文化聚点，其中一个重要的学术范式就是运用好"兼和"的哲学观与会通的学术范式，做好当代哲学家张年先生所提出的"兼赅众异而得其平衡"，并"富有日新而一以贯之"，以及如刘东教授所指出的加强相互了解，以足够的智慧和雅量来处理和弥合在后现代化进程中难免出现的亚洲内部和外部的应力与裂痕。社科院亚太与全球战略研究院院长李向阳指出,亚洲一体化收益很大,但是受到非经济因素的制约,尽管有儒教文明、相似文字,但是缺少信任感,难以建立统一的制度安排,最终制约了经济发展。东京大学前副校长吉见俊哉先生和清华国学研究院副院长刘东教授关于中日关系的论述,可以帮助我们就发展和谐的亚洲开阔视野。而人民大学贾文山教授关于习近平普遍安全观是亚洲价值的重新发现与创新的论述,为我们提供了关于亚洲和人类命运共同体价值保障的新视角。

其三,关于新技术给文化、教育和社会带来的机遇与挑战。现代科学与技术正经历着一场广泛而深刻的革命,在科学、技术与社会深度融合的过程中,科学技术在给人类带来新的财富和新的生活学习工作方式的同时,对社会伦理和法制的挑战成为新时期社会文化的难题。如何调整传统价值观以适应新技术革命带来的挑战,是一个重大的理论与实践课题。克服新技术融入现代社会的所谓"克林里奇悖论",要求我们将科学技术的发展置于整个世界文明进步的大视野下思考。北大的迟惠生教授、中央党史和文献研究院的冯俊教授、南开大学的侯自新教授、延边大学金柄珉校长,还有清华大学的张成岗教授共同对人工智能的发展为人类带来的机遇和挑战进行了深入的分析,他们的一个共识是人工智能无法有真人的感情、伦理、人格、人品,不能回答苏格拉底的哲学命题"认识人自己",也不能实施"使人成为人"的教育。同时,需要解决好 AI 的迅速发展而人的伦理法制滞后的问题,使 AI 社会走向"善治"和"善智"的互构。而韩国产业研究院张志祥院长基于社会经济学的视角,论述了文化与新技术的相互影响,展示了新技术推动文化产业发展的广阔前景,也指出了人类社会的惯性惰性影响甚至抵制接纳新技术的问题。

其四,"一带一路"在体现亚洲价值和共同发展中的作用。当前,经济全球化受到严峻的挑战,中国提出的"一带一路"倡议显示出越发重要的影响力。中国国家主席习近平指出:"共建'一带一路'顺应了全球治理体系变革的内在要求,彰显了同舟共济、权责共担的命运共同体意识,为完善全球治理体系变革提供了新思路、新方案。"这种同舟共济、权责共担的命运共同体意识深深地植根于中国的价值体系之中,这就是孔子在《论语》中所倡导的"夫仁者,己欲立而立人,己欲达而达人",这种理念不仅在中国,而且在日本、韩国、东南亚,都有广泛的影响力。"一带一路",必将在建设亚洲和人类命运共同体中发挥历史性的作用。同时,正如史育龙先生所指:亚洲因其政治、经济、文化和治理方式的多样性,"一带一路"的发展存在不充分、不平衡的矛盾和亟待解决的问题。为此,如裴长洪先生所称,应该坚持开放、包容、普惠、平衡、共赢的理念，并坚持符合共同利益体制的创新。

习近平主席指出："亚洲是众多文明、民族的汇聚交融之地，中方倡议通过召开亚洲文明对话大会等方式，推动不同文明、不同宗教交流互鉴、取长补短、共同进步。"这次清华会讲，涉及的不仅是亚洲内在多样化文明的对话，也是一场亚洲文明与世界文明的对话。促进不同文明平等对话，是各国朝着和平与发展目标迈进，建设亚洲和人类命运共同体的必由之路，我们所从事的是一件有着重要价值的工作。这次仅仅是个开端，我们还要继续努力。

清华会讲学术工作坊：总结经验　吸取教训　完善国家治理体系

2020年3月20日，视频会议讲话

开篇语：

这次新冠肺炎疫情给我们国家和人民带来了巨大损失，同时，也是对国家治理体系和治理能力以及人民素质的一场大考。现在，中国的抗疫已取得阶段性的胜利，总体看，已经成功地经受住考验，中国国家治理体系和治理能力受到世人普遍的肯定，中国人民的素质也是好样的。中国现在在继续奋战过程中，正帮助其他国家展开抗疫，为"人类命运共同体"的安全尽一份责任。

近期，清华会讲计划围绕完善国家治理体系，增强国家治理能力这个主题开展系列交流研究。正如习近平总书记2月14日在中央全面深化改革委员会第十二次会议指出的："确保人民群众生命安全和身体健康，是我们党治国理政的一项重大任务。要始终把人民群众生命安全和健康放在第一位，从立法、执法、司法、守法各个环节发力，切实推进依法防控、科学防控、联防联控。既要立足当前，科学精准打赢疫情防控阻击战，更要放眼长远，总结经验、吸取教训，针对这次疫情暴露出的短板和不足，抓紧补短板、堵漏洞、强弱项，完善重大疫情防控体制机制，健全国家公共卫生应急管理体系。"他还尖锐地指出，"这次疫情发生以来，各级党委和政府在党中央统一领导下，积极开展防控工作，取得初步成效。但也有一些地方和部门面对突如其来的疫情，进退失措，出台的一些防控措施朝令夕改，一些地方甚至出现了严重妨碍疫情防控的违法犯罪行为，群众对此不满意。"他强调，"新冠肺炎疫情的发生，让建设更加完善、系统、规范的应急管理体系显得尤为紧迫。"

现在，清华大学以高度的社会责任感，积极投身到这场抗疫的斗争中去，就像邱勇校长在3月13日召开的清华大学第18次科研工作讨论会强调的：在共和国发展历史上的每一个关键时刻，永远都有清华人自强不息的奋斗身影，在当前疫情防控科研攻关行动中，清华也不能缺失。现在清华已经设立了76个应急科研攻关项目，成立8支科研攻关突击队，全面参与疫情诊断、治疗防控、善后等各方面工作，为疫情防控提供有力的科技支撑。

我们清醒地认识到，战胜公共卫生应急事件的挑战，光靠自然科学技术的力量是不够的，实际上，这次疫情暴露出的短板和不足，很大程度上是出自社会科学领域，出自舆情管控的不够科学，出自监测、预警和报告系统的短板，出自与疫情相关的法治保障不足，总体在充分显示中国共产党的坚强领导和社会主义集中力量战疫情制度优越性的同时，也显示出治理理念和体系的不够完善。所以，面对习近平总书记提出的"抓紧补短板、堵漏洞、强弱项，完善重大疫情防控体制机制，健全国家公共卫生应急管理体系"的任务，清华大学应该有所作为，一直关注重大社会文明进步课题的清华会讲不能缺位。我们计划从互联网舆情管控、公共管理、法治体系等方面，认真总结经验、吸取教训，为完善国家治理体系、增强治理能力，献计献策。

从全球体系来看，疫情还在发展。整个疫情的发生、发展、防控的事实还待梳理披露，今天，我们不能要求所谈的看法都带有终端结论性，但是，我们仍然提倡抱有家国情怀、天下责任，针对提出的议题"无所不思，无所不言"，依照会讲的宗旨展开积极的交流讨论。然后，整理好相关观点、建议和举措，提供给决策部门参考。好，谨以此作为开场白，请大家发言。

结束语：

今天大家以高度的社会责任感、科学的学术功底和实事求是的态度来"总结经验，吸取教训"，发表了许多深刻的见解，提出了系列有益的意见和建议，由于抗疫情涉及的是综合的、系统的，所以今天的会讲也是跨学科、广视角的。我们常说多难兴邦，实际上，只有通过理性地总结经验、吸取教训，才能将灾难转化为兴邦的自觉和动力。

正如习近平总书记提出的："这场战'疫'提醒我们，完善公共卫生应急管理体系不止在疫情防治阶段极其重要，更要求我们在社会治理中长期重视重大传染病防控工作，逐步建立'防、控、治'联动的重大传染病突发公共卫生事件应急管理体系。当然，这项工作也不可能一蹴而就，需要长期积累，扎实工作。"所以，对我们来说，随着形势的发展，我们的认识还要深化，我们的研讨也要持续深入。而且，可以看到，我们所取得的研究成果，不仅有利于应对突发公共卫生事件本身，也会涉及和有利于从整体上完善国家治理体系，增强国家治理能力。今后，清华会讲将择机邀集各方名家高手继续跟进研讨，请大家继续关注、支持、参加，凝心聚力，多作贡献！

在纪念王国维先生诞辰 120 周年学术研讨会开幕式的讲话

1997 年 9 月 5 日

　　王国维先生是著名的国学大师，他在史学、哲学、文学、古文字学、古文献学、考古学、经学、美学和教育学的诸多领域有重要建树，他的学术成果和"中西融会，古今贯通"的会通范式至今在中外学术界有着重要影响。

　　王国维先生早年研读西方哲学，他植根于深厚的中国思想文化沃土，以西方理想主义的新视角和实证方法，推动了中国传统哲学思想的开放，使实事求是的传统观念具有现代科学方法的内涵。正是基于这种求实的态度和科学实证方法，他将对古籍所记载的历史研究，同出土文物的考证结合起来，梳理出古代制度演变的线索，为中国古代史的研究提供了科学的依据。他的史学研究成果是中国近代学术史上十分珍贵的一页。郭沫若先生作为史学和考古研究的重要后继者，对王国维先生的贡献做了充分的肯定：称"王国维是新史学的开山"他"遗留给我们的是知识的产品，那好像一座崔巍的楼阁，在几千年来的旧学的城垒上，灿烂地放出一段异样的光彩。"

　　王国维先生在文学方面也有很高的造诣。他的《红楼梦评论》在中国文学评论史上被称为"开山之作"，而《人间词话》更是影响广泛而久远的佳作。1913 年后，他潜心研究古文字学，古文献学，古器物学，先后在历代古器物、甲骨钟鼎、齐鲁封泥、汉魏碑刻、汉晋简牍，以及殷周秦汉古史的考释研究方面，做出了被郭沫若先生称之为"划时代"的贡献。

　　王国维先生在教育学和美学的研究方面也很有创见，其《论教育之宗旨》，在中国教育发展史上首倡美育，并强调德、智、体、美四育并重。他对教育直接的贡献，则是他在清华的任教。1925 年清华创办国学研究院，聘请王国维担任导师，他与梁启超、陈寅恪、赵元任一起被称为清华国学院的四大导师。王国维先生在"古史新证"课程中创立了"二重证据法"，提倡以实证史，又以史证实。在当时是一大创举，不仅使受业的弟子深受教益，培养出一批史学大家，而且得到史学界广泛采用,有力地推动了史学研究工作。他还讲授"尚书""说文""仪礼"等课程,撰写的《清华学校研究院讲义》系统地记录了他在清华的教学,这也是他研究的结晶。1994年,清华中文系将其作为《清华文丛》之五,影印出版面世,书名为《古史新证——王国维最后的讲义》,受到学术界的重视。同时,王国维先生还对蒙古史、西北地理及四裔金石文献进行深入的研究,清华国学院出版的《蒙古史料四种校注》,正是其研究成果的代表作。

由于历史和个人的局限性,他的文化遗产中也存在一些值得商榷的东西。王先生在其《自序》中说:"体素羸弱,性复忧郁,人生之问题,日往复于吾前,自是始决从事于哲学。"这里所说的人生之问题正是中国哲学的核心问题,他因"人生之问题"的困惑而走上探求哲学之路,但最终未能找到科学的哲学武器,以帮助自己走出困惑的隧道。

今天我们来纪念王国维先生,是要学习他刻苦严谨、勇于开拓的治学精神和求实辩证的治学方法,并以新的时代精神重新审视他的历史遗产,为进一步弘扬中华民族的优秀文化传统,为建设新时期进步的文明做出贡献。这次会议不仅云集了北京上海等地的学者,还有多位港台地区与德国、日本的学者共同切磋学术,这是清华文科历史上的一件大事,也是学术界的一项盛举。大家虽然在学术观点上有所差异,但有一个共同的信念把我们联系在一起,这就是让具有五千年历史的华夏文化再现辉煌。"君子和而不同",让我们携起手来,为实现这一宏伟目标努力奋斗!

缅怀冯友兰先生，把中国哲学发扬光大
——在纪念冯友兰先生诞辰 120 周年暨冯友兰学术
思想研讨会上的发言
2015 年 11 月 21 日

  冯友兰先生是享誉世界的哲学家、教育家，在他诞辰 120 周年时那么多的学者名家来纪念他、研究他的学说思想，足见其影响之广远。

  冯友兰先生与清华大学有着很深的渊源，他对清华特别是清华文科的发展，作出过重大的贡献。1928 年，清华学校更名清华大学，应罗家伦校长之邀，冯先生到清华大学担任哲学系教授，兼任校秘书长。冯先生在《三松堂全集》自序中说："使我满意的是这是个中国人办的学校，可以作为我的安身立命之地，值得我为之'献身'，所以就待下去了，一待就待了二十多年，一直到1952 年院系调整才被调整到北大。"他对清华充满深情，曾说过："我在清华的几十年是我一生中最幸福的时代。"冯先生在离开清华之后，他的心还紧紧地连着清华，仍然关注和支持清华文科的恢复与发展。1987 年，他曾对来访者提起："清华校史不仅有一校的意义，而且反映中国近代学术逐渐走向独立的历史。我能在这个过程中出过一些力，觉得很是荣幸的。"在此前他还曾谈到，希望清华成为一个"万物并育而不相害，道并行而不相悖"的大学。在他生命的最后时刻，决定将自己的藏书赠与清华。他的女儿宗璞先生还以他的名义设立了教育基金，以支持清华人文学科的发展。

  冯先生在清华大学期间，除了协助罗家伦和后来的梅贻琦校长主持校务，还曾长期担任哲学系主任，从 1931 年起担任文学院院长，长达 18 年之久。他赞同并切实落实了梅贻琦校长"所谓大学者，非谓有大楼之谓也，有大师之谓也"的办学理念，亲自聘请教师，使得清华的人文学科名师云集，在中国学术界与教育界具有重大的影响力。同时，他发扬了清华国学院"中西融会，古今贯通"的学术范式，形成了影响深远的治学特色。在抗战开始，他写了著名的哲学著作《新理学》。按他自己说的是"接着程朱理学"讲，而不是"照着程朱理学"讲。张岱年先生后来评价说，《新理学》既是对"程朱理学"的继承与发展，又接受了西方新实在论的影响,"是一种融合中西的哲学"或者说,"是柏拉图主义与程朱学说的一种综合。"冯先生在这方面进行了积极的探索,对于中国哲学的研究具有开拓意义。冯先生虽然对西方哲学有深刻的了解,但他毕竟首先是一个中国学者,受中国文化的浸润很深,他在学习西方哲学之后,最先做的就是对中国传统哲学的梳理,实际上是对中国文化的整理,提出了许多深刻的见解。在这个过程中,他十分看重西方逻辑分析方法。他和金岳霖先生都以逻辑分析为主要方法,把它和以综合见长的中国哲学结合起来,创立了自己的体系,构成了清华哲学系的会通特色。除了他们两个,还有力图融合马克思主义哲学和罗素、孔子哲学的张申府先生,以综合创新哲学见长的张岱年先生,以及西方哲学研究和新儒学的开拓者贺麟先生等。实际上,"中西融会,古今贯通"这种会通理路也是整个清华文科的特点。在老清华,从国学院开始,一直到文学院,这一特色一以贯之。在20世纪90年代,清华大学加速恢复发展文科时,努力继承和发展老清华"会通"的传统,以"中西融会,古今贯通,文理渗透,综合创新"为理路。在当今追求整体性文化的时代,我们更要以一种张岱年先生倡导的"兼和"哲学观,即"兼和通全,富有日新"的理念,做好中外古今文化的融合和学科交叉、学术会通的工作,不断推进理念和学术的创新,培养具有博大襟怀、开阔视野和深厚学术功底的人才。这对建设创新型国家、和谐社会乃至人类命运共同体都有重要意义。

冯先生的学术活动是在中国雪耻图强的历史背景下进行的,是为民族的独立和复兴作哲学与文化准备的,体现了高尚的家国情怀和可贵的文化自觉。他最大的学术贡献,在于他深深植根于中国文化对中国哲学史的研究成果。他自己的莹联:"三史释古今,六书纪贞元",概括了他杰出的学术成就。他所形成的独特的研究体系,对中国的思想史、哲学史的发展,起了重大的作用,成为中国哲学史学科的主要奠基人。由于他的学术著作远播海外,在国际学术界也产生了重要影响。

冯先生是一位对国家充满爱心的知识分子,他对中国的文化复兴倾注了毕生心血。他说过:"真正的'中国人'已造成过去的伟大的中国,这些'中国人'将要造成一个新中国,在任何方面,比世界上任何一国都有过之而无不及。"正是怀抱着这样的理想,他努力"保持旧邦的同一性和个性,而又同时促进实现新命"。在他最后的日子里他还关注"要把中国哲学发扬光大",并通过诚挚的自我反省,使自己的认识跃迁到新的高度,理论实现新的突破,而人生也达至一个新的境界,成为他提出的人生境界说的亲自践行者。

我们将永远缅怀冯友兰先生,继承好冯先生的事业,为发展中国哲学、发展中国优秀的传统文化,为中华民族的伟大复兴做出应有的贡献!

研究金岳霖的学术成就　推进哲学和逻辑学的发展

金岳霖先生于 1911 年进清华学堂，1914 年赴美留学，获博士学位。1925 年年底回国，1926 年到清华任教，直至 1952 年院系调整时离开清华。金先生学术生涯的相当长一部分时间是在清华度过的。今天在这个专家云集纪念金先生百年诞辰的大会上，我能代表清华大学王大中校长与大家共同缅怀这位哲学大师，感到十分荣幸，感谢社科院哲学所为筹备这次会议所做的组织工作。

金岳霖先生于 1926—1929 年就任清华哲学系首任系主任。他为哲学系开设西洋哲学和论理学（即逻辑学）两门课程，同时为政治系开设政治学和西方政治史课程。金先生讲课深入浅出，用词幽默，把思辨性极强的哲学和逻辑讲得相当生动；在课堂上注意启发式，开展师生对话，有时还让学生上台讲，气氛十分活跃；在课外每周组织哲学讨论会，师生们一起各抒己见，热烈陈词。金先生的教学在当时是很受学生欢迎的。

金岳霖先生是接替赵元任先生主讲逻辑学的，据说这与他平时表现了很强的逻辑分析能力有关。金先生说，他当时还未真正懂得"逻辑"，是边教边学的，由于他对罗素分析哲学颇有研究，1931 年又到哈佛大学进修了一年逻辑学，回国后，进行了深入钻研，发表了许多文章，1936 年他的《逻辑》一书作为大学丛书出版，成为国内第一本系统介绍西方数理逻辑的著作，是中国现代逻辑学的奠基之作。由于金先生等人的影响，重视逻辑教学与研究成为清华哲学系的一个特色。1938 年在西南联大，金先生再次就任哲学系主任，在极其艰苦的情况下，不仅坚持教学，而且继在长沙临时大学完成《论道》之后，又完成了 70 万字的著作《知识论》，此书稿因空袭丢失，后来金先生又以惊人毅力重新完成此作，建立了独特的中西融会、古今贯通的哲学体系，进一步推动了逻辑学和认识论的发展；1946 年金先生返回清华园任教，他关注当时的社会政治问题，积极参加了抗议反动当局的运动。在 50 年代初期，金先生曾担任过清华文学院院长、哲学系主任，开设"唯物论与经验主义批判"课。

金先生作为清华哲学系的创始人，为培养人才贡献了最宝贵的年华，这将永远铭刻在清华大学的史册上；金先生是 20 世纪前期少数几位系统接受西方哲学思想体系影响的哲学家，他重视科学、相信科学，主张从严格的事实判断出发，以西方哲学严密的方法论和逻辑思维弥补中国哲学在逻辑和认识论上的弱点；同时，他又植根于中国传统哲学文化，对西方"人类中心论"持批判态度，推崇"天人合一"的中国传统人生哲学，并努力以身载道、与时俱进，实现知识与德性的统一、哲学与哲学家的合一，追求"一种崇高的人生理想""继续不断地把自己修养到近于无我的纯净境界，从而与宇宙合而为一"。中华人民共和国成立后，客观环境的变化和社会实践，使他接受了辩证唯物论的思想体系，并对自己前期哲学研究中所受到的经院式哲学的影响进行了自我批判，体现了"在认识上，永远在探索；在意愿上，则永远在行动或者试图在行动"。他是20世纪中国哲学界最有影响的哲学大师之一，他对中国逻辑学和哲学的发展作出的贡献是不可磨灭的；他与同时代的一批文科大师在清华所开创的严谨求实、古今贯通、中西融会、综合创新的学术传统已经并将继续影响清华大学的文科建设。

当前，我们面临着一个新的世纪之交，科教兴国和发展哲学社会科学的任务责无旁贷地落在广大教育工作者和科学工作者的肩上。恩格斯说：一个民族想要站在科学的最高峰，就一刻也不能没有理论思维。如果我们能在马克思主义指导下，继承、吸收与发扬一切优良的哲学思想成果和优良传统，在综合创新中不断完善自己的哲学体系，并以此去教育我们的学生、影响我们的国民，那么，中国的社会主义物质文明和精神文明建设，必定能减少失误，计日程功，并对人类有更多的贡献。今天，我们来研究金岳霖先生的学术思想与成就，并努力站在一个新的历史高度展望21世纪的哲学、逻辑学的发展，必定有利于这一进程，而这正是对金先生最好的纪念。

（发表于《哲学研究》1995年增刊，纪念金岳霖百年诞辰专辑）

学习张岱年先生"兼和日新"的思想
——纪念张岱年先生百年寿诞

岱年先生离我们而去已五年了,他的音容笑貌仍历历在目,特别是他的学术思想、学术精神和他的立身之道,依然在我们心中闪闪发光,影响着我们的前进道路。

岱年先生1928年入北京师范大学教育系学习,1933年学成到清华任教。1936年他发表了论文《哲学上一个可能的综合》,提出了一个创新的观点:"今后哲学之一个新路,当是将唯物、理想、解析综合于一。"[1] 在此基础上,岱年先生分别于1937年和1948年完成了力作《中国哲学大纲》和《天人五论》,建立起被后人称之为"一个综合创新的哲学体系""一个辩证唯物论中国化的哲学体系""一个开放的哲学体系"。20世纪30年代,岱年先生在《关于中国本位的文化建设》一文中阐述了他的文化观:"兼综东西两方之长,发扬中国固有的卓越的文化遗产,同时采纳西洋有价值的精良的贡献,融合为一,而创成一种新的文化,但不要平庸的调和而要作一种创造的综合",即综合创造的文化观。1987年在《综合、创新建立社会主义新文化》一文中,岱年先生将其发展成"文化综合创新论",即"在马克思列宁主义原则指导下,以社会主义的价值观来综合中西文化之所长而创新中国文化。它既是传统文化的继续,又高于已有的文化。这就是中国的、社会主义的新文化"[2]。

张岱年先生的哲学观和文化观,当今仍有多方面的积极意义。当前,我们面临建设和谐社会和实现向创新型国家转型的重要任务。岱年先生所提倡的"兼和"哲学观和"综合创新"文化观,为构建和谐文化和创新文化提供了重要的哲学基础。1993年,岱年先生在总结"平生致思试图加以阐明的基本观点"时指出,"兼和为上——兼容多端而相互和谐是价值的最高准衡",并指出,"和

---

① 张岱年:《哲学上一个可能的综合》,见张岱年:《张岱年全集》,262页,石家庄,河北人民出版社,1996。
② 张岱年:《综合、创新,建立社会主义新文化》,见张岱年:《张岱年全集》第6卷,253~254页,石家庄,河北人民出版社,1996。

指多样性的统一，实为创造性的根本原则。和是兼容多端之义，今称之为'兼和'"。①我们注意到，岱年先生最先提出"兼和"哲学观时，是将"日新"一起论述的。他指出："最高的价值准则曰兼赅众异而得其平衡。简云兼和，古代谓之曰和，亦曰富有日新而一以贯之。……惟日新而后能经常得其平衡，惟日新而后能经常保其富有。"②在这里不仅阐述了"兼和"这个贯穿在他的哲学观和文化观中的核心思想，而且，将"日新"作为"兼和"的目的与条件来强调。体现了科学哲学观和先进文化观认识世界与改造世界的统一，工具理性与价值理性的统一。岱年先生曾经将"自强不息，厚德载物"表述为中华民族的民族精神。这与他的"兼和"与"日新"的观点是贯通一致的。③无论是构建和谐社会，或是创新型社会都要将"兼和""日新"和"自强不息，厚德载物"的精神一以贯之，这是和谐文化与创新文化的核心内涵。

"兼和日新"是中国先进文化发展的必由之路，也是中华文化复兴并走向世界的必由之路。大学作为一种肩负特殊使命的文化机构，需要以科学的哲学观和文化观指导自身并引领社会。张岱年先生在院系调整中到北大任教后，心里一直惦记着清华。1985年清华成立思想文化研究所，张先生应聘为首任所长，他的哲学思想在清华自然会有更加深刻的影响。1993年清华成立人文社会科学学院，受岱年先生哲学观与文化观的启发，确立了"中西融会，古今贯通，文理渗透，综合创新"的学术范式。这实际上已成为清华文科共同遵循的宗旨，进而又影响到学校整体的办学理念和文化建设。我们认识到大学应当遵循"兼和"的哲学观，在社会主义核心价值体系指引下融合与包容多元文化。长期以来由于大学教育过分专业化，并且在二元对立哲学观的影响下出现了C.P.斯诺所说的"两种文化"的分离与对立，形成梁思成先生批判的"半个人的世界"，影响了人的全面和谐发展，也制约了人学科的交义融合与综合创新。大学人应当以"兼和"的哲学观构建包容"会通"的文化体系，实现科学与人文、中国文化与世界文化、工具理性与价值理性、人的个性发展与共性要求的"兼和"，使大学成为C.P.斯诺当年期望的"第三种文化"的摇篮；大学人应当以"厚德

---

① 张岱年：《客观世界与人生理想》，见张岱年：《张岱年全集》第7卷，410～411页，石家庄，河北人民出版社，1996。
② 张岱年：《天人简论》，见张岱年：《张岱年全集》第3卷，220页，石家庄，河北人民出版社，1996。
③ 张岱年：《中国传统文化的分析》，见张岱年：《张岱年全集》第6卷，137页，石家庄，河北人民出版社，1996。

载物"的胸怀推进不同文化、不同学科和不同学术观点的综合创新。现在清华的文科得到了恢复和发展，我们将继续学习和弘扬张岱年先生的哲学思想，为进一步开拓"兼和日新"的局面作出应有的贡献。

值得高兴的是，张岱年先生的学术思想正得到越来越多的关注。现在，经过华夏文化纽带工程组委执委会常委、中华社会文化发展基金会副秘书长蒋晔先生与刘鄂培先生的共同努力，"兼和"思想已融合入北京奥运"中国印"摩崖石刻，与山河同在，与日月齐辉，将迎接和见证中华民族的伟大复兴，这是一件可以告慰岱年先生英灵的好事。

自我激励　止于至善
——纪念朱自清先生

我同许多人一样，是在中学的语文课上从《背影》一文中知道朱自清先生的，当时他那朴实流畅的行文及对父亲的深情给我留下了难忘的印象。后来进了清华，在读毛泽东的《别了，司徒雷登》一文时，知道了"朱自清一身重病，宁可饿死，不领美国的'救济粮'""表现了文明民族的英雄气概"，因而对朱先生更多了一份敬重，感到他是清华的骄傲。到了20世纪90年代，我主管学校的文科工作，了解了先后担任中文系主任的杨振声先生和朱自清先生为中文系确定的"注重新旧文学贯通"和"中外文化融会"的教学方针，在赞赏之余，努力在文科建设中加以继承与发扬。直至今年在筹备朱自清先生百年诞辰活动时，我翻阅了《朱自清传》和《朱自清全集》的部分内容，对朱先生的为人治学更增加了了解，觉得有更多的地方应当向他学习，其中感受比较突出的是他一以贯之的"自我激励、严格要求、不断进取、止于至善"的精神。

朱先生生活清苦，身体羸弱，但不为身边的困顿所难，保持积极的进取精神。他在1942年成文的《论自己》中说："穷有穷干，苦有苦干；世界那么大，凭自己的身手，哪儿就打不开一条路？""力量不够的，'人一能之，己百之，人十能之，己千之'""看得远，想得开，把得稳，自己是世界的一环，别脱了节才真算好。力量怎样微弱，可是是自己的。相信自己，靠自己，随时随地尽自己的一份儿往最好里做去。"文如其人，他是这么说的，也是这么做的，即使到了自觉日子不多的时候，仍然以"但得夕阳无限好，何须惆怅近黄昏"自励，并注释道："这两句诗只是表示积极、乐观，执着于现实的意思。"在他因严重胃病不断呕吐，体重由原先的55公斤降至不及39公斤十分虚弱的情况下，仍然坚持讲学，坚持读书，还制订了"每天轮流看一本英文书和中文书，利用休息时间读诗"的计划，做到生命不息，耕耘不已。翻开朱先生的日记，处处可以寻找到他对工作极端负责和孜孜不倦、珍惜分秒学习的精神。正是如此，他的作品和他的教学都受到广泛的赞誉。

然而，令人感到震撼的是朱先生在日记中先后两次提及"梦见我因研究精神不够而被解聘",一次梦见学生"斥责我从不读书,并且研究毫无系统"而愿意"提出辞职"。日有所思,夜有所梦,这种心态一可说明朱先生对自己要求之严格,不断自我鞭策,自我完善;二也可推断当时清华有一种令人不敢懈怠的优存劣汰用人机制。这种精神和机制都是现今建设世界一流大学包括一流文科所不可或缺的。

现在,朱自清先生离开我们已整整50个年头了,但他留给我们的精神财富仍然在推动我们前行。尽管我校文科的基础和实力都还相当薄弱,但却面临着前所未有的恢复和发展机遇。我们要有自信心,要"看得远,想得开,把得稳",以"人一能之,己百之"的苦干、实干精神,注重革新,练好内功,"随时随地尽自己的一份儿往最好里做去"。那么,我们一定能创造明日清华文科新的辉煌!

(此文发表于1998年11月12日《新清华》纪念朱自清先生诞辰一百周年增刊;后由同年11月15日《中国教育报》转载)

学习赵元任先生融会贯通的大智慧

——在赵元任音乐作品座谈会上的发言
2017 年 4 月 28 日

今年是赵元任先生诞辰 115 周年,在清华人心目中他是一位传奇学长。他 1910 年入选清华学堂的前身游美学务处,同年赴美,入康奈尔大学学习数学,选修物理、音乐,后获理学学士学位,继而到哈佛主修哲学并继续选修音乐,获哲学博士学位。1920 年在清华学校教授物理、数学和心理学课程。后在哈佛大学讲学进修,1925 年回到清华教授数学、物理学、中国音韵学、普通语言学、中国现代方言、中国乐谱乐调和西洋音乐欣赏等课程。他成为清华国学院"四大导师"之一,是中国现代语言学之父、中国现代音乐学先驱。他既植根于中国传统文化,注意吸收民间音乐语言,保持和探索中国传统文化与音乐特色,又善于借鉴欧洲近代多声音乐创作的技法。他依靠丰富的语言学、音韵学研究基础,十分注意歌词声调和音韵的特点,讲究歌词、字音语调与旋律音调一致性,使曲调具有独特的抒情风格。像《教我如何不想他》的曲调,90 多年过去了,一直脍炙人口广为流传。正如音乐家贺绿汀所说:"像这样一位从事理科、文科研究博学多能的学者,对音乐来说,顶多是个业余的了,但是他的贡献却远远超过许多时尚的作曲家和理论家。……他是语言学家,他的创作在词曲结合上有独特的见解与成就,值得后代人认真学习。"

赵先生很值得后人学习的是他的会通理路。我从 20 世纪 90 年代开始主持清华文科恢复与发展,在深入研究文科发展历史后,在许多场合我都说,清华文科恢复建设的特色道路就是继承、发展清华优秀的文科传统。最突出的就是两条:一是鲜明的家国情怀。正如赵元任先生长期致力于中国文化传统的发掘、继承和发展,关注中国的艺术文化教育。二是会通的特色。在我兼任人文社会科学学院院长时,提出了"中西融会,古今贯通,文理渗透,综合创新"的学术理路。在这方面赵元任先生是一个最好的典范。我们今天纪念他,就是要学习、继承和发展他身上体现的家国情怀和会通理路。要做好这一点,需要提高我们的文化自觉和哲学自觉。"文化自觉"这个词最先是费孝通先生 1997 年在北京大学正式提出的。费先生回顾了中国知识分子一个多世纪里对中学与西学、传统与现代文化选择的历程，提出要把中国知识分子带到文化自觉中去。指出文化自觉"其意义在于生活在一定文化中的人对其文化有'自知之明'，明白它的来历、形成的过程，所具有的特色和它的发展趋向，自知之明是为了加强对文化转型的自主能力，取得决定适应新环境、新时代文化选择的自主地位"。联系到今天学习、纪念赵元任先生，我们就要梳理好清华文科包括清华艺术教育的教育理念和教育思想的发展历程以及它的特色与走向，要从赵元任、顾毓琇、钱学森、胡锦涛、王大中身上，认识家国情怀和会通理念对全面发展人才与创造型人才培育的作用及规律，更好地肩负起以文化人，以文育人的责任。

所谓哲学自觉是我在研究大学文化的基础上提出的。因为哲学对人的行为具有价值规范、思维导向和理论升华的功能，欲使文化行为具有高度自觉的意识并沿着理性方向前进，就应该使其上升到哲学的高度。正如恩格斯在《自然辩证法》中所述"一个民族想要站在科学的最高峰，就一刻也不能没有理论思维"，这里强调的理论思维就是哲学思维。

实践表明，努力砥砺自身的哲学性格，是当今大学人文化自觉的重要体现，也是以文化人、文化育人的重要课题，应当予以充分重视。实际上，这是一个文化选择的过程。清华大学首届思想文化研究所所长张岱年先生是对文化选择进行哲学探索的一个典范。遵循清华大学会通的传统，他明确提出了"文化综合创新论"文化观，为中国文化的发展提供了一个明晰的哲学模式。而他所依据的就是"兼和"哲学观，即"最高的价值准则曰兼赅众异而得其平衡。简云兼和，古代谓之曰和，亦曰富有日新而一以贯之"。钱学森先生经过长期的实践与探索，提出了解决复杂系统问题的"大成智慧工程"。他说，必须集哲学与科学、科学与人文艺术、集人类知识之大成，才能得智慧。他特别强调："一个科学家，他首先必须有一个科学的人生观、宇宙观。"同时，我们不会忘记1991年钱学森获得国家杰出科学家荣誉时的感言，正是音乐家蒋英给他介绍的音乐艺术中的诗情画意和对于人生深刻的理解，使他学会了艺术的广阔思维方法，使他避免死心眼和机械唯物论，想问题更宽一点、活一点。

由此，我们应该自觉学习赵元任先生融会贯通的大智慧，深入认识艺术对人才哲学思维和创新意识的影响，提高对艺术教育重要性的认识，自觉把握艺术教育的育人规律，更好地肩负起艺术教育以文化人的责任。

学习潘光旦先生的教育思想和高尚风范
——在纪念潘光旦诞辰 100 周年座谈会上的发言
1999 年 9 月 15 日

潘光旦先生与清华大学有着深远的渊源，他自 1913 年入清华学校学习 9 年，毕业后赴美留学，1926 年回国，1934 年回到清华大学任教，直至 1952 年院系调整，从事过优生学、社会学、社会思想史等课程的教学和学术研究，历任社会学系主任、清华大学教务长、图书馆馆长、校务委员等职，为培养人才和清华大学的发展作出了重要贡献。

潘先生是中国优生学的重要奠基人，以"强国优种"为己任；他将自然科学的优生学原理应用到社会科学领域，而成为一位成就卓著的社会学家。潘先生还是一位有着深邃教育理念的教育家，他植根于优秀的中华文化传统，吸纳西方先进的现代教育思想，提出了以"位育"为核心，以通识教育和人格培养为主要内容的教育理念。他与清华梅贻琦校长共同完成的教育论文《大学一解》《工业化的前途与人才问题》产生了广泛而深远的影响。

潘光旦先生借鉴《中庸》"致中和，天地位焉，万物育焉"的思想，提出了"位育"的新概念。他指出，"位者"是"安其所也"，"育者"为"遂其生也"，教育就是"安所遂生""从每一个人的位育做起，而终于全人类的位育"。为此要注重知识的"中和"，学术的兼容并包，治学的融会贯通，使受教育者通过"自求、自得"，成为"健全、完整的人"，由此提高全民族的素养。潘先生的教育思想与当前提倡的素质教育和人本思想是相通的。

潘先生继承发展了清华会通的学术范式，提出"新人文史观"思想体系，对达尔文进化论做出创造性的诠释，正如他的学生，著名社会学家、人类学家费孝通先生所言："达尔文只阐明了'人类的由来'，而潘光旦先生则百尺竿头更进一步，着眼于'人类的演进'。他发挥了中国儒家的基本精神，利用现代科学知识改进遗传倾向和教育去培养日臻完善的人的身心素质。因之先生所提倡的优生学和社会学是一门包罗众多科学知识，融会贯通而成的综合性、完整性、实用性的通才之学，开辟了新人文史观的端倪。"潘光旦努力融自然科学、社会科学、人文学于一体，成为一位以会通求创新的大学问家。

潘先生治学严谨，在教学中广征博引，深入浅出。他认为各门学科有相通之处，主张理科学生要学点文科，文科学生要学点理科，做到"先博后约"。他努力营造自由讨论的学术氛围，允许学生对他的教学进行批评讨论，要求学生有独立的见解。他平易近人，真实坦诚，学生不论遇到什么问题，都愿意向潘先生敞开心扉，寻求帮助，学生们视他为良师益友。

潘先生酷爱读书买书，钻图书馆、逛书店是他最大乐趣，从而造就了他的博学多才。潘先生一生耕耘不止，著作涉及优生、人文、生物、家庭、民族等广泛领域。晚年身处逆境，依然拖着残疾之躯查阅、收集、整理少数民族文献，记有史料卡片5000余张。潘先生这种对国家、对民族文化遗产孜孜不倦的钻研精神是我们学习的榜样。

潘先生一生爱国，追求革命。早在清华求学时就积极参加五四运动，作为"清华学生代表团"成员负责起草各种文件和爱国活动的组织工作。他曾担任学生法庭检察长，为学生的民主权力而奔忙，深得学生拥护。在清华任教后，历任民盟中央委员、中央常委，积极参加反对日本法西斯和国民党反动统治的斗争。中华人民共和国成立后，曾担任清华民盟主委，投身新中国和新清华的建设。

今天，在纪念潘先生百年华诞时，我们要认真学习潘先生的教育思想、学术风范和一生追求爱国、进步、民主、科学的精神，使之成为清华师生宝贵的精神财富，推动世界一流大学的建设。

（收录时有所增删）

"娘家"人永远怀念季羡林先生

季羡林先生在清华只有短短四年求学时间,但季先生说:"在清华的四年生活,是我一生中最难忘、最愉快的四年。"他常称清华是自己的"娘家",对清华怀有深厚的感情。他一直关心清华的发展,特别是20世纪90年代以来,极其关心清华文科的恢复和建设。我主持过清华的文科工作,与季先生有过较多接触,多次受到他的教诲。在他住院期间,我每年都要去看望他,带上季先生格外看重的"娘家"信息和"娘家"人的问候。就在7月10日晚上,我和几位朋友谈及清华文科的发展以及清华学生文化素质教育时,谈起了季先生,并相约在教师节去看望季先生。想不到,第二天就传来季先生已经离去的噩耗,消息传开,清华的师生无不感到惋惜和痛心。季先生曾深情地说过:"清华园,永远占据着我的心灵。回忆起清华园,就像回忆我的母亲。没有清华,就没有我的今天,清华园毕竟是我的学术生涯起步之处,我虽然身不在清华,但心却从未离开那里。"的确,此时此刻我们清晰地感受到,季先生的心永远与我们在一起。

季先生对清华大学的发展寄予很高的期望,在清华90周年校庆时,他为清华学报撰写了《清华梦忆》一文,感情深挚,见解精辟。先生用"凝重深厚""清新俊逸"分别概括北大和清华的校格,并指出两校的校格"是能够、也是必须互相学习的。这样做是互补的,两利的"。同时,他还在《光明日报》发表《清新俊逸清华园》,对清华校格作了阐析,指出:"清新俊逸,这不仅仅指的是清华园的自然风光,而更重要的指的是清华精神。什么叫'清华精神'呢?我的理解就是:永葆青春,永远充满了生命活力,永远走向上的道路。"接着对清华恢复发展文科的努力给予热情赞许,并强调"建国不能没有科技;但是只有科技也还不够全面。科技必须辅之以与之并提的人文社会科学,在一些人的口中就是文科。二者相辅相成、互相促进,人类社会才能前进,人类文化才能发展。"并表示,"作为清华的老校友,我十分关心母校的发展,只要有可尽力之处,我一定会尽上我的绵薄。"

每次我们去看望季先生时,他都以惊人的记忆、风趣的语言给我们讲述老清华的故事，帮助我们了解清华特别是清华文科的历史，鼓励、指导我们汲取清华文科的有益经验。我们遇到难题需要请教时，季先生总是给予热情的帮助。在季先生身体允许时，清华文科方面有重要活动，他是每请必到，每到必有寓意深刻的发言，给恢复发展中的文科以鼓励。在历史系复建大会上，季先生说，在全国的历史学科一片衰颓的情况下，清华依然重建历史系，表现了一种远见卓识。他相信，清华的文科一定可以办得很好，并说："清华中文系就办得很好嘛！"季先生在近百人的会上这样鼓励当时还处在幼儿状态的中文系，令我们十分感动。季先生认为，清华中文系重视研究传统，走"三会通"的路子，前景一定是十分好的。

1995 年，依据"中西融会，综合创新"的精神，学校支持中文系和外文系合办"中外文化综合班"，精选苗子，培养中外会通型的基础型人才。由于没有前车，就邀请了季羡林先生和李赋宁、张岱年、乐黛云、陈平原等先生帮助定宗旨、订计划。先由张岂之先生提出草案，各位先生都提出许多有益的意见。据徐葆耕教授的回忆，季先生的发言给他的印象特别深刻。季先生说："我在北大当了多年的副校长，每年都要修订教学计划，照我自己受教育的体会，最重要的不是计划，而是真正给学生开出一些好的课程。我在清华外文系念了四年，收获不小，但给我以终身影响的两门课都不是外文系教学计划内的必修课：一门是陈寅恪先生的'佛经翻译'，一门是朱光潜先生的'文艺心理学'。陈先生的课让我下决心搞梵文；朱先生的课教给我如何写散文。培养人，关键是开出好的课程。"徐葆耕教授回忆说，季先生的教诲真是点石成金之言。这个班开办以后，谁来讲第一课？讨论来讨论去，只有季先生最合适，季先生慨然应允。那次课讲下来，学生十分兴奋，觉得从季先生身上找到了学习的样板和路子。后来，季先生两次与这个班的师生座谈，解答他们的问题，鼓励同学们在思想和学业方面努力上进。季先生还多次主动询问这个班的情况，关心同学们的成长，同学们深受感动，把季先生尊为"精神上的父亲"。

2002 年 5 月，在清华举办"促进人文教育与科学教育的融合高级研讨会"，已是耄耋之年的季先生应邀作了大会发言，他说，回到母校参加这个会感到非常高兴。过去他有过文理互补的想法，今天觉得还应该文理渗透，做到你中有我，我中有你。特别是要从人文社会科学方面体现中国特色，要特别注意加强人文素质教育。最后表示："清华是我的母校，只要找我来，招之必来，来之必讲。"对母校的诚挚之情，热切感人。同年 12 月，季先生决定将他"爬格子"积攒的稿费捐给母校设立"清华大学季羡林文化促进基金"，以支持母校的文化素质教育和文化建设，促进培养符合时代需要的中西融会、古今贯通、文理渗透的高素质人才。

季先生的学品与人品都受到普遍的敬重和赞誉。温家宝总理曾五次探望季先生，温总理的一席话对季先生做出了客观的评价。温总理对季先生说："您写的几本书，不仅是个人一生的写照，也是近百年来中国知识分子历程的反映。中国知识分子历经沧桑、艰难困苦，但爱国家、爱人民始终不渝，他们不懈奋斗，把自己的知识奉献社会、服务人民。您在最困难的时候，包括在'牛棚'挨整的时候，也没有丢掉自己的信仰。那时，您利用在传达室看大门的时间，翻译了280万字的梵文作品。这不仅是个人毅力决定的，也反映出中国知识分子对真理的追求，对国家充满信心。"温总理接着说，"真理和科学要求真实。您一生坎坷，敢说真话，直抒己见，这是值得人们学习的。"

季先生走了，安详、平静地走了。他不要"国宝"这样的桂冠，但是，他留给我们的真诚、良知、纯朴和睿智，是最为珍贵的无价之宝，我们永远珍惜季先生具有永恒价值的精神财富！我们会深刻体念季先生在《人生的意义与价值》一文中所说的话："在人类社会发展的长河中，我们每一代人都有自己的任务，而且是绝非可有可无的。"人生的意义与价值"就在于对人类发展的承上启下，承前启后的责任感"。我们要以高度的文化自觉，继承季先生未了的事业，为中华民族伟大复兴做好充分的准备，完成好自己的任务。

（发表于《清华人》2009年第4期；《光明日报》2009年7月22日，刊出时有所删节）

学习王力先生的治学精神,将语言学推向新高度

——在北大王力先生百年诞辰纪念会上的讲话
2000 年 8 月 14 日

王力先生是中国著名的语言学家和教育家,今天有这么多的专家学者参加他的百年诞辰,足见王力先生成就之巨大、影响之深远。我能代表王力先生的母校在这个隆重的纪念会上讲话,感到十分荣幸。

王力先生自幼打下了良好的国学和文学根基,他 26 岁进清华国学院,当时王国维、梁启超、陈寅恪、赵元任四位导师深厚的国学功底、对西方学术前沿的通晓、古今贯通中西融会的学术特色以及灵活的教学方法和严谨的治学态度,对王力产生了重要的影响。王力学习刻苦,勤于思考,敢于创新。他的毕业论文《中国古文法》,受到梁启超先生的高度称赞,在封面上给以"精思妙语,可为斯学辟一新途径"的评语;在论文眉批中有"所谓二特性真是开拓千古,推倒一时"的评语,这给王力莫大的鼓舞。从学术方向上给王力最大影响的则是赵元任,正是赵先生主讲的音韵学把王力引上了语言学研究之路。在赵先生的建议下,王力于 1928 年到巴黎专修语言学。在获巴黎大学文学博士之后,1932 年回到清华任专任讲师,讲授普通语言学、中国音韵学概要。1935—1936 年王力先生完成了《中国音韵学》《中国文法学初探》《中国文法学中的系词》等论著,对当时语法界深受西洋语法影响、多以汉语简单比附西方语法体系表示置疑,坚持从汉语自身特点出发,进行探索研究。1935 年王力先生被聘为清华大学教授。随后,在西南联大的艰苦岁月里又完成了《中国现代语法》《中国语法理论》,系统构建了新的汉语语法体系。这些成果和吕叔湘先生的《中国文法要略》、高名凯先生的《汉语语法论》一起构成了语法学史的重要里程碑。

王力先生后来在中山大学创办了中国第一个语言学系,又在岭南大学、北京大学汉语专业主持教学和科研工作,为培养语言学人才付出了辛勤劳动,早已是桃李满天下。同时,王力先生出版了专著 40 余种、论文近 200 篇,共约 1 000 万余字,可谓论著等身,而且多有创新之说,为中国语言学的发展作出了重大的贡献。王力又是诗律学家,对中国古代诗词的格律和语言特点有精到的研究。

他的学术成果、他的为人和治学态度，为我们留下了宝贵的精神财富。蒋南翔同志誉之为"教学和科研相结合的典范""是中国高等教育界的杰出代表"。

面对 21 世纪全球化、信息化、国际化的趋势，汉语言学面临着严峻的挑战和前所未有的机遇。清华大学成立了语言研究中心，希望能学习、继承和发扬王力先生的研究成果和治学精神，努力与北大、社科院及其他兄弟院校语言学界的同仁们一起，把王力先生所开创的事业不断推向新的高度，相信这能成为对王力先生最好的纪念。

永伴清华前行的人
——追思徐葆耕教授

葆耕教授的匆匆离去,使我失去了一位可以求教的老师,可以借助的同事和可以信赖的朋友。他是清华大学文科恢复与建设的开拓者,是学校文化建设的先行者,是清华园里一个充满激情、才华横溢的大才子。他的离去,是清华文科以至整个清华的重大损失。他对清华抱有深切的感情,正如他自己所说的,他已经与清华的历史化为一体,把自己的几乎是全部人生与清华紧紧相连。他在《清华颂》中,深情地歌颂清华母亲,在清华即将迎来百年华诞的时刻,他却离开母亲的怀抱而去,不能再施展他的睿智和才艺,也不能与清华人共度母亲百年华诞美好的时光,真是令人悲惜不已!

我和葆耕教授最初的共事是我在学校主管文科,他任中文系主任;后来我兼任人文社科学院院长,他兼任主管科研的副院长;当我兼任清华大学国家大学生文化素质教育基地主任时,他兼任副主任,继而又共同成为清华文化素质教育基地的顾问。彼此岗位相近,心息相通。

在恢复发展清华文科中,他与我都比较重视考察清华文科的历史,并有许多共识和默契。清华在历史上有很强的文科,所以清华文科的复建有一个重要特色,就是与清华文科传统的继承与发展密切关联。我依据清华文科的传统并受到首任清华思想文化研究所所长张岱年先生"文化综合创新论"的启迪,提出了"中西融会,古今贯通,文理渗透,综合创新"的办院宗旨,而葆耕教授对此的体认比我深刻,并且是这一理念最有力的传播者和实践者。

葆耕教授既注意继承传统,又勇于求新。他曾引用贺麟先生"旧中求新方为真新"的名言来表述文科复建与发展理念,他说:"'旧中求新方为真新'听起来观念很旧,其实符合辩证法。"在中文系的复建中,他不仅认真研习朱自清等老主任重视中西融会的学术范式,而且,受到王瑶等老学长提出的"清华学派"一说的启发,将弘扬清华传统灌注到工作之中。他在《清华学派:文化联姻的童话与现实》一文中,提出清华学派是中西文化联姻的"红娘",提到从国学院导师到冯友兰、闻一多、朱自清、金岳霖、钱锺书等一大批以中西会通为职志的优秀学者,在中西文化联姻的道路上显示出集团性优势。他说:"各种异质文化间的相互补充和相互发明是绝对必要与完全可能的。'清华学派'在这方面已经做了许多杰出的工作,在未来的世纪里,我们将继续他们的事业。"虽然学界对于"清华学派"未有充分的共识,但是,注重异质文化的会通的确是清华文科的一大学术传统,当年正是依托这种会通的理念,清华国学院和文学院才得以引领学术的潮流。而葆耕教授正是为继承与发展这一传统作了不懈的努力。他身为中文系主任,致力于开设"西方文学思潮与作品"课程,并极受欢迎,被评为校级最早的选修课程一类课之一,1994年获北京市教学优秀一等奖;他撰写的《西方文学:心灵的历史》《西方文学十五讲》受到兄弟学校的好评,被广泛采用,影响波及港台。同时,在他的推动下,中文系与外语系合办中外文化综合班的实践也是中西会通理念突出的事例。他还大力支持国际汉学研究所的工作,并通过对外汉语教学中心积极推进与北美大学汉语联合委员会合作开设高层次的国际汉语培训项目,为汉语言文化的影响走向世界,并且增强学院与中文系的经济实力作出了贡献。

葆耕教授曾说过,他花了13年的时间建设中文系,在此期间主要做了"两件事":办中文系和整理、研究清华的人文学术史构成了他生活中的两极。并认为,"它们是相互贯通、相辅相成的:我从清华前辈那里汲取精神力量和学术智慧,推动我从更高的视角上确定现在中文系的办系方针和思路;我又从现在中文系的办系实践中反观历史,从而对清华学术作出一些较新的价值判断"。他对清华学术史的研究不仅影响了中文系,而且,影响了整个清华学术史,进而超越清华,影响了人文学界。他在考察清华文科发展史的基础上,认识到清华历史上人文学科的成果是十分珍贵的宝藏,必须加以系统整理和研究,于是从1991年开始,他邀集了名师开展《清华文丛》的编辑出版。这使得清华文科的复建和清华学术史的梳理与重建,成为相互渗透、相互促进的两翼。这在全国高校中乃至世界人文学术史上,都是比较独特的事情。对此,葆耕教授做出了历史性的贡献。

葆耕教授认为,"会通"精神是老清华的文化特质,这不仅体现在中西文化的会通,也体现在古今、文理的会通,这种会通精神对新清华的文科复建乃至整个清华的学术发展和人才培养都是十分重要的。正是基于对清华会通精神的理解和崇尚,他积极推进中文系科技编辑双学位人才的培养工作,在出任中文系主任时提出"以文为主、文理结合"的办系方针,使中文系走上了具有鲜明特色的发展道路。在兼任传播系主任时,支持新媒体传播等跨学科方向。他认识到文理分家使我们未能走出"半个人的时代",不利于造就全面发展的人才,而且认为以往的大师出自中西古今会通,未来的大师将产生于文理会通。他依据会通的理念,积极推进跨学科、课内外统筹的文化素质教育实践:其作为主要负责人之一所推行的"统筹运作,相互渗透,提高大学生的人文与科学素养的研究与实践",获2001年国家级优秀教学成果二等奖。自1997年到2005年,清华曾经主持召开过5次高校文化素质教育高层研讨会,对高校文化素质教育发挥了引领作用,葆耕教授都参与了策划与组织工作,对清华,也对高校文化素质教育做出了积极的贡献。

葆耕教授热心于文化素质教育,基于他对"人文日新"的理解,他曾称"人文日新"是清华这个宝塔的基座,他说"人文日新""这四个字包含着清华对于大学教育的理解:'人文'始终是大学教育的灵魂和基础。日新月异的人文思想像一轮不落的太阳,在这所大学饱经忧患和坎坷的每一个时期,都照耀着它,让它始终保持着自己的尊严不致坠落;它让所有的清华人都记住,自己不仅应该学习一技之长,更应该学会怎样做一个有品位的人"。他还说,建设世界一流大学最重要的是靠走出校门的众多学生。清华20世纪90年代以来的毕业生将以何种面貌面对社会、面对世界?他们将给这所大学带来光荣还是耻辱?答案如果令我们不安,那么,人们就会回过头来追究思想人文教育的责任。正是基于这样的认识,他一直十分关注并支持文化素质教育工作,并在自己的教学中,身体力行,引导学生提升文化品位和人生境界,体现了他清醒的文化自觉和作为一个教师的高度责任感。

葆耕教授曾对老清华和新清华的人文教育进行了深入思考,认为:"老清华毕业生就其主体而言,人文素质的突出表现是认同'国家兴亡,匹夫有责'。他们中的许多人从清华毕业后又到欧美接受西方的自由主义教育,并在相当程度上认同自由主义价值观念。但是,出国前所受的教育以及心灵深处形成的爱国主义意识是不可泯灭的。因此,他们的自由主义理念前面还有'天下'二字。这个'天下'就是国家、民族、人类。这是中国的自由主义知识分子与西方自由主义者的不同之处。"他又谈道,"新中国成立以后,清华改建成了工科大学,人文专业被取消了,但重视人文的传统没有断线,只是改变了形态和内容。作为人文教育之核心的思想品德教育,通过课内、课外多种渠道引导学生又红又专,在思想、文化、艺术多方面生动活泼地发展。""五六十年代毕业的清华学生,就其主要部分而言,不仅在专业方面打下了扎实的基础,而且在思想、品德、待人接物方面都有相当良好的修养。我国改革开放二十几年来各方面所取得的惊人成绩，都同这一批五六十年代毕业的骨干分不开。这一代人所具有的坚强的政治理想和无私奉献的价值观念，可以说是前无古人的。"实际上，这正是葆耕教授对自身人生价值观和人生道路深刻的自白。

葆耕教授自幼就注意以天下为己任，13岁报名参加中国人民志愿军文工团，曾获准；高中毕业以第一志愿进入清华水利系，立志走遍祖国高山大河，成为一名风餐露宿的水利建设者；一年级入了党，高年级成为政治辅导员，毕业后成为一名政治课教师，后来又参加了校报编辑工作。虽然有过坎坷，但是，他的理想和价值观念一直未泯灭。特别是在改革开放以来，客观环境给予他更加广阔施展才干的空间，得以将对天下的责任同对学术的追求、育人的理念、创作的激情紧密结合在一起，无论是学术研究、教书育人或是文学创作都获得丰硕的成果。

葆耕教授是一位性情中人，人们常常受到他那充满诗意和激情的作品与言谈的感染；同时，生活又教会他善于进行理性的思考。他深情关注着社会和清华精神文化建设，提供了许多美妙而立意高远的作品。针对他所说的清华精神生活中形而上思维贫乏的弱点，在继《紫色清华》之后，在他生命的最后时光又撰写了《清华精神生态史》，将其奉献给清华百年华诞。我深信，他的理念和情感将同他的许多作品一起永远留在他深深眷恋着的清华精神家园，永远留在我们心中并影响着后人前行的道路，承继他未竟的事业！

（收入《永伴清华前行的人》，
人民日报出版社，2011年，5～9页）

学习孙殷望老师　继承他未了的事业

孙殷望老师比我早一年入清华，是我敬重的学长。他 1956 年考进清华电机系。毕业后，因工作需要"弃工从文"。先是与一批品学兼优的同学一起留校当政治课老师"在战斗中成长"，一边到北大听课，一边自学，一边教学。他们深入学生，与学生交朋友，做到理论联系实际，取得了良好的教学效果，后来大多成为清华文科建设的骨干。1971 年，他从政治课调到校机关做文秘和管理工作，在以后的 20 年里，写了百余万字的公文，在实践中积累了丰富的写作经验，成为校机关的写作高手，不仅出色完成了各种写作任务，而且还在校机关给职员开起了写作课。

1992 年，在张正权同志不幸因心脏病去世后，他被派到中文系接替正权老师出任中文系党支书兼副系主任，与后来的系主任徐葆耕搭档，一干就是 10 年，直到 2001 年退休，其间，从 1993 年年底人文社科学院成立到 1998 年年底，他还担任院党委副书记和书记，是我的好搭档。他为中文系和清华文科的发展作出了积极贡献。在中文系，他坚持"双肩挑"，根据提高学生写作能力的需要，以过硬的文秘基本功为基础，刻苦自学，为中文系、并面向全校开出了"应用写作"课。实际上，当时中文系很重视写作教学，系主任徐葆耕不仅开出面向全校的"西方文学"课程，获北京市教学优秀一等奖，而且带头开"基础写作"课。可惜的是，在他们两位退休后，中文系没有人开设面向全校的基础写作和应用写作课了。虽然格非老师开设了"文学名作与写作训练"，但是满足不了量大面广的基本写作教学需求。

今天我们来纪念孙殷望老师，第一点是要学习他服从并主动适应事业的需求。在服从事业需求中求发展是许多清华人的共同特点。孙殷望在留校后，工作多次变动，他都是服从需要，以高度的责任感，出色地做好每份工作，包括并非组织安排而是自感重要的工作。他为了开好应用写作课，自己购买了大量与写作相关的书籍，刻苦自学，认真备课，教学效果甚好。在我参加文化素质教育工作时，认识到学生普遍需要提高写作素养，一直在想怎样使殷望老师开拓的事业得以继承。在他病危我去探望时，向他提起此事，他就说，我有一批有关写作的书，还有一些教案，都可以交出来，供以后讲这门课的老师参考。当时他就嘱咐家属一定要帮助做好这件事。现在得到殷望老师家属的大力支持，将这批珍贵的资料捐赠给文化素质教育基地。在这里我要向殷望老师表示崇高的敬意，也向他的家属们表示深切的谢意！我们一定要好好珍存和利用这些资料，要努力想办法使孙殷望老师、徐葆耕老师等前辈所开拓的事业得到继承和发展。

第二点，我们要学习孙殷望同志做一个与师生贴心、具有亲和力和凝聚力的好老师、好党员、好干部。孙殷望同志在出任中文系书记时讲的一席话特别值得我们体味和践行。他说，做好工作一是"有颗公仆心"，要为群众服务，不能谋私利；二是"多点人情味"，要经常与群众在一起，将中文系建成温暖的大家庭；三是"弹好协奏曲"，党的工作要围绕中心工作的主旋律起好保障作用，做好党政协调配合；四是"提倡和为贵"，搞好党内、党外以及干群的团结。他后来说，这在中文系、人文社会科学学院工作中都收到比较好的效果。孙殷望同志既严于律己又宽以待人，心中经常想着他人，显示出很好的亲和力，突出体现了厚德载物的精神。上面他谈的这些指导思想对当时建设和谐的中文系，使得中文系能够迅速进入主流，并以自身的特色影响主流，对学院建设和谐班子，提高队伍凝聚力，都发挥了积极保障作用。我想，对当今仍然有参照意义。

第三点，就是他作为一个清华人对清华传统传承创新所体现的文化自觉，也很值得我们思考和学习。中文系赵丽明教授在她的"女书与非物质文化遗产"课程中，组织学生开展撰写《清华口述史》工作，学生对孙殷望老师进行了访谈。其中就有"笃学践行，弘扬清华精神"的内容，他特别对学生强调，做人，既要像校训讲的那样，要自强不息、奋斗不止，同时还要有宽广的胸怀，要善于和不同的人合作，还要有朱自清先生说的实干精神。继而他又结合清华的历史，强调要爱国奉献、追求卓越。字里行间体现了他对清华精神的深切崇敬和对青年学生的爱护与期望。

清华百年校庆前夕出版的《清华大学文科的恢复与发展》一书中，有一篇孙殷望老师的文章：《伴随崛起忆当年——在中文系工作十年的断想》，在文章的结尾处他引用了在人文社会科学学院建院10周年时所撰写的纪念文章中的一段话：

> 在建院之初和随后几年，院系领导班子中，多数成员是像我这样"土生土长"的"清华人"。我们比较熟悉清华的传统，比较适应清华的工作环

境，也各有自己的优势和长处。但我们这些人毕竟不是"科班"出身，毋庸讳言，学术功底不够深厚，对文科发展规律难以完全掌握，确实存在一定的局限性。近几年来，校领导花大力气从校外引进了一大批中青年优秀文科人才，其中不乏知名学者和后起之秀。现在其中的一些同志已进入院系领导班子，基本完成了新老交替。与前几年相比，院系领导班子和系所师资队伍的构成发生了较大变化，而且是可喜的变化。这一大批引进的人才，大都具有较深的学术功底和较强的发展潜力，又带来了原单位各有特色的传统，为我校文科发展注入了新的活力。这有利于在学科建设上博采众长，发挥综合优势。但是，同样毋庸讳言，这些同志由于初到清华，对清华的传统和作风，还有一个逐步熟悉、感受和适应的过程。因此我认为，对他们来说，如何深入了解和自觉传承清华所特有的优良传统，并尽快地融入其中就显得尤为迫切了。清华"自强不息，厚德载物"的校训、"行胜于言"的校风、"严谨、勤奋、求实、创新"的学风，以及"爱国奉献、追求卓越"的精神，体现了中华民族悠久历史文化的精髓，也造就了"清华人"的强大凝聚力。只有认真学习体验并身体力行这些优良传统和可贵精神，他们才能在清华充分施展自己的才华，发挥更大的作用。

他说这一段话是他的肺腑之言，他本身就是践行清华精神的典范，同时又寄希望于后来者能够体认清华精神。联想到习近平同志近年来一再强调实现中国梦必须坚持中国道路、弘扬中国精神、凝聚中国力量，并指出"抛弃传统、丢掉根本，就等于割断了自己的精神命脉"，现在，清华正在为实现"世界一流、中国特色、清华风格"的"清华梦"而努力，同样要弘扬中国精神和清华精神，要最大限度地凝聚各种力量。不仅仅是非清华土生土长的引进人才需要为此作出努力，就是土生土长的清华人，同样也有一个提升文化自觉，不断体认、弘扬和发展清华优秀传统的任务。我想做好这一点，将是对包括孙殷望老师在内的为清华文科建设和教育事业付出过心血的前辈们最好的纪念。

一个充满大爱之心的清华人

——痛悼王耀山同志

王耀山同志因意外事故突然离我们而去,使我们失去了一位好同志、好朋友。对他的离去,我们感到十分震惊和痛惜!借此机会我代表原党委书记贺美英和我本人向耀山同志的英灵表示敬意,向他的家人表示深切的慰问!

王耀山同志在清华水利系毕业留校后,遵循蒋南翔校长"热爱党、热爱社会主义,服从祖国需要"的要求,主动服从工作需要,长期任教政治经济学课程。他在任教过程中,清楚认识到中国如果不进行系统马克思主义理论教育,根基可能会被动摇,如果不对学生强化马克思主义教育,他们政治立场和信仰就可能动摇,就不能很好地为国家为人民服务。同时,他清楚地认识到,在高校当思想政治课老师,就必须坚定马克思主义立场。要让学生信,自己就要真信,如果嘴上说一套,干的另一套,学生也不会服气。为此,他一直与同志们一起认真钻研马克思主义理论和教育规律,把握中国国情,贴近学生思想实际,推进课程改革。王耀山同志是坚定的马克思主义者,是一位具有高度责任感的好教师。

改革开放后,王耀山同志亲历清华大学人文社会学科的恢复、发展与壮大,并长期肩负相关的党组织建设和行政管理工作。1978年,随着改革开放的步伐,清华恢复马克思主义教学,王耀山同志担任政治经济学教研组党支部书记和马列主义教研室党总支委员。1984年,清华大学成立社会科学系,王耀山同志先后担任系党委副书记、系党委书记。1993年清华大学成立人文社会科学学院,王耀山同志担任首届学院党委书记兼副院长,当时我兼任学院副院长,与他共事。王耀山同志在清华文科恢复与发展中发挥了开拓和保障作用。工作中他认真负责,联系群众,正直清廉,是一个胸怀坦荡、无私奉献的好干部,一个值得信任、容易合作的好搭档。

退休后的王耀山同志,深知共产党员思想政治上永远不能退休,他积极发挥余热。返聘授课、培养学生;长期担任清华大学关心下一代工作委员会委员、学院关心下一代工作小组副组长,他作为特邀党建组织员,热心学生党建工作,获北京教育系统关工委"关心下一代优秀特邀党建组织员"表彰。

王耀山同志还担任学院离退休工作领导小组副组长，热心为离退休同志服务。他本人热爱文化生活，曾在清华园老龄大学学习书法，行、草、隶、篆样样有追求，有收效。他还担任清华老年书画研究会副会长。他不仅用书画爱好陶冶情操、传播正能量，还多次组织社科学院文化养生书画沙龙和书画展，满足老同志精神文化需求，推进学院文化建设，在全校发挥了积极影响。他两度被评为清华大学"老有所为"先进个人。

王耀山同志热爱党、热爱社会主义教育事业、热爱清华。他是一个好党员，是一个以自己的言行体现着清华精神的优秀清华人。

王耀山同志为人阳光，作风正派，待人热情友善，乐于助人，周围的同志常常从他身上感受到正能量；他热心公益，关爱并资助贫困学生；在家里，他是一个有着高度责任感的关爱妻子的好丈夫，关爱孩子的好父亲、好爷爷，他是一个有着大爱精神、受人敬重的好人。

王耀山同志乐观友善的音容笑貌和自强不息积极向上的精神风貌将永远留在我们心间，我们将学习他的优秀品质，不忘初心，砥砺前行！

抖起精神继承范敬宜院长未了的事业

10月26日,王健华和我去北京医院探视范院长,看到他消瘦了许多,好生难受,心里默默为他祈祷!想不到才过去半个多月,他就匆匆离去了。在我心目中,范老师一直是个快乐的人,此时此地,我们要收起悲伤,抖起精神来学习范老师,继承范老师未了的事业。

我初识范老师是在2001年12月14日,在学校五人领导小组原则上通过聘请范敬宜同志为即将成立的新闻与传播学院首任院长后,陈希书记带着我和王健华去拜望范老师,当时的情景历历在目。一见面,都有一见如故、相见恨晚之感。在听取了我们关于建院的设想后,他说:自己从人民日报社的岗位上退下后,有一个夙愿,就是办新闻教育。他说,过去大学出来的新闻专业毕业生不好用,常常要"回炉"。从清华的地位和影响看,不能培养一般的新闻人,而是要培养主流媒体用得上的"高手",并表示如能参与这个过程,是自己的荣幸。这样,聘请院长的工作就算落定了,范老师开始参与学院的筹建工作。

范院长到任后,很快就推出了清晰的育人理念:"素质为本,实践为用,面向主流,培养高手",其基本内涵在我们拜访范老师时在他的谈话中就有了。后来,他在2002年学院介绍册子的"院长致辞"中,表述得更加充分。在此基础上,我与学院班子成员一起,将范院长的办院理念,归纳为上述16个字,得到院长的首肯。

范院长对于学院、对于清华的贡献是多方面的。他作为新闻教育家的教育理念、他的哲学思维、他的工作作风和高贵品格,为学院注入的可贵精神和气质,使年轻的学院呈现蓬勃的生机和活力,其影响远播学界和业界。

首先是他的高度责任感和对国家与人民深切的了解以及深深的热爱,温家宝总理关于《乡村八记》的信中提到新闻人最重要的品质,在范院长身上得到了最生动的体现。他身上映射着范仲淹的高贵品格,有着《岳阳楼记》所述的"不以物喜,不以己悲,居庙堂之高则忧其民,处江湖之远则忧其君"和"先天下之忧而忧,后天下之乐而乐"的风范,正如他自己说的,"《岳阳楼记》是我心中的灯"。为此,他能够"啮雪餐风曾经惯,粉身碎骨又何惜?看人间广厦万千间，腰甘折！"，无论环境、岗位如何变化，他这种"俯首甘为孺子牛"的精神始终不变；为此，他能够在最艰难的岁月坚持"一囊诗梦一囊书，锐气纵横未见输。""越陌度阡终不倦，人间何处非征途！"。其动力就是他的心始终与最底层民众联系在一起。他格外敬慕老新闻家穆青，特别体会穆青对他说过的话："千万不能忘了老百姓，要处处想到他们。只要永远和人民群众站在一起，心里就踏实，就有抵制各种错误东西的力量。"他的《文集》扉页只选了两张照片，一张是他在艰难岁月放声大笑的身影，一张是他下放时与最贫困村落的村民在所居破茅屋前的合影，表明了他永远乐观向上的品格和基层民众在他心底里的崇高位置，而两者是紧密相连的。正是他对人民的爱，所以升华了对新闻事业的爱，他到清华讲的第一堂课就是"如果有来生，还是当记者。"

范老师有着自觉的辩证唯物主义哲学思维，实事求是是他鲜明的品格。他有一句名言："离基层越近，离真理越近。"1986 年他在经济日报任总编辑时提出了新闻工作要"贴近实际，贴近生活，贴近群众"的原则，到了新闻教育第一线，他以对学生深深的热爱和爱护，依然坚持贴近学生、贴近实际、贴近生活，表示要"放下架子，先当学生，陪着他们一起成长，了解他们的现实思想状况，了解他们困惑的来源，然后结合自己几十年的新闻实践和人生经历，试着用他们能够接受的方式，对他们说点新鲜话"。这正是范老师的教学使学生受到深刻的启迪、受到学生发自内心欢迎的原因，使他成为学子心中亲切的"范爷爷"。同时，他特别重视实践教育，亲自落实学生去媒体进行专业实践。他还鼓励学生多了解历史、社会和国情，珍惜今天的生活，以高度的责任感去记录历史，反映现实。他引导同学们不能只看到眼前这一小块地方，要关注 960 万平方公里上发生的事情，还要有世界眼光；他坚持辩证地看问题，比如，可称为他的成名作、发表在《辽宁日报》的《分清主流与支流，莫把'开头'当'过头'》就是一篇深入实际又高瞻远瞩的好文章。在他出任院长后，仍笔耕不止，写了多篇充满哲理的好文章，如"非典"期间发表于《人民日报》的《最易往往是最难》，从修车摊旁市民关于"非典"促进了洗手习惯，联想到诺贝尔奖得主认为在幼儿园学到最重要的东西，从而得出"世间万物都是祸福相依，难易相成。最易往往是最难，反过来说，最难也可以转化为最易"的结论。在学院工作中，范院长也是引导我们要从实际出发，正确看待所取得的成绩和存在的问题，院班子成员要多看他人的优点，要有大局观念，要发展地看问题等。范老师的工作态度极其认真严谨。无论是讲话或是讲课，都逐字逐句地写讲稿，对于学生作业也是逐字逐句地批改，连标点符号都不放过。生动体现了清华"严谨，勤奋，求实，创新"的学风和"行胜于言"的校风。

同时，曾经身居高位的范老师待人接物总是那样谦和，他从来没有居高临下的气势，也没有颐指气使的作风，总是很好沟通商量。有时我们要与他谈工作，他一时过不来，就在他家附近的清香林茶楼见面，每次他总是早早等候在那里，谈完了就站在路旁挥手目送我们。

范院长是一位具有很强的亲和力、感染力和凝聚力的领导。能够与他共事是荣幸而愉快的事情，范院长也多次谈到在清华工作期间是他最愉快的经历。他到清华任教两年时曾作诗抒发自己的快乐："水木清华多异才，文章风骨续兰台，两年几席最堪忆，快事平生有几回。"在建院8周年的"院长手记"结尾处，他说："能够在垂暮之年，度过这样一段心情舒畅的校园生活，更是我一生最大的幸福。"他十分看重这段献身新闻教育的经历，在他生命的最后时刻对获得"中国新闻教育奖"非常高兴。受过"范爷爷"教泽的众多学子和同他共事过的同仁们都认为这是名至实归的褒奖。他十分珍惜从事新闻教育的实践，也十分爱护清华大学的新闻与传播学院，而且特别注意院风建设。在建院3周年时他说："一个国家要讲国风，一个学校要讲校风，一个家要讲家风，同样，一个学院要讲院风。""新闻与传播学院是一个温暖的家，一个充满着正气和亲情、充满着和谐和温馨的集体。在这里，领导和老师之间、老师之间、老师和同学之间、同学之间都非常平等、随和、亲切，这也正是学院三年来赖以迅速发展最重要的基础，也是在别的地方很难感受到的。"学院能做到这一点，最重要的是当家人"范爷爷"的博大胸襟、高风亮节和为人的谦恭、平和、务实。我们打心底里尊重他，受到他的熏陶和影响，他是我平生在身边遇到的最有人格魅力的领导者。

范老师是一个儒雅之士，有很高的艺术修养，他是诗、书、词、画大家，他在无锡国专的同窗、红学家冯其庸称他是"诗书画一体，情文韵三绝"，季羡林先生甚至以"四绝"称之，因为他还了解西方文化，"是古人难以望其项背的"。但范老师却谦逊地说，自己不是画家，不是书法家，更不是诗人，只是一个"老新闻工作者"，诗书画，"余事"而已。范老师的切身感受，使他十分赞同和重视钱学森先生所强调的"一个有科学创新能力的人，不但要有科学知识，还要有文化艺术修养"。他说："近十年来，不论是在报社工作，还是在学校讲课，我总是不厌其烦地宣传钱老的观点。我认为它不仅对科学研究人员有启发，而且适用于一切领域。因为需要'避免死心眼和机械唯物论，想问题能够更宽一点、活一点'的，绝不只是科学研究工作。"他还举了许多现实生活中"死心眼"的例子，强调要懂得"物艺相通"的道理。

范院长作为一位德艺双馨的文化人，特别重视文化建设。他呼吁要力戒浮躁，强调新闻要有文化，指出："新闻人本身就是文化人，……应该是有社会责任感、有学问、有道德、有能力的文化人。"他谈到一个学生写信给他，希望学院增加人文教学时说："水木清华留在我们记忆里的，不应该只是郁郁葱葱的校园和古老优雅的建筑，而应该是王国维、陈寅恪等前辈那样又深又广的知识海洋和文化积淀。"为此，他为全校新生开设了一门研讨课"新闻中的文化"。在2007年学院举办的毕业典礼上，范院长以"远离浮躁，追求文化"作为对毕业同学的赠言。同年，他在上海文化讲坛上说："希望年轻同志静下心来好好做点学问，把自己的文化功底打得牢牢的。"他还赋诗：

  生命之树长青，
  文脉之源永恒，
  文化品质是媒体的灵魂，
  文化复兴的希望寄托在你们一代的年轻人。
  我虽然老了，
  还想抖起精神和你们一起好好拼一拼！

我们应当提高文化自觉，打牢自己的文化功底，并在教育教学中努力提高学生的文化素质，提高学院和学校的文化品位。

范院长的思想和作风是我们永远要学习的宝贵财富，随着大家深入全面地梳理总结，他的影响力将会愈发显现。

这几天我常伫立在他为我题写的《岳阳楼记》面前，总觉得他没有离去，他不会离去，如同他的先辈范仲淹一样，他的精神、他的作品将永远留在史册和人们的心里，引导着、激励着后人前行。

（在2010年11月18日新闻与传播学院对范敬宜院长追思会上的发言；
收入范敬宜：《范敬宜文集　新闻教育文选》，
清华大学出版社，2011年，221～224页）

学习英若诚学长学贯中西的治学精神

——在英若诚演讲报告会暨赠书仪式上的讲话
2000 年 4 月 22 日

在此 89 周年校庆即将来临的大好春光里,作为清华大学校庆活动的一个组成部分,我们十分高兴地邀请到我们的老学长、享誉海内外的艺术家与中外文化交流的使者英若诚先生来演讲,并举行他的赠书仪式。在此我谨代表学校,也代表人文社会科学学院与校图书馆向英先生表示诚挚的欢迎与感谢!也向各位尊敬的来宾表示欢迎与感谢!

英若诚学长在戏剧舞台上、在中外文化交流中所取得的成就与作出的贡献一直被视为清华的光荣与骄傲,是我们用来激励一代代清华学子的优秀典范。最近我拜读了英先生《名剧译丛》的部分内容,在序言中充溢着英先生对我们民族文化深切的情感,对艺术与语言规律的深刻理解和不懈的探求。特别使人倍感亲切的是他谈到清华外文系的一个传统,就是通过排练外文戏剧锻炼学生的外语会话能力。英先生感到自己获益匪浅,还有曹禺、钱锺书、张骏祥、李健吾等前辈也有同感。他还提到,现在,有大批青年热心学习外文,渴望了解外部世界,这是非常可喜的现象,是我们民族即将腾飞的一个标志。出于对青年一代这种愿望的关心、支持与引导,他以中英文对照的形式翻译了一批世界名剧。今天,英先生亲自向母校赠书,这对我们年轻的清华人是一个生动的教育。我们不仅受益于英先生等前辈亲身实践过的治学方法,更要学习英先生这种深深的爱国情、事业心与责任感。

今天,清华大学正努力朝着综合性、研究型、开放式的世界一流大学目标前进。我们人文社会科学学院的师生肩负着振兴文科,使之重现辉煌,推动人文日新的任务。我想,这也是像英先生这样一批老学长所魂牵梦萦的事情。我们正面临前所未有的发展机遇,按照"中西融会,古今贯通,文理渗透,综合创新"的学术范式进行着认真的改革与建设。一个积极的尝试,便是前年开始试办的中外语言文化实验班。这个班的开办,正是受了像钱锺书、王佐良、曹禺、季羡林和英若诚等老学长学贯中西的治学精神的感召,为培养复合型高素质人才而采取的实际步骤。

千里之行,始于足下。为了实现光辉的目标,我们还有许多事情要做。让我们携起手来,发扬"自强不息,厚德载物"的光荣传统,去克服前进道路上的种种困难,共同创造我们文科新的辉煌!

努力开拓中国国际关系学科的新局面
——在薛谋洪教书育人研讨会上的讲话
2018 年 6 月 19 日

清华大学于 1995 年确立了建设综合性、研究型、开放式世界一流大学的模式，在制定 1996—2000 年"九五"文科发展规划时，明确了要推进国际问题研究和交流合作上水平、上层次、上台阶。基于这样的理念，于 1997 年 1 月成立了国际问题研究所，聘任著名学者、外交家薛谋洪出任首任所长，聘请陈硕、李润海任副所长。当时，薛谋洪发挥了出思想、出战略和吸引整合校内外资源的作用，特别是利用他作为外交家的影响力与学者的风度以及教书育人的热情，对清华大学国际关系学科建设和人才培养发挥了重要的奠基作用。今天，清华大学国际关系、清华大学当代国际关系研究院已确立了在国内外的显著影响力，我们不能忘记这位奠基人。设立薛谋洪教育基金是对他最好的纪念，十分感谢薛谋洪教育基金的筹资、出资人！也十分感谢在清华大学国际关系学科初创时期曾给予大力支持的朋友们！

日前，在清华大学外事工作会议上，邱勇校长指出：清华进入新百年以来，实施了两个重要战略：一个是人才强校战略；一个是全球战略。实施全球战略的核心目的是不断提升国际化办学能力，全面提升学校办学质量和全球影响力。面对国家发展战略需求和高等教育的重大变革与机遇，我们要以更高的标准推进全球战略达到新高度。为此我们要积极统筹海内外布局，拓展优质国际化办学资源，构建科研教育全球伙伴体系和基地。这为国际关系学科的发展提供了前所未有的新机遇，也是新挑战。

今后，我们要继承发展清华文科的优良传统：一是自觉的家国情怀与世界眼光；二是会通的理路；三是理论密切联系实际的学风。努力为中华民族伟大复兴和人类命运共同体的进步服务；努力遵循"中西融会，古今贯通，文理渗透，综合创新"的学术范式，特别是发挥以往在国际问题的科学分析和定量研究方面的优势，为国际问题研究的科学化作出更多的贡献；努力在解决中国和世界的重大课题中升华理论，提升学科影响力，培养具有全球胜任力的拔尖创新人才，出专业领军人才和国际问题大师，发挥与中国地位、清华目标相适应的积极的引领作用。

在以往的发展进程中，国内外的朋友给予我们不可或缺的支持，在未来的征途上，我们仍然离不开朋友们的宝贵支持。让我们进一步携起手来，共同开拓中国国际关系学科的新局面！

大力推进中国优秀传统文化的研究与传播
——深切怀念钱逊先生

与钱逊先生的共事始于1991年我出任清华大学党委副书记时接受了联系"两课"教学的任务,而他时任清华大学思想文化研究所主持教学工作的副所长。改革开放之初,他就担任文史教研组主任,负责全校文史课程教学。到了90年代初,清华大学的"两课"除马克思主义理论课,还有包括"历史与文化"等四个课组。所以,我与他就有了较多的接触。1985年钱逊先生还参与筹建思想文化研究所并推进中国思想文化研究,这些对清华文科的恢复建设均具有奠基意义。1993年人文社科学院成立时我兼任副院长,我在1996年开始协助校长、书记主持清华文科工作并兼任人文社科学院院长,钱逊先生任思想文化研究所所长。在我面前,他是一位令人敬重的前辈。钱逊先生给予我深刻印象和积极影响的是两件事:一件是他对研究与传播中国古代优秀思想文化高度的文化自觉与深刻理解;一件是对恢复发展清华文科基础学科的重视和独到的见解,这两件事均使我受益匪浅。

钱逊是著名历史学家钱穆的公子,记得钱逊离世时,在八宝山告别大厅外挂有挽联:"传论语训钱学独为至亲尊师,继父志弘正道难得真儒直士。"表明了钱逊继承父业的志向以及产生的积极影响。钱穆先生在西南联大任教时,为强化国民和军士卫国抗日的信心而作的《国史大纲》曾经产生过重要的影响,而钱逊正是抱有其父所倡导的对中国历史文化应该带有的"温情与敬意",而长期进行中国思想文化的研究与教学工作,亦卓有成效。特别是,他明确提出要"推动马克思主义与中华优秀传统文化相结合",把握了当代开展中华优秀传统文化研究与传播的正确方向。他既强调"悠久的传统文化培育了中华民族的民族精神,演绎了我们数千年的历史,是中华民族生存、发展的根与魂,是我们民族数千年发展的动力,也是当今和今后发展的根本和基础。只有在延续传统文化血脉的基础上开拓创新,才能实现民族伟大复兴、铸就灿烂辉煌的新时代。"又指出"马克思主义已经成为中国历史、文化中一个不可分的重要部分。从马克思主义传入中国的第一天起,马克思主义和中华传统文化的关系,就成为无法回避的问题。在我们迎接民族伟大复兴的今天,解决好这个问题的责任,历史地落在了我们这一代的身上。""马克思主义唯物史观和辩证法关于普遍和特殊、共性和个性的思想,是正确认识儒学和传统文化自身,进行创造性转化和创新性发展的基本思想方法。学习马克思主义的基本观点和方法,中华传统文化才能实现适应时代要求的发展。""高举马克思主义和中华文化相结合的旗帜,走马克思主义与中华优秀传统文化相结合的道路,建设有中国特色社会主义新文化,这就是我们的结论。"钱逊先生有这样的见解,与他毕业于清华大学历史系,又就读于中国人民大学马列主义研究班,继而在清华大学马列主义基础教研组、哲学教研组任教,后转攻中国思想史,特别是先秦儒学、中国古代人生哲学的经历不无关联。当然,与他勤于学习,深入思考,理实合一,持续实践修身、治学、传道相结合分不开。他认为儒学的精华在于做人之道,修身是一切的根本,他十分关注年轻人道德修养的涵养,他特别推荐国学入门的经典《论语》。退休之后,他仍然竭力向社会特别是青年学生宣讲《论语》的精髓与当代意义。习近平同志在今年考察清华大学时,提出"教师要成为大先生,做学生为学、为事、为人的示范",钱逊正是一个心怀"国之大者""大先生"的典范。

钱逊先生是清华大学文科恢复建设的先行者,不仅是中国文史教学的带头人,而且是思想文化研究的开拓者。在上世纪90年代,清华加大文科恢复建设步伐时,他出于高度的责任感,向学校和人文社科学院提出了许多有益的意见和建议。例如,1994年7月,他曾经就学院的工作给我递送了一份意见书。指出,学院的多数领导需要加快从系到院的转变,要有全局观念,要拓宽眼界。他指明了新成立学院面临的一个实际问题,当时我也在院务会上强调过,学院领导不能为所在系所争利益;他建议学院要从管理转向服务。院机关要当好服务员,以形成好的院风;针对新建学院事务繁杂,他提醒学院要把注意力集中到学科建设上来;最后,他还就提高工作效率发表了意见。这些意见很有针对性,对我主持学院日常工作是很有助益的。1995年10月,他曾经就清华文科的学科规划向王大中校长写过建议书,提出学科发展要重点考虑三方面问题,一是国家建设急需人才的短线专业;二是学术发展的前沿;三是学校现在有一定优势,有可能较快发展的专业。进而他建议着重从社会需要和学术发展出发,加强对中国文化的研究。指出建设中国特色的社会主义文化,关键问题之一就是要正确处理中国传统文化与马克思主义的关系,在马克思主义指导下批判地继承优秀传统文化,实现马克思主义与中国传统文化的结合;21世纪人才素质的提高，文化素质也是极重要的一个方面，如何使青年一代对中国传统文化有丰富的知识和正确的了解，是学校教育面临的重要课题。他还强调，从世界范围来说，文化问题，尤其是东方文化的研究，也越来越受到重视。西方社会日益严重的精神道德危机和生态危机，使许多人把眼光转向东方，而现代自然科学的发展也进一步使人们发现东方哲学、中国哲学的价值。可以预期，对于东方文化特别是中国文化的研究，在 21 世纪会有一个大发展，并且会取得重大突破，对我国的社会主义建设以至整个人文学术的发展产生巨大的影响。最后他提出了可以采取的措施：1. 加强中国文化研究中心建议；2. 加强中国文化研究和学科建设；3. 中国文化的研究和学科建设要与马克思主义理论教育的学科建设相互协作促进。应该说，钱逊先生的见解和意见是带有时代性、前瞻性又具现实意义的。

有关加强文化素质教育，特别是植根于中国优秀传统文化的工作，1995 年在清华大学开始强化探索了，并在全国发挥了一定的引领作用。由于当时学校综合性建设的工作重点在理科，文科的学科建设尚处在调研阶段，钱逊先生关于加强中国文化学科建设的意见未能得到及时而充分的研究和落实，只是寄希望于思想文化研究所的工作和相关学位点的建设。2002 年大学文化研究与发展中心在清华成立，使得中国传统文化研究有所推进，而 2009 年，国学研究院的复建则为中国传统文化研究提供了高端平台。但是，钱逊先生当年的意见今天仍然具有参照价值。在马克思主义指导下，大力推进中国优秀传统文化的研究与传播工作，是对钱先生最好的纪念。

"面对中国社会现实的真问题"

——在李强追思会发言

（2024年1月13日）

李强离开我们已经一个月了，在这一个月里，他的音容笑貌经常浮现在眼前，与他共事的点点滴滴令人难忘。

1998年，在清华大学领导班子务虚会上，大家就建立一流文科达成高度共识，并为引进优秀高端人才开启绿灯，作为中国社会学重要领军人物的李强就进入我们的视野。我当时是校党委副书记兼人文社科学院院长，协助校长书记主持学校文科恢复发展工作。第一次与李强接触，他的务实、谦和、诚恳的态度，就给我留下深刻印象，认为他如果能够加盟清华，不仅是发展文科的一位重要学术带头人，而且也会是一位有组织能力与凝聚力的管理干部。我不会忘记1999年3月与学院主管队伍建设的李树勤去人民大学面见李强的情况，更不会忘记1999年9月，在人民大会堂召开首都教师节座谈会，会议主持人陈至立部长请全国模范教师代表人民大学李强教授讲话。李强是以首席代表身份坐在李岚清副总理右边的，席间他与岚清同志谈的都是清华的事情，他说清华在历史上有很强的文科，52年院系调整，文科教师都调到兄弟院校去了，现在清华决定复建文科，决心很大，也需要兄弟院校的支持，自己已经决定调清华工作，希望国家能够支持清华建设文科，包括给予设置博士点以特殊政策等，我在现场听了很受感动。可以理解的是人大领导也十分惜才，公开对清华"挖人"表示不满，使得清华校长王大中对李强的引进方式相当谨慎，后来听说李强曾经为移师清华在学界多方听取意见，得到普遍的赞同，李强便自停了人大薪金来清华上班了，这使我和李树勤受到莫大的鼓舞。同时，我们还是要感谢人大为国家培养了李强这样的优秀人才并最终同意放人。李强来到清华后，我们给他充分授权重建社会学学科，2000年社会学系复建，他任系主任兼中国研究中心主任，提出了"面对中国社会现实的真问题"为宗旨，很快打开了中国社会学的一片新天地！开始时，没有社会学的学位点，在王大中校长的支持下，他与建筑规划的领军者吴良镛院士携手开展培养城市规划社会学领域的博士，清华大学社会学系对外招博士的时候，公开注明"社会学（城市规划方向）"，为接续发展清华会通的学术范式进行了积极的实践；接着，为了立足中国大地写论文，为解决社会的真问题献计献策，李强又很好地继承发展了清华老社会学的以实证见长的好传统，组织师生开展田野调查和参与式考察，特别是以极大的热情启动了"新清河实验"，在他生命的最后数月，他还在指导学生完善这一实验，甚至到了弥留时刻，昏迷中的他似乎依然在用手指不停地敲打着键盘！李强和他的团队所开拓的工作为中国社会学的发展作出了历史性的贡献，产生了广泛的影响。正如一位外国学者悼文所说：李强是"拥有能够展望中国之未来的睿智和慧眼的社会学家"，他的离去，不仅是中国社会学界的重大损失，也是国际社会学界的一大损失！同时，他到清华不久，就参与了学校文科规划和建设工作，他的离世也是清华乃至国家文科的重大损失！当李强加盟清华后，我们就让他参与到文科整体的恢复发展工作中来。我不会忘记 2000 年与他以及另外两位骨干赴美进行李伯重所称的"累死人的考察"和讨论清华文科发展道路的日日夜夜。在那次考察中，我和他每天在路上、在就寝前都要整理考察报告，把考察要点和我们的认识，形成文字由他输入笔记本电脑，我发现彼此有着许多共识，比如，清华既要向国外一流大学学习，但是不能照搬，既不能办成 MIT，也不能变成斯坦福，既不能办成另一个北大，也不会是另一个人大，要汲取众长，走自己的路；这次对外考察，也是我代表学校对未来人文社会科学学院院长的考察，考察回校不久学校就任命他出任人文社科学院的常务副院长，吸收他参加每年只有院处正职才参加的暑期干部会。2003 年，人文社科学院换届，就由他接替我出任院长。我不会忘记在文南楼"人文日新"影壁前我俩紧紧握手交接人文社科学院激动人心的场景。我对他说，清华文科历史上有过辉煌，我们今天是"旧邦新命"，要好好继承传统，又要重视修身养性、革故鼎新，创造清华文科新的辉煌。他说，我不会辜负学校的信任和历史的嘱托。实践表明他没有辜负这样的托付，为清华文科整体建设作出了重要贡献，他是清华文科首批资深教授，是清华重大贡献奖获得者。

  李强面对中国社会现实的真问题所持的历史唯物主义态度和高度的社会责任感为我们树立了榜样，他对中国社会学的开拓性杰出功绩和对清华文科恢复发展的重大贡献将载入史册，他作为大先生所具有的为人、为学、为事的优秀品格将为同仁师生所铭记和学习。

  李强，天有阴阳圆缺，人有悲欢离合，希望在天国你再无病痛，期望有朝一日在那里我们能够再次握手交心！切望大家注重健康，共同完成好李强未了的事业！切望李强家属节哀顺变，多加保重！

融合中西文化之长　建设中华民族新文化

——在严复诞辰150周年纪念大会暨学术研讨会上的讲话
2004年2月8日

今天出席这样一个盛会，纪念近代著名爱国思想家、教育家、翻译家严复先生诞辰150周年，感到十分荣幸。我谨代表清华大学，对此次纪念与研讨活动表示诚挚的祝贺！

150年前严复先生诞生之时，中国大门已被西方列强的坚船利炮所打开，中国正由闻名世界的强国迅速沦为半殖民地弱国，政治上不能独立，领土主权完整受到严重侵害，经济社会无法发展，国家面临灭亡的危险。面对近代列强的侵略和西方文明的冲击所造成的民族危机，严复先生围绕两个重大问题积极开展理论与实践的探索：一是在中西大通、剧烈竞争的时代，中华民族何以"立国"，即如何在新的形势下，建设一个近代化的强国，使中华民族重新雄立于世界民族之林；二是在中华民族固有的文化传统和外来的西方异质文化的紧张对立和相互激荡中，如何在融合中西文化之长的基础上，建设中华民族的新文化。他先后发表《论世变之亟》《原强》《救亡决论》等一系列政论文章，抨击封建专制，主张师夷之长，突出传播"物竞天择，适者生存"的理念，提倡鼓民力、开民智、新民德、自强自立，为救亡图存而奔波；同时，严复翻译出版的《天演论》《群己权界论》《群学肄言》《社会通诠》《法意》《原富》《穆勒名学》《名学浅说》"八大名著"，大都围绕上述重大问题展开，是近代结合中国国情，系统引进西方近代哲学、政治学、社会学、经济学、法学、名学（逻辑学）等学说的第一人，对于促进中国从传统的"四部"（经、史、子、集）之学向新式的近代学科体系的转化，做出了不可磨灭的贡献；严复作为著名的社会活动家，在政治、经济、文化、教育、国防和社会传播活动中，对当时民族的复兴活动和社会变革的进程产生了重要的影响。毛泽东称赞严复"为了使国家复兴，不惜艰苦奋斗，寻找革命真理"，是"代表了中国共产党出世以前向西方寻找真理的一派人物"。正是由于像严复这样的一代代先贤的不懈努力和奋斗，中国才能够几经危难而终不亡，重新崛起于世界舞台，成为有重要影响的大国。

我们今天来纪念严复，最好的办法是充分肯定严复在当时作出的伟大贡献，深入研究严复所写、所译的名章巨著和活跃的社会活动，认真学习严复的爱国精神、开放的视野和科学的方法。长期以来，清华大学有着研究严复思想与生平的学术传统。从20世纪二三十年代开始，历史系的张荫麟先生，哲学系的贺麟先生、冯友兰先生，社会学系的潘光旦先生，政治学系的萧公权先生等，都曾从不同的角度，对严复的思想进行过研究，高度评价严复在沟通中外文化、促进中国文化建设方面所作出的突出贡献。他们培养出的一批著名学者，也对严复研究多有建树。在改革开放以后，清华大学重新恢复和发展人文社会科学学科，历史、哲学、中文、政治、外语等有关系所的教师继承和发扬清华"中西融会，古今贯通"的学术传统，组织和培植学术力量，对严复思想进行专题研究，取得了一些成果。今后，我们计划进一步整合校内研究队伍，组织力量对严复思想进行多学科攻关，近期首先准备对严译名著进行系统研读、注释、与原文进行对照等，以期从基础文献的研析入手，更好地理解和把握严复的思想，并以此为突破口，来探讨近代中外文化的互动和中国文化建设的基本走向。我们希望，在今后的研究中，继续得到各位的支持与合作。

在21世纪的今天，世界文化更趋多元多样，中外文化的碰撞与交融进一步加强。正如江泽民书记在中国共产党第十六次全国代表大会上的报告中所指出的："当今世界，文化与经济和政治相互交融，在综合国力竞争中的地位和作用越来越突出。文化的力量，深深熔铸在民族的生命力、创造力和凝聚力之中。"尽管当今的中国与严复时代的中国相比已有天壤之别，但是，在民族复兴的伟大历史使命面前，我们依然有着在融合中西文化之长的基础上，建设中华民族新文化的任务。最近，胡锦涛主席出访法国和非洲四国期间及温家宝总理访问美国在哈佛大学发表演讲时，都曾反复强调不同文明的对话和沟通、不同文化的借鉴和融合，对于增进中外人民相互了解、促进人类社会的和谐与进步有着重要意义。对照这些讲话的精神，重新审视严复先生留给我们的宝贵精神财富，在全球化浪潮日益汹涌的今天，不仅有助于我们在实现中华民族的伟大复兴过程中正确把握和应对这一浪潮，同时对中国当前正在进行的民族文化建设也有重要参考价值。也正因为如此，我们希望通过各界的合作与努力，把严复研究不断推向深入。从这个意义上讲，这次研讨会将是一次有重要理论与实际价值的活动，预祝大会圆满成功！

高举中国自立自强的鲜明旗帜

——在陈映真作品报告会上的讲话
2018 年 11 月 29 日

陈映真先生是台湾同胞的优秀代表,著名的作家和文学理论家,台湾爱国统一阵营的领袖人物,他在海峡两岸受到广泛的敬重。去年面世的《清华大学荐读书目》(下称《书目》)选择了《陈映真文选》作为台湾地区的代表作品向读者推荐,因为从他的作品中可以了解真实的台湾。这个《书目》由我担任主编,在推荐陈映真作为台湾作家代表时,我与汪晖教授、中文系王中忱教授等有着高度的共识。

陈映真于 1959 年以第一篇小说《面摊》进入文坛,并在 20 世纪 60 年代后半期开始评论写作。无论是小说或是评论,陈映真都反对与实际生活、实际问题脱节,反对做西方的文化附庸,反对形形色色的分离主义,他还致力于关怀弱势群体与维护公平正义的社会运动。他敬重鲁迅,关注民生。1968 年,国民党当局以"组织聚读马列共产主义、鲁迅等左翼书册及为共产党宣传等罪名"逮捕陈映真并判处 10 年徒刑。1975 年,因蒋介石去世特赦出狱。他在台湾乡土文学论战中发表《建立民族文学的风格》《文学来自社会反映社会》等。他是一位有强烈社会责任感的作家,他从鲁迅、巴金、老舍、茅盾等文坛巨匠的作品中获取力量,又从《共产党宣言》《马列选集》和毛泽东著作中认识解决社会问题的道路和方向,决心用文学作品唤醒良知,思考回应社会问题。他说:"文学为的是使丧志的人重新燃起希望,使受凌辱的人找回尊严,使悲伤的人得着安慰,使沮丧的人恢复勇气。"他认为,"关心民众的疾苦与自己民族的独立与自由,是几千年来中国知识分子重要的传统操守之一。这一代在台湾地区的中国作家,谦虚地、严肃地秉承了这个传统。他们相信,中国的文学,和世界上一切伟大的文学一样,侍奉于人的自由,以及以这自由的人为基础而建设起来的合理、幸福的世界。因此,中国的新文学,首先要给予举凡失丧的、被侮辱的、被踏践的、被忽视的人们以温暖的安慰;以奋斗的勇气;以希望的勇气;以再起的信心。中国的新文学,也要鼓舞一切的中国人,真诚地团结起来,为我们自己的国家的独立、民族的自由，努力奋斗。"正是出于对人特别是弱势群体的关注，出于对国家独立、民族自由的关注，陈映真于1985年创办《人间》杂志，1989年7月成立人间出版社。他的确如王中忱教授所说"是属于自觉接续鲁迅传统的思想者型的文学家"。

  陈映真深爱着祖国，是一位虔诚的爱国者，他说："我为自己是生于台湾的一个中国人而骄傲。"他反对"文学台独"，奔走于海峡两岸，倾心于祖国统一大业。1988年，成立"中国统一联盟"并担任首届主席。他强调"台湾文学是中国文学的一个组成部分"，批判日本军国主义有意阻断台湾地区与祖国的文脉联系和美国出于霸权利益造成两岸的分割，强调台湾文学的中国反殖民意义和与大陆的血脉相连，他热情地点赞"在台湾的中国新文学上，高高地举起了中国的、民族主义的、自立自强的鲜明旗帜"的作家们，主张"在台湾的新一代中国作家，要以自己民族的语言和形式，在台湾这块中国的土地上，描写他们每日所见所感的现实生活中的中国同胞、中国的风土，并且批判外国的经济和文化之支配性的影响，唤起中国的、民族主义的、自立自强的精神是断然不假手别人的批准和认可的"。2010年，陈映真加入中国作家协会并当选名誉副主席。

  2016年11月，陈映真离世，在望着他那渐渐远去的背影时，应该学习陈先生将自己的命运与最广大的民众联系在一起，继承和弘扬陈先生曾经为之奉献的中国文化认同，为推进中国统一大业肩负起应有的责任。这应该是我们今天对陈映真先生最好的纪念。

在冯钟璞先生 80 寿辰宗璞文学创作 60 年座谈会上的致辞

2007 年 11 月 2 日

宗璞（原名冯钟璞）先生是中国著名的文学家，从 1948 年在《大公报》发表处女作《A. K. C》算起，在中国的当代文坛辛勤耕耘了一个甲子，为广大读者奉献出了大量优秀的小说、散文、童话、诗歌。从她获得全国首届优秀中篇小说奖、全国首届优秀短篇小说奖、全国首届优秀散文奖、全国首届优秀儿童文学奖、第六届茅盾文学奖等众多的奖项可以看出，她在各种文学题材的创作中取得了多么大的成就，产生了多么大的影响，赢得了多么高的声誉！

宗璞先生在一篇谈创作的文章中说过，"我自己在写作时遵循两个字，'诚'和'雅'"。综观宗璞先生的一生，我们觉得她的为文和为人确实像古人所说的"文如其人"，是相通相合的，这相通相合之处，正可以用"诚"和"雅"这两个字来概括。我想，凡是熟悉宗璞先生的文和人的人，都会有这样的感受。

宗璞先生与清华大学有着悠久的关系和深厚的感情。说到这一点，那就不止于她一人，而是两代人的关系，两代人的感情。

1928 年 8 月，宗璞先生的尊父冯友兰先生应罗家伦校长之邀到清华大学任哲学系教授兼校秘书长，随后长时间担任哲学系主任、文学院院长，在 1948 年底被推举为校务会议临时主席主持校务，冯友兰先生在清华前后长达 20 余年。宗璞先生在一篇文章中回忆说："清华文学院是一座极有特色的文科学府，至今为学者们所怀念。父亲曾说，他一生最幸福的时光就是在清华的那一段日子。"正因如此，在 1993 年清华大学人文社会科学学院成立大会上，宗璞先生致辞表示，遵照先父的遗愿，将冯先生的藏书捐赠给清华大学，这就是今天清华大学图书馆人文分馆所专设的"冯友兰文库"。人文分馆中还设立了冯友兰先生的铜像，供后学永远瞻仰和缅怀。

冯友兰先生到清华工作时，宗璞先生年方两个月，是一个襁褓中的婴儿，她是在美丽的清华园中长大的。1948 年，她又从南开大学外文系转入清华大学外文系，成为清华大学的一名学子。就像用《湖光塔影》《我爱燕园》等散文讴歌生活了半个多世纪的燕园一样，宗璞先生也用深情的如诗般的文笔写下散文《那青草覆盖的地方》，回忆度过了她童年、少年和大学时光的清华园；又写下《那祥云缭绕的地方》，回忆她从儿时到大学曾经在那里盘桓和接受熏陶的清华图书馆。她在散文中说："那青草覆盖的地方，藏着一段历史和我一生中最美好的记忆""那青草覆盖的地方，虽然现在草也不很绿，我还是感觉到暖意。这暖意是从逝去了而深印在这片土地上的岁月来的，是从父母的根上来的，是从弥漫在水木清华间的一种文化精神的滋养和荫庇来的。"字里行间潺潺流动的对母校的感念、对亲人和故旧的缅怀、对青春的追忆、对生命的感慨，让人深深为之感动。

光阴如水，年华易逝，宗璞先生已经 80 初度了。但我们欣慰地看到，经历了人生的许多磨难的宗璞先生，依然那样温婉韶秀，神朗气清。我们知道，她还有庞大的写作计划等待完成，她还有许多心愿要去实现。我们衷心地祝福宗璞先生身笔双健，青春永驻！

"芳林新叶催陈叶，流水前波让后波"

——在2003年人文社会科学学院换届会上的讲话
2003年7月10日

十分感谢陈希书记代表学校参加今天的换届会议，并对我校文科和人文社科学院的发展给予的肯定，包括对我本人讲了许多肯定的话。我一直认为，在谈到清华文科包括我们学院的发展时，很难说个人有多大功劳，自己只是学校与学院班子中的一员，个人的作用是有限的。清华文科和学院建设取得的成绩，是整个学校和学院历届领导班子带领大家共同努力的结果。

今天，我想借此机会，向对我的工作给予理解和支持的学校领导班子与全院师生员工、包括已经离退休的同志们表示深深的感谢！向学院历届党政班子的成员表示深深的感谢！

今天正式换届了，对我来说，既是平常又是不平常的时刻。早在两年多前，我就开始部署和推动换届工作。我在学院主要负责人的岗位上，已工作了近十年了，担任院长也有七年了。而且，从年龄看，也应交班了。所以，这次换届，的的确确是十分平常的事情。但是，最近这一段，我的心情却是不平静的，有时一早醒来，清华文科不平常的发展历程，如同电影似的一幕幕呈现在眼前。这些场景，既有令人感到鼓舞、温馨的，也有种种挥之不去的遗憾。特别是，由于能力与境界的局限，未能更早地确立一流的发展目标，出现了发展前期的徘徊或进展迟缓。即使在后期，在整体获得长足发展的情况下，对于某些事关大局的领域，如马克思主义理论和思想政治学科以及"两课"队伍建设也未能找到更加有效的办法使之扩大全国领先的优势。同时，我一直有一个梦，就是在我离职之前，使大家的工作条件得以较大的改善，但是时至今日仍未梦想成真。好在学校已作出决定，把新斋交给我们学院使用，我希望大家在公用房的调配上，给新班子以必要的理解、支持和配合，这毕竟是学校在现实条件下对学院的关心，是件好事，我们要把好事做好。

有同志引用毛泽东诗句"待到山花烂漫时，她在丛中笑"来形容我此时的心境，细想起来，这并不全面。因为，我不仅仅对已有成就的欢欣，还有反思和遗憾,以及对未来的殷切期望和继续奋斗的责任。

在刚刚过去的抗击"非典"期间,我应邀为学生作有关清华精神的讲座。我曾谈到从1957年考入清华到今年是46年,正好是清华校龄的一半。对于我来说,几乎是整个人生了,或者说是人生最重要的历程。46年前我像一棵幼苗移植到清华园这片沃土,清华精神就如同阳光与空气一样,促我成长,育我成才,我已深深植根于这片土地,和众多的林木一起与之融为一体了,我珍爱着这里的一草一木,更珍爱已融入血液之中的清华精神。我想,融入我的生命的还有清华的事业,特别是清华文科包括清华文化建设的事业,我的余生注定是要同这一事业息息相关的。

今天,以李强为院长的新行政班子正式上任了,新班子的学术素质更高了,也更有朝气了。当今,在党和国家新领导班子的带领下,中国社会主义物质文明、精神文明与政治文明正在开启新的局面,人文社会科学面临一个前所未有的发展机遇和挑战。清华大学正进入"第二个九年"的新的发展期,我们文科在学科布局大体完成后,也进入重点突破、超越发展的新阶段,进入建设一流文科的关键时期。陈希书记说,办好文科一要坚持正确的方向,二要有一流的质量,我们一定要把握好这两个办院的重要宗旨。学校与学院的广大师生对新领导班子寄予厚望,相信在学校的指导下,在全院师生的支持下,学院新领导班子一定会带领大家为清华文科实现新的辉煌写下绚丽的新篇章。

唐朝诗人、哲学家刘禹锡有诗句:"芳林新叶催陈叶,流水前波让后波",我们的学院一定能以此次换届为契机,焕发新的生机和活力,我们的前景无限美好!谢谢大家!

勿忘人文初心，弘扬优良传统

——清华大学人文学院成立十周年访谈录

2022年8月

问：怎样理解人文？怎样看待人文学院的宗旨？

胡："人文"一词最先出自《易传》："观乎人文以化成天下""文明以止，人文也"，表明人文关乎人的教化和社会的进步，是人类文明的目标。

顾名思义，人文学院的宗旨就要体现以人为本，把握人与社会发展规律，满足人的精神文化需求，为人的发展、社会的进步服务。

问：历史上的"清华人文"有哪些独特的文化传统、特点和风貌？

胡：谈到清华人文和清华文科的传统和特点，不能不联系清华的缘起和发展背景。清华学堂诞生的大背景，一是国难深重，清华学堂自身便是国耻纪念碑，清华人有着鲜明的雪耻图强文化基因；二是面临文化的西学东渐，中国知识分子开启了文化觉醒和文化选择的艰难路程。

清华早期的办学者深知教育独立和学术独立是民族独立的重要前提和标志，努力将留美预备学校改造成立足于中国的独立大学，念念不忘对中华文明的传承和发展。例如，梁启超先生对留美清华学子强调："除研究西学外，当研究国学；盖国学为立国之本，建功立业，尤非国学不为功"，1925年清华建立国学研究院体现了清华学人对传承中华文化推动文明进步的高度责任感。同时，清华学人以博大的襟怀、开阔的视野，努力吸纳西方科学文明成果。国学院开拓的中西古今会通的范式，在老清华人文学科中得到普遍的传承发展，并产生广泛而久远的影响。著名思想文化学者何兆武先生在论及清华学人的特色时说，"他们都具有会通古今，会通中西和会通文理的倾向"，有学者认为这是"清华学派"的特色。在中国走向现代化的历程中，清华以自己特有的方式，充当了中西古今文化激荡交融的前沿阵地，形成了独特的兼融会通的学术传统，确立了自身的学术影响力、孕育了一批大师级的人才。此外，清华人继承了中国学人知行合一与笃行传统，加上比较多地受到美国实用主义哲学的影响，形成如朱自清先生所说的实干精神。这些都体现了清华学人对人文精神与科学精神的追求。

老清华文科有过辉煌，在清华恢复发展文科时，这种辉煌所依据的传统是宝贵的财富，也是天然的压力。担任过18年清华文学院院长的冯友兰先生常讲"旧邦新命"，主张研究传统不仅要"照着讲"，还要"接着讲"，既要继承，又要创新；哲学家贺麟先生主张"旧中求新方为真新"，要在继承传统中"推陈出新"。上世纪90年代我主持清华文科恢复建设工作时，也一再强调"旧邦新命"，要继承和发扬老清华文科的传统，认为这是与其他高校具有不同起点或特点之处。后来受到著名哲学家、清华思想文化研究所首任所长张岱年先生文化综合创新论的启发，将会通的学术范式表述为"中西融会，古今贯通，文理渗透，综合创新"。我们还依据清华行胜于言的校风和实干精神以及党的实事求是思想路线，强调文科一定要面向实际，回答好实际问题。

由此，归纳起来，自觉的家国情怀与天下责任、博大的襟怀与会通的学术范式、实干精神与实事求是的学风应该是清华文科的基本特色，也可以说是清华人文精神和科学精神的基本特色。同时，注重人的完全人格与人的全面发展一直是清华教育理念的基本内涵，也是清华人文传统的底色。这些都是我们应该予以传承发扬的宝贵财富。

问：学校恢复和发展文科的初衷、思路和目标是什么？又有什么特色？

胡：清华文科恢复发展的目标和思路，是在实践中不断充实发展的。

改革开放之初，为了提高学生素质，学校即着手恢复和成立一些文科教学研究单位，如马列教研室、文史教研室还有音乐室等。（20世纪）80年代清华文科恢复发展有三个主要特点：一是当时清华是一所多科性工科大学，文科的学科基础、师资力量十分单薄，学校确立的发展目标是"高水平的以工科为主的综合性大学"，强势工科对文科发展有积极的一面，如注重改造世界的方法和成效，讲求实干和团队协同，但也容易以工科的思维定势要求文科，重工具理性轻价值理性，重实学轻理论思维，重应用轻基础，而且容易用划一的硬指标进行评估，这会制约文科特别是基础学科的发展；二是当时办文科主要以满足面上教学要求为基本出发点；三是体现了注重应用和交叉的特色。

在（20世纪）90年代，有几个重要的时间点：一个是1993年暑期干部会，明确了2011年建校百年时跻身世界一流大学的目标，同年年底成立了人文社会科学学院，为清华文科全面恢复发展奠定了重要的学科基础；再一个时间点是1997年暑期干部会，在王大中校长、贺美英书记支持下，我做了大会发言，不仅为强化文化素质教育做了论述，而且强调了文科发展的重要性，提出全校上下应该就文科发展达成"三个认识一致"，即对文科在国家建设和清华实现总体目标中的地位作用的认识要取得一致；对清华文科的历史、现状与未来发展的目标包括文科的结构、规模和侧重点的认识要取得一致；对文科区别于理工科的特点和发展的方针政策的认识要取得一致。

1997年秋季学期，王大中、贺美英等校领导先后14次下到文科院系调查研究，听取意见，为形成发展文科的共识奠定了基础；1998年寒假领导班子务虚会专题讨论文科建设，听取了我关于文科发展的方案。我提出文科要建设好"一个基础，四根柱子"的架构："一个基础"，就是打好文史哲基础（要适应人的全面发展与遵循文科发展规律，转变"重应用，轻基础"倾向）；同时要适应国家与社会发展需求，建好"四根柱子"，包括经济管理、公共管理、法律、新闻与传播，并且发挥马克思主义理论与思想政治教育学科已有优势，支持高等教育学科，为育人和学校发展服务，在条件成熟时还要发展艺术学科。整体上要弘扬清华文科会通的传统，打好基础，进入主流，形成特色，加快发展。班子成员就建设一流的文科达成高度共识，清华文科恢复发展走上快车道。当时一个可供参照的评估体系是《科学技术管理》杂志"中国大学研究与发展成果评价"，1997年清华文科居122位，经过8年奋斗，在2005年我退休时，进到第8位。总体上清华文科进入主流，比较好地处理了基础与应用、主流与特色、教学与科研的关系，为后来持续发展奠定了扎实基础。

问：清华人文基础学科的恢复和发展经历了怎样的历程？

胡：清华人文基础学科的恢复和发展的历程，不仅是学科结构的逐步增设与队伍的扩充与提高，从发展理念上看也在不断完善。

在（20世纪）80年代，文科建设主要是"服务教学，突出应用"，还带有交叉特点，如1983年复建外语系，除了服务外语教学，还突出了科技英语；1985年复建中文系，就以创办科技编辑学和计算语言学起步的。到了1993年人文社会科学学院建院之初，明确"少而精、有特色、上水平"的发展理念，开始向教学与研究两个中心前进，但是，当时尚未明确一流文科的目标，师资力量、学术水平依然有很大的局限性。当时，清华校内持有实现世界一流的目标靠理工科不靠文科这种看法的人不在个别，一些同志持"竹竿论"——出一流成果，就像拿竹竿打枣，是靠理工科的长竹竿。后来，在广泛调查研究的基础上，在学校层面，就我提出的"木桶论"，即如同水桶的盛水量取决于最短的板块一样，过弱的文科必将制约综合性大学的总体水平有了共识，同时，也认识到中国具有悠久历史文化和现代化过程中要解决重大的课题，决定了中国应当出现有世界性影响的人文社会科学研究成果和孕育世界一流的人才，文科也应当有达至一流的"竹竿",打下高端的"枣子"。

1998年学校明确了"打好基础,突出应用,注意交叉,进入主流,形成特色,建设一流文科"的目标。其中明确"打好基础,进入主流"对于人文基础学科当然也对整个文科都是一个带有根本性的转变。它确立了人文基础学科在人才培养和学科建设中的基础性地位。

关于"进入主流"有三层意思:一是,按照文科发展规律来发展文科,进入全国文科的主流。包括强化文史哲基础学科,防止急功近利,注重厚积薄发;二是,如古希腊哲学家赫拉克利特所说"人不能两次进入同一条河流",表明主流也在不断变化,我们在入主流的同时,也可以用自己的特色去影响主流,不是被动地跟着他人后面跑;三是,主流不仅仅理解为学术形态,还包含思想意识形态。新闻与传播学院首任院长范敬宜为学院确立了"素质为本,实践为用,面向主流,培养高手"的办院方针,这里面向主流,不仅表明学术形态要进入主流,还包括以主流价值观为主流需求服务。

问:您认为要做好人文学科的学习和研究,什么是最重要的?

胡:人文学科的研究对象是人类的精神世界及积淀的精神文化,涉及人的观念、情感、精神,突出对真善美的追求和所体现的价值等。所以,搞好人文学习研究,首先要坚持以人为本、以人民为中心的价值取向,尊重人、发展人、解放人、依靠人、为了人;同时,要把握好研究对象和研究方法的文化属性,在当今就要立足中国特色社会主义文化属性,坚持马克思主义与中国实际、与中国传统文化的结合,弘扬和合文化,坚持会通的学术传统,肩负家国情怀、天下责任,体现人类命运共同体的共同价值。

同时,与以往不同的是,当今面对加速行进的中华民族伟大复兴和急剧演化的世界百年未有之大变局,多元文化的冲突空前尖锐,允满不确定性、高风险的挑战。我们一方面应该以高度的文化自觉自信,十分珍惜和弘扬优良传统,另一方面,应该懂得传统如同人的基因,必须惟时适变。例如,我们有非常宝贵的"行胜于言"的校风,需要恒久传承,但是,在行动风格上光是有"行胜于言"的校风是不够的,我们还应该给予"人文日新"校箴同样的位势,关注修身养德,注重革故鼎新。在我们坚守家国情怀、天下责任的同时,应该使"独立之精神,自由之思想"和人的灵性得以充分的张扬。

中华人文学者有尊师重道的传统,为了发展,还应该培育建设性的批判思维,时刻与有悖社会良知的错误与偏见划清界限,为了人民的根本利益坚守真理。为维护人间正道,努力把握历史唯物主义和辩证唯物主义哲学观,学会系统、整体、全面、辩证地观察与处理问题，不让局部真实和非理性情绪牵着鼻子走。

问：您认为"人文学科"最重要的意义和价值是什么？

胡：前面提到，"人文"关乎人的发展与社会的进步，核心是人。人文学科比任何其他学科更加关乎"人"，以人为本，以人的发展为出发点和归属。人文学科、人文精神最重要的内涵就是以人为本和对人的全面发展的终极关怀，这一点应该是大学教育的核心和基础，所以说，人文学院在学校整体教育中处在核心与基础地位。我们要坚持以人民为中心的研究导向，坚守自己的文化责任，做好德高为师，行为世范，这对人文学院显得尤为突出。习近平同志考察清华时提出："教师要成为大先生，做学生为学、为事、为人的示范，促进学生成为全面发展的人。"在实践中，作为一个教育工作者，无论在什么具体的岗位上，都要努力成为"大先生"，为学生的全面发展服务，这是学校的根本任务，是教师的天职。

同时，论及人文学科重视"人"，这个人应该是社会的人，群体的人，构成一个国家、民族的人，实施国家治理体系的人，人的发展离不开国家社会的发展。当今促进国家治理现代化是民族复兴的重大课题，也是人的全面发展的重要条件。习近平同志强调"要治理好今天的中国，需要对我国历史和传统文化有深入的了解，也需要对我国古代治国理政的探索和智慧进行积极总结。"张国刚教授曾经对我国古代家国兴衰的历史做过系统的剖析，他认为："长期不间断的历史书写，国家政权和知识精英对历史的重视和坚持，是中华文明有别于世界其他民族的文化特色。"所以，在国家治理现代化中不可忽视的是科学历史观的培育，这应该是人文学科的重要使命和价值所在。

一般论及"人文"离不开情感，对于处于文化高地的大学人，应该有更多的理性思维，特别是哲学思维。由于哲学对人的文化行为具有价值规范和思维导向的功能，欲使文化行为具有高度自觉的意识并沿着理性方向前行，必须使之上升到哲学的高度。哲学家贺麟说：哲学是一种学养，是一种以学术培养品格，以真理指导行为的努力。冯友兰认为"哲学是一种信仰""哲学在中国文化中所占的地位，历来可以与宗教在其他文化中的地位相比。在中国，哲学与知识分子人人有关。在旧时，一个人只要受教育，就是用哲学发蒙。"他提出了人生境界说，认为"按照中国哲学的传统，它的任务不是增加关于实际的积极的知识，而是提高人的精神境界"。进而指出，"哲学的任务是帮助人达到道德境界和天地境界，特别是达到天地境界"。恩格斯说："一个民族想要站在科学的最高峰，就一刻也不能没有理论思维。"这里指的理论思维就是哲学思维。当前，中国正在加速向创新型国家转型和实现民族伟大复兴，处在文化高地的大学人，特别是人文学院的师生应该努力提高哲学自觉和哲学境界，因为无论从坚持真理、发现科学规律，还是提高人生境界，都离不开哲学思维。马克思曾经指出，哲学"是自己时代的精神上的精华""哲学正变成文化的活的灵魂"。哲学应当是人文学者活的灵魂，提高哲学自觉是提高文化自觉的最高境界。为提高大学人和全民族人文素养特别是哲学素养而不懈努力，是人文学者的天职。

问：您对有志于投身人文学科的年轻学子有怎样的嘱托、祝福或期待？

胡：人文教育的本质是发展人的生命，同学们在清华学习期间，不仅增长了知识，孕育了智慧，更重要的是丰富、发展了人的精神生命。今后的人生道路，无论是居庙堂之高还是处江湖之远，都不能淡忘人文之责，懂得只有自己灵魂有火才能点亮他人的道理。清华大学以"又红又专，全面发展"为培养目标。记得2008年哲学系硕士毕业生解文光毕业时选择去西藏基层工作，他在出征仪式上讲过这样一段话：清华园里有两块著名的纪念碑，一块是位于一教北侧的海宁王静安先生纪念碑，一块是位于水木清华北坡的"祖国儿女，清华英烈"纪念碑。王国维纪念碑，它的含义是"学问"；英烈纪念碑，它的含义是"责任"；清华就是"学问"和"责任"的统一体，是红与专的统一体。解文光肩负学问和责任两个纪念碑，虔诚为藏区民众服务，现在是昌都市副市长，受到同事和民众的欢迎。

希望同学们继续坚持"又红又专，全面发展"，做一个身心健康，有人文情怀，有创造能力，不断完善自我、造福社会的新人。为此，要坚持"读万卷书，行万里路"，将多读书、读好书、善读书当作一种生活方式，同时，深入实际，了解民情国情。要如习近平同志所说："立志做大学问、做真学问，严肃对待学术研究的社会效果，以深厚的学识修养赢得尊重，以高尚的人格魅力引领风气，在为祖国、为人民立德立言中成就自我、实现价值。"

问：您对清华大学人文学院未来的发展有怎样的祝福？

胡：勿忘人文初心，弘扬优良传统，加强顶层设计，统筹各方力量，更好地肩负起孕育高素质人才，建设人文精神高地的使命。

清华大学要实现走在世界一流大学前列的目标，人文学院应该坚持不忘本来、吸收外来、面向未来，努力在指导思想、学科体系、学术体系、话语体系和教育体系等方面充分体现中国特色和清华风格，发挥开拓引领作用，为建设社会主义新文化，推进文明新形态作出贡献，在清华新百年历史上，能够留下鲜明的卓越教育家、思想家、哲学家和人文大家的印迹！

大学文化思考与心得

提高文化自觉自信　促进民族伟大复兴

民族的复兴、大国的崛起，不仅是经济现象，也是文化现象；文化自觉自信是内在的精神力量，是民族伟大复兴的基础和重要标识，而文化自觉是文化自信的前提，需要在不忘本来、吸收外来和面向未来中坚守文化自觉自信；哲学自觉自信是文化自觉自信的最高境界，民族复兴需要提升国民的文化素养，砥砺哲学性格。

一、文化与文化自觉

从广义看，文化是指人类所创造的物质财富和精神财富的总和；从狭义看，特指精神财富。西方最早给出文化定义的是1871年英国人类文化学家泰勒，他说："文化是包括知识、信仰、艺术、法律、道德、风俗，以及作为一个社会成员所获得的能力与习惯的复杂整体。"[1] 中国关于文化的内涵早在《易经·贲卦》中有过阐述："观乎天文以察时变；观乎人文以化成天下。"其中的"人文化成"就是文化的内涵，这句话所指的就是以文化人，即以文化教育人影响人，潜移默化人的行为举止，促进人的发展和社会的进步。"文化"一词最早出现在西汉文学家、史学家、汉宣帝谏大夫刘向所编的《说苑》中："圣人之治天下也，先文德而后武力。凡武之兴，为不服也，文化不改，然后加诛。"这里的"文化"指的是和武力征服相对应的文治教化。

文化是一种以人为目的的氛围，是一种每个人生活于其中又创造于其中的环境；文化是知识，又是一种思维方式，更是一种精神、情怀、信仰。

文化本质上是"人化"和"化人"。人为了生存和发展，要使外界环境满足人的需求，使外在世界"人化"；而当人构建了人化了的世界时，它又通过"人文化成"而造化人自身，即"化人"。文化是人化和化人的过程及其产物。优秀的内涵决定"人化"的方向，科学的途径和方法决定"化人"的效果。

著名的社会学家、社会活动家费孝通先生在20世纪末，回顾了自己60多

---

[1] [英]爱德华·泰勒：《原始文化》，连树声译，1页，上海，上海文艺出版社，1992。

年的探索经历,"深深体会到我们生活在有悠久历史的中国文化中,而对中国文化本身至今还缺乏实事求是的系统知识。我们的社会生活还处于'由之'的状态,还没有达到'知之'的境界。而同时我们的生活本身却已进入一个世界性的文化转型期,难免使人们陷入困惑的境地",为此,我们需要一种"文化自觉"。[①]也就是"生活在一定文化中的人对其文化有'自知之明',明白它的来历、形成的过程、所具有的特色和它发展的趋向。自知之明是为了加强对文化转型的自主能力,取得决定适应新环境、新时代文化选择的自主地位"[②]。一个国家,一个民族,一个政党,一个单位乃至一个人,都在进行文化选择,只是自觉程度有所不同。费孝通还说:"在文化传统上说,世界没有一个民族有我们中华文化那样久长和丰富。我们中国人有责任用现代科学的方法来完成我们'文化自觉'的使命,继往开来地努力创造现代的中国文化,为全人类的明天做出贡献。"[③]

文化自觉是重视文化的地位和作用,对生活在其中的文化有自知之明,面对多元文化能够进行理性的文化选择,把握其发展的规律,并且主动肩负起文化建设的责任。

在当今,我们应该认清中国特色社会主义文化的由来与内涵。习近平同志在党的十九大报告中明确指出:"中国特色社会主义文化,源自于中华民族五千多年文明历史所孕育的中华优秀传统文化,熔铸于党领导人民在革命、建设、改革中创造的革命文化和社会主义先进文化,植根于中国特色社会主义伟大实践。"我们应该自觉肩负起建设中国特色社会主义文化的任务。

二、文化自觉的历史演进与战略思考

中华文化自产生以来,中华民族的文化自觉就从未消停。在两千多年前的春秋战国时代,通过诸子百家的探索和争鸣,产生了丰富的精神成果,成为中华民族精神文化源泉,也是人类文明的宝贵资源。到了近现代,西方的坚船利炮轰开了中国国门,同时也轰开了中国文化之门,涌现出严复、梁启超、章太炎、胡适、蔡元培、鲁迅、李大钊等一大批名家志士,他们从不同视角对中华文化进行了反思,先后产生了关于如何对待中学与西学、新学与旧学的各种观

---

① 费孝通:《开创学术新风气》,见费孝通:《文化的生与死》,404 页,上海,上海人民出版社,2013。
② 费孝通:《关于"文化自觉"的一些自白》,见费孝通:《文化的生与死》,490 页,上海,上海人民出版社,2013。
③ 费孝通:《继往开来,建设 21 世纪中国的社会学》,载《西北民族研究》,2003(1)。

点和理论，这种反思激发了中国民众的文化自觉，促进了新文化运动的兴起，引发了新民主主义革命的到来。而中国真正的文化自觉，是在中国共产党领导下，通过总结自身的经验与教训，在人类文明进步的大背景下，走向对中华文化历史地、全面地、客观地分析和认识的方向，不断推进其传承创新，目前，这个过程正随着民族复兴的进程在加速演进之中。

2002年11月中共十六大，将"三个代表"重要思想确立为党的指导思想，明确指出中国共产党应该代表先进文化前进的方向，2011年10月中共十七届六中全会做出《关于深化文化体制改革，推动社会主义文化大发展大繁荣若干重大问题的决定》，发出提高文化自觉、文化自信，建设社会主义文化强国的号令。2012年11月中共十八大强调："文化是民族的血脉，是人民的精神家园。""我们一定要坚持社会主义先进文化前进方向，树立高度的文化自觉和文化自信，向着建设社会主义文化强国宏伟目标阔步前进。"这表明，中国共产党的文化自觉上升到前所未有的境界。

文化自觉是一个复杂的认识和探索过程，树立文化自觉需要宏观的视角和战略眼光。

《大国崛起》纪录片有这样一段解说词："英国首相丘吉尔有这样一句名言：我宁愿失去一个印度，也不肯失去一个莎士比亚。在成为大国的过程中，戏剧家莎士比亚的作品提升了英国的人文精神，科学家牛顿的力学定律开启了英国工业革命的大门，经济学家亚当·斯密的《国富论》为英国提供了一个新的经济秩序。他们的名字，十分醒目地写在英国走过的大国之路上。"表明先进文化的传播，推动英国成为世界强国。

在历史上产生过重大影响的政治家在推动国家崛起中，都十分重视文化的力量。

习近平在《之江新语》里这样写道："文化是力量，或者我们称之为构成综合竞争力的文化软实力，总是'润物细无声'地融入经济力量、政治力量、社会力量之中，成为经济发展的'助推器'、政治文明的'导航灯'、社会和谐的'黏合剂'。"[1]他十分重视文化在推进中华民族伟大复兴中的作用。2013年11月他在山东考察时强调：一个国家、一个民族的强盛，总是以文化兴盛为支撑的，中华民族伟大复兴需要以中华文化发展繁荣为条件。

当前，中国正在经历近代以来前所未有的机遇和挑战，在可预见的时间里，中国将改变世界基本格局，因此，中国必须提高自身文化素养，确立与经济实

---

[1] 习近平：《文化是灵魂》，见《之江新语》，149页，杭州，浙江人民出版社，2005。

力相应的民族文化地位而受到世人的尊重，并置身国际文化交流竞争前沿，获得把握"跨国对话""中国叙述"的主动权，进而确立文化话语权和影响国际文化交流的议程设置。这是中国为实现"两个一百年"的民族理想、为人类文明进步作贡献的应有之义。而中国文化自觉正是内在于这一过程的历史性要求。

国之交在民相亲，民相亲在心相通，中国作为一个有久远历史文化传统的经济大国，在推进人类命运共同体建设中，文化将发挥关键性作用。

同时我们必须清醒认识到，中国在经济上已取得巨大发展，中华民族离实现伟大复兴的目标从未这样近，但是，长期积累的一系列社会矛盾，社会公正、公平、道德、诚信、责任感等价值理性问题以及信仰缺失、心理失衡的进一步凸显，成为制约经济发展、政治昌明与和谐社会建设的关键性因素。面对多元文化的冲突和主导性文化的失范以及对民族文化认同的弱化，努力以社会主义核心价值体系推进文化建设具有突出的紧迫性和重要性。

而且，还应该充分认识国家文化安全的重要性。所谓国家文化安全是指一个国家民族在多元文化的差异与冲突中保持、传承与发展自身特色文化的独立性。没有国家民族文化的独立，谈不上国家民族的真正独立。文化安全是国家安全的深层次内容，是国家意识形态、社会制度和政权结构的重要保障。当今，国家间的综合国力竞争愈演愈烈，以文化为核心的"软实力"成为各国竞相追逐的目标。在西方文化输出，鼓动"颜色革命"的挑战面前，中国的文化安全受到严峻挑战。我们必须加强自身文化建设，高举捍卫文化主权、反对文化霸权的旗帜，自觉维护国家自主文化选择权、发展权和对外文化交往权，维护自身的文化安全和国际文化的多样性。

还要看到，当今中国的国家统一只靠经济发展、政治制度和行政约束是不够的，还需要建立统一的文化认同。中国十分需要从历史文化传统中强化各族共享的共同文化，这是融合人心的基础，也是维护国家文化安全和民族和谐，进而实现国家坚实统一的重要保障。

中共十七届六中全会强调"满足人民基本文化需求是社会主义文化建设的基本任务"，为此要努力加强文化建设，提供更好的文化服务以满足社会和民众对于美好精神生活的需求。

总之，社会进步要具备三要素：政治治国；经济兴国；文化立国。习近平同志在十九大报告中将文化的地位和作用提升到一个崭新高度，指出："文化兴国运兴，文化强民族强。没有高度的文化自信，没有文化的繁荣兴盛，就没有中华民族伟大复兴。"只有优秀的文化，才能保障政治清明公正，经济健康发展，社会稳定文明，国民全面发展，才能使一个国家真正强大，自立于世界国家之林。提高全民族的文化自觉自信，加强国家的文化建设，已成为实现民族伟大复兴的关键性要素、战略性课题。

三、以文化自觉促进文化自信

中国古代有文可查最早提出自信的是哲学家墨子所述，"君子进，不败其志，……彼有自信也"（《墨子·亲士第一》）。孔子曰，"吾心信其成，则无坚不摧；吾心信其不成，则反掌折枝之易亦不能"（《论语·仁语》）。梁启超先生说，"自信力者，成就大业之原也"（《饮冰室文集》之五）。文化自信是人们对自身主导文化价值及其生命力的信心，它影响人的发展和事业的成功，对于国家来说，文化自信是国家凝聚的基础和前行的动力。

习近平同志强调，实现中国梦必须走中国道路，必须弘扬中国精神，必须凝聚中国力量，指明了实现中国梦的三个关键要素。而文化自信关乎中国道路、中国精神和中国力量的实施，决定了中国梦的实现。党的十八大以来，习近平同志围绕"文化自信"作出了一系列重要论述，强调坚定中国特色社会主义道路自信、理论自信、制度自信，说到底是要坚定文化自信。文化自信，是更基础、更广泛、更深厚的自信；文化自信，是更基本、更深沉、更持久的力量。

文化自觉是科学理性的思维形态，而文化自信则是这种理性的思维形态在文化心理态度和情感信念上的体现，只有对自身文化有着高度的理性自觉，才能达至坚实有效的文化自信。文化自觉是文化自信的基础与前提，需要在不忘本来、吸收外来和面向未来中坚守文化自觉自信。正如云杉所指出的，做好文化自信"需要我们以理性、科学的态度进行文化的反思、比较、展望，正确看待自己的文化，正确对待别人的文化，充分认识中国文化的独特优势和发展前景，进一步坚定我们的文化信念和文化追求。做到文化自信，关键是不忘本来、吸收外来、着眼将来"。"不忘本来"就是勿忘"深厚的民族传统文化、科学的马克思主义指导思想、丰富的革命文化，就是我们文化安身立命的根基"；"吸收外来"是指"越是自信，就越能够以积极的态度对待外来文化，越能够在同外来文化的互动交流中得到丰富发展"；"着眼将来"是指"我们的文化自信，不仅来自于历史的辉煌，更来自于当今中国的蓬勃生机，来自于未来发展的光明前景"。[①]

同时，文化自觉自信应该建立在清醒的文化自检基础之上。没有认真而深

---

① 云杉：《文化自觉，文化自信，文化自强》，载《红旗文稿》，2010（15）～（17）。

刻的文化自我反思与批判，就不能确立理性的自觉和科学的自信。从"不忘本来"看，既要看到优秀传统文化在推进社会主义事业方面的巨大生命力和影响力，又要清醒认识几千年所积淀的消极文化因素，如官本位、经验主义和人情文化对作为现代化特征的理性精神文化的阻滞作用和负面影响；从"吸收外来"看，既要努力吸取西方文化中理性批判思维、法治意识以及对于人的个性发展与主体性的尊重等积极元素，又要规避其个人本位以及以工具理性屏蔽价值理性的消极影响；从"着眼未来"看，更要从民族伟大复兴的前景和要求出发，看到现实世界道德境界和创新意识的不适应。

总体来看，文化自觉自信应该建立在文化主体性的基础上，如费孝通先生所说，"关键是创造出一种建立在自己文化价值基础上，又密切回应时代和中国发展中出现的重大问题，能够成为中国人所愿意接受、有感召力和凝聚力，同时又反映和吸收整个人类共同利益的新的价值体系"[①]。社会主义核心价值体系就是这种价值体系的集中体现。

四、提高哲学自觉自信，砥砺国民哲学性格

由于哲学对人的行为具有价值规范、思维导向和理论升华的功能，欲使文化行为具有高度自觉、自信的意识并沿着理性方向前进，就应该使其上升到哲学的高度。正如马克思1842年在《科隆日报》社论中所指，哲学"是自己时代的精神上的精华""哲学正变成文化的活的灵魂"。我们必须努力提升自身的文化自觉、自信，特别是哲学自觉、自信，哲学自觉、自信是文化自觉、自信的最高境界。正如恩格斯在《自然辩证法》中所述："一个民族想要站在科学的最高峰，就一刻也不能没有理论思维。"这里强调的理论思维就是哲学思维。砥砺中华民族的哲学性格，提升哲学思维的自觉程度和哲学分析能力，是倡扬文化自觉的重要前提与内涵，也是提升文化自信的理性基础。

哲学自觉应该包括奠定和倡扬政治论、认识论、生命论和文化论四个方面的哲学基础。

政治论的哲学基础体现在孕育国民的家国情怀和天下责任意识，弘扬中华民族仁爱、尊礼、贵责、尚群、崇和的价值观念。清华大学国学院院长、中国哲学史学会会长陈来在谈到中华独特价值观时指出：中华价值观与西方近现代价值观相比，主要表现出四大特色，即责任先于自由、义务先于权利、群体高

---

① 费孝通：《文化的生与死》，223页，上海，上海人民出版社，2009。

于个人、和谐高于冲突。①2018年12月在"清华会讲：亚洲价值的重新发现"上中外学者共论为什么东亚能够迅速发展时，陈来教授指出，应该在市场经济、个人主义之外找到原因，上述中华价值观应该是其重要的动力源。对于这些价值理念应该有充分的自觉自信。在当前全球经济大格局中，有着两种不同的价值理念。一种是以美国总统特朗普为代表的"美国优先"论，为了一国的私利，不惜挑起全球贸易战、打乱国际治理格局。国际哲学团体联合会主席、意大利哲学家卢卡·斯卡兰提诺认为，这是背叛了开放包容的美国建国精神，西方正在抛弃互惠主义的社会价值。②显然，这是违背历史发展逻辑的。一种是中国国家主席习近平倡导的"同舟共济、权责共担的命运共同体意识"，③而这种意识深深地植根于中国深厚的文化传统，这就是孔子在《论语》中所倡导的"夫仁者，己欲立而立人，己欲达而达人"。现在，共建"一带一路"倡议及其核心理念的影响力已经波及全世界，必将在构建人类命运共同体中发挥历史性作用。同时，为适应现代化科学理性需求，我们应该以博大的襟怀有分析地吸纳西方民主、自由意识与平等、法治观念，在确立"富强、民主、文明、和谐，自由、平等、公正、法治，爱国、敬业、诚信、友善"的社会主义价值观的同时，发展习近平所指的"和平、发展、公平、正义、民主、自由"全人类的共同价值理念。

认识论的哲学基础是涉及思维与存在、主观与客观、知与行的关系，认识发生、发展的过程及其规律，认识的真理性等问题的哲学学说。习近平同志在2019年第1期《求是》杂志发表"辩证唯物主义是中国共产党人的世界观和方法论"一文，指出："今天，我们党要团结带领人民实现'两个一百年'奋斗目标、实现中华民族伟大复兴的中国梦，必须不断接受马克思主义哲学智慧的滋养，更加自觉地坚持和运用辩证唯物主义世界观和方法论，更好在实际工作中把握现象和本质、形式和内容、原因和结果、偶然和必然、可能和现实、内因和外因、共性和个性的关系，增强辩证思维、战略思维能力，把各项工作做得更好。"在推进现代化的过程中，我们应该弘扬科学理性、追求真理、实事求是、知行合一、严谨求新、勇于突破的理念，崇尚建设性批判思维。从认识论视角看，哲学是以反思的方式思考哲学自身和人类的现实生活，这种"反思"的方式就是批判性思维。马克思认为唯物辩证法"对现存事物的肯定理解中同时包含对现存事物的否定理解""辩证法不崇拜任何东西，按其本质来说，它是批

---

① 陈来：《充分认识中华独特价值观——从中西比较看》，载《人民日报》，2015-03-04。
② 彭泽锋等：《从哲学角度看冲突的世界》，载《环球时报》，2018-08-31。
③ 习近平：《在推进"一带一路"建设工作5周年座谈会上的讲话》，载《人民日报》2018-08-28。

判的和革命的"。① 当今创新思维得到越来越多的关注,因为它是创新实践的基础和前提,而创新思维是建立在哲学的批判性思维基础上的。儒家典籍所倡导的"博学之,审问之,慎思之,明辨之,笃行之"(见《中庸·第二十章》)体现了中国古代学人对批判性思维和力行的追求,随着中国向创新型国家转型和民族复兴步伐的加快,人们对批判性思维重要性的认识不断加深,批判性思维教育逐步成为中国高校素质教育的一个重要关注点。习近平同志2014年在北大"五四"座谈会上指出:培养社会主义核心价值观要在勤学、修德、明辨、笃实四个方面下功夫。强调要明辨、会宽容、会自省、会自律、会思考、善于分析、正确抉择。这些都是批判性思维所倡扬的基本原则,不仅适用于培养社会主义核心价值观的实践,而且对于认知科学与哲学的交融,对人们科学认识和改造主客观世界具有普遍意义,我们应该努力践行。

生命论的哲学基础,基本点在于将人的自由全面发展置于中心位置。人的自由全面发展是马克思主义的最高价值追求和崇高理想。在《共产党宣言》中,马克思、恩格斯第一次明确宣布:"代替那存在着阶级和阶级对立的资产阶级旧社会的,将是这样一个联合体,在那里,每个人的自由发展是一切人的自由发展的条件。"在《资本论》中马克思又进一步指出,共产主义是"以每个人的全面而自由的发展为基本原则的社会形式"。党的十八大以来,以习近平同志为核心的党中央坚持马克思主义的基本原理,对人的全面发展思想作出全面诠释。2015年11月23日,习近平在中共中央政治局第28次集体学习时指出,"要坚持以人民为中心的发展思想,这是马克思主义政治经济学的根本立场。要坚持把增进人民福祉、促进人的全面发展、朝着共同富裕方向稳步前进作为经济发展的出发点和落脚点",继而党的十八届五中全会坚持以人民为中心的宗旨,提出了创新、协调、绿色、开放、共享的发展理念。这一发展理念首先突出的是人民主体地位,围绕的是"人民对美好生活的向往",更好满足人民在经济、政治、文化、社会、生态等方面日益增长的需要,把人民群众的幸福、促进人的解放和全面自由发展作为发展的出发点和落脚点。"创新"本质上是充分发展人的潜力,实现人精神生命的解放;"协调"解决的是各种发展不平衡问题,基点是全体人德、智、体、美、劳全面和谐的发展;"绿色"是解决人与自然共同发展,当代与后代共同发展;"开放"是开阔人的视野,提升人的境界,综合利用人类资源为人类共同利益服务;"共享"是实现公平正义,最终落脚点在满足人

---

① 中共中央马克思恩格斯列宁斯大林著作编译局:《马克思恩格斯选集》,第2卷,218页,北京,人民出版社,1972。

民的需求和全体人的自由全面发展。党的十九大政治报告中多次提到"人的全面发展",它已经成为新时代中国特色社会主义带有根本意义的奋斗目标。我们应该倡扬"以人为本"和"人文日新",将人的主观能动性最大限度地发挥出来,促进人的自由全面发展,不断追求真善美的崇高境界。

文化论的哲学基础是关于人类文化现象的哲学思考,是运用马克思主义唯物辩证法揭示人类文化的本质及其发生、发展和演变的规律,考察认识文化问题的基本方法,它使人们的文化实践成为自觉的行动。"按照哲学家黑格尔的观点,一个民族的主体意识自觉是一个民族现代复兴的基本标志,因此,这种社会自觉或文化自觉的呼唤,是奠基于哲学思维自觉的基础之上的。"[①] 中华民族的伟大复兴要求人们具有高度的文化自觉,植根优秀传统文化,包容、会通人类文化精华,在综合中推进文化的继承与创新,推动社会和谐发展和人类文明进步。

20世纪以来,在多元文化交流激荡的背景下,中华民族特别是知识分子群体面临艰难的文化选择。清华大学首届思想文化研究所所长张岱年先生是对文化选择进行哲学探索的一个典范。遵循清华大学"会通"的学术传统,1936年清华青年教师张岱年发表了《哲学上一个可能的综合》,探索中国哲学的发展新路,主张"唯物、理想、解析综合于一"。在20世纪80年代,他又发表了《综合创新,建立社会主义新文化》,明确提出了"文化综合创新论"文化观,指出"建设社会主义新文化,一定要继承和发扬本民族优秀的传统文化,同时汲取西方有价值的文化,逐步形成一个以马克思列宁主义思想为指导,以社会主义价值观来综合中西优秀文化而创造出一种新型的文化体系",为中国文化的发展提供了一个明晰的哲学模式。而他所依据的就是"兼和"哲学观,即"最高的价值准则曰兼赅众异而得其平衡。简云兼和,古代谓之曰和,亦曰富有日新而一以贯之"[②]。

高瞻远瞩、会通创新,是得大智慧的路径。我们应该通过实事求是的理性比较、反思、批判与实践,努力做好文化的选择、兼容和创新,特别是中华文化的创造性转化及创新性发展,这应当是当代中国文化建设体现现实针对性和提升时代适应性的重要指导思想,亦是当今为民族伟大复兴体现文化自觉、自信的哲学基础和内涵。

(收入《中华优秀传统文化与新时代思想研究》,清华大学出版社,2019年版)

---

① 邹广文:《什么是文化哲学》,载《光明日报》,2017-06-19。
② 张岱年:《张岱年文集》(第3卷),北京,清华大学出版社,1992。

以历史唯物主义、辩证唯物主义态度对待中华传统文化的传承创新

习近平同志十分重视中华传统文化的传承创新,他强调"优秀传统文化是一个国家、一个民族传承和发展的根本,如果丢掉了,就割断了精神命脉",同时又强调,要"努力实现传统文化的创造性转化、创新性发展,使之与现实文化相融相通,共同服务以文化人的时代任务"。由此既强调了传承传统文化的重要性,又指明了民族文化传承发展的内在规律。深刻理解和有效落实习近平同志上述指示精神,一个不容忽视的着力点就是重视哲学思维的导引。

一、努力把握新的时代特点,端正对传统文化的态度

正确对待中国传统文化的一个重要环节就是以科学态度对待儒家思想,防止片面性。

首先,要去除历史虚无主义的影响。我们知道以五四运动为代表的新文化运动高举科学与民主的旗帜,开启了新民主主义革命的时代,功不可没。同时不能不看到,从20世纪初叶反封建斗争中"砸烂孔家店"到"文革"中"批林批孔",再到改革开放初期的批判黄色文明追求蓝色文明,都认为儒家思想是以农业文明或内陆文明为主导,对于中国的现代化起着阻碍作用。当前,仍然有人否定传统文化的现代价值,他们看不到不同发展阶段的人类文明都存在超越时代具有永恒意义的成分,也看不到中国已由新民主主义时代转换到社会主义时代,由革命战争时代转换到和平建设时代,特别是进入民族伟大复兴新时代对主导文化需求的发展和变化。在新时代应该充分认识并珍惜中华传统文化的道德精神、民本思想,以及"和而不同""天人合一"的哲学思维和治国理政的智慧所具有的当代价值。习近平同志指出:"孔子创立的儒家学说以及在此基础上发展起来的儒家思想,对中华文明产生了深刻影响,是中国传统文化的重要组成部分。儒家思想同中华民族形成和发展过程中所产生的其他思想文化一道,……是中华民族生生不息、发展壮大的重要滋养。""中华民族有着深厚文

化传统，形成了富有特色的思想体系，体现了中国人几千年来积累的知识智慧和理性思辨。这是中国的独特优势。"在中国特色社会主义新时代，我们一定要弘扬这一独特优势，特别是培育和弘扬社会主义核心价值观必须立足中华优秀传统文化，使中华优秀传统文化成为涵养社会主义核心价值观的重要源泉。

同时，也要防止"复古主义"。有人常常厚古薄今、以古非今，把民族伟大复兴理解为用儒家思想统领一切，按古人的行为方式行事，甚至提出把"儒教"当成"国教"。实际上，儒家思想有封建社会落后的糟粕，而且，必然存在对新时代不适应的一面。今天应该有鉴别地对待，做好文化选择，并赋予新的内涵。而将传统文化功利化，则是更加不可取。

正确的态度应该是尊重优秀传统文化，并以历史唯物主义和辩证唯物主义为指导，做好传统文化的选择、传承与创新。

二、努力处理好不变与变的关系，做好继承与创新的统一

习近平同志指出，对于传统文化要"在继承中发展，在发展中继承，坚持有鉴别的对待、有扬弃的继承，努力实现传统文化的创造性转化、创新性发展。"为此，必须处理好传统文化的不变与变的辩证关系。

东汉大儒郑玄《易论》认为："易，一名而含三义：易简，一也；变易，二也；不易，三也。""易简"谓"易则易知，简则易从"；"变易"者，谓"生生之道，变而相续"；"不易"者，言"天地定位，不可相易"。传统文化有不变的一面，也有变的一面；既有不可变的基因，也要随时代变而生生不息。儒学是中华文化重要的基因，从孔孟的先秦儒学到董仲舒的汉代儒学，再到程朱陆王的"宋明理学"，儒家思想都是顺应社会发展而更新的，因而具有长久的生命力和影响力。正是中国能够将传统文化的持续性和变异性统一得比较好，才使得中华文明成为世界四大文明中唯一没有中断的文明。《诗经》讲的"周虽旧邦，其命维新"，中国是一个有五千年文明的"旧邦"，现实面临着民族伟大复兴的"新命"。在这个漫长的历程中，传统文化的基因都是"在继承中发展，在发展中继承"，表现出生生不息的生命力。著名哲学家钱穆认为，旧中求新，方为真新，说明了文化传承与创新的一条规律，正如习近平同志指出的，"不忘本来才能开辟未来，善于继承才能更好创新"，继承是基础，是前提；著名哲学家、老清华文学院院长冯友兰先生在其著名的哲学著作《新理学》中说，自己是"接着程朱理学"，而不是"照着程朱理学"讲，有着新意的"接着讲"而不是"照着讲"是研究历史

文化的重要范式。今天我们研习传统文化，也应该是"接着讲"，在坚守中着力体现时代性。努力做好在继承中实现"创造性转化，创新性发展"。17世纪初，杰出的科学家徐光启曾有名言："欲求超胜，必先会通。"为此，我们应该做好"中外融会，古今贯通，文理渗透"，在会通中实现传统文化的现代转化与创新。

三、努力与现实生活相结合，在知行合一上落实基层

尊重传统不是仅仅将其供起来，而是要让其活起来、用起来，融入实际，发挥以文化人、经世治国的作用。对于中华优秀传统文化既要高屋建瓴，有宏大的建设和谐社会、实现民族伟大复兴的目标导引，又必须融入基层社会生活，一个必须紧抓不放的环节就是"知行合一"。历史上曾经有过的"满口仁义道德，实则男盗女娼"是当极力摈弃的。

"知行合一"是中国哲学中认识论和实践论的重要命题，是明代哲学家王阳明的核心思想，其含义是"知中有行，行中有知。既倡导学习与立志，又倡导学以致用，崇尚实践""王守仁的知行合一说深化了道德意识的自觉性和实践性的关系，他强调致良知，尽善行，就算没有高深学识、财富和地位，也有崇高价值，对于儒学平民化有重大影响"。他的学术东渡日本，促进日本人注重身体力行，成为推动"明治维新"的重要力量。

习近平同志在与北师大师生座谈时强调："道不可坐论，德不能空谈。于实处用力，从知行合一上下功夫""要注意把我们所提倡的与人们日常生活紧密联系起来，在落细、落小、落实上下功夫。"所以，我们应该把优秀传统文化渗透到社会主义核心价值观的教育，渗透到党的组织生活，渗透到基层精神文明建设，渗透到美丽中国、健康中国的建设实践，渗透到家庭教育、学前教育、基础教育、高等教育、继续教育和老年教育的全过程，并着力抓好知行合一以文化人的实践环节。依据组织文化学的原理，我们应该有计划地通过各种仪式、文化符号以及典范向基层组织成员持续传递应该遵循的理想、信念、价值观和行为准则，并使之自觉体认实践。

同时，随着中国走向"人类命运共同体"的中心舞台，我们还要把中国优秀传统文化作为最深厚的文化软实力弘扬好、传播好。

（收入《中华优秀传统文化与当今基层建设发展》，
清华大学出版社，2018年版）

开展大学文化研究，推动大学文化创新

2003年12月，经全国教育科学规划领导小组批准，"先进文化建设中的大学文化"课题被正式列为全国教育科学"十五"规划重点课题，现将这一课题研究开展的情况作一回顾和总结，以利于我们梳理取得的成果，分析存在的不足，为后续课题"中国大学文化百年研究"奠定必要的基础。

一、课题研究的指导思想、理论基础

改革开放以来，我国高等教育获得了前所未有的发展，但在快速发展过程中也出现了一些新的问题，如在学校的发展中重物质文化建设，轻精神文化建设；重眼前的实际，轻长远的思考；重相互的趋同攀比，轻个性的创建发展；重教育的社会功能，轻教育的本体功能；人文教育与科学教育割裂；行政干预过多，大学办学自主性不足，大学教育规律与学术自主得不到充分尊重……一个时期以来，大学精神衰微的现象越来越引起人们的关注和思索。大学所承担的时代使命，以及大学在发展中面临的种种问题都亟须大学加强自身的文化建设，20世纪90年代后期"大学文化"研究热在中国悄然兴起，在这种背景下，清华大学、北京大学和高等教育出版社于2002年9月成立了"大学文化研究与发展中心"（下称中心），以便更好地探讨大学文化的理论与实际问题，推动大学文化建设。"中心"成立不久，2002年11月，党的十六大把"三个代表"重要思想确立为党长期坚持的指导思想，并且提出了建设中国特色社会主义先进文化的战略任务。

大学文化是社会文化的重要组成部分。我们选择"先进文化建设中的大学文化"这一课题进行研究，希冀能够促进大学文化建设，促进中国特色社会主义先进文化的建设，这是本研究的基本出发点和指导思想。

本课题的研究涉及政治学、社会学、文化学、教育学等多个学科领域，其主要的理论基础是：马克思主义基本原理同中国实践相结合的理论成果——毛泽东思想、邓小平理论和"三个代表"重要思想；文化学有关理论；高等教育学基本理论。

二、课题研究取得的主要成果

（一）对大学文化的认识

1. 大学文化的科学内涵

"大学文化"是以大学为载体，经过历届师生的努力与外部环境的影响所传承和创造的物质成果及精神成果的总和，是一种独特的社会文化形态，是大学核心竞争力之所在，是大学赖以生存、发展的基础。大学文化的发展受到社会文化的影响和制约，同时，大学作为社会的文化高地，对社会文化有着重要的导引作用。

"大学文化"与"大学校园文化"既有紧密联系，又有区别。在"大学文化"这个概念出现以后，"大学校园文化"一般被界定为大学文化的一个有机的组成部分，"大学文化"不囿于校园内部，还体现大学与社会的联系以及大学精神文化对社会的辐射、引领作用，它是一个统摄性更高、范围更广的概念。

2. 大学文化的特点

大学文化具有创新性、多元性、批判性等特征。

（1）创新性。大学不仅传承人类文明，而且还要开展科学研究，源源不断地为社会提供新知识、新思想、新技术，创新是大学保持活力的重要因素，大学文化的显著特征之一就是它的创新性，失去了创新，也就失去了现代大学存在的根本。大学文化的创新性特点使大学始终站在文化发展的前沿，不断推动着科技发展、经济进展和社会进步，影响着人类文明的进程。

（2）多元性。克拉克·克尔（Clark Kerr）认为，"大学"的性格已不是 university 一词所能表达的，他用 multiversity（综集大学）来称呼大学，意即大学不是单一的组织，而是一个多元体，具有高度的多样性，大学文化是多元性的文化。

（3）批判性。大学文化的批判性特点是由大学人的学术道德和大学的社会责任所决定的，也是大学文化体现创新性的前提。大学应该扮演的角色是人格的塑造者，价值的评判者、文化的守望者以及新的知识领域和内容的开拓者。

此外，大学的发展受到国家与社会的支持，大学肩负服务国家与社会的责任，因此，大学不仅具有学术性因素，还具有政治性因素。

3. 大学文化的作用

第一，大学文化具有育人和教化功能；

第二，大学文化是大学核心竞争力所在；

第三，大学文化是大学实现高效、健康、可持续性发展的重要基础与保障。

（二）"大学文化"和"先进文化"的关系

1. 关于"先进文化"

"先进文化"的内涵。党的十六大报告中明确指出："在当代中国，发展先进文化，就是发展面向现代化、面向世界、面向未来的、民族的科学的大众的社会主义文化，以不断丰富人们的精神世界，增强人们的精神力量。"[①] 当代中国的先进文化，从根本上讲，就是以马克思主义为指导的建设中国特色社会主义的文化，其特点是"立足于改革开放和现代化建设的实践，着眼于世界文化发展的前沿，发扬民族文化的优秀传统，汲取世界各民族的长处，在内容和形式上积极创新"。[②]

先进文化可以为社会发展和进步提供精神动力，是中国综合国力和国际竞争力的深层支撑。因而，先进文化始终是社会进步的灵魂。

2. 大学文化与先进文化的关系

优秀的大学文化是中国社会主义先进文化的重要组成部分，二者之间有密切的关系：一方面，先进文化是大学教育的重要基石，影响和制约着大学文化；另一方面，大学培育和发展着先进文化，并以之去推动经济和社会发展，"大学应该成为继承传播民族优秀文化的重要场所和交流借鉴世界先进文化的窗口，成为新知识、新思想、新理论的重要摇篮，努力创造和传播新知识、新理论、新思想，不断促进社会主义文化的发展"[③]。大学是保存、传承、传播和创造先进文化的场所，它用先进的文化培养社会建设人才，用先进的文化辐射社会，大学是充满创造力的思想熔炉，是引领社会前进的精神家园。

---

① 江泽民：《全面建设小康社会，开创中国特色社会主义建设事业新局面》，在中国共产党第十六次全国代表大会上的报告，2002年11月。

② 江泽民：《全面建设小康社会，开创中国特色社会主义建设事业新局面》，在中国共产党第十六次全国代表大会上的报告，2002年11月。

③ 江泽民：《在庆祝清华大学建校90周年大会上的讲话》，2001年。

（三）探索中国特色大学文化创新之路

1. 新时期大学文化建设的指导思想

人类生活在多元文化的世界中，这决定了人们进行文化选择的必然。文化选择是在多元文化矛盾运动中进行的，我们在进行文化选择时运用的基本机制是文化批判和整合。大学在文化选择中必须始终把握中国先进文化前进的方向。邓小平理论和"三个代表"重要思想是新时期我国大学文化建设的指导思想。

2. 大学文化建设的核心

大学文化建设的核心是大学理念的创新，以理念创新为先导，带动新时期的大学文化建设。大学精神文化是大学文化最重要的组成部分，而大学理念则是大学精神文化中的核心要素。当前大学理念的创新着重体现在以下几个方面。

（1）教育创新首先是教育理念的创新，大学理念的创新要以科学发展观为指导，走科学与人文融会，古今中外文化会通之路。大学理念应克服科学主义、工具理性的片面性，摆脱功利主义的干扰，融入科学和人文相统一的哲学观。大学应当充分发挥文化融合的功能，大学应当成为体现科学文化与人文文化以及不同国家、民族文化融合的"第三种文化"的摇篮。[①]

（2）树立以人为本的理念。要克服在学校整体功能中重物轻人的观念，使教育的社会功能与本体功能协调发展，实现个性化与社会化的和谐统一；克服在大学文化建设中重物质文化轻精神文化的观念；克服在学科发展中重理工轻人文的观念，在当前更要注重加强人文教育；克服教学过程中以教师为中心的观念，使教师的主导作用和学生的主体作用协调发挥；克服在教育管理上党政干预过多，使党委领导、校长治校、教授治学协调地发挥作用，在当前要注重落实教授在治学中的作用。[②]

（3）坚定引导社会前进的大学理念。20世纪后半叶以来，大学在社会发展的地位和作用越来越突出地显示出来。"大学是经济发展的动力源"，"大学是国家最进步力量的先驱"，"大学是社会的道德灵魂"，"大学是人类社会有史以来最能促进社会变革的机构"，保持大学人的学术良知和人文关怀，坚持大学为社会政治、经济、文化服务的社会服务观，努力实现大学教育责任与学术责任的和

[①] 胡显章、程钢：《大学应当充分发挥文化交融的功能》，载《清华大学学报》（哲学社会科学版），2006（2）。

[②] 胡显章：《以人为本，促进人的全面发展是科学教育发展观的核心》，载《清华大学教育研究》，2004（2）。

谐统一、大学学术自由和社会责任的和谐统一。

（4）确立面向世界的理念。当今，在经济与信息全球化的背景下，教育的国际化已是人的社会化和大学教育现代化的必要条件，大学要增强全球意识、开放意识，并注重教育国际性与民族性、国际化与本土化的统一。

3. 构建创新型的大学文化

当前，大学文化建设所面临的重大而紧迫的课题是要构建起一种创新型的大学文化。

1）构建创新型大学文化是我国现代化事业以及大学自身发展的内在要求

（1）文化创新是历史发展的必然。创新是民族进步的灵魂，是历史发展的必然要求。

（2）发展创新文化是建设创新型国家的必然要求。2006年年初，21世纪的第一次全国科学技术大会明确提出了建设创新型国家的发展目标。为实现这一宏伟目标，就必须营造与之相适应的文化氛围，建设与之相适应的文化体系，也就是说，创新型国家的建设需要构建创新型的文化。在建设创新型国家的过程中，首要的是要进行文化创新，创新型文化建设成为当前我国社会主义建设中的一项迫切任务。

（3）构建创新型大学文化是大学自身发展的需要。

2）创新型大学文化的特质

创新型的大学文化要为大学的创新活动提供动力、氛围和必要前提条件。一个有利于创新的大学文化应该具备以下特质："以人为本"的理念；实事求是的科学作风；崇尚创新、追求真理的理念，鼓励探索、宽容失败；积极活跃的学术氛围。学术无禁区，思想不强制，体现思想自由、学术自由和社会责任、科学道德、科学规范的和谐统一；信任、平等、开放、合作的学术平台和人际关系；民主参与的决策机制。

3）创新型大学文化建设的策略

（1）要构建创新型大学文化价值体系；（2）营造有利于创新人才脱颖而出的良好文化环境；（3）建设大学创新型的制度文化；（4）整合并充分利用大学创新基础资源。

4. 实现大学文化创新的途径

（1）加强大学精神文化建设，包括创新文化的建设。

（2）推进大学制度文化创新。首先，增强大学自主办学意识；其次，建立学术型管理制度；最后，保持大学与社会的协调。

（3）发挥大学组织中文化机制的整合功能，重视学术共同体建设。

（4）注重大学教师学术团队的培养。

（5）重视大学生创新潜质的养成与发掘。

（6）重视大学文化意义符号的建设。

（7）开展大学文化研究。

大学文化的建设与创新，有赖于理论的自觉。研究大学文化有助于提升文化建设的自觉性和科学性，有利于大学作出改革发展的正确决策，肩负起大学应有的历史文化使命。大学应结合自身的实际，普遍开展大学文化研究，将之纳入学校重要的议事日程。

三、研究成果的意义与价值

本课题作为一项具有开拓性、前瞻性的研究，研究成果具有以下几个方面的意义和价值。

（一）理论价值

本课题对大学文化的科学内涵、大学文化与先进文化的关系、大学文化的作用、大学文化的创新等问题进行了较为充分的理论探讨，在理论上取得了一些突破性进展。课题组以"大学文化"为研究对象，这个概念的提出本身就是一个理论上的创新，大学文化研究超越了校园文化研究的范畴，以更广阔的视野和更高的角度来看待大学。

此外，本课题还在研究方法上做了积极的探索。课题组在研究中不仅从高等教育学的角度切入，还从文化学、社会学的角度对大学的本质、功能、内涵等问题进行了探讨。

（二）实践意义

大学文化研究不仅是要改变大学人文精神式微的现象，还要在国家改革开放、全面建设创新型国家、实现中华民族伟大复兴的时代背景下，探讨如何在文化创新中发挥大学的作用，为思想创新、制度创新、科技创新提供良好的文化氛围和动力支持。因此，具有重要的现实意义和应用价值。

课题组还开展了对包括北京大学、清华大学在内的大学文化个案研究，总结和分析了两所大学的办学传统和办学特色，针对现实存在的问题开展了理论与实际紧密结合的研究。

（三）学科意义

从学科成长的角度来讲，学科发展是一个不断分化、整合和生长的过程。大学文化研究具有跨学科研究性质，大学文化是教育学、文化学交叉生长出来的一个研究领域。从这个意义上说，大学文化研究开拓了一个学科新领域，或学科新的生长点。

可以预言，随着研究的开展，大学文化学必将形成自己特有的研究对象、研究范围、研究方法和话语系统，研究范式也将日趋成熟，一门新兴学科的诞生指日可待。

（"先进文化建设中的大学文化研究"
课题组负责人胡显章对课题的回顾与总结；原文见胡显章主编：
《先进文化建设中的大学文化研究》，
高等教育出版社，2009年，2～15页）

不忘本来、吸收外来、创造未来 自觉持续推进大学文化建设

　　胡锦涛总书记在庆祝清华百年庆典的讲话中,将文化传承创新列为大学的基本任务,同时强调了大学要积极发挥文化育人作用,推动社会主义先进文化建设,增强我国文化软实力和中华文化国际影响力,努力为推动人类文明进步作出积极贡献,这是对高等教育思想和大学职能的新发展。推进大学文化建设将成为新时期我国高等教育与时俱进的重要使命,预示大学文化建设将进入一个新阶段,提升到一个新高度。2010年夏季,云杉著文《求是》《文化自觉　文化自信　文化自强》,指出:"新的形势、新的任务,迫切需要我们进一步增强文化自觉,具体来说就是做到三个高度自觉,即地位认识上高度自觉、规律把握上高度自觉、责任担当上高度自觉。"胡锦涛总书记的讲话必将促进高校办学者提升上述三个"高度自觉"。我们应当不忘本来优秀的文化传统,科学吸收外来文化精华,为持续创造未来新文化作出贡献。

　　大学作为国家的文化高地,肩负对民族文化的继承、发展和传播的任务,首要的要求是植根于本民族的文化沃土中,使自身的文化体现鲜明的民族性。德国教育家洪堡将"完整的民族性"作为培育理想完人的目标之一;于1869—1909年在哈佛大学担任了40年校长的艾略特提出美国的大学必须"从自己深厚的文化土壤中成长起来"。在此后的一个世纪里,包括哈佛在内的美国著名高校力图通过加强通识教育使大学植根于美国的文化土壤,并肩负起打造民族文化共同体的使命。大学重视文化的民族性,是因为如钱穆先生所说:只有当知识在水平线以上之国民,对其本国以往历史文化抱有温情与敬意,其国家乃再有向前发展之希望。中国高校自15年前开展的文化素质教育以及世纪之交兴起的通识教育,一个重要目的就是要解决大学生的文化植根问题,我们需要将这一努力坚持下去。当前的问题是认识并不到位,措施仍不得力,还缺乏有效的路径和政策支持。中国的传统文化,特别是以中庸文化、和合文化、人本文化为内涵的特色文化以及体现为"自强不息,厚德载物"的精神风貌,是中国社会得以延续发展的重要基因。对于其中合理的内核,如主张遵循客观规律办事,

防止偏激，注重修身养性；主张博大的襟怀、协和的关系，求同存异；主张以民为本，重视教化、重视人才以及明德新民的教育理念和因材施教的教育方法等，都仍然有其积极的现实意义。同时，从井冈山、延安到新中国形成的革命传统，如长征精神、延安精神、雷锋精神、两弹一星精神，北京奥运精神、抗震救灾精神以及高校自身积淀的大学精神等，同样是宝贵的财富，我们均应加以传承。但是我们不能不看到，我国存在民族文化的某种失根现象，一些宝贵的文化传统，如作为进德修业之本、立人之道、执政之基的诚信传统常常被忽视，甚至被败坏；另外，几千年所积淀的消极文化因素，如官本位、等级特权观念、对权力的过分崇尚和追求、经验主义和无所不在的人情文化，对作为现代化特征的理性精神文化形成了巨大的阻滞作用，而且渗透到被称为"一片净土"的大学，影响了决定国家未来的青年一代的健康成长。所以我们必须对优秀的传统文化既要抱以温情与敬意加以传承，又要对其消极因素进行批判与规避。处在社会文化高地的大学在以先进文化对大学人进行潜移默化的同时，应当对社会文化发挥积极的引领作用。而实际上，大学并不总能以先进文化导引社会，甚至还出现与各种非理性文化"同流合污"的现象，呈现了诸多的文化问题。如对优秀的民族传统文化缺乏体认，对学校一些优秀传统未能充分传承。在急功近利和忽视契约化的大环境影响下，大学人引以为傲的优良学风正受到某些浮躁乃至取巧风气的挑战。学风，本质上是文化的体现，教书育人、管理育人、服务育人、环境育人，本质上都是文化育人。所以，无论是从学校文化育人的根本任务出发，或是考虑大学对社会文化引领的使命，都要在传承中华民族重诚信的优良传统和大学自身"诚信为人，严谨为学"的学风上进行持续的努力。

在新时期国际化的办学环境中，我们了解到西方一流大学的办学理念和教育思想也在不断的继承发展之中，其中有许多是值得我们借鉴的。回顾20世纪，中国高等教育经历了学习日、德、美、苏的过程，积累了许多经验与教训。最重要的是：一要有宽广的视野，博大的襟怀，会通的范式，而这正是清华的好传统；二要对其精华和糟粕进行清醒的判断和选择，吸纳其有益部分；三要使之本土化，从中国和本校的实际出发，在与本来的文化传统融合中实现创新，以建立有中国特色、中国风格的现代化高等教育体系。为此，必须保持高度的文化自信，尊重自身的优秀文化传统和被实践证明是行之有效的办学理念与教育思想，并且具有影响世界教育走向的责任和志向，这应当是国家实现向创新型转型和民族伟大复兴的重要标志。在清华的历史上，梅贻琦校长植根于中国深厚的文化土壤,将中国的大学之道与美国的通识教育理念相结合,提出了"通识为本,专识为末",强调"以无通才为基础之专家临民,其结果不为新民,而为扰民",要求学生在自然科学、社会科学与人文科学上都有所准备,形成了中国特色的教育理念,孕育了大批优秀人才;在新清华,蒋南翔有选择地学习苏联重视实践教育的传统,同时继承老清华"厚基础"的育人理念,依据社会主义事业的需求、党的教育方针以及清华的实际,提出"又红又专、全面发展""因材施教""三支代表队,殊途同归""至少为祖国健康工作五十年"等一系列具有创造性的教育理念,形成了"厚基础,重实践"的育人特色,同样是人才辈出;在新时期,学校将育人理念发展为"厚基础,重实践,求创新",并坚持"重在提高,在提高中发展",实施"一个根本"(以育人为根本)、"两个中心"(成为国家重要的教育和研究中心)和"三项职能"(教学、科研、社会服务相结合)的办学理念。这些都是在继承自身和吸纳国外积极办学理念基础上的创新,是今后发展的重要基础。清华在综合基础上形成的一些创新理念产生了积极的国际影响。在清华百年校庆活动期间,清华部分学科进行了国际评估,国际专家充分肯定了清华本科生的培养质量;在美国威斯康星注重服务社会的理念和斯坦福科技园模式的影响下,清华所发展的产、学、研结合模式和科技园建设的经验,也得到国际名家的赞许。如比尔·盖茨说:"时代应该更多地为科技创新来构思,我认为世界上有两个地方做得最好,一个是斯坦福,一个是清华科技园。"哈佛大学与东京大学校长都表示从清华产、学、研结合的模式中受到启发。在相互的学习借鉴中,中国高等教育一定能够为世界高等教育思想宝库提供积极的理念和经验,我们应当有这样的自信。同时,在中国向世界打开国门后,也不可避免地受到西方消极文化的侵袭。比如,在教育教学中重工具理性、轻价值理性的现象普遍存在,这是一个世界性文化现象。联合国教科文组织 1998 年发表的《21 世纪的高等教育:展望与行动》指出"高等教育本身正面临着巨大的挑战",大学"必须进行从未要求它实行过的最彻底的变革和革新,以使我们目前这个正在经历一场深刻价值危机的社会可以超越一味的经济考虑,而注重深层次道德和精神问题"。哈佛大学原哈佛学院院长哈瑞·刘易斯在专著《失去灵魂的卓越 哈佛是如何忘记教育宗旨的》中批评哈佛的领导人听任学校的办学方向偏离教育的宗旨,只一味地迎合消费者的需求,忽视了责任感和公民意识的培养这一核心问题,是追求"失去灵魂的卓越"。所以,重视工具理性和价值理性的统一,重视继承传统文化的优秀基因,避免"失去灵魂的卓越",对广大师生和社会文化发挥积极的导引作用,是当今大学文化自觉和文化建设的核心课题。

在当前大学文化建设中需要正确处理的一个历史课题是科学文化与人文文化的关系。由于近代以来学科分工不断精细化，加上二元对立哲学观的影响，使得科学文化与人文文化出现了隔阂与分离，这种分离在本质上是与西方现代化进程中工具理性与价值理性的分离密切相关的。这种文化的分离在大学教育中的突出表现是人文教育被职业教育所屏蔽，在教学过程中偏重知识的灌输和技能的训练，忽视科学技术的文化价值，忽视人格的培养和批判性思维习惯的养成。20世纪90年代中期开始在我国高校展开的文化素质教育，正是以促进科学文化和人文文化、科学教育和人文教育的融合为主题的。我们着重针对重理轻文的时弊，把侧重点放在加强人文教育上，取得了一定的成绩。但是，从对两种文化的认识以及如何促进其相互靠拢和融合上还缺乏深入的探讨与有效的实践，这是今后一个时期我们面临的一个重大的文化自觉和文化选择课题。这不仅仅需要理念上的提升，还需要教学计划、课程设置、师资建设、体制机制等方面的改革和突破。特别是应当进一步明晰文化素质通识教育课程所肩负的确立学生文化根基的目标，切实将其置于基础性的地位。同时，还要在专业课程与教学环节中实施素质教育。这要求教育工作者要提高文化自觉和文化素养，以有效实现全员、全方位、全过程的素质教育。

在孕育创新型人才过程中，需要着力克服"工具化"教育思想的束缚。长期以来从基础教育到高等教育，以"制器"而非"育人"为教育目标，在教育思想与方法上，以教师为中心的传承式、灌输式教学过程，约束了学生的学习主动性和积极性，制约了学生的创造性。包括清华在内的中国重点大学，尽管进来的学生具有扎实的基础知识，但是，所接受的基础教育常常是有悖教育规律的，"十年寒窗苦读"，使许多学生的自主意识受到严重的消磨和约束。到大学后，如果教师仍然将他们作为知识的存储器来对待，以灌输知识为己任，将会强化学生"工具化"的弱点，继续弱化他们的创造意识和自我教育的习惯与能力，阻碍创造性人才的成长。因此，大学教师们有效革除"工具化"教育模式，激发学生精神生命发展主动权的任务显得紧迫而珍贵。在这方面，西方教育注重发挥学生主体性作用的理念与方法值得我们认真思考与借鉴。在国家向创新型转型和培养创新型人才的过程中，人的主体创新，人的精神生命创新，带有根本的意义，这是文化创新的核心和基础。所以，我们应当把文化育人提升到一个新的境界来认识，来实践。除了普遍重视教育思想的突破和教育教学方法的改革，还要着力营建使"独立之精神，自由之思想"得以弘扬的文化氛围。在持续的文化选择中，应当确立建设性的批判思维。使教育认识论哲学基础与政治论哲学基础得以兼顾，使精神独立、思想自由、崇尚真理、尊重学术与尊重学术规范、学术道德以及社会责任得以兼容和统一。

（发表于《清华大学教育研究》2011年第3期）

谈谈大学文化的传承创新

一、文化建设要有明确的现实针对性

怎样认识我们生活在其中的文化问题?

一方面,面对重大事件表现出我中国传统文化的巨大凝聚力和影响力。

习近平指出:"中华文明源远流长,蕴育了中华民族的宝贵精神品格,培育了中国人民的崇高价值追求。自强不息、厚德载物的思想,支撑着中华民族生生不息、薪火相传,今天依然是我们推进改革开放和社会主义现代化建设的强大精神力量。""独特的文化传统,独特的历史命运,独特的基本国情,注定了我们必然要走适合自己特点的发展道路。"

2015 年 7 月 2 日"软实力"提出者、哈佛大学的约瑟夫·奈参观了曲阜孔庙后说:"为什么中国能发展好,可能就是因为中国文化。中国文化决定了中国的发展道路。"

另一方面,也存在民族文化的失根和随市场产生的物质主义对非物质价值观的挤压现象,一些宝贵的文化传统,如进德修业之本、立人之道、执政之基的诚信传统常常被忽视,甚至被败坏;同时,几千年所积淀的消极文化因素,如官本位、经验主义和人情文化,对作为现代化特征的理性精神文化形成了巨大的阻滞作用。这些消极因素渗透到被称为"一片净土"的学校,影响了决定国家未来的青年一代的健康成长。

走向全球化时代的中国社会,面临着如何在充分继承优秀传统文化的基础上,突破传统文化落后模式对现代性的阻滞力这一不可推脱的历史任务。大学人应当肩负起突破这种文化阻滞力的任务,首先在校内做起,进而以先进文化推动社会文化现代化的进程。

文化问题剖析

（一）传统文化反复受冲击产生"文化失根现象"

新文化运动举起"科学""民主"大旗，掀开新民主主义革命的序幕，对中国封建统治发起历史性冲击，极大地动摇了封建统治的思想文化基础，其功不可没。但是，在批判传统文化时出现了矫枉过正，"倒洗澡水时把孩子也倒掉了"的现象。

中华人民共和国成立后，多次文化批判运动，也将矛头指向传统文化，常常不能把握好批判与继承的关系；到了文化革命，则是横扫传统文化。加上改革开放之后西方"蓝色文明"和资本主义消费主义的侵袭，使得传统文化未能随拨乱反正一起复兴，国民在不同程度上呈现文化失根现象。

马克思谈到英国对印度入侵后果时指出："印度人失掉了他们的旧世界而没有获得一个新世界，这就使他们现在所遭受的灾难具有一种特殊的悲惨色彩，使不列颠统治下的印度斯坦同它的一切古老传统，同它过去的全部历史，断绝了联系。"

近代以来，中国一方面遭受列强的全面掠夺侵袭；另一方面加上自身对传统文化的反复批判，虽然没有出现其他三大文明那样的断裂现象，但是优秀的文化传统未能得以充分的传承。

今天我们许多人对传统文化是陌生的，至少有四代人对传统文化缺乏了解，更缺乏温情与敬意。要继承和发扬民族文化，首先就要填平百余年来现实与传统之间的鸿沟。而且，还要做好传统的创造性现代转化，这是一项十分艰巨的工作，但是，又不能不做。因为一个缺乏自身文化根基的民族很难实现真正的民族复兴。

（二）传统文化中消极因素的影响

在我们寻找社会道德失范、腐败久反不止的原因时，常常认为是制度出了问题，经济体制和分配方式出了问题。应该说以上的问题都存在，但是，沉积在民族心理结构深处的政治文化影响却是起着普遍和深远的作用。政治文化的概念是美国政治学家阿尔蒙德（Gabriel. A. Almond）提出的。"政治文化"是指一个民族所追求的信仰、"政治态度"、行为规范和心理特征。

中国的封建政治文化是建立在小农经济基础上的，在政治上遵循的是封建等级观念和等级制度，由于等级观念容易滋生特权思想，因而形成"官本位"

政治文化。所谓"官大一级压死人"成为等级观念的写照,而所谓"书中自有黄金屋,书中自有颜如玉",则把封建科举制度与官本位的特权追求紧密相连。当今在中国民众中,这种封建"官本位"的观念仍然有着普遍的影响力,在干部队伍中,这更是背离"为人民服务"革命传统的文化根源。邓小平指出:"搞特权,这是封建主义残余影响尚未肃清的表现。"

由于中国长期在农业文明条件下,人作为自在的日常生活主体,主要生活在由血缘宗法关系维系的责任秩序中,其日常交往是以血缘关系、宗法关系和天然感情为基础的。而长期运行的中国农业文明具有成熟性、稳定性和持久性的特点。在中国,虽然现代化进程已持续了一个多世纪,并经受着信息化、全球化以及蓝色文明的冲击,但是,我们的农业文明仍然以特有的成熟方式持续生存着、传承着。而且,由于我们的许多重要政策在维系着城乡二元化结构,使得广大的农村依然停留在由血缘宗法关系维系的责任秩序中。

在这样的背景下,凭经验、靠关系行事成为无所不在的运行机制,反映了中国传统经验性和人情化文化模式的保守性与顽固性,呈现了一种超稳定的结构,表明中国传统文化现代转型的艰巨性和长期性,由此也可以体察反腐斗争的艰巨性和长期性。

(三)大学精神文化衰微现象

中国是一个重视教育的国度,但是,由于传统文化中的非理性因素和近代发展起来的实用主义与功利主义影响,加上大众文化和网络文化的低俗浮躁倾向,使得教育不同程度上偏离了"使人成为人"的本真,学校缺乏文化品位,教师缺乏文化素养,学生缺乏文化素质,制约了大学的发展和国民素质的提升。

有学者认为,大学精神衰微现象在我国的突出表现是教育活动本义的缺失、大学的创造力不足、官僚化气息对大学的侵袭和盲目攀比、缺乏特色;也有学者认为,大学精神的衰微主要表现在作为社会主义大学对社会主义核心价值体系缺乏体认,对中国优秀的传统文化未能得以充分地传承,在对西方文明合理内核未能进行理性吸纳的同时又受制于传统文化中的非理性因素的影响。

2002年9月在大学文化研究与发展中心成立大会上袁贵仁谈到大学文化所存在的不足时指出:我们的教育重视学科专业的系统性,相对忽视人的完整性,对人的健全人格、个性的培养重视不够;我们的教学侧重"教书",突出知识、技能的传授,相对忽视"育人",对人的思想品德、素质能力的培育重视不够;学校的建设,重视硬件、设施,相对忽视观念、制度,对教学观念、办学理念的研讨、宣传重视不够；学校的管理环境，多一些社会机构共性，相对少一点文化自觉、文化蕴涵，对学校整体文化形象、文化气质的设计、培育重视不够。

特别需要关注的是，在急功近利和忽视契约化的大环境影响下，大学人引以为傲的优良学风受到某些浮躁乃至取巧风气的侵袭。

清华本科生问卷：认为学业论文可以抄袭拼凑的占 10.2%；说不清的占 18.9%

沈阳某高校的大学生学术道德状况问卷调查显示：对于考试作弊的看法，15.7% 表示"深恶痛绝"，33.8% 表示"无可奈何"，50.1% 表示"可以理解"，表明多数持宽容态度；认为实验拼数据是不诚实的态度占 44.1%，35.3% 认为是完成作业的捷径，18.4% 认为无可厚非。

这些数据反映了大学生中对学术诚信问题缺乏是非观的严重性。

实际上，学生身上出现的问题，常常可以在教师身上找到根源。美国两位著名的教授（希拉·斯劳特、拉里·莱斯利）在《学术资本主义》中指出：西方工业化国家的大学正走向学术资本主义，大学教学科研人员为了获得资金而进行的竞争，使他们脱离课堂教学的研究。现在，在中国高校，一些教师不能把主要精力放在教书育人上也是相当普遍的现象，一些研究生对导师以"老板"相称，表明教学在某种程度上被异化为资本雇佣关系。华东理工大学教师张××违背教育部颁布的《高等学校教师职业道德规范》规定："不得从事影响教育教学工作的兼职"，以及《关于深入推进高等学校惩治和预防腐败体系建设的意见》规定："禁止院（系）、教师违规利用学校资源兴办企业"，让研究生李×去个人私办工厂做中试实验，爆炸身亡。学生介绍，张老师非常忙，很大一部分时间都在校外办企业、谈业务、给人培训等。

同时，只顾教书，忽视育人的现象相当普遍，甚至有的教师成为消极因素的传播者。在教育教学中重工具理性，轻价值理性的现象普遍存在。

忽视价值理性是一个世界性文化现象。联合国教科文组织 1998 年发表的《21 世纪的高等教育：展望与行动》指出："高等教育本身正面临着巨大的挑战"，大学"必须进行从未要求它实行过的最彻底的变革和革新，以使我们目前这个正在经历一场深刻价值危机的社会可以超越一味的经济考虑，而注重深层次道德和精神问题。"

问题反映出科学办学理念的缺失。

哈佛大学原哈佛学院院长哈瑞·刘易斯在专著《失去灵魂的卓越 哈佛是如何忘记教育宗旨的》中批评："哈佛的领导人听任学校的办学方向偏离教育的

宗旨，只一味地迎合消费者的需求。"这里提的教育宗旨是指："大学原本应该为社会培养原则性强、受人敬重的领导人；应该培养学生重要的价值观、性格、道德，让他们愿意为世界人民的福祉而学习。"刘易斯强调"责任感和公民意识的培养，是大学教育的核心问题"。

同时，我们应该看到国家向创新型转型过程中遇到创新文化薄弱的制约。国家现在进入自主创新的阶段，面临"大众创业、万众创新"的要求，特别需要开放、包容、自由、自主、自律的创新文化氛围。创新文化作为现代大学文化的本质特征和核心内容，深刻影响着大学乃至社会的创新进程。大学应该充分认识以理性、契约化、主体性、创造性为特征的现代理性精神未能充分确立的问题，着力建设创新文化。

二、大学精神文化建设的基本理路

（一）确立科学的办学理念，并形成共识

大学理念主要是对大学的本质、办什么样的大学和怎样办大学、培养怎样的人和怎样培养的理性思考。

大学理念的核心环节——坚持育人为本与文化育人。

大学自诞生之日始，就是以育人为根本任务的。大学文化本质上就是育人文化，大学的根本任务是通过人文化成来促进人的发展。

康德认为："教育是使人成为人的过程。"布鲁贝克认为："教育的根本任务是培养人、造就人，将学生转化为能适应环境生存的社会化或文化化了的人。"爱因斯坦强调："用专业知识教育人是不够的。通过专业教育，他可以成为一种有用的机器，但是不能成为一个和谐发展的人。要使学生对价值有所理解并且产生热烈的感情，那是最基本的。他必须获得对美和道德上的善恶鲜明的辨别力。否则，他——连同他的专业知识——就更像一只受过很好训练的狗，而不像一个和谐发展的人。"蔡元培认为："教育者，养成人格之事业也。使仅仅为灌注知识、练习技能之作用，而不贯之以理想，则是机械之教育，非所以施予人类也。"

袁贵仁说："大学的根本任务是培养优秀人才""在一定意义上可以说，大学即文化。大学的教育教学过程，实质上是一个有目的、有计划的文化过程。所谓教书育人、管理育人、服务育人、环境育人，说到底都是文化育人。"

所以，重视工具理性和价值理性的统一，重视继承传统文化的优秀基因，规避其不良因素对现代化的阻滞作用，吸纳世界上一切优秀的文化精华，重视

大学精神文化建设，并对社会文化发挥积极的导引作用，是当今大学文化自觉和文化建设的核心课题。

同时，面临国家向创新型转型，建设创新文化是大学的另一个紧迫课题，其核心是尊重和发掘人的精神生命主动性。

这正是办学理念所要面对的两方面基本问题。不同类型和层次的学校只有程度的不同，没有本质的不同。

（二）着力建设积极的大学精神

大学精神的形成既是大学人受到潜移默化的过程，又是大学的组织者有计划地通过各种仪式、文化符号以及典范向组织成员持续传递本组织的理想、信念、价值观和行为准则并使之自觉体认的过程，在文化自觉基础上也是师生自我教育的过程。

1. 精神文化建设的有效性离不开现实针对性和工作持续性

爱国奉献是大学精神的重要基因，常常反映在对祖国文化的热爱和献身祖国的自觉行动上。一段时间里，在复杂的社会、国际和家庭因素影响下，许多毕业生在文化和就业选择上带有盲目性，制约了杰出人才的成长。清华依据培养人才的成功与不足，在2000—2001年开展了清华精神大讨论和"我的事业在中国"主题教育活动，从2003年开始实施"启航计划"，引导学生确立正确的就业观。经过锲而不舍的努力，从2004年以后，清华毕业生到西部、基层、国家重点单位的比例每年以约5个百分点上升，2010年达到并基本稳定在近80%。现在"到基层去，到西部去，到祖国最需要的地方去"已蔚然成风，反映了工作针对性和持续性的效果。

2. 要着力继承、弘扬优秀传统

一所学校，在办学过程中积淀了有自身特色的传统，这些传统成为以文育人的宝贵资源。清华在校庆期间，努力体现活动的文化性，以促进师生员工对清华文化传统的了解和体认，我们认识到应当使这一努力经常化、持续化，如出版反映大学文化传统的文献、组织参观校史展览、举办青年教工清华精神文化学习研讨班等。

3. 大学精神的形成需要深厚文化底蕴

大学精神的形成需要文化底蕴，这是世界许多名校的共识。一个世纪前在哈佛大学担任了40年校长的艾略特提出美国的大学必须"从自己深厚的文化土壤中成长起来",在此后的一个世纪里,包括哈佛在内的美国著名高校力图通过加强通识教育使大学植根于美国的文化土壤。中国高校自1995年普遍开展的文化素质教育以及世纪之交兴起的通识教育,一个重要目的就是要解决大学生的文化植根和认知挑战问题,我们需要将这一努力坚持下去。

清华大学经过全校大讨论,围绕着素质教育的战略主题,确立了"价值塑造—能力培养—知识传授"三位一体的教育理念,实施通识教育为基础,通识教育与专业教育相融合的教育模式,以将立德树人,以文化人落实到教育教学的全过程。

4. 大学精神的核心环节在于"学"

清华大学前校长陈吉宁在就职演说中强调:大学的根本不在"大",而在"学",在于学生、学者、学术、学风。陈吉宁认为,大学不仅是传授知识和技能的场所,更是培养人的思想、情感、意志、品质之所在,是铸造灵魂的地方。办大学要以"学生为本""学者为先""学术为基""学风为要",在这里突出了一个"学"字。大学的根本任务是依靠"学者"培养"学生",大学完成培养学生、科学研究和社会服务的任务,要以"学术"为重要基础,以"学风"为主要保障,所以大学坚持以学为主,大学精神的核心环节在于学,主要体现在学习、学术之中。学校要重视持续的学风教育。

从1985年初开始,清华大学开始在全校进行保持和发扬"严谨、勤奋、求实、创新"优良学风的教育。2002年学校又开展了学风建设年活动,为搞好这次教育活动,学校汇集了4年学生考试、毕业、结业情况,收集约30万个数据,干部听课1041课次,晚自习查访390个宿舍2100多人,对不及格较多的127名学生进行了访谈。在此基础上,王大中校长作加强学风建设的动员报告,启动学风建设年。他提出"为学须笃行,为人重诚信,为学如为人",并以朱镕基学长的座右铭激励学子:"为学在严,严格认真,严谨求实,严师可出高徒。为人要正,正大光明,正直清廉,正己然后正人。"

王大中明确指出:学校的学风包括教风、科学作风、学生的学风。此后,学风教育常抓不懈。同时,学校持续进行教师学术规范和学术道德教育。2003年年底,清华大学制定了加强学术道德建设的有关文件:《清华大学关于加强学术道德建设的若干意见》《清华大学教师学术道德守则(试行)》《清华大学关于处理学术不端行为的暂行办法(试行)》等,对于"学术不端行为"做了明确的界定,对于学术不端行为的处理程序,包括受理、审查和惩处等问题制定了系统的办法，同时也在学术活动的各个环节进一步加强了外部同行专家评议，强化学术评价的公开性和科学性，防范学术不端行为的出现。

5. 从哲学高度提高、弘扬大学精神的自觉性。

依据大学的哲学基础弘扬大学精神：

（1）政治论哲学基础。大学肩负造福社会、服务国家利益、促进人类进步的使命➝大学人具有开阔视野、大局意识、社会责任感和家国情怀，以天下为己任。

（2）认识论哲学基础。大学肩负探索真理、发展真知的使命➝大学人科学理性，实事求是，严谨求新，勇于突破，崇尚建设性批判思维。

（3）生命论哲学基础。大学肩负促进人全面发展、开拓人精神生命的使命➝大学人自强不息，追求真、善、美，崇尚办学自主、学术自由和个性发展。

（4）文化论哲学基础。大学肩负文化传承创新与文化育人的历史使命➝大学人应具文化自觉、博大襟怀，植根优秀传统文化，包容会通人类文化精华，厚德载物，兼和和谐。

只有将上述四种哲学基础加以有机辩证地融合，才能全面构筑当代大学精神文化体系，全面体现大学功能，构建当代中国大学之道。依据上述哲学基础，试着提出："大学之道，在明德新民，在以人为本，在包容会通，在止于至善至真至美。"

探索并弘扬具有当代中国特色的大学之道，应该是中国大学人的一个重大使命。

（三）在综合与融合中实现文化的创新

1. 努力体现文化传统的民族性与时代性的统一

大学作为一个国家的文化高地，肩负对国家民族文化的继承、发展和传播的任务，首要的要求是植根于本民族的文化沃土中，使自身的文化体现鲜明的民族性。

（1）需要正确对待现代化与文化传统的关系。在20世纪追求现代化过程中，出现将现代化与传统对立起来的问题，而且在现代化追求中出现了偏差。新文化运动、五四运动的重要宗旨就是追求国家富强，拥抱"德先生"和"赛先生"，但忽视了"劳先生"（Law）和"穆女士"（Moral），以对工具理性的追求屏蔽了价值理性的追求，以现代化排斥文化传统，这种影响延续至今。

传统与现代化这对矛盾贯穿了整个20世纪直至当今。翻开20世纪80年代的历史，我们不能忘记"蓝色文明"和"黄色文明"或"海洋文明"与"黄河文明"的较量。"二战"后，美国出现了现代化理论，基本观点是：非西方国家要实现现代化，必须彻底转变其固有的价值观，这与五四时期反传统主义具有一致性。1988年6月，六集电视系列片《河殇》在中央电视台播出，成为一个以"蓝色文明"代替"黄色文明"的典型事件。其解说词：黄河文明已经衰老了，在整个文明史上，黄河始终是中国的忧患，儒家文化表达了内陆文明的生活规范和理想；而科学与民主则维系了资本主义所赖以存在的海洋文明。按照一种内陆文化的统治模式来进行现代化建设……不能根本性地赋予整个民族以一种强大的文明活力。这些偏颇的观点受到许多有识之士的批判。杨振宁先生指出："这个电视片认为，如果不把这种传统抛弃，中国就没有希望，我认为这是一个大错。"李政道先生说："一个只依赖过去的民族是没有发展的，但是，一个抛弃祖先的民族是不会有前途的。"

实际上，现代化与传统不是绝对排斥的关系。亚洲"四小龙"和日本都不是与传统文化决裂才走上现代化之路的。相反，都是妥当地利用、延伸、发展了自己的传统走入现代化的。这给予我们启迪：中国不仅创造了灿烂的古代文明，也一定能够在继承优秀文明传统的基础上创造新的辉煌与现代文明。

钱穆先生在《国史大纲》中谈到：只当一国之国民，尤其是自称知识在水平线以上之国民，对其本国以往历史文化有所了解，并带有温情与敬意，而不是抱一种偏激的虚无主义，其国家乃再有向前发展之希望。

（2）传统文化的传承创新重在教育。中国传统文化成为四大文明唯一未中断，与中国自古重视办教育使其在民间得到广泛传承有关。

为贯彻落实党的十八届三中全会关于完善中华优秀传统文化教育的精神，落实立德树人根本任务，进一步加强新形势下中华优秀传统文化教育，教育部制定了《完善中华优秀传统文化教育指导纲要》（下称《纲要》），于2014年3月26日下发。《纲要》强调：加强中华优秀传统文化教育，是深化中国特色社会主义教育和中国梦宣传教育的重要组成部分，是构建中华优秀传统文化传承体系，推动文化传承创新的重要途径，是培育和践行社会主义核心价值观，落实立德树人根本任务的重要基础。《纲要》明确以爱国、处世、修身为主题，弘扬中国传统文化的核心精神，进行三个层次的教育：

一是开展以天下兴亡、匹夫有责为重点的家国情怀教育，培养学生做有自信、懂自尊、能自强的中国人；

二是开展以仁爱共济，立己达人为重点的社会关怀教育，做高素质、讲文明、有爱心的中国人；

三是开展以正心笃志，崇德弘毅为重点的人格修养教育，做知荣辱、守诚信、敢创新的中国人。

（3）要注重传统与现实的关系。2017年1月，中共中央办公厅、国务院办公厅印发了《关于实施中华优秀传统文化传承发展工程的意见》（下称《意见》），3月17日，中宣部部长刘奇葆在"中华优秀传统文化传承发展座谈会"讲话中指出：习近平总书记提出的"创造性转化、创新性发展"，是指导传承发展中华优秀传统文化的重要方针。《意见》指出，坚持创造性转化和创新性发展，使中华民族最基本的文化基因与当代文化相适应、与现代社会相协调。坚持"两创"方针，关键是把握处理好继承和创新的关系，处理好传统文化与当今时代的关系，主要看能不能解决今天中国的问题，能不能回应时代的需求和挑战，能不能转化为民族复兴、国家富强、人民幸福的有益精神财富。要坚持辩证唯物主义和历史唯物主义，秉持客观、科学、礼敬的态度，取其精华、去其糟粕，扬弃继承、转化创新，不复古泥古，不简单否定，不断赋予新的时代内涵和现代表达形式，不断补充、拓展、完善，使之成为有利于解决现实问题的文化，有利于助推社会发展的文化，有利于弘扬民族精神和时代精神的文化。

习近平同志强调："办好社会主义大学，要坚持立德树人，把培育和践行社会主义核心价值观融入教书育人全过程。"同时指出，"核心价值观，其实就是一种德，既是个人的德，也是一种大德，就是国家的德、社会的德。"精辟论述了核心价值观与德之间的关系。要使社会主义核心价值观立得住，传得开，用得上，必须从知行结合上下功夫。正如习近平同志强调的："一种价值观要真正发挥作用，必须融入社会生活，让人们在实践中感知它、领悟它。要注意把我们所提倡的与人们日常生活紧密联系起来，在落细、落小、落实上下功夫。"在北大师生座谈会上他还强调："道不可坐论，德不能空谈。于实处用力，从知行合一上下功夫，核心价值观才能内化为人们的精神追求，外化为人们的自觉行动。"

（4）还要注重"中国立场"和"世界眼光"两个维度。既要植根自身的优秀传统文化，有自己的学术话语体系，又要有国际视野，学习借鉴一切文化精华，特别是对人类命运共同体的关注。2013年4月，习近平在清华大学苏世民学者项目启动贺信中指出："今天的世界是各国共同组成的命运共同体。战胜人类发展面临的各种挑战，需要各国人民同舟共济、携手努力。教育应该顺此大势,通过更加密切的互动交流,促进对人类各种知识和文化的认知,对各民族现实奋斗和未来愿景的体认,以促进各国学生增进相互了解、树立世界眼光、激发创新灵感,确立为人类和平与发展贡献智慧和力量的远大志向。"这是对大学文化传承创新提出的新的时代命题。

为了回答好这一命题,不是一味地"趋同""接轨",而是应该探索一条全球本土化(Globalization)之路。"一带一路"为教育发展带来新机遇。"国之交在于民相亲,民相亲在于心相通。""民心相通是'一带一路'建设的重要内容,也是关键基础。"民心相通的关键在于文化尊重与认同,是"一带一路"建设的心理基础。当前"一带一路"沿线国家高等教育的实力和水平不能适应"一带一路"的需求,在建设"一带一路"的进程中,我们应当坚持教育先行,树立文化引领的高度自觉,推动传统文化的传承与现代文化的创新,通过进一步深化与沿线国家的文化交流及合作,促进区域合作,实现共同发展。我们的教育要抓住机遇,为加深各国民众文化认同,培养急需的人才作出贡献。

2. 努力实现科学文化与人文文化的融合

1948年,梁思成先生批评了文理隔阂对立,主张大学文理交融,走出"半人"时代。

1959年,英国物理学家兼小说家C. P. 斯诺在剑桥大学做了"两种文化"的演讲,指出科学与人文两种文化的分裂是危险的,分裂的一个重要原因就是"对教育专业化的狂热信仰"。所以,他认为"解决问题的办法只有一个:那当然就是重新审视我们的教育"。自此,探索两种文化的融合成为国际高等教育的一个普遍命题。

中国的教育,在高中时就文理分科,如果到了大学,仍然在过分专业化、职业化理念和工具理性思维指导下,使人文文化与科学文化相割裂,那么就是在继续塑造马尔库塞批判的"单面人"(单向度人)或梁思成批评的"半个人",而不可能造就全面发展的人,更谈不上造就大师。

这种文化的分离在大学教育中的突出表现一方面是人文教育被职业教育所屏蔽,在教学过程中偏重知识的灌输和技能的训练,忽视科学技术的文化价值,忽视心灵的教化、人格的培养和思维习惯的养成;另一方面,在文科教育中也存在忽视科学知识的渗透、科学方法和科学精神的陶冶。这种偏颇的教育不利于具有理性精神和人文关怀全面发展人才的培养,也不利于人与自然、人与人和谐相处的和谐社会的建设。

当今,一方面,必须清醒认识广大国民包括大学生科学素养的不足,特别是科学技术包括信息传播技术跨越式发展对人的教育带来的巨大影响。"大数据时代"的来临，信息技术的发展使受教育的方式发生革命性的变化，深刻改变着大学生态环境和大学生学习、思考的方式。大学生对信息的选择、辨识、处理和接受能力以及教师的教学方式、工作方法都受到严峻的考验。这需要广大教育工作者开拓自身的科技视野和能力，适应科学技术和信息社会的巨变。

另一方面，正如美国工程院前院长奥古斯丁所说："现代工程学已进入一个社会工程时代，未来工程师面临的挑战主要起因于非工程因素。"如果我们所培养的工程技术人员，只懂科学技术，很难适应时代的需求。

中国科学院前院长路甬祥谈新时代"能力要求"：要回答好"会不会做"，这是技术的要求；"值不值得做"，这是经济学和管理学的要求；"可不可以做"，这是社会学和法律的要求；"应不应该做"，这是伦理学或生态环境的要求。

科学技术与人文社科艺术的交融是文化整体性时代的要求，是提升适应性，实现创新的重要条件。

乔布斯所创造的奇迹，与其说是经济现象，不如说是一种文化现象。乔布斯说自己"就是喜欢站在文化艺术与科学技术的结合点上思考问题"。

"乔布斯是伟大的艺术型企业家，是商业和艺术的绝佳平衡者，所以他被称为工业界的毕加索或贝多芬。"乔布斯文化在一定意义上是中西文化的融合。乔布斯的座右铭是东方式的"Stay Hungry，Stay Foolish"，即"求知若渴，处事若愚"。这一箴言既符合儒家的教诲，也符合道家的内核。

李政道先生说："在教育上，实现科学与艺术、科技与人文的完美结合，是现代大学成功的重要标志，也是培养适应新世纪发展需要之人才的希望所在。"这是一种文化自觉，我们应当做出持续的努力。

（四）正确处理培养目标和培养模式"通"与"专"的关系

清华大学提出了"建立以通识教育为基础，通识教育与专业教育相融合的本科教育体系。坚持全面发展和个性发展相结合，统筹通识教育和专业教育"的培养模式，清华一些学院针对现存问题着手进一步的教育改革。如经管学院院长钱颖一针对本科教育"过度强调专业知识传授，对价值观和能力重视不足"等问题，明确本科教育的目标为"培养每一位学生成为有良好素养的现代文明人，并创造一种环境有利于杰出人才脱颖而出"，拒绝把学生仅仅培养成一个"经济动物"，而是要培养一个具有领导力的完整的"人"。将通识教育定位为"价值塑造（价值观、人格、理想）—能力培养（好奇心、想象力、批判性思维能力）—知识传授（人类文明核心成果）"，强调"通识教育不是为了眼前的就业，而是为了一生的获益；通识教育本身就是目的，既不是为专业教育打基础，也不是为专业教育的补充"。

推进文化素质教育，只抓文化素质通识教育课程是不够的，还要在专业教育教学中，在丰富多彩的课外活动中，促进科学与人文、为人与为学的和谐发展，以有效实现全员、全方位、全过程的素质教育。

同时，要努力突破过分"专业化""职业化"束缚。为此要抓好两个关键性环节，一是校长与教务部门在理念上要有充分共识，并有推动工作的魄力和顶层设计。清华大学的本科教育改革是在经过2013—2014年的全校第24次教育工作讨论会，在理念上增加共识的基础上，由校长与教务部门在听取各方意见后直接推动的。二是院系负责人和学科带头人对于过分专业化、职业化的弊端有充分的认识，能够从战略角度思考、调整培养目标并具体推动对培养计划的修订和推进通识教育与专业教育的融合。

（五）在教育思想上努力实现对"工具化"的突破

长期以来，从基础教育到高等教育，以"制器"而非"育人"为教育目标，以知识的存储量和提取知识的准确性作为检验学习标准的现象普遍存在。在教育思想与方法上，以教师为中心的传承式、灌输式教学过程，约束了学生的学习主动性和积极性，制约了学生的创造性。高等教育不应该只是传承知识，培养专门人才。爱因斯坦认为"学校的目标始终应当是：青年人在离开学校时，是作为一个和谐的人，而不是作为一个专家。照我的见解，在某种意义上，即使对技术学校来说，这也是正确的，尽管技术学校的学生将要从事的是一种完全确定的专门职业。发展独立思考和独立判断的一般能力，应当始终放在首位，而不应当把获得专业知识放在首位"。著名教育心理学家皮亚杰认为"教育的主要目的是培养能创新的而不是简单重复前人已做过的事的人"。

今天的大学教育需要在提升学生自身的发展主体地位中作出努力，教育工作者应当为学生的全面、自主、可持续发展创造有益的生态环境，只有这样，才能增强学生今后对工作的适应性和创造性，这是一种重要的文化自觉。

中国教育专家叶澜教授强调：21世纪，在教育思想上最终需要实现的核心转变是在对学生精神生命主动性发展的认识上，应当"把个体精神生命发展的主动权还给学生"。这就要求教师转变自己的教育观念以至教育角色，把自己的职业本质定位为创造人的精神生命。正如《大趋势》作者约翰·奈斯比特日前谈到中国教育时所说："教育的本质不是把篮子装满，而是把灯点亮。"

清华第 24 次教育工作讨论会就教学努力从"以教为中心"转向"以学为中心"达成了共识，明确以学业评价体系改革为杠杆，试图给学生提供充分的选择权，促进学生自主学习，全面发展。为了突破"学分绩"分分计较对学生学习主动性的束缚，清华宣布改革现有学业评价体系：从 2015 级本科生和研究生新生起，百分制的分数将退出历史舞台，代之的将是 A+、A、A-、B+、B、B-、C+、C、C-、D+、D、F 等 12 档形式记载。其中，获 A 和 A- 的人数不超过该课程修读总人数的 20%，获得 F（不通过）的学生比例则不设要求。

我们正面对国家向创新型转型的重大课题，其内涵不仅仅指理论的创新、科学技术的创新、制度的创新等客体创新，还应当包括人的主体创新，人的精神生命创新，后者带有更加根本的意义，是文化创新的核心和基础。人的精神生命创新，基础在教育。

所以，我们应当把文化育人与素质教育提升到一个新的境界来认识，来实践。除了普遍重视教育思想的突破，教育教学方法的改革，同时，还要着力营建使"独立之精神，自由之思想"得以弘扬的文化氛围和倡导建设性的批判思维。

随着中国向创新型国家转型和民族复兴步伐的加快，人们对批判性思维重要性的认识不断加深，批判性思维教育教学逐步成为中国高校素质教育的一个重要关注点。而且，批判性思维教育受到国家领导人的关注。习近平同志 2014 年在北大五四座谈会上指出：培养社会主义核心价值观，要在勤学、修德、明辨、笃实四个方面下功夫。强调要明辨，会宽容、会自省、会自律、会思考，善于分析、正确抉择。这些都是批判性思维所倡扬的基本原则。

什么是批判性思维？大家比较认可的是美国罗伯特·恩尼斯的定义：批判性思维是理性的、反思性的思维，其目的在于决定我们的信念和行动。

当前在高校对批判性思维的关注和理解，表明了一种文化自觉，体现了一种办学理念。当今创新思维得到大学人越来越多的关注。因为创新思维是创新实践的基础和前提。而创新思维是建立在哲学的批判性思维基础上的。

儒家典籍所倡导的"博学之，审问之，慎思之，明辨之，笃行之"体现了中国古代学人对批判性思维和力行的追求，但是，从历史长河来看，在中国封建集权的境遇下，统治者推崇的是被曲解的"民可使由之，不可使知之"的治国之术，批判性思维未能得到普遍倡扬。加上中国传统文化缺乏科学实证与逻辑推理和过于强调师道尊严，不利于批判性思维养成。

西方在古希腊理性精神的传统上形成了逻辑思维，进而发展了批判思维。

20世纪70年代开始,在西方一流大学中,普遍倡扬批判性思维教育。1991年,美国《国家教育目标报告》明确,"应培养大量具有较高批判性思维能力、能有效交流、会解决问题的学生",将批判性思维能力当作重要的教育目标。1998年联合国教科文组织发表《面向21世纪高等教育宣言:观念与行动》,其第一条明确指出:"教育与培训的使命是培养学生批判性和独立的态度。"北美高校设置了许多批判性思维的课程,并努力将批判性思维体现在教育全过程。相比之下,中国高校缺乏必要的自觉和实践。

2005年耶鲁大学莱文校长在中外大学校长论坛上说:"目前中国大学的本科教育缺乏两个非常重要的因素。第一个是缺乏跨学科的广度;第二个是对于批判性思维的培养。绝大多数亚洲国家的学校,本科教育是一个专识教育,一般说来,学生在18岁时就选择了自己终身的职业方向""学生是被动的倾听者、接受者,他们一般不会挑战教授和彼此的观点,把注意力放在对于知识要点的掌握上,而不是去开发独立和批判性思维的能力。"

现今中国高校,已经注意到倡扬批判性思维的重要性。清华顾秉林校长在2004级研究生开学典礼上以"批判性思维与谦和为人"为题发表了演讲,强调在清华治学与为人方面需要注意的一个问题就是重视并正确对待批判性思维。指出所谓批判性思维,是面对认识的对象,做出肯定什么、否定什么,或要有些什么新见解、新举措的一个系列的思考过程。批判性思考不仅要发现错误、查找弱点,还要关注优点和肯定长处。提出进行批判性思维,首先要充分了解你的研究对象;其次,不迷信已有的结论;最后,要不断反思自己的思维模式。继而,顾校长强调批判性思维不仅是处事的一种方法,更是做人的一个准则。我们通常讲的"吾日三省吾身",就是批判性思维的体现。批判性思维应该具有责任感,要有谦和的态度,要反省自我,要遵循明明德、新民和止于至善的大学之道。

由此可见,我们所倡扬、所追寻的是一种理性的、建设性的批判思维,而不是情绪性的、非理性的批判思维。

三、大学精神文化建设应该关注的两个基本点

一是极力体现价值理性与工具理性的统一。这既是社会物质文明与精神文明并进的需要,也是通过教育发掘人的全面潜力、使人全面成长的需要。在当今和今后的一个时期,要着重强化价值理性的教育。

二是将发展人精神生命的主动权作为人自由全面发展的重要价值诉求,作为转变教育思想的重要目标,也作为国家向创新型转型的一个带有根本意义的前提与内涵,其核心是要最大限度地体现人在社会进步和自身发展中的主体性与主动精神。

这体现了正在勃兴的文化哲学两个基本特点:

一是突出人在社会发展中的主体地位,并从人的生命存在方式的高度来界定文化,把握文化的意义与价值,将人对真善美的追求和人的自由全面发展作为最高的价值目标。

二是从哲学高度关注文化的整体性问题,包括精神与物质、科学与人文、科学理性与价值理性、个性与共性,以及传统与现代性的辩证统一。

最后,就努力提升哲学自觉谈一点认识。

由于哲学对人的行为具有价值规范、思维导向和理论升华的功能,欲使文化行为具有高度自觉的意识并沿着理性方向前进,就应该使其上升到哲学的高度。正如马克思所指,哲学"是自己时代的精神上的精华""哲学正变成文化活的灵魂"。大学人必须努力提升自身哲学自觉,哲学自觉是文化自觉的最高境界。

1936年作为清华大学哲学系青年教师,张岱年发表了《哲学上一个可能的综合》,在20世纪80年代,又发表了《综合创新,建立社会主义新文化》,明确提出了"文化综合创新论"文化观,指出"建设社会主义新文化,一定要继承和发扬本民族优秀的传统文化,同时汲取西方有价值的文化,逐步形成一个以马克思列宁主义思想为指导,以社会主义价值观来综合中西优秀文化而创造出一种新型的文化体系",为中国文化的发展提供了一个明晰的哲学模式。而他所依据的就是"兼和"哲学观,即"最高的价值准则曰兼赅众异而得其平衡。简云兼和,古代谓之曰和,亦曰富有日新而一以贯之"。

钱学森经过长期的实践与探索,提出了解决复杂系统问题的"大成智慧工程"。主张跳出从几个世纪前开始的那种将复杂系统不断简化的研究方法——还原论方法。他说,必须集哲学与科学、科学与人文艺术,集人类知识之大成,才能得智慧。他指出:大成智慧的核心就是要打通各行业、各学科的界限,相互渗透、相互促进,创造性成果往往出现在这些交叉点上,学科跨度越大,创新程度也越大。他还特别强调:"一个科学家,他首先必须有一个科学的人生观、宇宙观。"强调,"必集大成,才能得智慧!""大成智慧学"实际是在当今这个知识爆炸、信息如潮的时代里,发展了马克思主义辩证唯物主义的世界观方法论、新型的思维方式和人—机结合的思维体系。

高瞻远瞩，开阔视野，会通创新，是得大智慧的路径。

我们应该将大学文化置于互相融合的高等教育认识论、政治论、生命论和文化论的哲学基础上，借助于张岱年倡导的"兼和"哲学观和钱学森的"大成智慧学"，努力做好文化的选择、兼容和创新，这应当是当代大学精神文化建设体现现实针对性和提升时代适应性的重要指导思想，亦是当今文化自觉自信的哲学基础。

（收入王杰、张世轶主编：《大学文化讲演集》，
天津大学出版社，2018年版，有删节）

大学文化建设是大学战略规划的重要环节

在经济与文化传播全球化的大背景下，大学面临着激烈的竞争，也面对着前所未有的发展机遇。由于高等教育是一项带有前瞻性与全局性的事业，因而，应当从战略高度做好大学的中长期发展规划。在以往的大学规划中，往往注重对物质指标体系的追求，而忽视了对文化特别是精神文化的思考和关注，造成大学战略规划与具体实施中"重硬轻软"的倾向。

大学是人类文明发展到一定程度的产物，它是人类文化的传承和创新的基地，应当自觉肩负起体现和传播人类先进文化的历史使命。同时，大学文化，特别是大学精神文化的建设，在大学自身发展中起着重要的导向与动力作用，并且也是大学建设的重要内涵。重视大学的文化建设，特别是注重作为大学文化的核心与灵魂的大学精神文化建设，无论对大学自身的发展，或是对促进经济社会的协调发展和人的全面发展，都有重要意义。因此，大学文化建设理应成为大学战略规划的一个核心环节。

一、大学要重视办学理念的探索

大学理念主要关注大学的功能定位、人才培养的目标和教学、科学研究、社会服务、国际合作交流，以及大学的物质建设与精神建设等诸方面的内在规律及相互关系等涉及办学的基本问题。

作为现代大学理念的先导者，英国的纽曼继承、发展了亚里士多德"自由教育"的理念，认为"大学（university）是传授普遍知识（universal）的地方"，主张均衡、完整地传授各种知识，学生"应真实自主地进入知识领域"，自由地进行自我教育。这种理念对西方大学教育培养合格的公民与创造性人才产生了深远的影响。但是，纽曼忽视了社会发展的现实需要，反对大学开展必要的专业教育，主张把科学研究排除在大学之外，这反映了他办学理念的局限性。这种局限性在德国教育家洪堡的"教学与研究相统一"和"由科学达至修养"理念的影响下得以避免。洪堡还提出了"自由的学术研究"和"培养全人"的指导思想。这种大学理念，不仅使德国大学的学术水平和教育质量有了很大提高，而且，促进了世界科学技术与经济发展中心向德国转移。美国后来成为世界科学技术与经济发展的中心，也是借助于大学理念的继承与创新。

对于中国高校来说，大学理念的探索与创新也应当是大学发展的核心环节。在中国现代化的进程中，我们走过了以引进先进产品—引进先进技术—引进掌握先进技术的人才为特征的发展道路，但是对于先进产品、技术、人才的源头——先进的大学理念却缺乏系统、深入的研究与借鉴。正如全国教育学会会长顾明远教授所说："中国大学在发展过程中可谓先天不足，后天又历经磨难。虽然改革开放以来，大学教育获得巨大成就，但目前与发达国家的大学教育比，在人才培养和知识创新方面仍然有一定的差距。特别是关于大学发展中的一些基本理念问题迄今仍然没有完全弄清楚。"[1] 所以，认真分析发达国家的大学理念，吸取其先进的带有共性的内容，同时，认真继承我国传统教育理念中的合理内核，实现我国大学教育理念的现代转化，是我国在人才培养与知识创新方面实现赶超，完成向创新型国家转型，加速实现国家现代化的关键因素。我国现代大学教育理念的确立，应该在科学发展观指导下，走古今中西融会之路，在综合中实现创新，这对我们实现教育的现代转化并走在世界的前列具有重要意义。在这方面，我们有很大的发展空间，我们应当有所作为。与时俱进地探索与发展科学的大学理念，应当列入大学战略发展规划。

二、大学要重视创新文化的建设

2006年1月，中国国家主席胡锦涛在全国科学技术大会上提出要发展创新文化，努力培育全社会的创新精神。我们应当站在科学发展观的高度，努力推进大学精神文化包括创新文化的建设。

优秀的文化环境是一切科技创新与制度创新的前提与基础。正如科技部部长徐冠华所说：文化是科学技术进步的母体，是经济社会发展的先声。先进生产力往往是在最适宜的文化环境里实现突破。[2] 创新文化是大学自身发展的内在要求，是大学创新重要的动力源泉、思维导向和不可或缺的学术氛围。有利于创新的大学文化应该具备以下特质："以人为本"的理念；实事求是的科学作风；崇尚创新、追求真理的精神；积极活跃的学术氛围；信任、平等、开放、合作

---

[1] 顾明远：《为施晓光〈美国大学思想论纲〉作序》，北京，北京师范大学出版社，2001。
[2] 徐冠华：《科技创新与创新文化——在"中国科学家人文论坛"上的报告》，2003-04-17

的学术平台和人际关系；民主参与的决策机制等。

为了有利于创新文化的形成，要着力构建创新型大学文化的价值体系。消减大学功利化、工具化的倾向，发扬中国传统文化中"人文日新""革故鼎新""与日俱新""自强不息""不拘一格降人才"等优秀的理念，同时突破中国传统文化中的僵化和保守观念；要深入研究、借鉴国外创新文化，推进学术自由与社会责任、学术道德、学术规范的和谐统一，以构建有利于理论创新、思想创新和科技创新的文化氛围。要努力树立以创新为荣、创新为魂的价值观，以人为本的科技进步观以及开放协作的竞争观；树立科研风险意识，提倡理性的批判精神和宽容失败的博大胸襟，增强民族自信心和社会责任感，培育爱国情怀，振奋民族精神。

三、大学需要不断的文化自觉

所谓"文化自觉"是著名社会学家、社会活动家费孝通先生在 1997 年提出的，在学界引起强烈的共鸣与反响。以我的理解，"文化自觉"包括以下几层内涵：首先，在处理经济、政治、文化三要素的关系时，重视文化的作用。20 世纪 90 年代以来，中国高校文化素质教育和大学文化的研究与建设实践的逐渐兴起，正是大学文化自觉的体现；其次，如费孝通先生所指出的："生活在一定文化中的人对其文化有'自知之明'，明白它的来历、形成的过程，所具有的特色和它发展的趋向，自知之明是为了加强文化转型的自主能力，取得决定适应新环境、新时代文化选择的自主地位。"[1]大学特别应当注重自身大学理念与大学精神的研究与建设，以做好继承、借鉴与创新。最后，在文化选择的基础上，通过继承、借鉴与综合创新，肩负起传播、引导先进文化的责任。简言之，文化自觉体现在重视文化的作用，并在对全球文化与自身文化清醒认识基础上，进行正确、自主的文化选择、传播与创新。

当前，在经济全球化推动下文化传播全球化趋势也在加剧，其间一直演绎着文化的普遍性与特殊性这对矛盾。在这对矛盾展开过程中，"衍生出两种现实的文化战略：一是文化主权战略，二是文化霸权战略，二者的相互斗争构成了全球化时代国际文化关系的轴线"[2]。同时，反映在国内，呈现了"全盘西化"与

---

[1] 费孝通：《关于"文化自觉"的一些自白》，见费孝通：《费孝通九十新语》，210～211 页，重庆，重庆出版社，2005。

[2] 金民卿：《文化全球化与中国大众文化》，2～3 页，北京，人民出版社，2004。

"文化孤立主义"两种极端的倾向。在批判文化孤立主义时,必须清醒地高举捍卫文化主权、反对文化霸权的旗帜;自觉维护国家自主文化选择权、发展权和对外文化交往权;在大学推进国际化的进程中,应当努力坚持全球化与本土化的统一,以做到既开拓国际视野,增强国际交流能力,又能坚守国家立场和民族意识,扩大国际影响力。同时,大学是国际文化交流的桥梁与窗口,大学应当自觉肩负起不同国家、民族文化交融的功能,在促进相互理解与借鉴中,为和谐世界的建设作出贡献。

(发表于 2006 年《北京论坛》)

大学应成为"第三种文化"的摇篮

在民族伟大复兴的征程中,大学将承担怎样的历史责任?大学不仅仅要提升高深的学术和蕴育高素质人才,还成为一个国家和地区经济与社会发展的重要力量,肩负着引领社会文化前进的任务。大学的历史责任要求我们从历史文化的视角来思考自己的使命。

一、"两种文化"的分离与对"第三种文化"的期望

在古典时代,世界上各大文明形成了各自的经典文化体系,它们构成了其后知识与教化的基石。工业革命以降,科学文化逐步成为现代文明最具活力的内容。19世纪中后期以来,随着知识专门化的发展,人文文化与科学文化之间失去了历史上曾经有过的和谐共处状态,出现了人文主义思潮与科学主义思潮的分野和科学文化与人文文化的论争。这种分野与论争最先出现在具有深厚经典文化传统与工业革命的发源地英国。具有典型意义的是:1880年,著名生物学家赫胥黎在英国工业中心伯明翰发表了题为《科学与文化》的演说,呼吁要为人们提供系统的科学教育,并预示"文学将不可避免地被科学所取代";而人文主义思想家阿诺德则于1882年在剑桥做了题为《文学与科学》的演讲,回击此种对人文教育的指责,宣称"为了'教育'的目的,文学,特别是古代的文学,将永远是不可缺少的"。世界体系理论的代表人物伊·沃勒斯坦指出:19世纪,知识的学科化和专业化进程导致认识方式的分化。"从那时起,大学就成了文科(人文科学)和理科(自然科学)之间持续紧张的主要场所;人文科学和自然科学现在被界定为两种完全不同、对有些人来说甚至是截然对立的认识方式。"[1] 进入20世纪,学科的分工日益精细。人文学者与自然科学学者逐渐进入各自的"隧道"而难以沟通。

1959年,英国具有作家、物理学家双重身份的 C. P. 斯诺在剑桥大学做的

---

[1] [美]华勒斯坦等:《开放社会科学》,刘锋译,9页,北京,生活·读书·新知三联书店,1997。

关于"两种文化"的演讲，指出了现代文化普遍存在的困境：科学文化与人文文化的相互隔阂、互不理解的状态。这后来成为一个具有世界影响的重大话题。1963年，斯诺在《两种文化》的新版中，加入短文《再看两种文化》，针对人们对两种文化之间的分裂与隔阂状态引发的悲观论调，他提出有可能存在着一种新型的文化，这种文化将能沟通人文文化与科学文化之间的鸿沟，他将这种文化称之为"第三种文化"。斯诺关于"两种文化"和"第三种文化"的话题所引发的讨论一直延续至今。罗伯特·卢普瑞特在《四十年后：回顾C.P.斯诺的"两种文化"》一文中指出，尽管斯诺的观点是对的，但是，由于"科学和技术进步如此惊人，以致将人文世界完全置于阴影之中，而且这一势头越来越强劲，越发使人文处于守势""情形往斯诺所不希望的方向发展"。[①]20世纪90年代发生的"索卡尔事件"和"科学大战"，实际上是"两种文化"冲突的白热化现象。这场论争表明，斯诺所期望的两种文化的融合局面远未形成，正如美国量子物理学家索卡尔所说："与一些乐观的言论相反，这'两种文化'在心态上可能比过去五十年任何时候还要分隔。"[②]

在中国，虽然人文文化曾长期占主导地位，但近代在西方现代化浪潮的冲击下，科学文化很快占据了主导地位。正如吴国盛教授所说："自19世纪末叶以来，中国根本没有像西方那样有一个强劲的人文传统与作为新贵的科学传统相抗衡，相反，与中国的现代化事业相伴随的一直是人文传统的瓦解和崩溃。"[③]20世纪90年代以来，在经济高速发展而社会道德水准滑坡的强烈反差中，人文文化的地位才逐渐得以提升，融合两种文化的努力才受到较多的关注，但是，离斯诺所期望的两种文化由分裂走向融合并形成"第三种文化"还有相当大的距离。

二、对"两种文化"的分离和融合的哲学思考

两种文化观反映了科学工作者与人文工作者对客观世界认识的片面性，这种片面性是囿于自身实践的局限性而形成的，可说是"存在决定意识"。随着分

---

① Robert Ruprecht: Forty Years Later: C. P. Snow's Two Cultures Revisited. European Journal of Engineering Education，Sep1999, Vol. 24 Issue 3. pp. 231-241
② [美]索卡尔：《跨越界线：后语》，载[美]索卡尔，布里克蒙：《知识的骗局》，蔡佩君译，第262页，台北，时报文化出版企业有限公司出版，2001。
③ 吴国盛：《从"两种文化"到"第三种文化"》，载《中国图书商报》，2003-08-01。

工的日益精细，这种片面性很难顺其自然地被克服。为此，需要我们从哲学的高度来总结与探索走向融合的道路。

在人类文明的初期，古希腊爱奥尼亚的自然哲学家所创立的初始科学形态是专注于自然的。当人们意识到必须关注自身时，采取了彻底转化研究对象的做法，其代表人物是苏格拉底和柏拉图。苏格拉底认为德行就是知识，把哲学认识的目的归结为追求真正的善；而柏拉图将哲学的宗旨界定为善之相。这突出了他们对人文文化的偏爱。"在苏格拉底和柏拉图的雅典学派兴起以后，形而上学就代替了爱奥尼亚的自然哲学。希腊人对于自身的心灵作用入了迷，于是就不再去研究自然，而把目光转向自身。"[①] 这虽然深化了人们对自身的认识，并形成了对日后人文哲学的发展有着深远影响的哲学体系，但是，造成了人文文化与科学文化最初的分离，特别是在相当长的历史时期里，对人文传统的倚重，影响了科学文化的发展。英国科学史家丹皮尔有这样一段评论："在科学上，德谟克利特原子说要比他以前和以后的任何学说更接近于现代的观点。它在柏拉图和亚里士多德的摧毁性批判下，事实上遭到压抑。从科学观点看，这应当说是不幸。后来几个世代竟让各种形式的柏拉图主义代表希腊思想，这件事实实在在是科学精神从地球上绝迹一千年之久的原因之一。"[②] 这一评论可能过于尖刻，但近代中国科学文化在相当长的历史时期落后，是否也能从人文哲学传统长期占统治地位找到原因呢？

在人类文化发展史上，科学文化与人文文化的美好联姻是在文艺复兴时期。在这个由人文主义运动和新科学运动构成的伟大历史活动中，科学与人文向着共同的敌人——中世纪的神权发起冲击，在高扬理性主义的旗帜的同时，人们的思想从神学的禁锢中解放出来，为人文和科学的发展开辟了道路。在这一伟大的历史进程中，以达·芬奇为代表的一批集思想家、艺术家和科学技术专家于一身的巨擘，成为人文与科学融合的典范，在他们身上体现的理性主义成为这一时期的伟大的时代精神。当时在学科上没有"科学"与"人文"的分野，"有关对自然的解释始终被普遍地认为只是那无所不包的事业，即'哲学'的一个成分"[③]。在此后相当长的历史时期里，尽管自然科学加快了发展步伐，但是从笛卡儿、莱布尼茨、牛顿到法拉第、马赫，他们都是集科学家与自然哲学家于一

---

① [英] 丹皮尔：《科学史》，李珩译，10页，北京，商务印书馆，1975。
② [英] 丹皮尔：《科学史》，李珩译，62页，北京，商务印书馆，1975。
③ [英] 斯蒂芬·科里尼为《两种文化》所作的导言，见[英]C.P.斯诺：《两种文化》，纪树立译4页，上海，上海科学技术出版社，2003。

身。甚至到了爱因斯坦、玻尔，仍然体现科学与人文的某种融合。但是，随着科学技术的迅猛发展、学科的日益精细化，加上功利化色彩日渐浓厚，科学主义思潮加快抬头。德国哲学家恩斯特·卡西尔说："在我们的现代世界中，再也没有第二种力量可以与科学思想的力量相匹敌。它被看成我们全部人类活动的顶点和极致，被看成人类历史的最后篇章和人的哲学最重要的主题。"[①]著名当代哲学家哈贝马斯，则将科学技术上升为意识形态，由人类理性所创造的科学技术被异化为人类理性的主宰。而在另一端，在被挤压的境地下，人文学者对科学的误解与偏见也有增无减；而且，科学技术越是发展，人文学者对了解科学潜在的恐惧心理越是增长，与科学文化的隔阂越发加深。

在学科日益精细化的情况下，要求科学家和人文学者深入地了解对方学科是困难的。但是，像斯诺所期望的那样促进两种文化的交流，加深科学工作者与人文工作者的相互了解、相互尊重，并实现某种学科的交叉，使得人文关怀与科学精神携手并行，那是完全必要而且可能的。对此，我们应当有所作为。

1995年美国书商布罗克曼整合了英语世界一批知名科学家兼科学作家的采访录，出版了《第三种文化》一书。这本书正如布罗克曼自己所说：虽然借用了斯诺的术语，但"描述的第三种文化并不是斯诺所预言的。人文知识分子并没有与科学家沟通，而科学家正在直接与一般公众进行交流。"我并不赞同有学者认为的那样："布罗克曼的第三种文化是科学文化向人文领地的'入侵'，是科学家直接向人文学者'争夺'公众话语权。"，或者简单地认为这是"从斯诺向后退"而加以指责。实际上，科学家拿起笔直接向大众普及科学知识，传播科学理念，从根本上是有利于人们，包括人文学者了解科学；而且，他们所涉及的"人生的意义""我们是谁""我们是什么"等深邃的命题，也正是人文学者所关心的。尽管其中某些观点不能令人苟同，但是，我们以中国传统文化提倡的"和而不同"哲学观宽容地对待，并尽可能汲取其合理的内核，不是有利于实现斯诺的期望吗？

斯诺是敏感的科学、人文两栖型学者，他抨击了科学与人文的二元对立。从哲学的角度看，近几百年的世界历史发展表明，整个现代世界建立在人与自然二元对立的观念之上，二元对立是现代社会的显著特征。不仅仅在科学与人文领域存在着二元对立，在其他各种领域也都存在着各种形式的二元对立。因此，我们有必要将斯诺关于"第三种文化"的概念，拓宽到人与自然、人与社

---

① [德]卡西尔：《人论》，甘阳译，263页，上海，上海译文出版社，1985。

会的和谐共处以及不同文化的交融等诸多领域。

工业革命既为提高人类的物质福利作出了杰出的贡献，大大增强了人类征服自然的能力，同时也带来了环境污染、资源匮乏等威胁人类持久生存的严重问题。如何在发展物质生产力的同时，保持人与自然的和谐共处，从而实现可持续性发展，这是当今人类面临的重大课题。"天人合一""万物并育而不相害"是中国传统文化的理想，超越人与自然的二元对立，变以不断发展的科学技术征服自然为保护自然、与自然和谐相处，应当是科学文化与人文文化融合，形成"第三种文化"的重要内容。

自从哥伦布发现新大陆、全球市场逐步形成以来，不同文明之间的相互对立与隔阂，已经成为危害人类生存的重大问题，这一问题并没有随着"冷战"的结束而终结。20世纪80年代末、90年代初，美国学者亨廷顿提出了"文明冲突"的论题，受到全世界学人的高度关注。几千年来，中国传统文化遵循"和而不同"的法则，使华夏文化延续不断，历久弥新。在当今的世界上，"和而不同"是世界多元文化的必由之路。重视不同文化之间的相互尊重、相互理解、相互渗透、相互融会，也应当是"第三种文化"的应有之义，它是人类社会和谐共生的共同要求。因此，确立人文文化与科学文化的融合，或促进不同文化的融合，在根本上需要确立一种"和而不同"的哲学观。我十分赞同张岱年先生提出的"文化综合创新论"，这种论点是以"兼和"为其哲学基础的。所谓"兼和"，张先生将其界定为："最高的价值准则曰：兼赅众异而得其平衡。简云兼和，古代谓之曰和。"① 正是基于这样的哲学观，他在1936年所著的《哲学上一个可能的综合》一文中提出"将唯物、理想、解析，综合于一"的哲学新路。这里"唯物"指以辩证唯物论为主，又继承中国唯物论、辩证思维；"理想"指中国传统哲学中的道德和人生哲学，此为中国哲学之长；"解析"指西方的逻辑解析法，这是西方哲学之长，中国哲学之不足。将以上三个方面综合于一，正如张岱年先生所说，"是中国哲学与西洋哲学之新的综合，实际上更可以说是唯物论之新的扩大"。② 这种"兼和"的哲学思想可以引导我们吸纳众长，实现创新。这种"和而不同"的哲学观，这种对不同文化"兼和"的态度，是促进两种文化的融合，建设"第三种文化"的重要前提。

2003年中共中央提出"坚持以人为本，树立全面、协调、可持续的发展观，促进经济社会和人的全面发展"，这个科学发展观的确立是中国新一代领导集体

---

① 张岱年：《张岱年全集》第3卷，220页，石家庄，河北人民出版社，1996。
② 张岱年：《张岱年全集》第1卷，262页，石家庄，河北人民出版社，1996。

对历史经验的科学总结，是执政理念的重大发展与突破，它为体现不同文化和谐发展的"第三种文化"的建设创造了前所未有的哲学基础和外部环境。

正是基于以上的因素，对于创建"第三种文化"，中国有自己特有的文化传统的优势。杨振宁博士在获得诺贝尔物理奖的致辞中说："我深深察觉到一桩事实，这就是：在广义上说，我是中华文化和西方文化的产物，既是双方和谐的产物，又是双方冲突的产物，我愿意说我既以我的中国传统为骄傲，同样的，我又专心致志于现代科学。"2004年，杨振宁博士在中科院组织的"中国科学与人文论坛"主题报告会上的主题演讲中指出，20世纪里最重要、对人类历史有最长远影响的史实是：（1）人类利用科技大大增加了生产力；（2）中华民族"站起来了"。并强调说，这是因为中国文化是人本文化。人本文化会发生兼容并蓄、有教无类的观念；人本文化是融合凝聚的文化。他认为这种文化与中国共产党的组织能力加起来，就造成了中国今天崛起的奇迹。1988年，诺贝尔奖得主集会巴黎，在会议的新闻发布会上，物理学诺贝尔奖获得者、来自瑞典的汉内斯·阿尔文博士的发言引人注目，面对科技发展所引发的社会问题，他呼吁：人类要生存下去，就必须回到25个世纪以前，去汲取孔子的智慧（据以色列记者帕特里特发表于1988年1月24日澳大利亚《堪培拉时报》的报道）。这种智慧就包括中国的人本文化传统，那种源远流长的天人之说、会通之说。这两位诺贝尔奖得主的共同看法，启示我们应当在建设"第三种文化"的进程中对人类有较大的贡献。

三、教育的任务

教育的根本功能是维系一个民族的文化活力，并由此推进人类文明的演化与发展。马克思主义的创始人将人的全面发展与美好社会的建立共同确立为教育的目标，人文文化与科学文化的融合是孕育全面发展人才的需要，是建立人与社会和谐发展的需要，是推动物质文明建设、精神文明建设与政治文明建设协调发展的需要。推动"第三种文化"的发展是建立和谐社会的应有之义。

大学的教育理念应当建立在对于未来文化走向的清晰判断上。通过研讨与思考，我们认同这样一种看法：未来的文化，应当是科学与人文融合的文化，是不同文化不断交融的文化；未来的学术大师，将产生于科学与人文、不同文化交叉融合的领域。未来的一流大学，应当是那些深刻领会并掌握了"第三种文化"精髓，并以这种交叉融合的文化理念孕育人才、指导学术、服务社会、引领社会文化前进的大学。

　　清华大学是一所具有良好科学技术基础、人文社会科学正在蓬勃发展的大学。21世纪之初，在对世界一流大学的考察和调研毕业生的社会反馈基础上，开展了全校性的教育工作大讨论。通过讨论达成了一个共识，即要以教育理念的继承与创新来促进教育教学工作的现代转化。在老清华，梅贻琦校长曾有过"通识为本，专识为末"的办学理念，他要求清华的毕业生在人文科学、社会科学和自然科学都应有相当的准备，因为三者"有其相为因缘与依倚之理"[①]；继而，提出"使教育于适当的技术化外，应取得充分的社会化和人文化"[②]，注重通识教育，为学生打下会通的基础。在21世纪之初，作为教育思想大讨论的一个具体成果就是在清华确立了在通识教育基础上的宽口径专业教育的培养模式，使包括文化素质教育、思想政治教育、外语教育和体育的学分提升到总学分的1/4，并要求学生积极选学跨大学科的课程，为会通尽可能打下较宽的基础。同时，学校积极开展了有关文化素质教育的理论研究与实践探讨。2001年11月，我们与香港中文大学合作召开"通识教育课程暨文化素质教育研讨会"，并出版了《走出"半人时代"》的论文集，积极推动科学教育与人文教育的融合；2002年5月又在清华大学召开了促进人文教育与科学教育的融合研讨会。与会学者从不同角度强调文理交融、互补和渗透，并对具体的途径进行了探讨；2003年我们召开了全国高校文化素质教育课程体系与精品课程建设研讨会，注重会通是课程安排的共同特点。正在努力向世界一流大学目标前进的清华大学，应当在促进科学与人文的融会，不同文化的会通方面作出艰苦的努力，并将这一理念落实到教育教学的各个层面，特别是用于指导文化素质教育。同时，我们还应当大力鼓励广大师生在科学研究和社会服务中渗透这种新型文化的理念。在这个意义上，可以使我们的学校成为"第三种文化"的摇篮。

（香港中文大学，"人文的科学　科学的人文"
学术会议暨教学研讨会论文，2005年6月）

---

① 刘述礼等编：《梅贻琦教育论著选》，105～108页，北京，人民教育出版社，1993。
② 刘述礼等编：《梅贻琦教育论著选》，186页，北京，人民教育出版社，1993。

认真开展大学文化与育人为本的研究

2009年8月"大学文化与思想解放高层论坛"在北京大学召开，会上许多校长和专家，肯定了大学文化研究与发展中心多年来为推进大学文化研究与建设实践所作出的努力，同时强调指出，大学的根本任务是培育人才，大学文化的研究应当为提高文化育人的自觉性和实效性作出更多的贡献。中心学术委员会和中心主任办公会采纳了这个建议，并确定了这次在浙江师范大学召开"大学文化与育人为本"学术研讨会和明年春天在清华大学召开相关的高层论坛。今天，受"中心"学术委员会之托，就会议确定的四个研究题目谈一些认识，以作抛砖引玉。

一、大学文化与育人为本研究

这是一个将大学的本质特征与大学的根本任务联系在一起的重要命题。

在2002年9月，由北大、清华、高教社联合组建的大学文化研究与发展中心的成立大会上，教育部领导袁贵仁以"加强大学文化研究，推进大学文化建设"为题发表讲话。他指出："在一定意义上可以说，大学即文化。大学的教育教学过程，实质上是一个有目的、有计划的文化过程。所谓教书育人、管理育人、服务育人、环境育人，说到底都是文化育人。"[①] 王冀生研究员在他2002年面世的关于大学文化的开山之作《现代大学文化学》中提出：现代大学"本质是在积淀和创造的深厚的文化底蕴的基础上传承、研究、融合和创新高深学问的高等学府""现代大学的根本任务是育人"。[②] 2004年，他在《大学之道》一书中，又进一步指出"现代大学的本质是一种功能独特的文化机构，"[③] 进而指出，"大学从它诞生之日起就把教育责任作为自己应当承担的永恒的第一社会责任，'促进人的全面发展'是教育活动的崇高理想""文化育人是教育本质的一种回

---

① 胡显章主编：《先进文化建设中的大学文化研究》代序一，北京，高等教育出版社，2009。
② 王冀生：《现代大学文化学》，193页，北京，北京大学出版社，2002。
③ 王冀生：《大学之道》，81页，北京，高等教育出版社，2005。

归"。① 他们对大学的本质特征和根本任务作出了明确的界定。

现在的问题是：一方面，由于大学理念上某种混乱加上功利化的导因，在一些高校未能科学定位教学、科研和社会服务三大职能的关系，或将科研实际上置于学校工作的首位，或者以满足社会的眼前需求，获得社会的支持为学校工作的首要出发点，科研、社会服务成为硬任务，育人工作则成了可伸可缩的软任务；另一方面，在人才培养过程中，停留在知识的传递上，忽视了文化育人的本质。如果不能从理念和实际的结合上确立大学育人为本与文化育人的共识，并落实到办学的实践之中，那么，大学将无法高质量地完成其根本使命。

《国家中长期人才发展规划纲要（2010—2020年）》指出："中国正处在改革发展的关键阶段，为了全面建设小康社会，实现中华民族伟大复兴，必须大力提高国民素质，逐步实现由人力资源大国向人才强国的转变。"《国家中长期科学技术发展纲要（2006—2020年）》指出："科技创新，人才为本。人才资源已成为最重要的战略资源。要实施人才强国战略，切实加强科技人才队伍建设"，要"充分发挥教育在创新人才培养中的重要作用"，要"全面推进素质教育，提高科学文化素养。"《国家中长期教育改革和发展规划纲要（2010—2020年）》强调：要"把育人为本作为教育工作的根本要求"要"把促进学生成长成才作为学校一切工作的出发点和落脚点。"这三个纲要反映了人才强国是民族复兴的关键所在。为此，从大学文化研究和建设的角度来看，一是要通过对大学理念的研究，提高教育管理者和大学师生的认识，切实对"育人为本"达成更高的共识，正确处理教学、科研、社会服务三者的关系；二是，提高文化育人的自觉性和实效性。应当从理论与实际结合的高度，深入开展大学文化与育人为本的研究。

二、进一步全面深化文化素质教育研究

实践告诉我们，大学文化是文化素质教育的重要资源和氛围，大学文化素质教育是进行大学文化建设的重要方式和途径。将文化素质教育与大学文化建设相结合是深化文化素质教育的需要，也是有效开展大学文化研究的需要。

1995年在教育部的推动下，中国高校开展了文化素质教育的研究与实践，当时主要针对重理轻文、忽视人文教育的时弊，一批高校联手成立了文化素质教育协作组进行加强文化素质教育的试点，并以加强人文教育为重点。1998年，

---

① 王冀生：《大学之道》，114～115页，北京，高等教育出版社，2005。

教育部成立了文化素质教育指导委员会，1999年初，有53所院校参加的32个"国家大学生文化素质教育基地"成立，表明文化素质教育已从试点阶段走向全面推开。继而召开全国教育工作会议，颁布了《中共中央、国务院关于深化教育改革全面推进素质教育的决定》，提出高等教育要普遍提高大学生的人文素养和科学素质，表明文化素质教育已成为国家意志。当今文化素质教育已积累了丰富的经验，取得显著的成绩。

在我国，文化素质教育是一项带有中国特色的教育创新，它与西方有两个世纪历史的通识教育既有相通之处，又有许多中国高等教育的特色。例如，提出并实施了"三注重"（注重素质教育、注重能力培养、注重个性发展）"三提高"（提高大学生的文化素质、提高教师的文化素养、提高学校的文化品位和格调）、"三结合"（提高思想道德素质与人文素质相结合、提高教师的人文素养与学生的人文素质相结合、提高人文素质与科学素质相结合）等系列教育理念，进入21世纪后将工作重点放在推进人文教育和科学教育的结合上。一些学校还提出素质教育的"三全"要求，即将素质教育贯彻于教育教学的全过程、落实于全方位，依靠全员来进行。

但是，发展仍然不平衡，无论在管理层，或是广大师生中，对于开展文化素质教育的目的、途径依然缺乏理性的共识和有效的实践。目前一般通过通识教育课程、校园文化活动和社会实践的途径实施文化素质教育。在课程设置上缺乏理性思考和顶层设计，高质量的课程不多，课程教学仍然以知识的传授为出发点，缺乏有效的文化内化，缺乏学生主体的自我教育过程；校园文化活动和社会实践，存在重形式、轻内涵的问题；文化素质教育的真正有效性必须使文化素质教育的理念贯彻于教育的全过程，而在专业教学中自觉体现科学与人文融合的成功实践尚属个别局部现象，离成为一种自觉的文化育人的氛围，距离尚远。深入开展文化素质教育是以文化育人的自觉为前提，以文化育人任务为根本目的。只有达成这样的共识，并给予高度的重视，在人力、物力，特别是师资队伍的建设上予以大力的支持，才能使文化素质教育上升到新的高度，打开新的局面。

三、杰出人才培养规律研究

培养大批高素质的拔尖创新人才，是高等教育，尤其是重点大学的根本任务。正如温家宝总理2008年在国家科教领导小组会议讲话指出的："高等学校改革和发展归根到底是多出拔尖人才、一流人才、创新人才。"同时，温总理提出了"要认真思考我们为什么培养不出更多的杰出人才？"的命题。为回答这个命题，许多高校作出了一系列技术性的努力，如吸引尖子生、开办尖子班、聘请拔尖人士讲学，等等。这些举措会带来一定的效果，但是，如果没有清晰、科学的教育理念很难说具有普遍的意义。即便着眼于少数尖子生可以出少数创造性人才，如果他们在文化和就业选择上存在问题，也难以满足国家的需求。

出杰出人才，不是靠高等教育就可以完成的任务。它是一个复杂的大系统，涉及社会、家庭、学校的教育，也涉及当今时代的政治、经济、文化环境。今天，我们只能将其限制在大学文化与人才培养这样一个命题来讨论。最主要的就是大学理念、教育思想和校园生态文化。

大学理念是大学文化的核心，涉及办学的指导思想、有关教学、科研、社会服务的定位和关联。例如，清华大学在办学过程中，一直重视把人的培养放在最主要的位置上，后来发展成"一个根本（以人才培养为根本）、两个中心（建成国家教育和科研的中心）、三项职能（教学、科研、社会服务）"的办学理念。这样的理念为高质量人才的培养提供了基础，使得能够集中学校优质资源首先服从于培养人才的需要，要求所有教师以育人为第一责任。同时，要求积极开展科学研究，及时将科研成果转化为教学资源，并且尽力吸引学生参加到科学研究中，在创造性实践中提升学术兴趣和创新素养。学校还引导学生积极服务于社会，以求培养社会责任和提高服务本领。当今，提高基础研究水平、出原创性成果，越来越成为国家向创新型转型和培养创造性人才的重要途径。正确处理办教育的政治论与认识论哲学基础的关系常常成为确立办学理念的重要内涵。这常常要求大学以高瞻远瞩的目光对时下的社会需求保持必要的张力。要求大学对不同类型的创造性人才采取不同的培养道路。

总体而言，为了孕育创造性人才，必须着力克服"工具化"的教育思想，将教育教学过程定位为有利于创造人的精神生命。同时，必须持续营建创新文化氛围，以利于创造性人才和创新成果的脱颖而出。创新文化不仅仅涉及学术文化，也涉及政治文化。不仅仅涉及教育思想的根本性变革，也有赖于政治文明的进步。在这方面，中国的高等教育以至整个中国社会任重道远。

四、大学文化生态环境研究

1866年德国科学家海克尔首提"生态学"的概念，指出："我们可以把生态学理解为关于有机体与周围外部世界的关系的一般科学,外部世界是广义的生存条件。"关于文化生态学,《辞海》将其定义为:"为研究人类各种社会和文化如何适应特定的环境"的学问,是"在分析人类群体的文化、生存方式和技能与其所处环境的关系的基础上,研究文化的形成和分布在多大程度上受环境因素的制约,并以此来解释文化的变迁。"1966年,英国的阿什比在其著名的《英国、印度和非洲的大学:高等教育生态学研究》中,首次提出并应用了"高等教育生态学"这个概念,分析了殖民地国家高等教育的移植与进化过程,认为任何大学都是遗传和环境的产物,他提出了著名的"遗传环境论"与"突变说"等高等教育发展新理论,主张大学必须使其自身适应变化的环境。1976年美国教育史家劳伦斯·A.克雷明在《公共教育》一书中提出"教育生态学"的概念,表明"我把教育看作一个审慎的、系统的和通过不断努力去得出或唤起知识、态度、价值、技能和情感的过程"。克雷明把教育视为一个有机的、复杂的、统一的生态系统,认为教育生态系统中的各因子都有着有机的联系,这种联系是动态地呈现为矛盾统一、平衡与不平衡的过程。由此,关于大学文化生态环境研究可以理解为作为群体的大学人生活在其中的文化与周围环境的关系及其发展变迁的规律研究,这里的关系应当反映大学文化与周围环境的正反两种作用的过程。

文化是一所大学赖以生存、发展的重要根基和灵魂,研究大学文化生态环境,既有助于大学文化建设的主动性,也有助于准确把握大学的本质、功能和使命,有助于了解文化育人的过程和规律,也有利于正确把握大学文化和社会文化的关系,发挥好大学文化对社会文化的引领作用。

从大学的大环境来看,2004年3月,全国人大通过《宪法》修正案,把协调进行政治文明、物质文明和精神文明建设,提升为国家意志。在党的十七大政治报告之中,又将生态文明纳入社会发展的总体目标。当今,以科学发展观为指导,建设人、自然、社会和谐相处,实现可持续发展的生态文明,是中国共产党提升执政水平的重要表征,而且,重视生态文明建设也是人类文化走向成熟的重要标志。从文化生态学角度来看,构建有利于人才全面成长的文化生态环境是高校文化自觉的重要体现,是施行文化育人任务的重要条件。其可以体现在以下几个方面。

(1)由物质文化提供的物化文化环境,如各种学校物化的文化符号——校旗、校色、雕塑、各种景观文化、建筑文化等;

(2)体现学校各种规章制度的制度文化,学校制定制度的指导思想和大学

人对待制度的态度,除了保证学校有序运行,还有习惯成自然的育人作用;

(3)体现在学风、教风、校风、校训、校箴中的精神文化所起的潜移默化影响力;

(4)大至学校、院系,小到班级、宿舍的学术共同体和生活园地,所形成的亚文化环境对大学人的影响。

(5)网络环境越来越普遍、越来越广泛的影响。

研究大学文化生态,不仅要研究以上各种文化环境是怎样影响人才的成长,同时,还要研究这些文化因素产生、积淀、发展的规律,由此可以帮助我们提高文化建设和文化育人的自觉性与科学性。同时,还要研究学校与外部环境的生态平衡关系:如学校教育、学术系统与学校外部生态环境(政府、市场、社会)之间的相互适应关系等。努力构建全面的、协调的、开放的和持续发展的文化生态系统。

推进大学文化建设的几点思考

大学是以育人为本功能独特的文化机构，正如教育部袁贵仁部长所指出的："在一定意义上可以说，大学即文化。大学的教育教学过程，实质上是一个有目的、有计划的文化过程。所谓教书育人、管理育人、服务育人、环境育人，说到底都是文化育人。"[①] 大学文化对人才培养和成长具有潜移默化的深远影响；同时，大学又是最富有创造力的学术共同体，肩负着探索真理、发展科技的任务，创新文化和现代大学制度文化建设对大学人的创造力起着决定性的影响。大学文化建设是一个十分重要的课题，正如中国教育学会会长顾明远教授说："文化是大学之魂。"[②]

一、大学文化建设要立足大局把握宗旨

大学文化是社会的亚文化，一方面，它是社会文化的组成和反映；另一方面，它又肩负引领社会文化的任务。观察大学文化建设的任务和把握大学文化存在的问题，离不开对社会文化包括世界文化的考察。

当今，我国正在加速中华民族的伟大复兴，在这一进程中，"文化越来越成为民族凝聚力和创造力的重要源泉，越来越成为综合国力竞争的重要因素，丰富精神文化生活越来越成为中国人民的热切愿望""中华民族伟大复兴必然伴随着中华文化繁荣兴盛"。[③] 在此背景下，文化问题正受到越来越多的关注。同时，我们又不能不看到，我国既存在民族文化的失根现象，一些宝贵的文化传统，如作为进德修业之本、立人之道、立政之基的诚信传统常常被忽视、甚至被败坏。另外，几千年所积淀的消极文化因素，如官本位、经验主义和人情文化，对作为现代化特征的理性精神文化形成了巨大的阻滞作用，影响了中国共

---

① 袁贵仁：《加强大学文化研究　推进大学文化建设》，载《中国大学教学》，2000（10）。
② 顾明远：《铸造大学的灵魂——读王冀生的新作〈现代大学文化学〉》，载《中国教育报》，2003-01-30。
③ 胡锦涛：《在中国共产党十七大的报告》

产党的执政能力，制约了现代化的进程；同时，在西方消极文化的影响下，凸现了重工具理性而轻价值理性的倾向，西方的消费主义文化不仅影响了市场走向，而且影响了国民，尤其年青一代的文化心态。以上种种文化现象影响了国民的科学文化素养，并正在影响中华民族伟大复兴的进程。

作为社会文化高地的大学，在以先进文化对大学人进行潜移默化的同时，应当对社会文化发挥积极的引领作用。但是大学并不总能以先进文化导引社会，甚至还会出现与各种非理性文化"同流合污"的现象，呈现了诸多的文化问题，如对优秀的民族传统文化缺乏体认，对学校一些优秀传统未能充分传承，在急功近利和忽视契约化的大环境影响下，加上缺乏科学性的治学评估体系和方法的导引，大学人引以为傲的优良学风正受到某些浮躁、随意乃至取巧的风气挑战。同时，在教育教学中重工具理性，轻价值理性的现象普遍存在。这是一个世界性文化现象。联合国教科文组织1998年发表的《21世纪的高等教育：展望与行动》指出"高等教育本身正面临着巨大的挑战"，大学"必须进行从未要求它实行过的最彻底的变革和革新，以使我们目前这个正在经历一场深刻价值危机的社会可以超越一味的经济考虑，而注重深层次的道德和精神问题。"大学所面临的价值危机就连哈佛大学这样的顶尖大学也不能避免。哈佛大学原哈佛学院院长哈瑞·刘易斯在2006年面世的专著《失去灵魂的卓越 哈佛是如何忘记教育宗旨的》中批评："哈佛的领导人听任学校的办学方向偏离教育的宗旨，只一味地迎合消费者的需求。"这里提的教育宗旨是指"大学原本应该为社会培养原则性强、受人敬重的领导人；应该培养学生重要的价值观、性格、道德，让他们愿意为世界人民的福祉而学习"。刘易斯强调："责任感和公民意识的培养，是大学教育的核心问题。"[①] 所以，牢牢把握育人为本的宗旨，重视工具理性和价值理性的统一，重视继承传统文化的优秀基因，重视大学精神文化建设，避免"失去灵魂的卓越"，并对社会文化发挥积极的导引作用，是当今大学文化自觉和文化建设的核心课题。

二、大学要着力建设积极的大学精神

"大学精神"是一所大学在其成长的过程中，长期积淀而成的大学人共同的理想追求、价值观念、思维习惯和行为准则，展现着大学自身的气质、品位与

[①] [美]哈瑞·刘易斯：《失去灵魂的卓越 哈佛是如何忘记教育宗旨的》，侯定凯译，219页，中文版序言，47页，上海，华东师范大学出版社，2007。

精神风貌，是一所大学的生命力、凝聚力和创造力的源泉，是大学文化的支柱和灵魂。它影响着每个大学人的成长过程和人生轨迹，决定着一所大学的发展与影响力。同时，由于大学文化对社会文化的辐射作用，大学精神影响着一个国家、民族的精神面貌和文明进程。

大学精神是共性与个性的统一体。既有由大学性质所决定的共同的大学精神，又有由大学所处的国家、地域和不同的历史背景所积淀的特定内涵。我国的大学精神文化建设，在坚守大学精神共性因素之外，应当坚持以社会主义核心价值体系来统领大学精神，包括坚持以马克思主义为指导思想，坚守中国特色社会主义共同理想，弘扬以爱国主义为核心的民族精神和以改革创新为核心的时代精神等。此外，每个学校在历史发展中又积淀了具有自身特色的精神内涵。

大学精神的形成既是大学人受到潜移默化的过程，又是大学的组织者有计划地通过各种仪式、文化符号以及典范向组织成员持续传递本组织的理想、信念、价值观和行为准则并使之自觉体认的过程。以清华大学为例，清华在不同场合强调践行"自强不息，厚德载物"的校训、"行胜于言"的校风、"严谨，勤奋，求实，创新"的学风，还有"人文日新"的校箴；在90周年校庆时，学校组织了为时一年的关于"清华精神"的大讨论，使得清华人对上述组织文化符号的内涵有着普遍的共识和体认；清华一直以爱国奉献为清华精神的核心内涵，针对23位"两弹一星"功勋科学家有14位出自清华的情况，学校组织开展"两弹一星"精神的学习讨论，并将其与清华精神联系起来；精神文化建设的有效性离不开现实针对性。一段时间里，在复杂的社会、国际和家庭因素影响下，许多毕业生在文化和就业选择上带有盲目性或者囿于功利诱惑，不是选择正在崛起的祖国和祖国的重要岗位，使得清华出杰出人才的步伐减缓了。清华依据培养人才的成功与不足，从学生入学的第一天就开始进行价值观与择业观的教育，引导大家弘扬老清华人爱国奉献的传统，沿着老学长的足迹到祖国最需要的地方去。经过锲而不舍的努力，清华毕业生赴国家重点单位和基层的比例逐年上升，2005年的比例为43%，2007年为53%，2009年达到80%。

同时，大学精神的形成需要文化底蕴，这是世界许多名校的共识。一个世纪前在哈佛大学担任了40年校长的艾略特提出美国的大学必须"从自己深厚的文化土壤中成长起来"，在此后的一个世纪里，包括哈佛在内的美国著名高校力图通过加强通识教育使大学植根于美国的文化土壤。中国高校自15年前开展的文化素质教育，一个重要目的就是要解决大学生的文化植根问题，我们需要将这一努力坚持下去。

三、大学要切实进行创新文化建设

对于大学自身来说，具有关键意义的首先是大学理念的综合创新。我们应当继承孔子儒学以伦理道德为本位的教育理想，这种以伦理道德为本位的教育理想，对于克服忽视价值理性的倾向无疑是有益的。另外，我们应当清醒地认识和有效地克服传统文化中忽视科学理性与个体主体性、忽视契约化的自然主义以及经验主义文化对创新文化的阻滞作用。在确立大学的办学理念时，应当清醒地坚持工具理性与价值理性的兼顾，追求民族性与时代性的统一。

与现代化进程中工具理性与价值理性的分离密切相关的是科学文化与人文文化的隔阂与分离。实践告诉我们，促进科学与人文的融合，是创新文化的重要基础和表征。

为了推进科学与人文的融合，在教育模式上应当处理好"通"与"专"的关系。20世纪40年代，清华大学校长梅贻琦曾有"通识为本，专识为末""以无通才为基础之专家临民，其结果不为新民，而为扰民"的论断，[①] 这里的通才，不仅指学识上的通，而且强调了为学和为人的共同要求。为此必须强化大学的文化素质教育，着力抓好文化素质通识教育课程的建设，并在专业课程与教学环节中实施好素质教育。我们必须加快走出将"通"与"专"截然分开的认识误区。这就要求广大教育工作者提高文化自觉和自身的文化素养，统筹规划通识教育与专业教育，并在专业教育教学中，促进学生科学与人文、为人与为学的和谐发展。努力实现全员、全方位、全过程的素质教育，这是提高大学人科学文化素质的基础，也是建设创新文化的重要基础。

与创新教育密切相关的是必须加快突破"工具化"的教育思想和传承式教育方式。这需要下大力气改变师生在校的生存方式，变师生"喂鱼人"同"鱼"的关系为"大鱼"与"小鱼"同游的关系，切实将教育目标由"制器"转化为"育人"。清华大学顾秉林校长带头，现有30多位名师开设的新生研讨课，由导师引导学生进入学术前沿，采取边学习、边研讨、边创新的研究型教学，是一个积极的尝试。但是，只有将其推广开来，成为一种为广大师生自觉接受的教育理念，成为一种文化氛围，才能真正造成创新人才成长的环境。

[①] 梅贻琦：《大学一解》，见刘述礼、黄延复编：《梅贻琦教育论著选》，105～106页，北京，人民教育出版社，1993。

普通高等教育不应该只是传承知识,培养专门人才。这是工业经济与计划经济时代的教育特征,已经不能适应知识经济和市场经济时代的需求。即使在工业经济时代,对于培养高端人才的大学,许多有识之士已经呼吁摆脱知识传承式教育和以专门训练为目的的高等教育模式。爱因斯坦就是一个代表人物,他认为:"学校的目标始终应当是:青年人在离开学校时,是作为一个和谐的人,而不是作为一个专家。照我的见解,在某种意义上,即使对技术学校来说,这也是正确的,尽管技术学校的学生将要从事的是一种完全确定的专门职业。发展独立思考和独立判断的一般能力,应当始终放在首位,而不应当把获得专业知识放在首位。"[1] 又如德国现代哲学家、教育家雅斯贝尔斯说:"教育活动关注的是,人的潜力如何最大限度地调动起来并加以实现,以及人的内部灵性与可能性如何充分生成,质言之,教育是人的灵魂的教育,而非理智知识和认识的堆集。"[2] 中国著名教育专家叶澜教授强调:21世纪,在教育思想上最终需要实现的核心转变是在对学生精神生命主动性发展的认识上。

面对国家向创新型转型,其内涵不仅仅指理论创新、科学技术创新、制度创新等客体的创新,还应当包括人的主体创新,人的精神生命创新,后者带有更加根本的意义,是文化创新的核心。所以,我们应当把文化育人提升到一个新的境界来认识、来实践。

同时,必须着力创新文化氛围的建设。正如清华顾秉林校长所说:"是否具有先进的、富有创造力的大学文化,已经成为当前中国大学,特别是高水平大学进一步发展、提升核心竞争力的一个突出问题。我们要从人才培养的根本任务和学校发展的战略全局出发,大力建设创新文化,努力造就创新人才。"怎样营建大学的创新文化?顾校长谈了四点意见:一是坚持以人为本的出发点,切实尊重个人、尊重人的首创精神。二是树立自强不息、人文日新的奋斗意识,弘扬崇尚创新、敢为人先的精神。三是培育兼容并蓄、海纳百川的观念,提倡厚德载物的博大胸怀与宽容失败的精神。四是需要深化体制机制改革,完善创新的制度保证,包括探索研究型教育体系,培养创新型人才;创新学术组织运作模式,促进学科交叉和创新;改革人事管理体制,鼓励优秀人才脱颖而出;完善评价和激励机制,激发人的创造性;建立竞争性资源分配机制,引导创新

---

[1] [美]爱因斯坦:《论教育》,见《爱因斯坦文集》第三卷,许良英等编译,146～147页,北京,商务印书馆出版,1979。

[2] [德]雅斯贝尔斯:《什么是教育》,邹进译,4页,北京,生活·读书·新知三联出版社,1991。

目标和行为等。顾校长这一席话，反映了清华现行领导班子关于创新文化和创新人才培养的基本理念。同时，清华大学正在大力推进以高水平学科建设为基础的创新性实践教育，并取得了积极的成效。

四、大力营建民主活跃、严谨宽松的学术共同体

追求真理，崇尚学术是大学文化的重要表征。大学是以育人为本质功能的文化机构，也是以发展科学为重要职能的学术共同体，在大学两者是密切关联的统一体。体现育人为本、科学为基，实现科学与人文的融合，是建设和发展这个共同体的基本要求。建设民主活跃、严谨宽松的学术共同体是大学文化建设的共同课题，也是大学培育创新人才，孕育创新成果的物质基础、精神依托和制度保障。

但是，过分专业化导致削弱学术共同体的问题特别值得我们重视。曾任康奈尔大学校长 17 年的弗兰克.H.T.罗德斯指出：在 20 世纪后半叶，大学的学术共同体在走向衰落，大学教育的专业化的发展使高等教育付出了多方面的代价，包括：转变了学生的兴趣，他们不是为了教育本身而受教育；严重损害了本科经历的多样化和活力；导致知识成为商品，使教育成为职业培训和技能训练；减损了通才人文学科的影响力，进而也削弱了公众讨论、跨学科对话；减少了集思广益的共同讨论；使大学教职员的效忠指向远离了大学；削弱了对学生个性发展的普遍关心，等等。联系中国大学的现实，从学校整体看，发展教育的社会功能常常屏蔽了教育实施人自身自由而全面发展的本体功能；过分的功利化导致过分的专业化；进而导致缺乏学科间活跃的对话交流，甚至在同一学科或专业中，也缺乏对话交流，那种"鸡犬之声相闻，老死不相往来"的缺乏学术沟通、碰撞的情况普遍存在。一些讲座冷场的局面，常常使组织者难堪不已。罗德斯强调，对话必须是多元的——学科与学科、教授与教授、教师与学生以及校园与大众的。为此，大学需要建立新的激励机制和新的结构，以鼓励对话的进行，要使之制度化。① 学术共同体的建设，本质上是学术文化建设问题，也涉及学术与人事制度的改革，是现代大学制度建设的重要内涵。

从宏观角度说，政府要给予大学更多的办学自主权，不仅努力与高校一起克服官本位和泛行政化现象，还要减少对学校学术活动的干预，倡导建设性的

---

① [美]弗兰克·H.T.罗德斯：《创造未来 美国大学的作用》，王晓阳等译，38～44 页，北京，清华大学出版社，2007。

批判性思维和允许有悖于传统和主流的学术观点的存在。文化与学术批判，是文化选择和文化与学术创新的必由之路。"独立之精神，自由之思想"是创新文化的精髓，"兼容并包，综合创新"是创新的基本学术范式，而这些都有赖于现代大学制度的保障作用。大学作为一个学术共同体，它不仅要有大家共同认可的核心价值体系，而且其成员还应有共同向往学术的兴趣和追求，从一种理想的状态而言，作为一名学者，学术应该成为其生存方式，在此基础上，所有学者应共同遵循学术道德和学术规范的制约，并相互联系、相互影响、相互尊重，从而在这个共同体中形成一种较强的学术凝聚力。为了学术共同体的良性发展，大学需要有明文的制度和在成员心中的制度文化作为保障。

各级领导都要十分重视高校文化建设，要把建设大学文化，特别是确立科学的大学理念、发展优秀的大学精神，营建创新文化氛围，推进现代大学制度文化建设，纳入国家、各级政府和大学的规划，列到重要的议事日程中，做到有领导、有计划、有投入、有检查、有队伍保障，并且形成科学的评价体系。

大学文化建设，理念是前提，领导是关键，制度是保障，缺一不可。

参 考 文 献

[1] 袁贵仁：《加强大学文化研究，推进大学文化建设》，载《中国大学教学》，2002（10）。

[2] 哈瑞·刘易斯：《失去灵魂的卓越　哈佛是如何忘记教育宗旨的》，侯定凯译，上海，华东师范大学出版社，2007。

[3] [美] 弗兰克· H. T. 罗德斯：《创造未来美国大学的作用》，王晓阳译，北京，清华大学出版社，2007。

（发表于《中国高等教育》2010 年第 18 期）

以高度文化自觉加强大学文化建设

胡锦涛总书记在庆祝清华大学百年校庆的讲话中，对大学提出了文化传承创新和文化育人的要求；中共中央十七届六中全会发出了提高文化自觉、文化自信，建设社会主义文化强国的号令。这必将促进广大师生提高对文化地位与作用的认识，进一步把握大学文化建设的规律，主动担当起文化传承创新的重任。

一、大学文化建设要有宏观视角和战略眼光

大学文化不仅是社会文化的组成部分，而且肩负着引领社会文化的重任。加强大学文化建设，必须站在国家宏观战略发展的高度，从继承、发展和引领社会文化建设的重要使命出发，紧紧围绕着大学育人为本的宗旨和文化育人的任务，来认识，来研究，来探索。

（1）加强大学文化建设，体现了中华民族伟大复兴的需要。中共中央十七届六中全会《决定》强调："没有社会主义文化繁荣发展，就没有社会主义现代化。""社会主义文化大发展大繁荣，关系实现全面建设小康社会奋斗目标，关系坚持和发展中国特色社会主义，关系实现中华民族伟大复兴。"实践表明，大学在现当代国家崛起中起着关键性的作用。中国大学在民族复兴，首先是文化振兴中，肩负着义不容辞的重大使命。同时，当前注重精神文化凸显了国家发展阶段性的需求。中国在经济建设上尽管取得了举世瞩目的成就，但是，也在长期的不均衡发展中积累了一些社会矛盾，社会公正、公平、道德、诚信、责任感等价值理性问题进一步凸显，成为制约经济发展与和谐社会建设的关键性因素，也是影响大学生健康成长的关键性因素，由此可见，以社会主义核心价值体系推进文化建设具有紧迫性。

（2）加强大学文化建设，反映了维护国家文化安全、提升国家软实力的需要。没有国家民族文化的独立，就谈不上国家民族的真正独立。党的十七届六中全会提出建设文化强国的根本目的，是为了保护国民对国家的向心力、凝聚

力,提升本国人民精神认同和幸福感,维护国家文化安全,进而提升国际影响力,推动中华文化走向世界,并维护世界文化的多样性;当前注重文化事业和文化产业的发展,是调整经济结构、满足人民文化需求的重要举措。"高等教育是优秀文化传承的重要载体和思想文化创新的重要源泉。"对于大学来说,由大学的本质决定了它应当肩负的文化传承创新使命,但是世界范围内的大学精神文化衰微现象制约了这一发展进程。因而,提高大学人的文化自觉和文化素养刻不容缓。

(3)加强大学文化建设,体现了坚持"育人为本"根本任务的需要。无论时代如何变迁,大学自身怎样发展,"培养怎样的人,怎样培养人"始终是其要回答的根本问题。《国家中长期教育改革和发展规划纲要》强调"把育人为本作为教育工作的根本要求"。大学文化本质上就是育人文化,大学的根本任务是通过人文化成来促进人的发展。"在一定意义上可以说,大学即文化。大学的教育教学过程,实质上是一个有目的、有计划的文化过程。所谓教书育人、管理育人、服务育人、环境育人,说到底都是文化育人。"在国际上,一些教育家也在呼吁大学坚守育人的根本任务,并重视文化的作用,以保持正确的大学理念和办学方向。著名教育哲学家布鲁贝克强调:"教育的根本任务是培养人、造就人,将学生转化为能适应环境生存的社会化或文化化了的人。"作为与功利化相抗衡的是注重素质教育,促进人全面发展,正成为大学理念的核心内涵。

二、大学要着力建设积极的大学精神

大学精神是大学自身长期积淀的具有独特气质的精神文明成果,是大学人科学精神和人文精神的历史凝聚与时代发展。人学精神的形成既是大学人受到潜移默化的过程,又是大学的组织者有计划地通过各种仪式、文化符号以及典范向组织成员持续传递本组织的理想、信念、价值观和行为准则并使之自觉体认的过程,在文化自觉基础上也是师生自我教育的过程。大学精神体现着大学的核心价值观,将社会主义核心价值体系融入大学的核心价值观是当前中国大学文化建设的关键性任务。

(1)大学精神需要与日俱新。优秀文化之所以能够源远流长不断保持其旺盛的生命力,是在于其不断的自我完善和创新。正如费孝通先生所说:"创造不能没有传统,没有传统就没有了生命的基础;同样,传统也不能没有创造,因为传统失去了创造是要死的,只有不断地创造,才能赋予传统的生命。"大学精神作为大学文化的核心，必须以发展的观点结合过去同现在的条件和要求，向未来展开新的起点。清华大学有"行胜于言"的宝贵传统，面临世界性的价值危机和国家向创新型转型，光有"行胜于言"是不够的。面向新百年，清华人在认真继承"行胜于言"优秀传统的同时，正在给予"人文日新"以新的、更多的关注。

（2）大学精神的形成需要深厚的文化底蕴。这是世界许多名校的共识。一个世纪前在哈佛大学担任了40年校长的艾略特提出美国的大学必须"从自己深厚的文化土壤中成长起来"，在此后的一个世纪里，包括哈佛在内的美国著名高校力图通过加强通识教育使大学植根于美国的文化土壤。中国高校自20世纪90年代中开展的文化素质教育以及世纪之交兴起的通识教育，一个重要目的就是要解决大学生的文化植根问题，我们需要将这一努力坚持下去。同时，要体现在教育教学的全过程。

（3）大学精神的凝练始终与育人理念相伴随。从高等教育政治论哲学基础出发，大学精神首先表现在大学人对国家、对民族的责任感，成为有抱负、有远见、有责任心的公民。教育学生以天下为己任，自觉服务于国家，服务于人民；加强理想信念教育，培养高尚的人格，襟怀坦荡，诚实守信，严于律己，宽以待人，淡泊名利，无私奉献；从认识论哲学基础出发，体现在具有批判进取的精神，追求真理，严谨勤奋，勇于创新，务实笃行，独立自强，追求卓越；从生命论哲学基础出发，有大爱之心，关爱他人，珍惜生命，注重生命的价值，尊重并追求人的自主性、超越性和自由全面发展。

三、大学要在综合与融合中实现文化的传承创新

当前，面对多元的文化环境，我们应该进行清醒的文化判断和选择，在综合与融合中实现文化的传承创新。

（1）体现文化传统的民族性与时代性的统一。民族性与时代性是文化的双重属性。大学作为国家的文化高地，肩负对国家民族文化的继承、发展和传播的任务，首要的要求是植根于本民族的文化沃土中，使自身的文化体现鲜明的民族性。由于20世纪多次"文化热"带有反传统色彩，使得中华民族包括高等教育培养的人才在不同程度上呈现民族文化的失根现象，而一个缺乏自身文化根基的民族很难实现真正的民族复兴。正如钱穆先生在《国史大纲》中谈到的：只当一国之国民，尤其是自称知识在水平线以上之国民，对其本国以往历史文

化有所了解,并带有温情与敬意,而不是抱一种偏激的虚无主义,其国家乃再有向前发展之希望。对一个大学也是这样,只有大学人对本校的历史文化有所了解,对优秀的传统带有温情与敬意,并打算认真继承与创新,这个学校才有可能向前发展之希望。

在多元化的文化环境中,应当看到我们与西方顶尖大学存在的差距,并以开放的心态,吸纳其大学文化的科学成分,如关注和尊重人的个性与主体性以及批判性思维的培养。面对经济全球化和教育国际化的大格局,需要防止"民族虚无主义"和"民族本位主义"两种倾向,特别是要警惕所谓"教育依附理论"的影响,认为中国高等教育属于"后发外生型",只能走西方国家的发展道路。这并不符合中国高等教育是在植根于中国文化基础上学习、借鉴西方并不断创新的历史,更不能适应今后中国实现民族伟大复兴的需求。在学习借鉴西方的过程中,既要吸纳共性的文化精华,又要防止主体意识和批判意识的丧失,做到以开阔的视野、博大的襟怀和足够的文化自信走出一条既符合教育普遍规律又具中国特色的自主创新之路。

(2) 实现科学文化与人文文化的融合。20世纪五六十年代,C. P. 斯诺在"两种文化"的演讲中:指出科学与人文两种文化的分裂是危险的,分裂的一个重要的原因就是:"对教育专业化的狂热信仰"。所以,他认为"解决问题的办法只有一个:那当然就是重新审视我们的教育。"这种文化的分离在大学教育中的突出表现是人文教育被职业教育所屏蔽,在教学过程中偏重知识的灌输和技能的训练,忽视科学技术的文化价值,忽视心灵的教化、人格的培养和思维习惯的养成。同时,文科教育中也存在忽视科学知识的渗透、科学方法和科学精神的陶冶。这种偏颇的教育不利于具有理性精神和人文关怀的全面发展人才的培养,也不利于和谐社会的建设。中国的教育,在高中时就文理分科,如果到了大学,仍然在专业化、职业化理念和工具理性思维指导下使人文文化与科学文化相割裂,那么就是在继续塑造马尔库塞批判的"单面人"或梁思成批评的"半个人",而难以培育全面发展的人,更谈不上造就大师与大家。

在教育中体现科学技术与人文社科艺术的交融是时代的要求。李政道先生说:"在教育上,实现科学与艺术、科技与人文的完美结合,是现代大学成功的重要标志,也是培养适应新世纪发展需要之人才的希望所在。"这是一种文化自觉,我们应当作出持续的努力。努力追求古与今、中与西、科学与人文的融合,是文化整体性原则的体现,是当今时代的特征。

四、大学要在教育思想上努力实现对"工具化"的突破

长期以来,从基础教育到高等教育,以"制器"而非"育人"为教育目标,以知识的存量和提取知识的准确性作为检验学习标准的现象普遍存在。在教育思想与方法上,以教师为中心的传承式教学过程,制约了学生的创造性。普通高等教育不应该只是传承知识,培养专门人才。正如爱因斯坦所说:"学校的目标始终应当是:青年人在离开学校时,是作为一个和谐的人,而不是作为一个专家。照我的见解,在某种意义上,即使对技术学校来说,这也是正确的,尽管技术学校的学生将要从事的是一种完全确定的专门职业。发展独立思考和独立判断的一般能力,应当始终放在首位,而不应当把获得专业知识放在首位。"

(1)在教育思想上务必实现从知识本位向素质本位的转变。特别需要实现的根本转变是在对学生精神生命主动性地位的认识和成长规律的把握上,教育工作者应该把自己的职业本质定位为发展人的精神生命。我们正面对国家向创新型转型的重大课题,其内涵不仅仅指理论创新、科技创新、制度创新等客体创新,还应当包括人的主体创新、人的精神生命创新,后者带有更加根本的意义,是文化创新的基础和核心。我们应当把文化育人提升到一个新的境界来认识,来实践。

(2)着力营建使"独立之精神,自由之思想"得以弘扬的文化氛围和倡导建设性的批判思维。所谓建设性的批判思维,是对教育认识论哲学基础与政治论哲学基础兼容的体现,是精神独立,思想自由,崇尚真理,尊重学术与尊重学术规范、学术道德以及社会责任的兼容统一。

(3)应极力体现教育的价值理性与工具理性的统一。这既是社会物质文明与精神文明并进的需要,也是通过教育发掘人的全面潜力,使人全面成长的需要。应将发展人的精神生命的主动权作为人的自由全面发展的重要价值诉求,作为转变教育思想的重要目标,作为创新文化的核心,作为国家向创新型转型的一个带有根本意义的前提与内涵。总之,在大学文化建设中,要一手抓价值观,一手抓创新文化。

(4)努力提升哲学思维以实现文化自觉。恩格斯在《自然辩证法》中,针对德国民族在19世纪前半叶热衷于实际操作而摒弃哲学理论,沉溺于形而上学的现象,深刻地指出:"一个民族要站在科学的最高峰,就一刻也不能没有理论思维。"由于哲学对人的文化行为具有价值规范和思维导向的功能,欲使文化行为具有高度自觉的意识,必须使之上升到哲学的高度。对于大学文化,同样需

要从哲学的视角进行思考，以提升大学文化建设理论的深刻性、批判性与前瞻性，这是大学文化自觉的体现，也是促使大学文化建设沿着理性方向前进的重要保障。当前，随着文化成为人们重要的关注点，文化哲学正在加速勃兴。文化哲学是对于文化现象和文化实践的理性思考，是对文化现象的哲学理解和历史阐释，对于提升人们的文化自觉具有重大意义。文化哲学自身是将人对真善美的综合追求和人的全面自由发展作为最高的价值目标，而马克思主义正是将理想社会的实现与人的自由全面发展统一在一起，并将其作为教育的根本目的，这也是当今强化素质教育和文化育人的根本目的。同时，文化哲学作为人类文化追求整体性时代的哲学表现形式，对于文化整体性消解和分离现象具有抵制和导引作用，在教育领域有着特殊重要的现实需求和突出针对性。因此，需要重视大学文化哲学对大学文化理论研究和建设实践所带有的指导作用。

参 考 文 献

[1] 袁贵仁：《加强大学文化研究　推进大学文化建设》，载《中国大学教学》，2002（10）。

[2] 邹广文：《当代文化哲学》，北京，人民出版社，2007。

（发表于《中国高等教育》2012 年第 17 期）

以科学发展观指导大学理念的创新

科学发展观的确立,是新一代领导集体对现代化建设历史经验的科学总结,是领导艺术日臻成熟的重要标志。科学发展观的提出,既有前瞻性,又有现实针对性。以人为本,促进经济社会与人的全面、协调和可持续发展是社会主义建设事业的原则和根本目的,也是建设先进的大学文化,发展高等教育的原则与根本目的。

发展观从本质上讲,是关于发展的哲学观。从大学文化范畴看,高等教育发展观的重要内容就是大学的理念,即人们对大学的本质、功能和如何办好大学的哲学思考。回顾中外高等教育发展的历史,大学理念发展的科学化,既取决于当时社会经济、政治以及社会文化的发展情况和对大学的影响与需求,又与当时大学校长、教育家们的教育主张密切相关。今天,我们来探讨中国高等教育的发展观时,既要以历史唯物主义的态度客观分析所取得的成就和产生的问题;又要以辩证唯物主义的态度记取经验和教训。

一、大学理念的现代转化是现代化的关键性因素

中国共产党提出了在建党 100 周年时,全面建成小康社会,建国 100 周年时,基本实现现代化的宏伟目标。回顾改革开放以来的我国现代化建设的历程,一直是同面向世界、学习先进的过程联系在一起的。从开始引进先进的产品,到引进先进的技术,再到引进先进的人才、吸纳外国的资金,我们在物质文明建设中极力缩小与先进国家的差距,取得了举世瞩目的成绩。但是,当我们从跟踪仿效进入超越竞争的历史阶段时,往往由于创新能力的不足而感到力不从心。据统计,2004 年中国的国家创新能力在 49 个主要国家中排在第 28 位,处在中等偏下。与发达国家的这种差距是国家科技经济综合实力的反映,影响因素是多方面的。但是,根本差距是人才的创造力,而影响人才创造力的决定因素是教育,特别是对教育有决定影响的教育理念。过去,我们在向发达国家学习时,多在于物质层面,或制度层面,而在教育理念层面却缺乏系统深入的调

研与分析。正如顾明远先生所说:"中国大学在发展过程中可谓先天不足,后天又历经磨难。虽然改革开放以来,大学教育获得巨大成就,但目前与发达国家的大学教育比,在人才培养和知识创新方面仍然有一定的差距。特别是关于大学发展中的一些基本理念问题迄今仍然没有完全弄清楚。"[①] 所以,认真分析发达国家的大学理念,吸取其先进的带有共性的内容,同时融合自身的科学理念,实现我国大学理念的现代转化,是我国在人才培养与知识创新方面实现赶超,完成向创造性国家转型,从而加速实现国家现代化的关键性因素。

二、科学的大学理念构建要走中西融会之路

科学的大学理念的形成不是一蹴而就的事情。事实上,发达国家的大学理念也经过了漫长的由传统走向现代的历程,经历了立足本土实际融会世界先进理念的过程。

西方大学理念的基础是亚里士多德的"自由教育"思想。而最先对现代大学理念进行系统论述的是英国教育家纽曼在19世纪中叶,在《大学的理想》中,发展了亚里士多德的"自由教育"思想。他指出:"大学教育,对于学生来说,就是自由教育",大学要以"正确的推理来培养人的理性,使之接近真理。"他批判大学只进行狭窄的专业教学,认为"这种劳动会助长片面追求某种知识的倾向,这样做会限制学生心智的发展",提出大学要完整地传授各种知识,认为"虽然学生不可能攻读对他们开放的所有学科,但生活于代表整个知识领域的人中间,耳闻目染,受其熏陶,必将获益匪浅";主张学生"应真实主动地进入知识领域",在普遍知识的平等交流切磋的氛围中自由地进行自我教育,从而养成"一种以自由、公平、冷静、克制和智慧为特征的终生思维习惯",他认为这种理智的培育是大学的主要功能。纽曼的这种自由教育理念至今仍然是西方发达国家大学理念的重要内涵,成为蕴育创造性人才的重要基础;根据大学理念所依据的哲学基础,纽曼的大学理念可以归结为理性主义的哲学思想;在纽曼之后对大学理念产生重要影响的是德国教育家威廉·冯·洪堡,他看到了科技和社会的现实需要,提出了"教学与研究相统一"的理念,同时倡导"自由的学术研究"和"由科学达至修养""培养完人"。这不仅使德国大学的学术水平和教育质量有了很大提高,而且,促进了世界科技与经济发展中心向德转移。在

---

① 顾明远,为施晓光《美国大学思想论纲》作序,北京,北京师范大学出版社,2001。

西方现代大学中发挥重要影响的大学理念还依据于实用主义或工具主义的哲学思想，主张大学要走出象牙塔，适应社会的需要，为社会服务。在美国，1862年通过的《莫雷尔法案》形成土地赠与运动和康奈尔大学的办学模式：实施科学知识的传授与博雅教育并重的指导思想，"使科学直接服务于农业和其他生产劳动"。使大学开始面向社会，并获得社会的支持。这种理念到20世纪有了进一步的发展，比较突出的是威斯康星州立大学提出"教学、科研和服务都应考虑到州的实际需要"应当直接为区域经济和社会发展服务的理念；继而，以斯坦福大学和加州大学伯克利分校创立硅谷为代表的实施学、研、产结合模式，使学校的科研教学与社会的经济增长良性互动，大学加速从社会边缘走向中心。值得注意的是美国的大学没有完全走上功利化的道路。在强调为国家、地区现实需要服务的同时，以美国当代著名教育家克拉克·科尔的"多功能大学"（multiversity）（亦译为"巨型大学"）理念为代表，主张大学既要对现实的社会问题给予正确的解答，又要为未来的社会发展作出预测。大学在为社会服务的同时，应坚持学术自由，要为真理而献身。这种理念，保证了大学始终站在创造性贡献的最前沿。同时，与功利化相抗衡的是注重对学生的通识教育，使所谓"全人教育"成为重要的理念。此时，存在主义的哲学思想形成了被称为存在主义的大学理念。尼采是存在主义哲学的代表人物，他反对以理性束缚自我，强调生命的感悟和内在的体念，认为大学的功能在于文化的陶冶。当代存在主义大学理念的代表人物是德国的雅斯贝尔斯，他认为"教育须有信仰，没有信仰就不成其为教育，而只是教学的技术而已。""教育的过程首先是一个精神成长的过程，然后才成为科学获知的一部分。"他主张对学生进行"全人教育"，为此应当把人文教育与自然科学教育结合起来，实行一种广义的文化教育。

回顾中国的高等教育，长期在以教师为中心的"师道尊严"的氛围中，采取"老师讲学生听"的传承式教学方式；加上后来在计划经济条件下，专业划分过细过死，在过于强调教育的政治功能情况下，未能科学地把握好坚持政治方向与活跃学术氛围的关系。这些都造成缺乏在普遍知识平台上进行自由而平等交流切磋的条件，学生的心智得不到充分的开发，潜在的创造力得不到充分的发挥。为了推进创造性人才培养，应当在基础教育即注重从西方"自由教育"的理念中汲取营养，作为肩负蕴育创造性拔尖人才任务的大学更应该在大学理念的转化中作出努力。

值得注意的是，所谓我国大学理念的现代转化，不应是照搬西方的现成理念，我们还应看到中国大学理念中中国传统文化的合理内核。正如杨振宁先生所说，中国传统的教育有利于大多数学生打下坚实的基础，美国式的教育有利于少数拔尖人才脱颖而出，各有优长。所以不能简单地舍此取彼，而应取长补短，综合创新。

从中国传统文化对教育理念的影响看，作为其核心的重国家、社会的整体主义思想，相对于西方的个人主义与享乐主义价值取向，有利于培养有社会责任心人才；中国文化中重教尊师的传统，成为学子学习的良好社会驱动力；在教育过程中，注意谆谆诱导，循序渐进，有利于学子牢固掌握基本知识；同时，中国传统文化还提倡"君子不器""举一反三"和"因材施教""教学相长"等，这些教育思想也有利于创造性人才的成长。只是，在多年应试教育和狭窄专业教育的背景下，学生学习的主动性受到压抑，过重而死板的学业负担，使学生缺乏自由学习与发展的条件，更是束缚了学生的创造力。到头来，不用说忽视了学习发达国家的自由教育理念，甚至，连老祖宗的一些好理念也被放到了一边。

现在，我们应当一边放开眼界，认真汲取国外科学的教育理念，一边认真梳理自己优秀的教育理念，并使之相互融合，实现综合创新。正如杨振宁先生所主张的：中国应认识到传统教育的好处，把它坚持和发扬下去；同时又吸取美国教育的长处，在大学和研究院中，对于特别优秀的学生，规矩放松一些，不要限制得太死，以利于这些特别有才干的人在学校更好成长，在社会上尽早发挥才智。

三、以科学发展观指导大学理念的变革与创新

以人为本是科学发展观的核心，而教育从本质上说，就是通过某种特殊的人与人的关系发展人的实践活动。社会通过教育来发展人，推动个体的全面发展和社会化，进而实现社会的发展，而发展社会的根本目的还是为了人。发展人与发展社会，推动个体的社会化与优化个体的个性化，构成了教育理念发展过程中两对相互关联的基本矛盾。大学理念的演变，常常与如何对待和引领上述矛盾的发展相关。

综观新中国大学理念的演变历程，虽然比较早地确立了培养全面发展人才的方针，但是在前期的相当一段时间里，大学教育着重关注的是"为无产阶级政治服务"的社会功能；在改革开放后的一个阶段里，在"以阶级斗争为纲"转向"以经济建设为中心"的社会大背景下，大学教育的主要关注点又落到了为社会的经济发展服务上。直到20世纪90年代中期素质教育的热潮兴起，大

学教育才真正开始寻求教育的社会功能与本体功能的统一。2001年江泽民同志在建党80周年大会讲话中提出:"我们建设有中国特色社会主义的各项事业,我们进行的一切工作,既要着眼于人民现实的物质文化生活需要,同时又要着眼于促进人民素质的提高,也就是要努力促进人的全面发展。这是马克思主义关于建设社会主义新社会的本质要求。我们要在发展社会主义社会物质文明和精神文明的基础上,不断推进人的全面发展。"这种把社会主义建设的根本目的定位在不断推进人的全面发展、以人为本的发展观,在党的重要文件中是第一次明确的表述。党的十六届三中全会进一步明确提出:"坚持以人为本,树立全面、协调、可持续发展的发展观,促进经济社会和人的全面发展。"这种以人为本的发展观的提出,为发展科学的大学理念提供了基础与动力。这种发展观与马克思主义的创始人把美好社会的实现与人的全面发展相统一的教育理念是一致的。今天,在确立大学理念时,一定要把教育的社会功能与本体功能统一起来,特别是要明确:促进人的全面发展是办学的根本目的,是科学的大学理念核心内容。

为了有利于促进人的全面发展,一定要正确处理促进个体的社会化与优化个体的个性化的关系。长期以来,国家至上,社会优先是中国传统文化的核心,当前在市场经济不断发展的背景下,所有制和分配、就业方式发生重大变革,在社会上人们的价值观、是非观出现多元化,我们在实现个体的社会化过程中仍然要大力推崇这种价值取向;同时,这种取向的推进,又不能以牺牲个体的个性为代价。没有个性,就谈不上创造性;没有个性的充分发展,就很难使创造性得以充分的发挥。为了有利于发展学生的个性,我们应当汲取西方自由教育理念的合理内核。当前,大学教育中学生主体观念或师生双主体观念的逐步确立、学分制的推行、自选课比例的提高、学生自我教育环节的增多,包括各种基于兴趣的学生研究训练项目、学生社团活动的开展等,无疑都有利于学生个性的发展和创造意识与能力的提升。

当然,由以往传承式教育向研究、创造型教育的转变尚需时日。关键在于在教育主管部门、学校领导和职能部门及广大师生,都能在科学发展观的指导下,认识并自觉实践在教育教学过程中有效营建和谐自由的学术环境,使教育的社会功能与本体功能实现和谐统一,推动个体的社会化与个体的个性化向着有利于社会与人的自由全面发展的方向和谐地行进。

(2004年11月29日,大学文化研究与发展中心研讨会)

以人为本，促进人的全面发展是科学教育发展观的核心

今天，我们来讨论科学发展观与教育的问题，涉及教育与社会发展和教育与人的发展这两个既有区别又密切相关的问题。从教育哲学观看，涉及教育社会本位论和教育个体本位论两个不同的体系。

在新中国教育发展历史上，在党的教育方针指导下，中国教育取得了很大成绩。同时应当看到，在相当长的时期里，因突出教育的社会本位，不同程度地忽视了教育的个体本位，如改革开放前基本上是突出了教育的政治功能，在20世纪80年代突出了教育的经济功能。直到90年代中期开始明确要加强素质教育，才真正注重教育的本体功能，即注重人自身的不断完善，注重受教育者个性的发展与人的全面发展的一致性。

当前，以人为本成为科学发展观的核心内容，促进经济社会与人的全面发展的协调、和谐和可持续发展成为社会主义建设事业的原则手段和根本目的。不容置疑，以人为本，促进经济社会和人的全面发展也是科学的教育发展观的核心。明确了这一点，对教育的发展具有重要意义，不仅对教育提出更高、更明确的要求，也为教育的科学发展提供了更好的机遇，使之沿着更加科学的方向前进。

落实科学的教育发展观，是教育创新的主题，教育创新首先是教育理念的创新。针对过去存在的不足，应当努力做好以下八个方面的克服、协调和注重。

（1）克服在学校整体功能中重物轻人的观念，使教育的社会功能与本体功能协调发展，更加注重人的全面发展；

（2）克服学校内部重科研轻教学的观念，使教学科研协调发展，更加注重把人的培养放在学校工作的根本性位置上；

（3）克服在大学文化建设中重物质文化轻精神文化的观念，使物质文化与精神文化建设协调发展，在当前应当更加注重加强精神文化建设；

（4）克服在学科发展中重理工轻人文的观念，使教育在推动科技经济发展和社会进步两个轮子前进中协调地发挥作用，在一个时期内更要注重人文社会

学科的发展；

（5）克服在学科建设专业设置上重客体发展需求轻主体发展需求的观念，使开发自然与开发人类自身、满足人自身的发展需求相协调，要更加关注对人的关怀；

（6）克服在人才培养上重科学教育轻人文教育的观念，促进科学教育与人文教育的协调发展，当前，更要注重加强人文教育；

（7）克服教学过程中以教师为中心的观念，使教师的主导作用和学生的主体作用协调发挥，要注重发挥学生的主体作用，教师的主导作用要在最大限度地发挥学生的主体作用上下功夫；

（8）克服在具体教育管理上党政干预过多，使党委领导、校长负责、教授治学、民主管理、依法治校协调地发挥作用，当前，要注重落实教授在治学中的作用。

（发表于《清华大学教育研究》2004年第2期，有删节）

唤醒文化自觉　培育大学创新文化

当前，中国正在加速向创新型国家转型，创新文化是建设创新国家的基础与内涵。大学是国家创新事业的重要生力军和培养高素质创新人才的重要基地，是社会先进文化的高地，应当以高度的文化自觉营造创新文化，促进创新人才的成长和创新成果的积累，并肩负起积极引领社会发展的任务。

翻开人类文明发展史，我们不难发现，先进生产力常常是在适宜的文化环境下实现重大突破的。在中外历史上，都有过由于思想文化的激荡与创新而引发思想的解放，进而推动社会生产力发展和人类文明进步的范例。当前，我们面临着中华民族伟大复兴的历史任务，中华民族正经历一次新的觉醒，国家正在由跟踪为主向着自主创新为主的创新型国家过渡。在2006年1月全国科技大会上，胡锦涛同志号召我们要"发展创新文化，努力培育全社会的创新精神"。这表明在新的历史发展阶段，需要以新理念的突破推动全国范围新的思想解放历程。高校应当以高度的文化自觉抓住难得的发展机遇，肩负起发展创新文化的重大历史使命。

一、创新文化的内涵和哲学思考

人是认识活动与实践活动的"主体"，而被人认识和改造，并反过来影响人的对象则是"客体"。所谓创新文化既指外在于创新主体认识与实践活动的客体文化环境，又指内在于影响创新主体的认识与实践活动的文化素质表征。前者是指适于创新的制度文化、组织文化和环境文化；后者是指有利于创新的理念、动力机制、价值取向、思维习惯、心理特征与行为方式等。创新文化是有利于创新活动的主体文化素质与客体文化环境的综合。

文化创新是大学创新的引擎，大学的创新文化是大学文化创新的目标，也是建设创新型大学的重要基础和内涵。大学的创新文化首先体现在大学理念上。长期以来，我国强调引进、消化、吸收、跟踪、仿效，一旦进入超越竞争的阶段时，往往由于创新能力的不足而感到力不从心。我国创新能力与发达国家的差距仍然是明显的，其根本在于人才的创造力，而决定因素是教育，特别是对教育有决定影响的教育理念。过去，我们在向发达国家学习时，多在于物质层面，或制度层面，而在教育理念层面缺乏系统、深入的调研与分析。所以，认真分析发达国家的大学理念，吸取其先进的带有共性的内容，继承我国大学理念的合理内核，实现我国大学理念的现代转化，是创建创新文化、在我国人才培养与知识创新方面实现赶超，从而完成向创新型国家转型的关键因素。

当前，我国大学理念存在哪些问题？笔者认为主要体现在四个方面：（1）精神与物质的分离和偏重现象。目前有些大学校长关注的是"大楼"与"大师"，在种种发展规划与日常工作中突出的是物化指标，工作重心放在对社会政治经济的短期适应程度及其回报，忽视了大学"文化力"的提升与影响。在人的培养上，忽视"文化育人"的本质；在有关大学精神和大学理念的探讨与发展上没有给予充分的重视。（2）科学与人文、科学教育与人文教育的分离和偏重现象。长期以来，大学教育过分专业化，造成人文学科与科学学科的分离，并存在重科技、轻人文的倾向。而这种倾向常常是与重物质、轻精神的倾向结伴而行的。（3）教育的主体与客体分离及偏重现象。长期以来，以教师为中心的传承式、灌输式教学过程，约束了学生的学习主动性和创造性。（4）个性与共性的分离及偏重现象。教育是培养人的一种社会活动，是个体自然人实现社会化的过程。在这一过程中，既要体现社会的共同要求，又要反映人的身心发展规律和个体不同的需求。我国教育在学苏和计划经济的背景下，突出了教育的计划性和统一性，教育呈现模式化、"一刀切"的弊端。这种教育，虽保证整体上有良好的基础优越性，但是制约了创造性拔尖人才的个性发展，而没有个性就没有创造性。以上现象导致学校教育功能发展的不和谐，而问题的本质在于忽视精神文化的作用，忽视人的主体意识与个性的发展，这正是大学发展创新文化需要克服的关键性问题。

从主体角度看，创新文化素质主要体现在：为国家发展、人民福祉和人类文明进步而进行创新实践的动力；强烈的自主意识、自信心和好奇心；富于幻想、敢于冒险而又勇于实践；科学的思维方式与习惯；克服困难的意志和良好的心态；独立的思考与批判性思维能力等。

从客体角度看，创新文化首先在于尊重主体意识，关注主体精神生命的主动性。与西方思想启蒙和解放相适应，在教育理念上"对学生认识的转变，学生境况、地位的改善，个性、主体性的弘扬是绵延几百年的近代教育改革的主旋律"。[①] 叶澜教授说：21世纪，在教育思想上最终需要实现的核心转变是在对

---

① 王道俊、郭文安：《主体教育论》，2页，北京，人民教育出版社，2005。

学生精神生命主动性发展的认识上。要自觉地追求把精神生命发展的主动权还给学生，培养具有主动发展的需求、意识和能力的新人。这种人具有一种主动的生存方式，这种方式与人所特有的发展、创造的需要联系在一起，与生命活力的激发和潜在可能的实际联系在一起。以这样的态度去对待周围的世界、自己的人生，人的生命过程就会积极，就会出现创造，不仅创造出新事物、新方法、新技术、新思路、新的外部世界，而且还会不断丰富自己的内在精神世界，创造新的生命历程。为此，必须改变师生在校的生存方式。从注重面向过去、面向人类的已知领域转变为注重面向未来、面向需要发现和创造、探索的领域，这就要求教师转变自己的教育观念以至教育角色，把自己的职业本质定位为创造人的精神生命。[①]实际上，教育的根本任务在于不断提高受教育者的主体意识，成为能够进行自我教育和主动发展的社会主体。

同时，有利于主体发挥创新潜能的外在创新文化应当具备以下特质：（1）遵循"以人为本"的理念。尊重人才，尊重人的精神力量，尊重人的创造力，尊重个性差异，尊重不同群体与个体的意见。（2）弘扬实事求是的科学作风。不唯书、不唯上、不唯他、不唯洋，一切从实际出发，严谨治学，规避急功近利浮躁习气。（3）崇尚创新、追求真理的价值观念。尊重传统而又不拘泥于传统，提倡建设性的批判思维，鼓励探索、宽容失败，鼓励敢为人先、敢冒风险。（4）积极活跃的学术氛围。学术无禁区，思想不强制，体现思想自由、学术自由、独立人格和社会责任、科学道德、科学规范的和谐统一，保护脱离主流、有悖传统的观点。（5）信任、平等、开放、合作的学术平台和人际关系。在开放式的学术平台上实现学科的综合交叉、不同观点的碰撞启迪；合作和竞争互动，不迷信权威，不论资排辈，不排斥少数，在真理面前人人平等，特别是让名不见经传的年轻人施展才干。（6）民主参与的决策机制，科学的管理评价体系。

二、培育创新文化需要新的文化自觉

在"三个代表"重要思想指导下，坚持先进文化前进的方向受到全社会越来越多的关注，引领文化、推动社会创新文化的发展正在与培养人才、科学研究和社会服务一起被列为大学的基本功能。[②]怎样理解先进文化或进步文化？苏

---

① 叶澜：《把个体精神生命发展的主动权还给学生 我的教育观》，334～336页，广州，广东教育出版社，1999。
② 赵沁平：《发挥大学第四功能作用 引领社会创新文化发展》，载《中国高等教育》，2006（15/16）。

联科学院院士尼·瓦·贡恰连科认为其主要标准是："文化能在多大程度上促进人的全面而和谐的发展，有助于保护人类并为最充分地激发社会的创造潜力而增加有利的条件。"并进一步阐述，"只有为了人和以人的名义、为了人的幸福和谐发展而创建的文化，才能永无止境地进步，把它的创造者的不断完善反映在、体现在自身的价值中。"[1] 尽管这未必是对先进文化或进步文化的最全面而充分的解析，但是，已把握住了最核心的内容。现在我们肩负着为中华民族伟大复兴而奋斗的重要历史使命，也正在不断追求适应我国创新型国家所迫切需要的文化。在反思百年历史的基础上，1997年费孝通先生提出了"文化自觉"的命题，在2005年第一届中国文化论坛上，杨振宁先生提出大学教育应该把"文化自觉"这一理念灌注在每一个大学生心目当中。这不仅仅是对大学生的要求，更是对高等教育工作者的呼吁。

文化自觉，应当体现出重视文化的作用，并在对全球文化与自身文化清醒认识基础上进行正确、自主的文化选择、创新和传播。发展创新文化，既要大力继承和弘扬中华文化的优良传统，又要充分吸收国外文化的有益成果。一方面，我们的大学要认识并植根于我们自己的优秀传统文化；另一方面，要深刻认识当前的时代特点和文化转型的历史性任务，正视"文化滞差"（Cultural Lag），即精神文化的变迁与建设滞后于物质文化的变迁与发展，进行一次新的文化启蒙或转型。就中国向创新型国家转型、加速现代化进程的任务而言，"文化启蒙的宗旨是破除传统的自然主义和经验主义的文化模式对人之自由和社会之创造性的束缚，确立以理性、契约、自由、主体性、创造性为本质内涵的现代理性主义和人本主义文化精神，使人从自在自发的传统生存状态进入自由自觉的创造性生存状态。"[2] 这是当前我国文化创新的重要任务，是创新文化的核心内涵。为了防止文化启蒙的表面化与形式化，需要精英文化与大众文化的整合交融和国民普遍启蒙的文化机制保障，需要从基础教育到高等教育真正全面实施素质教育。在文化启蒙与转型中，大学需要不断的文化自觉，这种自觉既体现自身的文化觉醒与追求，也体现对社会文化走向的导引。

20世纪90年代中期以来，在全国高校兴起文化素质教育热潮，继而在"三个代表"重要思想推动下，大学文化理论探讨与建设实践开始受到越来越多的关注。2002年在教育部的支持下，北大、清华、高等教育出版社组建了大学文化研究与发展中心，组织开展了一系列大学文化研究与交流活动。自2006年开

---

[1] [苏]尼·瓦·贡恰连科：《精神文化——进步的源泉和动力》，268页，北京，求实出版社，1988。
[2] 衣俊卿：《文化哲学十五讲》，306页，北京，北京大学出版社，2004。

始，全国 25 所著名高校开启了以本校为个案的"大学文化百年研究"，而有关大学校园文化研究与建设实践更是方兴未艾。一些大学在考察发达国家办学理念的基础上，对自身的办学理念开展了广泛深入的讨论，对教育思想、办学模式和教学方法进行了积极的改革。这些都是文化自觉的体现，是可喜的现象。

当前，大学深入的文化自觉和创新文化建设涉及面很广，关键在于教育工作者重视文化、特别是精神文化的作用，进行自觉而科学的文化选择。首先是知根、植根与育根的问题。第一届中国文化论坛执行主席、香港大学甘阳教授认为，现在中国大学的问题在于不清楚自己的文化之根在哪里，又没有学到西方大学的根本之道，即其大学的生命力在于自觉植根于西方文明的深处。大学文化包括创新文化的建设首先要做到如费孝通先生所指出的："生活在一定文化中的人对其文化有'自知之明'，明白它的来历、形成的过程，所具有的特色和它发展的趋向，自知之明是为了加强文化转型的自主能力，取得决定适应新环境、新时代文化选择的自主地位。"① 为此，我们应当了解自身文化之根及其优长短缺，并且真正了解西方一流大学的文化之根，以做好适应新环境、新时代的文化选择与扬弃，在知根的基础上，植好根并以发展的眼光育好根。

不同思潮的激荡、不同文化的交融，是创新思想火花爆发、创新种子萌生的重要条件，是文化创新与发展创新文化的必由之路，也是解决重大科技与社会问题的基础。大学应当努力融合科学文化与人文文化，融合与包容多元文化。长期以来，由于大学教育过分专业化，并且在二元对立的哲学观影响下出现了C.P. 斯诺所说的"两种文化"的分离与对立，形成梁思成先生批判的"半个人的世界"，影响了人的全面和谐的发展，也制约了大学科的交叉融合与综合创新。大学应当建立"兼和"的哲学观，这种"兼和"并非忽视不同文化的矛盾和交锋，也并不是无原则、无是非地对不同文化的认同，而是以一种博大的胸怀去汲取一切优秀的文化适合于自身的内涵。这种"兼和"的哲学思想可以引导我们吸纳众长，实现创新。大学应当在社会主义核心价值体系的指导下，构建包容并蓄的多元文化体系，实现重视科学与重视人文、重视工具理性与重视价值理性、重视个人能动作用与重视集体协作的和谐。

（发表于《中国高等教育》2007 年第 7 期）

---

① 费孝通：《关于"文化自觉"的一些自白》，见费孝通：《费孝通九十新语》，210～211 页，重庆，重庆出版社，2005。

和谐文化与大学理念

大学是社会的文化高地，肩负继承、创新与引领人类优秀文化的使命。在和谐社会的构建中，大学将发挥重要的作用，这种作用最主要的是通过大学人以自身的精神文化影响力而发挥的。为此，大学自身应当自觉充实和谐文化底蕴，努力构建和谐文化模式，建设以办学功能和谐推进、师生员工和谐相处、不同类型文化和谐相融、人才德智体美和谐发展为特征的和谐校园。为了实现这样的理想目标，大学人应当不断提升以和谐文化为宗旨的大学理念。

一、世界、社会与人自身的和谐发展需要和谐文化

当前，由于科学技术的迅猛发展，给人类社会带来了巨大的物质文明成果，同时，人类社会在被诱发的物欲面前，又承受环境被破坏、资源枯竭的恶果，面临政治、经济、文化此起彼伏的冲突。人类社会的物质文明、政治文明、精神文明和生态文明呈现巨大的失衡。人类社会向何处去？能人志士们在思考着，求索着，奋斗着。

1962年美国一位正在受癌症折磨的海洋学家蕾切尔·卡逊出版了她的专著《寂静的春天》，引发了激烈的争论，产生了深远的影响。后来美国副总统阿尔·戈尔为该书写了再版前言，称赞此书"是一座丰碑"，作者"将我们带回如下在现代文明中丧失到了令人震惊的地步的基本观念：人类与自然环境的相互融合"。同时，戈尔又遗憾地指出：对于蕾切尔·卡逊的呐喊"法律、法规和政治体制都没有足够的反应"，生产商为了获取利润仍然在加倍生产农药，并以"科学无国界观念"为幌子，出口到他国，"陷入一种以出卖自己不愿意接受的公害并从中获利的状态"。作为继续蕾切尔·卡逊的努力，戈尔出版了自己的专著《濒临失衡的地球》。但是，在世界范围内情况并没有发生根本性的转变。我国学者吴国盛在包含《寂静的春天》的"绿色经典文库"总序中谈道："中国经济正处在高速增长时期，环境污染和生态破坏相当严重，环境状况不断恶化，但有关调查却显示，中国公众和学界的环境意识均非常欠缺。我们深感，弘扬绿

色意识、倡导绿色观念、确立绿色伦理，是我们走向新世纪所面临的一个迫切而又艰巨的文化工程，中国的绿色事业任重而道远。"

从戈尔指出的"人类与自然环境的相互融合"这个现代文明应当确立的基本观念，到吴国盛教授指出我们面临的迫切而又艰巨的文化工程，我们可以看到，和谐环境、和谐世界的建立需要和谐的文化。我们当今面临的不仅仅是环境难题，还面临着濒临失衡的地球：政治上强国与弱国的失衡，经济上富人与穷人的失衡，文化上强势文化与弱势文化、伦理道德与个人欲望的失衡。

伫立在文化高地的高等学校对克服上述种种失衡负有不可推卸的责任，肩负起这个责任的根本途径是培养具有和谐理念并且自身是和谐发展的人才。为此，大学应当建立以和谐文化为宗旨的大学理念，这是建设和谐社会与和谐世界的要求，也是人自身全面自由和谐发展的要求。

二、培养和谐发展的人才是大学理念的历史追求

在现代大学里，最先对大学理念进行系统探讨的是19世纪中叶英国教育家约翰·亨利·纽曼，他在《大学的理想》里提出：大学真正的功能就是培养良好的社会公民——一种和谐的绅士，并随之带来社会的和谐。他与哲学家柏拉图一样，"都把教育当作是使人适应与人共处的生活的教化过程"。他认为"大学是一个传授普遍知识的地方"，主张均衡、完整地传授各种知识，使学生"真实自主地进入知识领域"，自由地进行自我教育。[①] 这种"自由教育"的理念对西方大学教育培养合格的公民与创造性人才产生了深远的影响。

随着科学技术的迅猛发展，学科分工日益精细化，大学教育呈现过分专业化的态势，出现了英国C. P. 斯诺于20世纪中叶指出的科学文化与人文文化的相互隔阂、互不理解的状况，给人才培养带来片面性，因而无助于解决面临的社会问题；他呼吁能沟通人文文化与科学文化之间的鸿沟"第三种文化"的到来。实际上在老清华，人们也看到文理分隔对人才培养带来的局限性。老校长梅贻琦在1941年发表的《大学一解》，曾有过"通识为本，专识为末"的办学理念，指出"以无通才为基础的专家临民，其结果不为新民，而为扰民"，他要求清华的毕业生在人文科学、社会科学和自然科学都应有相当的准备，因为三者"有其相为因缘与依倚之理"；继而，又与潘光旦先生共同提出"使教育于适

---

① [英]约翰·亨利·纽曼：《大学的理想》，徐辉等译，13～21页，杭州，浙江教育出版社，2001。

当的技术化外,应取得充分的社会化和人文化",注重为学与为人的和谐,注重通识教育,为学生打下会通的基础。这种教育理念为培育德才兼备的人才发挥了积极的作用,但是,在当时的社会背景下,实行得并不充分。所以有梁思成先生 1948 年关于走出"半人时代"的呼吁。

在新中国,依据马克思主义创始人关于培养全面而自由发展人才的理念,形成了培养德、智、体、美全面发展人才的教育方针。但是,由于受到计划经济的局限,在一个时期里,中国的高等教育呈现了高度专业化的特点,使上述教育方针的实施受到局限。改革开放后,在应试教育的影响下,强化了基础教育中的文理分科,进一步凸现了科学与人文两种文化的分隔;加上某些办学功利化的倾向,重物质、轻精神,使得人才文化素质缺失成为一种越来越引起教育工作者关注的时弊。联想起爱因斯坦说过的话,"学校的目标始终应当是:青年人在离开学校时,是作为一个和谐的人,而不是作为一个专家",而我们的高等教育基本上只是为社会培养专家,还谈不上和谐的人,这种状况应当加速改变。

20 世纪 90 年代在高校掀起的文化素质教育热潮,推动科学文化与人文文化的和谐融合便是其重要的主题。当时主管并大力推动高校文化素质教育工作的周远清同志指出,提高大学生文化素质教育是中国高等教育面向 21 世纪的重要思考,实际上也是中国高等教育对大学理念的重要探索。十余年的实践,取得了重要的进展。其中一个重要的标志就是对大学理念的认识有了新的突破。以清华大学为例,在世纪之交,清华大学在对国内外开展调查研究的基础上,展开了全校的教育思想大讨论,形成了推行"在通识教育基础上宽口径专业教育模式"的共识。许多高校也进行了类似的探索。但是,离斯诺所期望的两种文化由分裂走向融合并形成"第三种文化",培养如爱因斯坦期望的"和谐的人",还有相当大的距离。

三、大学应当提升建设和谐文化的自觉

1997 年,著名社会学家费孝通先生提出了文化自觉的命题。大学是文化机构,文化育人是其根本任务。大学的精神文化,包括大学理念与大学精神,既体现大学人对未来的理想追求,又受到大学人自身对于社会政治、经济、文化发展特点和需求认识程度的影响,常常表现出其适应性、先导性和局限性并存的境况,因而,大学需要不断地文化自觉。这种自觉体现为对社会文化走向的

导引，但首先体现在自身的文化觉醒和正确的文化选择。

怎样理解当前中国大学文化自觉的任务？能不能从以下几点来看。

第一，在处理政治、经济、文化三要素的关系时，重视文化的作用，特别是作为灵魂的精神文化作用。在以往的大学发展规划与建设目标的制定中，存在重经济条件、科技指标，轻文化影响力；重政治方向，轻文化根基的现象。在今后的规划、制定和办学实践中，应当努力注重政治、经济、文化的协调发展，要把文化建设放在基础性的位置上安排和落实。

第二，重视大学理念、大学精神的凝练与提升，特别是要做好大学理念的继承、借鉴与创新。

第三，在大学理念和大学精神的凝练与提升中，要注重和谐文化的建设。除了深刻理解和贯彻德、智、体、美全面发展的教育方针，并在培养环节上通过通识教育奠定知识与素质的基础，一个重要的命题便是克服二元对立的哲学观，确立科学的发展观和一种"兼和"的哲学观。科学发展观的真谛是追求人与自然、人与社会以及人自身德、智、体、美的和谐、内心世界的和谐。而"兼和"的世界观，可以成为科学发展观重要的哲学基础。这种"兼和"的哲学观是当代哲学家张岱年先生提出的，即"兼和为上——兼容多端而相互和谐是价值的最高准衡"[1]，以及"兼和通全，亦即富有日新而一以贯之""既富且多，复相顺而一贯，是谓之兼，亦谓之和，亦谓之通，亦谓之全"。[2] 表达了多样性和谐统一并达至综合创新的含义，这一哲学观应该成为大学乃至社会和谐文化的重要指导思想。

---

[1] 张岱年：《张岱年全集》第7卷，410页，石家庄，河北人民出版社，1996。
[2] 张岱年：《张岱年全集》第3卷，203页，石家庄，河北人民出版社，1996。

大学要注重发展和谐的大学理念

中共十六届六中全会提出构建和谐社会的重大课题，指出构建和谐文化是构建社会主义和谐社会的重要任务。大学是社会的文化高地，对建设先进文化起着重要的导引作用。大学应当在社会主义核心价值体系主导下自觉充实和谐文化底蕴，不断提升以和谐文化为宗旨的大学理念。实际上，我们对大学理念缺乏系统、深入的研讨，在实践中表现出一定的盲目性以至片面性，还存在诸多不够和谐的现象，这些现象导致学校功能的失衡，制约了学校的和谐发展和人的全面自由发展。现从以下从五个方面加以讨论。

一、精神与物质

精神与物质的关系是哲学的一个普遍命题，这里所说的精神与物质的关系并非认识论意义上思维和存在的关系，而着重指价值取向上的精神与物质关系。在价值取向上，对精神与物质的分离及偏重是一个普遍的社会现象。改革开放以来，我们的社会普遍呈现重物质、轻精神的状态。

翻开我们一些大学的发展规划，常常会看到有具体而详尽的物化目标和途径，而有关大学精神文化建设的目标常常是空洞的，缺乏可操作性。正如教育部袁贵仁同志所指出的：我们的教育重视学科专业的系统性，相对忽视人的完整性，对人的健全人格、个性的培养重视不够；我们的教学侧重"教书"，突出知识、技能的传授，相对忽视"育人"，对人的思想品德、素质能力的培养重视不够；学校的建设，重视硬件、设施，相对忽视观念、制度，对教学观念、办学理念的研讨、宣传重视不够；学校的管理环境，多一些社会机构共性，相对少一点文化自觉、文化蕴涵，对学校整体文化形象、文化气质的设计、培育重视不够。①

大学应当体现人类的希望和理想，应当是精神文化的高地。如果大学人只

---

① 袁贵仁：《加强大学文化研究，推进大学文化建设》，载《中国大学教学》，2002（10）。

偏重于物化指标的追求,大学怎样肩负起引领社会的任务?同时,从根本上看,缺乏高尚的精神动力和文化追求,高水平的物化指标也会受制。

值得高兴的是有关大学精神文化的问题已引起有关领导、一些大学校长们的关注。2006年夏北大、清华、复旦大学校长在上海参加文化论坛,探讨大学精神。清华陈希书记说:"大学到底什么是最重要的?好的生源当然很重要,好的建筑也很重要,另外,大师无疑是核心因素,但是我们觉得大学的精神应该是学校最核心、最宝贵的东西。"在接着召开的中外大学校长论坛上,国务委员陈至立强调:无论大学如何创新,如何进一步服务于社会,但大学的精神和灵魂是永恒的。要坚定不移地守护大学的精神家园,使大学在创新和服务中以它的先进思想和品格影响社会,引导社会,使"大学"的荣誉得以发扬光大,永远光荣。

一些大学开始把大学文化建设作为学校的核心竞争力加以规划和推进。同时,以大学精神和大学理念为主体的有关大学文化的研究热潮在全国悄然兴起,我国的大学正面临一个新的文化觉醒。

一所学校精神文化与物质文化的和谐共进,是和谐文化最重要的体现和基础。

二、科学与人文,科学教育与人文教育

和物质与精神的分离及偏重密切相关的是科学与人文、科学教育与人文教育的分离和偏重现象。科学文化与人文文化的关系是一个有着深刻历史渊源的话题。由于近代以来学科分工精细化和二元对立哲学观的影响,使得科学文化与人文文化出现了隔阂。

在"科学至上"的科学主义思潮影响下,大学教育长期存在重科技、轻人文的趋向,而基础教育的文理分班和大学教育的过分专业化,加剧了科学文化和人文文化的割裂与对立。这种文化的分离在大学教育中的表现便是人文教育被职业教育所屏蔽。在教学过程中偏重知识的灌输和技能的训练,而忽视心灵的教化和人格的培养,而且,中青年教师群体呈现梁思成教授批判过的"半人"状态,难以适应素质教育的要求。

从20世纪20年代发端于清华的"科玄之争",到20世纪中叶英国物理学家兼小说家C. P. 斯诺提出的"两种文化"的概念和对实现科学文化与人文文化融合的"第三种文化"的期望,一直到20世纪90年代和世纪之交发生的"索

卡尔事件"与"科学大战",说明消除两种文化的隔阂与对立还要走很长的路程。

我们不能不看到,科学技术迅猛发展带来巨大的物质文明成果的同时,人类社会在被诱发的物欲面前,承受环境被破坏、资源枯竭的恶果。人类社会的物质文明、政治文明、生态文明和精神文明呈现巨大的失衡。

无论是理念上两种文化的隔阂与对立,还是现实世界文明的失衡,以及营造两种文化和谐融合的"第三种文化"的努力,作为培养高层次人才的高等教育都难免其责。

20世纪90年代中期开始在我国高校深入展开的文化素质教育实践探索和理论研讨,正是以促进科学文化和人文文化、科学教育和人文教育的融合为主题的。当年这项工作重要的倡导者和推动者周远清在纪念文化素质教育十周年的文章中指出:"十年前,我们提出在高等学校开展文化素质教育,其中一个重要的动因,就是要改变中国长期以来形成的重理轻文和人文教育薄弱的状况,因此,当时我们特别强调加强文化素质教育主要是加强人文科学和社会科学,即文学、历史、哲学、艺术等方面的教育,当然也包括对文科学生进行自然科学方面的教育。"他继而指出,"为了培养适应新世纪需要的高质量人才,全面推进素质教育,就必须重视人文教育和科学教育的结合。"[①]

爱因斯坦曾极力主张:"学校的目标始终应当是:青年人在离开学校时,是作为一个和谐的人,而不是作为一个专家。"[②] 促进科学与人文、科学教育与人文教育的融合,是培养和谐的高素质人才的需要,是建设和谐大学理念的重要内涵。

在我们国家向创新型过渡的过程中,更要重视科学与人文的融合。2006年1月,胡锦涛主席在全国科学技术大会上提出要发展创新文化,努力培育全社会的创新精神。我们应当站在科学发展观的高度,努力推进大学精神文化包括创新文化的建设。创新文化是科学精神与人文精神的融合体,是大学自身发展的内在要求,是大学创新重要的动力源泉、思维导向和不可或缺的学术氛围。为了有利于创新文化的形成,要着力构建创新型大学文化的价值体系。努力推进学术自由与社会责任、学术道德、学术规范的和谐统一,构建有利于理论创新、科技创新、制度创新和有利于人的精神生命创新的文化氛围。

---

① 周远清等:《从"三注"、"三提高"到"三结合"》,见胡显章主编:《十年探索 十年发展》,26页,北京,高等教育出版社,2006。
② 许良英等编译:《爱因斯坦文集》第三卷,北京,146页,商务印书馆,1979。

三、"通"与"专",通识教育与专业教育

关于培养目标的"通才"与"专才"之争,是中国近现代高等教育面对的一对基本矛盾,它影响着教育计划、课程体系以至教育的全过程。

所谓"通才"与"专才"之争反映在两个层面上。首先是在知识、能力层面上。在计划经济背景下,"专才"一般可以有用武之地。而当今,一方面,在科学技术日趋综合、产业结构不断变迁、职业流动相对频繁的情况下,要求人才具有综合的视野,跨学科的能力;另一方面,学科分工日益精细,专业不断向纵深发展,又要求人才具有精深的学问和专业能力。1999年1月颁发的《中华人民共和国高等教育法》规定:"高等教育的任务是培养具有创新精神和实践能力的高级专门人才",由此可见,中国高等教育不是培养通才。同年6月中共中央、国务院作出的"深化教育改革 全面推进素质教育的决定",要求"高等教育要重视培养大学生的创新能力、实践能力和创业精神,普遍提高大学生的人文素养和科学素质"。在这一背景下,有关培养目标上"通才"与"专才"之争被如何处理"通识教育"与"专业教育"的关系所代替。目前,许多学校提出的"在通识教育基础上的专业教育"便是兼顾"通"与"专"的培养模式。随着认识的深入,所讨论的"通""专"关系进入一个更高的层面,即不仅涉及学识、能力,还涉及"为学"与"为人"的要求。

20世纪40年代,清华大学校长梅贻琦曾有"通识为本,专识为末""以无通才为基础之专家临民,其结果不为新民,而为扰民"的论断[1],这里的"通才",不仅指学识上的"通",而且强调了"为学"和"为人"的共同要求。只是当时的社会条件,不允许这个理念得到充分实施。

当前,在对待所谓通识教育上,无论是教育者还是受教育者,多数还只停留在知识与能力的"通"上,甚至,不少授课者把相关的课程视为低水平的,听课者则为了挣学分而学。台湾新竹"清华大学"前校长沈君山曾称,实践通识教育的困难在于:(1)没有人愿意去管;(2)没有教授愿意去教;(3)没有学生肯花精神去听。[2]这种情况在内地大学也不同程度地存在。复旦、北大等学校期望借鉴美国文理学院的模式,成立以通识教育为己任的复旦学院、元培

---

[1] 梅贻琦:《大学一解》,见刘述礼、黄延复编:《梅贻琦教育论著选》,北京,人民教育出版社,1993。

[2] 黄俊杰:《大学通识教育的理念与实践》,169页,台北,"中华民国"通识教育学会出版,2005。

学院等来寻求有效的途径。清华大学 2006 年提出认真建设文化素质教育课程体系，设立共同核心课程，走规范化、核心化、精致化建设之路。学校领导核心认真听取了相关工作汇报，决定强化课程建设的组织领导，将文化素质教育列入学校重大规划，在财力人力上予以充分的保证，特别是建立起一支以名师为主体的、高质量、高水平、专兼结合、结构合理的师资队伍和相适应的运行机制及配套政策。同时，要求广大专业教师在专业课程环节中注重素质教育，使通识教育与专业教育在促进学生为人、为学上统筹规划，相得益彰。

四、学生教育主体性与教师主导作用

从本质上看，教育是依据社会的要求和人的身心发展规律使受教育者不断获得新知、增长才干、提高素质的过程。在以往的教育中，受教育者的需求和身心发展规律、受教育者的主观能动性、在教育过程中的主体地位没有得到充分的重视。

教育的根本任务在于不断提高受教育者的主体意识，成为能够进行自我教育和主动发展的社会主体。著名苏联教育家苏霍姆林斯基说："没有自我教育就没有真正的教育。"[1] 因此，培养与发挥学生在教育中的主体性，是学校和教育工作者必须面对的重要课题。

尊重学生在教育过程中的主体性，在本质上是对人的尊重，是"以人为本"的本质体现。马克思主义哲学尊重人的自然属性、精神属性和社会属性，使"人以一种全面的方式，也就是说，作为一个完整的人，占有自己的全面本质"[2]。而只有充分发挥了自己的主体性精神，人才能成为"一个完整的人"，才能"占有自己的全面本质。"人的主体性体现在认识与改造世界中的自主性、主动性、能动性与创造性。重视发挥和提升受教育者在教育过程中的主体性，对于培养具有主动、积极的进取精神和富于创造力的一代新人，对于我们国家实现向创新型转型具有决定性意义。

同时我们应当看到，人的主体性并非都是积极的，作为个体常常还表现出依赖性、被动性、简单重复性和对现状的适应性。所以，无论是对受教育者主动性的尊重、启发，或是对其消极性的引导、克服，都需要发挥教育者的主导作用，只有教育者积极的主导作用与受教育者主体性的和谐发展，教育过程才

---

[1] 苏霍姆林斯基：《帕夫雷什中学》，赵玮等译，23 页，北京，教育科学出版社，1983。
[2] 马克思：《1844 年经济学哲学手稿》，80 页，北京，人民出版社，1985。

能实现优化。当前，主要矛盾是对受教育者主体性的尊重和发挥不够，为此，广大教师要自觉地把精神生命发展的主动权交给学生，改变师生在校的生存方式。从注重面向过去、面向已知领域转变为注重面向未来、面向需要探索、发现和创造的领域，经过锲而不舍的努力，把教育变成受教育者教育自己的教育。

五、个性与共性

教育是培养人的一种社会活动，是个体自然人实现社会化的过程，既要体现社会的要求，又要反映人的身心发展规律和不同个体的不同需求，常常交织着共性与个性这对基本矛盾，在中国教育史上围绕这对矛盾出现过将两者分离、偏重甚至对立的现象。

关于个性与共性的关系，有着政治论和认识论两个相关联方面的哲学基础。从政治论视角看，个性与共性涉及个体与群体、个人与社会、个人自由与社会规范的关系。人与社会的关系既是一个基本哲学问题，也是一个基本教育哲学问题。哲学家黑格尔认为，人作为自然的实体并不体现人作为人的本质，人的本质只有在社会中才能体现出来，他认为"每个人都是他那时代的产儿"[①]；马克思在《关于费尔巴哈的提纲》中指出，"人的本质在其现实性上，它是一切社会关系的总和"。

从中国的历史文化特点和现实的社会特征出发，无论从人是时代的产儿或是社会的要求考虑，中国传统文化中"国家至上""社会为先"的影响和国家的社会主义性质，都要求我们的教育注重渗透集体主义、爱国主义的理念，它体现了我们社会主义大学办学的方向性，是传统文化与主流意识形态的共同要求。

同时，不同文化之间的理解协和是和谐文化的应有之意，我们应当处理好主导文化与文化多样性的关系，使共性要求与个性发展实现和谐统一。文化传播的全球化走向和中国改革开放以来经济基础、生产资料占有与分配方式所发生的重大变化，以及社会需求呈现多样化、动态化的特点，使受教育者的要求体现出多样化、个性化的趋势。在计划经济环境下只关注划一的培养目标和培养过程，已经不能适应市场经济和国际激烈竞争的需求，特别是国家向创新型转型对创造性人才的需求。教育要求突出培养过程的个性化，注重发展受教育者的个性发展——因为没有个性就没有创造性。

---

① [德]黑格尔：《法哲学原理》，范扬、张企泰译，序言，12页，北京，商务印书馆，1961。

因而，我们在处理发展共性需求与满足个性发展的这对矛盾时，应当找到合适的平衡点。包括在创新实践中，倡导学术无禁区，课堂有纪律，体现学术自由与社会责任、学术道德、学术规范的统一。

社会在要求个人个性得以发展的同时，又应对人的个性发展有所规范、制约和引导，要求人的个性沿着社会所需要的方向发展。我们所追求的共性，不是指人才的标准统一化、模式化，我们所追求的共性是体现共同价值观的个性多样化。

从认识论视角看，应当注意实行个性化教育——根据学生不同的特点，因材施教，激发其学习的潜力和创造力，促进每个学生富有个性、全面和谐地发展，进而推动社会和谐发展。

回顾新中国的教育，一方面，中国有注重训导的传统，又在学苏和计划经济的背景下，突出了教育的计划性和统一性。这种教育，既有保证整体上有良好基础的优越性，又有制约创造性拔尖人才个性发展的效应。比较美国的教育哲学，美国注重启发和自由，这种教育多数学生可能因放任自流而影响教育质量，但对于拔尖学生则有更加广阔、自由的发展空间。如何保持中国教育哲学的优点，同时吸纳美国教育哲学的长处，实现教育思想的综合创新，是确立和谐理念的又一任务。

同时，从大学的办学道路来说，也有按照共性的规律和发展个性的要求形成办学特色的问题。办学特色就是学校个性的体现，一切创新之物均是具有鲜明个性的，纵观国际高等教育发展史，就会发现注重大学办学特色是通往创新的必由之路。

建立以和谐文化为宗旨的大学理念，应当把握好两个基本环节：一个是以社会主义核心价值体系为指导，凝练大学的核心价值体系，其主要体现在大学人认同的大学精神和共同的奋斗目标上；二是摈弃二元对立的哲学观，蕴育一种"厚德载物""和而不同"的哲学观，倡扬"兼和"的态度。

大学理念是大学文化的核心，大学理念对于办好一所大学是带有全局性、先导性和战略性的因素。认真分析发达国家的大学理念，吸取其先进的带有共性的内容，同时认真继承中国传统文化中的合理内核，并且凸现各自的办学特色，实现中国大学理念的现代转化，是中国在人才培养与知识创新方面实现赶超，完成向创新型国家转型，建设物质文明、精神文明、政治文明和生态文明协调发展的和谐社会，加速实现国家现代化，实现中华文化伟大复兴的关键因素。

（发表于《中国高教研究》2007年第11期）

谈艺术与科学之"和"

一、艺术与科学"和而不同"

从人们的观念看,艺术和科学是两码事。按照中国著名的辞典《辞海》所界定,"科学"是指"运用范畴、定理、定律等思维形式反映现实世界各种现象的本质和规律的知识体系";而"艺术"则指"人类以情感和想象为特征的把握世界的一种特殊方式,即通过审美创造活动再现现实和表现情感理想,在想象中实现审美主体和审美客体的互相对象化"[①]。也就是说,科学是人类认识自然、社会和人类自身的生理、心理与思维的知识体系,人类这种知识追求通常带有理性的特点;而艺术是人类情感和想象力审美形式的表现与创造,它通常带有感性的特点。从学科的设置看,艺术与科学是不相关的两个领域,反映了各自不同的发展规律与评价体系。在一个相当长的历史时期里,在这两个领域中活动的人们有着不同的话语体系、不同的思维形式,甚至不同的生活习俗,正如英国兼有科学家与小说家身份的C. P. 斯诺所说的是生活在相互隔绝的"两种文化"中。

由于人类对物质生活和精神生活的追求是生而俱来的。考古发现的原始器具,几乎都是人们实用和审美的结合,凝聚着人类初始科学(包含人类掌握的技术、工艺、数学等)的智慧和艺术想象,展示着人类的创造力。说明在人类社会的早期,科学与艺术是融合一体的。古希腊神话里的缪斯是主管科学与艺术之神,中国2300年前的思想家庄子在《天下篇》中提出"判天地之美,析万物之理",也是把"判美"与"析理"看成人们认识世界相连的两个方面。

在工业革命后,科学技术有了巨大的发展,出现了学科的分门别类。学科的分门别类是人类文明发展到一定阶段的必然产物,从积极意义上看,有利于建构清晰的知识框架,有利于人们集中精力去把握不同文化现象的特点、功能与内部规律,有利于进行知识的积累与技能的开拓以至发现与发明。无论是科学或是艺术,分门别类的发展均取得了自身的辉煌。在今后的发展道路上,我

---

① 夏征农主编:《辞海》,第一版,上海,上海辞书出版社,2002。

们仍然要按照艺术与科学自身的特点进行分门别类的管理、规划与人才的培养。例如，清华美术学院和所依托的艺术学学科，不能按照清华惯用的理工思维进行评估与管理。因为艺术与科学毕竟是不同的学科，有着不同的发展规律。

同时，我们必须充分地认识到，人们对物质生活与精神生活的追求是密切相关的，在人类文明进程中，真、善、美常常是融合一体的。人类对世界——包括客体与主体的认识走过综合—分析—再综合的螺旋式上升的发展道路，目前，艺术与科学和人文与科学相似，"在观念上的互启、方法上的互用、学科上的互构、精神上的互融，正在成为一种日益普遍的文明建设活动"。[①] 艺术与科学正遵循"和而不同"的哲学观走上一条充满光辉前景的道路，科学与艺术相互启迪、促进、丰富、创新，必将谱写人类文明新的壮丽诗篇。

二、艺术与科学"和而出新"

在中国和世界文明发展史中，科学与艺术交互发展、相辅相成、互相促进的事例举不胜举。东汉时期的张衡是中国古代宇宙结构理论浑天说的代表，同时又是当朝诗人和六大画家之一。他在公元132年创制的世界上第一台用以观测地震的仪器——候风地动仪有着科学的内涵和精美的外型。文艺复兴时期意大利名画家达·芬奇把艺术的形象思维与科学的逻辑推理有机结合起来，不仅以《蒙娜丽莎》《最后的晚餐》等名画闻名于世，而且也是纺织机、飞行器、降落伞等科技成果的最初发明者。

怎样看待艺术与科学的内在关联？这种互联又是怎样推动人类文明前进的车轮呢？

首先，我们要从艺术、科学的哲学关联来分析。艺术是人类创造活动的形象体现，其目的主要在于满足人们的审美需要；科学是人类探索自然、社会与精神的奥秘，把握对世界规律性的认识，实现思维与存在不断的统一，用以保护自然、改造世界、造福人类的活动。而人类的这种活动常常是与"美"的追求联系在一起的，这构成了人与动物的本质区别。马克思说："动物只是按照它所属的那个物种的尺度和需要来进行塑造，而人懂得按照任何物种的尺度来进行生产，并且随时随地都能用内在固有的尺度来衡量对象；所以，人也按照美的规律来塑造。"[②] 艺术作为人类审美追求，是按照美的规律塑造世界的直接体

[①] 肖峰：《论科学与人文的当代融通》，3页，南京，江苏人民出版社，2001。
[②] [德] 马克思：《1844年经济学—哲学手稿》，刘丕坤译，50页，北京，人民出版社，1979。

现；科学技术是按照美的规律来塑造世界的蕴含体现，从中我们可以找到艺术与科学的内在关联。苏联学者苏霍金认为："在这个作为创造能力特殊表现的科学和艺术领域内，人与客观现实一起建造另一个现实，这就是由一些艺术形象构成或由一系列概念表示的世界""科学和艺术的全部实践活动的特点就是使知识和感情条理化，把它们归结成理论系统或形式美学系统。"[1]李政道先生曾经深刻地指出："艺术和科学的共同基础是人类的创造力，它们追求的目标都是真理的普遍性。""科学和艺术的关系是同智慧和情感的二元性密切相联的。对艺术的美学鉴赏和对科学观念的理解都需要智慧，随后的感受升华和情感又是分不开的。没有情感的因素和促进，我们的智慧能够开创新的道路吗？而没有智慧的情感能够达到完善的意境吗？""事实上如一个硬币的两面，艺术和科学源于人类活动最高尚的部分，都追求着深刻性、普遍性、永恒和富有意义。"[2]

艺术与科学的密切关联为相互的促进提供了内在的条件，而具体的途径则是通过观念互启、方法互用、学科互构、精神互融来实现的。

人们的思维世界在本体上是统一的，因此，人们在认识客观世界不同领域所形成的观念常常可以互相启迪。2500年前，古希腊哲学家、数学家、音乐理论家毕达哥拉斯将声音量化，建立了西方音乐的数字概念，他认为几何、音乐、雕塑、天体都可以通过具体的数字比例和谐地体现；毕达哥拉斯学派提出了"和谐学"，并有"音乐是数字而宇宙是音乐"之说。爱因斯坦也说："这个世界可以由音乐的音符组成，也可以由数学公式组成。"音乐与数学的概念是可以互通的。艺术追求和谐美，而这种艺术和谐观念常常为科学的发明带来启迪。伟大的天文学家刻卜勒是音乐的喜爱者，他想象着太阳系也应当像音乐那样存在和谐的规律，遵循这一信念，他发现了行星运动三大定律；正是音乐和谐对称美给予牛顿对宇宙和谐比例布局的联想，引导他创立了万有引力定律。观念上的相互启迪，也推动着观念本身的发展，将科学的理念和成果以艺术的形式来表现，可以帮助人们更加直观、简明、愉悦地理解科学的内涵；而用科学的方法展示艺术的形式与成果，将更加深刻、普遍地改变人们的艺术观念，提升人们的生存质量。

关于方法上的互用更是显然了。科学不断创造新色彩、新材质、新工具、新方法，给艺术家的想象力与表现力以更广阔的空间。特别是计算机和互联网技术为艺术家展示了崭新的视觉、听觉与感觉的天地。反过来，艺术给予科学

---

[1] [苏]苏霍金：《艺术与科学》，4～5页，王钟宣等译，北京，生活·读书·新知三联书店，1986。
[2] 李政道：《楔》，载《装饰》2001（3）：3。

以想象力和创造力，帮助人们实现以美的规律塑造世界，引导科学家关注科学技术的精神文化内涵。这种观念与方法上的互启、互用，将推动彼此发展话语体系、符号形式与思维方式，促进艺术和科学的创新与进步。

学科的互构是科学与艺术关系发展的重要阶段，是科学与艺术在观念、方法上相互靠拢在组织方式上的体现，它为两者合乎规律的发展提供了制度上的保障。建筑学是科学与艺术互构的学科，朱光潜在《西方美学史》中说："建筑空间和形象中的抑扬顿挫、比例结构及和谐变化，体现了音乐的旋律"，日常还有"建筑是凝固的音乐，音乐是流动的建筑"之比喻。工业设计、环境艺术设计、装潢艺术设计、园林景观设计等也是科学与艺术互构的学科。在世纪之交，随着信息科学技术的迅猛发展，信息艺术设计学科应运而生。在这些新兴综合学科，开始形成新的话语体系与评估标准，为艺术与科学的紧密结合与融合提供了新的平台，必将为创造新的文化形态作出贡献。

精神上的互融是艺术与科学交融的最高境界。科学是人们探求未知、追求真理的活动，要求人们崇尚真理、实事求是、敢于质疑、民主宽容。科学的直接目的是求真，其结果通常呈现唯一性；艺术是人们审美的追求，直接的目的是求美。反对雷同、体现个性，其结果通常呈现多样化。科学与艺术都讲求创新，最终都要求达到真、善、美和谐统一的境界。科学与艺术在精神上的交融无疑是有利于达到万物与我齐一，真、善、美和谐统一的境界的。

为了有利于艺术与科学的和谐相融，需要规避二元对立的哲学观念，倡扬中国传统哲学上的"兼和"观，艺术工作者与科学工作者应相互尊重，互纳对方有益的观念、方法与精神，在"和而不同"中不断达到新的境界。

三、艺术与科学"和"育人才

我们知道，伟大的科学家爱因斯坦也是一个天才的小提琴手，他曾说过："艺术使我比从物理学那里获得更多的东西。"因为艺术丰富了他的想象力，而"想象力比知识更重要，因为知识是有限的，而想象力概括着世界上的一切，推动着进步，并且是知识进化的源泉。"他还说，"如果没有早年的音乐教育，无论哪一方面我都将一事无成。"据统计，世界上各个领域的 1 000 位有杰出贡献的人物中，百分之七八十都受过良好的音乐教育。这说明音乐、艺术对一个人的思维能力、想象力和创造性的开发以至精神境界的升华有着不可低估的作用。中国古代思想家、教育家孔子是艺术的爱好者，有"一日无乐，则食之无味"

之说。主张"兴于诗,立于礼,成于乐。"[1] 要求弟子通六艺——礼、乐、射、御、书、数。在《礼记·乐记》中提出:"乐行则伦清,耳目聪明,血气和平,移风易俗,天下皆宁。"说明中国古代教育中有重视音乐、艺术的传统,认为艺术、音乐利于开发智力和提升伦理道德境界。

清华有重视科学与人文、科学与艺术融合的传统。当年的国学大师王国维先生不仅倡导培养德、智、体、美四育协调发展的人才,而且植根于深厚的中国传统文化又吸纳了西方科学的实证研究方法,实现了近代史学研究的重大突破。他以《人间词话》艺术而形象地描述求知的三个境界,曾激励着一代代莘莘学子。同样是国学大师、语言学家、"中国科学社"的创始人之一赵元任先生则以一曲《教我如何不想她》流传至今。20世纪50年代从清华学生艺术团舞蹈队里走出了一批优秀学子,包括后来的国家主席胡锦涛、北京市前副市长胡昭广,还有清华大学前校长、中国能源首席科学家王大中院士。科学与艺术的融合,科学精神与人文精神的融合,蕴育了一代代优秀的人才与创造性成果。

有人曾经分别对建筑系与土木系的学生作过考察,发现建筑系学生的创造性思维比较强,因为建筑是科学与艺术的综合,注重形象思维,反对雷同;而土木系学生更加严谨,因为设计的规范性更强,安全风险性更高。从这个意义上讲,艺术与科学的结合有利于人才全面素质的提高。

同时,高科技为艺术的发展注入了新的生命力,而科学技术与艺术的结合也为科技开拓了新的方向。我们还要看到艺术与科技的结合已成为世界支柱产业——文化产业的强大推动力,它对高校的人才培养、科学研究和社会服务提出了迫切的要求。

总之,科学与艺术的融合是当前文化建设的重要趋势,也是教育理念的重要发展。中央工艺美术学院与清华大学走到了一起组成清华美术学院正是适应了这一大势。实践已经并将进一步表明,当年的决策是富有远见卓识的,当然,这仅仅是一个序曲,实现科学与艺术的深度和谐和融合,我们还有很长的路要走,还有很多的工作要做。

(清华大学第二届艺术与科学国际研讨会论文,2006年10月;
发表于《清华人》2007年第1期)

---

[1] 孔子:《论语·泰伯》,载罗国杰主编:《中国传统道德 教育修养卷》,92页,北京,中国人民大学出版社,1995。

全球化背景下的文化多样性与文化自觉

当前,随着经济的全球化和数字技术的迅猛发展,文化传播全球化的趋势正在加剧。在这样的背景下,一方面,美国依据其经济与高科技上的优势和无时无处不在的传媒,保持和扩大其对发展中国家的信息输出的不对称,强化其文化霸权,并为其经济与政治的全球战略服务;另一方面,在娱乐文化加速产业化的进程中,在经济利益的驱动与市场机制的操纵下,缺乏品位的娱乐文化正以"大众文化"的名义成为一种霸权文化。这两种趋势都导致文化多样性的缺失。联合国教科文组织信息与传播项目官员曾丹娜(Dana Ziyasheva)曾说:"在这个日益全球化的时代,保证'丰富多彩的文化多样性'极为关键。因为,它很重要,却时常面临威胁。"[①]

那么,怎样看待文化多样性所面临的威胁?面对威胁,我们能做些什么?

一、"历史的终结"论与文化霸权

1960年,美国社会学家丹尼尔·贝尔在《意识形态的终结》一书中提出"自由与民主"的观念已成为西方国家尤其是美国社会的政治共识,预示作为意识形态的历史行将终结。1992年弗朗西斯·福山在其所著的《历史的终结与最后的人》一书中重申了他1989年在美国《国家利益》杂志发表的《历史的终结?》一文的观点,认为西方国家的"自由民主"已是"人类意识形态进步的终点"和"人类统治的最后形态",因而已"构成历史的终结"。[②]这一观点引起学界的热烈争论,不少有识之士一针见血地指出了所谓"历史终结论"是美国一厢情愿的霸权主义意识形态的表征。正如法国传播学家马特拉所指出的,在美国渲染"意识形态终结"论,其实质是推行美国意识形态的全球化,特别是美国所有传播政策在东西方的冲突区域,即"第三世界"的"西方化"或"美国化"

---

① 曾丹娜:《文化多样性与跨文化对话》,见张凤铸、胡智锋、黄式宪主编:《和而不同——全球化视野中的影视新格局》,3页,北京,中国传媒大学出版社,2005。
② [美]弗兰西斯·福山:《历史的终结》,黄胜强、许铭原译,1页,呼和浩特,远方出版社,1998。

目的。^①他批判了这种"让它的主观性和独特性作为客观性和普遍性""让一些人的法律成为所有人的法律"的"神话",^②这种观点受到愈来愈广泛的认同。

但是,依托经济、政治与传媒的优势,美国仍然顽固地向全球推行其意识形态与文化观。未来学家托夫勒在2001年2月12日日本《读卖新闻》发表的题为"美国标准是万能的吗?"一文指出:"现在,很多居住在美国以外的人却愤愤不平地认为,美国不是利用坦克,而是利用本国经济和媒体的巨大力量,使'美国制造'的意识形态实现商品化。这种意识形态背后的雏形,基本上是以全球主义、自由贸易以及民主这三个以单纯且直线的方式关联在一起的变数构成的。……这三个变数是立足于几个已化作一种信仰的共同前提上的。这种信仰没有民主和共和的党派之差,而且,它也被美国的主要媒体所接受。"美国社会批判学家、《社会学的想象力》一书的作者米尔斯认为,美国在实用主义驱使下,它需要一种政治上为现存事物辩护的意识形态,并力图使这种意识形态成为"整个世界的共同尺度"。美国基辛格同仁公司总裁在美国《外交季刊》上发表的文章直言不讳地宣称:"美国应该确保:如果世界向统一语言方向发展,那么这种语言就应该是英语;如果世界向统一的电信、安全和质量标准发展,那么这些标准就应该是美国的标准;如果世界逐渐被电视、广播和音乐联系在一起,那么节目的编排就应该是美国的;如果世界正形成共同的价值观,那么这些价值观就应该是符合美国人意愿的价值观。"^③这种文化霸权观,除了出自统治集团和跨国公司政治、经济利益的需求,还来自长期形成的"西方中心论"。如以提出"文明冲突论"著称的亨廷顿虽然已经看到西方文明作为普世文明的黯淡前景,但是仍坚称西方文明是最优秀的文明,是"惟一能够影响其他各个文明或地区的政治、经济和安全的文明,其他文明中的社会通常需要西方的帮助来达到其目的和保护其利益。"^④而这种西方文明优越论再与国民的宗教信念相结合,便成为一种普遍的国民意识。正如美国学专家王缉思在《美国丢不下意识形态》一文指出的:美国欲称霸世界的意识形态基础是美国人的宗教意识,

---

① [法]阿芒·马特拉:《世界传播与文化霸权》,陈卫星译,289页,北京,中央编译出版社,2001。
② [法]阿芒·马特拉:《世界传播与文化霸权》,陈卫星译,137~139页,北京,中央编译出版社,2001。
③ [美]David Rothkopf:" In Praise of Cultural Imperialism", Foreign Policy, NO.107, Summer 1997, p. 45
④ [美]塞缪尔·亨廷顿:《文明的冲突与世界秩序的重建》,周琪等译,75页,北京,新华出版社,2002。

认为美利坚人是上帝选中来拯救人类的。这个在我们听起来荒谬可笑的想法，而美国人却是当真的。正是这种具有政治、经济和宗教基础的文化霸权主义显示出持续的扩展力，使得曾丹娜所忧虑的文化多样性受到的威胁有增无减。

对于文化霸权，处在强势文化中的许多学者已开始进行深入的反思，著名传播学家马特拉就是一个代表人物。包括处在文化霸权中心的美国，也不乏许多对文化霸权的批判者。如美国学者汉斯·摩根索曾经尖刻地揭示了文化霸权的帝国主义本质："文化帝国主义的东西是最巧妙的，并且它能单独取得成功，也是最成功的帝国主义政策。它的目的，不是征服国土，也不是控制经济生活，而是征服和控制人心，以此为手段而改变两国的强权关系。"[1] 但是，只有强势文化圈中的少数有识之士的批判声音是不够的，正如马特拉指出的，对于第三世界的国家来说，接受美国式的全球化模式"是一种宿命论，是一种投降，这是一种放弃责任的意识形态的基石"[2]。而事实上，第三世界并不安于宿命，更不愿意投降。

二、文化多样性潮流的兴起

面对美国咄咄逼人的文化霸权，处在文化传播下风的国家正在联合起来，借助各种国际机构和国际会议倡扬文化多样性，这成为 21 世纪一股愈来愈强大的潮流。2001 年联合国教科文组织通过了《世界文化多样性宣言》，宣言认为："尽管受到新的信息和传播技术的迅速发展积极推动的全球化进程对文化多样性是一种挑战，但也为各种文化和文明之间进行新的对话创造了条件"，同时指出，"文化多样性是交流、革新和创作的源泉，对人类来讲就像生物多样性对维持生物平衡那样必不可少。从这个意义上讲，文化多样性是人类的共同遗产，应当从当代人和子孙后代的利益考虑予以承认和肯定。"为此"务必使所有的文化都能表现自己和宣传自己。"此后，维护文化多样性的活动显示出越来越大的活力。2005 年 11 月 8 日至 11 月 9 日由联合国教科文组织文化多样性全球联盟、中国人民日报社、全球化合作基金会等在杭州市联合举办了"第三届全球化合作论坛——世界文化多样性"，论坛主题为"尊重文化多样性、共建和谐社会"。会议呼吁"必须承认各国文化形态、价值观念和发展模式的人类文明价值，建

---

[1] ［美］汉斯·摩根索：《国际纵横策论》，卢明华译，90 页，上海，上海译文出版社，1995。
[2] ［法］阿芒·马特拉：《世界传播与文化霸权》，陈卫星译，301 页，北京，中央编译出版社，2001。

立全球化时代的文化多样性和谐体"。

在所有场合,传媒的作用几乎都成为关注的热点。自 2004 年开始,由中国传媒大学主办的每年一届的"亚洲传媒论坛",有关全球化、文化的多样性与传媒都是重要的议题,产生了广泛的影响。这反映了在倡扬文化多样性与实施文化霸权这对矛盾体中,文化多样性正在成为全球文化发展的主要追求形式。在这对矛盾演变过程中,媒体是矛盾双方都借以利用的工具,文化选择成为媒体不能回避的课题。

三、消费主义文化与大众传媒

与文化霸权并行的是消费主义文化的传播。消费主义文化是一种消费至上的价值判断与生活方式,在本质上,它是受资本利益驱动的文化形态。

消费主义起源于 19 世纪末期的美国,在第二次工业革命后,美国的经济实力上升为世界首位,在百货公司和大众传媒的推动下,美国中上层社会"宗教冲动"让位于"经济冲动","勤俭持家"的生活价值观念开始被"炫耀式消费"所取代。[1] 当 1913 年福特汽车公司在密歇根生产流水线上驶下第一辆汽车之后,"福特主义"开始带动了以"大众消费"为特征的消费主义大众文化的兴起。[2] 20 世纪 50 年代,"二战"结束后,美国经济面临稳定发展的前景,电视等大众传媒"顺应了资本主义经济发展的需要,为美国消费热潮的到来提供了充分的舆论宣传和引导""人们在休闲、消费和感官满足中接受了新的消费方式和生活方式"[3],进一步推动了现代消费主义文化的形成。在经济全球化的过程中,伴随着跨国公司的商品、广告借助于电视、网络等现代传媒手段走向世界时,消费主义文化也随之走向世界的每个角落,形成一种全球性文化,成为资本全球扩张的重要动力。在这一背景下,有学者认为:"当代资产阶级已通过大众媒体创造消费文化的方式成为大众社会生活的主宰者。这种超现实的消费文化为跨国公司在全球的经济扩张从意识形态方面打下了坚实的基础。"[4]

---

[1] 潘小松:《美国消费主义起源》,载《博览群书》,2004(7)。
[2] 罗钢、王中忱主编:《消费文化读本》,3 页,北京,中国社会科学出版社,2003。
[3] 杨魁、董雅丽:《消费文化——从现代到后现代》,109 页、131 页,北京,中国社会科学出版社,2003。
[4] 杨伯溆、李凌凌:《资本主义消费文化的演变、媒体的作用和全球化》,载《新闻与传播研究》,2001(1)。

文化既是社会政治和经济在观念形态上的反映,又成为沟通政治与经济的桥梁。

20世纪80年代以来,当中国的经济迅速增长并向世界敞开大门时,消费主义文化也乘机大行其道。美国为了维护和扩大其政治、经济的霸权地位,诱使发展中国家接受其"民主""自由"等价值观的同时,大力推行其消费主义文化,诱导消费需求的冲动,由此获取最大限度的利润;同时,潜在地引导发展中国家按照美国的意愿进行政治文化的选择。由"薯片""芯片""影片"加"药片"构成了从日常经济文化生活到高科技全方位的扩张,而无时不在、无处不在的大众传媒则成了消费主义文化向纵深扩散的主要途径。

与此同时,一个显而易见的现象就是传媒与娱乐的合流和媒介自身消费主义取向的加剧。媒体为追求利润而迎合低俗化的市场需求,潜移默化地改变着传统的价值观念,使发端于美国的消费主义价值观和生活方式影响着中国广大消费者和受众的价值判断与文化选择;同时,在经济利益驱动与市场机制的操纵下,缺乏品位的娱乐文化正以"大众文化"的名义成为一种霸权文化,大大约束了广大受众对媒体信息的选择空间。在这个信息社会与商业社会里,消费文化在相当大的程度上主导了媒体的内容,而媒体也成为消费文化的主要传播者。大众传媒和资本结成了事实上的同盟,传媒在消费文化的大潮中迷失了自我。

四、关于文化自觉的思考

经济、政治、文化是社会的三要素,在新中国建设的历史进程中,经济、政治、文化诸方面所取得的巨大进步是举世公认的。同时,所出现过的重大失误、挫折,面临的巨大挑战,同样受到世人的普遍关注。一个值得认真思考和总结的历史性课题就是著名社会学家费孝通先生提出的"文化自觉"。

所谓文化自觉应当有两层含义:第一层含义,在处理经济、政治、文化三要素的关系时,应当重视文化的作用。在新中国的历史上,曾经出现过偏重政治斗争、偏重经济发展而未能给真正意义上的文化建设以足够重视的问题。就此,需要文化自觉。"三个代表"重要思想的提出,将坚持中国先进文化的前进方向作为中国共产党保持先进性的重要内涵,这是中国共产党文化自觉的重要体现。第二层含义,如费孝通先生所指出的,"生活在一定文化中的人对其文化有'自知之明',明白它的来历、形成的过程,所具有的特色和它发展的趋向,自知之明是为了加强文化转型的自主能力，取得决定适应新环境、新时代文化选择的自主地位"[1]。简言之，文化自觉体现在重视文化的作用，并在对自身文化与全球文化清醒认识的基础上，进行正确、自主的文化选择，并肩负起以先进文化引领社会的责任。

在全球化背景下，面对强大的文化霸权，我们应当进行怎样的文化选择？

（一）抵御文化霸权主义，防止文化孤立主义

世界是多民族的，而文化正是民族的主要表征，文化的多样性与民族的多样性共存，构成了色彩斑斓的多元世界。同时，各民族的文化又是在相互交流融合中发展的，经济全球化明显加快了这一进程。著名哲学家汤一介先生认为，在这个进程中出现以"西方中心论"为基础的文化霸权和排斥外来文化的回归民族文化传统的"部落主义"。为了不使这两股相悖的潮流发展成大规模的对抗，并得以消解，必须承认文化的多元，尊重不同的文明，反对文化霸权主义；同时又要承认文化交流和影响是文化发展的必然进程，批判排斥一切外来文化的狭隘心理。[2]

尽管"今天我们面临的主要威胁是全球资本和它的世界主义文化市场，而非'民族的片面性和狭窄性'"[3]，我们的首要任务是大力弘扬优秀的民族文化，反对文化霸权主义。但是以"民族的片面性和狭窄性"为特征的文化孤立主义不是抵御文化霸权主义并体现文化先进性的良方，是应当避免的。

在经济全球化推动下的文化全球化趋势，一直演绎着文化的普遍性与特殊性这对矛盾。在这对矛盾展开过程中，"衍生出两种现实的文化战略：一是文化主权战略，二是文化霸权战略，二者的相互斗争构成了全球化时代国际文化关系的轴线"[4]。在我们批判文化孤立主义时，必须清醒地高举捍卫文化主权、反对文化霸权的旗帜。自觉维护国家自主文化选择权、发展权和对外文化交往权。

著名的中国哲学史学家冯友兰先生认为，在中国古典哲学中，一般与特殊

---

[1] 费孝通：《关于"文化自觉"的一些自白》，见费孝通：《费孝通九十新语》，210～211页，重庆，重庆出版社，2005。

[2] 汤一介：《新轴心时代与中华文化定位》，见乐黛云等主编：《跨文化对话》丛刊：迎接新的文化转型时期Ⅱ，422页，上海，上海文化出版社，2006。

[3] [美]弗雷德里克·杰姆逊、三好将夫主编：《全球化的文化》，马丁译，172页，南京，南京大学出版社，2002。

[4] 金民卿：《文化全球化与中国大众文化》，2～3页，北京，人民出版社，2004。

的关系问题是一个贯彻始终的"真正的哲学问题"。① 中国的文明史正是一部成功地处理文化的普遍性与特殊性这对矛盾的历史,它所依据的就是"和而不同"的哲学观。笔者赞同当代哲学家张岱年先生提出的"文化综合创新论",这种论点是以"兼和"为其哲学基础的。所谓"兼和",张先生将其界定为:"最高的价值准则曰:兼赅众异而得其平衡。简云兼和,古代谓之曰和"②。这种哲学观,并不回避差异、矛盾和必要的斗争。它使人们视野开阔、襟怀博大,减少片面性,有利于吸纳一切优秀的文化,有利于抵制文化霸权,也有利于中国优秀文化走向世界。我们应当有费孝通先生提倡的"各美其美、美人之美、美美与共、天下大同"的理念和境界,并将其传播到全世界。

(二)坚持文化发展的先进性,满足文化需求的多样性

保持文化的多样性,满足人们对文化多样性的需求,这已获得愈来愈普遍的共识,但是只有对文化多样性与先进性的追求一起成为世界各地域、各群体文化发展的共同目标,才能有效地抵御文化霸权和满足不断增长的文化需求。追求文化的先进性与保持文化的多样性都是人类进步的共同要求与必由途径。

当前,我国文化的发展正面临多种形式霸权文化的挑战。我们文化建设的原则是:高举文化多样性与先进性的旗帜,发展"面向现代化、面向世界、面向未来的、民族的、科学的、大众的社会主义文化"。同时,"发展社会主义文化,必须继承和发扬一切优秀的文化,必须充分体现时代精神和创造精神,必须具有世界眼光,增强感召力。中华民族的优秀文化传统,党和人民从五四运动以来形成的革命文化传统,人类社会创造的一切先进文明成果,我们都要积极继承和发扬"③。

在这里,需要科学处理的是文化内容的先进性与文化形式的大众性关系。文化内容的先进性与文化形式的大众性都是建设先进文化的基本特征与目标,在文化建设中不能由于提倡先进性而停留在为少数群体所认可的精英文化,也不能只听从经济利益驱动使低俗文化长期占领广阔的文化市场,甚至对其以"大众文化"的名义成为一种文化霸权而听之任之。我们应当努力实现先进文化的大众性和大众文化的先进性的辩证统一。

---

① 冯友兰:《三松堂全集》,第十三卷,530页,郑州,河南人民出版社,1994。
② 张岱年:《张岱年全集》第三卷,220页,石家庄,河北人民出版社,1996。
③ 江泽民:《在庆祝中国共产党成立八十周年大会上的讲话》,载《光明日报》,2001-07-02。

（三）克服文化消费主义的影响，发挥传媒的文化引导功能

大众文化是借助于商业机制，以大众传媒为载体而流行于广大受众之中的通俗文化。大众文化同时具有大众性和商业性的特征，始终存在追求文化的先进性与追求商业利润最大化的矛盾。在市场经济的背景下，大众文化"它是商业文化，是为大众市场而大批生产的。它的成长意味着，任何不能赚钱、不能为大众市场而大批生产的文化，都很少有地位"[①]。这种判断有一定的客观现实性，忽视大众的需求，就形不成文化市场，文化的大众性就不复存在，先进文化也就没有传播效应。但是，大众文化终归不应当是纯商业文化，我们不能只追求经济效益而忽视其社会效益，无视其肩负提高全民族科学文化素质，满足日益高涨的人民群众对精神文化要求的使命。实现大众文化的先进性与商业性的有效结合，大众传媒责无旁贷，大众传媒应当努力发挥好文化引导功能。

商业对文化影响的双重性一再被人类历史发展进程所证明，关键在于我们怎样趋利避害。欧洲文艺复兴时代，曾是商业支持艺术发展的全盛时期；在我们的近邻韩国，其经济受到1998年亚洲金融风暴重创后，文化产业成为重振经济雄风的重要支柱，短短几年，韩国充分利用传媒载体传播颇具民族特色的文化，使自己成为世界第五文化产业大国。"韩流"不仅为其带来了可观的经济效益，而且在中国、日本、东南亚地区大大扩大了韩国的文化影响力。

中国是文化资源大国，也是文化产品的消费大国，文化产业具有广阔的发展前景。现在的问题是：一方面，怎样发挥"内容为王"的优势；另一方面，如何规避文化消费主义的影响，引导文化产业沿着正确的方向前进。

当前，文化产业在国民经济和国民精神文明建设中的作用愈来愈重要，同时，在国家文化力量、文化战略的地位也日益提升。我们应当充分发挥优秀传统文化的资源优势，以先进健康的文化产品占领国内外广阔的文化市场，同时实施"走出去"战略，扩大中国文化影响力。

我们应当充分发挥优秀的中国传统文化对消费主义的制约作用。中国传统文化注重人的高尚精神境界与道德规范，主张以理导欲，见利思义，乐寓美善，倡俭戒奢，这些优秀传统文化对于来自西方的消费主义文化影响无疑可以起到很好的消解作用。

文化全球化的趋势既是挑战，也是机遇。我们应当有面向现代化的理念，自觉推进传统文化的现代转化；我们应当有面向世界的勇气，妥善处理全球化

---

① ［英］多米尼克·斯特里纳蒂：《通俗文化理论导论》，16页，北京，商务印书馆，2001。

与本土化、世界性与民族性的关系，自觉在与强势传播文化的相互搏击与相互影响中，不断完善自己，并使中国特色的文化走向世界；我们应当有面向未来的眼光，通过文化创新、科技创新、制度创新与理论创新，努力构建国家文化产业的创新体系，体现文化先进性与大众性的统一、世界性与民族性的统一、人文性与科学性的统一，继承性与创新性的统一，经济效益与社会效益的统一，实现文化产业的跨越式发展。在这一历史进程中，中国的传媒和中国的新闻与传播教育，任重道远。

（发表于《清华大学学报（哲学社会科学版）》2007年第3期，收入《亚洲传媒研究》，中国传媒大学出版社，2007年版）

大学办学特色与创新

由教育部领导的本科教学工作评估将"特色项目"列为一级指标之一,并明确:没有鲜明特色,就不能评优。这是一项对探索中国特色高等教育办学道路带有战略意义的举措。因为没有特色就没有个性,就没有创新,也就没有整体高等教育的高质量和高水平。

一、办学特色的哲学内涵

恩格斯有一句著名的论断:"一个民族想要站在科学的最高峰,就一刻也不能没有理论思维。"[1] 哲学是理论思维的最高形式,以推动全民族攀登科学最高峰为己任的大学,应当站在哲学的高度来思考和认识办学特色问题。

著名的中国哲学史学家冯友兰先生认为,在中国古典哲学中一般与特殊的关系问题是一个贯彻始终的"真正的哲学问题"[2]。毛泽东在《矛盾论》中指出:关注事物的特殊性是"我们认识事物的基础性的东西";由特殊到一般,由一般到特殊是人们循环往复的认识过程,而且只要严格按照科学的方法,每一次循环都能使人们的认识提高一步,使认识不断地深化。他又指出,共性"包含于一切个性之中,无个性即无共性"[3]。

办学的特色表明了一所大学办学的特殊性,彰显着学校的个性,人们通过对这种在特定历史与环境条件下所具有的特殊性的探索、积淀、发展,形成了一所大学有别于其他学校相对稳定的办学理念、传统、制度和方法。而这一所所大学特殊性的综合,构成了一个国家的高等教育整体。这个整体的性质并不仅仅指每所孤立的大学特色的简单组合,而且包含了这些特色的相互影响,包含了某些特色被普遍认识、接受而形成中国高等教育带有普遍性的内容。这种

---

[1] 中共中央马克思恩格斯列宁斯大林著作编译局:《马克思恩格斯选集》,第三卷,467页,北京,人民出版社,1972。
[2] 冯友兰:《三松堂全集》,第十三卷,530页,郑州,河南人民出版社,1994。
[3] 毛泽东:《毛泽东选集》,第一卷,308页、310页、319~320页,北京,人民出版社,1991。

普遍性如同电量的直流分量，而那些仍然保留的特色如同林立的脉冲，其积分决定了中国高等教育的整体水平。没有一所所大学的特色，就没有整体高等教育的质量和水平。同样，没有使某些普遍性的认识上升成为规律性的理念、思想以及在此基础上形成的政策法规，反过来对更广面上的各个具体学校的指导，也很难继续提升整体的质量和水平。

办学特色不仅是不同的学校在不同的历史与环境条件下发展起来的特殊性，反映了大学文化多样性的规律，而且也反映了社会与人对教育需求的多样性，发展办学特色应当成为各大学为适应这种不同需求作出的自觉反应。但是，目前中国高校盲目攀比和趋同的现象依然普遍存在，造成了资源的浪费，影响了办学质量，制约了不同类型、不同层次、不同区域的高校为适应不同的需求而进行创新。

提倡办学特色，就是提倡办学中"不唯上，不唯他，不唯洋，只唯实"的实事求是的观念。提倡以特色上水平，以特色求突破的思维，对于高校肩负起建设创新型国家的使命，建设中国特色的高等教育体系，具有重要的现实意义和战略意义。

二、办学特色反映一所大学的优异本质特征

毛泽东指出，事物矛盾的特殊性"构成一事物区别于他事物的特殊的本质""或者叫作依据"[①]。著名哲学家张岱年先生在讨论"价值与价值观"这一重要的哲学命题时，认为价值可分为"功用价值"和"内在价值"。他指出："价值的基本含义是能满足一定的需要，这是功用价值；价值更深一层的含义是其本身具有优异的特性，这是内在价值。"[②]我们可以认为一所大学的办学特色不仅意指不同于其他学校的特点，办学特色不仅具有功用价值，更应当反映一所大学特有的优异本质特征，即影响其功用价值的内在价值。如一所大学长期积淀而成的大学精神与办学理念就是影响该大学育人、学术与社会服务绩效的内在价值。

一般说来，所谓办学特色不是一种暂时、局部的现象，而是经过长期积淀形成的对一所大学办学具有广泛影响的特征，具有相对稳定性的特点。例如，北大蔡元培校长"兼容并包""思想自由"的办学理念，清华梅贻琦校长的"注

---

① 毛泽东：《毛泽东选集》，第一卷，309页，北京，人民出版社，1991。
② 张岱年：《张岱年全集》，第7卷，258页，石家庄，河北人民出版社，1996。

重师资、严谨求实"的办学理念,不仅影响了他们长校时的北大、清华,至今仍影响着这两所学校的办学风格,而且,得到社会的普遍认可。

当然,教学工作水平评估面对的是历史跨度差异甚大的学校,无论对"优秀"标准中的"特色鲜明"或"良好"标准中的"有特色项目",有关"长期积淀""稳定性"的要求都只能是相对的。但是,优质与创新,则应当是基本要求。

三、注重大学办学特色是通往创新的必由之路

一切创新之物均是具有特色的,有特色之物不一定带有创新的特征,但是,纵观国际高等教育发展史,就会发现注重大学办学特色是通往创新的必由之路。

我们知道,大学理念对于一所大学具有全局性的深远影响。近两个世纪里,世界的教育和科技中心实现了由英国到德国再到美国的东移,高等教育的办学理念走过了不断以特色求创新的历程。19世纪中叶,在英国,纽曼倡导大学的使命就是"培养良好的社会公民",主张学生自由地进行自我教育,为西方现代大学普遍实行的自由教育奠定了基础,但是,纽曼反对大学开展必要的专业教育,主张把科学研究排除在大学之外,忽视了社会发展的现实需要,这种办学理念的局限性制约了英国科学技术的发展;而德国的威廉·冯·洪堡,看到了科学技术和社会发展的现实需要,使柏林大学按照"教学与研究相统一"的理念发展而具有新的特色,这种办学特色是对经院式教育的重大突破,不仅使德国大学的学术水平和教育质量有了很大提高,而且,促进了世界科学技术与经济发展中心向德国转移;在美国,1862年通过了《莫雷尔法案》,形成土地赠与运动,促使康奈尔大学面向社会,获得社会的支持并为社会服务。这种大学理念与办学特色,到了20世纪有了进一步的发展,先是威斯康星州立大学提出大学"教学、科研和服务都应考虑到州的实际需要",大学教育应当直接为区域经济和社会发展服务的理念,与社会紧密联系成为办学的一大特色;继而,以斯坦福大学和加州大学伯克利分校创立以硅谷为代表,实施学、研、产结合的模式,使学校的科研教学与社会的经济增长实现良性互动,大学加速从社会边缘走向中心。而正是这种大学理念与办学模式在承继自由教育理念的基础上不断以特色求创新的过程,成就了西方国家加速向创新型国家的转型。

新中国成立后,不断探索新的大学理念与办学模式。20世纪50年代在党的教育方针指导下,许多高校在理论联系实际、教育与生产劳动相结合方面进行了积极的探索。如清华大学"真刀真枪毕业设计"就是很有特色的创新,产

生了广泛而长远的影响。90年代中期，发端于华中科技大学的文化素质教育成为素质教育的切入点和突破口，各高校在教育思想、办学模式方面都做了各具特色的探索，形成一系列的创新点。进入21世纪，面临民族伟大复兴和向创新型国家转型的历史任务，诸多高校都在努力找准自己的位置，形成新的办学特色。如一批定位为研究型的大学正在加速教学向研究型转变。清华的新生研讨课，就是很有特色的办学模式，是一种推动受教育者与名师对话、进行自我教育的积极尝试。清华新闻与传播学院依据专业具有明显实务性的特点所推行的"大篷车式"的教学模式，和业界高手联手进行"师父带徒弟式"的教学是对经院式教学的一个突破，其做法在国内外都产生了积极的影响。我国许多高校针对现实问题，紧跟时代发展的步伐，形成了一系列鲜明的办学特色，正是这些办学特色构建着中国特色的高等教育体系。

（主要内容发表于《中国大学教学》2006年第9期；
《新华文摘》2006年第24期转载）

问诊高等教育

我国高等教育虽成长迅速，成就巨大，但整体上呈亚健康状态。这里仅从精神方面作一诊断。

第一，科学理性不足。教育有着自身的规律，办教育要讲科学，在本质上要求"教育家办学"。现在有些教育主管和大学校长缺乏认真研读教育基本理论和探索总结办学规律的精神，常常是凭经验、凭感觉办事。

科学理性的不足，突出表现在大学引以为傲的优良学风受到严峻的挑战。日前，自然科学基金会通报一批科研不端行为案例，其中大多为大学教师所为，其恶劣做法令人汗颜。而考试作弊不以为耻、抄袭作业习以为常等对学风缺乏是非观的现象在学子中亦普遍存在。

第二，价值理性缺失。教育是"使人成为人"的事业，在市场化推动下，教育界的急功近利使办学偏离教育的本源。正如哈佛大学哈佛学院前院长刘易斯所说，"责任感和公民意识的培养，是大学教育的核心问题"。他批评："哈佛在维护卓越形象的同时，却牺牲了自己更加远大的目标。哈佛的领导人听任学校的办学方向偏离教育的宗旨，只一味地迎合消费者的需求。"这是追求"失去灵魂的卓越"。争项目、逐名利现象在中国大学普遍存在。正如南开大学校长龚克所说："功利化的办学思路和对大学文化本质偏颇的理解，使当下中国的大学文化有严重的舍本逐末倾向。现实中中国大学的中心往往不是学生而是学科。发展学科是为培养学生服务的，但是，这个根本的宗旨往往被追求学科的排名和为此的分配所湮没了。这就是当前大学校长和教师们忙得不亦乐乎，而学生和民众对大学不甚满意的重要原因之一。'师者，所以传道、授业、解惑也'。审视当下，有多少大学的领导干部能拿出较为充分的时间倾听学生的需求和想法？大学里各式各样、大大小小的会议又有多少在深入研究'学生成长'？有多少大学教师尤其是研究生导师在为自己学生的发展殚精竭虑，而不是让学生帮助自己发展？"

第三，人的主体性被忽视，主动精神受抑制。教育是一种生命活动，人的主体性和主动精神是活跃的生命活动基本特征，是人的创造力的重要基础，激发人的主体性和主动精神应当是教育的应有之义。传统文化在给我们留下许多宝贵精神财富的同时，也由历代统治者留给我们曲解了的"民可使由之，不可使知之"的治国方略和忽视人的主体性与主动精神的教育思想。当今，从基础教育到高等教育，以教师为中心、书本为中心的传承式教育加上应试教育和某些强制灌输式的思想政治教育，使得这种倾向得以延续，铸就了我国创造力不足的后果。未来学家埃德加·富尔在《学会生存》中发出呼吁："未来的学校必须把教育的对象变成自己教育自己的主体，受教育的人必须成为教育他自己的人，别人的教育必须成为这个人自己的教育。"我国著名学者叶澜教授呼吁"把个体精神生命发展的主动权还给学生"，认为这是21世纪新型教育在教育思想上最终需要实现的核心转变。我国正面对向创新型国家转型的重大课题，其内涵不仅仅指理论的创新、科技的创新、制度的创新等客体的创新，更重要的是人主体的创新，人的精神生命的创新，后者带有更加根本的意义。而人的主体性和主动精神的发展，不仅需要教育思想的转变，还需要"独立之精神，自由之思想"得以发扬的环境，同时，对自我中心和绝对自由加以导引节制。

针对以上问题，我国高等教育需要进行以下两方面的努力。

一是重视价值观教育。极力体现价值理性与工具理性的统一，这既是社会物质文明与精神文明并进的需要，也是通过教育发掘人的全面潜力，使人全面成长的需要。

二是努力构建创新文化。将发展人的精神生命的主动权作为人的自由全面发展的重要价值诉求，作为转变教育思想的重要目标，也作为向创新型国家转型的带有根本意义的前提与内涵，其核心是要最大限度地体现人在社会进步和自身发展中的主体性与主动精神。

（此文是应核心刊物《中国国情国力》约稿，以该刊2013年9月总第248期卷首语发表）

贯彻落实"三个代表"重要思想，建设世界一流大学

江泽民同志"三个代表"重要思想，是进入21世纪全党加强党的建设的伟大纲领，在中国共产党成立80周年之际，学习和贯彻江泽民同志"三个代表"的重要思想，总结高校党建工作的历史经验，研究如何在新的形势之下，以"三个代表"思想为指针，建设好世界一流大学，具有重要的现实意义。

一、从"三个代表"的思想高度总结以往党建工作的历史经验

在中国共产党建党5年后，清华大学就建立了党的组织。清华大学党建工作是我国高校党建工作的一个缩影。从"三个代表"的思想高度回顾清华大学党建工作75年的发展历程，我们认为清华党组织的优良传统，可以概括为四个方面。

（一）爱国奉献，努力为实现党在不同时期的中心任务而奋斗

清华党组织自从成立的那天起，就把自己和国家的兴亡、民族的荣辱紧紧联系在一起，就努力为实现党在不同时期的中心任务而奋斗。

在国难当头，民族危亡之时，在争取人民民主、解放全中国的斗争中，清华共产党人不顾个人安危，团结进步师生，毅然投身于民族救亡、人民解放的事业中。在清华园走出了像宋平、姚依林、蒋南翔这样的一批革命家，出现了像闻一多、朱自清这样的铁骨铮铮、一身正气的民主斗士。在极端艰难的情况下，坚持教学和科研，培养出像王淦昌、邓稼先这样的国家栋梁和学术宗师，为新中国的建设积蓄了大量高质量的人才。

在建设社会主义新中国的征途上，清华党组织努力贯彻党的教育方针，坚持正确的办学方向，引导广大师生踏踏实实地为祖国的繁荣富强做出了新的积极贡献。20世纪60年代，清华学子立志"到基层去，到边疆去，到祖国最需要的地方去"，80年代，清华学子响亮地提出"从我做起，从现在做起，为社会主义现代化建设多做贡献"的口号，90年代，"我的事业在中国"又成为激励清华

学子奉献、报国的心声。在祖国建设的各条战线，到处都有清华奉献者的足迹。我国科学界、工程技术界、社会科学界享誉中外的学术大师不少人曾在清华求学或任教。国家表彰的为"两弹一星"作出突出贡献的 23 名科学家，有 14 名曾在清华大学学习和工作过。

（二）又红又专，努力实现全心全意为人民服务的宗旨

清华党组织历来把"又红又专"作为对党员的基本要求。解放前许多地下党党员就是品学兼优的学生，解放后，清华大学从 1953 年起建立了半脱产学生辅导员制度，一批品学兼优的学生成为清华首批"双肩挑"的实践者。在党组织的一贯要求下，清华党员和干部一边肩负着繁重的社会工作，一边刻苦钻研业务。一批学术造诣很高的院士、教授把献身共产主义作为自己的崇高理想，矢志不渝；一批长期从事党政管理工作的干部，本身也是各学科的业务尖子。

无论是过去还是现在，对于清华人来说，"又红又专"都有十分丰富的内涵。它体现着先进生产力发展的要求，体现着先进文化的发展要求；它意味着要始终站在科学技术发展的前沿，以求实创新和强烈的一流意识为解放和发展先进生产力而奋斗；要始终站在全心全意为人民服务的高度，以马克思主义的世界观和人生观为指导，为提高民族素质，发展先进的社会主义文化而努力工作。

（三）实事求是，创造性地贯彻党的方针政策

在几十年的发展历程中，清华党组织也曾有过这样那样的失误。但是清华党组织努力坚持实事求是的思想路线，依靠历史唯物主义与辩证唯物主义分析和认识问题，尽可能地减少错误和损失，努力把握前进的方向，保证了清华大学健康发展。如在 80 年代中期，面对是着眼于社会短期需求，扩大本专科招生，还是从国家长远需要，着力于高层次人才培养的问题，清华大学遵循教育规律，从国家和自身的实际出发，坚持内涵发展的道路，确定了"重在提高，在提高中发展"的方针，正是坚持了实事求是的思想路线，清华大学研究生教育才能有今天的规模和格局，这种格局的形成，既有利于国家的持续发展，也有利于清华在国内外学术地位的提高。

（四）率先垂范，发挥党组织的核心作用和共产党员的模范作用

清华党组织一直深深扎根于群众之中，引导知识分子走与工农相结合、为社会主义现代化建设服务的道路。清华党组织在群众中的威信，来自于努力代表群众的利益，来自于共产党员以身作则的榜样。党组织始终是团结师生的政

治核心，党员始终走在各项工作的前面。正因为这样，在清华唱"正气歌"的是多数，不正之风和消极现象一直受到正确舆论和优良作风的抵制。清华党组织的好传统是党的优良传统在清华大学的具体体现，是清华最为宝贵的财富，也是我们在新的历史时期向新的目标奋进的精神支柱。

二、以"三个代表"思想为指针，建设世界一流大学

清华大学新的奋斗目标是要建设世界一流大学。从80年代开始，清华大学就在酝酿建设世界一流大学的问题，1993年进一步明确地提出了2011年建校100周年时，基本建成世界一流的社会主义大学的目标。在中国这样一个发展中国家提出建设一流大学，是清华人自强不息、爱国奉献的传统在新的历史时期的表现。1998年5月，江泽民总书记明确指出："为了实现现代化，中国要有若干所具有世界先进水平的一流大学。"这表明建设世界一流大学不仅是清华大学自身的追求，而且也是国家发展的迫切需要。

要建设好具有世界先进水平的一流大学，需要解决好三个认识问题。

（一）以"三个代表"的思想为指导，充分认识建设世界一流大学的重要意义

从大学在现当代社会的功能看，建设好高水平的大学是我们履行"三个代表"神圣职责的重要途径之一。大学不但是高素质人才的重要源头，而且是先进社会生产力和先进文化的重要源头，是促进社会进步和经济发展的重要力量。在当代以知识为基础的社会中，创造和运用先进的科学技术知识，培养高素质人才，已经成为赢得竞争的关键。大学也因此具有越来越重要的作用。建设好大学，特别是世界一流水平的大学，是全面推进中国特色社会主义事业和实现中华民族复兴的重大举措，不仅关系到大学自身的生存与发展，而且关系到党和国家的前途与命运。

（二）充分认识"三个代表"思想与建设世界大学的内在一致性

在庆祝北京大学建校100周年大会上，江泽民同志高屋建瓴地提出我国建设世界一流大学的四个重要标志；在庆祝清华大学建校90周年大会上，江泽民总书记再次明确了我国建设世界一流大学奋斗目标的具体内涵：一流大学应该坚持正确的办学思想，为国家和民族的兴旺发达做出贡献；一流大学应该站在国际学术的最前沿，紧密结合先进生产力的发展要求；一流大学应该成为继

承传播民族优秀文化的重要场所和交流、借鉴世界进步文化的重要窗口,成为新知识、新思想、新理论的重要摇篮;一流大学应该成为培养人才的重要基地,不断为祖国为人民培养出具有正确的世界观、人生观、价值观,具有创造精神和实践能力的全面发展的人才。

这一内涵,不仅规定了一流大学是发展先进生产力的具体实践者,是先进文化的创造者和传播者,而且规定了为国家利益和民族复兴服务的使命。可以说,中国一流大学的奋斗目标是与党的"三个代表"思想内在相通的,是"三个代表"的思想在中国建设一流大学的实践中的具体体现。

(三)充分认识中国建设世界一流大学必须加强党的领导

包括清华大学在内的中国高等院校之所以能够取得以往的成绩,最根本的是坚持党的领导,在建设世界一流大学的进程中,更需要加强党的领导。

加强党的领导是坚持正确办学方向的必然要求。中国建设世界一流大学要借鉴世界著名大学的成功经验,但必须注意到中国建设世界一流大学的特点。而最大的特点就在于这是社会主义建设事业的重要组成部分;在于要为祖国、为人民培养出具有正确的世界观、人生观、价值观,具有创造精神和实践能力的全面发展的人才;在于要坚持为社会主义现代化、为中华民族的伟大复兴做贡献的宗旨。

加强党的领导,是中国的现实国情决定的。中国是发展中的国家,在发展中国家建设世界一流大学,是十分困难的任务,但又是完全能够实现的任务。这不但是因为中国近几十年的高速发展已经走上了现代化之路,中国现代高等教育已经形成了自己的办学特色,聚集了较高水平的师资,积累了大量的科学技术成果,创造了较好的教学科研条件,形成了优良的治学传统和比较广泛的国际交流。而且更重要的是因为我们有社会主义制度的政治优势,正如江泽民总书记指出的,"社会主义能够集中力量办大事的这个政治优势,应该继续坚持并充分加以运用和发挥。"只有坚持党的领导,加强党的领导,这个政治优势才能充分体现,在中国这样一个发展中国家建设世界一流大学才有可靠的保证。

三、不断创新是在建设一流大学实践中贯彻落实"三个代表"思想的关键

创新是一个民族进步的灵魂,是国家兴旺发达不竭的动力。同样,不断创

新也是贯彻落实"三个代表"的重要思想，建设好世界一流大学的关键。

（一）加强理论创新，转变教育观念，是建设世界一流大学的先导条件

在中国建设世界一流大学，具有很强的探索性，加强理论创新，转变教育观念，不断明晰一流大学的办学模式和发展思路，创造性地解决不断出现的新问题，是建设一流大学重要的先导条件。

为从传统的教育观念中解放出来，重新认识未来一流大学的功能、使命和任务，20世纪90年代以来，清华大学在全校范围中多次开展了"转变教育思想、更新教育观念、推动教育改革"的大讨论，在学习和分析世界著名大学办学经验的基础上，将世界一流大学发展的普遍规律与中国社会主义现代化建设的实际和清华的传统及特色结合起来，清华大学提出了"综合性、研究型、开放式"的办学模式，明确了"发展工科优势，加速理科、人文、经管的建设，并在生命和医学科学上有所突破"的发展思路。

在"综合性、研究型、开放式"的办学模式中，"综合性"是基础，是知识经济时代科学技术和社会发展本身的需要，也是21世纪培养高素质人才的需要；"研究型"是重点，它代表着学校办学和对国家贡献的水平；"开放式"是学校的活力所在，是一所现代化大学的重要标志。综合性和研究型要求一流大学不但要在科技创新中拿出先进的成果，而且要从生产关系应与先进的生力发展相适应出发，不断在人文社会科学方面进行理论创新，要成为国家的重要思想库和理论库，成为先进社会风尚的倡导者和示范者；开放意味着不仅要面向世界、面向未来，而且还要面向社会主义现代化，要使学校的发展与国家的经济建设和社会进步紧密结合，发挥社会重要服务者和变革者职能，成为新思想、新技术的源泉。

这一办学模式和发展思路的确立，体现着"三个代表"的建党思想，是思想创新、观念转变的结果。

（二）加强体制创新，完善运行机制，是建设世界一流大学的重要保障

清华大学多年的实践表明，不论是教学与科研，还是党的建设和思想政治工作，以及人才队伍建设，都需要科学的制度化。

新中国成立后，清华党组织着力抓学生的思想政治教育，创造出了"学生辅导员制度""双肩挑制度"等许多工作经验，形成了思想政治工作的传统优势。在改革开放新的历史时期，清华大学率先提出了"教书育人、管理育人、服育人"的全员育人方针,探索了学生"第二课堂""社会实践""学生主题教育""两个课堂结合,两支队伍协作"以及思想政治教育进网络等一系列在新形势下开展思想政治工作的新机制、新方法,在对党员干部和学生的政治理论教育与思想品德教育中收到了明显的效果。

党建工作的制度化,与学校其他各项工作的体制创新是紧密结合的。明确建设世界一流大学的奋斗目标以来,学校先后出台"百名人才计划""学术新人奖""青年教师教学优秀奖""青年骨干派出计划""青年骨干支持计划"等人才培养和引进措施,积极慎重地推出"非升即走""岗位聘任和津贴"等人事制度改革政策,这些新的机制对提高教师队伍素质起到了积极的作用,也使清华大学渐渐成为国内外优秀人才荟萃之地。

(三)加强科技创新,培养优秀人才,是建设世界一流大学的落脚点

一流大学特别要抓好科技的源头创新,并推动科技成果加速转化为现实生产力;要不断为祖国、为人民培养出具有正确的世界观、人生观、价值观,具有创造精神和实践能力的全面发展的人才。这是建设世界一流大学的目的之所在。

清华大学坚持"为国家和社会培养高层次、高素质、多样化、创造性的优秀人才"的培养目标,已经成为中国高层次人才培养的重要基地。为了更好地实现培养优秀人才的目标,今后要大力推进素质教育,加强思想政治工作,提高学生的思想道德素质、科学与文化素质以及身体心理等综合素质;加速实现教学内容、课程体系的改革,加快教学方式和教育手段现代化,使教学内容、体系以及教学方式、方法逐步达到国际先进水平;加强创新意识、创新能力的培养,提高研究生特别是博士生的培养质量;要高质量地发展面向社会的大学后教育,增强继续教育的活力,扩大学校的办学功能,为社会主义现代化建设培养更多的高质量人才。

清华大学始终把科技创新作为中心任务之一,已经取得了令人瞩目的成绩。今后要继续充分发挥清华大学科学技术的综合优势,在发展科研规模的同时着力提高科研水平。要瞄准国际学术前沿,大力加强基础研究,特别是要鼓励学科的交叉,鼓励新的学术探索,不断提高学校的学术水平和科技创新能力;要努力完成一批对国民经济发展有较大影响的科研成果,并加速科技成果的转化,更好地为经济建设和社会进步服务;要大力发展高科技产业,推进学校科技成果的孵化和产业化。

从现在起的十年,是清华大学向世界一流大学目标前进的关键时期。我们要深刻领会与贯彻"三个代表"的重要思想,加强和改进学校各级党组织的建没,通过创建世界一流大学的不懈努力,为中华民族的伟大复兴作出应有的贡献。

(发表于2001年6月29日《科技日报》"纪念中国共产党成立80周年"专栏)

发展科学的大学理念　蕴育积极的大学精神

大学的精神文化集中反映了对大学的本质、功能与办学规律的理解和价值追求，它是大学吸收历史文化传统，经过长期办学实践的积淀，并随着时代不断发展的世界观、价值观和方法论的集成。大学的精神文化包括大学理念与大学精神。两者既有联系又有区别，它们对大学的发展起着指导性的作用，发挥着全局性的影响。

一、大学理念的历史回顾及探索

大学理念主要关注大学的功能定位、人才培养、科学研究、社会服务诸方面的内在规律及其关系等涉及办学思想的基本问题。最先对大学理念进行系统论述的是英国教育家纽曼在19世纪中叶出版的《大学的理想》，其认为大学的使命是"培养良好的社会公民"。在纽曼之后，对大学理念产生重要影响的是德国教育家威廉·冯·洪堡，他看到了科技和社会的现实需要，提出了"教学与研究相统一"的理念，倡导"自由的学术研究"并"由科学达至修养"，培养"完人"。这不仅使德国大学的学术水平和教育质量有了很大提高，而且促进了世界科技与经济发展中心向德转移。在美国，1862年通过的《莫雷尔法案》形成土地赠与运动和康奈尔大学的办学模式：实施科学知识的传授与博雅教育并重的指导思想，"使科学直接服务于农业和其他生产劳动"，使大学开始面向社会并获得社会的支持。这种理念到20世纪有了进一步的发展，比较突出的是威斯康星州立大学提出的"教学、科研和服务都应考虑到州的实际需要"，应当直接为区域经济和社会发展服务的理念；继而，斯坦福大学和加州大学伯克利分校创立以硅谷为代表的实施学、研、产结合模式，使学校的科研教学与社会的经济增长良性互动，使大学加速了从社会边缘走向中心。美国当代著名教育家克拉克·科尔主张大学既要对现实的社会问题给予正确的解答，又要为未来的社会发展作出预测。大学在为社会服务的同时，应坚持学术自由，要为真理而献身。这种理念，保证了大学始终站在创造性贡献的最前沿。

中国的大学理念走过了曲折的发展历程。旧中国，有多位教育家对此进行过探讨：北大的蔡元培主张为振兴民族而研究高深学问，倡导"思想自由，兼容并包"，从而奠定了北大爱国、进步、民主、科学的优良传统；清华的梅贻琦强调大学应"以人为本"，在人才培养目标上主张"通识为本，而专识为末，社会所需要者，通才为大，而专家次之，以无通才为基础之专家临民，其结果不为新民，而为扰民"。清华出了许多栋梁之材，可以由此找到重要根源。

新中国成立后，一直在探索新的大学理念。1950年《高等学校暂行规程》规定高等学校的宗旨是"以理论与实际一致的教育方法，培养具有高级文化水平，掌握现代科学和技术的成就，全心全意为人民服务的高级建设人才。"1957年毛泽东同志在《关于正确处理人民内部矛盾的问题》中提出："我们的教育方针，应该使受教育者在德育、智育、体育几方面都得到发展，成为有社会主义觉悟的有文化的劳动者。"1958年《关于教育工作的指示》提出了："党的教育工作方针，是教育为无产阶级政治服务，教育与生产劳动相结合。"在这样的方针下，高等教育在使教学科研面向社会、面向实际和培养具有奉献精神的人才方面有了很大的突破。但过分强调了教育的政治功能，忽视教育的自身规律，忽视学术自由，使高等教育出现了偏差。

改革开放后，中国的高等教育加快了科学探索的进程，在汲取国外办学经验，总结自身办学道路的基础上，对大学理念的研究和探索不断深化，但仍有一些需要关注和解决的问题，如科学教育与人文教育的分离现象；办学目标的过分功利化趋向；办学的自主性和学术自由的理念未能充分确立；教学主体不明。

二、清华精神的内涵与作用

所谓大学精神，是一所大学在长期实践基础上对其大学理念进行内化、升华与不断进行理论抽象和价值凝练的结果。大学精神更关注最高文化价值的追求，展现大学自身的气质、品位与神韵，注重对于文化传统的认同感及其时代性。清华在90多年的风雨中，形成了自己独特的精神。本文将其归纳为：

一是爱国精神。这里所说的爱国精神，不是指个别师生具有的爱国情感，而是一种特殊的集体意识。清华在改造为大学以前，是用清政府庚子赔款的退款建立的，且学校又是建在被英法联军洗劫过的圆明园邻近。因而当学生面对着被焚毁的断壁残垣时，民族耻辱时时袭上心头。留美预备学校的历史，在早期清华办学史上是一种心理上的创伤，蕴积了深重的民族耻辱感，这是清华独有的经历，也是清华大学爱国主义教育的切入点与永恒话题。由学堂改成大学之后，如何摆脱美国的精神控制，实现教育自立与学术独立，雪民族之耻，雪学校之耻，成为建设清华精神的主题；在抗战时期，清华与北大、南开组成西南联大，以多种方式参与和关注民族解放，将民族耻辱感转化为科学救国的决心与行动；新中国成立后，肩负建设重任的清华人，以巨大的振兴民族的责任感与一种"耻不如人"的压力，激发自身奋发图强，刻苦学习，攀登科技高峰；在新的历史时期，广大学生开展了"以祖国富强为己任，为民族经济作贡献""我的事业在中国"的主题教育活动，进一步把"耻不如人"的压力和振兴民族的责任感转化为创办世界一流大学的强大动力。

二是科学精神。清华改成大学是在"科学与玄学"论战之后，按照科学精神从事学术、依照科学精神办学，是当时国内大学建设的最新潮流。梅贻琦到任后，重视以"科学家的眼光和态度"办学，强调理性和纪律，主张一切以事实为出发点。这种科学精神不仅贯彻于理工科建设而且旁及人文学科，清华国学院虽然只存在短短四年，但四大导师却以"中西融会，古今贯通"的学术范式，引领了学术的潮流；在老清华的哲学系，冯友兰将自己归入新理学门下，意在认同科学求知的传统；金岳霖以逻辑学为基础，建立自己的哲学体系，也重在以科学的方法求知；张申府、张岱年研究与推崇唯物辩证法更是体现了难得的科学精神。在新中国成立后，蒋南翔校长明确提出，要继承和发扬老清华严谨、科学的传统，同时，身体力行贯彻了党的实事求是思想路线，使清华精神中的科学成分又得到了强化。在改革开放的新时期，清华"不唯书，个唯上，不唯他，不唯洋"，一切从实际出发的科学求实精神得到进一步发扬。

三是实干精神。清华最初的师资多来自美国，在一定程度上，受到了美国当时主流思潮（如杜威的实用主义和自然主义经验论）的影响，与当时国内其他大学相比，重视以实证为基础的实干。早在20世纪30年代，朱自清先生就说"清华的精神是实干"。直到现在，在校园的中心位置还竖立着1920级所设计的镌刻有"行胜于言"的日晷基座，这是清华"实干"精神的文化象征。中华人民共和国成立后，清华成为多科性工科大学，在原有的"实干"精神之中，又大大凸显了工科的实践性特点。改革开放之初，北大学生喊出了"团结起来，振兴中华"的口号，清华的学生呼吁"从我做起，从现在做起"，体现了清华人的实干精神。

四是团队精神。清华在20世纪20—30年代，与其他本土著名大学在风格上有所区别，主要一条就是清华教授之间有较好的合作精神，这对学生是无形的影响；民族解放运动的实践，进一步激发了团结斗争的精神。在新中国，在集体主义旗帜高扬的氛围下，清华的团队合作精神得到了进一步的巩固与发扬。其中，工科的学科特点强化了清华精神的这一元素。在清华历史上，一次次爱国学生运动，西南联大艰苦卓绝的奋斗，甚至丰富多彩的文体活动都培育了团队精神。"厚德载物"的校训启发清华人要有宽厚的度量与胸怀；梅贻琦校长启示要"为众人与社会之福利"而"修己"，严格要求自身的"持身、治学、接物、待人之一切言行举措"；蒋南翔校长倡导争取团结百分之百的知识分子，"各按步伐，共同前进"的政策，要求毕业生认识"我们的事业是集体主义的事业，任何工作都要靠同志之间的团结与密切合作"。"谦虚谨慎，注意合作"是每次毕业赠言必有的话题。长期受清华精神熏陶的人，在工作中比较重视规范的人际关系，责己厚，责人轻，珍惜工作班子的团结。这也是为什么不少清华毕业生能够成为优秀管理人才的奥秘所在。

当然，清华精神也有不足。比如清华人长于"行胜于言"，而"行成于思"较弱；或者说强于"实干"，弱于"畅想"；长于"听话出活"，短于独立创新和批判思维；组织管理过严，缺乏宽松活跃的学术氛围，等等。这些弱点在计划经济的大氛围里，在以仿制、跟踪为主的发展阶段并不凸显，但在创新时代，面对激烈的国际竞争，要培养高素质创新人才，就必须克服这些弱点。

三、几点思考

一，在中国现代化进程中，走过了引进"设备—技术—资金—人才"的道路，但是，总体上至今未能突破跟踪的局面。一个重要的根源就是缺乏促进创新人才脱颖而出的创新文化和与之相适应的大学理念。因此，广大教育工作者，特别是大学校长们应当在大学理念的探讨中提高自觉性与紧迫感。

二，一个国家的发展不能忽视精神力量，一所学校的发展也要依靠精神力量，特别在物质资源相对短缺的情况下。一定要下大力气搞好大学的精神文化建设。在大学精神的建设中，要体现继承与创新、共性与个性、形式与内容、理论与实践、理想与现实的统一。同时，当我们对一所学校的大学精神进行提炼时，一方面要看到这种精神对学校发展所起的烘托与支撑作用，同时也应该看到本校精神气质方面的不足，力求在充分吸收传统与世界文化资源的基础上，使大学精神与时俱新。

三，在大学精神的建设中应当有吸引人、鼓舞人的形式和文化象征，如校训、校歌、校旗、校徽、雕塑物等体现形式与内容的统一，但更要注重师生内在的素质和学校蕴含的品位。大学精神既反映对理想境界的追求，又体现在广大师生的现实表现（包括学生会离开校园，但永远与促其成长的大学精神同在）中。大学精神是理想与现实、当今与未来的统一。要做到这一点，不仅要抓住特殊的事件与人物所带来的激发效应，更要体现与落实到办学的全过程的雨润积效。

（发表于《中国高等教育》2004年第1期）

大学精神，守望在民族航行的船头
——2008年2月27日人民网专访胡显章教授

一、大学精神是大学生命力和创造力的源泉

记者（以下简称"记"）：您怎样理解大学精神？

胡显章（以下简称"胡"）：所谓大学精神，应该是一所大学在其成长过程中长期积淀而成的师生员工共同的理想追求、文化传统和行为准则。大学精神是一所大学的生命力和创造力的源泉，是大学文化的核心、支柱和灵魂。它影响着每个大学人的成长过程和人生轨迹，决定着一所大学的发展与影响力。

记：大学精神具有哪些特点？

胡：大学精神应当是理想与现实的统一。大学人以追求真理、探索未知为己任，因而带有理想主义的特点。同时，大学又肩负着服务与引领社会的责任，要直面种种现实问题，所以大学人又必须是现实主义者。大学精神应当是科学与人文的统一。大学人在为人、治学、从业中应追求真、善、美的统一，推动社会和自身的和谐、全面、协调发展。大学精神还应当是世界文化与民族文化的统一，它吸纳世界文明的精华，同时又植根于深厚的民族优秀传统文化之沃土。大学精神还体现着共性与个性的统一、历史积淀与时代发展的统一，它应当是和谐的、融合的、不断发展的。

记：大学精神与时代精神有何关系？

胡：大学精神虽然具有稳定性的特点，但也不是固化的，它需要在不断发展中展现自己的生命力，它应该与时俱进，汤之《盘铭》曰："苟日新，日日新，又日新"，大学精神也应该有这样的要求。

大学精神在不同时代有不同的内涵。比如"厚德载物"，1914年梁启超先生在清华重提时，主要是指一种胸襟，君子的胸怀应该像大地一样宽广，能够容纳不同的意见，责己严，责人轻。后来进一步发展成为要以宽厚的道德来承担历史的重担。清华大学过去强调务实精神，务实很重要，什么事情都要干出来，现在仍然要务实。但现如今培养德才兼备的创造性人才仅仅强调干还不够，还

要善于思考，还要敢于突破，要有新的思想、理念和创造，在这种情况下我们除了强调"行胜于言"，还要强调"行成于思""人文日新"，不仅要脚踏实地，"从我做起，从现在做起"，还要像温家宝总理前不久强调的，能够"仰望星空"，思考、探索并创造国家与人类的未来。

二、从引进技术、产品到引进大学文化、大学理念

记：国内不少学者诟病中国大学过分市场化、大众化，培育了大量工具性人才。在目前，国家向创新型社会转型，大学精神需不需要重建？

胡：首先，我不同意关于大学精神需要重建的提法，我觉得现在大学精神的形成是一个整合的过程，是一个选择、继承、借鉴、创新的过程，不可能是全盘否定，推翻重建。1997年著名社会学家、社会活动家、清华大学的校友费孝通先生提出文化自觉这一命题，他指出："生活在一定文化中的人对其文化有'自知之明'，明白它的来历、形成的过程，所具有的特色和它发展的趋向，自知之明是为了加强文化转型的自主能力，取得决定适应新环境、新时代文化选择的自主地位。"大学文化的建设就是在对生活其中的文化清醒认识和价值判断的基础上，进行理性选择与整合，进而达至综合创新。

当前，我们国家向创新型国家转型的过程中，强调创新型的思维，敢于突破过去的思维定式，这要营造一种创新文化。对过去的事物要尊重、要继承，但也要批判、突破，否则就没有创新，就不能够前进。特别要提倡敢于对现有的事物提出挑战、提出怀疑、提出批判。当然，我们不是说进行一种简单的情绪性的批判，而是有科学依据的怀疑与批判。同时，培养顶尖的创造性人才，要使他们敢于和善于进行理论创新、科技创新、制度创新和文化创新。这里，不仅仅是知识、思维与能力问题，还要有为国奉献，为真理献身的动力机制问题。学生有了这样的社会责任感，做到思想独立、学术自由和社会责任的和谐统一，才能成为民族的脊梁，才能在国家向创新型社会转型、在整个民族复兴中做出一番事业。

记：您刚才提到大学精神建设是在价值判断基础上进行的理性选择，选择就要有标准的问题，您认为这个标准是什么？

胡：实践是检验真理的标准。一个大学经过几十年、上百年时间感到哪些精神是永恒的，在大学建设的实践中发挥积极作用的，就该将这些作为自己的传统加以继承。当然要在新的形势下赋予其新的内容。另外一个方面，一个学

校的文化都有一定的局限性，所以要用一种更为开放的胸襟和更为广阔的视野去了解和研究自己的不足及别人的长处。我们的传统文化中比较讲究道德，西方大学中崇尚学术，追求真理，富有批判精神的大学理念，这正是我们建设创新型国家所呼唤的大学精神。改革开放以来，我们的对外交流蓬勃发展，引进了西方大量的先进技术和掌握先进技术的人才，但在一定程度上却忽视了先进技术和人才的源头——大学文化、大学理念的研究、学习和借鉴。创新的源头是教育理念的创新，引进先进产品和技术只能满足局部和暂时的需要，而且，最先进的东西，别人永远不会给你。所以，我们要自觉做好从引进先进产品、先进技术、掌握先进技术的人才，到引进先进的大学文化和大学理念转变。当然，不是照搬，是有所选择，要立足本土，发扬自身优秀的文化内涵，做好中外融会的工作。

三、大学精神推动国家文化软实力建设

记：您长期从事大学文化研究，请您简要谈谈大学精神在提升国家文化软实力中可以发挥的作用。

胡：我所理解的国家文化软实力是代表国民基本素质，也反映在民族的凝聚力和创造力以及文化的影响力。实际上，一个国家文化的影响是很大的，我们回顾人类文明的历史就可以看到一些国家在全盛时期，与它的文化振兴密切相关，不论是盛唐时期的中国还是中世纪以后欧洲的文艺复兴时期，都是文化繁荣振兴的时期。文化的发展解放了人的思维，活跃了人的创造性，带来了科技和整个生产力的发展，也提升了人的道德境界。

党的十七大提出了文化大繁荣、大发展这样一个任务，实际上是要对整个国家的民族精神、整个民族的理论思维的提升。一个民族要站在科学高峰，一刻也不能离开理论思维。而高校一直是这种哲学思维、理论思维的集中地，发挥着国家先进文化建设的推动作用，因为它是新思想、新技术、新理论的重要发源地，对于整个社会文化起引领作用。

另外，也是上面多次所提到的，大学的根本任务是文化育人，在当前国家向创新型社会转型的过程中，大学起着培养学生创新精神和创新能力的作用。应使学生具备一种追求真理、不怕失败、敢于突破的精神。当然这不是一蹴而就的，需要长期积累的过程。有人说，学校就是大染缸、泡菜坛，无论是染缸还是泡菜坛，它都是对学生精神的熏陶。这就对高校建设提出了更高要求，要

求高校有很高的文化自觉来提高自身的文化素养与品位,来建设好精神世界。一方面,能够成为培养高素质创造性人才成长的精神家园;另一方面,大学作为国家文化高地,应在国家文化软实力建设中发挥自己的积极作用。在这种情况下,大学精神的建设就显得更加迫切,也更加任重道远。

(记者、责任编辑:吕其庆)

在梳理体认中传承　在选择融合中创新
——清华百年文化研究体会

自 2007 年始，我们承接了教育部基金项目"中国大学文化百年研究"的个案研究课题之一："清华百年文化研究"，在 2011 年 4 月清华大学百年校庆前夕出版了研究成果《世纪清华　人文日新　清华大学文化研究》。此项研究在梳理清华大学百年文化脉络的基础上，分别对清华的大学理念、大学精神、学术文化、制度文化和校园生态文化作了论述，并对新百年清华文化发展的切入点进行了初步探讨。其目的是希望清华人在面对新百年之际，更加清醒全面地认识清华百年文化的历史、形成的过程、所具有的特色和未来走向，以提高在新形势下文化选择的自觉性，加强文化转型的自主能力和发展大学文化的理性思考，并对中国大学文化研究与建设有所助益。

一、课题编研的指导思想

在课题编研中，课题组遵循"以文化为主线，以史实为基础"的指导思想，在历史唯物主义和辩证唯物主义的指导下，反映大学的本质及规律；在系统搜集史料的基础上，进行理性探索和价值判断。该项课题不是歌功颂德，而是实事求是的理性思考和论述；不是回避矛盾，而是要反映在冲突、矛盾中的选择和突破，努力将清华百年文化研究与文化传承创新结合起来，努力体现文化自觉意识和面向未来的思考。

二、课题成果的基本架构和主要内容

课题组认为，清华大学作为一所百年老校，形成了具有自身特色的物质文化、制度文化和精神文化，积淀了深厚的文化底蕴，是中国高等教育的一个缩影，其文化内涵既带有鲜明的个性，又具有普遍性。本课题力求尽可能全面地论述清华文化各个组成部分，现将课题成果的基本架构和主要内容简述于下。

(一)清华办学理念的继承与演变

清华从一诞生便带有民族耻辱的深刻印记,雪耻图强成为清华重要的文化基因和清华人前行的巨大动力。同时,留美预备学校的背景也使得清华有机会更早、更多地接受西方现代大学的影响。从清华学堂"以培植全材,增进国力为宗旨""以进德修业,自强不息为教育方针",继而效法西方建设完全的大学以"造就中国领袖人才",到1928年正式命名为"国立清华大学",立足自身培养高层次人才,力求"中国的学术在国际间也有独立、自由、平等的地位",一直到梅贻琦长校时倡导"通识为本,而专识为末",并对中国古代"大学之道"作出新的诠释,老清华人为西方近现代大学办学理念的中国化做出了宝贵的探索。其间清华国学院所创立的"中西融会,古今贯通"的学术范式,引领了一个时期的学术潮流,对清华以至中国的学术道路产生了久远的影响。

新清华时期,在蒋南翔校长的带领下,依据著名的"三阶段,两点论"的哲理,在努力继承清华优秀办学传统和学习苏联有益办学经验的同时,进行了社会主义办学道路艰苦卓绝的探索,在确立"又红又专,全面发展"的培养目标和因材施教的教育模式,创造性地贯彻"教育与生产劳动相结合"的教育方针,努力正确处理政治与业务、教学与科研生产、加强党的领导和民主治校的关系以及创办新兴专业、实施政治辅导员制度等方面,积累了宝贵的经验,其办学理念、教育思想和成功实践对清华大学和中国高等教育产生了广泛而深刻的影响。

在新时期,随着国家的改革开放,清华大学进一步开阔了国际视野,在弘扬优秀办学传统、借鉴国外有益经验的基础上,形成了"重在提高,在提高中发展""一个根本,两个中心,三项职能"(即以人才培养为根本任务,将学校建成国家重要的教育中心和科研中心,实施好教学、科研、社会服务三项职能)的办学理念,确立了"高素质、高层次、多样化、创造性人才"的培养目标,以及"厚基础,重实践,求创新"的教育理念和"顶天立地树人"的科研与服务方略,为跻身世界一流大学作出了持续的努力,为探索中国特色的高等教育体系作出了重要的贡献。

(二)清华精神的积淀与提炼

历经沧桑积淀而成的清华精神,成为影响清华人成长和学校凝聚力、创造力与影响力的源泉。我们将其凝练为明耻图强的爱国奉献精神,严谨务实的科学求真精神,海纳百川的包容会通精神,人文日新的追求卓越精神。这种精神在一系列的文化符号中得到了体现："自强不息，厚德载物"的校训；"行胜于言"的校风；"人文日新"的校箴，"严谨、勤奋、求实、创新"的学风等，这些都是清华宝贵的精神财富。面对新时代、新形势，我们着重对"人文日新"的校箴作了论述和推介。

（三）清华学术文化的特质

学术是学人的精神家园，是联系学子的精神纽带。清华学人的学术精神赋予了清华独特的气质，同时也为中国大学的学术文化留下了宝贵财富。我们着重从六个方面进行了论述：（1）追随真理，直道而行；（2）以身许国，淡泊明志；（3）盎然情趣，中和位育；（4）追求卓越，引领学术；（5）顶天立地，为国为民；（6）国际视野，中西融会。另外，我们还论述了集中体现大学精神的名师风范与学派传承，以及不同的学科文化与院系文化的特质，包括中央工艺美术学院的历史文化特色以及清华美术学院艺术与科学文化的融合及发展。

（四）清华制度文化的特质与演变

清华一直具有重视制度文化建设的传统，在独特的内外环境中形成了一套适应社会需求、符合学校特点、有利于学校发展的制度体系。老清华颇具特色的"校务会议、教授会、评议会"体制，是重视学术权利、实施民主管理的有效探索，在国难时艰中经受住了严峻的考验，焕发出生机活力。在新清华、新时期逐步完善的"党委领导，校长负责，教授治学，民主管理"的原则以及一整套的教代会、教育工作讨论会、科研讨论会以及政治辅导员等制度，成为推进学校科学决策、有效管理、和谐发展的法宝，也是育人的重要保障。

（五）清华的人文生态与学生文化

百年清华形成了绚丽多姿、意蕴深刻的物质文化与环境文化。由300年前的清代皇家园林、20世纪二三十年代的仿欧美建筑群、五六十年代的苏式主楼、大批现代建筑以及遍布校园的亭榭楼阁、大师故居、艺术雕塑、文化金石，成为"永不闭幕的传统展"，反映了清华特有的历史风貌，体现了中西合璧、古今辉映的文化特色。

清华具有重视体育与美育的传统。在清华校园生活中，有着深深的体育情结和对艺术的钟爱与追求，构成了清华校园活跃多彩的文化氛围和蓬勃向上的精神风貌。而众多的学生社团不仅满足了学生自身的兴趣爱好，而且在提升学生素质、塑造健全人格、促进全面发展中发挥了重要的作用。

（六）清华文化的传承、创新与展望

今天，清华正在开启新的百年征程。在世界性多元文化的交流激荡中，我们担负着中华民族伟大复兴的历史使命，但清华尚存在不能适应新形势的新问题，因此，清华人需要不断提升文化自觉，在清醒地继承与借鉴中，通过综合与融合实现清华的文化创新。要努力体现文化传统的民族性与时代性的统一；要努力实现科学文化与人文文化的融合；要正确处理培养目标和培养模式的"通"与"专"的关系；在教育思想上要努力实现对"工具化"的突破；要注重制度文化建设，强化制度创新；要努力确立"兼和""会通""日新"的哲学观和建设性的批判思维等。

一 点 思 考

中国大学百年所积淀的文化成果，无论是经验或是教训，都是后人继续前进的财富，应当进行实事求是的总结。这种总结只要是科学的，就会帮助我们沿着正确的方向前进，获得继续前行的动力。在对清华文化的梳理研究中，课题组成员对清华宝贵的传统进一步得以体认，受到深深的激励和教育。在清华百年校庆期间，我们将研究成果的要点在校内进行了传播，引起积极的反响。一位老教授在听了编者依据课题成果要点所作的关于清华发展与文化的报告后，发表了《一个令人振奋和引人思索的好报告》一文，认为自己过去虽在清华学习工作达62年之久，但是对学校仍缺乏系统的认识，听过报告后，对学校的成就与贡献感到非常振奋，对今后的发展充满信心；同时，也看到了目前存在的差距和问题，促使我们既要坚持发扬优良传统，又要认真进行反思。

以往学校有史料汇编，常常有史乏论；校外有论，往往是在对学校缺乏全面了解、甚至带有偏见的背景下所为，所关注的、所褒扬的常常只是旧大学，很难给予人们文化自觉、自信和自强的启迪。潘懋元先生在对本成果的书评中指出：近年来，对当今中国大学的批判喧嚣尘上。当然，建设性的批判是非常有益的，亦是我们需要的。但是，形成一种吹捧"解放前的大学完美无缺"、认为"解放后的大学一塌糊涂"、当今"中国没有一所真正的大学"等思潮，则是不客观、非理性的情绪表达。本书兼顾近代和中华人民共和国成立后以至"文革"后的历史现状，体现出"人无我有，人有我特，或人有我先"的鲜明特色。尤其是中华人民共和国成立后，能写出"人有我先"非常重要，发挥了一种文化引领作用。

我们感谢潘先生给予的肯定，感谢给予我们指导和帮助的朋友们。同时，我们清醒地认识到"革命尚未成功，同志仍需努力"，不仅要尽可能地在再版时加以改进，还应该进一步为推进大学文化研究和建设，将胡锦涛同志提出的大学要完成文化传承创新和文化育人的任务的精神落实到实处，作出持续实际的努力。

构建当代中国大学的精神文化

"文化是民族的血脉,是人民的精神家园",大学是国家的文化高地,精神文化是大学的灵魂。在实现向创新型国家转型和民族伟大复兴的历史进程中,中国大学肩负着重大历史使命,大学人需要蕴育科学的办学理念和积极的大学精神来实现这伟大而艰巨的任务,这是大学人文化自觉、自信和自强的体现。

教育是随着人类的认识活动而存在的,是人们传递知识、发展认知的实践。大学的诞生出于人们对高深知识的追求。在追求高深学问、使思维具有客观真理性的过程中,大学人在认识论哲学的指引下,孕育了崇尚真理、尊重学术的精神内涵。哲学家、柏林大学首任校长费希特说:"我的使命就是论证真理;我的生命和我的命运都微不足道;但我的生命的影响却无限伟大。我是真理的献身者;我为它服务。"哈佛大学以"真理"为校训,倡扬"以柏拉图为友,以亚里士多德为友,更要以真理为友",充分体现了大学认识论哲学的精神追求,其渊源可追溯到古希腊哲学家的哲理。柏拉图说:"尊重一个人不应该胜过尊重真理",亚里士多德说:"吾爱吾师吾更爱真理。"在中国的传统文化中,有孔子所说的"君子谋道不谋食""朝闻道,夕死可矣",亦表明了哲人以求真理胜过生命的境界。

对于真理真知的追求,需要实事求是的态度。尊重客观事实,不受制于已有的结论,不屈从于权威和外部的压力。由此,大学崇尚办学自主和学术自由,大学人崇尚"独立之精神,自由之思想",不唯书,不唯上,不唯他,只唯实,一切从实际出发,以实践为检验言行的客观标准。这在许多学校的校风校训中都得以体现,如天津大学和人民大学均以"实事求是"为校训,浙江大学前身求是书院提倡"务求实学,存是去非",在师生中形成了"正其谊、不谋其利,明其道、不计其功""以尽一己职责"的"求是"校风。正是大学为追求真理、真知而自由探讨、自由表达、自由讨论,才使大学成为新知识、新思想的源泉。当今,面临金钱和权力的诱惑,独立自主追求真理,是使大学成为精神圣殿的重要前提。

从中国高等教育的现实看,一方面,中华民族的伟大复兴为中国大学提供了空前的历史动力和发展机遇,爱国奉献理应成为大学精神的核心价值;另一方面,在"内部逻辑"与"外部压力"之间,需要强化对高等教育"内部逻辑"的遵循,为大学崇尚真理创造更加宽厚的环境,以使大学人的价值理性与科学理性得到更加充分的统一。

对于真理真知的追求,需要提倡知行的统一。人们认识世界的目的在于改变世界。无论从认识过程或是目的看,实践都是不可忽视的。中国古代学者重"笃行"与"躬行",《论语》有"君子欲讷于言而敏于行"之说,爱国诗人陆游示儿做学问要懂得"纸上得来终觉浅,绝知此事要躬行"。一些名校在办学实践中形成了注重实践的品格。如清华大学"行胜于言"的校风,中山大学以《中庸》所倡扬的"博学之,审问之,慎思之,明辨之,笃行之"为校训,则是认识论的真理性要求和实践性要求的统一。

对于真知真理的追求,需要增强创新思维能力。创新思维是创新实践的前提,是建立在哲学的批判性思维基础上的。儒家典籍所倡导的"博学之,审问之,慎思之,明辨之,笃行之"体现了中国古代学人对批判性思维和力行的追求。培养批判思维,提升创造意识和能力,是中国大学教育改革和大学文化建设面临的十分紧迫的任务。在论及批判思维时,应该摒弃情绪性的批判思维,倡导建设性的批判思维,这是大学精神独立、思想自由、崇尚真理、尊重学术与尊重学术规范、学术道德以及社会责任的兼容和统一,是大学认识论和政治论哲学基础的统一。只有这样,大学的精神文化才能适应社会物质文明、精神文明、政治文明、生态文明发展的需求。

人是教育的主体,教育是发展人的生命的实践,离开了人的生命,教育就失去了本源。夸美纽斯提出"教育在发展健全的个人";赫钦斯认为"教育的目的是改善人";雅斯贝尔斯强调"大学就是一个将以献身科学真理的探索和传播为志业的人们联合起来的机构",其首要任务是培养"整全的人"。显然,他们把人作为大学宗旨的主要关注点,把培养健全的人作为大学理念的核心。所谓"整全的人"或"健全的人",就是马克思主张的自由全面发展的人。人们越来越体认到,"大学不仅是传授知识和技能的场所,更是培养人的思想、情感、意志、品质之所在,是铸造灵魂的地方"。大学要突出以人为本和精神文化为魂的生命论哲学宗旨。

教育是人灵魂的教育,而非知识的堆集。构建当代大学的精神文化,在教育思想上需要实现一个核心转变,就是将发展学生精神生命及其主动性作为教育者的天职,将教育的本质定位在实现人的文化化。并且以追求文化整体性为特征的文化哲学来消解文化割裂现象，推进精神与物质、科学与人文、工具理性与价值理性，以及大学文化的民族性与现代性的统一，努力做好文化的选择、兼容和创新，营建具有共享核心价值的文化共同体、大学人的精神家园。

（发表于《中国高等教育》2014 年第 10 期　专栏文章）

自觉·自信·自省　做好校史的编辑与传播工作

在校史编辑委员会领导下，清华校史研究和编辑工作成果累累，发挥了重要的"留史、资政、育人"的作用。大学作为一个功能独特的文化机构，它的发展史就是一部文化传承创新和文化育人的历史，在记录、梳理、编写、传播这部历史中，需要高度的文化自觉、自信与自省，这既是做好校史工作的前提、宗旨，也是其追求的目标。

所谓文化自觉是指生活在文化生态中的个人以及群体对其文化的由来、演变、特点和作用以及今后的走向有着清醒的认识，努力把握其内在的规律，并肩负起继承、传播和发展的责任；所谓文化自信是指对其文化的价值和生命力具有信心，并自觉体认践行；而文化自省，则是以反思思维审视其文化的不足，进而明确发展完善的方向。老学长费孝通先生指出，文化"有它自己的基因，也就是它的种子""种子是生命的基础，没有了这种能延续下去的种子，生命也就不存在了。文化也是一样，如果要是脱离了基础，脱离了历史和传统，也就发展不起来了。因此，历史和传统就是我们文化延续下去的根和种子"。我们研究校史的一个重要使命，就是要使文化的基因得到群体的体认，并得以延续与健康发展。

改革开放后，特别是90年代学校逐步明确了建设综合性、研究型、开放式世界一流大学的目标，我曾参与领导清华文科的恢复发展工作，这对于工科出身的我是个艰难的任务。当时，我首先要做的是学习清华文科的发展史，包括研读一批文科大家的著作，从中梳理出清华文科曾经辉煌的文化传统，这就是在当时历史背景下形成的名师大家们深切的家国情怀、广阔的世界眼光和会通的学术风格。以国学院为例，当时四大导师兼有古今贯通、中西融会乃至文理兼备的理路，形成一种适应新时代的会通境界和范式，后来在老清华文科院系中得到普遍的传承发展。思想文化史学家、翻译家何兆武先生论及老清华学人的特色时说："他们都具有会通古今、会通中西和会通文理的倾向。"清华在20世纪80年代起步恢复文科时，就突显了会通的特色。1985年在清华成立了我国首个以自然科学与人文社会科学融合为特色的科学技术与社会研究室；同年复建中文系时，确立了"以文为主，文理结合"的方针，开办了我国首个科技编辑专业，开展了计算语言学研究，后来又与外文系合作，开办中外文化综合班，培养中外文化交流和比较文化研究的人才。通过对文科发展史的研习，使我形成了一个指导思想，即清华文科的恢复发展应该与继承发扬老清华文科的好传统紧密相连，这应该是清华文科建设的一个基本特色。90年代中期，在学校加快向综合性转型时，主管人文社会科学学院学术工作的副院长徐葆耕十分赞同我为人文社会科学学院制定的"中西融会、古今贯通、文理渗透、综合创新"的学术范式和境界追求，这也得到以综合创新中国文化著称的现代哲学家、清华大学思想文化研究所首任所长张岱年先生的肯定。当时，在推进文科学术架构建设时，努力遵循了会通的传统，而且我参与主持清华和高校文化素质教育工作一个重要的宗旨就是大力推进科学教育与人文教育的融合，通识教育与专业教育的融合，以引导学生走出"半人时代"。后来，人文社会科学学院副院长林泰认为，在新清华、特别是新时期的清华文科，发展了实事求是、理论联系实际的好传统，这是清华思想政治理论教育取得优异成果，成为我国首个国家级优秀教学团队的重要思想学术特色。以上所述，都得益于清华文科优秀传统的影响，也可以说是得益于对这种文化传统的自觉与自信。

历史在前进，时代在发展，一种传统也必须在自省中不断完善。费孝通先生在提出文化自觉的概念后，强调文化自觉是一个反思的过程。他一再呼吁对中国社会和文化进行理性的实事求是的反思。对于清华的发展以及所依托的文化传统也应该在持续反思中前行。2001年，在清华大学90周年校庆活动期间，清华大学受到社会舆论诸多的赞誉，而学校领导班子在校庆活动一结束便召开务虚会，对清华的办学和文化传统进行反思。通过反思，大家达成一个共识：清华大学有"行胜于言"的校风，这是取得可人业绩的重要保障。但是，依据恩格斯在《自然辩证法》中提出的"一个民族要想站在科学的最高峰，就一刻也不能没有理论思维"，与国际顶尖大学，也包括与隔壁的北大相比，清华长于实干，弱于理论思维；优于严谨而创新不足。清华不仅要坚持"行胜于言"，还要强化"行成于思"。在那以后，情况有所变化。后来，当国家确立了向创新型转型的战略目标，我看到大礼堂高悬着一块1926级校友送给母校的"人文日新"匾额，查阅了我国和清华历史上对"人文""日新"以及"人文日新"的解读，联想到闻一多先生曾经称"人文日新"为校箴，便向学校领导建议恢复校箴的提法，将其与"行胜于言"的校风联在一起提，这样有利于提高道德境界与思维能力的自觉，有利于营建创新文化。这得到顾秉林校长的赞同，他在2008年文科规划讨论会的讲话中明确提到"我们有'自强不息、厚德载物'的校训,'行胜于言'的校风,还有'人文日新'的校箴",同时,在许多场合强调要发扬"独立之精神,自由之思想"的学术品格。后来,在2014年颁布的《清华大学章程》明确"本校秉持'自强不息、厚德载物'校训、'行胜于言'校风、'严谨、勤奋、求实、创新'学风,弘扬'爱国奉献、追求卓越'传统和'人文日新'精神,学术上倡导'独立之精神,自由之思想'";在2017年发布的《清华大学文化建设"十三五"规划》中明确将"人文日新"表述为清华校箴。

  我在推动文化素质教育和通识教育的过程中,体会到能否向广度、深度发展,关键在于对办学理念的认识,即对大学本质功能和办什么样的大学、怎样办大学,培养什么样的人、怎样培养的理性认识,而大学理念与大学精神是大学文化的核心与灵魂,为此应该深入开展大学文化的研究与建设。这也是我2002年积极参与组建大学文化研究与发展中心工作的一个推动力。大学文化研究与发展中心成立后,我牵头完成了几项与清华发展史相关的研究工作。如编著《自强不息　厚德载物　清华精神巡礼》《世纪清华　人文日新　清华大学文化研究》,以其作为清华百年校庆的献礼;发表了系列与清华文化传统相关的文章,如《谈清华精神》《谈清华校训》《谈清华学风》《谈清华校风"行胜于言"》《谈清华校箴"人文日新"》《谈清华"会通"学术传统》《光是"行胜于言"是不够的》《科学与艺术的联合是清华的传统》《重视体育,和谐发展》《清华的缘起、发展与通识教育》《追寻大学理想——清华大学办学理念的形成与发展》,等等。其中有的文章是为批判"野史"以正视听的,如发表在2018年第5期《水木清华》的《谈清华校训》,是对《清华校训是16个字而非仅仅自强不息,厚德载物》《被腰斩的清华校训——独立精神,自由思想》等违背历史、别有用心的网络文章的拨乱反正,我采取的做法就是以全面、翔实的史实说话。这些网文捏造史实攻击清华,说什么"校训被腰斩了,没有了'精神'和'思想',清华的传统也就丢失了,剩下的只是教你做个好奴才、做机器人的训诫""清华发誓,要在校庆100周年也就是2011年的时候,建成为世界一流大学。如今,2011年已过,清华仍然徘徊在世界一流大学之外。即使再过30年,这个夙愿恐怕也难以实现""世界一流大学不是一群奴才能够建造得起来的",还说什么"清华校训之被腰斩,并非仅仅清华之悲哀,它标志着中国大学精神的迷茫和缺失"。这样的文章不仅长时间占据百度、360首页,而且在清华校友群中也有传播。现在敌对势力或别有用心者,通过传播片面的选择性事例、或写无中生有弄虚造假的文章,以达到推销私货、混淆视听、动摇信心的目的。这是意识形态斗争的一种重要方式，我们务必提高警觉。常说正史不彰，野史障目，我们应该关注这场特殊的斗争，以高度的文化担当责任感和实事求是的态度，做好清华正史的编写、展示和传播工作。

另外，从文化自省出发，不断做出骄人业绩的清华人，还要时刻保持谦逊的态度，不应忘记"谦虚使人进步，骄傲使人落后"的道理。校史工作也要有自省的精神。

努力弘扬大爱精神　建设一流精神家园

——纪念清华园老龄大学 20 周年

清华园老龄大学走过了 20 年的探索历程，在清华老龄群体中赢得了良好的口碑，"老年人的精神家园"是对它的最为光荣的称誉，而大爱精神正是凝聚这个精神家园的灵魂。老年教育是构建终身教育体系和建设学习型社会的重要内容，也是推进文化传承创新，满足老年人的文化权益，促进人的自由全面发展，建设和谐社会的重要环节。回溯过去，展望未来，我们要进一步提高文化自觉，贯彻社会主义核心价值体系，努力弘扬大爱精神，促进一流精神家园的建设。

什么是精神家园？为什么要精神家园？要什么样的精神家园？这实际上是一个漫长、古老、现实而又不断发展的命题。精神家园是指人们内心所追求的归宿，是一个人们可以信赖、得到精神寄托的场所；是一个可以使人的生命得以发展，心灵得以慰藉，支撑人的情感、发展人的理智，给人以智慧、意志、气质和欢愉的源泉。一个人可能有房子和家庭所构成的物质形态的家，如果那里没有精神的寄托和归宿，那就不是真正意义上的家。人不仅要有实在的家，而且要有精神的家。精神家园人人需要，不仅个体人需要，也是群体人共需。

党的十七届六中全会指出，"文化是民族的血脉，是人民的精神家园"，把"建设中华民族共有精神家园"作为建设社会主义文化强国的一项基本内容和战略任务。这个精神家园的核心就是党的十六届六中全会规定的中国特色社会主义核心价值体系，"社会主义核心价值体系是兴国之魂，是社会主义先进文化的精髓"，要"把社会主义核心价值体系融入国民教育、精神文明建设和党的建设全过程"。老龄大学作为终身教育的重要组成，也应该自觉地把社会主义核心价值体系融入教育教学之中。坚持马克思主义的指导思想，强化中国特色社会主义的共同理想，弘扬以爱国主义为核心的民族精神和以改革开放为核心的时代精神，更加自觉地将清华园老龄大学打造成先进文化导引的文化高地。

追求社会发展与人的全面发展的和谐一致，是马克思主义追求的根本价值目标，是中国特色社会主义共同理想的核心内涵，也是一切形态教育的根本宗旨。2500 年前，孔子的弟子子路问志于孔子，孔子答："老者安之，朋友信之，少者怀之。"敬老安老是中国的优秀传统,安老者,"外安其身,内安其心"。清华园老龄大学被老年学员称为"老年人的精神家园""夕阳路上温馨的家",一个重要的原由就是老龄大学起到内安其心的作用。温家宝总理问季羡林先生构建和谐社会最要紧的是什么?季老说:"是人内心的和谐"。清华园老龄大学最大的贡献就是为老年人的内心和谐,即内安其心发挥了积极作用。而个人的和谐又是家庭和谐、社会和谐的重要因素和基础。

为什么清华园老龄大学能够起到老年人"内安其心"的作用?因为这里充满爱:有老师对老年教育无私的热爱,有学员对老师发自内心的敬爱,有学员之间如同兄弟姐妹的亲爱,有学员对真、善、美表现形式和境界的钟爱,有管理人员对师生如同家人一样的关爱,还有学校和有关部门、兄弟单位对清华园老龄事业的爱心……这里延伸着、洋溢着对清华、对祖国、对一切美好事物的爱,这里是大爱无疆!正是无处不在的大爱吸引着人、慰藉着人、陶冶着人、凝聚着人;同时,内安其心的过程又是与满足老年学员对自由全面发展的追求相伴随的,这使得清华园老龄大学成为师生员工们难以离舍的精神家园,成为一片老年人文化养生的精神文化高地。

大爱是一切道德的基础,是和谐社会的灵魂,是教育的出发点和归宿。值此清华园老龄大学20周年华诞,我们向所有曾经给清华园老龄大学付出爱心的人们致以崇高的敬意!面向新的征程,我们清华园老龄大学的师生员工一定会努力弘扬宝贵的大爱精神,创造老龄大学更加美好的明天!

清华园老龄大学校长胡显章于2012年9月

努力发挥文化的桥梁作用

中俄两国山水相连，互为最大的邻邦，有近 300 余年的交往历史。两国具有深厚底蕴的文化，相互吸引着对方，在两国人民的相互理解和发展两国的国家关系中发挥了重要的作用。在当前经济全球化的时代，面对着来自美国的经济、政治与文化霸权，中俄两国加强文化交往，无论对促进两国的友好合作或是以多样化的文化抵御文化霸权，进而建立和谐的世界，均具有重大的现实与战略意义。

一、中俄文化交流的历史回顾

1949 年，郭沫若在《中苏文化之交流》中，将中苏两国文化交流的不平衡比喻为"洪流与溪涧"，他说："就拿中苏两国间的文艺关系来说，由苏联介绍到中国来的作品可以说是洪流。由中国介绍到苏联去的作品似乎只有一条溪涧。"[①] 回顾中俄文化交流的历史，曾经出现过多次的不平衡。

中俄之间在 1689 年签订了第一个双边条约《尼布楚条约》，成为两国关系正常化的基础，1728 年签订的《恰克图条约》则为两国的文化交往开启了最初的正式通道。以上条约在推动两国文化交流中发挥了重要作用，依据条约交流的人员中出现了罗索欣、列昂季耶夫、俾丘林、瓦西里耶夫等著名汉学家。他们把中国的政治、经济、法律、思想文化、传统道德的经典著作翻译介绍给俄国人民，使他们对中国开始有了比较全面、深刻的了解，并由此创立了在世界上颇有影响的俄国汉学学科。[②] 世界上第一部中国文学史和第一部研究中国神话的著作都出自俄国汉学家。同时，普希金、果戈理、车尔尼雪夫斯基、屠格涅夫和契诃夫等著名作家都有过关于中国的表述。伟大诗人普希金他在叙事诗《鲁斯兰和柳德米拉》中描写了迷人的风光："在迷人的田野里，五月的轻风吹来了

---

① 郭沫若：《中苏文化之交流》，24 页，北京，生活·读书·新知三联书店，1949。
② 栾景河：《中国—俄罗斯：战略协作伙伴，还是潜在的敌人》，见王奇主编：《多极化世界格局中的中俄科技、教育、文化交流》，28～29 页，北京，清华大学出版社，2004。

凉爽，在飘动的树丛的阴影里，中国的夜莺在歌唱。"表达了诗人从小就有的对中国的向往。伟大的作家列夫·托尔斯泰对中国文化表现了浓厚的兴趣，他特别关注中国古代的哲学思想。他认为孔子、孟子特别是老子给予他很大的影响。他十分欣赏老子的"无为"思想，由而派生出著名的"不以暴力抵抗邪恶"的观点。他对中国人民充满深挚的感情，在晚年，曾遗憾地说，假如我还年轻，我一定要到中国去。从18—19世纪，中国悠久的传统文化对俄国作家和俄国社会产生的影响是广泛的，当时中俄文化交流几乎是单向的，主要是俄国对中国文化的接受和介绍；而中国由于社会历史条件的限制，直到19世纪的后期才开始有了对俄国文化的零星介绍。① 可以说，相比之下当时流向俄国的中国文化是"洪流"，而流向中国的俄国文化却是"一条溪涧"。

到了五四运动以后，情况发生了根本性的变化。中国广大知识分子在探索救国强国的道路时，对俄苏文化表现出空前的热情。据统计，1927年至1937年的10年间，中国共翻译出版俄罗斯文学作品140多种，如列夫·托尔斯泰的《复活》《安娜·卡列尼娜》，果戈理的《死魂灵》，屠格涅夫的《猎人笔记》等。这些文学作品对中国人特别是知识分子产生了深远影响。在第二次世界大战期间，苏联卫国战争时期的文学作品，如西蒙诺夫的《日日夜夜》、列昂诺夫的《侵略》、肖洛霍夫的《他们为祖国而战》、法捷耶夫的《青年近卫军》等使曾与侵略者进行殊死抵抗的两国读者的心息相连。新中国成立后，俄苏文艺作品形成了巨大的洪流进入中国。1949年至1958年的10年间，中国共翻译出版俄苏文学作品3 500多种，总印数8 000多万册。基本覆盖了俄苏文学的代表作。同时，俄苏的电影音乐舞蹈艺术也深入到中国的每个角落，深刻地影响了几代中国人的精神成长。像我这样年龄的一代人是读着俄苏小说，看着俄苏电影，唱着俄苏音乐长大的，俄苏文化的精髓已深刻地影响了我们的人生价值观。"可以说，除了俄罗斯本土以外，中国读者和观众对俄苏文化熟悉程度举世无双。在高举斗争旗帜的年代，这种完全不同于西方的外来文化不仅培育了人们的理性主义情怀，而且也给予了我们当时的文化所缺乏的那种生活气息和人情味。因而，尽管20世纪两国之间的国家关系几经曲折，但是俄苏文化的影响力却历久而不衰。"②

中俄两国领导人清醒地认识到文化交流对于发展中俄两国战略关系的重要

---

① ［俄］李福清（Борис Лъвович Рифтин）、陈建华：《中俄文化交流的过去和现在》，见乐黛云等主编：《迎接新的文化转型时期Ⅰ》，145～146页，上海，上海文化出版社，2006。
② ［俄］李福清（Борис Лъвович Рифтин）、陈建华：《中俄文化交流的过去和现在》，见乐黛云等主编：《迎接新的文化转型时期Ⅰ》，147～148页，上海，上海文化出版社，2006。

性。2004年10月普京总统访华时，与胡锦涛主席共同批准了《〈中俄睦邻友好合作条约〉实施纲要》（下称《纲要》）。《纲要》规定，双方将于2006年在中国举办"俄罗斯年"，2007年在俄罗斯举办"中国年"。值此"国家年"，俄国远东研究所举办50周年所庆和有关中俄关系的研讨活动，关心中俄关系的名家学者云集、高朋满座，这既是对远东研究所为促进两国文化交流所作出的重大贡献的展示与庆贺，也是"国家年"的一次重大的高层次活动。我们对远东研究所的同仁们，特别是对季塔连科所长的学术成就和对推进俄中文化交流与理解所作出的贡献表示敬佩和祝贺！

二、努力搭建中俄文化交流的桥梁

一个时期以来，俄中文化关系落后于经贸关系的发展，究其原因是多方面的，其中一个重要的原因是在两国走上改革开放的道路时，都把眼光主要放在西方世界。所以，我很同意中国原驻俄大使李凤林的意见：现在中俄两国最大的问题是相互还缺乏了解，缺乏了解就容易产生误解，为了增进相互了解就要加强人文领域的交流与合作。首先是要正确认识与评价俄罗斯这个国家在国际上的地位和巨大的潜力。要认识到俄罗斯是一个伟大的国家，在文化、教育、科技、体育等许多方面都值得中国学习借鉴。同时，俄国人也应该改变对中国的看法，中国的悠久历史和文化、中国现代的发展，也有许多可以交流的。[1] 我也同意俄驻华大使拉佐夫的意见："我们要让两国年轻人把投向西方的目光转过来，彼此对视、相互对话"。他说"现在是时候了"。[2]

正如清华大学校长顾秉林院士所说："出于对中俄两国文化、科技、教育交流的重视，我们组建了'中俄文化研究与交流中心'（下称"中心"），以期为促进两国友好关系的进一步发展做些实事。"自"中心"于2003年3月成立以来，依托清华大学多学科的优势，在国内外同仁，特别是在"中心"高级顾问季塔连科院士和远东研究所的支持下，"中心"努力开展了一些实际工作。为了反映与传播两国悠久而密切的教育交往历史，"中心"编发了《远方纪程——追寻留苏学子的足迹》历史纪实电视片；为了推进清华大学与俄国高校和科研单位的交流合作，"中心"与俄罗斯圣彼得堡国立技术大学、圣彼得堡财经大学、莫斯

---

[1] 李凤林：《经济全球化背景下的中俄人文领域的交流》，见王奇主编：《多极化世界格局中的中俄科技、教育、文化交流》，8页，北京，清华大学出版社，2004。
[2] 人民日报代表团：《中俄文化：凝视与对话（出访归来）》，载《人民日报》，2005-10-31。

科国立语言大学、莫斯科国立人文大学以及俄罗斯远东研究所签订了合作交流协议,开展了学者互访和学术交流研讨活动,同时,与莫斯科大学的交流合作也在积极推进之中。在"中心"的支持下,中俄双方合作开展了"中俄科技体制改革比较研究";2004年3月20日至3月22日,在"中心"成立一周年之际,主办了"多极化世界格局中的中俄科技、教育、文化交流"国际论坛,俄罗斯驻华使馆罗高寿大使一行8人,俄罗斯楚瓦什共和国教育部长切尔诺娃一行13人,中国教育部、科技部、外交部的有关领导,中、俄、美相关领域的专家、学者、"中心"顾问及热衷于中俄交流的人士100余人出席。有学者评价,此次活动堪称国内2004年涉及中俄关系领域层次最高、影响最大的学术盛会。罗高寿大使对此次研讨会也予以高度评价,他认为:"这次国际论坛的举行,是中俄之间文化、学术对话及其双方在科技、文化领域和其他领域进行多层次交流与合作的重要组成部分,它对我们两国关系的发展具有十分重要的意义。"俄中友协主席、远东研究所所长季塔连科院士致函清华大学校长顾秉林院士称:"远东研究所对这次会议极其关注,专门研究了会议文集,并注意到,这次活动对加强两国专家学者之间的交流作出了重要贡献。"实际上,此次会议已作为对中俄建交55周年的重要献礼而载入中国对外关系史册。会后出版的文集产生了广泛影响。俄罗斯科学院远东研究所2005年圆桌会议将此文集与中科院2003年《中俄关系的历史与现实》会议文集当作姊妹篇予以关注,俄中问题专家玛玛耶娃教授专门为文集撰写评论并在俄罗斯权威杂志《远东问题》2005年第4期上发表。"中心"还共同组织了多次有关中俄关系和有关两国共同关心课题的研讨活动。如2004年9月的"转型国家产权改革和企业发展国际研讨会"、2005年的"中俄科技改革:理论与实践"国际论坛;2006年9月的"中俄能源合作高层国际论坛"等。"中心"还多次接待俄罗斯来访代表团,开展学术交流活动;组织了系列高层次讲座,帮助师生了解俄罗斯政治、经济、文化和两国关系;"中心"还牵线搭桥,推动清华大学、国家和地方有关部门与俄科技项目的合作。

特别应当强调的是清华大学中俄文化研究与交流中心与俄罗斯科学院远东研究所建立了友好而密切的合作关系。远东研究所所长季塔连科多次访问清华大学,并欣然同意出任"中心"首位俄籍的高级顾问;远东研究所现代史与政治学研究中心主任索科洛夫教授、中国问题专家玛玛耶娃教授于2005年应"中心"的邀请访问清华大学,并作了专题演讲,两位学者还与我校历史系教师进行了多次座谈,双方就史学前沿思想、理论、方法及其发展进行了广泛的探讨。俄罗斯客人还向历史系赠送了其颇具影响的《俄罗斯现代史学史:理论、方法与实践》等四部著作。同时，季塔连科所长曾专门致函清华大学顾秉林校长，高度评价"中心"的工作，邀请"中心"成员参与远东研究所有关"俄罗斯年"的科研项目。在"中心"的支持下，清华大学胡鞍钢教授荣幸地受聘为俄罗斯科学院远东研究所的名誉博士，他积极向俄罗斯学术界介绍对中国国情的最新研究成果。

我们期望着通过双方的协同努力，进一步发挥好文化交流的桥梁作用，为中俄两国的加深了解与理解，为发展中俄的传统友谊作出持续的贡献。

（2006年10月26日，在俄罗斯科学院远东研究所50周年所庆大会上的发言稿）

对大学之道的哲学思考

大学是文化的高地,在推动人类文明进步中起着十分重要的作用。哲学作为文化的灵魂,在推进大学自身建设中,又起着关键性的作用。

一、努力提高哲学自觉

从两个案例说起:一个是著名科学家、"两弹一星"功勋奖章获得者、中国科协主席周光召1999年在科协首届年会上指出:为什么20世纪初德国成为世界科学中心,因为德国"发挥哲学的突破和指导作用""德国在哲学上率先脱离机械论和绝对论的束缚,发展了辩证法和唯物论。德国的科学家都有很高的哲学素养"。实际上,德国一度成为世界教育和科学中心,正是以柏林大学为代表的德国高校所实施的哲学与教育的融合,或者说正是康德、费希特、洪堡等哲学家兼教育家所奠定的哲学文化基础,包括洪堡在新人文主义哲学观指引下所确立的"教学与科学相结合,由科学达致修养"的大学理念所奠定的人才基础,还有马克思、恩格斯所发展的唯物辩证法的影响。

第二个案例:20世纪五六十年代出任清华大学校长的蒋南翔十分重视哲学教育和哲学思维,他亲自担任哲学教研室主任,带头讲哲学课,而且本身作为具有马克思主义哲学思维的教育家,在工作中身体力行运用马克思主义哲学,在全校产生了广泛而深刻的影响。问及清华五六十年代的老校友什么是学校给以的最重要的教育?许多校友认为是历史唯物主义和辩证唯物主义,比如,从实际出发、实事求是、务实求真、注意抓主要矛盾、防止片面性、以发展变化的观点看问题、要有大局观念、整体意识、群众观点等,这就是哲学思维的历练。

中国教育哲学家、前湖南师大校长张楚廷先生在他的《高等教育哲学通论》中论述了哲学对一些欧洲杰出大学的决定性影响,并指出,在中国"哲学水平最高与大学水平最高仍然是高度吻合的"。[①]

---

① 张楚廷:《高等教育哲学通论》,16页,北京,高等教育出版社,2010。

当前，中华民族正在加速实现伟大复兴，文化的振兴是其重要的前提和内涵。由于哲学对人的行为具有价值规范、思维导向和理论升华的功能，欲使文化行为包括教育行为具有高度自觉的意识并沿着理性方向前行，就应该使其上升到哲学的高度。正如马克思 1842 年在《科隆日报》社论中所指，哲学"是自己时代的精神上的精华""哲学正变成文化的活的灵魂"。而教育与哲学有着紧密的关联。杜威认为："哲学的探讨可能应该集中在人类最高利益的教育上，而且，很多其他宇宙的、道德和逻辑方面的问题都在教育中达到了极点"[1]；黑格尔说，一个有文化的民族，如果没有哲学，"就像一座庙，其他方面都装饰得富丽堂皇，却没有至圣的神那样"[2]。大学是社会的文化高地，是文化精英的聚合所，哲学应该成为大学存在与运行的基础，哲学生活理应成为大学人不可或缺的精神生活。为此，大学人必须努力提升自身的文化自觉，特别是哲学自觉，因为哲学自觉是文化自觉的最高境界。对于大学校长、书记们来说，不仅应该努力按照政治家、教育家对标，也应该努力按照哲学家来要求。

哲学处于教育序列的顶端，可以说，大学究其实质而言，应该是哲学性的。实践表明，努力砥砺自身的哲学品格，是当今大学人文化自觉的重要体现，也是确立科学的办学理念和教育思想，有效推进以文化人、文化育人的重要课题，应当予以充分重视。

二、高等教育哲学基础综述

怎样看待大学或高等教育所依据的教育哲学呢？教育哲学所涉及的是教育的根本问题。教育工作者最终都要回答培养什么样的人、怎样培养，服务于怎样的社会、怎样服务这样带有全局性、系统性的命题。正如张楚廷先生指出的："从事教育工作的人，若离开了哲学，就很难明白教育的真谛。因而，当今从事教育工作的人，几乎都需要学习教育哲学。"[3]

关于现代高等教育哲学，有许多流派和观点。美国高等教育哲学理论的重要奠基人约翰·S.布鲁贝克在其名著《高等教育哲学》中进行了梳理，他提出："存在两种主要的高等教育哲学，一种哲学主要是以认识论为基础，另一种哲学

---

[1] [美] 杜威：《民主主义与教育》，王承绪译，380 页，北京，人民教育出版社，2001。
[2] [德] 黑格尔：《逻辑学》，上卷，杨一元译，2 页，北京，商务印书馆，1996。
[3] 张楚廷：《改革路上　张楚廷口述史》，216 页，武汉，华中科技大学出版社，2019。

则以政治论为基础。"① 他的观点产生了广泛的影响。但是，教育是发展人的生命的过程，无论是认识论，还是政治论都离不开人这个主体，最终都要为人服务。张楚廷教授创造性地提出了教育的生命论哲学基础；王冀生研究员认为大学本质上是一种功能独特的文化机构，大学人应该要坚守教育理想和大学信仰，以"人文、理性、求实、创新、和谐"为共享核心价值信念，创新当代中国大学之道和探索、构建当代中国大学人的精神家园。同时他还强调了大学文化的重要性，他的专著《大学文化哲学 大学文化既是一种存在更是一种信仰》给出了进行教育文化论哲学基础探索的视角——尽管他没有对文化论哲学基础的概念进行分析论述。笔者是在2012年开始主持教育部人文社科研究重大课题"当代中国大学精神研究"时，首次尝试对其进行了探讨。

下面试着就高等教育的认识论、政治论、生命论和文化论的哲学基础及其对大学精神文化的影响作一综述。

（一）认识论哲学是整体高等教育哲学的基础

认识论哲学的任务是揭示认识的本质和认识发生、发展的规律，它以思维和存在这个哲学基本问题为出发点，对于人认识的科学性、真理性起着重要的基础性作用。毛泽东认为，"哲学就是认识论"②，表明了认识论在哲学中的重要地位。

布鲁贝克在界定高等教育认识论的哲学基础时指出：强调认识论的人，趋向于把以"闲逸的好奇"精神追求知识作为目的，为了追求高深学问而忠实于真理，忠实于客观事实，为此要进行没有国界和时限的鉴别和批判。

教育是随着人类的认识活动而存在的，是人们传递知识、发展认知的实践。认识论哲学基础是整体高等教育哲学的基础。近代大学的诞生出于人们对高深知识的追求，在追求高深学问，使思维具有客观真理性的过程中，大学人在认识论哲学的指引下，蕴育了崇尚真理、追求真理的精神内涵和批判性的反思思维。

追求真理真知，需要实事求是的态度，尊重客观事实，不受制于已有的结论，不屈从于权威和外部的压力。由此，大学崇尚办学自主和学术自由，大学人崇尚"独立之精神，自由之思想""不唯书，不唯上，不唯他，只唯实"，一切从实际出发，以实践为检验言行的客观标准。正是大学为追求真理真知而独

---

① [美]布鲁贝克：《高等教育哲学》，郑继伟等选译，13页，杭州，浙江教育出版社，2001。
② 孙正聿：《哲学就是认识论》，载《中国纪检监察报》，2018-02-13。

立思考,自由探讨、勇于批判,也勇于修正,才使大学成为新知识、新思想的源泉。

(二)政治论哲学体现了高等教育的责任担当

在论及高等教育政治论哲学基础时,布鲁贝克指出,"人们探讨深奥的知识不仅出于闲逸的好奇,而且还因为它对国家有着深远的影响""当高等学府卷入日常生活的时候,必然会遇到如何确定目标和如何行使权力来实现这些目标的争论,而这些争论自然具有政治性。"[①] 当大学不仅是教育中心,而且也成为社会生活中心时,必须从政治论角度来看待高等教育,特别是当高等教育可能影响重大决策时,社会也不会让它完全脱离政府的指导来运行。布鲁贝克进而指出:"对高深学问的价值判断作用更广泛的分析,又进一步推动了高等教育政治化。"[②]

在中国文明进步和教育发展史上具有久远的伦理政治型文化特征,在近现代特别是新中国高等教育发展史中,政治论的哲学常常占有压倒性的地位。王冀生在《我的大学文化观》中指出:"中国古老的'大学之道'倡导的是一种精神,其核心是'立德树人,亲民济世'",[③] 这种"家国情怀"是中国古代知识分子的重要精神特征,又成为中国近代大学的精神追求和现代大学的精神之源。清华徐葆耕教授在《大学精神与清华精神》一文中指出:拯救民族的集体尊严意识是清华发展的一个基本动力源。由于中国历史文化的特点,包括清华人的中国知识分子总是将个人意识、个性的发展同为民族、为人民的奉献精神纠结在一起,这就是与西方学人所具有的自由主义和个人主义观念不同之处。[④] 正是这种家国情怀和以天下为己任,使得中国学人超越了个人的闲逸与好奇而具有更加持久的内生动力,它突出地体现了高等教育的责任担当。

历史告诉我们,高等教育应该坚持认识论哲学基础和政治论哲学基础的融合。一方面,如同洪堡大学所坚持的最重要的原则是尊重自由的学术研究,国家不能仅仅看到眼前利益要求大学直接为政府服务,学术上的不断提升才是大学长远的努力目标。[⑤] 另一方面,按照布鲁贝克的观点,大学自治不能完全脱离

---

① [美] 布鲁贝克:《高等教育哲学》,郑继伟等译,15 页,杭州,浙江教育出版社,2001。
② [美] 布鲁贝克:《高等教育哲学》,郑继伟等译,22 页,杭州,浙江教育出版社,2001。
③ 王冀生:《我的大学文化观》,154 页,天津,天津大学出版社,2014。
④ 徐葆耕:《紫色清华》,6 页,北京,民族出版社,2001。
⑤ [德] 鲍尔生:《德国教育史》,藤大春等译,126 页,北京,人民教育出版社,1986。

政府的指导，而"学术自由的合理性至少基于三个支点：认识的、政治的、道德的"，以此实现真理标准、国家利益和公众利益的统一。① 只有遵循客观规律，坚持实事求是，具有社会责任和立德树人的自觉，兼融认识论与政治论的哲学基础，高等教育才能适应社会物质文明、精神文明、政治文明、社会文明和生态文明的进步以及人的自由全面发展的综合需求。

（三）生命论哲学突出了高等教育的本质特征

人是教育的主体，教育是发展人的生命的实践，离开了人的生命，教育就失去了本源。张楚廷教授提出了教育的生命论哲学基础。他认为，哲学不应当只是问世界是什么、社会是什么，还应该问人是什么、生命是什么，这才是哲学更根本的问题。②

他认为，人是可以获得新的生命的生命，教育的对象是有生命的人，教育是人的生命的表现，高等教育是人生命最强旺的表现。当学生从大学走了一趟之后，绝不是仅仅多知道了几条定律或原理，而在于获得了新的生命。他认为在康德、杜威、马克思等人关于教育本质的阐述中，都已洞察了教育的生命论主旨。他特别对马克思关于人的发展论点进行了剖析。马克思在《关于费尔巴哈的提纲》中提出：应当"把人的活动本身理解为对象性的活动"，与所有生物不同，只有人"使自己的生命活动本身变成自己的意志和自己意识的对象"③。张楚廷教授认为："只有当人更充分地意识到了自己的生命活动，更充分地运用自己的意志于自己的生命活动时，才能达到更高程度的对象化。因而，教育应当是提高学生这种对象化程度，引导学生将自己的意识和意志更加充分地作用于自己；高等教育则是在更高程度上引导学生'创造对象世界'。这分明也是生命论哲学，或意识生命论，或精神生命论。"张楚廷教授在对多方面理论和事实分析的基础上，得出高等教育哲学不能仅仅归结于政治论和认识论那两种基础之上的结论，强调"生命论哲学不仅涉及教育的本性、基础，而且涉及它的功能，不仅涉及其历史，也涉及今天""大学为超越而生，为解放而生，为精神生命的活力而生，为人而生。"④

---

① [美] 布鲁贝克：《高等教育哲学》，郑继伟等译，46页，杭州，浙江教育出版社，2001。
② 张楚廷：《高等教育哲学通论》，148页，北京，高等教育出版社，2010。
③ 中共中央马克思恩格斯列宁斯大林著作编译局：《马克思恩格斯选集》第1卷，46页、58页，北京，人民出版社，1995。
④ 张楚廷：《高等教育哲学通论》，149页、180页，北京，高等教育出版社，2010。

马克思恩格斯指出"全部人类历史的第一个前提无疑是有生命的个人的存在。"① 对于教育来说，首先考虑的前提，就是有生命的人的存在，以及人的生命的发展。这就是人本教育的基本依据和出发点。教育生命论哲学基础的基本点就在于将人的自由全面发展置于大学的中心位置，它不仅仅强调以人为本的立场，强调教育是使人成为人，成为健全的人的实践活动，而且强调主体性的教育，"把主体性教育理论作为一种本体论，就是从人的主体性来把握和分析教育的本质""把主体性教育理论作为本体论就是在批判传统的'物本教育论'或'工具教育论'的基础上构建'人本教育理论'或'主体发展理论'"，由此，确认和尊重受教育者的主体性与主体地位，促进其积极、自主、创造性地发展。只有在生命之"力"能够自由生长的前提下，在尊重人的生命前提下，提倡和促进人的全面发展，才是当今时代应弘扬的教育理念。② 在高等教育阶段，应该使受教育者提高对生命本体的感悟，对生命意义和价值的深刻体认，由此最大程度地调动与发扬主体的自觉、自主、自爱、自强意识，使之在德、智、体、美、劳诸方面都得到主动的发展，而主体性的充分弘扬正是创造性人才的基本特征。

未来学家埃德加·富尔指出："未来的学校必须把教育的对象变成自己教育自己的主体，受教育的人必须成为教育他自己的人，别人的教育必须成为这个人自己的教育，这种个人同他自己关系的根本转变是今后几十年内科学与技术革命中教育所面临的最困难的一个问题。"③ 华东师大前副校长叶澜认为这个"困难"就在于学校必须改变以往的基本活动方式，改变教师的职业本质，教师不再只是关注过去、面向人类已知的领域，而是面向学生生命发展的未来，与学生一起在教育活动中创造学生的精神生命，它关涉的是人的生命基本存在方式。④ 在这样主体教育理念与师生观的指引下，学生的主体性人格和批判性思维受到了重视，对于提高学生自我教育的主动性、积极性，对于创新型人才的蕴育，具有本质的促进作用。对于高等教育来说，这一变革所依据、所体现的正是生命论的哲学基础。基于生命论的哲学基础，一种关注生命、珍爱生命和发展生命的教育理念才能得到有效的演进。

---

① 《马克思恩格斯选集》第1卷，67页，北京，人民出版社，1995。
② 周光迅等著：《哲学视野中的高等教育》，129页、136页，青岛，中国海洋大学出版社，2006。
③ 联合国教科文组织国际教育发展委员会编著：《学会生存》，华东师范大学比较教育研究所译，220页，北京，教育科学出版社，1996。
④ 叶澜：《把个体精神生命发展的主动权还给学生》，见郝克明：《面向21世纪：我的教育观》，综合卷，334～337页，广州，广东教育出版社，1999。

（四）文化论哲学是大学理性前行的保障

文化是人独有的存在方式，人类正是在自身创造的文化世界中获得生命的意义。而教育活动在本质上是一种文化活动，或者说与文化有着千丝万缕的关联。正如中国教育哲学学会会长石中英教授在《教育学的文化性格》中指出的："在教育活动的每个环节都渗透着价值，体现着价值，追求着价值，从而与更为宽广深厚的文化背景相联系。因此，只有从文化的角度来理解教育学活动，才能对教育学活动的根本问题，对教育学的知识成果有个完整的、深刻的理解。否则，教育学和教育学者就会像漂浮在科学海洋上的一片浮萍，找不到自己的安身立命之所。"[1] 大学在本质上是一个以文化传承创新为主要使命的文化机构。办好大学离不开科学的大学理念，即对大学的本质功能、对办怎样的大学与怎样办大学的理性思考，在本质上离不开文化论哲学思考。文化性是人的基本属性，人们通过实践努力追求真善美的理想境界和价值目标。文化哲学是对文化现象和文化实践的理性思考，是对文化现象的哲学理解，也是对时代精神的理性表述。当代文化哲学是将人对真善美的综合追求和人的自由全面发展作为最高的价值目标，而马克思主义正是将理想社会的实现与人的自由全面发展统一在一起，并将其作为教育的根本目的，从中我们可以找到教育政治论基础与生命论基础结合的重要渊源。所以从文化论哲学基础的视角来探讨高等教育的根本问题是十分必要的。

正如布鲁贝克所指出的："教育的根本任务是培养人、造就人，将学生转化为能适应环境生存的社会化或文化化了的人。"[2] 在教育实践中，人们逐步形成了教育文化论的追求，即用"文化"来统筹教育、社会、人三者之间的关系，将教育的本质定位在实现人的文化化，进而达至社会文化的传承与创新。习近平主席强调大学要重视以文化人以文育人，增强师生文化自信并要求"坚持以美育人、以文化人，提高学生审美和人文素养。"这些都涉及大学文化论的哲学基础，涉及以科学的大学理念和积极的大学精神为魂，以文化育人为根本任务，将大学建设成大学人追求真善美境界的精神家园，成为以先进文化引领社会的文化高地。

以追求文化整体性为特色的文化哲学，对于推进大学形成整体的知识观和文化观，促进人文文化与科学文化的融合、工具理性与价值理性的统一，推进大学科的交融，提高培养和谐完整的人的教育自觉和精神追求，具有积极意义。

---

[1] 石中英：《教育学的文化性格》，189 页，太原，山西教育出版社，1999。
[2] [美] 布鲁贝克：《高等教育哲学》，郑继伟等译，3 页，杭州，浙江教育出版社，2001。

现代哲学家张岱年先生对应该遵循的文化观进行了系统而深入的探讨。在 20 世纪 30 年代任教清华时就针对"文化综合创造"发表了系列文章，在 1987 年发表的《综合创新　建设社会主义新文化》中明确提出了"文化综合创新论"，所依据的就是他提出的"兼和"哲学观，即"兼和为上——兼容多端而相互和谐是价值的最高准衡。"[①] 正是依托这种哲学观，"会通"成为清华文科恢复与发展的重要特色，具体可以表述为"中西融会，古今贯通，文理渗透，综合创新"的学术范式，不仅促进了文科的建设，也成为推进大学科交融和蕴育复合型创新人才的重要理念。

中共十八大指出："文化是民族的血脉，是人民的精神家园""社会主义核心价值体系是兴国之魂。"王冀生认为："'人民的精神家园'的本质是一个文化共同体，大学文化是大学人的精神家园。大学虽然呈现价值观的多元性，但是，作为一个精神家园，应该有一个共享的核心价值体系。他指出："构建以'人文、理性、创新、和谐'为核心的当代大学精神家园是我们的一种哲学思考和新的探索。"[②] 诚然，由于当代大学生肩负着民族复兴的历史重任，加强社会主义核心价值观的培育与引导，是高校教育的根本所在。

我们应该将大学文化置于互相融合的高等教育认识论、政治论、生命论和文化论的哲学基础上，以一种"和而不同"的哲学观，或者当代哲学家张岱年倡导的"兼和"哲学观，努力做好文化的选择、兼容、会通和创新，这应当是当代大学文化建设体现现实针对性和时代适应性的重要指导思想。

三、对大学之道的哲学探讨

回溯历史，汉武帝于公元前 124 年首创的太学是古代中国最接近于近现代大学的高等教育机构。太学是以儒家经学，即以《诗》《书》《礼》《易》《春秋》"五经"为核心的教育，直到宋代大儒朱熹编成《四书章句集注》，将《大学》《中庸》《论语》《孟子》列为儒家经典，"四书五经"便成为士人延续至清末必读之圣典。由此，哲学家冯友兰先生认为自汉至清是"经学时代"。香港中文大学前校长金耀基先生认为："太学与经学的合一是塑造中国古典文明的一个根本力量。"他认为，1911 年辛亥革命后留德的蔡元培出任教育总长，颁布《大学令》，废除经学科，宣布了经学时代的结束，而同时科学则成为中国大学的核心。他

---

① 张岱年：《张岱年全集》，第 7 卷，410 页，石家庄，河北人民出版社，1996。
② 王冀生：《我的大学文化观》，216 页，天津，天津大学出版社，2014。

认为，在此背景下《大学》所讲的"大学之道"由"大学之道，在明明德，在新民，在止于至善"演变为"大学之道，在明明理（明科学之理），在新知（科学的新知），在止于至真"，在中国现代化中大学学术文化之变是从经学到科学，出现了价值教育的失序。笔者认为，从哲学意义上是以工具理性屏蔽了价值理性。金耀基认为哈佛大学哈佛学院前院长 Lewis 批评哈佛大学追求"失去灵魂的卓越"，可以适用于现在所有研究型的大学。他的结论是：当今的大学之道，求"至善"与求"至真"，两者不可偏废。① 金耀基先生在此论述了近现代大学之道变化的一个总趋势。

一些教育家在提倡重视科学时并非赞同排斥人文的"科学主义"。蔡元培虽然废除经学科，但他推崇洪堡在新人文主义哲学指导下形成的教学与研究相结合，由科学达至修养，培养有修养的"完人"的理念，提出"军国民教育、实利主义教育、公民道德教育、世界观教育、美感教育"五育不可偏废；清华第二任校长周诒春极力提倡德、智、体三育并举，在清华推行"造就一完全人格之教育"，强调学生应全面提升自己，而不仅仅局限于学习知识。清华大学老校长梅贻琦在 1941 年发表的教育论文《大学一解》中，对"大学之道"作了深入剖析。他认为，《大学》开篇语"大学之道，在明明德，在新民，在止于至善"体现了"学问之最后目的，最大精神"，指出"若论其目，则格物，致知，诚意，正心，修身，属明明德，而齐家，治国，平天下，属新民"，重视明明德与新民，体现了儒家人生哲学与教育思想始终如一的核心。他还指出："而今日大学教育之种种措施，始终未能超越此二义之范围。"在现实中，"所患者，在体认尚有未尽而实践尚有不力耳。"② 可以理解，此处的大学之道是强调通过求知，推究事物的原理法则而获得洞悉事物本质和待人处事的智慧，同时通过教化、修养、陶冶，不断适应齐家，治国，平天下的要求。联系到布鲁贝克在《高等教育哲学》中提到的高等教育认识论与政治论哲学基础，可以认为两者在哲学思想和教育理念上有着某种内在的一致性。继而，在新中国，当蒋南翔长校清华时，实施的是"又红又专，全面发展"的培养要求。并强调"因材施教"，注重调动学生学习的主动性，提倡要给予"猎枪"而不是"干粮"，并通过支持建设政治、业务、文体三支代表队，发展学生个性，"各按步伐，共同前进"；在当前清华实施的是"价值塑造—能力培养—知识传授"三位一体的教育，致力于

---

① 金耀基：《再思大学之道　大学与中国的现代文明》，114 页、116 页、123 页、125 页，牛津大学出版社（香港牛津版），2017。
② 刘述礼等编：《梅贻琦教育论著选》，99～100 页，北京，人民教育出版社，1993。

培养学生具备健全人格、宽厚基础、创新思维、全球视野和社会责任感，实现全面发展和个性发展相结合。

实际上，在相当长的时间里，大学教育颇具功利色彩，人文教育在不同程度上被屏蔽。为此从20世纪90年代开始在中国高校兴起了素质教育的热潮，一个重要主题就是推进工具理性与价值理性的统一，实现科学教育与人文教育的融合。当前，"立德树人"被置于教育的根本任务中，培养德、智、体、美、劳全面发展的社会主义建设者和接班人成为共同的教育目标。

正如教育部原哲学学科教学指导委员会主任、吉林大学文科资深教授孙正聿教授在论述哲学的主要问题时所说："人对世界的关系，主要是在人的实践活动中形成的认知关系（真与假）、评价关系（善与恶）和审美关系（美与丑）；因此，哲学对人与世界之间关系的反思，集中地表现为对真善美的寻求和阐扬。""哲学对真善美的寻求，总是试图获得某种终极之真、至上之善和最高之美"，[①] 这实际上也是教育的终极追求。追求真善美统一，是古希腊与先秦哲学孜孜追求的理想境界。而马克思主义教育思想的核心在于对美好社会的理想与人的自由全面发展的一致性。人对真善美的认识是一个在实践中无限的历史性展开和提升的过程，在不同的历史阶段，它是历史进步性与历史局限性的辩证统一。而教育的根本功能就是不断消解这种历史的局限性，而不断引导人们向着至善至真至美的境界前行。

根据中国高等教育发展的实践和高等教育认识论、政治论、生命论与文化论哲学基础，试着将当今的大学之道表述为：

大学之道，在明德新民，在以人为本，在和谐会通，在止于至善至真至美。

习近平同志指出，当前中国处于近代以来最好的发展时期，世界处于百年未有之大变局，两者同步交织、相互激荡。面对这样的时势，我们应该有更高的文化自觉和自信。2019年8月27日，法国总统马克龙在法国外交使节会上对国际局势进行了剖析，叹息"西方霸权已近末日"，中国等新兴大国正在寻找自己的哲学与文化。面对中华民族复兴大业和向创新型国家的转型，我们应该有勇气寻找自身的高等教育哲学基础，并由此明确当今中国的大学之道。

（此文为2019年11月"清华会讲湖大行"主旨发言主干内容，适当修改后发表于《大学教育科学》2020年第2期）

---

① 孙正聿：《哲学通论》，225页，沈阳，辽宁人民出版社，1998。

水木思语

努力提高理论思维的自觉

  我们在学习习近平新时代中国特色社会主义思想的实践中，一定要重视理论思维，特别是哲学思维的学习提升。哲学家贺麟说：哲学是一种学养，是一种以学术培养品格，以真理指导行为的努力。恩格斯说："一个民族想要站在科学的最高峰，就一刻也不能没有理论思维。"这里指的理论思维就是哲学思维。冯友兰认为"哲学是一种信仰""哲学在中国文化中所占的地位，历来可以与宗教在其他文化中的地位相比。在中国，哲学与知识分子人人有关。在旧时，一个人只要受教育，就是用哲学发蒙"。他提出了人生境界说，认为："按照中国哲学的传统，它的任务不是增加关于实际的积极的知识，而是提高人的精神境界。"进而指出，"哲学的任务是帮助人达到道德境界和天地境界，特别是达到天地境界。"当前，中国正在加速向创新型国家转型和实现民族伟大复兴，处在文化高地的大学人应该努力提高哲学自觉和哲学境界，因为无论从坚持真理、发现科学规律，还是提高人生境界，都离不开哲学思维。

  回顾历史，可以看到马克思主义在自己的发展历程中，十分重视理论指导，特别是哲学思维的指导。1848 年，马克思和恩格斯发表了《共产党宣言》，标示着马克思主义的诞生。列宁指出："这部著作以天才的透彻而鲜明的语言描述了新的世界观，即把社会生活领域也包括在内的彻底的唯物主义、作为最全面最深刻的发展学说的辩证法，以及关于阶级斗争和共产主义新社会创造者无产阶级肩负的世界历史性的革命使命的理论。"1859 年，马克思在《政治经济学批判（第一分册）》序言中，对历史唯物主义作了深刻表述。恩格斯的书评写道："我们党有个很大的优点，就是有一个新的科学的世界观作为理论的基础。"在中国共产党领导中国人民进行新民主主义革命斗争的初期，由于理论准备不足，曾经多次犯过错误。1935 年，中国共产党领导的革命队伍长征到达陕北后，毛泽东同志首先从哲学思维上总结中国革命的经验教训，1937 年写出《实践论》《矛盾论》等哲学著作，继而进行整风学习，端正党的思想方法，确立了实事求是思想路线。1945 年在党的第七次代表大会上确立了毛泽东思想的指导地位，保障了新民主主义革命的胜利。新中国成立后，在中国共产党领导建设社会主义的过程中，同样由于对社会主义的理论准备不足，一度背离唯物主义思想路线，在取得重要成就的同时，走了弯路，犯了"文化大革命"的严重错误。在打倒"四人帮"后，1978年全党开展"真理标准大讨论"，确立了"实践是检验真理的唯一标准"的马克思主义认识论的基本观点。党的十一届三中全会重新确立和恢复实事求是的思想路线，继而确立了邓小平理论的指导地位，成功开辟了中国特色社会主义道路。

实践表明，辩证唯物主义和历史唯物主义是马克思主义重要的理论基础。2013年，习近平总书记在主持中共中央政治局学习历史唯物主义基本原理和方法论时，突出强调了马克思主义哲学的重要性，他说："马克思主义哲学深刻揭示了客观世界特别是人类社会发展一般规律，在当今时代依然有着强大生命力，依然是指导我们共产党人前进的强大思想武器。我们党自成立起就高度重视在思想上建党，其中十分重要的一条就是坚持用马克思主义哲学教育和武装全党。学哲学、用哲学，是我们党的一个好传统。"2015年，习近平总书记又主持中央政治局开展辩证唯物主义基本原理和方法论学习，他说："今天，十八届中央政治局进行2015年第一次集体学习，学习内容是辩证唯物主义基本原理和方法论。2013年，我们进行第十一次集体学习时安排了历史唯物主义基本原理和方法论。安排这两次学习，目的是推动我们对马克思主义哲学有更全面、更完整的了解。辩证唯物主义是中国共产党人的世界观和方法论，我们党要团结带领人民协调推进全面建成小康社会、全面深化改革、全面依法治国、全面从严治党，实现'两个一百年'奋斗目标、实现中华民族伟大复兴的中国梦，必须不断接受马克思主义哲学智慧的滋养，更加自觉地坚持和运用辩证唯物主义世界观和方法论，增强辩证思维、战略思维能力，努力提高解决中国改革发展基本问题的本领。"正是习近平总书记带领全党和全国人民，坚持运用辩证唯物主义和历史唯物主义的世界观和方法论，把马克思主义基本原理与中国具体实际相结合，创立了习近平新时代中国特色社会主义思想。

同时，实践表明，努力提高理论思维特别是哲学思维的自觉与能力，是当今大学师生文化自觉的重要体现，也是以文化人、文化育人的重要课题，应当予以充分重视。历史唯物主义和辩证唯物主义是我们党坚持群众路线和实事求是路线的哲学基础，是我们党团结群众认识世界、追求真理、改造世界、完善自我的思想武器，学习运用历史唯物主义和辩证唯物主义世界观与方法论，是我们提高理论思维能力的基本途径，应该成为师生提高哲学自觉、砥砺哲学性格的重要任务。

在这里，特别需要体认哲学大家王阳明的"知行合一"说，他强调"知行原是两个字说一个工夫""知是行之始，行是知之成"，而"知而不行，只是未知"，要做到"知行之合一并进"，才能"致良知"，达至"存天理，去人欲"的境界。

我们的教育需要有更多的理性思维和切实的行动

——在清华大学第 22 次教育工作讨论会上的发言
2009 年 11 月 14 日

清华大学在第 21 次教育工作讨论会上明确了"在通识教育基础上的宽口径专业教育"模式,并保证了学分,继而又调整了课程体系、建立了核心课程,表明我校的文化素质教育在人才培养中的基础地位得到初步确立,是一个带有里程碑意义的进步,在高校也发挥了一定的引领作用。但是,学分保证了、课程开设了,是不是"量有所值"呢?我们的工作在向前,并取得了一定成绩,但任务很艰巨,离实现文化素质教育宗旨还有相当大的距离。我们既要有信心,又要作长期奋斗的准备。那么,问题在哪里,出路又在哪里?

问题首先出在理念上没有达成共识,而理念共识的提升正是这次讨论会的重要成果。中国进行十余年文化素质教育的第一条基本经验就是"理念是前提"。

恩格斯在《自然辩证法》中,针对 19 世纪前半叶德国民族"热衷于实际"而摒弃了哲学理论发出了警示:"一个民族想站在科学的最高峰,就一刻也不能没有理论思维",因为理论思维可以帮助人们防止沉溺于形而上学和浅薄思想。

谈到理论思维,恩格斯指出:每一时代的理论思维,都是历史的产物,在不同的时代具有非常不同的形式和内容。当时,恩格斯强调的是唯物辩证法,当今我们需要怎样的理论思维?总体上仍然应该坚持唯物辩证法,而实际表现形式则有我们的时代和领域特点。

一、在办学理念和教育思想上注重会通与融合

注重不同文化的会通与融合是清华的重要传统并有成功的经验。清华国学院的成功就在与它倡导和实行中西古今的融合与会通。吴宓提出的"会通型"文明观的基本纲领、四大导师身上表现出的会通型学术范式,奠定了清华学术传统的基石,导引了一个时期的学术潮流,培育了一批名师大家。

梅贻琦也是会通理念的大力倡导者,他一方面借鉴了西方通识教育的理

念,又植根于中国传统文化。他认为西方通识教育是追求"一己之修明"(Know thyself),而中国基于儒家学说的教育理念是"修己以敬""修己以安人""修己以安百姓";以"大学之道,在明明德,在新民,在止于至善"的"三纲"为"最后目的,最大精神"(包括格物、致知、诚意、正心、修身、齐家、治国、平天下"八目",本质也是为人为学、内修外治会通的要求)。为此主张"通识为本,而专识为末",认为"以无通才为基础之专家临民,其结果不为新民,而为扰民。"要求学生"对人文科学、社会科学、自然科学这三大部分应有'相当准备'"。这是独特的中西、古今、文理融合和为人为学会通型的教育理念,同样培育了大批杰出人才。

蒋南翔在马克思主义指导下,继承发展了老清华融合会通的理念。他的兼容型的大学观体现在一系列的观点之中,如:培育目标上"红"与"专"、政治与业务的辩证统一;学校工作中"大政治、小政治"的辩证统一(保证教学计划的完成、培育全面发展的人才是大政治工作,社会工作、一些政治活动是"小政治",小政治要保证大政治的完成);还有师资队伍"两种人会师";干部队伍"双肩挑"等,都是一种辩证的兼容会通哲学观的反映。

当今的通识教育和文化素质教育就是在继承发展以往宝贵的传统,就是努力以一种兼容会通的理念来孕育人才。这种理念,不仅仅体现在通识教育,也应当体现在专业教育,体现在教育教学的全过程,不仅体现在为学,更体现在为人。

二、在教育教学过程中自觉推进工具理性与价值理性的统一

18世纪发端于欧洲的启蒙运动,高举理性主义的旗帜,推进了西方科学技术的发展与现代化的进程。弘扬理性精神是当今中国全面实现现代化的重大课题,更是被称为"国家理性的神殿"的大学的历史使命,也是培养杰出创新人才的需求。

古典社会学理论奠基人之一马克斯·韦伯指出,西方的启蒙运动是工具理性的胜利。在这场金融危机面前,有人提出哈佛等名校应该反省。因为对这次危机负有责任的华尔街高管们大多出身于哈佛等名校,他们在校期间接受的专业教育只专注于教学生如何取得更大的经济利益,而忽视了社会责任。

被称为"古典经济学之父"的亚当·斯密在1759年出版了《道德情操论》,论述了正义、仁慈、克己等道德情操的根源,揭示了人类社会和谐发展应遵循

的道德准则；1776年又出版了《国富论》，强调由价格机制这只"看不见的手"引导经济活动，理性地实现个人利益最大化，并推进公共利益。亚当·斯密奠定了资本主义自由经济的理论基础。在他去世后的200多年里，道德伦理作为经济学本身的人文属性，却被主流经济学家们当作影响其"科学"性的绊脚石而摒弃了。资本主义世界的发展，既为我们提供了经验，也给出了深刻的教训：我们应当努力提升理性精神，同时，必须纠正重工具理性，轻价值理性的偏向，防止"失去灵魂的卓越"。这一点无论对国家强盛、民族复兴，或是追求世界一流大学目标和高素质创造性人才的成长，都有至关重要的意义。

在我校，偏重工具理性倾向的现象也是不同程度存在的。这种偏颇不利于具有理性精神和人文关怀的全面发展人才的培养。同样重要的是，自觉开展科学理性的教育，包括在文科教育中注重科学精神和科学思维方法的养成。

我们高兴地看到，一些教授在这方面有着清醒的理念，并在教学中得到切实有效的实施。但是，成功的例子还不多，应该给予充分关注、发掘、鼓励和宣传推广。相信通过为期一年的这次教育工作讨论会，在理念认识上能够有一个普遍的深化，能够推进一个新的带有全局性影响的改革。而理念的提升，需要一种文化自觉。

三、需要提高我们的文化自觉

关于文化自觉是费孝通先生1997年提出的一个命题。所谓"文化自觉"是指重视文化作用，并在对全球文化与自身文化有清醒认识的基础上，进行自觉、自主的文化选择、传播与创新。

首先是对大学教育的本质功能有清晰的认识。正如袁贵仁所说："大学的出现，是为了继承文化、传播文化、创造文化，通过文化的继承、传播和创造，促进受教育者的社会化、个性化、文明化，从而塑造健全的人、完善的人。""大学的教育教学过程，实质上是一个有目的、有计划的文化过程。所谓教书育人、管理育人、服务育人、环境育人，说到底都是文化育人。"

同时，对我们面对的大势和任务要有清醒的认识。

2005年首届中国文化论坛，杨振宁先生说：当今全世界最重要的事情就是中华民族的崛起。但是，自己在清华待了一年半以后，感觉很多大学生对这一点不够认识，这将长远而广泛地影响其未来。为此，他呼吁大学的教育必须培养大学生的文化自觉，要在大学的教育中使更多的学生了解世界和中华民族的局势，明确自己的角色和使命。

现在的现实情况是，将成为中华民族伟大复兴的主力军的大学生们在文化上未能为此做好充分的准备。这应当是开展文化素质教育的一个重要背景，帮助他们在精神文化上为中华民族的伟大复兴做好准备也应当是教育，特别是文化素质教育的重要宗旨和内涵。

在这里，一方面，要提高为中华民族伟大复兴而献身的责任感、抱负和素养；另一方面，为适应向创新型国家转型的需求，要努力造成一种利于创新和创造性人才成长的创新文化氛围。这是我们工作的两个基本点。

一个关键点在于，怎样将各种活动，包括知识的扩展、能力的训练转化为素质的养成，切实落实"文化育人"，将文化素质教育和专业教育落实到素质的提高，特别是人格、精神、思维的提高上。由于文化熏陶是潜移默化的过程，不能以立竿见影的要求来检验，防止形而上学和过分的功利要求，既不能述而不作，也不能急于求成。在战术上要十分重视，增强关注度，加大投入和改革的力度；在战略上，应当做长期奋斗的准备。

四、在教育思想上应当有新的转变

为了利于培养高素质的创造性人才，需要转变以往重知识传授，轻素质培养；重教师授业，轻学生自我教育的教育思想和教育实践。在我们的教学中，学生被当作知识的"存储器"，对学习质量的评估以知识存量和所提取的知识准确性为主要标志的教育思想和实践还比较普遍存在，有学生认为我们进行的还是应试教育、纯知识传承的教育；这是钱学森说的"中国还没有一所大学按照培养创新型人才的模式办"所指的重要内涵。

这种教育过程，忽视了学生的主体意识，抑制了学生批判思维、创新意识和开拓能力的成长，造成温家宝总理所说的"中国培养的学生往往书本知识掌握得很好，但实践能力和创造精神比较缺乏"的现象。

现行教育，虽有保证整体上有良好基础的优越性，但是忽视了学生的个性和主体性，问题的本质在于忽视教育主体的精神生命力作用，忽视人的主体意识，这正是大学发展创新文化需要克服的关键性问题。

我们在文化素质教育教学中，提倡阅读优秀经典，小班讨论，目的就是调动学生学习和自我教育的积极性。

总体看，在尊重和发挥学生的主体精神方面，还需要提高认识，下大力气去推进。

在教育理念上"对学生认识的转变,学生境况、地位的改善,个性、主体性的弘扬是绵延几百年的近代教育改革的主旋律"。

德国现代哲学家、教育家雅斯贝尔斯说:"教育活动关注的是人的潜力如何最大限度地调动起来并加以实现,以及人的内部灵性与可能性如何充分生成,质言之,教育是人的灵魂的教育,而非理智知识和认识的堆集。"

当今,在教育思想上需要实现的本质转变是在对发展学生精神生命的认识上。国家向创新型转型的内涵不仅仅指理论的创新、科学技术的创新、制度的创新等客体的创新,还应当包括人的主体创新,人的精神生命创新,后者带有更加根本的意义,是文化创新的核心,而这正是我们与西方顶尖大学最突出的差距所在。

为此,应该改变师生在校的生存方式。从注重面向书本、面向过去、面向已知领域转变为注重面向实际、面向未来、面向需要探索、发现和创新的领域。这就要求教师把自己的使命定位为发展和创造人的精神生命,努力将教育转变为受教育者教育自己的教育。

令人感到高兴的是近年来一些教师、文化素质教育基地将工作的重要基点放在贴近学生、了解学生、调动学生的参与热情和自我教育的积极性上。这次讨论会有对学生状况和意见的普遍调研为基础,有学生代表参与讨论并发出教育主体的声音,这十分令人鼓舞。实践表明,同学们对文化素质教育有着很高的热情和需求,许多同学认识也很到位。但是,要想成为一种教育理念和教学思想,成为一种文化氛围,还需持续地努力。

在这里,需要在教学管理、教学计划、课程设置、课程安排、教学方法、公共条件以及课外活动的导引上,应当给学生以更多的自主地位。现在课程太多,非有益的负担过重,学生自主活动的时间被大大压缩了。包括学生一些盲目攀比性的课外活动过多。真有"清华园之大,已安放不得一张平静的书桌"之虞。我们应当认真落实蒋南翔校长以"大政治"管住"小政治"的思想,控制好活动总量,少一点形式主义,多一些实实在在的研习学问,提高素质的实际行动。

最后,这个研讨会是成功的,但是,要切实改变"重视的更重视,不重视的还是不重视"的局面。建议会后抓好以下5个环节。

(1)要通过群众性的学习研究和传播活动,提升广大领导层、管理层、教师和学生的共识。这个活动要写成纪要,与几个主要讲话一起发给应该到会的人,并在媒体上公布,包括学生媒体要充分传播,以此进一步推进群众性学习和实践活动。

(2)切实将文化素质教育课程置于基础性地位,加强顶层设计和规划。加速克服"边缘化",领导、教师、学生都要提高重视程度,首先是领导层的重视和政策要加快到位;包括院系一级落实适应学校向综合性转型和面上素质教育对本学科的要求。

(3)正确处理"有为""有位"的关系,切实抓好文化素质教育核心课程建设和队伍建设。以文化素质教育的宗旨和精品课程的要求,以点带面,并逐步解决"人自为战"的局面,发挥必要的组织优势;逐步建立科学的"干部—教师—学生"的综合评价体系,抓好课程质量;加强助教队伍特别是博士生助教队伍建设和培训制度,体现使用和培养相结合,要有责任制要求;人事部门要将文化素质教育教师队伍建设纳入视野予以规划和支持。

(4)课程建设是主渠道,很重要,但不是全部。要遵循"提高学生文化素质、提高教师文化素养、提高学校文化品位"的要求,努力实施全员、全方位、全过程的素质教育;加强大学文化的研究和建设实践,努力建设文化校园。

(5)在认真总结自身经验的同时,要以开放的心态主动了解和学习国内外相关动态和经验,做好综合创新。

世纪清华　人文日新
——写在清华百年华诞

2011年4月,清华将迎来百年华诞。清华的百年,是从争取教育独立到力图实现跻身世界一流大学奋斗目标的过程。在这一进程中,清华形成了具有自身特色的物质文化、制度文化和精神文化,积淀了深厚的文化底蕴,而这正是清华孕育高素质人才、产生高水平研究成果,并为社会提供高质量服务的基础与核心,也是建设世界一流大学的前提与内涵。由于清华的特殊地位,她所具有的文化魅力不仅影响了一代又一代学子的人生轨迹,而且对整个中国教育界以至中国社会产生了不可磨灭的辐射与引领作用。

清华诞生于国难深重的20世纪初叶,借助于清政府"废科举,兴学堂"的教育变革和美国政府从精神上控制中国的企图,于1911年利用美国退还的部分庚子赔款设立了清华学堂。清华从一诞生便带有民族耻辱的深刻印记,雪耻图强成为清华重要的文化基因和清华人前行的巨大动力。同时,留美预备学校的背景也使得清华有机会更早更多地接受西方现代大学的影响。一批具有留美经历的知识精英,既植根于中国深厚的文化传统,又带来了西方科学、民主思想和近现代大学理念,形成了颇具特色的办学和治学方略。教育独立与民族独立从来是形影相随的,从清华学校"以培植全材、增进国力为宗旨""以进德修业、自强不息为教育方针",继而力图效法西方建设完全的大学,以"造就中国领袖人才",于1925年设立大学部和国学研究院。到1928年正式命名为"国立清华大学",立足自身培养高层次人才,力求"中国的学术在国际间也有独立自由平等的地位";一直到梅贻琦长校时倡导"通识为本,而专识为末",并对中国古代"大学之道"作出新的诠释,老清华人为西方近现代大学办学理念的中国化做出了宝贵的探索。其间,清华国学院所创立为后来文学院所发展的"中西融会,古今贯通"的学术范式,引领了一个时期的学术潮流,对清华以至中国的学术道路产生了久远的影响。

新清华时期,在蒋南翔校长带领下,依据著名的"三阶段,两点论"哲理,在努力继承清华优秀办学传统和学习苏联办学经验的同时,进行了社会主义办学道路艰苦卓越的探索，在确立"又红又专，全面发展"的培养目标和因材施教的教育模式，在创造性地贯彻"教育与生产劳动相结合"的教育方针，正确处理政治与业务、教学与科研生产、加强党的领导和民主治校的关系以及创办新兴专业、实施政治辅导员制度等方面，积累了宝贵的经验，其办学理念、教育思想和成功的实践对清华大学和中国高等教育产生了广泛而深远的影响。

在新时期，随着国家的改革开放，清华大学进一步开阔了国际视野，在弘扬优秀办学传统，借鉴国外有益经验的基础上，形成了"重在提高，在提高中发展""一个根本（学校的根本任务是培养人）、两个中心（学校是国家的教育中心和科研中心）、三项职能（学校主要工作是教学、科研和社会服务）""厚基础、重实践、求创新"的办学理念，确立了"高素质、高层次、多样化、创造性人才"的培养目标，"顶天立地树人"的科研与服务社会的方略，为跻身世界一流大学作出了持续的努力，为探索中国特色的高等教育体系作出了重要贡献。

同时，历经沧桑积淀而成的清华精神，成为影响清华人成长过程和学校凝聚力、创造力与影响力的源泉。它可以表述为明耻图强的爱国奉献精神、严谨务实的科学求真精神、海纳百川的包容会通精神、人文日新的追求卓越精神等；这种精神在一系列的文化符号中得到体现："自强不息，厚德载物"的校训、"行胜于言"的校风、"人文日新"的校箴以及"严谨、勤奋、求实、创新"的学风等，这是清华宝贵的精神财富。

清华一直有重视制度文化建设的传统。在独特的内外环境中形成了一套适应社会需求、符合学校特点、有利于学校发展的制度体系。老清华颇具特色的"校务会议、教授会、评议会"体制，是重视学术权利、实施民主管理的有效探索，在国难时艰中经受住了严峻的考验，焕发出生机活力；在新清华、新时期逐步完善的"党委领导，校长负责，教授治学，民主管理"的原则以及一整套的教代会、教育工作讨论会、科研讨论会等制度，成为推进学校科学决策、有效管理、和谐发展的法宝，也是文化育人的重要氛围。

百年清华形成了绚丽多姿、意蕴深刻的物质文化。由 300 余年前构建的清代皇家园林、20 世纪 20—30 年代的仿欧美建筑群和渐成的蕴含中国古代哲理的"清华八斋"、50—60 年代的苏式主楼、大批现代以至被称为后现代的建筑，以及遍布校园的亭榭楼阁、大师故居、名人塑像、金石雕刻，成为"永不闭幕的传统展"，反映了清华特有的历史风貌，体现了中西合璧、古今辉映的文化特色，不仅润泽着莘莘学子，感染着来访学者，也使慕名而来络绎不绝的游人流连忘返。水木清华，钟灵毓秀。由此，清华大学入选《福布斯》财经杂志 2010

年春评选的亚洲唯一"全球最美大学校园"。

　　世纪清华，人文日新。清华随着时代不断升华着精神境界，不断刷新着校园风貌。清华是属于全体清华人的，凝聚着一代又一代清华人的智慧和奉献；清华更是中华民族的，不仅"赔款学校"凝结着"民脂民膏"，长期以来，清华一直得到国家和人民重中之重的支持，清华理应为自己设定更高的目标，肩负起更多的责任。今天，清华正在迎来新的百年。在世界性多元文化的交流激荡中，面临巨大的挑战和中华民族伟大复兴的历史使命，清华人需要不断提升文化自觉，清醒认识自身文化的优长与不足，在继承与借鉴中，实现大学文化的创新，进而与其他大学人一起推动中华文化的现代转型和发展，并对世界高等教育和人类文明的进步作出更大的贡献。

(《世纪清华　人文日新　清华大学文化研究》序，略有修改)

《自强不息　厚德载物　清华精神巡礼》前言

大学精神是大学在其成长的过程中长期积淀而成的大学人共同的理想追求、价值观念、思维习惯和行为准则，展现着大学自身的气质、品位与精神风貌，是大学的生命力、凝聚力和创造力的源泉，是大学文化的支柱和灵魂。它影响着每个大学人的成长过程和人生轨迹，决定着大学的发展与影响力。同时，由于大学文化对社会文化的辐射作用，大学精神影响着一个国家、民族的精神面貌和文明进程。

那么，什么是清华精神呢？

对清华精神作出一个简洁的概括，并取得一致的共识，实非易事。在2003年"非典"期间，清华研究生会组织了"我与清华精神"的阳光论坛，同学们让笔者讲清华精神。这是一段开场白：

> 今天与同学们讨论同每个人相关联的问题——清华精神。这个问题尽管大家天天都接触，但是却不容易以十分准确的语言讲明白。宋代诗人苏轼有一首诗《题西林壁》是这样描述庐山的："横看成岭侧成峰，远近高低各不同。不识庐山真面目，只缘身在此山中。"清华精神就像庐山一样，气势磅礴，秀美多姿。你只能被它所吸引，所感染，所振奋。但是，容易意会，不易言传。今天我来谈"清华精神"，只能作为一家之见。我想，通过大家一起讨论，一起实践，"清华精神"会越来越清晰，越来越深入人心的。

2006年11月8日，《中国教育报》刊载了笔者的文章《清华精神，我们宝贵的财富》，在这篇文章里，笔者以在清华生活了半个世纪的切身体会，将清华精神表述为"爱国奉献、严谨求实、勇于求新、追求卓越、团队精神和世界眼光"。后来，我们又将清华精神表述为："明耻图强"的爱国奉献精神、"严谨务实"的科学求真精神、"海纳百川"的包容会通精神、"人文日新"的追求卓越精神。笔者还指出清华精神更为集中、简练的表述应当是"自强不息，厚德载物"的校训。清华校训缘起于1914年11月10日，梁启超先生来清华发表的《君子》演说。梁先生以《周易》乾、坤两个象辞："天行健，君子以自强不息""地势坤，君子以厚德载物"为中心内容，来激励清华学子崇德修业，发奋图强，"异日出膺大任""作中流砥柱"。后来，"自强不息，厚德载物"便成为清华校训。在《君子》篇中，自强不息是勉学励志，无论求学治业，都要坚忍强毅，不屈不挠，见义勇为，不避艰险，不能见利而进，知难而退，要善于克己制胜，为实现既定目标而奋斗不息；厚德载物是指以博大的襟怀待人接物，宽宏大量，责己严，责人宽。融会中西文明，改良社会，促进政治，以高尚的道德风貌与精神境界去主动承担起历史的重任。清华校训体现了清华人基本的宇宙观和人生哲学，是使清华人保持其凝聚力和奋发向上的精神力量的源泉。

2011年4月24日，时任清华大学校长顾秉林院士在庆祝清华百年校庆大会的发言中指出："清华精神，始终贯穿于教书育人之中""清华精神，深深融入创新实践之中""清华精神，突出体现在社会责任之中"同时强调，"一百年来，一代代清华人以思想和行动铸就了清华精神，以智慧和汗水诠释了清华精神，以创造和贡献光大了清华精神。清华精神，根植中华文明沃土，广纳世界文明精髓，激励着万千学子把自身发展同国家前途、民族命运紧紧相连，汇聚成一曲昂扬激越的时代壮歌！"

我们为什么要着力研究和倡扬一所大学的大学精神呢？1997年，清华校友、著名的社会学家和社会活动家费孝通先生在总结思考中国知识分子文化求索百年历程后，提出了"文化自觉"这个命题，指出一个国家、一个民族应当对生活其中的文化要有"自知之明"，明白它的来历、形成的过程，所具有的特色和发展的趋向，以取得适应新环境、新时代文化选择的自主地位。大学是文化传承和创新的基地，大学人更应当对生活其中的大学文化，特别是精神文化有自知之明，并自觉地进行适应新环境、新时代的文化选择，肩负起继承、发扬和传播先进文化的历史使命。对于清华精神，我们不仅要以历史的视角来认识它的来历和形成的过程，还要以世界的视野，以比较的和发展的眼光来认识它稳定的优秀内涵和随着时代的变迁可能凸显的局限与不足，从而进行自觉的文化选择，不断在继承、借鉴和融合中使清华精神得到适应新时代、新形势的新发展，使之始终保持新鲜的生命活力，以使清华人更加自觉地践行"人文日新"，更好地承担起民族伟大复兴的历史责任。

本书由八篇组成，序篇"清华百年之路"简要地叙述了清华的缘起和发展的历程、学校的概貌和历史文化特色；后续的七篇均以校园文化铭文作为切入点，第一、第二篇，叙述了清华的名师和杰出校友的事迹，名师和校友是清华精神的主要载体，也是清华盛誉的主要体现者；第三篇至第七篇，以典型的人、事、物分别描述了清华的校风、学风、校箴以及体现在体育和美育中的精神文化内涵。

  书名突出了清华校训"自强不息，厚德载物"，表明这正是清华精神的核心内涵；而副标题"清华精神巡礼"则表明我们是带着敬意进行扫描观察，力图以所见所闻的人和事来表述清华精神，以利于对清华精神有具体而生动的感受；同时，也难免在对人与事的观察、取舍和表述上有失偏颇，我们诚挚欢迎读者能提出宝贵意见。

2011 年

谈清华精神

大学精神是大学在其成长的过程中，长期积淀而成的大学人共同的理想追求、价值观念、思维习惯和行为准则，展现着大学自身的气质、品位与精神风貌，是大学的生命力、凝聚力和创造力的源泉，是大学文化的支柱和灵魂。它影响着每个大学人的成长过程和人生轨迹，决定着大学的发展与影响力。同时，由于大学文化对社会文化的辐射引领作用，大学精神影响着一个国家、民族的精神面貌和文明进程。

那么，什么是清华精神呢？

对清华精神作出一个简洁的概括，并取得一致的共识，并非易事。宋代苏轼有诗《题西林壁》描述庐山："横看成岭侧成峰，远近高低各不同。不识庐山真面目，只缘身在此山中。"清华精神就像庐山一样，气势磅礴，秀美多姿，但容易意会，不易言传。

2006年11月8日我应约在《中国教育报》发表文章《清华精神，我们宝贵的财富》，将清华精神表述为"爱国奉献、严谨求实、勇于求新、追求卓越、团队精神和世界眼光"。后来，我们接受了全国教育科学规划国家重点课题"先进文化建设中的大学文化研究"，作为研究成果之一，于2010年出版了《自强不息　厚德载物　清华精神巡礼》，在此书的扉页，列出了曾在清华学习、工作过的名人大家对清华精神的论述：1977年4月至1983年5月出任清华大学党委书记兼校长的刘达说："我最留恋的是清华精神！一种百折不挠、追求真理的精神！一种热爱祖国、忠于事业的精神！一种严谨、勤奋、求实、创新的精神！一种自强不息、奋发向上的精神！"1931—1934年在清华大学西洋文学系学习的季羡林说："我对清华园的印象：清新俊逸，这不仅仅指的是清华园的自然风光，而更重要的指的是清华精神。什么叫'清华精神'呢？我的理解就是：永葆青春，永远充满了生活活力，永远走向上的道路。"1959—1965年在水利工程系学习的胡锦涛说："清华园里奋发向上的政治空气，严谨求实的治学态度，艰苦朴素的优良校风，深深陶冶了我们，指引我们走过了几十年的历程。正因为在六年中所受到的清华精神的熏陶，使得我们在走向社会、走向工作岗位的时候，能够始终不忘国家、不忘我们对国家、对民族的责任。"1975—1979年在化工系学习、1998—2002年在人文社科学院在职攻读博士学位的习近平说："我始终不忘母校水木清华，始终不忘敬重的老师，始终不忘校训、校风，并把'自强不息，厚德载物'和'行胜于言'作为人生座右铭。"2006年时任清华大学党委书记的陈希在一个文化论坛上说：大学的精神应该是学校最核心、最宝贵的东西。他将清华精神概括为：爱国奉献、求真务实、勇于创新、追求卓越、团队精神。我们的课题组经过研究将清华精神表述为："明耻图强"的爱国奉献精神、"严谨务实"的科学求真精神、"海纳百川"的包容会通精神、"人文日新"的追求卓越精神。在研究成果意见听取会上会下，受到普遍的赞同，现在简要分述于下。

一、"明耻图强"的爱国奉献精神

这是清华历史形成的"与生俱来"的情结，带有"知耻而后勇"的内涵。因为清华大学的前身清华学堂是美国为了"使用那从知识上和精神上支配中国的领袖的方式"而退还部分庚子赔款开办的留美预备学校，清华师生将其称为"国耻纪念碑"。"明耻图强"爱国奉献成为清华与生俱来的文化基因。此后，"雪耻图强"振兴民族的重大责任感和"耻不如人"的压力，激发清华人奋发学习，无私奉献，勇攀高峰。许多清华学子在民族解放斗争中英勇献身，众多清华人成为科学救国兴国的先锋。正如清华老校长王大中所说："清华人就像生命力很强的种子，无论撒在天南还是地北，都能生根，都能做出无愧于祖国和人民的成绩。"

时代的大势、民族的期望、历史的传统加上学校的教育，使得清华成为一座爱国主义的大熔炉，使一代代学子将自己的命运与国家民族的命运紧紧相系，永恒的爱国主义精神成为鼓舞清华人为民族解放、祖国富强进行不懈努力的不竭动力。在当今构建"人类命运共同体"以及推进"一带一路"倡议的背景下，清华人正在将家国情怀拓展到天下责任，以适应和引领"全人类共同价值"作为精神建设的重要内涵，努力做强自身，为建成高等教育强国，促进人类文明进步，展现出独特的精神气质。

二、严谨务实的科学求真精神

实事求是、注重实干、严谨严格、勇于求新是科学精神的重要内涵，也是清华精神的鲜明特色，在清华"严谨、勤奋、求实、创新"的学风、"行胜于言"的校风中都有突出的体现。

老清华以严谨办学、严格要求著称。据统计，1934年除去肄业、退学、开除、死亡等因素，正常毕业的仅42.4%。正是如此严格的要求，保证了办学的高质量。"两弹一星"功臣、西南联大校友王希季对母校老师严谨的治学态度印象深刻：一次由于他没有注意刘仙洲先生对设计计算准确到小数点后三位的要求，解题过程对了，刘先生还是给了零分，此教训使他终生难忘。他说，做一件事情必须把目标要求考虑得非常清楚，并努力实现它。后来他主持航天工作要求"零缺陷""零失误"，保证了高成功率。

清华严谨务实的科学求真精神突出地体现在学校"不唯书、不唯上、不唯他、不唯洋、只唯实"，一切从实际出发、按科学规律办事的实事求是态度和注重实干的精神。蒋南翔长校时，创造性地贯彻党的教育方针，倡导"不跟风""基层出政策"，对于学苏，他强调"必须严格执行从实际出发，同中国实际相结合的原则""同时，也要向英美等资本主义国家学习有用的东西"。他没有被苏联专家把清华办成水土电学院的意见所左，而是通过调研确定了符合国情的办学方向；在1958年"大跃进"期间，全国一度淹没在唯意志论之中，但清华保持了相对的冷静，注意把广大师生的热情引向"攀登科学高峰"的目标上。水利系师生投入密云水库的工程中，以"真刀真枪"地搞毕业设计为傲，蒋南翔及时向全校乃至全国推广，形成影响深远的教育模式。同时，清华启动了原子能反应堆、电子模拟计算机、数控机床、电视发射接收系统等一批尖端科研项目，努力实现教学、科研、生产三结合，使学校科研在总体上有了一个大发展。对于上级指示，清华也不是盲目执行，不当"收发室"。毛主席在1964年春节谈话中批评了教育"办法不对"，提出"学制要缩短""建议从一切活动总量中，砍掉三分之一"等，蒋南翔主张对毛主席的指示"还要通过'翻译'，要结合实际情况来贯彻，最后结果要提高质量"。这种实事求是的精神在清华人中产生了深远影响。

清华重实干的传统一方面体现了传统文化倡导的"躬行"精神，在一定程度上也是接受了美国讲究实际的主流思潮影响，马克思主义在清华的传播，使得实事求是的作风建立在唯物主义基础之上。20世纪50年代清华被改造成为一所工科大学，实干的传统又增加了工科操作性特点。与早期国内其他大学相比，清华尤其重视以实证为基础的实干，即使是文科也是如此。20 世纪 30 年代，朱自清先生就把清华精神归结为"实干"二字。清华的毕业生以基础扎实、注重实干、解决实际问题能力强而受到社会的肯定。这种求实的传统在一代代清华学子中得到传承。1980 年 3 月，由化 72 班提出的口号实现现代化要"从我做起，从现在做起"不仅在校内产生了深远的影响，而且在社会上得到了广泛的认同。老清华，国学大师陈寅恪倡导的"独立之精神，自由之思想"成为清华人追求的学术精神。在当前国家向创新型转型过程中，务实求真显得尤为可贵。

正如陈希指出的："求真务实的科学精神不仅造就了清华卓越的理工科，也孕育出了别具特色的人文社会学科。"历史上的清华文科名师荟萃，不尚空谈，讲求实证，主张会通，勇于求新，在中国学术史上发挥过引领作用。20 世纪 90 年代，学校加快了恢复发展文科的步伐，明确了既要继承传统，又不能简单回到过去；既要向兄弟学校学习，又不能照搬，要在继承借鉴中实现创新的思路，总体上取得了成功。

当前，清华大学坚持从世情、国情、校情出发，正努力走出一条符合教育规律的具有中国特色、清华风格的发展道路，加快了进入世界一流大学前列的步伐。

三、"海纳百川"的包容会通精神

清华国学院开拓了"中西融会、古今贯通"的学术范式，在文学院得以继承发展，"会通"被称为"清华学派"的特点；在新时期，又发展为在马克思主义与中国"和而不同"哲学的指导下，实施"中西融会、古今贯通、文理渗透、综合创新"的学术理路。倡扬立足优秀传统文化，并以宽阔的视野、博大的襟怀，兼容不同文化的精华，成为发展社会主义新文化的重要理念，也是建设综合性大学的重要指导思想。当今，许多重大问题的解决，不仅要靠同学科同仁共同努力，而且还要靠不同学科、不同领域的联合攻关，这更要提倡协同合作、团队精神。清华取得许多引领性成果都是包容会通协同努力的结果。

同时，在办学初期，清华就强调只有克服一盘散沙的状态，团结起来才能战胜列强，注重蕴育团队精神。清华历史上，一次次爱国学生运动，西南联大艰苦卓绝的奋斗，新时期剑指世界一流的努力，丰富多彩的文体活动都铸就了团队精神和突出的凝聚力。2017 年校庆日，1982 级毕业 30 年返校参会的校友有 1 415 人（达 73.6%），其他逢十值年返校率也相当高。在国外，北京和新竹清华的校友会是一个整体。国际上像清华校友这样有团队亲和力和凝聚力的十分罕见。

四、"人文日新"的追求卓越精神

勇于求新、不断创新、终身维新，努力追求卓越的境界，是清华精神的又一特色。"人文日新"的校箴，集中表现为清华人的批判性建设精神，践行为人与为学的"日新"。无论是王国维倡导的"治学三境界"，或是冯友兰提出的"人生四境界"，都是鼓励清华人不断追求新的、更高的境界。这种精神并非是抽象的，而总是和具体的历史条件相联系：早期的清华充当了中西古今文化交融激荡的前沿阵地，建构了新型的文明观与学术范式，引领了学术潮流，并促进了道德理念的创新和新型人格的培养；蒋南翔长校时，强调"红"与"专"的统一，引导师生树立正确的人生观、世界观，用辩证唯物主义与历史唯物主义指导业务实践。同时，科学的、符合规律的业务实践又帮助师生强化正确的人生观和世界观；他提倡与鼓励基层干部群众的首创精神，形成了一系列富有创见的教育思想。他注重以人为本，倡导因材施教，实现个性发展与全面发展的统一，培养"思想过硬、业务过硬、身体过硬"的社会主义建设者和接班人。

在新的历史时期，清华人积极推进通识教育与专业教育的融合，实施价值塑造—能力培养—知识传授"三位一体"的教育模式，促进工具理性与价值理性的统一，实施科学技术与人文艺术的会通，推进多学科的交叉融合，不断使学校在综合中实现创新，持续提升整体教育质量。

清华精神更为集中、简练的表述应当是"自强不息，厚德载物"的校训。它体现了清华人基本的宇宙观和人生哲学，是使清华人保持其创造力、凝聚力和团结向上的精神力量的源泉。

（发表于《水木清华》2018 年第 4 期）

谈清华校训

什么是清华校训？它是怎样产生的？有过怎样的变化？怎样体会它的内涵与价值？这些不仅是清华人应该知悉的问题，也是社会人关注和议论的问题。

清华大学的前身清华学堂成立于1911年，次年更名清华学校，是在中国被迫打开国门西学东渐背景下用美国退还的部分庚子赔款开办的留美预备学校。当时许多有识之士在认识到应该向西方学习科学、民主的同时，不忘立足本土培养爱国、建国、治国之才。著名思想家、社会活动家梁启超先生十分关注清华的办学和学子的成长，他念念不忘的是留美学子的文化植根，他曾说过："清华学生除研究西学外，当研究国学；盖国学为立国之本，建功立业，尤非国学不为功。"1914年11月5日他到清华作以"君子"为题的演讲，以《周易》的象辞"天行健，君子以自强不息""地势坤，君子以厚德载物"激励学子，指出：君子自励犹如天体之运行不息，不得一曝十寒，不应见利而进，知难而退，而应重自胜、摈私欲、尚果毅，不屈不挠，见义勇为，不避艰险，自强不息；同时，君子待人接物应度量宽厚，如大地之博，无所不载，责己严，责人轻，气度雍容。日后能以博大之襟怀，吸收新文明，改良我社会，促进我政治，以宽厚的道德，为社会之表率，作中流之砥柱，担负起历史重任。为此当崇德修学，勉为真君子。梁启超慷慨激昂的演讲深深激励了清华学子，后来"自强不息，厚德载物"就成为清华校训。1918年4月25日出版的《清华周刊》总138期封面上出现内含"自强不息　厚德载物"八个字的圆形图标（见图一）；1926年11月25日，由校评议会议决正式确定为清华学校校徽（见图二）；1928年，清华学校正式命名为国立清华大学，校徽依然沿用以上八字校训（见图三）。

（图一）

（图二）

（图三）

新中国成立后,高校一度不提校训,清华曾用一颗红五星覆盖了大礼堂主席台上方带有校训的校徽。20 世纪五六十年代,蒋南翔校长提倡"又红又专,全面发展"和"拥护党,拥护社会主义,服从祖国需要",曾激励了广大学子,但是没有明确为校训。90 年代,依据广大校友的意见,清华大学恢复沿用"自强不息,厚德载物"的校训,大礼堂的校徽也重见天日(见图四)。在 2014 年颁布的《清华大学章程》中第四十一条确定:"学校校徽为三个同心圆构成的圆面,外环为中文校名(繁体)、英文校名(TSINGHUA UNIVERSITY)和建校时间,中环为校训字样,中心为五角星。"(见图五)

(图四)

(图五)

2010 年 5 月,时任北京清华大学校长的顾秉林对来自台湾新竹"清华大学"的校长陈力俊说:"大学有三宝:校训、校友和校园。两岸清华的校训相同,海外校友会是一家。""两岸还没统一,但海峡两岸清华校友会早就统一了。"顾秉林的风趣讲话得到了陈力俊的认同,海峡两岸的清华同根同源被传为佳话。

"自强不息,厚德载物"的校训是清华精神的集中体现,是清华精神文化的支柱与灵魂,它不仅深刻影响了一代代清华学子,而且当毕业生走向社会后,仍然会成为他们激励自我、影响社会的精神标志。

2004 年《中国青年报》和新浪微博"我最欣赏的十大校训"评选中,清华校训居首。清华老学长钱耕森教授解读清华校训时提到,哈佛大学杜维明教授认为清华校训是世界所有大学最好的校训。著名哲学家张岱年先生认为"自强不息,厚德载物"高度概括了中华文化的基本精神,指出:"'自强不息'就是永远努力向前,绝不停止,这句话表现了中华民族奋斗拼搏的精神。在政治生活方面,对外来侵略决不屈服,对不良势力决不妥协;在个人生活方面强调人格独立,志不可夺。'厚德载物'就是要有博大的胸怀,兼容并包。在中国,儒、道、释三家彼此相容,这种现象只有中国才有。西方历史有宗教战争,中国则无,这无疑是中国文化的一大特点。'自强不息'是奋斗精神,'厚德载物'是兼容精神。这是中国文化的基本精神，可以称为'中华精神'。"他还说过，"厚德载物是一种宽容的思想，对不同意见持一种宽容的态度，对思想、学术的发展起了很大的作用。自强不息是对生命的体会，人的生命就是努力前进、奋发向上。""我认为这两种思想：坚强的意志、宽容的态度在中国文化里面起了主导作用，是一种健康的正确的思想。"清华人在建校初期，就将自身的精神世界与中华民族的精神世界紧紧联系在一起。

依据史料和校友亲历以及海峡两岸清华大学校训同一的史实，清华的校训是"自强不息，厚德载物"应是不争之事实。然而，一段时间里，在网上出现多篇类似于"清华校训是16个字而非仅仅自强不息，厚德载物""被腰斩的清华校训——独立精神，自由思想"的网文，称"清华校训之被腰斩，并非仅仅清华之悲哀，它标志着中国大学精神的迷茫和缺失"。对此作为一个在清华学习工作生活了一个甲子，并从2002年开始研究清华历史文化的清华人，感到有必要澄清事实，以正视听。

所谓"独立精神，自由思想"应出自清华国学大师陈寅恪于1929年所撰写的纪念王国维的碑文："惟此独立之精神，自由之思想，历千万祀，与天壤而同久，共三光而永光。"这离清华确立"自强不息，厚德载物"的校训已有十余年了，但"独立之精神，自由之思想"确是清华人的一种学术追求。老清华校长梅贻琦持宽厚包容、独立自由的办学思想，自称追随蔡元培"兼容并包之态度，以克尽学术自由之使命"，并对革命学生实施保护。但在白色恐怖的大环境下，爱国诗人、民主斗士闻一多先生为争取自由民主，付出了生命的代价，"独立之精神，自由之思想"事实上受到限制；在新中国蒋南翔长校时，强调实事求是的科学态度，一切从实际出发，他创造性的办学理念和实事求是的工作作风给予清华大学以至中国教育界以深远影响。但在计划经济和"以阶级斗争为纲"的大背景下，"独立之精神，自由之思想"缺乏推动力和政策支持，受到明显的局限；在改革开放新时期，在实事求是、解放思想的理念指导下，在以经济建设为中心的大背景下，"独立之精神，自由之思想"逐步受到越来越多的关注。清华大学顾秉林校长在2011年本科生毕业典礼暨学位授予仪式上以"独立思考善于作为"为主题发表讲话，强调"从陈寅恪先生倡导'独立之精神，自由之思想'，到蒋南翔校长坚持'不唯书，不唯上，不唯他，不唯洋，只唯实'，清华传统的深处，始终蕴含着实事求是、独立思考的精神。无论是在学术研究中，还是在社会生活中，各种各样的情况需要我们去分析、去判断、去决定"。2014年颁布的《清华大学章程》明确写入"学术上倡导'独立之精神，自由之思想'"。现任校长邱勇提出了清华新百年"更创新，更国际，更人文"的办学理念，他认为大学负有文化传承创新之功能，应具备独特的思想品格和文化创造精神。2016年6月21日，他在《光明日报》发表文章，强调独创性和批判性思维是博士生最重要的素质，博士生应该以"独立之精神、自由之思想"来要求自己，不断创造新的学术成果。进入中国特色社会主义新时代后，国家加快了向创新型国家转型的步伐，清华也加大了孕育创新文化的力度，学术氛围前所未有地活跃。学校无论从办学理念、教育思想或是学术研究正在逐步实现从跟随到并行甚至引领的跨越。一批国际顶尖大学纷纷以对等的方式与清华联合办学，为了探索和应对世界性的挑战，培养创新人才，清华与华盛顿大学、微软公司联合创建的全球创新学院已在美国建成开学，以培养创新型的全球科技领袖和未来企业家为目标的清华—伯克利深圳学院也继而成立。清华学子在国际大学生超级计算机竞赛、国际无人机大赛、国际机器人抓取与操作比赛、中美青年创客大赛、大学生建筑设计竞赛和巴黎国际青年时装设计师大赛中勇夺冠军或金奖。2017年11月，国内外著名评估专家对清华大学本科教学工作审核评估意见认为：清华的办学定位跟国家、社会的需求是高度一致的；学校人才培养的效果与设立的目标是高度符合的。广大学生和用人单位对学校的教育质量的满意度是高的，学校创新人才不断涌现。评估专家组组长丁烈云院士感慨地说："一所大学和她所培养的人才，在一个大国自强和崛起过程中发挥了如此重要的作用，放眼全球，也是少有的精彩！清华大学不愧为引领中国高等教育发展的一面旗帜！"在学术研究上，核能科学技术、放射检测技术、计算机科学技术、互联网技术、信息科学技术、现代制造技术、材料科学技术、脑机接口技术、密码破译技术、人脸识别技术、立体视频获取与重建技术、生物生命科学以及量子霍尔效应研究等众多领域取得了国际公认的领先成果。这些都是广大清华人依据"自强不息、厚德载物""严谨、勤奋、求实、创新""行胜于言""人文日新""独立之精神、自由之思想"等宝贵精神财富而取得的进步。清华大学国际影响力逐年攀升，美国新闻与世界报道发布2020年世界大学工程类专业排名中，清华大学第5次蝉联世界第一名，2017年计算机科学与工程排名首次超越MIT，居世界榜首；英国QS全球高等教育集团发布2020年度的《全球大学毕业生就业竞争力排名》，清华位列世界第6，该集团发布的2020年大学综合排名，清华位列第15名。英国《泰晤士报高等教育专刊》公布2020年全球大学排行榜，清华位列第20名，亚洲第1，该刊发布的2020大学声誉排名，清华位列第13名。尽管所有排行榜均有一定的片面性，但是，事实告诉我们没有必要"悲哀",在整体精神世界上我们也不应该感到"迷茫和缺失"。我们在不时进行文化自检的同时,正在倡扬充分的文化自信,我们的自信正是建立在客观的发展现实和清华人群体为此付出的主观努力上,包括对自身精神境界的不断追求和攀升上,这正是"自强不息,厚德载物"校训魅力的现实体现。

(原文发表于《水木清华》2018年第5期,文中一些数据做了与时俱进的变动)

谈清华学风

当前,清华正在举办学风教育年活动。《教育部关于切实加强和改进高等学校学风建设的实施意见》中强调:"学风是大学精神的集中体现,是教书育人的本质要求,是高等学校的立校之本、发展之魂。优良学风是提高教育教学质量的根本保证。能否营造一个优良学风环境,关系到高等教育的科学发展和教育事业的兴衰成败。"学风对于学校和师生的重要性是不言而喻的。

清华大学一贯重视学风要求和建设。1985年5月,在第24届学生代表大会上,校长高景德作"树立远大理想、勤奋学习、踏实前进"的讲话,校党委书记李传信作"发扬优良的学风和校风"的讲话,提出"要坚持不懈地发扬严谨、勤奋、求实、创新的优良学风",大会发出了《关于继承和发扬我校优良学风的倡议》。这样,在继承清华优良学风的基础上,明确了学风要求的表述,后来"严谨、勤奋、求实、创新"8个字被镌刻在第三教室楼的外墙上,也融入众多师生的心里并落实在行动上。

一、清华学风是"严"字当头的

正如邱勇校长强调的:"优良学风是清华大学底蕴的集中体现,'严'是清华学风的最显著特点,严谨治学的风气贯穿清华上百年的发展历史。"据清华1934年的学生统计,当年毕业生仅占入学的42.40%,可见学校淘汰率之高,要求之严格。

我们还可以重温"两弹一星功臣"王希季"没有当年的零蛋,哪来高质量导弹"的故事。1975年,王希季成功地主持返回式卫星——"尖兵一号"的任务,使之准确地返回预定的地点。此前,中国返回式卫星仅于1974年有过一次失败,而美国、苏联分别经历了12次、13次失败。有媒体记者采访王希季,问为什么中国成功率那么高?王希季想了想说,给你讲一个没有当年的零蛋,就没有现在的导弹的故事吧。1938年他进入西南联大学习,一次中国机械学科的领军者刘仙洲先生布置了一道机械设计作业,要求准确到小数点后3位。当时用算尺只能估算到后2位,3位必须手算。王希季用算尺估算到后2位就上交了,结果刘先生给了他零分。刘先生对他说，作为一个设计人员必须了解设计要求，并努力满足设计要求，你做不到就不合格。这件事给了他深刻的教育，后来他在主持航天事业时，就要求"零失误""零缺陷"，保证了高成功率。我们还可以重温"杨武之罚字"的故事：著名物理学家杨振宁教授的父亲杨武之先生曾长期担任清华大学数学系主任，他的严格要求也是出了名的，学生如果在作业中出现错别字，会被要求抄写 100 遍正确的字。一次他的板书出了一个错别字，以往被罚过的学生有点幸灾乐祸，在快下课时，杨先生说，"真对不起，我写错字了，现在开罚"，然后他在黑板上写了 100 个正确的字。这都表明清华严谨学风是严师带出来的，并且影响了学子的终生。

二、"清华精神是实干"

清华大学师生在同龄人中应是佼佼者，勤奋是他们的本色，他们都是奋斗出来的。由薛其坤院士领衔的团队在量子反常霍尔效应研究中取得重大突破，杨振宁先生称赞其是诺贝尔奖级的成绩，是整个国家的喜事。它的成功与中国的科研体制和人文精神的传统有密切相关。他们自己称是"7-11"拼命精神的胜利，是团队协作精神的胜利。"7-11"是同学们对薛老师的尊称，因为他们对薛老师常常早上 7 点进实验室，晚上 11 点以前不离开实验室的勤奋精神十分敬佩，大家也以在实验室里奋斗为乐；2018 年 11 月 15 日，由清华大学计算机系于纪平、余欣健、何家傲、郑立言、赵成钢和交叉信息院娄晨耀 6 名本科生组成的团队，获得 2018 国际大学生超级计算机竞赛（SC18）冠军，至此，在 2018 年三大国际大学生超算竞赛 ASC、ISC 和 SC 中，清华大学超算团队包揽了全部三项竞赛的总冠军，也是清华大学超算队伍在此国际大赛中累计获得的第 11 项冠军，名列榜首。这些学子对超算抱有高度的兴趣，在比赛期间，曾经 48 个小时在现场奋战，在往返的飞机上完成日常的作业，在平常，他们曾经为此付出了无数的艰辛。他们为取得的成绩而感到欢欣，他们深深体会到"幸福是奋斗出来的"的含义。

实事求是、务实实干是科学精神的重要内涵，也是清华精神的突出特色。老清华的求实风格既继承了"笃行""知行合一"的文化传统，在一定程度上也是接受了当时美国重实干的主流思潮影响。与其他大学相比，清华尤其重视以实证为基础的科学。朱自清先生就说"清华精神是实干"。他强调："做学问，要讲实；讲实不易，得下力气干，认真地干，不干，则无实；无实，则空疏。"

这种求实传统在老学长、社会学家费孝通身上表现得十分突出。费孝通以"不入虎穴，焉得虎子"的精神，掌握了大量第一手材料，写出了《江村经济》《乡土中国》等社会学传世之作，为此他常常深入农村实地考察，住牛棚，睡祠堂，与村民促膝谈心，体察民情。一次他带着新婚妻子王同惠到广西大瑶山考察，下山时天黑了，他掉进猎人抓野兽的陷阱而不能出，妻子下山搬救兵不幸摔死在山涧，为求实付出了沉重的代价。他老年时仍以"脚踏实地，胸怀全局，志在富民，皓首不移"为座右铭，为中国经济发展、社会进步献计献策。

实际上，清华求实的传统与校长的理念和作风密切相关。梅贻琦校长有一雅称："寡言君子"。他说："为政不在多言，顾力行何如耳。"他告诫西南联大教授（训导长）查良钊"少说话，多做事"。虽然寡言，但是"言必信，行必果"。中文系学长许世英称他："'讷于言而敏于行。'只知苦干、实干，不空言、求虚名。"梅贻琦身上突出体现了"行胜于言"的校风，影响了众多清华人；到了新中国，曾是梅校长学生的蒋南翔长校时，在老清华求实的传统上，又增加了辩证唯物主义和实事求是哲学思维的导引。蒋南翔被任命为清华大学校长后，先到东北考察，了解国家建设对人才培养的要求，由此形成了培养人才的方向与轮廓。到校后，为了熟悉教学，他亲自听基础课，做作业，还系统地听了各个专业的基本知识介绍，到金工车间参加多个工序的劳动，到物理系蹲点；他特别重视哲学导引，兼任哲学教研室主任，亲自讲哲学课；对于学苏，他强调"学习苏联先进经验，必须严格执行从实际出发，同中国实际相结合的原则""同时，也要向英美等资本主义国家学习有用的东西"。对于上级的指示，他不主张不经消化就盲目执行，强调不能当"收发室"。蒋南翔校长的作风产生了广泛而久远的影响，而清华多科性工程学科又强化了求实的风格。改革开放初期，化学系72级同学提出了干社会主义，要"从我做起，从现在做起"，成为新时期青年大学生的行动口号，影响广泛；曾任人文社会科学学院副院长的马克思主义理论与思政教育带头人林泰教授强调，注重理实结合应该是清华文科在新时期发展的传统。正因为不回避现实问题，紧密联系实际，清华思政教育才取得了良好的效果，才能成为中国首个思政教育优秀教学团队。

新时期学校将"不唯书，不唯上，不唯他，不唯洋，只唯实，一切从实际出发"作为遵循的理念。在这样的文化氛围中，相信有更多的清华人，会成为新一代有哲学思维的社会主义事业实干家。2012年，习近平回到母校清华大学时，曾深情地对师生们说，他始终不忘校训、校风，把"自强不息，厚德载物"和"行胜于言"作为人生座右铭。工作中他一再强调"实干兴邦，空谈误国"，激励大家"撸起袖子加油干"。

三、会通创新　追求卓越

在清华大礼堂南墙上方悬挂着一块"人文日新"的匾额,那是清华的校箴,体现着清华人勇于求新、追求卓越的精神。在清华学校时期,清华国学院明确"略仿旧日书院及英国大学制度""注重正确精密之方法(即时人所谓科学方法),并取材于欧美学者研究东方语言及文化之成绩,此又本校研究院异于国内之研究国学者也"。国学院特别强调"会通细密之研究",王国维提倡"二重证据法",即陈寅恪所概括的"一曰取地下之实物与纸上之遗文互相释证""二曰取异族之故书与吾国之旧籍互相补正""三曰取外来之观念,以固有之材料互相参证"。"二重证据法"被认为是20世纪中国考古学、考据学和现代历史研究的重大革新。由国学院开创的"中西融会,古今贯通"的学术范式,后来在清华文学院得以继承发展。到了新时期,清华恢复发展文科时,进而发展为对"中西融会,古今贯通,文理渗透,综合创新"的追求。1985年复建的中文系,培养科技编辑,研究计算机语言学;90年代在王大中校长直接推动下,社会学领军者李强与建筑规划学领军者吴良镛合作开展城市规划社会学研究,都是在会通理念导引下的学科创新。清华大学在创建世界一流大学的进程中,创新成果不断涌现。特别能创新的核能与新能源技术研究院,在"学习外国,赶超外国,创造世界第一"的口号下,1989年建成5兆瓦低温核供热实验堆,获国家"科学技术进步奖"一等奖。在20世纪90年代,他们决心"用中国人自己的智慧开拓世界第二核纪元",2000年建成10兆瓦高温气冷实验堆,再获国家"科学技术进步奖"一等奖。美国核学会前主席、MIT教授柯达克看了说:"中国这个高温气冷实验堆的技术及安全水平已经走在了世界前列。"在"走别人没有走过的路"理念指引下,吴建平院士因其在下一代互联网研究与发展上的开创性成就获得"全球IPV6先锋奖"和国际互联网的最高奖,李星教授获"2017年度全球IPV6领袖奖";在一定程度上反映自主创新成果的全球大学获美国专利数量2016年清华曾列全球第二名。

四、为学先为人

上述"严谨、勤奋、求实、创新"的学风并非孤立的为学风气,实际上,为学与为人是不可分的。"严谨、勤奋、求实、创新"的学风正是与"自强不息，厚德载物"的校训、"行胜于言"的校风，"人文日新"的校箴和"爱国奉献，追求卓越"的精神彼此相融而成为清华人为人为学全面成长的整体氛围。

电机系建系60周年之际，朱镕基以"为学与为人"为题，写了一篇祝词："四十多年前，母校电机系主任章名涛教授在一次会上对我们讲过这样一段话：'你们来到清华，既要学会怎样为学，更要学会怎样为人。青年人首先要学为人，然后才是学为学。为人不好，为学再好，也可能成为害群之马。学为人，首先是当一个有骨气的中国人。'

哲人已逝，言犹在耳。清华就是教我们为学，又教我们为人的地方。它以严谨的学风和革命的传统，培育了一代又一代献身革命和建设祖国的'有骨气的中国人'。饮水思源，终生难忘。

为学在严，严格认真，严谨求实，严师可出高徒。

为人要正，正大光明，正直清廉，正己然后正人。"

这篇祝词，体现了为人为学的一致性，而且为人是置于首位的。正因为如此，世纪之交，全校开展了"严谨为学、诚信为人"主题教育，在学风建设大会上，校长王大中院士强调"为学须笃行，为人重诚信，为学如为人"。2019年清华大学再次开展学风教育年活动，陈旭书记在动员报告中强调：清华的生命在于培养优秀人才，优秀人才首先要具有良好学风。学风是清华的立校之本、育人之本，学风也是生活态度、做人准则，关系到师生的未来发展。学风建设是一项永恒的课题、永远的任务，是学校价值塑造、能力培养、知识传授"三位一体"教育理念和实践的重要组成部分。

五、重视批判性思维

清华的学风建设任重道远。学风是一个学校的文化基因，正如费孝通先生所说，文化的发展离不开传统的继承与创造，历史和传统就是我们文化延续下去的根和种子，也就是基因。文化还要在新的条件下发展，要去适合新的需要，只有不断创造，才能赋予传统以生命。今后，为适应国家向创新型转型的需要，清华需要加大建设创新文化的力度，强化批判性思维的训练和运用，并使之走向理性的方向。顾秉林校长在一次研究生开学典礼上以"批判性思维与谦和为人"为题发表了演讲，强调在清华治学与为人方面需要注意的一个问题就是重视并正确对待批判性思维。他指出：批判性思维不仅是处事的一种方法，更是做人的一个准则。批判性思维应该具有责任感，要有谦和的态度，要反省自我，要遵循"明明德，在新民，在止于至善"的大学之道。同时，他还强调应该弘扬国学大师陈寅恪倡导的"独立之精神，自由之思想"。面对人类进入文化整体性的时代，凡重大课题均需自然科学与人文社会科学的融合，需要多学科的综合，甚至不同国度文化的"兼和"，我们要将"会通""日新"作为清华重要的学术风格加以继承与发展。

（发表于《水木清华》2019年第6期，略有修改）

谈清华校风"行胜于言"

在清华学校时期,学校规模不大,全校学生集会早时在同方部继而在大礼堂都可以容纳,在会议开始前,同学们常常此起彼伏地喊叫级呼,1920(庚申)级的级呼便是"行胜于言"。待到该年级学生毕业时,献给母校一个礼物,就是位于大礼堂草坪南端的日晷。上部的日晷是向学弟们提醒应珍惜时间,在下部底座分别镌刻了1920级的铭言亦即级呼:"行胜于言"的中文和拉丁文。后来,"行胜于言"发展成为清华的校风。

1920级名家辈出,如著名经济学家、教育家陈岱孙。他一生未婚,曾称"我这辈子只做了一件事,教书",他将自己的热忱与心力都扑在教育人才上,他桃李满天下,被誉为一代宗师。陈先生从事经济学教育70年,主张将基础理论和应用科学恰当结合,坚持基础理论、基本知识和基本技能的全面训练;强调一切从实际出发,锻炼学生融会贯通、学以致用的能力。他对自身极其严格,上课没有一句废话,学生说,先生讲课能精确到每个字的时间;他办事雷厉风行,说干就干,不管遇到什么难题总能圆满解决。金岳霖教授曾在回忆录中说:"还是要承认有非常之能办事的知识分子,陈岱孙先生就是这样一位。"他对学生也是严格要求,1991年他在北大学生的毕业典礼上致辞,送给毕业生两句话:"学无止境、自强不息""学以致用、用在奉献"。这两句话实际上是对他一生恰当的概括。他密切关注中国社会经济生活中的重大理论和实践问题,认识和把握中国经济生活的现状与规律,为改革和发展提出了重要的意见。他主张,对于经济现象的研究要注意定性分析和定量分析的结合,批评忽视数量分析的倾向。在学术上他是实事求是、面向实际的典范。陈岱孙先生一生与清华紧紧相依,1918年他考入清华留美预科班,1927年回到了清华,成为清华经济系教授,次年任系主任,1929年又兼任清华大学法学院院长,是当时清华校园中最年轻的院长。后来执教西南联大,日寇投降后,他出任校产保管委员会主席,面对满目疮痍的清华园,对清华复校清华园贡献了不可磨灭的力量。1980年校庆时,这位已80高龄的老人欣喜地表示,愿为新建的经济管理系"尽我们的力量,做我们力所能及的事"。1984年,他被聘为经管学院首批名誉教授,为学院的发展建设提出了许多宝贵建议，为清华大学经济管理学科的发展和人才培养作出了重大贡献。同时，陈岱孙先后担任清华校友总会副会长、名誉会长，为海内外清华学子加强联络和关心母校发展付出了很多心血。在他弥留之际，仍念念不忘清华大学，对护士说的最后一句话是：这里是清华……清华校风"行胜于言"在陈岱孙身上得到了最好的体现。1920级另一位常被提起的校友便是爱国志士陈三才，1920年于清华学校毕业后，赴美国伍斯特理工学院留学。其间曾任留美学生会主席，同时还是足球队、网球队队长。1926年回国后在上海经营北极公司，曾担任清华同学会会长。1931年发起组织中国工程师学会。抗争期间，他出钱出力，亲赴抗日前线，协助军队构筑工事，并秘密参加沪上救亡工作。后参与刺杀大汉奸汪精卫未遂，被捕后严词拒绝汪精卫的诱降，给妻儿留下绝笔信称："一个人的幸福不在乎自己的所得，而在于为别人服务。愿上帝赐我恩惠，使我死心塌地有坚决的信心。"1940年10月2日被杀害于南京雨花台，他视死如归、气壮山河。后由重庆清华同学会、联青会、中国工程师学会等社会团体，以及黄炎培、顾毓琇等发起的追悼会上，黄炎培吟诗盛赞陈三才"一击不中虽全功，壮哉三才人中龙"。梅贻琦老校长致辞称："我校校友于抗战年月内杀身成仁者，以陈君为最著，也以陈为最惨，今后应如何于文字上及事业上纪念陈君，永垂久远……"陈三才的名字被刻入清华大学"祖国儿女清华英烈"纪念碑，为清华人永久敬仰缅怀。在纪念中国人民抗日战争暨世界反法西斯战争胜利75周年之际，经党中央、国务院批准，陈三才被列入著名抗日英烈名录。

1920级校友不仅为我们在校园中心地带留下了珍贵的纪念物——镌刻有"行胜于言"的日晷，而且以他们的实际行动为我们搭建起精神丰碑，引领后继者蕴育优良校风，为国家、为民族、为人类进步事业立德立功立言。

"行胜于言"是中华"力行"传统的体现，在《古文尚书》中有"知之匪艰，行之惟艰"。孔子说"君子讷于言而敏于行"；荀子倡导"学至于行而止"。儒家典籍《礼记·中庸》有"博学之，审问之，慎思之，明辨之，笃行之"，强调学问最终要落实到笃实践行上。到了宋明理学强调"知行合一"以及行之重。朱熹说"知、行常相须，如目无足不行，足无目不见。论先后，知为先；论轻重，行为重""学之之博，未若知之之要；知之之要，未若行之之实"；王阳明提出"致良知"的哲学命题，即在实际行动中实现良知，知行合一。

清华自建校始，就十分重视优良校风的蕴育。在文化建设上，强调学习西方，特别是美国的科学、民主，也注重植根中华优秀文化。1920级学生对"行胜于言"的追求，既是对中华传统文化"力行""笃行"的继承，也受到美国重实用的理性精神的影响。后来梅贻琦校长以重实干著称，时人称之为"寡言君子"，他曾说："为政不在多言，顾力行何如耳。"他的实干作风对清华校风产生了广泛影响。朱自清先生就说"清华精神是实干"。到了20世纪五六十年代，蒋南翔长校时，强调继承老清华的好传统，创造性地贯彻党的实事求是思想，加上清华以工科为主体的务实特色，清华"行胜于言"的实干传统得到更加广泛的传扬，蕴育出众多的社会主义实干家。

值得高兴的是，这种实干的传统在新时期年轻清华学子中得到了传承。80年代初，由化72班提出的口号"从我做起，从现在做起"不仅在校内产生了深远的影响，而且在社会上得到了广泛的认同。现在，在新的历史时期，学校把实事求是的作风表述为：不唯书、不唯上、不唯他、不唯洋，只唯实，一切从实际出发，按照客观规律办事。同时，民族伟大复兴和创新时代要求我们注重履行"人文日新"的校箴，重视道德境界的不断提升，自觉发展创新文化，弘扬"独立之精神，自由之思想"，蕴育建设性的批判思维。

从哲学上讲，"行胜于言"说的是知行关系，强调的是实践的重要性。毛泽东同志在《实践论》中强调"实践的观点是辩证唯物论的认识论之第一和基本的观点""我们的结论是主观与客观、理论与实践、知与行的具体的历史的统一"；习近平同志"把'自强不息，厚德载物'和'行胜于言'作为人生座右铭"，特别强调"空谈误国，实干兴邦"。他在2019年第1期《求是》上发表《辩证唯物主义是中国共产党人的世界观和方法论》一文，指出"今天，我们党要团结带领人民实现'两个一百年'奋斗目标、实现中华民族伟大复兴的中国梦，必须不断接受马克思主义哲学智慧的滋养，更加自觉地坚持和运用辩证唯物主义世界观和方法论"。实践论的观点是实事求是思想路线的哲学基础，也是高等教育认识论的哲学基础。当今清华在实现建设世界一流大学的宏大目标时，应该继续提高弘扬"行胜于言"校风的自觉性。在努力践行"人文日新"的校箴，在思想与行动上都要不断维新创新的同时，思维要更加求实，方法要更加切实，工作要更加务实，作风要更加扎实，使我们的思想和行动经得起历史的检验。

（发表于《水木清华》2020年第3期）

谈清华校箴"人文日新"

清华在百年历程中积淀了深厚的文化底蕴，形成了宝贵的文化传统。2008年12月1日顾秉林校长在文科规划讨论会上谈道："我们已将'自强不息，厚德载物'作为校训，将'行胜于言'作为校风，将'人文日新'作为校箴。"并指出，清华在历史上有着辉煌的成绩，要认真挖掘和总结清华的传统。

以往对校训和校风解析、了解较多，而对校箴涉及较少。何谓校箴？按照《辞海》所称，"箴"意为劝告、规谏，"箴言"指"规谏劝诫的话""古代以规谏他人或自己为目的的一种文体，原意为格言、道义、劝诫"。所以，校箴可以理解为学校的格言，清华的校箴即为清华规谏清华人或清华人规范自己的格言。

一、怎样理解"人文日新"的蕴涵？

"人文"来源于《周易》的《贲卦·象传》："刚柔交错，天文也。文明以止，人文也。观乎天文以察时变；观乎人文以化成天下。"宋代哲学教育家程颐在《伊川易传》卷二中释为："天文，天之理也；人文，人之道也。天文，谓日月星辰之错列，寒暑阴阳之代变，观其运行，以察四时之速改也。人文，人理之伦序，观人文以教化天下，天下成其礼俗，乃圣人用贲之道也。"

"日新"源自《大学》："汤之盘铭曰，苟日新，日日新，又日新。"意思是商代开国之君汤在其盥器上刻的铭文说：若真要日新的话，就要日新不息。在《周易》的《系辞上》有"日新之谓盛德"之说，"日新"是中国古代思想家对道德修养的严格要求。后来，发展为对为人、治学、做事日新不止的要求，体现了积极进取的精神。如梁启超在《少年中国说》中所说"惟进取也故日新"。民主革命的先行者孙中山先生对"日新说"十分推崇，他学名文，字德明，号日新，后改号逸仙，粤语"逸仙"与"日新"音似。这里将"德明"与"日新"融为一体，寓意深刻。清华学人对"日新"的理解可见于1915年尚在清华求学并担任校刊编辑的吴宓在为《清华周刊》写的《励志》社论中，开宗明义即引用了商汤日新铭文，然后发挥说："古之律身、治军；推之为国、行道，其精心苦志，淬砺奋发，一息不懈，有如是者。诚以气奋发者，志乃可坚强，前途无限，任好为之，铢积寸累，终底于成。若气馁，则志虚骄，因循怠惰，鏚张敷饰，必至碌碌终身，进退无术。可不慎哉！"

将"人文"与"日新"联系在一起，是清华人的创新。徐葆耕教授曾将其来源和意蕴作释如下："在清华的大礼堂里，至今高悬着一块匾额，上书'人文日新'，是由二六级毕业生赠送给母校的。这四个字包含着清华对于大学教育的理解：'人文'始终是大学教育的灵魂和基础。日新月异的人文思想像一轮不落的太阳，在这所大学饱经忧患和坎坷的每一个时期，都照耀着它，让它始终保持着自己的尊严不致坠落；它让所有的清华人都记住：自己不仅应该学习一技之长，更应该学会怎样做一个有品位的人。"

清华自建校始就十分重视人文教育。在《清华学堂章程》中规定"本学堂以进德修业，自强不息为教育之方针"。第二任校长周贻春强调："我清华学校历来之宗旨，凡可以造就一完全人格之教育，未尝不悉心尽力。"在清华"改大"的开学典礼上，曹云祥校长说："所谓教育，非专事诵读记忆而已。是欲养成高尚完全之人格，为立足社会之准备。否则，教育失其本旨。"梅贻琦校长则倡导以"大学之道，在明明德，在新民，在止于至善"作为"学问之最后目的，最大精神"。并强调大学教育应是"通识为本，而专识为末"，因为"以无通才为基础之专家临民，其结果不为新民，而为扰民。"蒋南翔长校时，倡导"又红又专，全面发展"；在新时期，育人宗旨是"素质为本，德育为先"，实施"价值塑造—能力培养—知识传授""三位一体"的教育。

将"人文日新"作为校箴最先是闻一多先生的意思，他认为"自强不息，厚德载物""人文日新"都带有校箴的意蕴，因前者已明确为校训，有清华人便称"人文日新"为校箴，但并未形成普遍共识。自21世纪以来，笔者参与了大学文化包括清华百年文化的研究，越来越感到"人文日新"体现了传统与现代的高度结合，它应当与"行胜于言"的校风一起成为清华人身体力行的格言。特别是，清华人肩负着推进国家向创新型转型和实现民族复兴的伟大使命，更需要将"人文日新"与"行胜于言"紧密结合在一起。

二、怎样弘扬"人文日新"的传统？

当今，我们应当怎样弘扬"人文日新"的传统呢？以笔者所见，在"人文日新"中，"人文"可以有两种理解：一是将其看成名词，是指"人之道也"，即做人的伦理道德；二是，以人为主体，将"文"看成是动词，将"人文"理解为人的教化和文明的过程。因此，对"人文日新"亦有两种理解：一是指"人之道"的"日新"；二是通过人的教化促使"天下"文明不断的进步。因而，当今应分三个层次理解"人文日新"：其一，自身的道德境界要与日俱新；其二，通过自身的人文过程促进学业、事业和学校的日新；其三，要肩负起化民成俗，改造社会的责任，使我们国家以至世界文明不断进步。

需要强调的是，应当以日新的精神对待我们的传统。在90周年校庆典礼后的学校领导班子找差距会议上，大家有一个共识，即清华长于实干，弱于理论思维；优于严谨而创新不足。在那以后情况有所变化，但仍缺乏普遍共识和有效实践。近几年顾秉林校长在不同场合强调：要发扬"独立之精神，自由之思想"的学术品格，这是创新精神的重要体现。为此，学校要努力营建创新文化，提倡建设性的批判思维，将学术自由、对真理的追求与对学术规范的尊重以及对社会的责任统一起来。教师要起示范作用，学校的管理者要引导营造宽容失败、允许怀疑、欢迎质疑的氛围，容许在学术研究中有悖传统、偏离主流的观点存在；在教育教学中切实完成从传承式到研究型的转变。

在人类历史长河中，很少有机构像大学那样长盛不衰，因为它有着自己的传统并且又是常新的。白居易诗云："千里始足下，高山起微尘；吾道亦如此，行之贵日新。"北宋哲学家张载曰"日新者，久而无穷也。"面向新的百年，清华人必将更加自觉地以人文日新作为理念追求，在中华民族伟大复兴的进程中，以思想境界的持续提升，去不断开创事业新的辉煌！

（发表于《水木清华》2010年第11期）

谈清华"会通"学术传统

自清华学校国学院始,文化的会通就逐步成为清华的一种文化自觉和办学风格。在20世纪80年代开始复建清华文科时,清华会通型老学长王瑶说:清华文科的传统是"会通"。什么是"会通"?它在中国思想文化和清华发展史中发生过什么作用?怎样理解它的当代内涵和意义?

依据史料,"会通"一词最早可见于《周易·系辞上》:"圣人有以见天下之动,而观其会通,以行其典礼。"由于在思维方式上强调整体性、综合性、和谐性是中华传统文化的显著特征,"会通"成为中国学人长期遵循的观察事理研究学问的方法。正是依据会通的理路实现了中国思想文化上儒、释、道的融合。东汉思想家、哲学家王充在《论衡·超奇篇》中把儒林人士分为四等:"能说一经者为儒生,博览古今者为通人,采摭传书以上奏记者为文人,能精思著文连结篇章者为鸿儒。"又说,"通书千篇以上,万卷下,弘畅雅闲,审定文读,而以教授为人师者,通人也",强调人师至少应为"通人"。宋代鸿儒朱熹对"会通"做了这样的诠释:"会是众理聚处,虽觉得有许多难易窒碍,必于其中,却得个通底道理。谓如庖丁解牛,于族处却批大卻,寻大可,此是其筋骨丛聚之所,得其可通之理,故十九年而刃若新发于硎。且如事理间,若不于会处理会,却只见得一偏,便如何行得通。须是于会处都理会,其间却自有个通处,便如脉理相似,到得多处,自然通贯得,所以可行其典礼。盖会而不通,便窒塞而不可行;通而不会,便不知许多曲直错杂处。"他又说,"举一而三反,闻一而知中,乃学者用功之深,穷理之熟,然后能融会贯通。"体现了程朱理学追求学问内在化和体系化的学术范式,如《宋史·道学传》所说:"程颢及弟颐寔生,及长,受业周氏(敦颐),已乃扩大其所闻,表章《大学》《中庸》二篇,与《语》《孟》并行,于是上自帝王传心之奥,下至初学入德之门,融会贯通,无复馀蕴。"亦即通过对儒学经典的融会贯通,达致儒学的整体化和系统化。实际上,程朱理学是将儒道释会通在儒学主体中,形成了新儒学的思想体系。注重融会贯通是中国思想文化包容化生气度和理路的重要特征,而且是经受了时间和实践的检验。融会贯通的理念促进了中华多民族文化的和合凝聚,通过思想文化的融会贯通与经世致用的结合，使得中华文化得以传承发展而经久不衰。自古以来，中国思想文化的会通就注重中外文明的交融。西汉张骞西域之行开启了古代丝绸之路中外文明交流的先河；明代郑和七下西洋，通过海上丝绸之路促进了中外文明的交流、交融；明末科学家徐光启在中西文化交流激荡中，敏感地认识到"欲求超胜，必先会通"，他继承了中华文化会通的传统，并以超前的眼光、开放的心态、求变的志向和学以致用的理念，为推进中西文化交流和中国现代科学进步作出了开拓性贡献。

在中国思想文化史上，通常将"会通"等同于"融会贯通"，其定义如《辞海》（上海辞书出版社）所述："把各方面的知识或道理融合贯穿起来而得到系统透彻的理解"，或如《中国成语大辞典》（上海辞书出版社）诠释"融会贯通"所述："融会：融合各种说法，领会其实质；贯通：贯穿前后，全面地理解。谓把各方面的知识或道理融合贯穿起来，从而得到全面透彻的理解。"

有关"会通"的理念在近现代变得越发明晰而引人关注。到了晚清和民国初年，伴随着西方列强经济、军事的入侵，在文化上加速了西学东渐的进程。此时，实践中西古今文化的融合会通成为许多有识之士追求的文化自觉。梁启超先生十分重视留美学生的文化植根，强调："清华学生除研究西学外，当研究国学；盖国学为立国之本，建功立业，尤非国学不为功。"同时，又指出"舍西学而言中学，其中学必为无用；舍中学而言西学，其西学必为无本，无用无本，皆不足以治天下。"他在谈及中美文化差别时指出："清华学生应当谋这些极端的贯通融洽，应当融和东西文化。"1926—1927年他在清华国学院讲《中国历史研究法补编》课程，在总论中强调"历史的目的在将过去的真实予以新意义或新价值，以供现代活动之资鉴"，主张通过古今贯通实现传统文化的创新性转化。王国维也认为"余谓中西二学，盛则俱盛，衰则俱衰，风气既开，互相推助""异日发明光大中国学术者，必在兼通世界学术之人。而不在一孔之陋儒"。陈寅恪指出："真能于思想上自成系统，有所创获者，必须一方面吸取输入外来之学说，一方面不忘本民族之地位。"而赵元任留美归国后，在清华教授数学、物理学、中国音韵学、普通语言学、中国现代方言、中国乐谱乐调和西洋音乐欣赏等课程，是中国语言科学的创始人，又是哲学家、作曲家，亦是中国科学社创始人之一，是一位会通古今中西文理的大师。可见此时的会通，虽然仍然具有中华文化"和而不同"的哲学特色，在具体考察对象上则已经超越了宋代鸿儒朱熹的命题，即兼有古今贯通、中西融会乃至文理渗透的理路，形成一种适应新时代的会通境界和范式。这在老清华文科院系中得到普遍的传承发展。

如中文系"注重新旧文学贯通和中外文学的结合"、历史系要求"中外历史兼重"，哲学系强调"东西方哲学的相互阐释"，等等。清华中文系老主任徐葆耕在他于世纪之交面世的《紫色清华》中谈及清华传统和清华精神时，一再强调"会通"是清华学派的重要主张，也是清华传统中的重要方面。他谈到何兆武先生论清华学人的特色时说，"他们都具有会通古今、会通中西和会通文理的倾向""他把西南联大的学风归结为'三会通'：古今会通、中外会通、文理会通"。显然，他们所强调的不是将不同文化搬过来汇合在一起，而是经过思考、选择、加工而达至融会贯通并有了新意。

清华在20世纪80年代恢复文科时，就凸显了会通的特色。1985年在清华成立了中国首个以自然科学与人文社会科学融合为特色的科学技术与社会研究室；同年复建中文系时，确立了"以文为主，文理结合"的方针，开办了中国首个科技编辑专业，开展了计算语言学研究，后来又与外文系合作，开办中外文化综合班，培养中外文化交流和比较文化研究的人才，而现在的世界文学与文化研究院则是通过跨国度、跨文化、跨学科的机制创新，为中外多学科高端学者的合作，为中西文学、文化的融合以及学科的交叉搭建了平台。20世纪90年代，笔者在参与清华文科恢复发展的领导工作时，反复强调清华文科发展的一个重要特色就是与继承发展清华文科的传统密切相关，这个传统就是自觉的家国情怀和会通理路。徐葆耕在任人文社会科学学院学术副院长时十分赞同我为学院制定的"中西融会、古今贯通、文理渗透、综合创新"的学术范式和境界追求，这得到以综合创新中国文化著称的现代哲学家张岱年先生的肯定。在徐葆耕生命的最后时刻所著《清华精神生态史》中高度评价王国维、梁启超、陈寅恪、赵元任、吴宓、朱自清、闻一多、钱锺书、冯友兰、梅贻琦等对会通学术和教育的追求以及杨振宁、李政道等达至会通的高境界。称"'会通'，是一种王者的气度"。所以，从清华的历史看，从著名学者的哲学观看，所突出的都不仅仅是外在形而下的物理形态的"融汇"，而是更加注重内在形而上的精神文化的"融会"。

清华大学自1995年正式确立了建设综合性、研究型、开放式的世界一流大学目标之后，加大了学术文化会通的探索。当时，笔者参与了清华和高校文化素质教育工作，一个重要的课题就是针对重工具理性轻价值理性，忽视人文教育的倾向，大力推进工具理性和价值理性的统一、科学教育与人文教育的融合，引导学生走出"半人时代"。这为当前学校推进在通识教育基础上，加强通识教育与专业教育的融合奠定了基础，在学科建设方面也加大了学科交叉融会的努力。如在王大中校长支持下，由吴良镛院士和李强教授联手，推进了城市建筑规划社会学的发展；原中央工艺美院加盟清华成立美术学院，在加速艺术与科学技术的融合方面取得了重要的进展；清华大学从 2016 年推进的科研体制改革首要任务是突破学科藩篱，推动跨学科交叉研究，促进不同学科在综合中实现创新。为此，清华成立了跨学科研究领导小组和专项交叉研究基金，出台了鼓励清华教师跨院校兼职、建立交叉学科学位授予制度的措施，为促进学术资源整合，成立了跨学科交叉研究平台。例如，未来实验室将开展科学、技术、人文、艺术的多层次、大跨度交叉，以激发"原创性、交叉性、颠覆性"无疆界创新。

会通实际上是一种文化自觉或者说一种哲学自觉。这里特别需要了解的是曾任中国哲学史学会会长的张岱年的哲学观和文化综合观。1933 年张岱年到清华大学哲学系任教，不久他便以马克思主义辩证唯物论为基础，吸收西方逻辑分析方法，并结合中国哲学的优良传统特别是人生理想，于 1936 年发表了论文《哲学上一个可能的综合》，其中提出了一个创新观点："今后哲学之一个新路，当是将唯物、理想、解析，综合于一"，主张"兼综东西两方之长，发扬中国固有的卓越的文化遗产，同时采纳西方有价值的精良的贡献，融合为一，而创成一种新的文化，但不要平庸的调和，而要做一种创造的综合。"在此基础上，岱年先生在 1987 年，发表了《综合创新，建立社会主义新文化》，明确提出了"文化综合创新论"文化观，指出"建设社会主义新文化，一定要继承和发扬本民族优秀的传统文化，同时汲取西方有价值的文化，逐步形成一个以马克思列宁主义思想为指导，以社会主义价值观来综合中西优秀文化而创造出一种新型的文化体系"，为中国文化的发展提供了一个明晰的哲学模式。而所依据的就是他的"兼和"哲学观，即"最高的价值准则曰兼赅众异而得其平衡。简云兼和，古代谓之曰和，亦曰富有日新而一以贯之"，亦即通过综合融会各种不同的观点或事物而达至创新。"兼和"哲学观是对中国古代"和而不同"哲学的继承与发展，是张岱年先生在哲学原理上的重大创见；同时，我们还需要了解的是钱学森先生的哲学观和方法论，他经过长期的实践与探索，提出了解决复杂系统问题的"大成智慧工程"，主张跳出几个世纪前开始的那种将复杂系统不断简化的研究方法——还原论方法。他说必须集哲学与科学、科学与人文艺术，集人类知识之大成，才能得智慧。他还指出：大成智慧的核心就是要打通各行业、各学科的界限，相互渗透、相互促进，创造性成果往往出现在这些交叉点上，学科跨度越大，创新程度也越大。他特别强调："一个科学家，他首先必须有一个科学的人生观、宇宙观。""必集大成,才能得智慧!"。"大成智慧学"实际是在当今这个知识爆炸、信息如潮的时代里,发展了马克思主义辩证唯物主义的世界观、方法论,一种新型的思维方式和人—机结合的思维体系。

高瞻远瞩、开阔视野、敞开胸怀、会通创新,是得大智慧的路径。无论是文化综合创新说或是大成智慧说,都是会通理路的哲学基础,都适应21世纪文化整体性时代的需求,我们需要努力提升这方面的文化自觉或哲学自觉,哲学自觉正是文化自觉的最高境界。

(发表于《水木清华》2018年第6期)

谈"育人为本"与"课比天大"

2017年11月,由国内外著名专家与教育部主管组成的专家组对清华大学本科教学进行了严格的评估。根据教育部要求,本次评估围绕"人才培养目标与培养效果的达成度、办学定位和人才培养目标与社会需求的适应度、教师和教学资源条件的保障度、教学和质量保障体系运行的有效度、学生与用人单位的满意度",通过听课看课、查阅文卷、基层走访、深度访谈等多种方式,对清华本科教学情况进行了全面深入的考察评估。最后评估专家组给出了三个评估意见(要点):

第一,办学定位准确,把人才培养作为学校根本任务;培养目标明确,体现了国家和社会需要以及清华人崇高的使命感和担当精神。

第二,率先启动综合改革,将本科教育列为改革的核心内容,改革举措具有示范性。

第三,服务学生发展,营造优良学风,创新人才不断涌现。

专家组一致认为:学校的办学定位跟国家、社会的需求是高度一致的;学校人才培养的效果与设立的目标是高度符合的;学校通过综合改革,以育人为中心,创新人才培养模式,加大对本科教育的投入,为人才培养提供了有力保障;教学质量保障运行体系是有效的;广大学生和用人单位对学校教育质量的满意度是高的。

"一所大学和它所培养的人才,在一个大国自强和崛起的过程中发挥了如此重要的作用,放眼全球,也是少有的精彩!清华大学不愧为引领中国高等教育发展的一面旗帜!"华中科技大学丁烈云校长代表专家组充满激情地评价清华大学。

在此前,2018年9月英国QS全球高等教育集团发布了2019年年度《全球大学毕业生就业竞争力排名》,通过对高校在用人单位的声誉、毕业生与用人单位的对接、高校与用人单位的合作,毕业生的成就以及毕业生就业率等进行综合评估,清华毕业生就业竞争力列全球第9名,成为亚洲排名最高的大学,并超越牛津大学(第10名)和耶鲁大学(第14名)。

高质量的教学基于清华重视教学和教书育人的传统，并且不断与时俱进。

1911年2月订立的《清华学堂章程》规定学堂"以培植全才，增进国力为宗旨""以进德修业，自强不息为教育之方针"。梅贻琦出任清华大学校长后，特别重视"知、情、志""一人整个之人格"的教育。1932年在校刊发文《教授的责任》，提出："凡一校精神所在，不仅仅在建筑设备方面之增加。而实在教授之得人。""从前我曾改易《四书》中两语：'所谓大学者，非谓有大楼之谓也，有大师之谓也。'现在吾还是这样想，因为吾认为教授责任不尽在指导学生如何读书，如何研究学问。凡能领学生做学问的教授，必能指导学生如何做人，因为求学与做人是两相关联的。"他特别强调良好的师生关系和老师的濡染作用，指出"学校犹水也，师生犹鱼也，其行动犹游泳也，大鱼前导，小鱼尾随，从游既久，其濡染观摩之效，自不求而至"。在学校规章中，对专任教授的每周授课规定为不少于8小时，凡不足8小时者，不得在外取酬兼课或兼事，而且所兼的必须与校内课程同质，时间不超4小时，保证了教师将主要精力用于学校育人上。

在蒋南翔的办学理念中，"育人为本，教学为主"一直是明确的。他一再强调学校要把培养"又红又专，全面发展"的人才放在第一位，科学研究应该促进教学质量的提高，提出"高等学校应该在教学为主的前提下积极开展科学研究工作"，每个教师"在教学基本过关的条件下，提倡尽可能地搞科学研究"。同时，他对建设一支又红又专的教师队伍倾注了大量心力。

在新时期，清华大学明确了"一个根本"（以人才培养为根本），"两个中心"（既是国家办教育的中心也是办科研的中心），"五项职能"（教学、科研、社会服务、国际交流合作和文化传承创新），在百年校庆期间，学校为了进一步强化育人为本，强调要把学校各方面的资源优势转化为育人优势。

在清华教师中有"课比天大"一说，反映了清华大学对育人工作的重视，也反映了教师对自身天职的担当，这是清华的优良传统。2004年，杨振宁先生82岁为清华本科生授物理课，产生了广泛影响。他写了一首诗表达当时的心情："昔负千寻质，高临九仞峰。深究对称意，胆识云霄冲。神州新天换，故园使命重。学子凌云志，我当指路松。千古三旋律，循循谈笑中。耄耋新事业，东篱归根翁。"他说："我是一辈子教书的，而教书人最得意的事情，就是有学生真学到了一些东西。"他十分珍惜这个机会，为授课他婉拒外地盛情邀请。在清华课堂上，学生可经常与大师相遇：姚期智、丘成桐、朱邦芬、张希、施一公、郑泉水等6位名师，联袂开设"学术之道"课程。作为国际关系研究院院长和文科资深教授阎学通讲起课来激情澎湃,"国际关系分析"课容量600人,选课人数爆棚,被学生评为"清华十大必做事"之一。清华大学首届"新百年教学成就奖"获得者、文科资深教授彭林的"文物精品与文化中国""中国古代礼仪文明"都是国家级精品课。学生说:"彭老师的课是振聋发聩的寻根之学,是文化和心灵的碰撞。"有学生大学四年都未能选上他的课,成为一大遗憾。曾有学生问他的学科有什么用,他朗声说:"我不会造机器,也不会盖房子,但我们这个学科是塑造民族精神和灵魂的!"引来热烈的掌声。他说:"讲中国文化,自己先要追根刨底,只有把自己感动了、震撼了,才会让学生感动和震撼。"郝吉明院士在大气复合污染的形成及控制策略方面有重要贡献。环境系的老师都说他工作繁忙、经常出差、很难碰面,但是学生们却说他很好找,因为他总会准时出现在课堂上。为了不耽误讲课,他曾有过专程从澳门飞回,课后又飞回去的经历;他曾把谈项目的日本客人邀请到办公室等待两小时,自己准时出现在讲台上。他说:"学生最重要的事情是上课,老师最重要的事情是教学。"在王大中校长任上,明确了校长是教学质量的第一责任人,培养人是教师第一学术责任。当今,许多中青年教师热爱教学,把教学当作艺术作品精心雕刻。在北京市教学基本功大赛中,2013年以来清华共有24位教师获得一等奖;2018年8月底清华大学教师在第四届全国高校青年教师教学竞赛决赛中取得了优异成绩,参赛的3名老师全部获得一等奖。其中,土木水利学院副教授李威获工科组一等奖第一名,马克思主义学院副教授李蕉获思想政治课专项一等奖第一名,体育部副教授彭建敏获文科组一等奖第二名。基于慕课,现在清华有82门本科生课程和35门研究生课程开展了混合式教学,积极进行了从"以教为主"向"以学为主"的转变。机械工程系教授曾攀的"有限元"课程,不仅登录清华"学堂在线",也在美国麻省理工和哈佛大学共建的在线教育平台edX上线,每学期有四五千名全球学生选修。马克思主义学院冯务中坚持探索和实行"导客为主"教学模式,秉持"以教导学、化教为学"的教学宗旨,从"听、说、读、写、行"五个方面设置教学环节,自觉地由"讲授者"向"引导者"转变,引导学生由"被动性学习"向"主动性学习"转变,开设的"毛泽东思想和中国特色社会主义理论体系概论"走向世界,在国内外引起强烈反响,在教育部和中央电视台联合主办的《2017寻找最美教师》大型公益活动中当选"2017年度最美教师",成为继年过八旬仍坚守教学岗位的钱易院士2015年当选以来的第二位清华教师,也是全国首位当选的高校思想政治理论课教师。这种线上线下结合、面授与讨论相结合的混合式教学是在线教育迅猛发展之后出现的一种新型教学模式。

同时，学校培养学生具有国际竞争力和国际胜任力，鼓励学生参与国际学习交流。目前，在学期间具有海外访学经历的本科生和博士生比例分别达到50%与60%。

同时，清华大学遵照"价值塑造—能力培养—知识传授"三位一体的模式，不断创新和完善全员、全过程、全方位的育人活动。"为学生点亮理想的灯、照亮前行的路，激励学生自觉把个人的理想追求融入国家和民族的事业中"，这是习近平总书记对青年学生的殷殷期盼，也是清华百年扎根中国大地，聚力改革创新，蕴育一流人才，创建世界一流大学的不竭动力。

（发表于《水木清华》2018年第9期）

光有"行胜于言"是不够的
——《京华周刊》专访

《京华周刊》：清华的精神里还缺了点什么，眼下最需要改变什么？

胡显章：我认为，优秀文化之所以能够保持旺盛的生命力，在于其不断地自我完善和创新。清华文化传统同样要有与时俱进的态度，如清华人以"行胜于言"为特色，这永远是要加以传承的。但是，面临国家向创新型转型的新情况，光有"行胜于言"是不够的。

曾在清华、北大学习工作过的校友任彦申写成了一本很有影响力的书《从清华园到未名湖》，对两校的短长做了生动的对比。其中有这样一段话："北大思想解放、思路活跃、务虚能力较强，喜欢坐而论道，往往想法多、办法少，醒得早、起得晚。清华则严谨务实，虽然想法不如北大多，但办法比北大多，想得到也能办得成。如果能把北大的'想法'和清华的'办法'结合起来，势必如虎添翼。"所以，清华在继承严谨务实、注重践行的传统时，还要向北大学习，思想要更解放一些，思维要更活跃一些，做到敢于批判，勇于突破，大力倡导和培育建设性的批判思维。

《京华周刊》：清华大学文科复兴价值在哪里，对清华意义何在？

胡显章：清华文科的恢复不仅仅在于学科的布局走向综合，更重要的是为克服科学文化与人文文化的分离奠定了基础，为培养全面发展的人提供了更好的保障。

梁思成先生1948年在清华大学作了关于理工与人文的演讲。他指出，科技与人文分离导致了两种畸形人的出现：只懂技术而灵魂苍白的"空心人"和不懂科技奢谈人文的"边缘人"，他提出教育要走出"半个人的时代"。实际上，人文精神、哲学思维是一切学科的基础，是人之所以成为真正意义上的人，一所大学成为真正意上的有文化、有灵魂的大学的基础。当然，文科的发展也为体现学科的综合优势，解决重大的社会问题提供了保障。

《京华周刊》：清华百年校庆之际，武汉大学前校长刘道玉和清华毕业生蒋方舟对清华提出一些批评。清华如何看待批评？

胡显章：我个人的看法，对于一所大学，大学人和社会上有不同看法完全是正常的，大学自身应当有自由探索的氛围，办学者应当有包容的精神，从不同看法中看到可能存在的不足和问题，并进行认真的反思。比如说，刘道玉先生认为仅仅强调"行胜于言"是不够的，它可能导致师生"形而上"的思维贫乏，从而窒息了青年人的想象力。我刚才也提到了这点，"行胜于言"是可贵的，但光有"行胜于言"是不够的。

校友蒋方舟也对清华大学提出一些批评，清华大学领导也作了回应。清华大学常务副书记陈旭一番话说得好："学生对学校有意见、建议，对人生有多种感悟不是坏事，学校会认真对待并加以改进。学生还在成长过程中，青年人对母校的理解会随着个人成长和阅历的增加，不断改变和加深。"

有人说，清华是不是在学术上进入一流还要考察，但是现在看清华有一流的心态。

（发表于《京华周刊》2011年第7期，访谈记者陈城，有删节）

谈"更从容"

2015年3月26日,在清华大学全校干部会上,邱勇正式接棒陈吉宁出任校长。邱勇在就职词中特别突出了"从容"这个关键词,他说:"从容是学者应有的态度,也是大学应有的气质""十年树木,百年树人。教育的长周期性决定了大学要更加关注长远目标,不能急功近利,迷失方向。育人要春风化雨,润物无声,营造安静宁和的环境。"2016年,在清华大学105周年校庆致辞中邱勇提到:"在所有清华人的共同努力下,未来的清华将变得更创新、更国际、更人文!我们也将以更坚定、更从容、更自信的步伐面向世界、迎接未来!"邱勇校长此后在许多场合都提到"更从容"这个关键词,我们应该怎么理解?又怎样做到?

何谓从容?《现代汉语词典》指其意为"不慌不忙;镇静;沉着:举止~,~不迫,~就义(毫不畏缩地为正义而牺牲)"。在中国历史上,有许多颂扬从容应对生死考验的故事和诗句。"风萧萧兮易水寒,壮士一去兮不复还",这是描述舍生取义、从容赴死的历史传奇人物荆轲的诗句;"人生自古谁无死,留取丹心照汗青"是民族英雄文天祥从容就义、名垂千古的诗句。

同时,从容也是清华精神文化应有的内涵。在水木清华北岸"祖国儿女,清华英烈"纪念碑记载了许多为国捐躯的清华人从容献身的故事。1930年以优异成绩考入政治学系的张甲洲,曾经担任中共清华党支部书记,"九一八"事变后,带领东北籍同学"打回老家去!",他担任东北义勇军总指挥,在抗日前线英勇献身,实践了"抗战之时不知有家,临战之时不知有身,金钱地位不动心,飞机大炮不怕死"的誓言;还有"两弹一星"群体,有许多从容应对艰险、出生入死的故事。核试验理论设计负责人邓稼先明知有受强放射性伤害的危险,孤身进入氢弹事故试验场,导致英年早逝;核物理实验领军者王淦昌在受命时,发出了"我愿以身许国"的铿锵誓言。1998年朱镕基就任国务院总理,在回答中外记者提问时庄严宣誓:"不管前面是地雷阵还是万丈深渊,我都将勇往直前,义无反顾,鞠躬尽瘁,死而后已。"表明了清华人面对为国为民的庄严事业,从容的态度。在庚子年这场抗疫大战中,我们看到了清华长庚医院许多医护人员加入赴鄂白衣天使的行列，从容面对艰险，救死扶伤。清华校友陈薇院士一直奋战在抗疫第一线，率团研制新冠疫苗。

当然，从容不仅在生死考验面前才得以体现，邱校长多次强调"从容""更从容"，更多是体现在大学办学实践中。在新清华时期，蒋南翔长校，以马克思主义哲学家的理念指导办学，始终持有从容冷静、实事求是的心态。在全国学苏热潮中，他强调"学习苏联先进经验，必须严格执行从实际出发，同中国实际相结合的原则""同时，也要向英美等资本主义国家学习有用的东西"。在1958年全国"大跃进"热潮中，清华保持了相对冷静的头脑，在科学技术领域取得了系列突破；1964年，对毛主席有关大学教育的春节指示，他表示"还要通过'翻译'。要结合实际情况来贯彻，最后结果要提高质量"。在"文革"期间他被"监护"审查时，逐条批判了由清华革委会主任迟群发表在《红旗》杂志上的所谓教育改革文件。有人劝他不要"顶"下去，他说："教育事业是关系党和国家命运、前途的大事，正确的我就要坚持，谈自己的看法不是顶，是实事求是。彻底的唯物主义者是无所畏惧的。"他在清华坚持发展了"不唯上，不唯书，只唯实"的作风，体现了一种从容不迫的追求和维护真理的坚定态度，影响深远。在20世纪80年代兴起的改革开放和经济建设大潮中，一些高校突出了经济收益，个别的甚至将教职工的工资拿去炒股。清华大学面对这一潮流保持了清醒的头脑和冷静的态度，依据清华的地位和责任，于1985年提出了"重在提高，在提高中发展"的方针，进行了"严谨、勤奋、求实、创新"的学风建设，开启了建设世界一流大学的进程；2001年，在清华90华诞时，面对社会众多的赞誉，学校领导班子举办了反思会，找到了清华缺乏理论思维，创新不足的短板；百年校庆时，清华建设一流大学取得了重要进展，学校针对教学可能受到的干扰，提出了"要将一切优势转变为育人优势"的发展理念，以确保"育人为本"；在邱勇长校时，清华正开启新百年的建设进程，学校领导班子依然注意保持清醒的头脑和冷静的态度，从容面对一系列的挑战和机遇，邱勇校长强调"更从容"正是这一心态的展示。

邱勇在他就任校长的第一年给新生赠送路遥的《平凡的世界》，要求同学们了解其深刻的人生哲理，指出"即使最平凡的人也要为他生活的那个世界而奋斗"，鼓励新生勤于思考，追求理想，关注现实，勇担责任；第二年给新生赠送一本被称为文学、哲学经典的《瓦尔登湖》，他给新生的信里说："《瓦尔登湖》是一本使人安静的书。作者亨利·戴维·梭罗在向读者展示瓦尔登湖自然美景的同时，也展示了一种物质上简朴至极、精神上丰盈充实的生活状态。希望你们在阅读中能够体会到作者深入思考与重塑自我的心路历程，感受到宁静的巨大力量，寻找到自己心中的瓦尔登湖。"联想起诸葛亮示儿的《诫子书》语："夫君子之行，静以修身，俭以养德。非淡泊无以明志，非宁静无以致远。"邱校长如同慈父般期望莘莘学子能够始终保持清醒冷静的心态，心无旁骛，从容面对社会发展和学校生活，由而达至宁静致远的成功境界。

在当前面对世界百年未有之大变局，从容的心态更显得弥足珍贵。哈佛学院前院长刘易斯曾著书批评"哈佛的领导人听任学校的办学方向偏离教育的宗旨，只一味地迎合消费者的需求"，是在"追求失去灵魂的卓越"。对于正在向世界一流大学前列进发的清华大学，只有保持越发清醒、从容的心态，坚持实事求是，独立思考，爱国奉献，勇于担当，才能不违教育的宗旨，使学校成为举世瞩目的科学与文化高地，成为师生员工乃至国家民族的精神家园。

（发表于《水木清华》2020 年第 4 期）

谈大学制度文化建设与治理现代化

中共十八大强调文化是民族的精神家园,而大学在本质上是以文化传承创新为己任、以文化育人为根本任务的文化机构,大学更需要重视文化的作用。文化是"人化"和"化人"的综合。制度是"人化"的产物,要以人为本,要起好"化人"的作用,达至他律与自律的统一,自由与法治的统一,这是大学制度建设和治理现代化的高境界。

中共十九届四中全会对推进国家治理体系和治理能力现代化做出全面部署。清华大学应该发挥好示范和引领作用,这是进入世界一流大学前列的重要体现和保障。

以往我们只有"管理"的观念,从"管理"到"治理",其内涵与外延都有了重大变化。"管理"是自上而下的单向度的推进工作,"治理"是多元多向度相互影响,是自上而下与自下而上的互动。下面仅就做好大学治理现代化应该处理好的几方面关系谈点看法。

(一)实现理念先导作用和制度保障作用相统一

习近平同志强调:"我们党领导人民治国理政,很重要的一个方面就是要回答好实现什么样的发展、怎样实现发展这个重大问题。理念是行动的先导,一定的发展实践都是由一定的发展理念来引领的。发展理念是否对头,从根本上决定着发展成效乃至成败"。办学理念是大学的灵魂,也是治理现代化的灵魂。应该使师生员工特别是学校骨干对办什么样的大学、怎样办大学的办学理念问题有充分的共识并自觉实践,发挥好导向功能。同时,正如德国哲学家卡尔·雅斯贝尔斯所说:"大学只能作为一个制度化的实体才能存在。在这样一种制度里,大学的理念变得具体而实在。大学在多大程度上将理念转化成了具体实在的制度,这决定了它的品质。"正是科学的制度将大学与国家、社会有效地联系在一起,并使得学校各行为主体和谐相处,使学校高效运行。科学的制度文化是治理体系和治理能力现代化的重要体现和保障,也是落实办学理念的保障。制度文化除了制度本身,很重要的是制定制度的宗旨和实践制度的态度。大学最重要的制度应该是大学章程。2014年制定的《清华大学章程》（以下简称《章程》）比较充分地体现了办学理念制度化。现在，一是需要随形势发展和实践检验，做好适时的修订；二是让全校师生员工能够有效地认知并实施，防止徒具形式。建议借110周年校庆之机在理念转化为制度上下更大功夫，突出理念先导和问题意识，有针对性地推进学校制度建设，提高大家对清华理念和清华精神的认同，并落实到根本制度、基本制度和具体制度建设上。特别是要组织大家研讨《章程》，熟悉《章程》，实践《章程》，并提出完善《章程》的意见。

（二）实现强化领导核心和活跃多元治理相统一

大国崛起之路和此次抵御新冠疫情的实践表明，坚强的领导核心对国家的发展和民生具有关键性作用。美国著名比较教育学家伯顿·克拉克通过对英、法、德、日和美国高等教育的系统研究，得出一个结论：大学应对多种复杂的需求和挑战，最关键的就是具有强有力的领导核心。对于中国的大学，这个领导核心和关键机制就是党的全面领导和党委领导下的校长负责制，这是中国特色大学的根本制度。要坚持党的全面领导，落实到"把方向、管大局、做决策、抓班子、带队伍、保落实"上；在健全管党治党制度的基础上，真正把党的领导有效地落地生根，防止在基层党的领导虚化；同时，校长是学校的法定代表人，在党委领导下全面负责教学、科研、行政管理工作。2014年10月，中共中央办公厅印发了《关于坚持和完善普通高等学校党委领导下的校长负责制的实施意见》，明确"要坚持党委的领导核心地位，保证校长依法行使职权，建立健全党委统一领导、党政分工合作、协调运行的工作机制"。《意见》明确了党委的10项领导职责和校长的10项工作任务。要防止"领导的不负责，负责的不领导"现象，真正做好集体领导，各司其职，协调配合，形成合力。在此基础上落实好"党委领导、校长负责、教授治学、民主管理、社会参与、依法治校"的现代大学治理架构，要使相关制度规范化。

习近平同志强调："制度执行力、治理能力已经成为影响我国社会主义制度优势充分发挥、党和国家事业顺利发展的重要因素。"制度执行力、治理能力也是大学发展的重要因素。学校核心领导治理能力是否科学有效，一是体现在党委统一领导、党政分工合作、协调运行的工作机制是否合理顺畅；二是体现在多元利益主体的协同共治上是否协调有效。由于不同院系、不同学科具有不同特色的多元文化特点，大学的核心领导不能照搬政府或企业的科层关系实施自上而下的单向管理，应该尊重院系的学术发展和人才培养的自主权，在不同层次上有效发挥教授治学和民主管理的作用。有关学科建设和人才培养的决策，既要防止院系部分人员的局限性或利益本位，又要充分尊重学科主体的正当权益和合理意见。这样既保证了学校大局利益，又激发了院系的办学活力。今后，亦应进一步规范相关制度。

为了适应建设创新型国家的需求，大学务必充分调动学术主体的活力，一个重要的制度建设任务就是加强学术共同体建设。曾任康奈尔大学校长17年的弗兰克•H.T.罗德斯指出，当今美国作为校园特征之一的大学共同体衰落了。其原因是大学规模的扩大，课程内容的扩增，共同体成员在各自学科或专业中自成体系。罗德斯认为：如今在学术共同体方面的缺失，不是表现为缺失一致和凝聚力，而是缺失争论，缺少富有意义的对话和交流。清华缺乏学科间活跃的对话交流，甚至在同一学科、同一院系内"鸡犬之声相闻，老死不相往来"的缺乏学术沟通、碰撞的情况比较普遍。罗德斯强调，对话必须是多元的——学科与学科、教授与教授、教师与学生以及校园与大众的。为此，需要建立新的激励机制和新的结构，以鼓励多元对话的进行，要使之制度化。在这方面航天航空学院固体力学研究所为我们确立了榜样。清华固体力学曾经占据了全国力学一级学科历年百篇优秀博士论文数量的半壁江山，这一现象曾被人们称为"清华固体力学"现象。固体所的每周雷打不动的学术交流会制度功不可没，曾经主管过学校研究生工作的余寿文教授说："我们拥有一个团结奋进、取长补短的文化哲学氛围。"这种经常性的学术交流制度就是创新型学术文化与高等教育认识论哲学理念得以实现的保障。学术共同体的建设，本质上是学术文化问题，也涉及学术与人事制度的改革，如推进跨院系的聘任、教师双下标或多下标的归属和酬金制等，是新形势下现代大学制度改革和创新的重要课题。

（三）实现治理传统的继承和创新发展相统一

清华大学建校以来，从一所留美预备学校发展成为中国特色、清华风格、世界一流的大学，积淀和依托系列优良的治理传统，需要以文化自觉自信和自省来梳理、体认、继承和发展。如：

1）出以公心，服务全局，注重共识，强化合力

清华凝聚力强，办事高效，是公认的特色优势。究其原因，在于学校党委注意发挥中国特色社会主义的制度优势，在于清华干部能够出以公心，有大局观念，工作中很少扯皮，更少拉帮结派，互相掣肘。记得20世纪80年代学校领导改制，清华十分平稳，有媒体访谈高景德校长，问"为什么"，高校长笑答：

"这个制,那个制,领导班子不团结就没治!"清华班子能够出以公心,和谐合作,使得学校平稳发展,这是十分宝贵的传统。

同时,学校注意各级干部、师生的共识,以强化合力。如经常提的"对党的路线方针政策认识一致,对党的教育方针和办学指导思想认识一致,对学校历史、现状和发展目标认识一致。"思想认识的一致,保障了力量的凝聚和行动的一致,就有了强的推动力,也就有了高效率,所以成为"不漏气的发动机"。记得1997年暑期干部会,我就文科发展提出了"三个认识一致",在秋季学期校长书记带领班子成员14次到文科调研,听取意见,然后在1998年寒假领导班子务虚会,就建设一流文科达成高度共识,使清华文科发展走上快车道。现在,清华发展成一套有效的治理制度,如寒假领导班子务虚会、暑期干部会、教育工作研讨会、科研工作研讨会、教书育人研讨会,一年两次的教代会以及系列以教授为主体的委员会,如学术委员会、教学委员会等制度,今后要坚持好,并作进一步的规范和完善。

这里有一个需要重视的就是决策过程的群众路线问题,这是民主治理能否体现的重要环节。在蒋南翔长校时,坚持"从群众中来、到群众中去",强调"基层出政策",善于集中群众的智慧,将基层创造性的实践上升为指导全局的政策。同时,注意坚持决策的民主集中制。后来,在我们党内发展成为"集体领导、民主集中、个别酝酿、会议决定"十六字决策原则。这些优良的传统需要认真传承,切实防止决策中的"一言堂""家长制"。

2)坚持"行胜于言"与"人文日新"的融合

"行胜于言"是1920级学子的级呼,后来成为校风;"人文日新"是1926级校友送给学校的牌匾,闻一多先生曾称之为校箴。"行胜于言"比较突出地成为清华人的行为特色,清华百年校庆时,武汉大学前校长刘道玉写了给清华的公开信,认为仅仅强调"行胜于言"是不够的,它可能导致师生"形而上"的思维贫乏,从而窒息了青年人的想象力。后来我依据国家向创新型转型对创新文化的要求,向顾秉林校长建议正式以"人文日新"为校箴,达成共识。"人文日新"的校箴已正式写入《清华大学文化建设"十三五"规划》。今后应该将"行胜于言"校风和"人文日新"校箴作为清华人的基本行为规范并提,可以体现工具理性和价值理性的统一和对创新文化的重视。

3)坚持实事求是,不唯书,不唯上,不唯他,只唯实,一切从实际出发,以实践为检验标准

这是由具有哲学思维的教育家蒋南翔带出的好传统。一个影响久远的事例

就是：1964年毛主席在春节谈话中批评了教育"办法不对"，要从活动总量砍掉三分之一。蒋南翔从实际出发，有分析地对待毛主席的批评意见。强调对毛主席的指示"还要通过'翻译'。要结合实际情况来贯彻，最后结果要提高质量。"80年代初期，政治课有规定的"中共党史"课，由于"文革"刚结束，针对党犯了严重错误，同学们对中国共产党的合法性产生怀疑，上此课的积极性不高。清华决定改上"中国革命史"课，将中国共产党走上历史舞台放在中国革命的大背景来讲。当时上面有人认为清华在"砍旗"，但实践表明效果是好的，并在全国高校得到推广；梁尤能副校长针对类似的情况说：对于清华一些大胆而有效的改革，常有"一反对，二默认，三推广"的套路。这表明，改革是对传统的突破，开始时常不被认可，只有坚持实事求是，解放思想，才能获得成功。还有一次是我主管清华政治课改革的经历，1998年中央政治局常委听取了刚到任的教育部部长关于高校政治课改革汇报，制定了政治课课程方案。教育部召集高校政治课负责人进行了部署。我回校向政治课教师传达，开始时有的老师不理解，情绪比较大。我想起蒋南翔老校长对待毛主席春节谈话的态度，就对政治课老师说，应该以积极态度理解中央精神，中央政治局重视政治课是改革的重要动力和机遇，具体方案要从实际出发，认真总结我们的实践，允许有自己的特色，结果要提高质量，经得起实践的检验。后来，清华的方案走了有自己特色的路子，效果良好，获国家教学成果一等奖，清华的思政教学团队被评为首个国家级优秀教学团队。所以，只有坚持实事求是的路线，不唯书、不唯上，才能有创新，真正提高教育质量，才能够发挥引领作用。

近几年习近平同志在多种场合要求力戒形式主义、官僚主义，他特别要求"中央政治局的同志必须带头树立正确政绩观，始终做老实人、说老实话、干老实事，自觉反对形式主义、官僚主义。"现在，有一种不好的倾向，就是片面理解"四个意识"（政治意识、大局意识、核心意识、看齐意识）和"两个维护"（维护习近平总书记在党中央和全党的核心地位、坚决维护党中央权威和集中统一领导），重形式轻实质。清华在这方面总体是做得好的，也有值得改进的地方。坚持真理、实事求是，是现代理性精神的基本特征，缺乏这种精神，很难做好治理现代化。在这方面，我们应该向蒋南翔老校长老书记学习，切实继承和发扬崇尚真理，实事求是，不唯书，不唯上，不唯他，只唯实，一切从实际出发的好传统。

最后，依据马克思强调的哲学是文化活的灵魂，恩格斯提出的一个民族要站在科学的最高峰,一刻也不能没有理论思维,特别是哲学思维,以及习近平强调的学哲学、用哲学是我们党的好传统。在推进治理体系和治理能力现代化的进程中,应该提高哲学自觉,学校领导应该像蒋南翔那样带领大家学哲学、用哲学。同时,建议带头学些历史,我国2000多年国家社会的治理文化以及当代的发展,可以帮助我们以史为鉴,通达"治国安邦,经世济民"之道,还要学习国外高校先进的治理理念和方法,通过综合创新,有效推进中国特色、清华风格的大学治理现代化。

(发表于《水木清华》2020年第9、第10期)

大师中的大师

——纪念叶企孙教授诞辰 120 周年

一代宗师叶企孙先生把最好的年华奉献给清华的教育事业，建树卓著。他离开我们已逾 40 年，人们仍然深深地缅怀他。在他诞辰 120 周年的日子里，清华大学开展了系列活动纪念他，学习他的教育思想和高尚人品。

我是于 1992 年清华大学设立"叶企孙奖"，继而有 127 位清华校友和名人大家联名建议为叶企孙先生塑像，我主持塑像工作，才逐步了解这位德高望重的大师，并深受教育。

清华老校长梅贻琦说过"大学乃大师之谓也"，北京大学老校长许智宏说："大学乃大师之学，无大师则无大学，一流大学和一流学科运行的主体是高素质的师资、一流的人才。"指明了一个基本规律，就是一流人才是一流大学最重要的标识，而一流人才基于一流学科，一流学科基于一流大师。一流大师是一流大学和一流学科之本。叶企孙被颂为"大师的大师"，他对于清华大学乃至中国高等教育最重要的贡献在于领导建构了中国一流现代物理学的学科基础和一流的师资队伍，蕴育了一大批杰出人才。他的理念、实践以及品行对于当今建设一流大学、一流学科和培养一流人才依然具有重要的学习、借鉴意义。

叶企孙为何能够成为大师的大师？

首先，基于他强烈的家国情怀，关注国家命运，并把自己的命运与之紧紧相系。如他的学弟和至交，长期任清华大学法学院院长兼经济系主任的陈岱孙所称，叶企孙是一位"真诚的爱国者"。叶企孙 1913 年考进清华学校，1918 年毕业赴美入芝加哥大学三年级学习。他在 1915 年 1 月的日记中说："留学之费，美国退还之赔款也，……，祖国以巨万金钱，供给留学生，当如何艰难困苦，谋祖国之福，而乃敷衍从事，不亦悲乎。"于是，他给自己提出怎样选择学科方向的问题："己之体会最合宜于何种科学？志竟最倾向于何科学？能力最优长于何科学？"在认定"以科学为根本"，以"科学救国"为己任的大前提下，1920 年在芝加哥大学获物理学学士后，选定了近代物理学的重要基础方向，即实验物理，在哈佛大学攻读实验物理学博士，并以当时的前沿课题"用 X 射线方法重新测定普朗克常数"为首选实验题目，于 1921 年发表了论文《普朗克常数的测定》，美学者称之为"一个伟大的进步"，被国际物理学界沿用十余年。当时叶企孙是中国少有的受到国际公认的学者。

正因为他有科学救国的情怀，又有科学家的视野，他并不满足于一己之成就，而是把精力投放于建立高等教育体系和科学研究体系，致力于科学团队的建设和科学学科的发展，以加快改变国家科学技术落后的面貌，进而推动国家产业发展乃至国防的进步。1924 年 3 月归国后，先在当时国内学术重镇东南大学任教，1925 年 8 月回母校受聘大学部物理学副教授，次年升教授，创建物理系并任系主任，1929 年理学院成立，他任首任院长兼物理系主任，为清华物理学和理科的建设发挥了开拓性的奠基作用。

正因为他既有科学救国的情怀，又有科学家的视野，他才能够有广阔的胸襟，无私的境界，成为知人善任的伯乐。唐代文学家韩愈说："世有伯乐，然后才有千里马。千里马常有，而伯乐不常有。"叶师不仅有伯乐之慧眼，能够发现人才，而且有舍己举贤的襟怀。在他就任物理系主任后，就说我要给大家请来最有名的教授。1928 年，他请来了吴有训，让吴的工资比自己高。1934 年和 1937 年先后把物理系系主任和理学院院长的位置让给吴有训，在系院形成了精诚团结、亲密合作的氛围，"近者悦，远者来"，使得清华理学院能够在不长时间里吸引凝聚了一支高水平的师资队伍，成为一流的学科平台。物理系 30 年代的毕业生杨龙生著文说："30 年代清华大学物理系是一个团结的典范""物理系在国内逐渐受到重视，主要原因就在于有 7 位学术水平很高的物理教授，就是系创始人叶企孙、吴有训、萨本栋、周培源、任之恭、赵忠尧和霍秉权。他们团结一致、一心为国家搞科学，相互尊重，正大光明，心口如一，从来不你我猜忌、互相倾轧。团结促成了物理系欣欣向荣。"有了这批团结一心的"名师"，德艺双馨的"高徒"就不断从清华理学院涌现，1955 年中国科学院成立时，数理化学部半数以上的院士均来自清华理学院。叶师的仁爱之心还体现对工人和实验员的尊重，如对实验员阎裕昌，叶师不许学生叫他"听差"，而要称阎先生，叶师还把工资资助困难的职工。物理系在叶师这位大家长关心下，成为和谐的大家庭，不仅能够齐心合力上一流，而且给予学生潜移默化的影响。由此可以体会，大师之"大"，首先在其眼光之远大、胸怀之博大，故而能够有影响之广大。

在高校有截然不同的两种人才境遇：或"大树底下好乘凉"，或"大树底下不长草"。前者指一些名师注重营建良好团队氛围，并适时把中青年学者扶上马送一程；后者指某些所谓名师只是一味地把优质资源划拉于自己名下，并长时间占据国内外学术高地，中青年后继力量无法茁壮成长。叶企孙就是一棵高蓬的能够给人阴凉聚气指向的大树。他所居住的清华北院7号，经常聚集着年轻的教师和学生，大家在这里交流信息，聆听叶师的教诲和指导，甚至还能解青年教师一时住房之困。如钱三强、彭桓武、钱学森、熊大缜都在这里借住过。"北院七号饭团"成为名声远播的一道特殊风景。叶师专门有一个本子，记录相关信息，对每个人进行深入的了解，指导他们学习成长。"两弹一星"元勋物理系首届毕业生王淦昌回忆说：自己一年级学的是化学，是叶师为我选择核物理铺了路。是叶师的为人品格，他对学生的厚爱，他的教学，像磁石那样把我吸引到物理事业中去。也是在叶师的循循善诱下对实验物理产生了兴趣，对王淦昌毕生道路产生了决定性影响。王淦昌后来在接受主持国家核物理实验任务时，回想起1926年"3·18"惨案，学友韦杰三被害，当晚大家到北院七号向叶师讲述血案的情景，叶师对同学们说，如果我们的国家有大唐那样强盛，谁敢欺负我们，科学，科学，只有科学才能拯救我们的民族！叶师说罢泪如雨下。王淦昌说："叶师的爱国激情，他对科学救国这种远见卓识，他对青年学生所寄托的深情厚望，深深地感染了我。爱国与科学紧密相关，从此成为我生命中最重要的东西，决定了我毕生的道路。"想到这些，当领导问王淦昌愿不愿意参加核试验工作时，他从心里蹦出："我愿以身许国！"科学救国的理念和博大的襟怀不仅指导了叶师的人生实践，激励他"在一片科学荒地上辛勤开垦，培养科学土壤，撒播种子"，而且影响培植了一代科技巨擘。叶师胸襟之博大，还体现在关注学子的成长，1933年在他主持下，将作为清华特殊事业的庚款留学向全国开放，择优录取，于是就有了交大铁道工程专业的毕业生钱学森获得1934年清华公费留美的机会，叶师让钱学森住在自己家中，与他促膝长谈，为钱选择了国家急需的航空方向，并为其安排了航空方面的导师和一年在清华、杭州笕桥机场的预习，后来一直保持对钱学森的联系和指导，为成就一位贡献卓著的科学大师奠定了重要的基础。从1933年到1946年，录取的234名公费留学生几乎都成为新中国高科技的重要奠基人，由此叶企孙被赞誉为"中国现代科技大厦的设计师"。这位设计师的功劳还体现在为应对日本的侵略筹建清华特种研究所所取得的成就上，包括无线电研究所、航空研究所、金属研究所，还有农业研究所和国情研究所，都是为全民抗战所急需，并"为国储才"。

依据美国高等教育哲学理论的奠基人约翰·S.布鲁贝克在《高等教育哲学》中提到的："存在两种主要的高等教育哲学，一种哲学主要是以认识论为基础；

另一种哲学则以政治论为基础。"从政治论哲学基础看,教育受到国家与社会的支持,应该为国家利益与社会进步服务。叶企孙显然很好地把握了教育政治论的哲学基础。同时,叶企孙作为一位科学家,教育家,又是科学地把握了教育认识论的哲学基础。

叶企孙不仅从近代物理的发展规律认识到实验物理的重要性,将其选为自身攻读的方向,而且在获得实验物理博士学位后,即赴欧重点考察了诺贝尔奖倍出的剑桥大学卡文迪什实验室,马克斯韦在就任首任实验物理教授的演讲为其确立了学风和传统,包括重视教学与科研、理论与实际的结合,强调做学问要依据准确的实验数据,重视科学方法论的教育,重视师生实验动手能力的培养,包括亲自制作实验设备的能力,重视锐利观察能力和批判思维的训练,等等。这些都给叶企孙留下十分深刻的印象。叶师到清华筹建物理系时,首先筹建金工间和木工间,聘请技术工人准备实验教学,并创造师生动手制作实验设备的条件,实现理论与实际、动脑与动手的结合。1930年他还专门从德国请来了实验技师韩福烈,可见对实验的重视。有一次他在讲电磁学时,发现李政道只是埋头看书,就问"你能看懂这本教材吗?"李政道没有否定,叶师就说:"你能看懂这本书,我批准你免课,但是,实验你必须做。"后来,这门课考试,李政道只得了85分,叶师对他说:你的实验不行,就得不了满分。叶师的教导使李政道牢记终生,使他认识到,对于物理学家,实验能力不行,就像断了一只翅膀的鹰,永远飞不高,于是李政道十分认真地对待实验。后来李政道对毛泽东主席说,他之所以能够获得诺贝尔奖,是"从实验开始,引出理论,进行解释和猜想,又进行实验"的过程。李政道十分感激叶师,不仅是叶师培养了他重视实验的意识和实验能力,而且,1946年推荐优秀研究生赴美攻读博士时,叶师慧眼识珠,破格推荐了他这个只有19岁的大二学生。11年后他和杨振宁同获诺贝尔物理奖。李政道曾经满怀深情地说:"叶企孙老师是我的老师,也是我老师的老师。我非常敬仰他,永远怀念他。"

叶企孙先生在办学中努力遵循教育规律,重质不重量。这一办学方针体现在他的《物理系概况》中:"在教课方面,本系只授学生以基本知识,使能于毕业后,或从事于研究,或从事于应用,或从事于中等教育,各得门径,以求上进。科目之分配,则理论与实验并重,重质而不重量。每班专修物理学者,其人数务求限制之,使不超过约十四人,其用意在不使青年徒废光阴于彼所不能学者。此重质不重量之方针,数年来颇著成效。"由于是小班上课,利于因材施教。叶师心里装着每个学生,非常注意观察学生,轮流和学生交谈,及时给予指导，把国家的需求、事业发展和学生的个性妥当地结合起来，最大限度地调动学生的学习潜能。叶师坚持"既教学又科研"的方针，他的"重质不重量"不仅体现在教学上坚持高标准，自己讲课内容是常新的，涉及前沿的；同时支持师生在学术前沿和为社会急需开展研究。比如，叶师请施士元从导师居里夫人那里购到镭源，使得物理系能够在世界前沿开展核物理研究，为国家储备了核物理的领军者。现在，清华大学以"顶天、立地、树人"为科研理念，是对老传统的继承和发展。但是，在开展小班教学，因材施教方面，还受到主客观的限制，这往往制约了一流人才的成长。

同时，大学是功能独特的文化机构，我们还应看到大学文化论哲学基础的作用，特别应该看到叶企孙在推进大学的制度文化和精神文化建设中的作用。一是注重会通的学术范式。我们知道"会通"是中国学人长期遵循的观察事理研究学问的方法。明末科学家徐光启有"欲求超胜，必先会通"之说。何兆武先生论清华学人的特色时说，"他们都具有会通古今、会通中西和会通文理的倾向"。叶师在研究学问，进行教学过程中就体现了会通的理念，包括注意吸纳西方先进的研究方法和教学方法，在推进理科发展时注意理工会通。二是在清华学校改大过程中重视现代大学制度建设，于1925年有了校务会制度、1926年又有了教授会、评议会制度，在改大后，叶企孙在相当长时间里是三会成员，这客观上为叶企孙在学校重大决策中发挥作用提供了制度保障。包括1930年清华师生驱逐罗家伦后，叶企孙以校务委员会主席名义主持校务，和学生一起成功抵制军阀幕僚乔万选长校，1931年叶又一度代校长，力邀梅贻琦返校任校长。同时，他与一批年轻的同样抱有科学救国和教育救国理念的"海归"，经常交换意见，商议校务，形成了清华"教授治校"群体，使清华迅速从一所留美预备学校建设成为一所现代大学。叶企孙的办学理念和人格力量能够影响清华办学全局，得以发挥大师的大师作用。

今天民族伟大复兴要求加快建设世界一流大学的进程，时代呼唤更多的像叶企孙那样高瞻远瞩、懂得教育规律、无私奉献的教育家。

（发表于《水木清华》2018年第7、第8期）

什么是改革的首要着眼点

——学习《邓小平文选》第三卷体会之一

邓小平同志关于"改革也是解放生产力"的论述已是众所周知了，但是在现实的工作、生活中，要真正理解它、落实它，并非易事。

在一些人看来，改革就是多长工资、多发奖金。他们在评判一个单位思想是不是解放、改革步子大不大时，首先是看那里工资涨得快不快，奖金发得多不多。

诚然，涨工资、加奖金，应当是改革的重要成果，改革开放15年以来，老百姓生活水平明显提高便是明证。但是，这绝非唯一评判改革成效的标准。邓小平同志在南方重要谈话中谈到改革的步子大不大、对不对时说："判断的标准，应该主要看是否有利于发展社会主义社会的生产力，是否有利于增强社会主义国家的综合国力，是否有利于提高人民的生活水平。"显然，这里邓小平同志提出的是三个相互联系的标准，而且首先是要发展生产力，不然综合国力的增强和人民生活水平的提高便成了无源之水、无本之木。有的国有企业经济效益并不好，甚至连年亏损，但是工资没少长，奖金没少发，结果造成了国有资产的流失，企业自身发展也没有后劲，这能说是它的改革搞好了吗？

对一所学校来说，它的首要职责是通过出人才、出成果为社会主义物质文明与精神文明建设作贡献，判断一所学校的改革是否有成效，首先要看办学质量与办学效益是否提高了，同时还要看学校的实力是否增强了，当然也要看广大教职工的生活是否不断得到改善。

要发展学校的各项事业，除了国家的必要投入，主要靠充分调动全校师生员工的工作、学习积极性与主动性，使蕴藏在他们身上的潜力最大限度地发挥出来，这就是解放生产力，是做好学校各项工作的保证，也是改善教职工的工作条件与学生学习、生活条件的基础。这正是我们改革的首要着眼点。对一所学校是这样，对校内一个单位也是这样。

（发表于《新清华》1993年12月10日）

改革就是要创造一种使拔尖人才脱颖而出的环境

——学习《邓小平文选》第三卷体会之二

尊重人才,是贯穿在《邓小平文选》中的一个重要指导思想。在《改革科技体制是为了解放生产力》一文中,邓小平同志强调指出,不论是改革经济体制还是科技体制,他最关心的都是人才,"要创造一种环境,使拔尖人才能够脱颖而出,改革就是要创造这种环境。"

人是生产力中最活跃的因素,使人的潜力最大限度地发挥出来,尤其是使拔尖人才脱颖而出,是解放生产力的重要课题,也是判断改革成效的重要标志。

多年来,我校通过改革,采取了破格晋升、增设奖金、解决住房、表彰先进等一系列措施,一些有远见卓识的带头人为很有发展潜力的中青年骨干铺路子、搭台子、当梯子、压担子,从而为拔尖人才的脱颖而出创造了有利条件。

但是,后继乏人的问题并没从根本上得到解决,在我们周围仍存在种种束缚人才的发现、成长与使用的狭隘观念。表现之一是**论资排辈**:无论是接课题、上讲台、出国访问进修,还是参加学术会议或在学术组织中任职,总要比学历、论职称、排年头,而不是先看实际能力与需要。表现之二是**求全责备**:看人总习惯拿人家短处同自己长处比;用人总要十全十美才放心。表现之三是**眼光短浅**:对人才无渴望,任其自生自灭;找人才只看身边一两个点,没有从老中青一条线、校内外以至国外一个面上去发现;或以个人的恩怨来画圈圈,凡有过磕碰的都被打入"另册",有的自己年轻时有过辉煌,现在年轻人上来了,要给些政策倾斜,心理就不平衡。表现之四是**平均主义**:面积、研究生人数都要均分,以求得"平等竞争",在他们看来队伍内部只有竞争关系,而不应强调合作、谦让以及从全局需要为某些人创造更好的发展条件。表现之五是**急功近利**:只看眼前急需,不看长远发展;用人没有规划、不讲政策,只使用,不培养,把人的后劲耗尽寒了心;有的长期占据高地,虽尽心尽力颇有建树,但当自己因自然法则不得不退下时,才猛然发现后继无人。凡此种种观念像一个个无形的盖子,使有潜力的人才无法脱颖而出,像一条条无形的绳索把自己队伍的手脚捆绑起来无法迅进。

努力转变这种种观念是深化改革的当务之急。要通过改革，创造使拔尖人才脱颖而出的环境，各学科的带头人起着举足轻重的作用。同时，各级干部更负有关键性的责任。正如邓小平同志所说的："善于发现人才，团结人才，使用人才，是领导者成熟的重要标志之一。"我们决不能像邓小平同志所批评的那样，对于人才"因为他们不是全才，不是党员，没有学历，没有资历，就把人家埋没了"。

（发表于《新清华》1993年12月17日）

要敢于和善于使用有缺点弱点的人才
——学习《邓小平文选》体会之三

在《邓小平文选》中有多处提到要善于发现和使用人才，特别是有缺点弱点的人才的问题。早在1977年8月，在邓小平复出不久的一次谈话中就提出要珍视人才，批评了对人才求全责备的观念。他说："毛泽东同志说过，要打破'金要足赤，人要完人'的形而上学思想。这是马克思主义者的态度，是彻底的唯物主义者的态度。"并指出，对有缺点的人才要重在鼓励，大胆使用，同时对他们的缺点要满腔热情地帮助他们克服。时过14年，在1991年8月的另一次谈话中，他再次强调了发现与使用人才的问题，指出：对于人才"即使有某些弱点缺点，也要放手用"。在人才的发现与使用上，"对每个人都会有不同意见，不会完全一致。有缺点可以跟他谈清楚，要放手地用人"。可见邓小平同志对待人才的这种唯物主义观点是一贯的。

在我们的现实生活中，往往因为缺乏这种马克思主义的态度而影响了人才的发现与使用。在选择业务或管理骨干时，因为被考虑对象有缺点、弱点，或者有人有不同意见而不敢放手使用的现象是屡见不鲜的：或因年轻而缺乏经验，或因年长而比较固执，或敢于开拓但不够谨慎，或作风严谨但又过于小心，或很有魄力但有时主观武断，或能力虽强但有"个人小算盘"等都成了不能入选的原因。看来，要解决好人才的发现与使用问题，必须解放思想，从种种形而上学观念的束缚中摆脱出来。除了要克服"金要足赤、人要完人"的不切实际的观念，还要注意看主流、看发展，不能对人抱有成见，他的缺点已经或正在得到克服，但还死死抓住不放。同时，我们主张要敢于使用有缺点的人，并不因为其缺点往往同他的优点有着某种内在的联系而容忍之，而应如邓小平同志所说的，"有缺点可以跟他谈清楚"，帮助他们在实践中加以克服。对他们的弱点，也要创造条件，采取措施让其得到弥补。也就是说，对人才不能只讲使用，还要讲培养。当然，对人才还有一个善于使用的问题，即所谓"知人善任"，要依据人才的不同特点，安排在不同的岗位上，使之既能充分施展其才干，又不因一时难以克服的缺点、弱点而影响了工作。

发现与使用人才是一门科学,也是一门艺术,什么时候掌握好了,什么时候大批人才就会出现在我们面前。

(发表于《新清华》1993年12月24日)

《新人文系列讲座》总序

由教育部在全国高校推进的深入开展文化素质教育已走过了十年的路程，各高校采取了多种形式与途径，积累了许多有益的经验。其中，开展专题讲座便是一种有益的做法。继成功开设中国与世界优秀文化文学名著导读系列讲座之后，清华大学国家大学生文化素质教育基地、校团委、教务处、校图书馆于2005年春季学期开始联合推出了"清华大学新人文讲座"，基本上一个学期一个专题系列，每个系列讲座都出一个集子。

为什么称"新人文讲座"呢？主要有两层寓意：

第一，系统深入探讨大学文化素质教育已有十年，在总结经验的基础上，文化素质教育进入了一个新的发展阶段，在认识上应当有新的提高、新的发展。

从一所大学来看，应当从大学的历史文化使命和大学文化，特别是大学精神文化建设的高度来看待和实施文化素质教育。当前，大学文化建设的一个重要课题就是努力发挥好文化融合的功能。一个多世纪以来，由于学科发展的不断精细化，加上二元对立的哲学观对人们的普遍影响，出现了人文主义思潮与科学主义思潮的分野和科学文化与人文文化的隔阂、分离与论争，影响了人与自然、人与社会的和谐发展，影响了人自身的全面发展。1948年，建筑大师梁思成教授曾在清华大学作过"半个人的时代"的演讲，呼吁大学教育中的文理结合。1959年，英国具有作家和科学家双重身份的C. P. 斯诺在剑桥大学作了有关"两种文化"的演讲，指出了科学文化与人文文化的相互隔阂、互不理解的状态及其危险性；1963年，他在《再看两种文化》一文中呼吁建设一种能沟通人文文化与科学文化的"第三种文化"。关于两种文化和第三种文化的话题所引发的讨论延续至今，尽管一些教育工作者不断为沟通这两种文化做出过努力，但斯诺所期望的局面始终未能形成。究其原因，一方面，正如罗伯特·卢普瑞特在《四十年后：回顾C. P. 斯诺的"两种文化"》一文中指出，尽管斯诺的观点是对的，但是，由于"科学和技术进步如此惊人，以致将人文世界完全置于阴影之中，而且这一势头越来越强劲，越发使人文处于守势"。表现在管理工作者以至整个社会的价值判断上就是重科技，轻人文，重物质，轻精神的倾向，因而"情形往斯诺所不希望的方向发展"。另一方面，二元对立的哲学观仍然占据主导地位，妨碍了科学学者与人文学者的相互尊重、宽容与接近，影响了科学文化与人文文化的融合。实际上，这种哲学观也影响了不同国家民族文化的沟通与融合。近期以来，党与国家领导集体强调了哲学社会科学与自然科学的同等重要性，明确了以人为本，促进经济社会、人与自然和谐全面发展，建设和谐社会以至和谐世界的科学发展观，为推动科学文化与人文文化的融合、不同国家民族文化的融合创造了前所未有的哲学基础和外部环境。作为最高文化殿堂的高等学校，应当充分发挥文化融合的功能，只有这样才能肩负起引领先进文化前进的历史使命。为此，大学面临重大的文化自觉的任务，这也正是文化素质教育的历史使命。

大学文化素质教育重要的目的在于提高师生的文化素质，包括人文素养和科学素养，引导他们形成正确的价值理念和良好的为人治学做事的态度，最终使大学的文化品位和格调得到提高，并由此而影响整个社会。大学文化，特别是大学精神文化是文化素质教育的重要资源，大学文化素质教育是进行大学文化建设的重要方式和途径。

第二，正是基于以上认识，文化素质教育在实施的方法内容上应当有新的探索、新的开拓。目前清华大学文化素质教育基地正在做四件事情。

第一件事情是开展大学文化的研究，以期在理论与实践结合上，为提升大学的文化自觉，包括开展文化素质教育的自觉做一些开拓性的工作。

第二件事情是组织编写"清华新人文丛书"，这套丛书的立意体现了我们对于未来大学文化的基本思考与判断，是一种教育理念的探讨与体现。丛书分为三个系列：（1）科学与人文的会通；（2）不同文化的交融与对话；（3）生态文化与可持续发展。不难看出，这里的所谓"新人文"是一种能够与科学文化和不同文化对话、渗透、会通的人文文化，是我们应当所追求的广义的"第三种文化"。

第三件事情是协助学校教务处完善大学文化素质教育课程体系与课程建设，在强化人文教育的基础上，努力促进文化的会通。

第四件事情便是与校团委、教务处、校图书馆联手组织好"清华大学新人文讲座"，这个讲座从探讨大学理念与大学精神出发，以推进人文文化与科学文化、不同国家、不同民族文化的沟通与融合为主要宗旨。目前已经实践和正在实践的系列有：系列（一）"大学理念与人文精神"（纪念中国高校开展文化素质教育十周年）；系列（二）"读万卷书，行万里路"（配合清华大学以知行关系为主题的实践教育讨论会）；系列（三）"文明的对话与梦想"。

　　文化素质教育从根本上说是受教育者自己的事情。未来学家埃德加·富尔在《学会生存》一书中提道："未来的学校必须把教育的对象变成自己教育自己的主体，受教育的人必须成为教育他自己的人，别人的教育必须成为这个人自己的教育，这种个人同他自己关系的根本转变是今后几十年内科学与技术革命中教育所面临的最困难的一个问题。"解决这个难题当然要依靠教育工作者的教育理念、教育思想的转变与教育方法的改革，但是，对于学习的主体来说，那只是外部条件，说到底还是要靠自己。我们期望每个"受教育者"能够高瞻远瞩，主动利用学校以至社会提供的各种学习条件，进行有效的自我教育。我们希望这个"清华大学新人文讲座"系列演讲集能使你们"开卷有益"。

教育部大学生文化素质教育指导委员会顾问
胡显章
清华大学国家文化素质教育基地主任
2006年春节于清华园

《通识教育：困境与希望》序

我是 2005 年 6 月在香港中文大学参加"中大通识教育研究中心成立学术会议暨教学研讨会"时认识庞海芍的，知道她多年从事大学教育管理与研究工作，对文化素质教育与通识教育有很高的关注度。在那以后有关文化素质教育或通识教育的活动中，多次遇到她，为她十分执着的研究热情所感动。后来，她在工作多年后到北大教育学院攻读博士学位，摆在面前的《通识教育：困境与希望》这本书就是她在博士论文的基础上写成的。

这本书突出显示了身在高校教育一线的作者注重理论联系实际的研究风格，始终带着强烈的问题意识，使理论研究有着鲜明的现实针对性，并有大量翔实的调查研究作为立论的基础，使得研究结论富有说服力和对实践的指导价值。本书对于通识教育所作的历史梳理和对现实所展现的广阔视野以及具有代表意义的个案分析，使得本书具有很好的参考价值。

自 1829 年美国博德学院帕卡德教授首次将通识教育的概念引入大学教育以来，作为现代大学教育理念与模式的通识教育，已有近两个世纪的发展历史，即便如此，正如作者所述，通识教育是一个内涵丰富、多层面的历史和地域概念，在实践中人们有各种各样的正读与误解，在推进过程中，遇到许多困惑甚至阻力。

作者提出应从三个层面理解通识教育，即通识教育既是一种教育理念，也是人才培养模式，也常常指通识教育内容，其核心是强调通过统整的知识培养健全的人格，使受教育者成为健全的人。而纵观十余年中国文化素质教育与通识教育的实践，则不难得出"理念是前提，领导是关键，制度体制政策是保证"的结论。

首先，从理念看，随着现代高等教育的发展，关于对通识教育的认识也在发展，同时，无论是现实社会对教育的干扰或是大学自身的问题都会带来理念上的困惑，造成通识教育本身的争论、停滞甚至倒退。以美国高校通识教育为例：在开展通识教育的初期，只是看作知识的扩展。如帕卡德教授于 1829 年在《北美评论》中撰文提出通识教育的概念并将其功能界定为为学生专业学习作综合、全面知识准备；后来美国通识教育的宗旨有了很大的变化。具有代表意义的是芝加哥大学的赫钦斯校长与哈佛大学的科南特校长对通识教育理念作出的重大发展。赫钦斯于1936年发表《美国高等教育》，对美国高等教育的功利主义、实用主义、专业主义、唯科学技术主义和唯市场取向展开了抨击，主张不同院系专业之间必须通过通识教育为学生提供共同的精神文化基础。为此要求研读"西方经典"或"伟大著作"，以此为学生奠定共同文化根基。这使得芝加哥大学成为本科通识教育的典范。值得指出的是，强化本科通识教育丝毫未损其研究性大学的地位和学科的发展，相反，芝加哥大学获得诺贝尔奖名列前茅，而且，以众多活跃的学派闻名于世；在1933—1953年出任哈佛大学校长的科南特则以1945年发表的《自由社会的通识教育》（亦称"哈佛红皮书"）对美国高等教育产生深刻的影响而载入美国高等教育史册。这份200页的报告是在1943年1月"二战"正酣时开始邀一流学者经过两年多的讨论起草的。"哈佛红皮书"认为，通识教育是"学生所接受全部教育的一部分——首先要把学生培养成为有社会责任感的人和公民"。事实上，科南特本人是美国制订原子弹发展计划的重要人物，但是，他认为大学的通识教育比原子弹更为重要，因为大学通识教育关系美国的根本，关系美国的未来。科南特强调通识教育要促进学生对西方文明传统和美国历史的共同体认，奠定的不仅是一所大学的共同文化基础，而且是要奠定美国现代社会的共同文化基础。

即便美国是现代大学通识教育的发源地，它的通识教育发展历程也不是一帆风顺的。如在20世纪六七十年代，国际科技竞争日趋激烈促使科学主义的再度飙升和经济困难带来的办学职业化取向，使美国大学的通识教育受到很大的冲击。正如哈佛大学哈佛学院前院长哈瑞·刘易斯在《失去灵魂的卓越》一书中所描述的："新一代教师并不认同前辈教师的理想。通识教育课程的内在逻辑已不复存在，它已经成为没有能力上专业课的教师的'垃圾场'。"针对这种情况，1974年哈佛文理学院院长亨利·罗索夫斯基为了坚持培养"有教养的人""有能力、有理性的人"的教育宗旨，发起了一场本科教育评估运动，继而开展核心课程教学。由于开设核心课程被视为很高的荣誉，在一个阶段里使得通识教育的质量得到较好的保障。但由于理念、体制与机制没有有效地解决，开设核心课程也是困难重重的，而且，常常会偏离其宗旨。在21世纪初叶，面对全球化与科技迅猛发展的挑战，在经济学家劳伦斯·萨默斯出任校长后，哈佛企图推动新一轮通识教育改革。但是，哈瑞·刘易斯认为，萨默斯"只是提出了一系列零敲碎打的方案""没有提出富有远见的教育理想""没有为学生和文理学院的教师们点亮前进的明灯"，并指称"哈佛在维护卓越的形象的同时，却牺牲了自己更远大的目标。哈佛的领导人听任学校的办学方向偏离教育的宗旨，只一味地迎合消费者的需求。"他认为这是追求"失去灵魂的卓越"。刘易斯强调大学通识教育的目标应当超越学科的专业技能："通识教育旨在利用大学生的可塑性，鼓励年轻人认识自我，并发现自己的生活道路。通识教育的任务还在于提醒学生：自己应当对社会知恩图报，应该利用自己掌握的知识为人类谋福利，而不仅仅追求自身的经济富足。"但是，"在美国，很多大学丧失了这些远大的教育目标。"对于通识教育有着许多不同的视角与观点以至存在尖锐的争论。针对这种状况，美国高等院校协会在2005年开始推动一场为期十年的"何谓通识教育"的大讨论和"弘扬通识教育价值"的运动；哈佛大学在19世纪以来先后进行过4次有关通识教育的改革，近几年又在对通识教育进行新的反思与调整，在2007年5月通过了以新的通识教育计划（general education program）取代原有的核心课程（core curriculum）的改革方案。新计划制定者告诉刘易斯，新计划得到刘易斯的专著《失去灵魂的卓越》的启发，这使刘易斯感到"有望重新点燃几乎要放弃的理想了"。

中国对文化素质教育和通识教育的深入探索只进行了十多年，虽然取得带有共性又具中国特色的重大突破，但只是有了一个良好的开端，真正使之成为广大高校干部师生的一项自觉行动，并且走上一条科学健康的可持续的发展道路，还要下很大功夫。本书所列的几所高校进行文化素质教育或通识教育的案例，显示了中国教育工作者可贵的探索，无疑对推动中国文化素质与通识教育的深入发展大有裨益。从中可以发现，凡是取得重大进展与突破的，都是学校领导给予了高度的重视，特别是学校的主要负责人站在了推动文化素质教育与通识教育改革的最前列。20世纪90年代中期发端于华中科技大学的对文化素质教育的探索，就是由该校校长杨叔子院士大力推动的，在教育部的支持下，影响迅速遍及全国；现今北大、复旦、南大通过元培学院、复旦学院、匡亚明学院等来实施通识教育，由于涉及本科教育的全局，需要学校整体运筹与各方面各部门的协调配合，学校党政一把手都站出来积极领导与推进。北大许智宏校长将"元培计划"看成"北大教学改革的旗帜"加以大力推动；复旦大学校长王生洪认为通识教育是"追求大学教育的本然价值""维护教育本质和大学使命的一种努力"，积极带领师生创立复旦学院，建设通识教育核心课程；南京大学校长陈骏认为在当今时代下，大学本科的通识教育是不可逆转的潮流，大力促进匡亚明学院的建立，积极探索适合南京大学学科特点的通识教育模式和在通识教育基础上的个性化人才培养体系；清华大学2001年确立"在通识教育基础上的宽口径的专业教育"模式，则是学校领导班子在带领开展国外顶尖大学教育考察和国内毕业生调查的基础上，开展了一年的全校性教育大讨论后形成的。没有大学校长、书记们清醒的认识和强有力的领导，没有有效的制度机制与政策加以保障，文化素质教育与通识教育是难以深入持久发展的。

由于学校的历史与现实情况不同，可以有不同的实施通识教育的体制与机制。不论怎样的体制与机制，由于课程是实施通识教育的主渠道，课程体系与内容是否科学，教学质量是否优良，最终将决定通识教育的效果。所以，应当在清晰的理念指导下，下大力气做好课程建设。哈佛大学所实施的核心课程计划，曾为许多学校仿效。但是，后来如刘易斯所说，由于没有得到院长们的支持，只要教师愿意都可以去教核心课程，上核心课程就无所谓荣誉了，结果"核心课程也就崩溃了"。现在，代之以分布必修科目（Distribution Requirement Courses）及通识教育科目（Courses in General Education），效果尚待检验。中国几所实施通识教育的高校，均采取了核心课程的做法。关键不在于称呼，而在重视的程度和体系、内容的合理性和教学效果。清华大学原书记陈希十分重视核心课程建设，要求至少按照理工科的数学、物理那样来要求，走精品化建设之路，采取有效措施，鼓励名师上讲台。当然，课程体系的论证，有影响力的名师走上讲台，并使全体学生有机会选上能够体现通识教育宗旨的课程，则有许多实际工作要落实。

作者描述了通识教育在实践中面临的困境："它既是人类自身全面和谐发展的需要，同时又受到种种现实条件的制约；既是事物的整体性、知识综合化的要求，同时也受到学科知识分化的约束；既是社会发展对大学生全面素质提出的要求，又遭遇大学教育专业化特性的种种阻力"，而且，体制机制的改革牵涉面广，要理顺绝非一蹴而就的事情。但正如作者指出的：培养"健全的人"的通识教育是人类的教育理想，也是大学教育的发展方向，应当是充满希望的。深刻分析通识教育的动力与阻力，正确认识通识教育的希望与困境，是寻找通识教育出路的关键。相信本书对此能够有所助益。

十分感谢作者对推进文化素质教育和通识教育所作出的贡献，期望作者继续发扬理论联系实际的学术风格，在教育一线为探索中国高校素质教育的道路，作出新的努力。

2009年2月

（收入庞海芍：《通识教育：困境与希望》，北京理工大学出版社，2009年，5～8页）

《华韵清辉——艺术教育在清华》序

世纪清华,人才辈出。在清华百年校庆之际,最使清华感到自豪的是她孕育了众多的栋梁之材,而艺术教育在其中发挥了不可或缺的重要作用。正如2001年,时任国务院副总理的李岚清同志参与了清华90周年校庆活动后,约见清华从事艺术教育的老师和学校领导时所说:清华出了那么多人才,与重视艺术教育分不开。

重视艺术教育,首先体现在办学理念上。从清华建校初期,周贻春校长强调"造就一完全人格之教育",注意设置艺术类课程和支持校园艺术活动,到梅贻琦校长强调"通识为本",提出学校要重视美育,支持音乐室建设;从新清华蒋南翔强调因材施教、全面发展,重视"艺术代表队"和学生课外文化艺术活动,到新时期强调"没有美育的教育是不完全的教育",将艺术教育纳入课程体系和学校发展规划,强化艺术教育师资队伍,通过启动艺术特长生招生培养计划,处理艺术提高与普及的关系,将音乐室发展成艺术教育中心,还为艺术教育和学生文化艺术活动创造了不断完善的空间条件。重视艺术教育,是清华一以贯之的办学理念。

开展好艺术教育,要依靠热心艺术教育的教师。清华早期,学校就聘请了专任艺术教育教师,开设音乐、美术、戏剧等课程,指导课外艺术活动,如请俄籍托洛夫先生开设小提琴课、德籍库普卡先生开设钢琴课,还请"红豆馆主"溥侗先生开设昆曲、国画等;同时,许多对文学艺术有很高造诣的教师为学生开设相关课程,如国学导师赵元任开设"西洋音乐入门"。在新清华时期,文科虽然调整出去了,但是,音乐室被保留下来,管弦乐队常任指导陆以循教授、军乐指挥周乃森先生等成了学生艺术活动的良师益友;在新时期,学校艺术教育中心专职师资力量得到了加强,开设了多门最受学生欢迎的课程,对学生艺术团和其他艺术社团的指导也不断提高了水平。由于非艺术学校或师范学校的艺术教育活动大量带有课外活动的特点,就要求指导老师带着对艺术教育事业和对广大学生的爱心来参与学生艺术团和课外活动的指导,甚至组织工作。本书主编、被学生称为"郑妈妈"现今已是"郑奶奶"的郑小筠就是一个代表,她是一个以艺术教育为生命的教育工作者。

当然，如果从美育角度看，提高学生的审美观念与能力，是全体教师的事情。因为美不仅是文艺活动所特有的属性，也是整个教育不可或缺的属性。正如教育家蔡元培所说："凡是学校所有的课程，都没有与美育无关的。"教育工作者应使真善美融会于育人的全过程。在清华历史上，带有这种美育自觉的教师，也是大有人在的，当今，需要强化这种自觉。

无论是美育或者是美育的重要途径艺术教育，在大学阶段，受教育者自我教育的意识和能动作用显得更加重要。清华学生艺术团体和丰富多彩的课外文化艺术活动是艺术教育的重要载体和途径，同学们在这些活动中所显示的青春活力和创造精神，使得艺术教育活动的自我教育收到显著的绩效。其得益不仅局限在审美意识和能力的提高上，而且，使得学生的团队精神、组织能力、创造意识得以提升，促进了学生的全面发展。

本书主编郑小筠在清华求学时，曾是学生艺术团团长，在新时期担任过艺术教育中心主任，她既与广大艺术团员和艺术活动积极分子保持天然的紧密联系，同时，又是学校艺术教育的组织者之一，对艺术教育的实践有充分的了解，并且通过对艺术教育的调查研究，对艺术教育的目的、途径、所积累的经验、所取得的成绩和存在的问题，都有比较具体而深入的认识。本书对清华百年艺术教育理念的继承与发展、艺术教育的途径、所依托的体制机制，以及所取得的成果做了全面的梳理与总结；还组织了一批当年艺术活动的积极分子书写自己难以忘怀的艺术活动经历和所得到的教益。这是一本全方位反映清华艺术教育的兼有研究性与手册性特点的史论荟萃，可以帮助读者了解清华的艺术教育，并激发其进一步全面积累、深入研究与实践的兴趣，对于其他高校的艺术教育也不无参考价值。

因为本人既是清华艺术教育的受益者，又一度出任清华美育委员会主任，主管过清华的艺术教育，受编者所邀，写了以上感言为序。以此表示对所有为清华艺术教育贡献了宝贵年华和睿智的人们的深切谢意。

2011 年元旦

（收入郑小筠编著：《华韵清辉》，清华大学出版社，2011 年版）

《水木法意：制度·人物·文化》序

在纪念清华 110 校庆期间，收到清华法学院青年教师陈新宇发来的新作《水木法意：制度·人物·文化》，他说经校史馆副馆长金富军的推荐，希望我为其作序，因为我曾经主持过清华文科工作，参与过法学系院的复建。其实，对于法律学科，我基本上是个外行，是难以对其历史著作做切实评论的，但为免于对这位年轻人泼冷水，心想，先将其作为一次学习的机会吧。待我阅后，觉得有所感受，现将其写出来与读者交流，或许可以为其序吧。

首先，是为该著作体现的文化自觉所打动。陈新宇作为一个没有清华学习经历的受聘者，入校不久即开始研究清华法政教育史，并涉及清华的发展史，且有所感悟。相比某些入职清华多年的老师仍久而未能融入学校的文化，应该说陈新宇的努力实属难得。而且，从社会学家、清华老学长费孝通先生 1997 年在北大提出文化自觉的命题来看，即一个人应该对生活其中的文化有自知之明，明白它的来历、形成的过程、所具有的特色和它发展的方向，以取得文化选择的主动性，陈新宇正是体现了宝贵的文化自觉。他对清华法政教育历史的考证和对清华文化的研究成果，无疑对提高法政学科乃至清华师生的文化自觉会有所助益，他的做法是值得提倡和鼓励的。

其次，陈新宇论及的是 1909—1952 年院系大调整前清华的法政教育。这段时间清华文科整体是比较强的，但是，法律学科的发展却一再受到来自内部的办学理念局限和外部的干扰而多有波折。正如陈新宇所述，1929 年成立的法学院，依当时《大学组织法》应设法律、政治、经济三系，惟因经费问题兼校长罗家伦的教育理念，法律学系暂缓设立，法律课程由政治学系开设。后在梅贻琦主政时期，于 1932 年起筹建法律学系，并获教育部备案，但同年因庚款停付引发的经费问题，加之当时政府"限制文法、发展理工"的教育政策等特殊的时代因素，法律学系被要求停止招生，法律学系于 1934 年被裁撤；在从西南联大复员清华园后，曾经复建法律系，后又在 1949 年起步的院系调整中再次被取消。回顾 20 世纪初叶，新文化运动先驱高举科学和民主的大旗，开启了新民主主义新时代，当时认定只有"德"与"赛"两位先生才能救中国，在不同程度上忽视了促使西方现代化成功的还有另外一位"先生",那就是"劳先生",即法治。实际上没有法治的基础,其民主是不牢靠的。而当前所探索的社会主义市场经济必须是以健全的法制为基础的。20世纪90年代清华大学复建法律学科,正是提高了加强社会主义法治的自觉性所致。

再次,陈新宇还从相关的人与事的探讨中,提出了某些值得深入思考的观点。比如在《人生何处不相逢——瞿同祖与何炳棣的命运对照》一文中,在对瞿、何两位命运的对照中,得出如下的论点:"从法学与历史学关系的角度讲,法律固然是解决现实社会问题的重要工具,但'知其然'之余,若要'知其所以然',无疑需要到历史中去寻找答案,对于纠结古今中西问题的中国法学而言,历史不仅仅是一座博物馆,更是一座图书馆。未来中国伟大的法学家,必然也是伟大的历史学家。"这无疑是一个可以予人启示的观点。因为"以史为鉴,可以知兴替",而法律学科是关于法律现象以及其规律性为研究内容的科学,是秩序与公正之学,关系到社会的公平与正义,关系到国家治理的成效,关系到人民大众的根本利益,而历史为其提供了宝贵的启示和答案。法律学科格外重视案例教育,实质上就是以史为鉴。所以陈新宇的"未来中国伟大的法学家,必然也是伟大的历史学家"的论点不无道理,它启迪攻读法律学的师生,应该有自觉而科学的历史观,重视历史的研究。

而《法治的恪守者——燕树棠的生平与思想》一文,依据坚实的史实,在更加宽广的视野论述了法治建设中"法治"与"人治"的关系。燕树棠先生是一位对中国法治建设和法治教育产生过重要影响的著名法学家、法律教育家。1916年通过清华专科考试赴美,回国后曾任清华法律学系首任主任。他强调"民治制度,若无法治,是根本上不能存在。"又指出:"清末民初之间,中国国势不振,渐渐丧失从前重人重德之自信力,而以为泰西各国盛强,多赖法律,于是渐次崇尚法律,而轻视'人'的问题,迷信人事之一切可以取决于制度。"在对民国时期法治建设考察基础上,提出"我国对于司法之建议及改革,多制度之形式,而忽略司法之精神,以致法官创建之精神和人格之修养,反不及旧制时代之提倡与努力。这种状态造成之主因,是由于我们迷信了西洋思想上对于司法之沿习的错解。"据此,陈新宇认为"有其法者尤贵有其人",法律人是沟通规范与社会事实之媒介,法治之理念,乃由他们的身体力行落诸于实处,故法律人之素质,实乃一国法治成败之关键。这一观点对于当今法治生态建构与法律人才培养均有积极意义。继而,陈新宇归纳了在长期的法律教育中,燕先生形成的系统的教育理念,不仅仅是专门知识的传授,更要有"法律头脑"之养成。所谓"法律头脑",包括四方面内容:第一,须要有社会的常识;第二,须要有剖辨的能力;第三,须要有远大的思想;第四,须要有历史的眼光。陈新宇指出:在燕先生看来,"法律头脑"的意义乃"在学习法规之外必须得到一种法学的精神",只有如此,"机械的法律知识才有个生机,有了动力,才可以说是死知识变为活知识,死法律变为活法律",具备这类素质的人,才可以说是"用之不竭的法律人才"。因此,主张在法律教育中,"社会科学的功课,如政治学、经济学、社会学、政治思想史、经济思想史,以及伦理、心理、逻辑、哲学各项科目,应该与法律并重,作为必修的科目,以便使学生对于整个社会、全部的人生问题,得到相当的认识。"显然,燕树棠的教育思想与当今实施的素质教育理念具有高度的相通性。

继而,《从邵循恪到端木正——清华法政研究生教育的薪火传承》一文描述了两位杰出学人邵循恪和端木正的学习概况,勾勒出清华法政研究生教育较为全面的风貌,特别是清华对优秀学生的关照,为其成长创造机会的传统和严谨、严肃、严格的学风,以及学人"重趣味重性情而轻利害"的追求。《何处相思明月楼:楼邦彦的清华往事》一文,论述了1931年转入清华的楼邦彦享有"美丽的校园、一流的师资、先进的理念、完备的课程",并展现了自己的学术才华,体现出青年法政学人法治救国的情怀。楼邦彦能与本科论文指导教授进行商榷,体现了"吾爱吾师吾更爱真理"的精神与勇气。2015年面世的《楼邦彦法政文集》反映了这位著名法学家、政治学家深厚的学术素养、广阔的视野和敏锐的观察力。陈新宇认为,楼邦彦与王铁崖、龚祥瑞同为同学、同事、同为钱端升先生高足,其学问才识,与前两位相比并不逊色。

《孙中山先生与清华年轻的法政人》介绍了清华学校1924级毕业生徐永煐、施滉、何永吉等参与法政活动,包括成立社团,互相砥砺,探索政治救国之道,并对孙中山先生颇为推崇的情况。他们三人曾经拜见中山先生,探讨国民党对孙中山革命事业的继承性、新三民主义与苏俄的关系、中国统一的历史与现状、军队的纪律、国民党改组的要点等问题,反映出这些主张政治救国的年轻人心系国家前途命运,对当时政治热点的所思所想,后与清华学校的秘密组织"超桃"成员一起,认识到国民党革命不彻底,表示"我们要救中国,我们要加入共产党"。施滉在斯坦福的硕士论文《孙逸仙评传》成为研究孙中山先生的一本重要作品。"时至今日,中山先生的非凡气度,革命青年的纯白之心,仍值得追忆与缅怀。"

《东京审判量刑问题再审视——以"死刑投票6比5"为中心》描述了清华

学校毕业生梅汝璈在出任远东国际军事法庭法官时，对庇护日本战犯的势力进行坚决而卓有成效斗争，维护了祖国的尊严和人民利益的故事。此文对东京审判量刑问题的历史情境进行了考证，指出："以梅汝璈法官和向哲濬检察官为代表的中国法律人所展现的法学素养、政治智慧及法律爱国主义精神，在历史的今天，值得国人追思和缅怀、更应该发掘与弘扬。"

陈新宇还在《清华校歌的故事》中论述了清华校歌的变革、内涵与评价，认为"校歌记载历史，本身传承亦是历史，她的微言大义，她的名人典故，是校史重要的组成部分，是国家与社会变迁的折射。"应该以高度的文化自觉予以体认。而《诗人朱湘的清华校歌》则是对清华校歌创作历史的一个补充。

《＜无问西东＞沈光耀背后的故事》是作者通过对电影《无问西东》的主人公之一沈光耀的原型清华土木系毕业生沈崇诲、林徽因的弟弟林恒英勇献身及其家庭背景的考证，论述了清华人以身许国的情怀，正如沈崇诲在《我的自传》所表述的"'尽忠报国'——愿长此以自勉"。

在此书终篇所列"附录 资料三种"——1909—1929年清华留美学习法政学生履历、1929—1952年清华法学院毕业生名单和清华大学图书馆藏老清华法学院学生毕业论文目录等为了解和研究老清华法政学科人才培养提供了重要的史料。

十分感谢陈新宇为考证清华法政学科的历史以及清华校史所付出的努力，清华法政学科的发展虽经曲折，但是在清华人的共同努力下，一直弦歌不辍，精神永续，相信在当今民族伟大复兴的推动下，清华法律人必将高举"爱国奉献，追求卓越"的精神火炬，自强不息，厚德载物，开拓更加光明的未来！

胡显章　2021年夏

（收入陈新宇著：《水木法意：制度·人物·文化》，九州出版社，2021年版）

《清华大学近代校园规划与建筑》序

  大学是功能独特的文化机构，肩负着文化传承创新和文化育人的使命。大学校园不仅是大学人学习、工作、生活的物质环境，也是体现大学理念、蕴育大学精神的精神家园，其本质是文化空间。所谓文化可以理解为人为了生存和发展，使外在世界按照人追求的真善美境界的"人化"；而当人构建了人化了的世界时，它又通过"人文化成"而造化人自身，即"化人"。文化是人化和化人的过程及其产物。大学校园是历代大学人依据大学理念开物成境的成果，是提高师生文化素质、提升学校文化品位的重要环境，由此，做好大学校园的规划与建设意义重大。

  本书作者刘亦师是清华大学建筑学院建筑历史与理论研究所的青年教师，自 2000 年邂逅清华老校区后，便为其厚重的建筑文化内涵所吸引。2003 年到清华建筑学院攻读中国近代建筑史，2014 年清华大学建筑学院博士后出站留校，在撰写《中国近代建筑史概论》的同时，考虑到自 1909 年开始的清华校园规划和建设是中国近代建筑史的重要研究对象，着手编著图文并茂、内涵丰富的《清华大学近代校园规划与建筑》。学校的校园规划和建设史，是校史的重要组成部分，能够起到存史、资政、育人的作用。

  刘亦师在清华大学近代校园规划建设研究中，继承了清华务实会通的学术风格，着力"务博综、尚实证"，注重中西融会，古今贯通，理实结合，在综合中提升认识境界。他从清华学校曾是一所留美预备学校，规划与建筑风格深受欧美影响的史实出发，首先实地考察了弗吉尼亚大学的大草坪区与清华礼堂前草坪区的类似与差别，并对与清华大礼堂多具相似性的弗吉尼亚大学圆厅图书馆穹顶结构进行了深入比较研究。继而又专程赴耶鲁大学，对该校校友、为清华学校校园规划和建筑设计作出重大贡献的建筑师墨菲进行了档案发掘，幸运地发现了墨菲关于清华学校的设计资料，包括大礼堂的平面、立面和剖面设计图。回校后，他在学校房管处支持下对大礼堂进行了测绘。通过比较，对两者的异同有了具体而深入的认识。这一经历使他体会到耙梳原始档案和考察历史文献，并且积极组织测绘取得一手资料，有着广阔的前景，并以此为基本理路，拓展了对清华校园规划与建设的系统研究。

清华是享誉瀛寰的建筑规划和设计师的摇篮，梁思成在这里开拓了中国建筑史学术研究先河。针对中国建筑史罕人问津的境况，他不禁发问："我们中华民族有着数千年的灿烂文化，为何独独没有自己的建筑史？"他发誓："中国的建筑史将一定由中国人自己来撰写！"为此他放弃了国外优越的生活和工作条件，回到了民不聊生的中国，自1931年开始从实物调查入手，对北京地区的古建筑进行测绘、分析和鉴定，1932年春他走出京城，"以测量绘图摄影各法将各种典型建筑实物作有系统秩序的纪录"，与妻子林徽因及同仁开展整整5年的艰苦卓越的实地考察与测绘，用现代科学的方法开辟了中国建筑史的研究道路。1944年完成《中国建筑史》，后来梁思成主持的"中国古代建筑理论及文物建筑保护"的研究被授予国家自然科学奖一等奖，英国学者李约瑟称梁思成是研究"中国建筑历史的宗师"。同时，我们也看到，对于中国近代建筑史的研究曾经有过一个时期的停顿，直至1985年在清华大学汪坦教授和张复合教授的推动下，重起了中国近代建筑史的研究和教学活动。青年副教授刘亦师2019年9月出版的《中国近代建筑史概论》和现在面世的《清华大学近代校园规划与建筑》，可以看成清华大学建筑学院群体继承梁思成先生开拓的中国建筑史研究事业的一个最新环节。

我们注意到，刘亦师在上述两本著作所涉及的时域局限在"近代"，即从史学上定义的"从1840年的鸦片战争到1949年中华人民共和国成立的110年历史"，对清华校园规划与建设研究则局限在1909年留美学务处成立到1966年"文革"前的不到一个甲子的时间。实际上，清华大学校园建设大发展是在改革开放之后的40年里，此间出现了对清华校园建设乃至现当代中国建筑事业产生重大影响的大师级人物，如梁思成先生的弟子吴良镛、关肇邺、李道增等。他们的业绩和学术轨迹，都需要全面梳理总结，希望清华大学建筑学院建筑历史与理论研究所的新秀们，包括刘亦师能够对现当代清华大学校园规划和建设事业与研究，做出持续的努力！

胡显章　2020年7月于清华园
（收入刘亦师编著：《清华大学近代校园规划与建筑》，
清华大学出版社，2021年版）

《好读书》发刊词

值此钱锺书先生诞辰九十八周年和逝世十周年,由清华大学学生好读书协会主办的《好读书》季刊创刊号面世了,作为一个关注并受惠于诸多清华媒体的读者,谨送上一份热情的祝贺与深切的祝福,祝《好读书》这棵幼苗在众人的呵护下,得以茁壮成长!

学生好读书协会是由清华大学获得"好读书"奖学金的学生自发组建的学生社团,而"好读书奖学金"是杨绛先生以钱锺书、杨绛夫妇2001年上半年所获稿酬及其后所发表作品获得报酬的权利捐赠给母校清华大学,于2001年设立的奖学金项目,受惠的先是人文学子,至2005年基金已逾400万元,便开始面向全校学子;好读书协会则是以两位老学长提出的"好读书、读好书"倡议为宗旨而成立的。

老学长钱锺书于1933年由我校外文系毕业,曾先后在西南联大和清华外语系任教。他博学强记,兼通数国语言,学贯古今中西,在文学创作和学术研究上成就卓著,影响深远。杨绛先生于1933年考入我校外国语文研究所,是著名作家、翻译家,我校外语系兼职教授。钱锺书先生人如其名,一生钟情于书,读书、教书、写书,与书结下了不解之缘。1929年进入清华外语系时,自幼就酷爱读书的他就立下了"横扫清华图书馆"的志向,奋发读书。正如他的学友许振德在回忆录中所说:钱锺书"大一上课无久,即驰誉全校,中英文俱佳,且博览群书""余在校四年期间,图书馆借书之多,恐无能与钱兄相比者,课外用功之勤恐亦乏其匹。"称钱"在校时,以一周读中文经典,一周阅欧美名著,交互行之,四年如一日。每赴图书馆借书还书,必怀抱五六巨册,且奔且驰。且阅毕一册,必作札记,美哲爱迪生所谓天才乃百分之九十九之血汗及百分之一之灵感合成之语,证之钱兄而益信其不谬。"正是这种好读书的习惯,奠定了钱锺书深厚的人文根基,在为人治学上均饮誉海内外,被世人尊称为"文化昆仑"。杨绛学长也是一个好读书和善读书者,她曾说:"读书好比串门儿——'隐身'的串门儿。要参见钦佩的老师或拜谒有名的学者,不必事前打招呼求见,也不怕搅扰主人。翻开书面就闯进大门,翻过几页就升堂入室;而且可以经常去，时刻去，如果不得要领，还可以不辞而别，或者干脆另找高明，和他对质。不问我们要拜见的主人住在国内国外，不问他属于现代古代，不问他什么专业，不问他讲正经大道理或是聊天说笑，都可以挨近前去听个足够。"

两位学长提倡"好读书，读好书"，对于今日居于文化高地，明日肩负民族伟大复兴重任的大学生，有着特殊重要的意义。好读书意指爱好读书，要有读书的兴趣。就当前的情况看，中学的文理分科和应试教育加上大学过重的负担，影响了同学们养成好读书的习惯和阅读能力与水平的提高，这不仅限制了学识视野，也造成了人文情怀与科学精神的分离与缺失，最终将制约整体素质的提升，难以适应民族伟大复兴的需求。所以，好读书，不仅事关个人的成长，也关乎国家民族的前途。而"读好书"则是在浩瀚的书海中能够选择真正有益的书来读。当然，好读书是前提，假如缺乏读书的欲望以至冲动，那是无法读到好书的。今天，我们首先要向钱锺书学长学习对书的钟情，勤于读书。正如曾在清华学校任教的著名学者林语堂先生所说："学生应该对读书发生狂喜。"其次，还要从前辈读书的方法中受到启迪，努力博览群书，特别是优秀的传世经典。有同学认为现在很难做到像钱锺书学长那样读书，一是难以有他那样过目不忘的超凡记忆力；二是现在过重的负担，难以做到博览群书。对于前者，梁启超先生说了这样一段话："我们读一部名著，看见他征引那么繁博，分析那么细密，动辄伸着舌头说道：'这个人不知有多大记忆力，记得许多东西，这是他的特别天才，我们不能学步了。'其实那里有这回事""你所看见者是他发表出来的成果，不知他这成果原是从铢积寸累困知勉行得来。大抵凡一个大学者平日用功总是有无数小册子或单纸片，读书看见一段资料觉其有用者即刻钞下。""这种工作笨是笨极了，苦是苦极了，但真正做学问的人总离不了这条路。"所以，有博闻强记的功夫当然是好，但是，更重要的是一个"勤"字，勤读、勤思、勤做笔记；梁先生还说："每日所读之书，最好分两类，一类是精熟的，一类是涉览的。因为我们一面要养成读书心细的习惯，一面要养成读书眼快的习惯。心不细则毫无所得，等于白读；眼不快则时候不够用，不能博搜资料。"所以，以浏览求博以细读求精，可以提高读书的绩效。在繁忙的时刻，如不能找出完整的时间来读书，也可以采取积微成著的做法。哈佛大学老校长艾略特说："养成每天用十分钟来阅读有益书籍的习惯，二十年后，思想上将大有进步。所谓有益的书籍，是指世人所公认的名著，不管是小说、诗歌、历史、传记或其他种种。"的确，我们应当养成读书尤其是读名著或者经典的习惯，必定"开卷有益"。

杨绛先生在"好读书"奖学金捐赠仪式上说:"期望得奖学金的学生,永记'自强不息、厚德载物'的清华校训,起于自强不息,止于厚德载物,一生努力实践之。"由此可见,钱先生、杨先生在清华大学设立"好读书"奖学金,其意义不仅是激励青年学生从书中学习知识,更重要的是通过读书提高修养,像钱先生曾经说的那样,"做一个有高尚品格的人,一个有文化的人,一个实在而聪敏的君子"。

希望《好读书》季刊能够遵循两位学长的心愿,作为协会面向全校学生的窗口,通过推荐好书,为大家提供交流读书感悟、发表原创作品的平台,为在清华园里营造浓厚的人文和读书氛围,提升同学们的素养作出贡献。

2008 年 12 月 1 日

多读书　读好书　善读书
——《清华大学荐读书目》序

这是一本关于引导读书的册子。

许多名人大家对读书都有着深刻的领悟。莎士比亚说:"书是全世界的营养品";高尔基说:"书是人类进步的阶梯";培根说"读书使人充实""精神上的各种缺陷,都可以通过求知来改善";臧克家说:"读过一本好书,像交了一个益友";在哈佛大学当了40年校长的艾略特说:"养成每天用十分钟来阅读有益书籍的习惯,二十年后,思想上将大有进步。所谓有益的书籍,是指世人所公认的名著,不管是小说、诗歌、历史、传记或其他种种。"清华学长钱锺书、杨绛伉俪因书结缘,他们将读书视作一种信仰。钱锺书酷爱读书,进校后誓扫清华图书馆被传为佳话。杨绛说:"我觉得读书好比串门儿——隐身的串门儿。要参见钦佩的老师或拜谒有名的学者,不必事前打招呼求见,也不怕搅扰主人。翻开书面就闯进大门,翻过几页就升堂入室。"她还说:读书不是为了拿文凭或者发财,而是成为一个有温度、懂得情趣、会思考的人。书虽然不能帮你解决所有的问题,却能给你一个更好的视角。它会在不知不觉中影响你的思考、逻辑、谈吐、与人共事等各个方面。读书能让人遇到更好的自己。为了鼓励清华学子读书,她在90高龄时,用她与钱锺书的稿费在清华设立了"好读书"奖学金,同学们以两位老学长提出的"好读书、读好书"倡议为宗旨成立了好读书协会。

为了引导大家读好书,1997年清华大学推出一本《清华大学学生应读书目(人文部分)》,推荐了中国文化名著、中国文学名著、世界文化名著和世界文学名著各20种,收效良好。当前,面临中华民族伟大复兴,清华大学正在加快推进建设"世界一流、中国特色、清华风格"大学的进程。国家与学校领导都越来越关注人的素质,强调多读书,读好书,善读书。习近平同志一再倡导读书,指出"读书可以让人保持思想活力,让人得到智慧启发,让人滋养浩然之气",他谈到在插队的艰苦岁月,常常以书为伴,当今日理万机,"经常能做到的是读书,读书已成了我的一种生活方式"。李克强同志在人代会上强调人们在追求物质财富的同时，希望有更丰富的精神生活。书籍和阅读是人类文明传承的主要载体。阅读是一种享受，也是一份财富，阅读者将终身受益。希望全民阅读能够形成一种氛围，无处不在。为此，"全民阅读"被三次写入《政府工作报告》，并提出建设书香社会的愿景。处在文化高地的大学理应成为书香社会的典范和导引者。清华大学邱勇校长也十分重视引导大家读书。他在给2015年新生信中强调：读书是一种生活态度，这对于处在个人成长黄金阶段的年轻人而言尤为重要，与书为伴将使同学们受益终生，并向新生赠送路遥的《平凡的世界》，继而在2016年又向新生赠送亨利·戴维·梭罗的《瓦尔登湖》。邱校长还支持"读在清华"深度阅读推进计划的实施，关注推荐书目的工作。依据形势的要求，在总结以往指导阅读实践的基础上，由清华图书馆出面，邀集了清华大学国家大学生文化素质教育基地、新雅书院、教务处和人文学院等院系的教授组成了一个编委会，对1997年版的《清华大学学生应读书目（人文部分）》进行了修订，形成了新版《清华大学荐读书目》。

新版书名由"应读"到"荐读"的修改，体现了对阅读主体的尊重，变"你应读"为"我要读"。新版书目比之旧版有如下的变更：一是对部分书目做了调整，扩大了学科覆盖面，增加了社会科学、自然科学领域和美学方面的书籍；扩大了地域、民族和人类文明发展重要阶段的覆盖面。二是总量由原来的80种增至120种，并依然在其中注明了优先推荐的书目（共30种，以 ※ 标示）。有人会说，在校学习期间是无法读完这120种的，甚至终生都难以读完。实际上，这个荐读书目只是对大家的阅读起一种导引作用，至于能够读多少，关键是对于读书的需求和态度。唐宋八大家之一王安石说："尽吾志也，而不能至者，可以无悔矣。"这对于我们读书不无启迪作用。又有人会说，这书目推荐的书太少了。实际上在选择过程中，我们参阅过各种各样的阅读书目，编委们也推荐过其他的书，最后我们以同一学科背景的书不宜过于集中为原则，立足全局进行了选择，有的书采取了在同类书目导读中提及的办法，还有的书将在学科推荐书目中列选，例如，清华美术学院曾经推出一本《清华大学美术学院学生素质教育推荐书目》，着重列出系列美学的书籍，修订后要再版；新闻与传播学院学术委员会主任李彬教授给同学们编荐了《清华新闻书目导读100种》，不仅列选了新闻传播相关的经典读物，还涉及为人为学审美的宽博领域；清华马克思主义学院也将推出阅读书目，其中部分有关马克思主义的书籍是配合马克思主义理论必修课列出的，是面向全校同学的，许多重要的书籍在这个荐读书目中就没有列出。新版还考虑到中学阅读的情况，删节了旧版部分书目。新版所推荐的书目除个别是近期一经面世便为世人公认为富有启迪意义的好书，一般均带有经典特色，历经岁月的淘洗，是具有传世性、普适性和权威性的文化遗产。

怎样阅读这些名著？不同的人，对待不同的读物有不同的读法，总体上提几点建议供参考：一是正如历史学家钱穆先生在《国史大纲》弁言中倡导的，对中国历史文化应该带有温情与敬意那样，对经典读物也应该抱有这样的心态；二是要有心灵的交流。德国哲学家雅斯贝尔斯说：教育意味着一棵树撼动另一棵树，一朵云推动另一朵云，一颗心灵唤醒另一颗心灵。阅读作为一种自我教育，也应该有这样的过程；三是要联系实际进行独立思考和判断，并学以致用。《礼记·中庸》十九章有："博学之，审问之，慎思之，明辨之，笃行之。"被朱熹称为"为学之序"，对我们今天的阅读仍是适用的。这样，我们就可以像华罗庚教授总结的做到读书"由薄到厚"，又"由厚到薄"，即通过思考判断，分析归纳，达至去芜存菁，融会贯通，转识成智，并经过实践，成为自己稳定的素质。

这次推荐书目的工作，得到各方的关注和支持，许多学科的领军者和教学名师或对书目提出建议，或亲自提笔撰写导读文章，保证了书目的质量，提升了书目的吸引力和影响力，我们在此向他们、向所有为书目奉献了心力的朋友们表达谢意！

我们希望此次新版的书目相对于旧版能收充实完善之效，但由于能力所限，依然会有不足之处。这个小册子是为大学生阅读提供导引的，也可以为同等阅读水平的读者提供阅读参考。我们期望这个册子对大家多读书、读好书和善读书能够有所助益，也期望读者能将意见反馈给我们，以便进一步完善。

《清华大学荐读书目》编委会主任胡显章于2016年冬
（收入胡显章主编：《清华大学荐读书目》，清华大学出版社，2017年版）

《马克思主义新闻观学生读本》序

> 范敬宜院长批语：写得很好，正确地反映了学院马克思主义新闻观教学的实际情况，有事实、有例证、有深度，可以作为今后这方面总结的基础。
>
> 范敬宜　2008年9月8日

此刻，在我的案头摆着三部书稿：由范敬宜与李彬主编的《马克思主义新闻观十五讲》（下称《十五讲》）、李彬与李漫主编的《马克思主义新闻观拓展读本》下称《拓展读本》，以及由我作序的这部《马克思主义新闻观学生读本》（下称《学生读本》）。大约百万言的三部书稿，构成了清华大学新闻与传播学院"马克思主义新闻观"课程的基本教材框架。其中，《十五讲》与《拓展读本》是学院和兄弟学校的老师，特别是新闻传播界诸多大家高手对马克思主义新闻观的理论思考和实践体会，而《学生读本》则收录了清华学子修课后的感想与相关论文，属于同学们自己的作品，也可以说是李彬与曹书乐于2006年编辑出版的《学在清华（新闻传播篇）》一书的姊妹篇。

在开设"马克思主义新闻观"课程之前，学院经过研究认为，这样的课程既要旗帜鲜明，又要引人入胜；既要努力贴近国情民生、贴近新闻实际、贴近学生的所思所想，又要引发学生的学习兴趣。为此这门课程主要采取名家讲授、自主钻研和师生互动相结合等方式，努力做到以理服人，以情动人，以"能说到他们心里去的方法和语言"与学生交流，并开展一系列生动活泼的配套活动，引导学生感知马克思主义新闻观在新闻理论、新闻实践和新闻管理等方面的统领意义。

说实在的，当同学们刚听说要上"马克思主义新闻观"课程时，多数是不解、存疑，有的甚至抵触。但是，这门课程全新的教育理念与教学方式，一步步激发了同学们的学习热情。正如同学所说的，在正式开课后，感到"出乎意料",甚至感到"惊喜""每一次我都怀着好奇和期待的心情来到课堂,每一堂结束我都感到心里的空白被某些沉甸甸的东西填补了,有崇拜也有感动,被震撼也被鼓励""如同发现一片宝藏""启发我用和以前不同的角度去思考和审视与新闻相关的一些现象、一些疑惑";这门课程"把我带进了一个新天地",并引导自己"开始走向主流",促使自己"达到一种站得高、看得远、想得深、拿得稳的素质状态""最重要的是把马克思主义新闻观作为自己的主心骨",而且切实地感受到"它不是空洞的、教条的,而是鲜活的、有灵魂的;它不是玄虚的,而是实在的;它不是远离我们的,而是每时每刻我们都能触摸到的"。

从凝结诸如此类学习心得的这部《学生读本》的字里行间,可以令人欣喜地看到,同学们对这门课程态度的转变和对马克思主义新闻观认识上的提升。我怀着感动和鼓舞的心情,阅读了同学们的感想和思考,并试着梳理他们学习这门课程的心得,归纳起来有以下几点。

(1)开始初步懂得"什么是新闻?""新闻为了什么?"。在这些感文中,年轻的学子对"新闻就是揭黑",热衷对"内幕""揭秘""曝光"等提出质疑,认识到"作为党和人民的新闻工作者,首先要做到真实地反映生活,不仅要报道真实、准确的单个事物,更要注意和善于从全局上、本质上以及发展趋势上去把握事物的真实性,防止以偏概全,不能打着'为人民鼓与呼'的旗号盲目地进行'舆论监督'",从而得出一个重要结论:"马克思主义新闻观教会我很多,但最重要的是,让我明确了立场,我们的新闻观就是为人民服务,为社会主义服务的,而且我们毫不隐瞒自己的观点。"

(2)开始对新闻与政治、新闻与社会、新闻与国家发展等大是大非问题有了明确的意识,对诸如什么是新闻自由,怎样看待新闻自由等,有了比较清醒的认识。比如,认识到"新闻自由并不是一个抽象的、空洞的东西,而是同各种具体的社会历史实践密不可分的,同政治、经济、文化等发展融为一体的。就当下的国际国内态势而言,新闻自由不只是一个动听的道德律令或美丽的理想追求,而是同各种政治背景和利益关系息息相通的现实利器"。他们体会到"新闻从来没有真正自由过""资本的逻辑和新闻自由是相悖的""法制化社会是民主自由的基础,也是新闻自由的基础"。由此进一步明确,在实现中华民族伟大复兴的进程中,新闻自由不仅是"一个渐进的过程""与整个社会的发展紧密相联",而且"新闻自由"与"社会责任"不可分割;认识到对于现存的不足与问题,不要仅仅定留在"批判与揭露""单单去关注这些问题",而且要去"寻求解决之道"。

（3）开始"明白了今天我们怎样做记者，怎样做好中国的新闻工作者"。用学生自己的话来说，就是"识大局、肩责任、明政治、拓眼界"，有"底气、正气、大气""心怀大爱""心有天下""心忧天下""站在国家的立场上，永远维护最广大人群的利益"。同时，"不仅仅学会用什么样的态度、立场和方法学习以及从事新闻工作，更在许多新闻大家名家的感染下，学习将这样的态度与立场延伸至每一天的生活中，在他们人格魅力的熏陶下，学会如何做人"。

（4）这门课程的收获不仅反映在对一些基本的专业问题认识的提升上，而且还反映在"改变了思维方式"。一些同学一边上课，一边反思，发现"我们误读了太多东西"，而"这些误读的产生，正是抱着一种专业的傲慢，加上对现实的偏见"。于是，认识到"用马克思主义的辩证法来思考问题，就要求我们不能片面地、停滞地、孤立地看待问题"，应该全面地、发展的、联系地看待一切，只有这样，我们才能把握诸如"真实"与"假象"等问题，才能正确对待诸如"自由"与"责任"等关系。

（5）最后，开始把对专业的新认识转化为宝贵的事业心。正如一位同学所说："新闻业是一项崇高的事业，科学的马克思主义新闻观给我们提供了从事这项事业所要遵循的基本原则和方法，但是，光懂得这两点并不能确保我们在这一行业中有所成就。世界上有许许多多伟大的事业，我们能在其上实现自身价值的只能是自己情有独钟的那一项，只有当你热爱自己的事业时你的事业才能有所成就。"这门课程的一大收获就是使同学们更加热爱自己所从事的事业，并且以献身这一事业并取得卓越成就的前辈为榜样，"不论将来面临多少磨难，我会在自己的路上昂首向前"。

以上是我对同学们学习这门课程的心得谈不上全面的粗略归纳，相信通过阅读这个汇集同学们思想火花的《学生读本》，能够帮助新闻与传播学科的老师们、同学们，以及所有关注马克思主义新闻教育的朋友们，了解清华大学新闻与传播学院开展马克思主义新闻观教育的试验所取得初步而可喜的成效，从而增强开展马克思主义新闻观教育的信心。正如同学们所说的："请老师不要低估青年学生接受马克思主义的能力"；能够帮助后继的同学们引发学习的兴趣和主动性，并且有进一步的亲身体验和总结提升，而且在其他教育教学环节中，在自身长久的生活与工作实践中来加深认识与体验，进而为充实发展马克思主义新闻观，推动中国新闻传播事业和新闻教育的变革与进步作出自己的贡献。

清华大学新闻与传播学院在范敬宜院长的带领下，遵循"素质为本，实践为用，面向主流，培养高手"的教育理念，开展马克思主义新闻观的教育教学实践，并有了一个良好的开端。这不仅反映在"马克思主义新闻观"等课程上，还反映在其他人才培养环节上。这方面教育教学的一个突出成果，体现在学生主流意识、主流价值观和去主流媒体工作的积极性的增强。据统计，在 2002 年范静宜教授任院长前，学生去主流媒体和国家机关工作的比例只有约 20%，现在已稳定达到 70% 以上，而且，毕业生的表现受到用人单位的充分肯定。我们期望清华大学新闻与传播学院在建设中国特色、中国风格、中国气派的新闻教育体系与教材体系方面，能够有持续的进步。

《清新时报》发刊词

在清华园这方沃土上,可算是媒体如林了,它们不仅传播各种信息,而且成为校园文化的重要组成部分,以其各种宗旨影响着受众,也培育着年轻的"报人"。

今天,一份由新闻与传播学院的学子为办报主体的《清新时报》与大家见面了。它的办报宗旨是为本学院同学创造一个实习的园地,为学院的形象塑造提供一个舞台,企望"成为一份专业的新闻报纸",对同学所关注的现象及问题进行深度报道。由于其新闻与传播学院的背景,它的面世,自然会引起受众更多的关注,并寄予更高的期望。

众所周知,清华园曾荟萃并蕴育过文史哲大师与翘楚,但对新闻与传播领域的情况却知之甚少。实际上,曾做《君子》演讲,倡导清华学子"自强不息,厚德载物",后来成为国学院四大导师之一的史学大师梁启超便是20世纪初著名的报人,先后当过10家报刊主编,有21年新闻生涯。深厚的人文功底和丰富的社会阅历使他成为新闻传播学大师。他在中国最先提出媒体的耳目喉舌作用以及"思想新而正,宗旨定而高,材料富而当,报事确而速"办报四原则和"博、速、确、直、正"新闻报道五个标准。我想,在赋予新的内涵后,以上的原则与标准,对我们今日办报也是适用的。

昔日清华虽无新闻与传播专业,但造就出诸多的业界高手,如重庆《新华日报》总编章汉夫、曾是名记者的胡乔木、乔冠华、杨述、韦君宜、柏生,等等。《红岩》中《挺进报》主编刘思扬的原型也是出自清华。他们所以成为高手,除了深厚的文化底蕴,还在于强烈的社会责任感和锐利的批判精神。他们是我们的楷模,相信今日尚稚嫩的"报人"一定可以从这些老报人身上汲取力量与智慧。

毛泽东同志在《对晋绥日报编辑人员的谈话》一文中,谈到要注意群众办报,不能靠少数人关起门来办报。希望我们的"报人"要注意走群众路线,也希望我们的老师、同学都来关心扶植这棵幼苗。毛泽东同志强调的另一点是,教育者要先受教育，我们的"报人"应努力向广大受众学习，向书本学习，向一切能人学习，更要从自身的实践学习。毛泽东同志还要求防止思想方法的片面性，这对一份负责任的报纸是很重要的。最后，毛泽东同志强调报纸要办得认真，要有尖锐、泼辣、鲜明、生动的文风，不能钝刀子割肉。《清新时报》作为年轻学子主办的报纸，更应当具有这样的特色，给清华园带来一股清新的气息。

我们预祝《清新时报》茁壮成长！

2002 年 11 月 8 日

《世纪回眸——中国大学文化研究》序

20世纪90年代中期以来,从加强文化素质教育的探索到呼唤大学精神和制度创新,从大学校园文化的探讨再到大学文化基本理论问题研究,在中国逐步兴起了一个研究大学文化问题的学术思潮。在这一背景下,2002年9月由清华大学、北京大学、高等教育出版社联合组建了"大学文化研究与发展中心"(下称"中心"),"中心"成立后不久,承接了全国教育科学"十五"规划重点课题"先进文化建设中的大学文化研究"。我作为"中心"的轮值主任成为该课题的主持人,傅林是我指导的清华大学的博士后,成为该课题的骨干,此书便是该课题的成果之一。

这本书对大学文化的内涵、分类、作用以及影响大学文化变迁的因素作了梳理和研究,对中国传统文化和欧美大学文化对中国近、现代大学文化的影响作了考察分析。本书的独特价值在于:

把握了中国大学文化的"特色"与"创新"两个关键词。"特色"表明了一所大学办学的特殊性,彰显着学校的个性。经过大学人在特定历史与环境条件下的探索、积淀和发展,形成了一所大学有别于其他学校的相对稳定的办学理念、传统、制度和方法。这些办学特色不仅具有功用价值,更反映出一所大学特有的、优异的本质特征,即影响其功用价值的内在价值。如一所大学长期积淀而成的大学精神与办学理念就是影响该大学育人、学术与社会服务绩效的内在价值,是一所大学的大学文化的灵魂与核心。同时,"特色"与"创新"又是紧密联系在一起的,一切创新之物均是具有特色的,有特色之物虽不一定带有创新的特征,但是,纵观国际高等教育发展史,就会发现注重大学办学特色是通往创新的必由之路,大学走过了不断以特色求创新和以创新显特色的历程。19世纪柏林洪堡大学倡导"教学与研究相统一"的理念,使得德国的大学突破经院式教育,在学术水平和教育质量方面有了很大提高,并且促进了世界科学技术与经济发展中心向德国的转移。在美国,1862年《莫雷尔法案》通过后,一批赠地学院应运而生,康奈尔大学迈出了服务于社会的重要一步。这种大学理念与办学特色在20世纪有了进一步发展,"威斯康星理念"的提出使大学直接为区域经济和社会服务成为大学重要的使命之一。继而，以斯坦福大学和加州大学伯克利分校创立硅谷为代表，实施学、研、产结合模式，使学校的科研教学与社会的经济增长实现良性互动。这种不断以特色求创新和以创新显特色的过程，成就了西方加速向创新型国家的转型。在21世纪中国进入了一个创新时代，大学自身的创新与引导社会的创新成为大学的重要责任。本书在"转型篇"着力探讨了在创新时代背景下中国大学文化创新这样一个重要的问题，突出显示构建创新型大学文化的迫切性和必要性，以及实现大学文化创新的途径，并且对建立大学文化创新机制做了有益的探讨。这些都表现出强烈的时代感、责任感和现实针对性，以及作者在学术上勇于探索的精神。

本书另一个独特价值在于通过个案研究探讨中国大学各具特色的大学文化。本书下篇对清华大学的大学精神以及清华大学办学理念的形成与发展、清华大学的校风、清华大学的学风作了个案研究。尤其可贵的是本书从文化生态学的视角来研究大学文化，重点考察了四川藏、羌、彝民族地区几所高校大学文化的特色，并且对21世纪中国大学文化建设提出了对策性建议。如前所述，大学文化的特色构成了大学的个性和特殊性，而一所所大学的特殊性的综合，又构成了一个国家高等教育整体的特性和表现形式的丰富多样性。纵然，当今中国从办学层次角度说，一些高校无法与北大、清华等名校相提并论，但大学文化研究的魅力在于以一种开放、包容的胸怀和姿态来探讨大学文化的基本理论问题和实践问题，这是包括大学文化研究在内的一切文化研究的基本出发点和学术情怀。"多元""融合""开放"等词是当下大学文化研究的重要关键词。中国西部地区，尤其是民族地区的高校在西部大开发和建设创新型国家中同样担负有重要使命，其办学也很有特色，唯有更好地关注这些高校大学文化的发展和创新，才能促进中国大学文化的整体创新和特色发展。本书对民族地区几所高校大学文化研究，可以展现中国丰富多样的大学文化内涵，可以充实和完善中国的大学文化研究。期待作者能进一步结合理论分析，对高校大学文化的个案展开更多的研究。

记得5年前的夏日，傅林来清华博士后流动站报到时，我们沿着茵茵的大草坪前行，当走过清华园古老的标志性建筑——清华学堂时，情不自禁谈起了在这里创造过学术辉煌的前辈，有如清华国学院的四大导师。陈寅恪先生曾在王国维先生纪念碑文中提道："惟此独立之精神，自由之思想，历千万祀，与天壤而同久，共三光而永光。"的确，"独立之精神，自由之思想"表明了清华人追求真理、勇于求新的学术品格，而源于梁启超先生来清华演讲时引用《易经》

的话"天行健,君子以自强不息;地势坤,君子以厚德载物"而衍生的校训"自强不息,厚德载物"更是清华精神的象征。"世之奇伟瑰怪非常之观,常在于险远,而人之所罕见至焉,故非有志者不能至也。"学术道路与人生的道路漫长且艰辛,唯秉精神执着追求者方能达至新的境界!傅林教授是一位在大学文化研究中崭露头角的学术新秀,已被聘为大学文化研究与发展中心的特约兼职研究员,愿傅林矢志不移、继续努力,在学术上取得更大的成绩。

2009 年 2 月

(收入傅林:《世纪回眸:中国大学文化研究》序二,
教育科学出版社,2009 年版)

《水木烙印》序

得知胡钰要编一本文集,把曾经发表的一些随笔、散文、评论等文章汇集起来,我很支持。我看过他写的许多文章,特别是近年来在《水木清华》杂志专栏上的文章,我几乎每期都看。他的文章内容许多是关于清华的人和事,善于从一个个鲜活的小故事入手,展现清华人的精神,读起来很亲切,多有共鸣。胡钰在博士毕业后曾走向社会历练,但多年担任清华校友会的理事,清华一直是他的关注点,清华精神是他的精神家园,他的心一直连着清华、归属清华。我想这正是将文集取名"水木烙印"的缘由吧!

翻着这本文集,回想起来,我认识胡钰已经24年了。那是1992年,当时我是清华党委副书记,他是清华电子工程系的本科生,他组织了一个学生影视评论与欣赏协会,还办了一份《露天》报纸,请我来题写报头。之后,他读了中文系的科技编辑双学位来到人文社科学院,接着又成为清华第一批新闻学研究生的一员,毕业后就留在学院担任教师,讲新闻理论课。他还担任了学院主管学生工作的党委副书记,我兼任院长,我们的接触就更多了。

胡钰对专业学习很投入,从读研究生期间开始就发表了许多论文,得过"冯友兰基金学术论文奖";也很喜欢写散文、杂文,在学校报刊和校外各类报刊上发表许多文章,还得过"朱自清语言文学奖"。看到他的这些努力,我很高兴。这正是清华文科人才培养的一条路径。

清华文科的恢复和发展以1993年人文社科学院建立为重要标志,这不仅仅在于学科的布局走向综合,更重要的是为克服科学文化与人文文化的分离奠定了基础,为培养全面发展的人提供了更好的保障。梁思成先生1948年在清华大学作了关于理工与人文的演讲。他指出,科技与人文分离导致了两种畸形人的出现:只懂技术而灵魂苍白的空心人和不懂科技奢谈人文的边缘人。实际上,人文精神、哲学思维是一切学科的基础,也是人之所以成为真正意义上的人,一所大学成为真正意义上的有文化、有灵魂的大学的基础。

胡钰在清华就学期间,由电子本科到新闻硕士再到国际金融博士,在学科上为科学文化与人文文化的融合奠定了基础,他从政治辅导员、清华双肩挑教师、科技部公务员、《科技日报》评论理论部主任、《前沿科学》编辑部主任到国务院国资委新闻中心副主任，再到清华新闻与传播学院教授与学院党委书记的经历，又为他的成长与施展才干提供了综合平台。在这本文集中，我们不难体味到清华所倡导的"又红又专，全面发展"的教育理念对一位清华人人生轨迹和精神世界的影响。

我一直希望清华的学生能够有更多的人文精神与文化底蕴，不仅仅体认"行胜于言"的校风，还要弘扬好"人文日新"的精神；不仅仅"务实进取""不尚空谈"，还要"能行能言""躬行善思"，这是清华培养世界一流人才的需要，也是清华成为世界一流大学的需要。

读这本文集，还能感受到作者对清华的浓浓情感。文集中有一篇文章是对徐葆耕教授的追思，还有一篇是对孙殷望教授的追思，读后让我很感动，回想起了与这两位老同事一起工作的许多场景。这两位老师在人文社科学院工作期间，给予了胡钰很多关心，而他也在心底记住了他们的为人和给予后辈的关心深刻影响了清华凝聚力，并用细腻的笔触记录下来。这正是清华大家庭融合、和谐文化的一个体现。

当然，这本文集中的主题不仅是清华，还有关于创新、人才等主题的，还有许多不同地方的人和事。所有的这些文章，都源于作者的所见所闻，体现了作者的视野与洞察力，以及认真思考与真挚情感，读起来很有味道，充满了正能量，并发人思考。

期待胡钰能写出更多作品，关于清华，关于社会，关于天下，关于人生。

是为序。

2016年秋于清华园

《梦萦清华园》序

世纪之交由宗璞、熊秉明先生主编的《永远的清华园——清华子弟眼中的父辈》一书面世，引起了广泛的反响。它通过一批年长的成功人士对父辈们言传身教的追忆和对校园文化生活的感悟，凸显了大学作为社会的文化高地和广大师生的精神家园所具有的永恒魅力与久远的影响力。宗璞先生在该书的序言中说："我们称自己的祖国为父母之邦，因为那是我们父母居住的地方，那水土，那习俗，那文化滋养着我们的父母和父母的父母，一直浸入我们的血肉，还要传之子孙。"她又说："对于我们这些在清华度过童年的人来说，清华园可以说是我们的父母之园。上一代人把他们盛年的岁月献给了清华大学，在池边，在林间，在荷影蝉声里，造就了多少人才。我们耳濡目染，得到的是什么，过了大半个世纪之后，镌刻在记忆中的又是什么，回想起来觉得意味很是深长。"她指出，"在众多的关于清华的书中，这总不是一本不值得一读的书，因为它出自每一个作者内心中那属于永远的角落"。宗璞先生感慨地说"清华园是永远的"。

是的，清华园是永远的。由老一辈开拓的事业和凝聚的传统正在承继中发扬光大。今天，一批相对年轻的成功之士，接续老一辈的宗旨，以发自内心的深切情愫，向自己，也向他们的弟子和后人展现他们"内心中那属于永远的角落"，结集而成这本《梦萦清华园》，从中可以读出他们魂牵梦绕的对父辈和童年时光深切的怀念，更可以读出对父辈身上体现的清华精神的敬重和接续的信念，我们可以将它看作《永远的清华园》的续集。

此时，我想起了清代思想家、诗人龚自珍的名句："浩荡离愁白日斜，吟鞭东指即天涯。落红不是无情物，化作春泥更护花。"无论是《梦萦清华园》，或是《永远的清华园》，所表达的都不是停留在对先辈的思念和对童年美好时光的留恋，更是对先辈的言传身教和曾为之献身的清华园这个精神家园的感恩，对未来的豪情，对后辈的期许。这些文字生动地展现着延续着清华园里曾经发生的故事，都将如同春泥厚植护花的沃土，托举着、装点着永远的清华园。

2018 年元月于清华园

《赤子之心法自然》序

放在面前的是王玉明院士献给清华大学110周年校庆的摄影作品选,洋溢着作者对大自然智水仁山炽烈的爱恋,展示了一位科技人的人文情怀,正如他的《雪域抒怀》所示:"智水仁山赤子心,诗书音影蕴神魂""大千气象盈胸腑,攀险钟灵科技人"。

王玉明1965年毕业于清华大学燃气轮机专业,是我国高参数、长寿命、高可靠性流体密封领域的领军人物,2003年被评为中国工程院院士。他作为第一完成人获国家技术发明奖和科技进步奖3项,省部级科技奖8项。2007年,他回归母校清华大学,组建研发团队从事高端密封与特种轴承的研究开发。秉承清华大学"自强不息、厚德载物"的校训和"行胜于言"的实干精神,王院士带出一支在国内外颇有影响力的研究团队。在他指导和参与下,该团队获发明专利50余项,获国家技术发明二等奖1项,省部一等奖3项、二等奖2项,行业特等奖2项。同时,他在提携中青年科技人才方面做了大量工作,不遗余力,卓有成效,口碑甚好。另一方面,王玉明对诗词创作表现了高度的兴趣和造诣,赢得了"院士诗人""诗人院士"的雅称,他不仅佳作连篇,还着力营造清华诗词文化生态,是清华教工《荷塘诗社》的创始人。我国诗教领军者叶嘉莹先生称赞王玉明:"是一位不失赤子之心的真正的诗人"。同时,"毕竟诗人有境界,风光尽入画图中",他又是一位善于捕捉山水风光诗情画意的摄影家,他的许多诗词都是吟诵山智水仁的佳作,在欣赏他的摄影作品时令人诗意油然而生,常常会有杨振宁先生所述"一花一世界,一树一天堂"之感受,更会为王玉明诗句"既然寻境界,何必避风霜。暮拦关山月,朝吟天海阳"蕴含的气魄所打动。王玉明还钟情书法、音乐,他的口哨可称准专业水平,由他为清华学生所作的曲子配词的歌曲《荷塘咏叹调》脍炙人口,荣获2020"Z世代原创歌曲大赛"特等奖和最受欢迎作品奖。他是由清华生动活泼校园文化孕育出来的一位才华横溢的学子,因而他注重培养具有独立思想,自由而全面发展的人才,他认为"既要强调思想品质教育,还要注重体育和美育,培养全面发展、和谐发展的新人,如此,我们的学生才能真正为国家富强、人民幸福贡献自己的聪明才智。"

这实际上也是他对自己成长历程的写照。

2300年前的思想家庄子在《天下篇》中提出"判天地之美,析万物之理",把"判美"与"析理"看成人们认识世界相连的两个方面。从人们的一般观念看,"判美"是艺术的事,"析理"是科学的事,艺术和科学是两码事。在一个相当长的历史时期里,在这两个领域中活动的人们有着不同的话语体系、不同的思维形式,甚至不同的生活习俗,正如英国兼有科学家与小说家身份的C·P·斯诺所说的是生活在相互隔绝的"两种文化"中,而这种文化的隔离是不利于社会和人的和谐发展的,所以他期望出现一种能够融合科学文化与人文文化的"第三种文化"。法国著名作家福楼拜曾说:"科学与艺术,在山脚下分开,在山顶上汇合",分离是常态,汇合是经过长久攀登才能达到的理想境界。王玉明院士在向着真善美山顶攀登的生涯中,越来越自觉地实践着福楼拜所期望的"艺术要科学化,科学要艺术化",努力在使两者在融合中前行,渴望把"判美"与"析理"相互促进,都做到极致,而所依托的是向善的追求,如叶嘉莹先生赞许王玉明所说:"你的成就主要由于你禀赋有一种纯真的赤子之心。"《道德经》有"道法自然"之说,言"万物莫不尊道而贵德,道之尊,德之贵,夫莫之命而常自然",而这种纯真的赤子之心必然"尊道而贵德",并且"法自然",人对真善美的追求是发自内心的规律,应该尊道与贵德,使之成为自然的事情。因而,"判美"与"析理"不应该被分离。在教育领域美育不仅仅是艺术教育的事情,应该体现在教育的全过程,全体师生都要有美育的自觉,有向真善美境界攀登的自觉。老清华工学院院长顾毓琇集科学家、教育家、诗人、戏剧家、音乐家和佛学家于一身,当今的诗人、摄影家、院士王玉明以顾毓琇为模范,他们都为我们树立了典范。清华大学党委书记陈旭教授在庆祝2020年教师节时说:"我们的老师爱生活、有品味。大家都知道,机械系王玉明院士也是诗人、摄影家,他将科学之美和人文之美集于一身,延续了清华会通的优良传统,生动诠释了求真、求善、求美的精神境界。"

教育部原哲学学科教学指导委员会主任、吉林大学文科资深教授孙正聿在论述哲学的主要问题时说:"人对世界的关系,主要地是在人的实践活动中形成的认知关系(真与假)、评价关系(善与恶)和审美关系(美与丑);因此,哲学对人与世界之间关系的反思,集中地表现为对真善美的寻求和阐扬。""哲学对真善美的寻求,总是试图获得某种终极之真、至上之善和最高之美",这实际上也是教育的终极追求。人对真善美的认识是在无限的历史性中展开和提升的过程,它是历史进步性与历史局限性的辩证统一。而教育的根本功能就是不断消解这种历史的局限性，不断引导人们向着至善至真至美的境界前行，而得到自由而全面的发展。王玉明院士无论对科学技术还是人文艺术，都始终怀着一颗赤子之心，追求至真至善至美的境界。我们应该从对他的艺术作品的欣赏中加深对这种哲学理念的体认，由而，促使自己不断向着真善美的至高境界攀登。

最后，以王玉明院士应清华大学校长邱勇院士之约于2017年为清华教工大会所作的诗词为结尾，以共勉：

百年培秀木，学府沐春阳。锐意前沿探，丹心深腑藏。

人文真善美，科技大高强。我有双飞翼，云天万里翔。

胡显章　2020年冬

（收入王玉明编著：《赤子之心法自然——王玉明摄影作品选》，中国摄影出版社，2021年）

《王步高诗文集》序

当我翻阅这部内容丰富的《王步高诗文集》(下称《文集》)时,就想起德国哲学家、教育家雅斯贝尔斯所说的:"教育意味着一棵树撼动另一棵树,一朵云推动另一朵云,一颗心灵唤醒另一颗心灵。"《文集》使我感到步高老师并未离开我们,我们依然能够感受到他给予的心灵震撼,这部文集是一部难得的教科书。

文集始终突出了一个"爱"字:突出了步高老师对祖国的爱、对华夏文化的爱、对教育事业的爱、对学生的爱,对曾经付出心智和宝贵年华的东南大学和清华大学的爱,同时,也反映了步高老师所受到的尊重和挚爱。

文化是国家的灵魂,民族的精神家园。爱国主义的深层涵义与基本前提是对国家、民族历史文化的敬重和热爱。王步高老师的爱心充分表现在对中华文化的热爱和继承、传播、弘扬中华文化的自觉上。清华诗人教授闻一多曾深情地说过:"我爱中国固因它是我的祖国,而尤因它是那种可敬爱的文化的国家。"他还说,"诗人主要的天赋是爱,爱他的祖国,爱他的人民。"王步高老师将一生主要精力投入中国语言文学和诗词文化的研究和教育中,他本人也是一位出色的诗人教授。他认为,中国近现代激进的反传统造成了文化的断裂,而继承中国传统文脉、语脉、德脉正是母语教育的历史使命,他尤为重视文化的道德熏陶与情感教育的功能,他强调大学语文首先要培养爱国、爱乡、爱校的感情,要引导关心民生疾苦,要弘扬仁者爱人的思想,要塑造刚直不阿、一身正气的风范,倡扬潇洒豁达的人生态度,还要提高审美情趣和人格品位。他认为,"文学便是人学,优秀的文学作品是人生的教科书"。这些理念正是步高老师悉心笃力开展大学语文和诗词教育的原动力和导航灯,也是他的教学能够抵达人心,取得立德树人深刻效能的根本。

同时,步高老师以高度的责任心、严谨的科学态度,寓研于教,不断提高教学质量,扩大传统文化的影响力。他说:"我教的大学语文课,是国家最早的一门精品课程,从教材到教学网站课堂录像,都已进行了无数次,可以说都是烂熟于胸了。但每次备课、上课我都当作新课对待,从头进行认真的备课,并把最新的研究成果融入教学,保证不停地超越自己。"他为自己制定了"教学四境界"的目标:科学性认知的境界、人文与传道的境界、研究型教学的境界、为艺术而醉心的境界,不断提高学术研究和教学水平。正是基于这样的宗旨,他在东南大学任教期间,主编的"大学语文"系列教材,成为全国"十五""十一五"规划教材之一,荣获国家优秀教材二等奖。主持的"大学语文""唐宋诗词鉴赏"课程是国家精品课程;基于他的学术和教学影响力,他曾任全国大学语文研究会副会长,对推进高校中国语言文学的教育改革,提高教育教学质量作出了重要贡献。在东南大学工作的19个年头里,王步高老师创立了中文系,在课程建设上取得了突出的业绩,两次被学生评为"最受欢迎的教师"。他还为东南大学谱写校歌——被誉为新中国最美的校歌之一。王步高老师说:"我在东南大学的工作成果,可以概括为一句话:通过我的努力,使得东南大学这样一所理工类的院校变得更加有文化气息。"

苏联教育家赞科夫曾说:"当教师必不可少的,甚至几乎是最重要的品质就是热爱学生。"中国著名教育家陶行知先生说过:搞教育要"捧着一颗心来,不带半根草去。"正是基于对事业对学生的爱,步高老师在东南大学退休后,2009年受聘于清华大学继续进行他的学术与教学生涯。他说,在清华减少了应酬干扰和诱惑,减轻了各种负担,只剩下一个阵地——课堂,只剩下一个上帝——学生,可以心无旁骛,备好课、上好课。他开设了"大学语文""唐诗鉴赏""唐宋词鉴赏""诗词格律与创作"等课程,他的课受到清华学生的普遍喜爱,他被誉为"清华大学近十年最优秀的教师之一"。凡是听过王老师讲课的人,无不被他的学识和人格魅力所打动。有学生为在学四年未能选上步高老师的课而深表遗憾。为了满足学生选课的需求,他在清华每年要开288学时的课,他每天吃在食堂,全身心扑到学生身上。夫人来北京多次,他从未陪同出游,女儿病重,也未能守在病床边,面对夫人与女儿,他深感愧疚:"对得起学生,对不起家人!"

他说,在东南大学,自己就非常注重教书与育人的结合,来清华后,对号称"半国英才"的清华学子,深感育人更重于教书。他还说,当代大学生代表着国家的未来,清华大学的学生更是如此,学校的思想政治工作不能单单依靠政治辅导员,要每一个教师都来关心学生的成长。因此,他特别注意给学生有益的人生启示。如讲到爱情诗词时,把自己对爱情的理解告诉学生,把自己的爱情故事写成散文,挂在网站上,许多学生含泪读了好多遍。步高老师曾有过坎坷的经历,但一直没有改变热爱祖国、忠诚事业的初心。他在教学中,常以苏轼坎坷的身世、高尚的人格和豁达的性格对学生进行正确面对挫折的教育。有学生反映，王步高老师的课，给人以心灵的冲击和启示，帮助我们完善自己的人格。这种心灵的沟通，使步高老师有了许多忘年交的学生朋友。在一个冬天，他没有戴帽子、围围巾，一个学生给他送来了一套帽子、围巾和手套，令他好生感动。在他独处北京时，总是有学生到他家里共度节日。步高老师以"自强不息，教无止境"来要求自己，同时鼓励学生抱有批判性思维来对待学习，他赞赏学生为老师纠错，大胆地发表自己的观点。他感慨地说：学生一些争鸣观点甚至批评意见言之成理，独具匠心。对自己是很大的促进，作为老师，能不感到"震撼"与"自愧不如"吗？他要求上他课的学生在期末时指出他的不足，以便不断改进。"在这些后生面前，我绝不敢以真理的化身自居，必须谦逊、低调，活到老，学到老。"同时，步高老师没有停留在让学生接受已有的知识上，而是引导学生通过自身的实践，提高诗词创作的能力。新华每日电讯以"因为他，清华理工学子写出让诗人'震撼'的诗"为题，报道了步高老师指导学生出版《清华学生诗词选》，原中华诗词学会常务副会长、诗人梁东给予高度评价，认为作品"体裁多样，古风、五绝、七绝、五律、七律、词均能写出严格守律的佳作，词之佳作尤其多。这些作品既透着强烈的青春气息，又不失典雅的韵致，有的尚显稚嫩，可有不少却给人以老辣和成熟的感觉"。他认同一种说法：这些作品甚至令人"震撼"和"自愧不如"。

王步高老师的为人为学，在清华享有高度的声誉，他爱学生，爱清华，学生和清华也爱他。2016年王步高老师因病回南京休养，有十几拨学生专程到南京看望，许多学生翘首以待，祈祷步高老师康复，北归授课。清华大学教学副校长、清华大学文化素质教育基地主任杨斌专程代表学校前往慰问，并带去了邱勇校长与陈旭书记的祝福："八载清华讲坛，一世水木情缘。向学生们最敬爱的王步高老师致以由衷的谢诚，祝福早日康复。"步高老师本人也深深眷恋清华，期待着回清华上课，在他生命的最后时刻，仍然在修改《清华百年赋》第54稿。

2017年11月1日，王步高先生仙逝。那天晚上，上百名东南大学的学生聚集在一起，齐唱步高老师作词的校歌，而在清华的网上学生纷纷表达深切的哀思。11月13日，为了继承步高先生的事业，弘扬他的精神，清华大学成立"清华大学王步高教育基金"。是日，清华师生和步高老师亲友齐聚工字厅参加基金成立仪式，会后大家在"为人民服务"牌匾前盛开的冬桂旁留影，因为冬桂临寒风而飘香甘之如饴的品格是步高老师的最爱。我曾以《浪淘沙》词一首描述当时的心境，现在以其作为此序的结尾：

泪雨洒钟山,
心绪飞翻。
宗师巨匠不回还。
宋韵唐风泽桃李,
此任谁担?

冬桂贵饴甘,
沥胆披肝。
诗心懿愫撼华寰。
蜡炬高擎扬国粹,
忠魄长传。

         清华大学前党委副书记
      清华大学大学生文化素质教育基地前主任 胡显章
      教育部高校文化素质教育指导委员会前副主任
                2019 年 7 月

《大学文化哲学》序

2002年阳春三月，教育部高等教育研究中心原主任、清华校友王冀生同志找到清华大学原党委书记方惠坚同志，希望由清华大学牵头组建一个大学文化研究中心。方惠坚同志推荐由我来参与组织工作，因为我主持学校文科工作，而且自20世纪90年代中期以来我一直在从事教育研究和大学生文化素质教育工作，在工作中，我认识到科学的办学理念和良好的大学文化氛围是深化文化素质教育的重要条件，而文化素质教育是大学文化建设的重要渠道。于是，就义无反顾地成为这一倡议的首位积极响应者。不久，北京大学的赵存生副书记、原常务副校长王义遒教授和高等教育出版社的郑惠坚副总编（受高等教育出版社刘志鹏社长的委托）也积极投身到这项工作中来。在时任教育部副部长袁贵仁同志的支持下，2002年9月1日，由北京大学、清华大学和高等教育出版社联合组建的"大学文化研究与发展中心"在清华大学宣告成立，这是一个富有远见的创举。袁贵仁同志到会并以"加强大学文化研究，推进大学文化建设"为题发表了既富有深刻哲理又有现实针对性的讲话，指出，"开展大学文化研究，推进大学文化建设，是一项具有基础性、战略性、前瞻性的工作""研究大学文化，有助于准确把握大学的本质、使命和责任，有助于全面了解不同国家大学的不同文化传统，不同类型大学的不同文化风格，不同层次大学的不同文化底蕴。更重要的是，研究大学文化，有助于我们全面贯彻党的教育方针，推进素质教育，培养德智体美全面发展的高素质人才"。[①]"大学文化研究与发展中心"成立后，明确由清华大学和北京大学轮流出任轮值主任，由高等教育出版社领导任常务副主任，我为首届轮值主任，王冀生同志应聘担任大学文化研究与发展中心顾问，后来又兼任学术委员会主任。十年来，我和冀生同志以及其他众多学者一起共同探索中国特色大学文化发展之路，取得了一批重要成果。在这期间，尽管我和冀生同志彼此也会有一些不同的学术见解，但是，总体方向和基本理念有很多的共识，合作是愉快的，而且从他身上学到不少东西。

---

① 袁贵仁：《加强大学文化研究，推进大学文化建设》，载《中国大学教学》，2002（10）。

大学文化哲学研究是一个宏大的命题，首先需要界定什么是文化、什么是大学文化、什么是文化哲学、什么是大学文化哲学这一系列边界并不十分清晰的重要概念。由于文化现象和人们视角的多样性，对于"什么是文化"就有数以百计的不同界定。当今影响广泛并得到较大认同度的是英国人类文化学家爱德华·泰勒于1871年给出的定义：文化"是包括知识、信仰、艺术、法律、道德、习俗以及作为一个社会成员所获得的能力与习惯的复杂整体。"[①]王冀生同志经过研究提出的关于大学文化的界定则是以大学本质及其在人类社会发展中承担的文化使命为出发点，他认为，"大学的本质是一种以传承和创新文化为己任的功能独特的文化组织"，肩负着文明守卫、人文化成、求真创造、文化引领的任务，"关键在于充分发挥大学拥有的文化选择和价值批判的独特功能"。在这个基础上，他对大学文化作了如下界定："主要凝聚在深厚的文化底蕴之中的大学文化是一种独特的社会文化形态，是以大学精神文化为核心和灵魂的，由大学物质文化、大学精神文化、大学制度文化和大学环境文化构成的一个相互渗透、相辅相成和辩证统一的有机的整体。"随着大学文化研究逐步进入哲学领域，王冀生同志进一步把大学文化界定为"大学文化既是一种存在，更是一种信仰"，并以此为核心初步构建了一个大学文化哲学的基本理论框架，标志着他对大学文化本质的认识进入了一个新的境界，力求从哲学的高度来探索和回答大学文化理论与建设问题。

王冀生同志这本《大学文化哲学》的问世，不是偶然的。21世纪伊始，文化受到越来越多的关注，与之相适应的便是文化哲学思潮的进一步兴起。文化哲学是对文化现象和文化实践的理性思考，是对文化现象的哲学理解和历史阐释，是一种文化理论研究的范式。这种哲学理解和历史阐释，对于提升人们的文化自觉具有重大意义。恩格斯在《自然辩证法》中针对德国民族在19世纪前半叶热衷于实际操作，而摒弃哲学理论，沉溺于形而上学的现象深刻地指出："一个民族要站在科学的最高峰，就一刻也不能没有理论思维。"[②]由于哲学对人的文化行为具有价值规范和思维导向的功能，欲使文化行为具有高度自觉的意识，必须使之上升到哲学的高度。正如清华大学哲学系邹广文教授在《当代文化哲学》一书中指出的："面对21世纪人类的现实发展，文化哲学应该体现人类文化创造与哲学反思的双重自觉。文化哲学的理论构建不应是悬浮于社会实

---

① [美]爱德华·泰勒：《原始文化》，连树声译，1页，上海，上海文艺出版社，1992。
② [德]恩格斯：《自然辩证法》，见中共中央马克思恩格斯列宁斯大林著作编译局：《马克思恩格斯选集》（第三卷），467页，北京，人民出版社，1972。

践之上的抽象理性活动，它应以关注现实人类生存和发展为自己的第一要务。"[①] 当今，我们面临建设文化强国的历史任务，提升文化自觉，加强文化建设体现了中华民族伟大复兴的战略需求，也体现了在经济上取得巨大成功之后，人们对高尚精神生活的迫切追求。在这一背景下，文化哲学的研究具有不容置疑的重要性和紧迫性。这不仅体现在文化自觉的需求上，也是哲学理论自身生命力之所在。对于社会文化重要组成部分的大学文化，同样需要对以往和现实的文化现象和文化实践从哲学的视角进行思考，以提升大学文化建设理论的深刻性、批判性、历史超越性与前瞻性，这是大学文化自觉的体现，也是促使大学文化建设沿着理性方向前进的重要保障。特别是，文化哲学自身是将人对真、善、美的综合追求和人的全面自由的发展作为最高的价值目标，而马克思主义创始人正是将理想社会的实现与人的自由全面发展统一在一起，并将其作为教育的根本目的。所以，文化哲学在教育上有着特殊重要的现实需求和突出针对性。因此，开展大学文化哲学研究，对大学文化理论研究和建设实践带有灵魂性的作用。

当代文化哲学的一个重要特点是突出了人在社会发展中的主体地位，并从人的生命存在方式的高度来界定文化，把握文化的意义与价值。实际上，这也是王冀生同志论述大学文化哲学的一个基本出发点。他认为：当前在世界范围内和中国之所以出现大学精神衰微现象，其哲学根源主要是由于人文主义与科学主义两种思潮的对立日益加剧，出现"科学理性"偏离"人文目标"的价值冲突，其本质是"人"日益丧失了作为社会发展中的主体地位，使人"生活在物质丰富，心灵贫乏之中，失去了生命的意义和尊严"。根本出路是以"马克思社会思想的核心就在人"的精辟论断为指导，回归"人的本质及其发展规律"，在"人文科学和自然科学相互融合"的基础上进行文化反省和价值整合，进一步确认"坚持'人文目标'和'科学理性'的辩证统一"既是人类社会发展应当追求的崇高理想，也是一所真正意义上的大学应当坚守的"永恒之魂"。

我要强调的是：大学在完成文化传承创新的历史使命中，应当努力把握两个基本点：一是极力体现价值理性与工具理性的统一，这既是社会物质文明与精神文明并进的需要，也是通过教育发掘人的全面潜力，使人全面成长的需要；二是将发展人的精神生命的主动权作为人的自由全面发展的重要价值诉求，作为转变教育思想的重要目标，也作为国家向创新型转型的一个带有根本意义的

[①] 邹广文：《当代文化哲学》，3页，北京，人民出版社，2007。

前提与内涵，其核心是要最大限度地体现人在社会进步和自身发展中的主体性与主动精神。此外，我们还注意到，文化所具有的整体性特点越来越成为人们的关注点。上面提到泰勒将文化定位为"复杂整体"，而正如邹广文所指出的，"整体性是文化的精神血脉""在今天人们之所以开始关注文化的整体性问题，是因为全球现代化实践极大地拓展了物质、工具与技术为主要支撑的现代性维度，甚至将其视为现代性的全部价值内涵。这种倾向导致文化被切割成碎片，其丰富的人文内涵被肢解了"[1]，出现了人成为哲学家马尔库塞所指的"单向度的人"，或建筑大师梁思成所批判的"半个人"的现象。而实际上，文化和价值具有不可分割性，特别是文化哲学作为人类文化追求整体性时代的哲学表现形式，对于文化整体性消解现象具有抵制和导引作用。王冀生同志在《大学文化哲学》中涉及的精神与物质、科学与人文、大学存在的认识论和政治论哲学基础、育人为本与科学为根、探索未知与创造未来、科学理性与人文目标、大学文化的民族性与现代性、中国特色与综合创新等，均是对文化整体性的一种辩证思考与追求。

当代文化哲学研究的根本目的在于回答和解决人类在文化实践中所面临的重大问题，而大学文化哲学则要回答和解决好大学在文化传承创新中面临的重大问题。从2002年《现代大学文化学》的出版到这本《大学文化哲学》的系列著作的问世，王冀生同志为此付出了艰辛的劳动和进行了可贵的探索，尤其是他对这项工作的高度自觉和满腔热情，勤于思考、矢志不渝的求真精神和锲而不舍、脚踏实地的工作作风，成为拉动许多参与者持续开展大学文化研究和实践而对其难以舍弃的一种精神力量。我们深知，要深刻回答和解决好大学在文化传承创新中面临的重大问题是一项长期而艰巨的任务，是一个历史的过程，需要一代又一代学者尤其是大学人从理论与实践的结合上进行持续的努力。我们感谢王冀生同志发挥的开拓性作用，期待着有更多的学者、教育管理者参与到这一探索过程，以将中国大学文化理论研究和建设实践不断推向新的高度。

2012年4月于清华园

---

[1] 邹广文：《当代文化哲学》，214～215页，北京，人民出版社，2007。

代结束语

满江红　同贺八秩华诞（新声韵）

似水流年，
鸿鹄志、风驰电赴。
争卓越、不息奋进，
艺德双树。
甲子术攻积睿智，
八十问道无停步。
最欢欣、桃李遍寰中，
功卓著。

中华梦，融肺腑。
清华愿，铭心目。
促神州崛起、故园轩嚞。
朝杖躬行春意永①，
丝纶钓渭时光富②。
祝安康、葆健美身心，
和常驻③。

　　此词为2019年清华大学80华诞教工贺寿会而作，借以作此书的结束语。

---

① 古称八十为朝杖之年或杖朝之年，即带拐杖上朝之年。
② 丝纶钓渭，指周吕尚垂钓于渭水遇文王事。史称吕尚为"太公望"、俗称姜子牙，姜太公。吕尚老年成为周文王成就霸业的辅臣。
③ 据著名心理学家调查，促成人长寿的第一要素是和谐的生态。

附录

以人为本，和合会通，文化育人
——胡显章大学文化思想研究初探

张先璐　张宁　石中英[①]

摘　要：胡显章大学文化思想发展经历了形成期、发展期和成熟期三个大的阶段，体现出从自发思考到自觉思考、从局部思考到整体思考、从实践思考到哲学思考的发展特征。胡显章大学文化思想的主要内涵可概括为以人为本、和合会通与文化育人。以人为本，强调大学文化建设要在彰显人的生命性、主体性、整全性的过程中实现人的自由全面发展；和合会通，强调大学文化建设应在"兼和"哲学观的指引下，辩证处理古今、中西以及通专、文理、理工等大学发展的重要主题；文化育人，强调大学要在高度的文化自觉中继承中华民族优秀传统文化并推陈出新，在文化融合中以文化育人。胡显章大学文化思想坚持以马克思主义为指导，在方法论上体现出了立足实践、辩证思考和守正创新的鲜明特点。

关键词：胡显章；以人为本；和合会通；文化育人；大学文化

大学文化是大学发展的产物，形成于长期的高等教育实践中，集中体现着大学的育人情怀与价值追求。党的二十大报告指出，要"全面提高人才自主培养质量，着力造就拔尖创新人才，聚天下英才而用之"[②]。这对高等教育发展、大学文化建设提出了更高的要求。二十年多年来，围绕大学文化，王冀生、顾明远、王义遒、杨叔子、胡显章等老一辈学者在长期的实践进行了深入思考，作出了杰出贡献。清华大学的胡显章是其中代表性人物之一。他长期躬耕清华大学的教育实践中，不断探索大学文化，形成了独特而深入的见解。他的大学文

[①] 作者简介：张先璐，男，清华大学教育研究院博士研究生，主要从事高等教育哲学研究；张宁，男，清华大学教育研究院博士研究生，主要从事高等教育政策研究；石中英（通讯作者），男，教授，清华大学教育研究院，主要从事教育基本理论与教育哲学、高等教育哲学等研究。
[②] 习近平：《高举中国特色社会主义伟大旗帜　为全面建设社会主义现代化国家而团结奋斗：在中国共产党第二十次全国代表大会上的报告》，20、33～34页，北京，人民出版社，2022。

化思想不仅从实践层面为清华大学的文化建设指明方向,而且从理论层面为我国大学文化建设研究作出了重要贡献。研究胡显章大学文化思想的发展历程、把握胡显章大学文化论述的主要内涵及其方法论特点,对我们思考新时代大学文化建设有重要意义。

一、胡显章大学文化思想的发展历程

实践是思想之母。胡显章在清华大学长期从事高校文化素质教育、清华文科的恢复与发展以及大学文化建设等方面的工作。在这些丰富的教育实践中,他对大学文化的认识不断发展,逐渐形成了独具特色且内涵深刻的大学文化思想。胡显章大学文化思想的发展历程有三个明显的阶段,即形成期、发展期与成熟期。

1. 胡显章大学文化思想的形成期(1991—2001年)

1991年,胡显章出任校党委副书记,参与领导清华文科恢复建设工作。[①]1995年秋,胡显章开始参与策划高校文化素质教育工作。[②]这些工作都是围绕着人才培养展开。文化素质教育工作与文科建设之间存在着密切关联。在这一过程中,胡显章对大学文化形成了初步认识。在这一阶段,胡显章的代表性成果有:《传统文化与跨世纪人才的培养》《提高认识 转变观念 努力加强大学生的文化素质教育》《文化素质教育应处理好的几个关系》《关于我国理工科大学文科教育的几点认识》等。

面向21世纪,大学应培养怎样的人才?对人才培养的思考是胡显章大学文化思想形成的逻辑起点。他明确提出:"我们正站在新世纪的大门前,怎样培养好跨世纪人才,是广大教育工作者着力探讨的课题。"[③]对此,胡显章认为要充分发挥中华优秀传统文化的作用,既要对传统文化的历史经验进行认真总结,又要注重基础性与实践性,从青年学生的实际出发进行优秀传统文化教育,还要加强科学性与规范性,从多方位、多渠道进行优秀传统文化教育。[④]围绕人才培养这一核心问题,胡显章在文化素质教育与文科的恢复与发展两项工作中孕育

---

① 胡显章:《飞鸿印雪:大学之道寻踪》,171、Ⅶ、54~55、Ⅷ、309、191、446~447、447~448、448~449、450、48、93~97、Ⅴ~Ⅵ、191、340~341、345~346、323、17~19、169、171、447、299页,北京,清华大学出版社,2021。

② 同上。

③ 胡显章:《传统文化与跨世纪人才的培养》,载《华夏文化》,1994(3):6~8。

④ 同上。

其大学文化思想。

在文化素质教育工作的起始阶段，胡显章提出了文化素质教育中应处理好的五个关系：提高文化素质与提高整体素质的关系；文化素质教育中共性与特性的关系；文化素质教育的主体性要求与主导性作用的关系；文化素质教育的知识性、趣味性与思想性的关系；文化素质教育的形式与内化的关系。① 上述观点的提出，既为清华文化素质教育实践提供了基本的理论指导，也彰显出胡显章思考文化素质教育工作的系统性、整体性思路。

大学文化素质教育工作的开展离不开文科发展的有力支持。胡显章在推动清华文科恢复与发展工作的初期便提出了文理融通的思想。他重点思考的是理工科大学中的文科教育："我国理工科大学文科教育是指以全体理工科大学生为教育对象、以人文学科和社会科学为教育内容、以理论同实际相结合为基本方针的教育，旨在从认知、情感和意志上培养和陶冶学生，使他们具备人文社会科学方面的诸多素质，进而促进全面素质的提高。"② 从这个表述中可知，文理融通，自然科学与人文社会科学的交叉融合，是全面发展的必然要求。文理融通的思维源于胡显章对培养文理兼长、全面发展的学生的认识，这同样是人才培养的重要指向。

文理融通并不是消解文理科特点的"大锅烩"，而是在充分彰显文理科特色的前提下形成合力，培育完整而全面发展的人。基于此，胡显章提出学校支持文科建设应做到的"三个认识一致"：对文科在国家建设和清华大学实现总体目标中的地位与作用的认识一致；对清华文科的历史、现状与未来发展目标包括文科的结构、规模和侧重点的认识一致；对文科区别于理工的特点和对文科发展方针政策的认识一致。③ "三个认识一致"的提出，进一步突出了文科的重要地位，厘清了文科发展思路，为深入推进文科建设工作奠定了基础。进入21世纪，胡显章从人类对物质文明、精神文明共同增长需求的高度再次论证了自然科学与人文社会科学交叉融合的必要性与重要性。④ 这将其文理融通、注重人才

---

① 胡显章：《文化素质教育中应处理好的几个关系》，载《教学与教材研究》，1997（5）：7～9。
② 胡显章、张绪潭、王成鑫：《关于我国理工科大学文科教育的几点认识》，载《大连大学学报》，1996（3）：248～253。
③ 胡显章：《飞鸿印雪：大学之道寻踪》，171、Ⅶ、54～55、Ⅷ、309、191、446～447、447～448、448～449、450、48、93～97、Ⅴ～Ⅵ、191、340～341、345～346、323、17～19、169、171、447、299页，北京，清华大学出版社，2021。
④ 胡显章：《为建设一流的文科而努力奋斗》，载《清华大学学报（哲学社会科学版）》，2001（2）：13～14。

全面发展的大学文化思想推向了一个新高度。

胡显章的大学文化思想肇始于对人才培养问题的思考，突出了在文理融通中推动人的全面发展的价值取向，这些构成了其大学文化思想的雏形。

2. 胡显章大学文化思想的发展期（2002—2014 年）

随着大学文化素质教育工作的不断推进，胡显章逐渐认识到了大学文化与文化素质教育之间的密切关联，从 2002 年开始对大学文化进行探索。① 这是他大学文化思想进入发展期的重要标志。在这一阶段，胡显章的代表性成果有：《不忘本来 吸收外来 创造未来 自觉持续推进大学文化建设》《大学应充分发挥文化交融的功能》《自觉推进科学教育与人文教育的融合》《对文化素质教育的回顾与思考》等。

胡显章认为："大学文化具有育人和教化功能；大学文化是大学核心竞争力所在；大学文化是大学实现高效、健康、可持续发展的重要基础与保障。"② 这一论述较为全面地表达了大学文化的作用及其重要性。基于上述认识，胡显章对大学文化建设进行了持续深入的探索。在这一阶段，胡显章主要围绕着大学文化建设的传承与创新、科学文化与人文文化融合等方面进行论述，丰富了其大学文化思想。

胡显章推动大学文化建设的整体思路是传承与创新的辩证统一。他十分强调继承传统的重要性，认为这是大学文化之"根"。他明确指出："大学作为一个国家的文化高地，肩负对民族文化的传承、发展和传播的任务"。③ 同时，大学文化建设也应重视创新。胡显章认为，文化创新是大学创新的引擎；建立创新型大学文化是大学文化创新的目标。④ 大学文化创新的主要路径是实现科学文化与人文文化的交融。

这一认识也进一步从文化建设层面彰显了文科建设与文化素质教育的重要性。一方面，推动文科建设，实现文理融通，构建综合性布局，是促进科学文化与人文文化相融合的重要体现。在两种文化交融的背景下，实现文理学科的

---

① 胡显章：《飞鸿印雪：大学之道寻踪》，171、Ⅶ、54～55、Ⅷ、309、191、446～447、447～448、448～449、450、48、93～97、Ⅴ～Ⅵ、191、340～341、345～346、323、17～19、169、171、447、299 页，北京，清华大学出版社，2021。
② 同上。
③ 胡显章：《不忘本来 吸收外来 创造未来 自觉持续推进大学文化建设》，载《清华大学教育研究》，2011，32（3）：45～47。
④ 傅林、胡显章：《创新时代的大学文化创新》，载《中国大学教学》，2006（6）：12～14。

综合性布局，促进人的全面发展。关于"综合性"办学目标，胡显章形象地指出，"综合性"不是多学科搭积木，而是要像钢筋水泥，甚至是水乳相融。① 由此可知，胡显章所关注的文理融通、文化交融不是机械式的叠加，而是在面向人的自由全面发展中做到有机融合，综合贯通。另一方面，从文化建设的高度出发，更能够发挥文化素质教育的重要作用。胡显章多次强调文化素质教育与大学文化建设相结合。2005年，在文化素质教育开展十周年之际，他对文化素质教育中应处理好的几个基本关系有了进一步的认识，即处理好文化素质教育与通识教育、文化素质教育与思想政治教育、学生文化素质的教育与教师文化素养、文化素质教育与大学文化建设的关系。② 这一表述更加全面、凝练，专门指出了文化素质教育与大学文化建设之间的关联，更加深刻地回答了"怎样培养人"这一问题。

胡显章的大学文化思想在对大学文化建设的探索中走向丰富、深入。在这一时期，他不仅从学科意义上强调文理融通促进人的全面发展，更加从文化意义上看到科学文化与人文文化融合的必要性与重要性，从这一高度看待文化的传承与创新，人的成长与发展。这样的认识也为其大学文化思想走向哲学思考的成熟期奠定了基础。

3. 胡显章大学文化思想的成熟期（2015年至今）

到2015年，胡显章从事文化素质教育工作已20年。这一时期，他对在丰富的教育实践中所形成的大学文化思想进行了哲学层面的系统思考，创造性地阐释了当代中国大学之道，标志着其大学文化思想进入成熟期。在这一阶段，胡显章的代表性成果有：《提升文化自觉，深化素质教育》《谈谈大学文化的传承创新》《大学之道的哲学探讨》等。

在《大学之道的哲学探讨》一文中，胡显章强调了哲学自觉的重要性，明确指出"哲学自觉是文化自觉的最高境界"③，并从认识论哲学、政治论哲学、生命论哲学以及文化论哲学方面对大学文化建设进行再思考。在此基础上，胡显章明确指出："我们应该将大学文化置于互相融合的高等教育认识论、政治论、生命论和文化论的哲学基础上，充分运用当代哲学家张岱年倡导的'兼和'哲

---

① 胡显章：《飞鸿印雪：大学之道寻踪》，171、Ⅶ、54～55、Ⅷ、309、191、446～447、447～448、448～449、450、48、93～97、Ⅴ～Ⅵ、191、340～341、345～346、323、17～19、169、171、447、299页，北京，清华大学出版社，2021。
② 胡显章、程钢：《对文化素质教育的回顾与思考》，载《中国大学教学》，2005（12）：40～42。
③ 胡显章：《大学之道的哲学探讨》，载《大学教育科学》，2020（2）：53～58。

学观，努力做好文化的选择兼容和会通创新。"① 这无疑为大学文化建设的未来发展指明了方向。在此基础上，胡显章提出了当代中国大学之道："大学之道，在明德新民，在以人为本，在和谐会通，在止于至善至真至美。"② 胡显章对大学之道的认识与其对高等教育认识论、政治论、生命论和文化论的理解是密不可分的。他认为，认识论哲学是整体高等教育哲学的基础之所在，学术求真是大学的活力之所在。③"止于至真"正是对这一思想的集中表达。政治论哲学体现出高等教育的责任担当，高等教育不仅促进个体的发展，更肩负了重要的社会责任。④ 从这个角度看，明德新民就不仅仅是个体意义上的教育意愿，更是群体意义上的立德树人，推动社会发展与国家富强。将个体利益融入群体利益，在维护群体利益的过程中实现个体的价值，这同样是道德意义上的"至善"。生命论哲学凸显高等教育本质特征，将促进人的自由全面发展视为大学的核心要义。⑤ 这也正是胡显章在其大学之道的表述中强调"以人为本"的根源所在。与此同时，自由全面发展也意味着在真善美的统一中实现人的内在和谐与整全。因此，"止于至善至真至美"同样具有深厚的生命论意蕴。文化论哲学为大学的理性前行提供保障，大学作为文化机构，在对文化整体性的追求中以文化的传承与创新为使命。⑥ 在贯通古今、融通中西的文化发展大视野下，和谐会通必然是实现文化传承与创新的关键所在。胡显章关于当代中国大学之道的新表述既立足传统，继承了《大学》中大学之道的合理内核；又积极创新，面向时代需求丰富了大学之道的哲学表达。这是胡显章大学文化思想达到成熟阶段的重要标志，也是胡显章大学文化思想的重要精髓。

回顾胡显章躬耕清华数十载的教育实践，梳理其大学文化思想的发展历程，我们既可以看到中庸文化、和合文化与人本文化的深刻烙印，也可以感受到胡显章紧紧围绕时代与社会需求，使自身的大学文化思想在工作实践中逐步走向丰富、深刻与成熟。胡显章大学文化思想发展的三阶段，体现出从自发思考到自觉思考、从局部思考到整体思考、从实践思考到哲学思考的发展特征。

---

① 胡显章：《大学之道的哲学探讨》，载《大学教育科学》，2020（2）：53～58。
② 同上。
③ 胡显章：《飞鸿印雪：大学之道寻踪》，171、Ⅶ、54～55、Ⅷ、309、191、446～447、447～448、448～449、450、48、93～97、Ⅴ～Ⅵ、191、340～341、345～346、323、17～19、169、171、447、299页，北京，清华大学出版社，2021。
④ 同上。
⑤ 同上。
⑥ 同上。

二、胡显章大学文化思想的理论内涵

胡显章大学文化思想非常丰富,其核心是以人为本、和合会通与文化育人,共同指向育人目标的实现。

1. 以人为本

教育以立德树人为根本任务。胡显章的大学文化思想,其重要内涵之一就是以人为本。在胡显章的大学文化思想中,以人为本的理论内涵是丰富而深刻的。胡显章对人的全面发展的关注和对人的生命性、主体性、整全性的强调,构成了其大学文化思想中的一抹亮色。

胡显章认为,以人为本是面向人、为了人、尊重人、依靠人、解放人、发展人,是面向人的生命、为了人的生命、发展人的生命。胡显章以人为本的大学文化思想十分关注生命的整全与发展。这蕴含着生命论的哲学宗旨。胡显章明确指出:"大学要突出以人为本和精神文化为魂的生命论哲学宗旨。"① 在这一宗旨中,教育并不是知识的堆砌,而是面向人的成长与发展。这也进一步强调了人在教育中的本体地位。教育生命论哲学视野下的以人为本,十分强调人的自由全面发展。这"不仅仅强调以人为本的立场,强调教育是使人成为人、成为健全人的实践活动,而且强调主体性的教育"②。在这样的教育过程中,人的生命活力得到激发,人的主体性得到体现,人的创造性得到发展。

进一步而言,胡显章的大学文化思想从关注中国传统文化与马克思主义理论逻辑和宗旨的一致性中论述以人为本的丰富内涵。马克思主义认为,"全部人类历史的第一个前提无疑是有生命的个人的存在"③,将人的自由全面发展作为理想社会的终极目标。而中国传统文化的人本思想,突出人的主体性、价值性和人格的整全性,以真善美为永恒追求的目标。两者有着共通的逻辑起点。胡显章指出,"把人的发展需求与社会发展需求统一起来,把教育的社会功能与本体功能有机地结合起来,是同马克思关于建立理想社会与人的全面发展相统一的观点一致的。"④ 他还强调,实现人的自由全面发展,一个重要的前提就是摆

---

① 胡显章:《构建当代中国大学的精神文化》,载《中国高等教育》,2014(10):50。
② 胡显章:《大学之道的哲学探讨》,载《大学教育科学》,2020(2):53~58。
③ 《马克思恩格斯文集》第 1 卷,519 页,北京,人民出版社,2009。
④ 胡显章:《飞鸿印雪:大学之道寻踪》,171、Ⅶ、54~55、Ⅷ、309、191、446~447、447~448、448~449、450、48、93~97、Ⅴ~Ⅵ、191、340~341、345~346、323、17~19、169、171、447、299 页,北京,清华大学出版社,2021。

脱"工具化""功利化"的束缚。大学要培养的人,绝不是"工具人""功利人",而应是内心自由的,具有自觉的家国情怀与高度的社会责任感的人。对此,在办学理念上,要突破"功利化"导向;在培养目标上,要突破"专业化""职业化"束缚;在教育观念上,要突破"工具化"障碍;在理性思维上,要突破追求"工具理性"的片面性。① 与此同时,实现人的自由全面发展还需注重文理并重、文理融通。胡显章十分强调文理融通对人的全面发展的重要性,这与梅贻琦校长"通识为本"的教育理念和蒋南翔校长"又红又专,全面发展"的培养目标是一脉相承的。② 在相关论述中,他多次提到梁思成《半个人的时代》的演讲。所谓"半个人",主要指由于文、理分家导致的人的片面问题。③ 由此可知,只有在自然科学与人文社会科学方面均有所积累,科学文化与人文文化能够实现融通,科学精神与人文精神能够共扬,才能够为人的未来发展奠定一个较为厚重的基础。也只有这样,才能够避免在人的发展过程中的"半人"偏颇,在科学文化与人文文化的融合孕育中培养全面发展的人。

2.和合会通

和合会通这一大学文化思想,既有厚重的传统文化底蕴,又植根于胡显章丰富的教育工作实践。把握和合会通的理论内涵,不仅要解读字面含义,更要体会其蕴含的哲学观,还要把握具体内容与方法路向。

"和"意指和谐,"合"意指综合,"会通"即融会贯通。和合会通,就是在融会贯通、兼而有之、和而不同的思维中,辩证地、整体地认识和开展大学文化建设。这蕴含着"兼和"的哲学观。根据张岱年"兼和为上——兼容多端而相互和谐是价值的最高准衡"④ 与"兼和通全,亦即富有日新而一以贯之"⑤ 的论述可知,其"兼和"哲学观的要旨在于兼而有之、博采众长,在和而不同的平衡中日新又新。这也充分体现出了中国哲学中一以贯之的圆融、包容、创新而非割裂、对立、守旧的思维方式。基于此,胡显章认为,当代大学之道应当倡导一种"兼和"的哲学观,努力做好文化的选择兼容和会通创新,这样才能从根本上探寻

---

① 胡显章:《飞鸿印雪:大学之道寻踪》,171、Ⅶ、54~55、Ⅷ、309、191、446~447、447~448、448~449、450、48、93~97、Ⅴ~Ⅵ、191、340~341、345~346、323、17~19、169、171、447、299页,北京,清华大学出版社,2021。
② 同上。
③ 崔瀚文、胡显章:《清华需走出"半人时代"》,载《社会观察》,2011(4):48~49。
④ 张岱年:《张岱年全集》第7卷,410页,石家庄,河北人民出版社,1996。
⑤ 同上书,203页。

出当代中国大学之道的真正内涵。①

和合会通倡导大学文化建设的兼容并包,具有"中西融会、古今贯通"的视野与襟怀。②结合胡显章的教育工作实践,运用这一思想解决文理科割裂发展以及人文文化与科学文化割裂发展的问题,关键就在于从学科与文化两个层面弥合文理科、人文文化与科学文化之间的鸿沟,在融合中实现共同发展。因此,和合会通的具体所指在于文理融通与文化融通两个方面。

从学科层面看,文理融通体现着胡显章对梅贻琦"通识为本,专识为末"③思想的继承与发展,指向既注重科学教育也注重人文教育的整全性教育,在文理学科的平衡、和谐中促进人的全面发展。在理工科普遍受到重视的背景下,做到文理融通的前提就在于认识到人文学科与理工学科具有同等重要的地位,在平等的学科对话中实现学科交融。在此基础上,学科层面的文理融通要做到以服务人的全面成长、发展为根本遵循,文理科在互相借鉴的过程中形成合力,在文理交融的学科整体中发挥文科或理科独立存在时均不具有的优势与作用。从更广泛的意义上看,这也是"推进大学科交融和培育复合型创新人才的重要理念。"④

学科层面文理融通的根本在于文化层面的文化融通。这也是和合会通在更高层面的体现。在这一层面上,和合会通主要指科学文化与人文文化的碰撞与交融。在二者的融合中体现出对"第三种文化"的追求。"第三种文化"由英国作家、物理学家斯诺(C.P.Snow)提出,旨在破解科学文化与人文文化相割裂的困境。⑤因此,"第三种文化"实际上表达了一种超越文化对立,走向科学文化与人文文化融合的诉求。胡显章对这一概念作了进一步阐释。一方面,他从人与自然关系的角度出发,认为"超越人与自然的二元对立,变以不断发展的科学技术征服自然为保护自然、与自然和谐相处。实现科学文化与人文文化的融

---

① 胡显章:《大学之道的哲学探讨》,载《大学教育科学》,2020(2):53~58。
② 胡显章:《大学文化的传承与创新——以清华大学为例》,载《南昌航空大学学报(社会科学版)》,2012,14(4):1~7。
③ 胡显章:《飞鸿印雪:大学之道寻踪》,171、Ⅶ、54~55、Ⅷ、309、191、446~447、447~448、448~449、450、48、93~97、Ⅴ~Ⅵ、191、340~341、345~346、323、17~19、169、171、447、299页,北京,清华大学出版社,2021。
④ 胡显章:《大学之道的哲学探讨》,载《大学教育科学》,2020(2):53~58。
⑤ 同③。

合，构成'第三种文化'的重要内容"①。另一方面，从维护人类文化生态平衡的角度，不同文化之间的尊重、渗透、融合也是"第三种文化"的应有之义。② 在这个意义上，和合会通致力于实现的是不同文化之间的和谐发展。这不仅有益于文化本身，而且具有更为重要的意义。正如胡显章所说："推动'第三种文化'的发展是建立和谐社会以至和谐世界的应有之义和重要前提。"③ 而且，和合会通同样立足于对未来文化发展方向、人的成长发展以及大学文化理念整体走势的判断。胡显章明确指出："未来的文化，应当是科学与人文融合的文化，是不同文化不断交融的文化；未来的学术大师，将产生于科学与人文、不同文化交叉融合的领域。未来的一流大学，应当是那些深刻领会并掌握了'第三种文化'精髓，并以这种交叉融合的文化理念孕育人才、指导学术、服务社会、引领社会文化前进的大学。"④

3. 文化育人

文化育人凝结着胡显章对大学以及大学文化根本价值的认识。他认为，大学具有鲜明的文化性质，是文化传承与创新的载体。正如他所言："大学在本质上是一个以文化传承创新为主要使命的文化机构。"⑤ 这一理解构成了文化育人内涵的底层逻辑。从本质上讲，大学文化就是育人文化。大学的根本任务是以人文化成来促进人的发展。⑥ 文化育人的理论内涵可展开表述为用什么样的文化育人，育什么样的人以及文化怎样育人三个方面。

用什么样的文化育人，是文化育人中的基础性问题。只有为育人选择好恰切、优质的文化资源，才能保证育人的正确方向。胡显章十分重视中华民族优秀传统文化，认为其在大学文化的建设中发挥着不可替代的奠基式作用。可以说，中华民族优秀传统文化的厚重底蕴铺就了大学文化建设的鲜亮底色。在长期的广泛学习与深刻思考中，胡显章对传统文化内涵及其意义的认识是较为全面而深刻的。他指出："中国的传统文化特别是以中庸文化、和合文化、人本文

---

① 胡显章、程钢：《大学应充分发挥文化交融的功能》，载《清华大学学报（哲学社会科学版）》，2006（2）：120～124.

② 同上。

③ 同上。

④ 胡显章：《飞鸿印雪：大学之道寻踪》，171、Ⅶ、54～55、Ⅷ、309、191、446～447、447～448、448～449、450、48、93～97、Ⅴ～Ⅵ、191、340～341、345～346、323、17～19、169、171、447、299页，北京，清华大学出版社，2021。

⑤ 胡显章：《大学之道的哲学探讨》，载《大学教育科学》，2020（2）：53～58.

⑥ 同④。

化为内涵的特色文化以及体现为'自强不息、厚德载物'的精神风貌，是中国社会得以延续发展的重要基因。"① 同时，中国大学百年来的文化结晶也值得总结、提升，构成大学育人的重要文化源泉。正如胡显章所说："中国大学百年所积淀的文化成果，无论是经验或是教训，都是后人继续前进的财富，应当进行实事求是的总结。这种总结只要是科学的，就会帮助我们沿着正确的方向前进，获得继续前行的动力。"②

育什么样的人，是文化育人中的方向性问题。只有明确了育人方向，大学在人才培养的过程中才能沿着正确的道路，承担好其应有的社会责任与历史使命。在投身清华大学各项教育工作的初期，胡显章就明确指出教育应培养具有家国情怀与社会责任感的人。他指出，"教育通过培养人，提高人的素质为社会主义现代化建设服务。"③ 胡显章文化育人思想中的"人"，是为推动国家发展与社会进步作出贡献的"大写的人"，而非仅仅考虑自身发展的"利己的人"。概括地讲，文化育人的目的是培养自由而全面发展的、德才兼备的人，在自觉的家国情怀与高度的社会责任感中，将自身的才能用于服务国家与奉献社会。唯如此，文化育人的理论内涵才能够在沿着正确历史方位的发展中生机盎然、历久弥新。

文化怎样育人，这是文化育人中的方法性问题。树立高度的文化自觉、强烈的文化创新意识以及对未来文化发展方向的准确把握，是实现文化育人的重要途径。所谓文化自觉，就是要深刻认识到自身文化的优势与不足，并在继承中发挥优势，在借鉴中弥补不足。文化自觉与文化创新之间具有密切关联。在胡显章的大学文化思想中，文化自觉与文化创新的落脚点依然是人的成长发展。正如胡显章所说："应当以高度的文化自觉营造创新文化，促进创新人才的成长和创新成果的积累，并肩负起积极的引领社会发展的任务。"④ 通过文化自觉、文化创新培养创新型人才，也可展开表述为不忘本来、吸收外来、创造未来。⑤ 不忘本来，即不忘文化之根，充分继承并发扬中华民族优秀传统文化，总结中国

---

① 胡显章：《不忘本来 吸收外来 创造未来 自觉持续推进大学文化建设》，载《清华大学教育研究》，2011，32（3）：45～47。
② 胡显章：《在梳理体认中传承在选择融合中创新——清华百年文化研究的体会》，载《世界教育信息》，2011，24（11）：30～32。
③ 胡显章、懋辛：《深入学习邓小平的教育思想发展我国的高等教育事业》，载《清华大学学报（哲学社会科学版）》，1994（4）：1～6。
④ 胡显章：《唤醒文化自觉 培育大学创新文化》，载《中国高等教育》，2007（7）：14～16。
⑤ 同①。

大学积累的文化成果,继承传统,推陈出新。吸收外来,就是要合理借鉴外来优秀文化成果,取其精华,去其糟粕。在此基础上,还要注重对外来优秀文化成果予以本土转化,使其焕发出具有中国特色的文化活力。创造未来,就是要在文化融合的过程中实现文化创新。与此同时,大学与文化之间的密切联系也意味着文化的发展方向在很大程度上决定着大学的发展方向与教育理念。因此,把握未来文化的发展方向对文化育人同样至关重要。关于未来的文化走向,胡显章在长期推进大学文化建设的工作实践中得出结论,认为文化交融是未来文化的重要走向。基于此,"大学应当从历史文化的视角来思考自己的使命,充分发挥文化交融的功能,以交叉融合的文化理念孕育人才、指导学术、服务社会,并引领社会文化前进"[①]。

文化育人是胡显章大学文化思想最为集中的体现,最为直接地表达了大学文化建设与人才培养之间的密切关联。文化育人的精髓就在于强调大学要在高度的文化自觉中继承中华民族优秀传统文化并推陈出新,在文化融合中培养自由而全面发展的人。

综上可知,以人为本、和合会通以及文化育人共同构成了胡显章大学文化思想的核心。这三个方面既有各自深刻的理论内涵,又具有密切的理论关联。以人为本是和合会通与文化育人的根本遵循,和合会通是以人为本与文化育人的活力源泉,文化育人是以人为本与和合会通的最终指向。三者在共同指向"育人"这一核心目的中构成了胡显章大学文化思想的理论骨架。

三、胡显章大学文化思想的方法论特点

胡显章在特定历史时期的特定工作岗位上,坚持以马克思主义为指导,坚持理论与实践相结合,继承和发展了前人和他人的大学文化思想,形成了立足实践、守正创新、辩证思考的方法论特点。

1. 立足实践

胡显章的大学文化思想植根于大学教育工作实践,在紧密服务于国家、社会、学校的发展需求中不断整合、提炼,反映了马克思主义理论与实践相统一的认识论原则。

[①] 胡显章、程钢:《大学应充分发挥文化交融的功能》,载《清华大学学报(哲学社会科学版)》,2006(2):120~124。

胡显章是极重视研究实践。在改革开放初期，他主持精密仪器系教学工作时，担任清华大学教学改革试点组长，以提高学生全面素质为主题，着重围绕增强学生学习主动性开展试点，为后来的教学改革探索了道路，开启了对素质教育的最初探索。① 胡显章在岗履职期间，曾组织力量持续开展对清华传统与文化的研究，主编了以《世纪清华 人文日新——清华大学文化研究》为代表的重要理论成果，系统梳理了论述清华精神、清华校训、清华学风、清华校风、清华校箴、清华"会通"学术传统等文献，同时长时间兼任教育部高校文化素质教育指导委员会副主任、清华大学国家大学生文化素质教育基地主任/顾问，策划组织全国性交流研讨，参与主持文化素质教育课程体系改革和核心课程建设，组织以"清华大学新人文讲座"为代表的高普及度的系列活动，多次组织力量对国内外高校文化素质教育和通识教育进行广泛深入的调查研究，并亲撰调研报告，总结经验，剖析问题，提出针对性举措。2002年，他开始担任大学文化研究与发展中心轮值主任，开展清华大学文化研究和实践，同时还参与清华关心下一代工作委员会的组织领导工作，兼任清华精神文化讲师团团长，组织老同志并与青年学生携手，为研究、传播优秀大学文化做了许多卓有成效的工作。上述种种是胡显章大学文化思想形成与发展过程中必不可少的实践源泉。胡显章善于将大学文化的思考与实践的改进密切结合起来，完成从理论到实践的"第二次飞跃"。胡显章主持清华"两课"改革和文化素质教育工作时，就开始强调以实践检验作为教育教学行动和评估的最高标准。作为基础阶段文化素质的教育，通识教育更多体现在德智体美劳全面发展以及对真善美追求的兼顾上。相应地，大力提倡文理融通，注重文化育人，推进以通识教育为基础、专业教育与通识教育相融合，使素质教育落实在教育全过程，也是胡显章将充分结合实践经验与现实背景后形成并发展的大学文化思想运用于实践改进的有力印证。

2. 辩证思考

从胡显章的论述中可知，辩证思维方法的特点贯穿其大学文化思想形成与完善的全过程。

首先，这体现在胡显章对于清华文科发展定位和思路的认识上。由于历史

---

① 胡显章：《飞鸿印雪：大学之道寻踪》，171、Ⅶ、54～55、Ⅷ、309、191、446～447、447～448、448～449、450、48、93～97、Ⅴ～Ⅵ、191、340～341、345～346、323、17～19、169、171、447、299页，北京，清华大学出版社，2021。

的原因，直至20世纪90年代中期，清华大学的文科发展仍不尽如人意。清华有人用"木桶论"来为文科发展做辩护，认为一流文科建设是一流综合性大学建设必不可少的前提，过于弱小的文科必将限制学校的整体发展水平与人才培养质量；同时也存在进一步扩大理工科优势的"竹竿论"，认为要靠理工科的长竹竿才能打下高树上的"大枣"。在两种声音的争论中，胡显章结合实际情况，通过组织领导班子调研，达成建设一流文科的共识，于1998年将"小而精、高水平、有特色"的发展思路调整为"打好基础，突出应用，注重交叉，进入主流，形成特色"和"有重点，分阶段，上一流；有所为，有所不为"的工作思路，①为清华文科发展找到了一条行稳致远的现实道路。

其次，这体现在胡显章对文化传承与创新关系的认识与把握上。虽然出身工科，当将自己的命运与清华文科联系在一起时，胡显章做的第一件事情就是了解清华文科的历史，向以往创造过文科辉煌的大师们求教。为此，在很长一段时间里，他每天研读与大师们相关的书籍文献。他了解到，担任过18年清华文学院院长的冯友兰先生常讲"旧邦新命"，主张研究传统不仅要"照着讲"，还要"接着讲"，既要继承，又要创新；哲学家贺麟先生主张"旧中求新方为真新"，要在继承传统中"推陈出新"，这启发胡显章主持文科工作时，也一再强调"旧邦新命"，要继承和发扬老清华文科的好传统，认为这是与其他高校具有不同起点或特点之处。同时，历史前进了，客观世界发生了重大变化，既不能简单回到过去，也不好照搬兄弟院校已有的做法，要做好适应实际和发展的综合创新。由此，走出了一条公认的比较成功的文科恢复发展的路子。②

最后，这体现在对文科发展"有为"与"有位"关系的认识上。在1991年与部分文科教师见面会上，胡显章就提出，文科教师更要多一点辩证法，要处理好文科"有为"与"有位"之间辩证统一的关系，"有位"是"有为"的基础，"有为"是"有位"的前提，文科发展应做到以"有为"促"有位"。③具体而言，"有位"代表着学校对文科教师的岗位、待遇、福利等方面现实条件的支持，体现了学校管理层面对文科建设工作的认知与态度，同时也是在现实物质基础上

---

① 胡显章：《要重视大学文科建设》，载《科学中国人》，2004（3）：20～21，17。
② 清华人文：《人文十年·访谈录 | 清华大学党委原副书记胡显章：勿忘人文初心，弘扬优良传统》(2022-10-19)[2022-11-24] https://mp.weixin.qq.com/s/I4IbycgAexClE_agaqDIVw。
③ 胡显章：《飞鸿印雪：大学之道寻踪》，171、Ⅶ、54～55、Ⅷ、309、191、446～447、447～448、448～449、450、48、93～97、Ⅴ～Ⅵ、191、340～341、345～346、323、17～19、169、171、447、299页，北京，清华大学出版社，2021。

吸引或留住文科优质科研人才的必要条件与实现路径。相应地，"有为"既是站在学校层面，在提供了对应物质支持与保障的前提下对文科教师队伍提出的高标准、严要求，又是文科教师从自身着眼进行自我判断能否实现自我提升与自我扬弃，能否为学科文化的培育寻求突破，为学校治学育人作出贡献。在回顾初期分管文科的工作经历时，胡显章自谦地认为，当时还没有形成明确的整体发展目标与思路。① 但从上述思想认识中，我们依然能够明确地感受到，正是胡显章在文科恢复与发展工作的这些辩证认识，为后期工作推进以及和合会通大学文化思想的不断发展奠定了基础。

3. 守正创新

胡显章的大学文化思想处处体现着他在继承中国优秀传统文化时兼采中外文化之长，对本土大学文化传统的守正创新。这其中，"守正"指的是以科学态度坚守马克思主义基本原理同中国具体实际相结合、同中华优秀传统文化相结合，实现对中国本土经典传承中的批判性继承与发扬；"创新"则是以辩证思维在坚定历史自信、文化自信的基础上放眼世界、博采众长的广博气度与融合创新，助力中华优秀传统文化实现创造性转化与创新性发展。

胡显章的大学文化思想，既把握马克思主义关于人的自由全面发展的社会理想和教育思想的真谛，并与《大学》中"大学之道，在明明德，在亲民，在止于至善"②的表述一脉相承，又结合时代特点加以独到阐释，具有鲜明的理想信念、文化底蕴和家国情怀。胡显章认为，这种家国情怀是中国古代知识分子的重要精神特征，又成为中国近代大学精神的追求和现代大学精神之源。③ 又如徐葆耕所言，拯救民族的集体尊严意识是清华发展的一个基本动力源。由于中国历史文化的特点，包括清华人在内的中国知识分子总是将个人意识、个性和发展同为民族、为人民的奉献精神联结在一起。④ 古为今用的观点一直存在，如何使用前人智慧却是各不相同。胡显章的大学文化思想鲜明体现了守正创新、返本开创的方法论特征。

确立守正创新的大学文化建设思路，必须要正确处理好大学文化建设中的

---

① 胡显章：《飞鸿印雪：大学之道寻踪》，171、Ⅶ、54～55、Ⅷ、309、191、446～447、447～448、448～449、450、48、93～97、Ⅴ～Ⅵ、191、340～341、345～346、323、17～19、169、171、447、299页，北京，清华大学出版社，2021。
② 《大学·中庸》，王国轩译注，6页，北京，中华书局，2016。
③ 同①。
④ 徐葆耕：《紫色清华》，6页，北京，民族出版社，2001。

中西关系、古今关系、继承和发展的关系以及自主和开放的关系。胡显章在中西关系上明确坚持中西融会的主张；在古今关系上，突出强调中国传统文化的扬弃和以文化自觉促进文化自信的观点。在胡显章看来，大学精神的形成需要深厚的文化底蕴，中国高校自 20 世纪 90 年代中期开展的文化素质教育以及世纪之交兴起的通识教育，一个重要目的就是要解决大学生的文化植根问题。[①] 在继承与发展、自主和开放的关系上，胡显章明确提出既要防止"民族虚无主义"和"民族本位主义"两种倾向，也要摆脱"依附理论"——认为中国的发展非走西方国家的发展道路不可。时至今日，胡显章秉持守正创新的思想方法，认为面临百年未有之大变局，中国必须继续提高自身文化素养，在文化自检的基础上兼容并包[②]，确立与经济影响力相应的民族文化地位。我们应该努力在指导思想、学科体系、学术体系、话语体系和教育体系等方面充分体现中国特色和清华风格，发挥开拓引领作用，为创建新形态文明做出贡献，在清华新百年历史上，能够留下鲜明的卓越教育家、思想家、哲学家和人文大家的印迹。[51]

党的二十大报告指出，"守正才能不迷失方向、不犯颠覆性错误，创新才能把握时代、引领时代"[③]。胡显章的大学文化思想，坚持以马克思主义为指导，继承了中华民族优秀传统文化，立足于回应时代与社会发展对高校人才培养的新需求，扎根于清华大学发展素质教育、恢复与发展文科以及大学文化建设的实践，在长期的发展过程中凝结出丰富的理论内涵与鲜明的方法论特点，是中国大学文化建设探索和发展的一个缩影。着眼于新时代高等教育内涵式高质量发展的现实需求，大学文化建设的重要性不言而喻。胡显章长期躬耕于高等教育实践所形成的文化思想结晶，值得我们认真学习、镜鉴，并在未来的大学文化建设实践中继续发扬光大。

（致谢：在本文撰写过程中，胡显章先生予以了悉心指导并提出了宝贵意见，谨向胡显章先生致以崇高的敬意与由衷的感谢！）

---

① 胡显章：《以高度文化自觉 加强大学文化建设》，载《中国高等教育》，2012（17）：17～19。
② 胡显章：《飞鸿印雪：大学之道寻踪》，171、Ⅶ、54～55、Ⅷ、309、191、446～447、447～448、448～449、450、48、93～97、Ⅴ～Ⅵ、191、340～341、345～346、323、17～19、169、171、447、299 页，北京，清华大学出版社，2021。
③ 习近平：《高举中国特色社会主义伟大旗帜 为全面建设社会主义现代化国家而团结奋斗：在中国共产党第二十次全国代表大会上的报告》，20、30～34 页，北京，人民出版社，2022。

People Orientation, Integration and Culture Education

A Study of Hu Xianzhang's Thought on University Culture

Zhang Xianlu   Zhang Ning   Shi Zhongying

Abstract: The development of Hu Xianzhang's thought on university culture has gone through three major stages: the formation period, the development period and the maturity period, reflecting the development characteristics from spontaneous thinking to conscious thinking, from partial thinking to holistic thinking, from practical thinking to philosophical thinking. The main connotation of Hu Xianzhang's thought on university culture can be summarized as "people orientation", "integration" and "culture education". "People orientation" emphasizes that the construction of university culture should realize the free and comprehensive development of human beings in the process of manifesting their vitality, subjectivity and integrity; "integration" emphasizes that the construction of university culture should be guided by the philosophical concept of integration, and dialectically deal with important themes of university development, such as relationship between ancient and modern heritage, Chinese and western culture, as well as liberal and professional education, arts, sciences and technology; "culture education" emphasizes that the university should be highly developed in the process of cultural self-awareness. It emphasizes that the university should inherit the excellent traditional Chinese culture and promote the new in a high degree of cultural self-awareness, and cultivate people in the cultural integration. Guided by Marxism, Hu Xianzhang's thought on university culture reflects the distinctive characteristics of being based on practice, dialectical thinking, and tradition towards innovations in its methodology.

Key words: Hu Xianzhang; People orientation; Integration; Culture education; University culture

（此文收入《国家教育行政学院学报》2023年第5期，标题为"胡显章大学文化思想研究初探"）

重印后记

此书面世后，引起较大反响，《全国新书目》和"长安街读书会"作了推荐，清华出版社通过"人文之夜读书会"对该书作了全面介绍，清华教育研究院召开了高校同仁学术研讨会，给予积极评价，清华教育研究院院长、中国教育学会教育哲学专业委员会主任委员石中英教授与博士生张先璐、张宁主动就该书涉及的大学文化探索实践和理论内涵进行了深入的归纳与剖析，发表了研究论文，这对我实在是一次难得的对大学文化研究和实践的文化再自觉的过程，对于该论文将研究成果以个人文化思想冠名，只能看作便于讨论而采用的符号，而实际上，此书"希望能够从中反映出清华人乃至中国高等教育工作者对大学之道探索之飞鸿印雪"，该论文所涉及的应该不局限于个人的实践和思想而带有普遍价值。在征得论文作者同意后，在本书第三次印刷时，将该论文作为附录收入；同时，借重印之机，加选了一篇漏选文章和几篇新作，特此说明。

最后，对关注此书的学者和付出辛劳的编辑出版人员表示深切感谢！

作者　2024 年春